外国政府
非税收入管理

高淑娟　刘普 ○ 主编

The Non-tax Revenue Policy
of Major Countries

中国社会科学出版社

图书在版编目（CIP）数据

外国政府非税收入管理／高淑娟，刘普主编 . —北京：中国社会科学出版社，2021.10
ISBN 978－7－5203－9088－0

Ⅰ.①外… Ⅱ.①高…②刘… Ⅲ.①非税收收入—财政管理—研究—国外 Ⅳ.①F811.4

中国版本图书馆 CIP 数据核字（2021）第 180291 号

出 版 人	赵剑英
责任编辑	刘　艳
责任校对	陈　晨
责任印制	戴　宽

出　　版	中国社会科学出版社
社　　址	北京鼓楼西大街甲 158 号
邮　　编	100720
网　　址	http://www.csspw.cn
发 行 部	010－84083685
门 市 部	010－84029450
经　　销	新华书店及其他书店
印刷装订	三河弘翰印务有限公司
版　　次	2021 年 10 月第 1 版
印　　次	2021 年 10 月第 1 次印刷
开　　本	710×1000　1/16
印　　张	35
插　　页	2
字　　数	592 千字
定　　价	198.00 元

凡购买中国社会科学出版社图书，如有质量问题请与本社营销中心联系调换
电话：010－84083683
版权所有　侵权必究

课题组成员

清华大学课题组成员：

高淑娟　刘　普　乔　木　陈　阳　韩　笑

李　欣　王　辰　张一力　李广泳　夏广涛

胡汪音　赵　超　丛　赫

目 录

绪 论 …………………………………………………………（1）

第一章 政府非税收入的概念和基本特征 …………………（3）
 一 关于政府非税收入概念 ……………………………（3）
 二 政府非税收入的基本特征 …………………………（5）
 三 政府非税收入理论依据 ……………………………（6）
 四 政府非税收入对经济增长和社会管理的作用 ……（10）

第二章 美国政府非税收入 …………………………………（13）
 一 美国政府组织结构 …………………………………（13）
 二 美国政府非税收入定义 ……………………………（21）
 三 美国政府非税收入具体情况 ………………………（33）
 四 美国政府非税项目设立 ……………………………（44）
 五 美国政府非税项目定价 ……………………………（56）
 六 美国政府非税收入的征收和使用 …………………（62）
 七 美国政府非税收入的监督 …………………………（67）
 八 非税收入的财政票据管理 …………………………（72）
 附录 美国核管理委员会对用户的收费 ……………（75）

第三章 英国政府非税收入 …………………………………（86）
 一 英国政府财政职能划分 ……………………………（86）
 二 非税收入概况及分类 ………………………………（89）
 三 收费指南及使用范围 ………………………………（104）

四　非税收入中关于费的政策 …………………………（106）
　　五　英国非税收入与预算制度 …………………………（130）
　　附录1　英国重型货车道路使用收费法案 ………………（137）
　　附录2　地图服务收费：英国陆地测量部 ………………（138）
　　附录3　地方土地服务费 …………………………………（142）

第四章　加拿大政府非税收入 ……………………………（149）
　　一　加拿大政府非税收入概念与分类 …………………（149）
　　二　加拿大政府非税收入规模和结构 …………………（169）
　　三　加拿大非税收入设立 ………………………………（187）
　　四　非税收入管理部门及法律和政策依据 ……………（196）
　　五　非税收入的收费标准设立 …………………………（206）
　　六　非税收入标准的制定流程 …………………………（220）
　　七　非税收入项目的设立程序 …………………………（228）
　　八　非税收入的征收管理 ………………………………（232）
　　九　加拿大政府非税收入的资金使用 …………………（237）
　　十　加拿大政府非税收入的后续管理 …………………（243）
　　附录1　加拿大《使用者收费法案》（User Fees Act）……（248）
　　附录2　使用者收费项目设立流程 ………………………（252）
　　附录3　加拿大收费项目投诉异议处理流程 ……………（253）
　　附录4　加拿大公共服务部（PWGSC）2012—2013 财年
　　　　　　绩效报告 …………………………………………（254）

第五章　澳大利亚政府非税收入 …………………………（258）
　　一　澳大利亚政府非税收入的概念和分类 ……………（258）
　　二　分析政府非税收入的不同角度 ……………………（266）
　　三　澳大利亚政府非税收入的规模和结构 ……………（281）
　　四　澳大利亚政府非税收入的设立 ……………………（289）
　　五　非税收入的设立程序 ………………………………（295）
　　六　澳大利亚政府非税收入项目设立标准及调整 ……（299）
　　七　澳政府非税收入的管理框架 ………………………（300）
　　八　政府非税收入管理措施 ……………………………（313）

附录1　IMF GFSM 收入分类一览表 …………………………………（315）

　附录2　澳大利亚道路使用费 ……………………………………（317）

第六章　日本政府非税收入 …………………………………………（322）

　一　日本非税收入的历史 …………………………………………（322）

　二　日本政府非税收入的基本情况 ………………………………（327）

　三　日本非税收入具体构成 ………………………………………（336）

　四　日本政府非税收入设立目的 …………………………………（370）

　五　日本政府非税收入的设立程序 ………………………………（374）

　六　日本政府非税收入管理 ………………………………………（389）

　附录1　财政监察专职机构——会计检查院 ……………………（391）

　附录2　横滨市大件垃圾处理手续费 ……………………………（392）

第七章　新加坡政府非税收入 ………………………………………（394）

　一　非税收入的定义与研究综述 …………………………………（394）

　二　新加坡政府非税收入管理机构 ………………………………（398）

　三　新加坡政府非税收入概况 ……………………………………（405）

　四　新加坡非税收入的主要来源 …………………………………（414）

　五　新加坡政府非税收入的主要特点 ……………………………（419）

　六　新加坡政府非税收入设立的依据 ……………………………（423）

　七　新加坡非税收入的管理模式 …………………………………（433）

　附录1　车辆配额系统（VQS） …………………………………（437）

　附录2　电子道路收费系统（ERP） ……………………………（438）

第八章　德国政府非税收入 …………………………………………（440）

　一　德国政府组织结构 ……………………………………………（440）

　二　德国非税收入概况 ……………………………………………（448）

　三　德国政府非税收入的规模和结构 ……………………………（454）

　四　德国非税收入的特点 …………………………………………（460）

　五　德国非税收入的设立 …………………………………………（466）

　六　德国政府非税收入的管理与监督 ……………………………（473）

　七　德国电子票据 …………………………………………………（479）

附录1　萨克森州和下萨克森州非税收入法 ………………（481）
　　附录2　德国财政制度 …………………………………………（482）
　　附录3　行政费用法 ……………………………………………（488）

第九章　南非政府非税收入 ……………………………………（494）
　　一　南非财政政策框架 …………………………………………（494）
　　二　南非政府间财政关系 ………………………………………（497）
　　三　南非政府非税收入概况 ……………………………………（502）
　　四　财政收入依据（立法和政策）……………………………（506）
　　五　相关金融财政机构 …………………………………………（508）

第十章　印度政府非税收入 ……………………………………（510）
　　一　印度政治体系和财政制度 …………………………………（510）
　　二　印度政府非税收入规模 ……………………………………（517）
　　三　印度非税收入组成结构 ……………………………………（522）
　　四　印度非税收入管理的特点 …………………………………（530）
　　附录　印度非税收入明细 ………………………………………（534）

参考文献 …………………………………………………………（542）

后　　记 …………………………………………………………（552）

绪　　论

政府非税收入是指除税收以外，由各级政府、国家机关、事业单位、代行政府职能的社会团体及其他组织依法利用政府权力、政府信誉、国家资源、国有资产或提供特定公共服务、准公共服务取得并用于满足社会公共需要或准公共需要的财政资金。政府非税收入所有权属国家，调控权归政府，管理权在财政，是政府财政收入的重要组成部分，是政府参与国民收入分配和再分配的一种形式。

政府非税收入作为政府参与国民收入初次分配和再分配的一种重要手段，可以说是财政管理职能转变过程中产生的新名词，也反映出整个政府财政性资金管理的进一步深化。长期以来，我国政府非税收入在名称上主要是以预算外资金形式出现的。由于预算外资金大量分散在各部门、各单位管理和使用，导致了人们认识上的偏差，往往把政府赋予的执收执罚权力当作了部门和单位的权力，把因此而取得的收入当作了部门和单位的利益，导致"三乱"现象和坐收坐支现象时有发生，引发了分配不公，助长了腐败之风，扰乱了财经秩序。近年来，我国积极探索非税收入的科学征管方式，管理日趋规范，取得了良好的社会效应和经济效应。但是，非税收入数额大、征收主体多元化、法制建设不完善、管理监督有待改进等问题仍然没有得到根本解决。

建立科学、合理的政府非税收入体系，既是深化财政改革、构建公共财政体制的一项重要内容，也是实现加强政府非税收入管理走向规范的一个重大步骤，对于推进预算管理制度改革、促进依法理财、规范财政分配关系、转变政府职能、加快国民经济和社会事业全面发展具有十分重要的现实意义。

以经济建设为中心，促进经济和社会全面发展，是新时期落实科学发展观的具体要求。在社会主义市场经济体制和公共财政体制下，必须按照政府的分工，加快职能转变，由以前的直接投资拉动促进经济社会发展改为主要通过完善公平税收和投资政策，搞好公共产品建设，提供公共服务等来推动区域经济社会发展。加强政府非税收入管理，一方面，将政府非税收入全额纳入预算管理，切断了收入与部门利益的纽带，可以有效遏制"三乱"现象，制止自主收费、搭车收费、超标收费等行为，创造一个区域经济和社会发展的良好的投资和政策环境。另一方面，建立健全政府非税收入征收管理体系，做到政府非税收入依法征收、严格执罚，可以促进政府各部门依法行政，从而为区域经济和社会发展提供一个稳定的社会政治环境和廉洁的行政执法环境。

　　理论界对我国的政府非税收入研究比较深入，从历史沿革、发展状态、财政分权与政府非税收入、中央与地方非税收入的问题，以及我国政府非税收入规模实证分析等，多方面多角度地进行了大量研究，成果显著。但对国外政府非税收入及其管理制度作出系统梳理与介绍的尚不充分。

　　本书主要针对欧美、东亚及其他国家与地区的政府非税收入体系及其管理概况分别进行梳理，探讨其产生的背景、原因、管理理念、基本构成、作用、地位等诸多方面，以期通过总结其管理经验与教训，能够为我国非税收入管理改革提供一些有益的思路和借鉴。

第一章

政府非税收入的概念和基本特征

2004年财政部在《关于加强政府非税收入管理的通知》（财综〔2004〕53号）中对"政府非税收入"进行了界定，其"是指除税收以外，由各级政府、国家机关、事业单位、代行政府职能的社会团体及其他组织依法利用政府权力、政府信誉、国家资源、国有资产或提供特定公共服务、准公共服务取得并用于满足社会公共需要或准公共需要的财政资金，是政府财政收入的重要组成部分，是政府参与国民收入分配和再分配的一种形式"。

具体来说，政府非税收入包括行政事业性收费、政府性基金、罚没收入、国有资源有偿使用收入、国有资产有偿使用收入、国有资产经营收益、彩票公益金、以政府名义接受的捐赠收入、主管部门集中收入以及政府财政资金产生的利息收入等，而社保基金、住房公积金均不纳入政府非税收入管理范围。

一 关于政府非税收入概念

在中国，由于政府非税收入是一个较新的概念，不论是财政理论界还是政府管理部门，都没有形成规范统一的定论。国内学者对于政府非税收入概念的界定存在较大分歧。大多国内学者认为，政府非税收入概念有广义和狭义之分：广义的政府非税收入是指除税收之外的所有政府收入；狭义的概念还要除去政府债务收入。通常所说的政府非税收入是指狭义的政府非税收入。

总的来说，对于政府非税收入概念的界定，大致有三种不同的口径：

一是大口径政府非税收入，即除税收以外，政府拥有的所有财政收入都应称为非税收入。其中包括债务收入、社会保障基金、行政事业性收费、政府性基金、罚没收入、国有资产资源收入、主管部门集中收入、捐赠收入等，即学界认为的广义的政府非税收入概念。

二是中口径政府非税收入，即在大口径政府非税收入中除去债务收入。之所以剔除债务收入，是因为无论是内债还是外债，都是以还本付息和自愿购买为前提，期末需要偿还。这是学界认为的狭义概念，也是大多数国内学者所持的观点。

三是小口径政府非税收入，即在中口径非税收入基础上再剔除社保基金收入，因为它一般用于特定用途，实行相对独立的运行管理方式。政府部门在实际操作时往往采用小口径非税收入概念。

而在国际上，多数国家对于政府收入的分类不同于我国，主要分为三大类：经常性收入、资本性收入和赠与收入。其中，经常性收入又分为税收收入和非税收入。所以在国外，非税收入通常被视为政府经常性收入的一部分。

根据世界银行发布的《世界发展报告》，经常性非税收入是政府为公共目的而取得的无须偿还的收入，如罚款、管理费、政府财产经营收入等，以及政府以外的单位自愿和无偿地向政府支付的款项等。经常性收入不包括政府间拨款、借款、前期贷款收回以及固定资产、股票、土地、无形资产售卖变现收入，也不包括来自非政府部门的以资本形成为目的的赠与收入[1]。

国际货币基金组织（IMF）的政府财政统计分类里，政府收入被划分为经常性收入、资本收入和非税收入。其中，经常性收入包括税收收入和非税收入，而非税收入是指政府在税收之外获得的收入，包括因公共目的而获得的不需要归还的补偿性收入以及非政府单位自愿和无偿向政府支付的款项，具体包括经营和资产收益、罚款收入、收费等[2]。国外学者Edling（2000）认为非税收入通常包括规费（fees）、费用（charges）、捐

---

[1] 世界银行：《世界发展报告 2000/2001》，转引自贾康等《非税收入规范化管理研究》，《税务研究》2005 年第 4 期。

[2] 世界银行：《世界发展报告 2000/2001》，转引自贾康等《非税收入规范化管理研究》，《税务研究》2005 年第 4 期。

赠（contributions）以及其他特殊的非税收入等不同形式，但不包括公共借贷、政府间转移支付等。

由此可见，国际上的非税收入相对于我国涵盖范围较窄，并不包括政府的资本性收入和赠与收入（来自非政府部门的以资本形成为目的的收入）。

二　政府非税收入的基本特征

与税收的强制性、无偿性和固定性相比，政府非税收入具有以下四个基本特征：

1. 强制性和自愿性并存

与税收的强制性不同，仅部分非税收入具有强制性特征，而其他非税收入具有一定自愿性特征，总体表现为强制性和自愿性并存的特点。Das-Gupta（2006）认为非税收入包括三种形式：强制性且有报偿、自愿性且无报偿、自愿性且有报偿。

在政府非税收入体系中，有些收入如政府性基金、罚没收入是依托国家权力强制征收的，而有些非税收入如捐赠收入、彩票公益金等，就必须坚持自愿性原则，严禁强行摊派。

2. 无偿性和有偿性并存

税收具有无偿性，因为当纳税人缴纳税款后，税款即归政府所有，政府并不直接向纳税人支付任何报偿，而政府非税收入与之不同。一部分收入项目如罚没收入、捐赠收入等诚然具有典型无偿性特征，但有些项目如国有资产有偿使用、规费收入等，是因为缴纳对象有偿使用了国有资源或享受了特定服务，其具有明显的有偿性特征。所以，政府非税收入是无偿性和有偿性相结合。

3. 非固定性

税收的固定性主要体现在政府通过法律形式确定征收税种、数额、缴纳方式和时间等，并保持一定时期内的持续性和稳定性。而政府非税收入虽然也通过一定法律法规加以确定和规范，但在征收数额和时间上存在明显的非固定性。例如，有些非税收入项目是政府在一定特定时期为满足特定需求而设置的，一旦完成即取消，具有一定周期波动性。这类项目往往以政府性基金形式出现，如三峡工程建设基金等。另外，罚没收入和捐赠收入的时间、数量等也因人因事而异，具有典型的非固定性特征。

4. 专用性

与税收用途广泛不同，非税收入通常专款专用，且其支出用途往往与其来源相关。根据《关于加强政府非税收入管理的通知》规定，政府性基金是用于支持相关的公共事业发展而征收的具有专项用途的财政资金，彩票公益金是政府为支持社会公益事业发展而筹集的专项财政资金，行政事业性收费主要是按照成本补偿和非营利原则向特定服务对象收取的费用等。

三 政府非税收入理论依据

● 准公共品理论

根据公共经济学理论，消费品可分为私人品和公共品，其划分依据在于竞争性和排他性。所谓竞争性是指消费者或消费数量的增加会影响他人对该产品的消费，而排他性是指消费者得到一种商品的消费权之后，可防止其他消费者消费该商品获得效用。私人品同时具有竞争性和排他性，产权明晰。所以，私人品只能通过市场渠道，以价格为调整信号，依据自由、等价交换的原则进行生产和交易，由此实现经济效率和社会福利最大化。而公共品则截然不同，其具有非竞争性和非排他性的特征。人们在使用公共品时很难将他人排除在外，同时增加消费者数量也不会影响其使用。如果公共品按照私人品的方式通过市场调控，则就会大范围出现"搭便车"的现象，使公共品供给严重不足。所以，公共品往往由公共部门来提供。

公共品根据其性质完备性，又可以分为纯公共品和准公共品两大类。前者是指同时完全具备非竞争性和非排他性的公共品，比如国防、街道路灯等。后者则是不同时具备上述两种性质的公共品：一是具有竞争性而非排他性的公共品，会随着消费数量的增加导致消费者收益的减少，比如拥挤的道路、公共用地等；二是具有排他性而非竞争性的公共品，其虽然主要由社会提供，却可以实现排他，如学校、医院等。

纯公共品由于非竞争性，其消费的边际成本为零。按照边际成本定价法则，政府在向社会提供纯公共品时不应向消费者直接收费。但为了解决其在使用过程中不可避免出现的"搭便车"现象，政府无法进行成本补偿只能采取强制征税的形式。但对于准公共用品，政府不能实行强制征税的方式。因为，一方面政府征税会侵犯那些未消费或者较少消费该准公共品的社会成员的利益，违背了"谁受益谁负担，多受益多负担"的原则，有违社会公平；另一方面，政府的强制征税会影响消费者按照其偏好进行消费选择的过程，导致准公共用品的过度消费和资源配置无效率，有违帕累托最优。因此，多数政府往往采取收费的形式来实现其提供准公共品的最优成本补偿。

至于准公共品的价格，政府通常根据其竞争性强弱和政策倾向来决定。一般来说，对于竞争性较弱、政府鼓励消费但又必须避免过度使用的准公共品，其定价往往低于其平均供给成本，仅收取一定手续费和管理费用，比如公园、博物馆、公共图书馆等；而对于竞争性较强、容易出现拥挤，或在技术上容易实现排他的准公共品，其定价往往等于甚至略高于平均成本，比如居民用水、用电等，以限制过量消费，节约资源。

● 负外部性矫正理论

所谓外部性，是指一个经济主体的经济活动使其他经济主体受损或受益，却没有因此得到相应惩罚或收益的情况。根据受益和受损，外部性可以分为正外部性和负外部性。正外部性是指经济主体的经济活动使他人或社会得到额外益处而没有得到相应报偿，如蜂农养蜂不仅得到了蜂蜜收入，还利于该区域植物授粉，因此使果农产量大增，从中获得潜在收益；负外部性是指经济主体的经济活动使他人或社会遭受额外损失而没有支付相应赔偿，其典型例子如工厂大量排污造成环境污染，损害当地居民生产和发展的权利等。

存在外部性是一种市场失灵的现象。无论存在正外部性还是负外部性，市场机制都会因此失效，社会资源不能得到最优配置，市场均衡偏离帕累托最优状态，由此造成社会总福利损失。这种情况就需要政府对市场进行适当干预。政府矫正外部性的方法有很多，比如明晰产权界限、法律管制等。但这些方法或因为交易成本太大，产权界限难以明晰，或因为存在行政失灵，直接管制同样导致福利损失，都存在较大的局限性。在处理外部性问题时，各国通常采用更有效、更灵活的经济手段，即通过补贴弥补正外部性，通过罚款、收费防止负外部性。而后者即为非税收入出现，尤其是罚没收入等，提供了理论依据。

在矫正负外部性而征收非税收入时，应依据其边际费用等于或相当于其边际社会成本（即外部成本内部化）的原则，以此有效防止负外部性的产生，实现社会资源有效配置和社会福利最大化。

如图1-1所示，横轴和纵轴分别为产量（Q）和成本（C），D曲线为需求曲线，MSC为边际社会成本曲线，MPC为边际私人成本曲线。在市场经济中，根据理性人假设，所有的经济参与主体都追求其自身利益的最大化。当没有负外部性的情况下，经济主体的边际私人成本等于其边际社会成本，MPC曲线与MSC曲线重合，不存在外部成本。当存在负外部性时，边际私人成本小于边际社会成本，其差值外部成本即为负外部性。在这种情况下，理性人为追求自身利益最大化，会遵循MPC曲线作为其供给曲线，而社会实际承受的成本高于其私人成本，由此产生负外部性。其均衡点B所代表的产量水平高于最优点A，造成社会福利损失。由此，政府应该对其进行干预，收取相当于外部成本的费用使其边际私人成本等于边际社会成本，减少负外部性，使均衡产量降至最优水平。

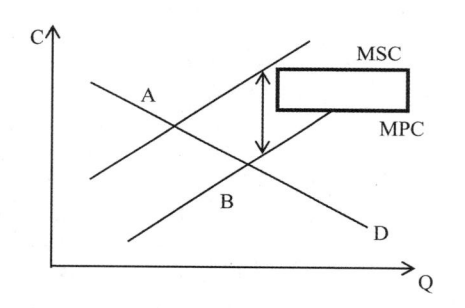

图1-1 负外部性效应分析

• 财产所有权收益理论

财产所有权是指财产所有者依法对自己的财产享有占有、使用、收益和处分的权利。除了个人私有财产，社会上还存在大量公共财产，即所谓的国有财产，具体包括经营性国有财产、非经营性国有财产和资源性国有财产。国有财产所有权属于国家，国家凭借对一切国有财产的所有权而获得收益。

对于不同类型的国有财产，其所有权收益取得的方式不同。具体来说，对于经营性国有资产，国家凭借国有资产所有权或出资所有权从国有资产经营性或非经营性收入中取得税后利润、股权转让收入、国有资产出售收入等收益。从所有权角度来讲，经营性国有资产收益又被称为国有资本金收益，是国家作为出资人的收益体现。这种国有资本金收益通常包括两部分：一是留存在企业中的部分国有资本金收益，称为留存企业国有资本金收益，其将使国有资本金增加；二是以利润等形式上缴政府的部分国有资本金收益，称为上缴政府国有资本金收益，其将使政府财政收入增加。经营性国有资产收益的大小取决于该资产所在企业的经营状况和取得收益的不同形式，是政府非税收入的一个重要来源。

对于非经营性国有资产，由于其具有无偿性和非营利性的特点，其收益主要取决于资产的处置方式。只有在非经营性国有资产转入经营或出售后，政府才能取得国有资产收益。一旦其转入经营，则该资产必须纳入经营性国有资产的范畴。

对于资源性国有资产，其开发和使用在市场经济条件下不可能是无偿的，其产生的所有权收益全部归资源所有者即国家所有。而国家取得这部分财产所有权收益的方式，就是通过政府非税收入形式实现的。这类资产收益取决于由利率、租金、成本等因素决定的资源均衡价格，比如政府出让土地使用权而取得的土地出让金等。

● 政府信誉理论

有些政府非税收入如彩票公益金、以政府名义接受的捐赠等，是凭借政府信誉取得的。政府信誉是指各级国家行政机关在经济社会管理和服务活动中能够履行契约而获得的信任，是社会组织、民众对政府行政行为所产生的信誉和形象的一种主观评价或价值判断。它是社会信用形成的前提，是社会信用的保障。随着社会经济的快速发展，政府所需承担的社会公益事业规模和数量也越来越大，需要的财力也不断增长。但是，由于社会公益事业具有较强的公共产品属性，导致政府对这类事业发展的融资很难普遍实行收费方法。除了收费形式，政府发展社会公益事业的其他融资手段还有税收和国债。但如果税收完全依赖国家强制手段的融资方式不仅无法解决社会公益事业发展的巨大资金缺口难题，而且不利于培养纳税人的税法遵从度。而国债形式又要付出还本付息的代价。所以，政府以国家实力和自身信誉作为保障，通过垄断彩票的发行和经营，合理引导彩票业发展，或者以政府名义接受捐赠，由此形成的非税收入不仅具有自愿性和无偿性,而且能在一定程度上持续满足社会公益事业发展的资金需要。

值得一提的是,彩票公益金和以政府名义接受捐赠等形式获得的非税收入依靠政府信誉为社会公益事业发展进行融资,通过扶助贫困、帮助弱势群体、支持国家基础教育、基础设施建设等公益项目,使更多的社会成员直接体会到经济发展所带来的好处,因而有利于缓和社会矛盾,促进社会和谐发展,是国家对社会资源的再分配,有利于分配公平正义的实现。在利用国家信誉融资时,政府需要注意不能滥用国家信用,控制适度规模和合理分配比例。

非税收入的理论依据及主要形式见表1-1。

表1-1　　　　　　非税收入的理论依据及主要形式

非税收入的理论依据	非税收入的主要形式		举例
准公共品理论	行政事业性收费		工本费、管理费、绿化费
	政府性基金		三峡工程建设项目基金
负外部性理论	罚没收入		排污费、质检罚款
财产所有权理论	国有财产收益	国有资产有偿使用收入	国有资产出租、出售所得
		国有资源有偿使用收入	土地出让金
		国有资本经营收益	国有股股利、红利、股息
政府信誉理论	彩票公益金		福利彩票公益金
	以政府名义接受的捐赠		个人或企业非定向捐赠

● 政府非税收入与经济增长的关系

关于政府非税收入对经济增长的影响,可以从两个角度来看:一方面,政府收取非税收入影响经济主体的行为;另一方面,政府通过非税收入支出调控国民经济。非税收入对经济增长既可以促进经济发展,但如果操作不当,也会对经济发展起到阻碍作用。

四　政府非税收入对经济增长和社会管理的作用

作为政府财政性资金来源的重要渠道,政府非税收入为整个政府系统履行其各自职能提供了大量资金,促进国民经济持续快速健康发展。

1. 加快基础产业的发展进程

根据经济增长理论，一国经济的快速发展需要有较完备的基础产业支持。基础产业的发展往往需要庞大的资金保障，这单纯依靠政府的税收收入是不可能满足的，而政府的非税收入对其正好是一个有力的补充。世界银行在20世纪90年代的一次调查表明，政府财政收入短缺往往与当地政府在基础设施服务方面不能充分利用使用费有关。

以我国为例，20世纪80年代以来，为了适应经济转轨和促进基础产业的迅速增长，国家通过提高基础产业产品或服务的价格和设立基金、收费项目等手段，使我国能源、运输和电讯投资在国有经济固定资产投资中的比重从1985年的33.5%提高到1998年的49.2%，使得我国能源、运输、电讯得以迅速发展，从而使我国基础产业的短缺状况大为缓解，长期存在的"瓶颈"矛盾基本被熨平。与此同时，我国其他基础产业也得到较快的发展。在基础设施的全部投资中，以自筹投资最多，一般占到50%以上，中央部门、省、市的自筹分量较重。这是因为，在此期间，国家通过价格附加成功开辟各项建设基金，如能源交通建设基金、铁路建设基金、港口建设费、机场结社附加费和民航发展基金等。事实证明，新中国成立以来，凡是行政事业性收费与政府基金高速增长的时期，都是我国各地经济、社会各项建设事业高速发展的时期，各地发展所需资金的主要来源是政府非税收入。

2. 促进教育事业快速发展

根据内生经济增长理论，人力资本的积累和技术进步可以突破自然资源和资本边际生产力递减的限制，实现经济的持续增长，而教育是提高劳动力素质、加快技术进步最直接的方式。根据杨建芳、龚六堂等学者的测算，人力资本对我国经济增长的贡献率高达13.6%。而随着我国人口红利的消失以及经济增长方式由粗放型向集约型的转变，教育事业对于经济发展的贡献将更加凸显。

教育作为一个民族进步和发展的基础，是提高全民族整体素质和创造能力的根本途径。总体来看，近20年来，我国教育方面非税收入占教育经费来源的比重不断上升。教育收费收入占教育经费支出从1991年的15.54%上升至2006年的38.75%。可见，非税收入为我国教育事业的快速发展做出了巨大贡献，从而推动了经济的持续快速发展。

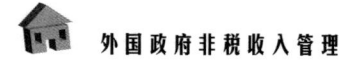

3. 弥补市场失灵、规范市场秩序

前文理论部分提到，非税收入的出现是因为部分公共品存在产权不明晰的特征，而经济行为出现外部性，这些都会导致在单纯市场经济条件下的市场失灵。良好的市场环境是一国经济持续发展的重要保障，不可避免的市场失灵就需要政府通过非税收入来弥补市场机制的不足，规范市场秩序。对于准公共品，可以通过收费机制来调节需求量，从而将需求限制于社会最优水平；对于具有负外部性的产品，可以通过收费来使外部成本内部化，减少外部性对均衡产量的偏离效应。另外，对于某些具有自然垄断性质的产品和服务，政府通过公共定价可以获取垄断利润或约束企业利润，削弱所有者的控制权，有利于实现社会公平。

政府作为社会的管理者，必须运用行政职权规范和维护社会经济秩序，保障公众利益和公共安全。例如，为了防止重复建设、过度竞争和信息偏差，政府有必要进行规划订单，对企业实行专营许可证制度；为保护消费者利益，对于危险品、药品及食品生产、运输、保管和销售，政府必须进行严格管理，对产品质量加强审查监督，发证经营；为确保信息的真实性，政府相关机关和组织需要对某些行业的从业人员职业水平和职业道德进行检验和核查，颁发行业准入证书等。

4. 提高公共设施使用效率，优化资源动态配置

政府对公共设施进行收费，有利于抑制公众对公共资源的过度使用，提高公共设施的使用效率。首先，公共资源由于其竞争性和非排他性，在市场经济中不可避免地会出现"工地悲剧"的状况。人们对于公共资源不能根据其价值确定自身适度消费的界限，而会无节制地使用和占有，由此造成公共资源的过度使用和浪费，影响其可持续发展和总体社会福利。政府对公共资源的使用收取一定费用引导公众能据此做出最优决策，优化资源配置。其次，收费同时有助于政府规划最优公共产品的供给数量，减少公共支出的盲目性。为保证公共设施必要供给，单纯依靠政府税收不足以支付如此巨额的资金。而实行政府收费制度不仅保证了准公共品的供给，又缓解了政府财政压力，有利于提高公共支出效率。

第二章

美国政府非税收入

作为一类财政收入，非税收入是政府收入的重要补充，对政府拓展公共服务能力具有积极的推动作用。美国作为世界经济的领头羊，政府中存在大量的非税收入项目，本章针对美国非税收入管理体系进行系统研究，以期对规范中国政府非税收入管理有所借鉴。

一　美国政府组织结构

政府组织结构明确了国家权力的分配状态，进而影响政府机构的职能和财政资源配置，从而决定了政府非税收入的管理模式。作为一个联邦制国家，美国政府由联邦、州、地方三级构成。[①] 地方政府包括县政府（Counties）、乡镇（Townships）、自治市（Municipalities）、特别区（Special Districts）等（见图 2-1）。

与单一制国家不同，美国政治结构较为松散，各级政府享有充分的自治权，包括一定的财权，在财政收入中都存在非税收入。在各级政府内部，实行立法、行政、司法三权分立，其中立法和行政机关负责管理非税收入，司法机关不参与非税收入常规管理，所以本节政府结构仅涉及立法和行政机关。

（一）联邦政府

1. 立法机关

在联邦政府中，国会是《美国宪法》规定的立法机构，由参议院和众

---

① 柳建文、崔红玉：《中美行政区划的比较与启示》，《经济研究导刊》2009 年第 32 期。

外国政府非税收入管理

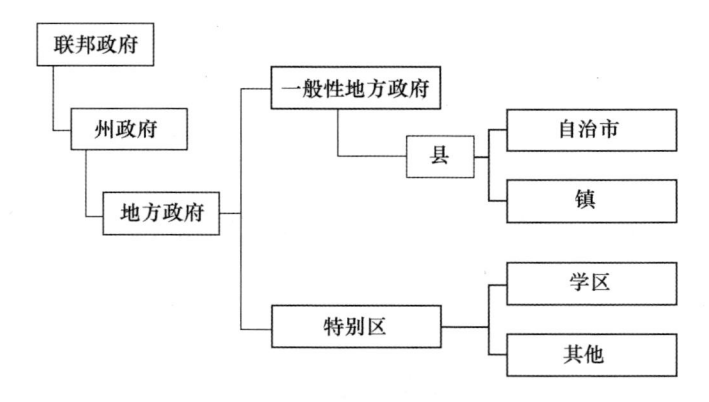

图 2-1 美国政府层级

资料来源：中华人民共和国财政部国际司：《美国财政管理体系介绍》（http：//gjs.mof.gov.cn/pindaoliebiao/cjgj/201310/t20131024_ 1003146.html）。

议院组成。它们由人民直接选举的议员组成，其中参议院100名，众议院435名，除此之外还有6名无投票权的国会代表。为了发挥议员的专业才能，参众两院之下还设有各类的委员会及下属分委会，其中参议院有17个委员会和70个分委会，众议院有23个委员会和104个分委会。[①] 每个委员会从事某一具体政策领域的立法工作，分委会则从事更加专业化和细化的立法工作。

在委员会中，与非税收入管理关系密切的包括参众两院的拨款委员会、预算委员会、国会预算办公室（CBO）和政府审计办公室（GAO）。下面略加介绍：

其一，国会拨款委员会。国会中负责拨款法案的常设委员会，为政府部门拨款授权，通过取消拨款的立法、开支结余结转的立法及根据国会预算委员会的决定进行新的开支授权，两院的拨款委员会各下设13个分委会。它主要负责制定核准部分非税收入的使用管理制度。

其二，国会预算委员会。成立于1974年，是国会中专门对总统的行政预算进行审议的常设委员会，主要职责是加快国会审核预算的进程，并使国会能用专家的眼光来审核总统的行政预算，因而负责制定核准非税收

---

① 美国政府网站立法机关介绍，http：//www.whitehouse.gov/our-government/legislative-branch。

入的各项管理制度。

其三，国会预算办公室（CBO）。CBO 是一个专业的、非党派的机构，成立于 1975 年，没有审批权。其职责是为国会两院提供客观、专业、及时、非政治化的分析，这些分析有助于经济和预算决策。国会预算办公室对经济与预算有独立的分析与预计，并独立地编制一整套预算，供国会参考。简单地说，国会预算办公室的任务主要是为参众两院的预算委员会、拨款委员会提供辅助性服务，给总统的预算挑毛病，另外也应国会的要求研究预算和经济方面的有关政策。所以，它主要负责为非税收入管理提供决策信息和政策建议。

其四，政府审计办公室（GAO）。建于 1921 年，是审计政府财务，使政府财务活动限制在国会批准的范围内的机构，因而负责非税收入的监督管理。

由此看来，国会不仅负责制定非税收入管理的法律制度，还负责监督它的执行情况。

2. 行政机关

联邦政府行政机关由总统、副总统、总统行政办公室、内阁机构和独立机构构成。

总统的主要职责是贯彻执行国会制定的法律，某些国会讨论的议案也由总统提交，例如每年的总统预算案、非税收入项目请求会被写入其中。副总统象征意义远大于实际意义，美国宪法规定，副总统不得拥有行政实权。他的最主要职责是作为总统的第一继任人，在总统无法履行职责时继任总统。他也兼任参议院的议长，但为了防止行政对立法的干涉，他不能提出议案或参与辩论。但副总统是内阁成员，所以对行政系统内的非税收入相关决策会产生一定影响。

总统行政办公室（Executive Office of the President，EOP）是一个综合性的幕僚机构。EOP 主要职责是为总统高效管理国家事务提供各种必要支持，比如政策建议、出行安排、活动报道、白宫维护等。自 1939 年成立以来，其机构和人员不断膨胀，截至 2014 年 7 月已下辖 15 个机构（具体见表 2-1），雇员总数超过 1800 人。其中，与非税收入管理关系最为密切的是管理和预算办公室（OMB）——它独立于财政部之外，直接向总统负责。[①] 主要职责是协助总统编制政府预算案，审查评估各部门预算方案，

---

① 中国财政部：《美国的预算管理制度》（http://www.mof.gov.cn/pub/yusuansi/zhengwuxinxi/guojijiejian/200810/t20081014_81947.html）。

外国政府非税收入管理

确保各部门的预算请求和立法建议与总统的意图保持一致。此外，OMB 还负责监督政府采购、财务管理以及政务信息公开。[①] 因而，它是政府内部审批、监督各部门非税收入项目的主要部门。

表2-1　　　　　　　总统行政办公室下辖机构一览表

● 经济顾问委员会（Council of Economic Advisers，CEA）
● 美国国家经济委员会（National Economic Council，NEC）
● 总统经济复苏顾问委员会（President's Economic Recovery Advisory Board）
● 环境质量委员会（Council on Environmental Quality，CEQ）
● 国家安全委员会（National Security Council，NSC）
● 总统情报顾问委员会（President's Intelligence Advisory Board，PIAB）
● 美国国内政策委员会（Domestic Policy Council，DPC）
● 社会革新和公民参与办公室（Office of Social Innovation and Civic Participation）
● 卫生改革办公室（Office of Health Reform）
● 行政办公室（Office of Administration）
● 管理和预算办公室（Office of Management and Budget，OMB）
● 国家艾滋病政策办公室（Office of National AIDS Policy，ONAP）
● 国家毒品控制政策办公室（Office of National Drug Control Policy，ONDCP）
● 国家科学和技术政策办公室（Office of Science and Technology Policy，OSTP）
● 美国贸易代表办公室（Office of the United States Trade Representative，USTR）
● 白宫军事办公室（White House Military Office，WHMO）
● 总统空运组（Presidential Airlift Group）
● 白宫通信局（White House Communications Agency，WHCA）
● 白宫医疗单位（White House Medical Unit）
● 白宫办公厅（White House Office）
● 白宫幕僚长（White House Chief of Staff）
● 内阁事务办公室（Office of Cabinet Affairs）
● 通信办公室（Office of Communications）
● 妇女和少女委员会（Council on Women and Girls）
● 能源和气候变化政策办公室（Office of Energy and Climate Change Policy）

---

① OMB，*Office of Management and Budget*：*Open Government*（http://www.whitehouse.gov/omb/open）.

续表

● 美国第一夫人办公室（Office of the First Lady of the United States）
● 美国国土安全委员会（Homeland Security Council，HSC）
● 政治事务办公室（Office of Political Affairs）
● 立法事务办公室（Office of Legislative Affairs）
● 管理和行政办公室（Office of Management and Administration）
● 椭圆形办公室业务（Oval Office Operations）
● 总统人事办公室（Office of Presidential Personnel）
● 基于信仰和睦邻合作关系办公室（Faith - based and good - neighborly and cooperative relations office）
● 公共参与和政府间事务办公室（Office of Public Engagement and Intergovernmental Affairs）
● 新闻秘书办公室（Office of the Press Secretary）
● 职员秘书办公室（Office of the Staff Secretary）
● 城市事务政策办公室（Office of Urban Affairs Policy）
● 白宫法律顾问办公室（White House Counsel）
● 白宫研究员协会（White House Fellows）

资料来源：维基百科，美国联邦机构列表，http：//zh.wikipedia.org/wiki/%E7%BE%8E%E5%9C%8B%E8%81%AF%E9%82%A6%E6%A9%9F%E6%A7%8B%E5%88%97%E8%A1%A8。

传统上，内阁机构由协助总统处理国家事务的 15 个行政部门组成（见表 2-2）。之所以被称为内阁机构，是因为它们的主要负责人都是总统的内阁成员，是总统处理各领域事务的助手和顾问团。这些内阁机构规模普遍较大，机构之下分设各个部门。由于机构职能导致财政资源配置上存在显著差异，但普遍存在非税收入，是非税收入征收和使用的主体。除此之外，财政部还依照法律为其他机构建立账户储存和拨付非税收入资金。

独立机构往往因经济发展和社会管理的实际需要，由国会通过专门立法设立，存在于联邦行政部门（由内阁部长领导）之外，直接向总统负责。在联邦政府中，有 60 多个独立机构。它们的经费，有些依赖政府预算拨款，有些则依靠拨款和非税收入，还有的则完全依靠非税收入。

表2-2 联邦政府内阁机构

机构名称	雇员数量（人）	预算支出（亿元）	部门数量（个）
农业部	超过10万	950	17
商务部	约3.8万	65	—
国防部	约130万现役军人，70万文职人员，110万国民警卫队和预备役人员	—	—
教育部	约4200	686	—
能源部	超过10万	230	—
卫生和人类服务部	约6.5万	7000	11
国土安全部	约21.6万	—	22
住房和城市发展部	约9000	400	—
内政部	约7万雇员，2万志愿者	160	—
司法部	—	250	40
劳工部	约1.5万	500	—
国务院	约3万	350	—
运输部	约5.5万	700	—
财政部	约10万	130	—
退伍军人事务部	约23.5万	900	—

资料来源：根据美国政府网站行政系统介绍整理，由于网站内容所限导致部分数据和统计时间缺失（http://www.whitehouse.gov/our-government/executive-branch）。

（二）州政府

州政府组织结构与联邦政府大体类似。美国共有50个州，各州有自己的宪法和法律。1789年联邦宪法实施以前，每个州实际上是一个主权单位。实行联邦制后，联邦宪法允许各州保持一定的独立性。联邦宪法第10条修正案规定，宪法未授予联邦也未禁止各州行使的权力，均由各州或人民保留。各州行使联邦宪法规定保留给它的权力时，联邦政府不得擅自干涉。各州拥有的权力相当广泛，一般来说，完全在州界之内的事务只归州政府处理。

1. 州立法机关

各州议会是州政府的立法机关。除内布拉斯加州实行一院制外，各州议会均由参、众两院组成。两院议员均由选举产生。一般州众议院议员多于州参议院议员。与国会类似,在两院之下也分设各类委员会负责具体的议案审核立法工作。因而立法程序也与联邦国会相似。一般由州众议院或州参议院议员提出议案,包括非税收入在内的预算议案由州长提出,送交两院各自委员会研究,如通过再交全院审议。两院通过后,议案则送交州长签署。除北卡罗来纳州州长外,其他各州州长均有否决权。但州长的否决可以被州立法机关的 2/3 票数推翻。在 41 个州内,州长还拥有美国总统所没有的"提案部分项目否决权"。

2. 州行政机关

州行政机关负责政府的日常运作,提供服务,维护法律。州长是行政机关的最高领导,经全州投票选举产生,根据州法律,一般任期 2—4 年。其他可由选举而不是任命产生的州政府高级官员包括:副州长、州务卿、州司法部长、州审计官以及一些管理委员会和专门委员会的成员。非民选职务往往由州长任命。

由于各州政府有权自行组织本州的行政机构,这导致各州的行政组织结构差异非常大。大部分州将各类职能机构称为"局",并设立秘书局作为州长内阁,负责按照州长指示部署各机构工作。局之下设部门、办公室、处。另外,州行政机关还包括各类理事会、委员会、国有企业、行政管理机构,它们或隶属于各职能局,或独立于局之外直接向州长负责。州政府除了提供免费的公共服务外,还提供一些收费服务,从而产生非税收入。

(三) 地方政府

各州宪法都包含对地方行政实体的规定。每个州都设有县和市政府,大部分州还有其他形式的更小的行政实体,比如学区、保护区、镇区以及交通管理当局等。除了类型多样,地方政府的数量也非常多。2012 年美国统计局数据显示,美国 50 个州,有 8 万多个地方行政单元。其中县 3031 个,市 19522 个,其他(乡镇、特区、学区)66451 个。[①]

美国地方政府的权力架构逻辑与联邦和州政府相似,但由于各州的宪

[①] U. S. Bureau of the Census, "2012 Census of Governments—The Many Layers of American Government" (http://www.census.gov/govs/go/).

法和宪章不同，具体情况各异，导致地方政府组织形式多样化。

一是"市乡镇议会＋行政委员会（包括象征性行政首长，即弱市乡镇长）＋专门理事会或委员会"结构。

在这种结构中，市乡镇议会是公民直选议员组成的立法机关，掌握立法权；行政委员会是民选行政委员组成的行政机关，掌握行政权。其成员包括市乡镇长、司库、估税员、勘测员、警务专员等，分掌行政权并对选民而不是议会、市乡镇长负责；市乡镇长既是民选行政委员又是象征性行政首长，象征性代表政府，但不能控制整个行政委员会和行政权力；专门理事会、委员会面向本地所有公民开放。任何公民想成为专门理事会、委员会成员，只要志愿申请就可以。

二是"市乡镇议会＋市乡镇长（实质行政首长）＋专门理事会、委员会"结构。

在这种结构中，市乡镇议会是公民选举产生的立法机关，掌握立法权；市乡镇长也是由公民直接选举产生并有一定任期的实质行政首长，掌握行政大权；市乡镇长与市乡镇议会没有直接隶属关系而是平等合作又相互制衡的关系；专门理事会或委员会类似于上一种模式中的专门理事会或委员会。

三是"市县乡镇议会（包括市县乡镇长）＋市县乡镇经理（实质行政首长）＋专门理事会或委员会"结构。

在这种结构中，市县乡镇议会是民选议员组成的立法机构，掌握立法权；市县乡镇长也是议会成员，由选民直接选举产生（个别由议会从委员中选举产生），但其权力小，只在议会里主持会议并在公开场所代表本市；市县乡镇经理是实质的行政首长，由议会招聘并对议会负责，不对市县乡镇长负责；专门理事会或委员会情况同上。

四是"市县乡镇委员会（包括市县乡镇长，即首长）＋专门理事会或委员会"结构。

在这种结构中，市县乡镇委员会是由公民直接选举出来的若干委员组成的，既是立法决策机构又是行政机构；行政事务主要由委员会中的若干委员分工负责，每个委员具体负责某一或几个行政部门；首长是委员会中的一员，负责主持委员会会议并行使其他的一些权力，但并不掌握所有行政权力，他与委员会中其他人员几乎处于同等地位；专门理事会或委员会情况同上。

五是"乡镇村公民大会或乡镇村公民代表大会 + 行政委员会 + 乡镇村经理 + 专门理事会、委员会"结构。

这种组织结构与上面"市县乡镇议会（包括市县乡镇长）+ 市县乡镇经理（实质行政首长）+ 专门理事会或委员会"结构都设置了作为实质行政首长的行政经理，所以被统称为经理制结构。

二 美国政府非税收入定义

关于非税收入的定义，各界认识不尽一致。国外和国内有很大差别，我们的研究目的是对中国非税收入改革有所借鉴，所以将中国政府非税收入的概念作为基准，在美国政府中寻找对应。

（一）联邦政府非税收入

在联邦政府的众多财政报告中，并未使用"非税收入"这一提法，而是采用"使用者付费"（User Charge）。根据国会预算办公室（Congressional Budget Office，CBO）（1993）《联邦使用者付费增长》报告，使用者付费是基于利益或责任的费或税，产生于政府提供的私人产品、准公共产品和服务。[1] 根据总统预算和管理办公室的《A-25通知》，这是一部对行政机构设立非税收入具有普遍约束力的行政规章，指出使用者付费是指抵偿给确定受益人带来具体收益的政府产品或服务成本的费用。其中具体收益是指那些一般公众无法获得的收益。[2] 例如：

- 使个人或企业"相比广大公众获得更多直接或实质性的收益或价值"（比如获得"专利、保险，或担保……，或许可其进行特定的活动或业务"）；
- 促进"业务稳定"或"公众信任"（例如，"农产品检验和评级、商业银行存款保险"）；

---

[1] Richardson P. W., *The growth of federal user charges*, DIANE Publishing, 1993: 3; General Accounting Office, "The Congress Should Consider Exploring Opportunities to Expand and Improve the Application of User Charges by Federal Agencies", GAO/PAD-80-25 (March 20, 1980).

[2] Executive Office of the President, Bureau of the Budget, "Circular A-25, User Charges", September 23, 1959.

- 根据某个公民的具体要求或为方便其个人进行的政府活动（例如，办理护照或签证）①。

从性质上，使用者付费可细分为"两费两税"共四类：

"两费"是使用费（User Fees）和规费（Regulatory Fees）。前者基于产品或服务，个人或企业使用政府提供的产品（包括服务）支付的费用。② 产品具有竞争性和排他性，除生产主体是政府外，与市场交易活动无差异，私人部门也可供给。后者基于政府权力，为抵偿对特定市场或社会活动的规制成本取得的资金。③ 比如移民、护照、领事费，检查检疫评级费，专利、认证、版权费，注册费等。传统上由政府部门垄断，极少有私人部门参与。

"两税"是受益税（Beneficiary-Based Taxes）和损害税（Liability-Based Taxes），属于具有指定用途的专项税。前者根据对政府产品或服务的使用程度收取④，大多与交通运输和环境保护相关。例如，用于高速公路和航道建设的燃油税、用于机场和航线建设的航空运输税等。后者从消费税中提取，用于补偿微观活动产生的损害，如用于治理有害物质污染的原油消费税，用于煤矿工人肺部疾病诊疗的煤炭消费税。

至于使用者付费的来源，从美国联邦政府的核算中，可以看到其内容非常具体。考虑到中国政府非税收入过于泛化，仅能适应目前粗线条的管理现状，作为参考，在此特将美国政府非税收入详细列出⑤：

- 来自联邦政府向公众提供产品或服务的收入（例如，国防部军营超市出售商品的收入、电力市场管理局售电的收入、邮局出售邮票的收入、国家公园出售门票的收入等）；
- 自愿参保的社会保险项目（例如，医疗保险 B 部分保费收入）；

---

① Office of Management and Budget, "Circular A-25, User Charges", *Federal Register*, Vol. 52, No. 126, July 1987, p. 24891.

② Reischauer, Robert D., "The Growth of Federal User Charges", CONGRESSIONAL BUDGET OFFICE (US CONGRESS) WASHINGTON DC, 1993, pp. 4-7.

③ Reischauer, Robert D., "The Growth of Federal User Charges", CONGRESSIONAL BUDGET OFFICE (US CONGRESS) WASHINGTON DC, 1993, pp. 4-7.

④ Reischauer, Robert D., "The Growth of Federal User Charges", CONGRESSIONAL BUDGET OFFICE (US CONGRESS) WASHINGTON DC, 1993, pp. 4-7.

⑤ Office of Management and Budget, Circular No. A-11: Section 20-Terms and Concepts, 2013: 32-33, http://www.whitehouse.gov/sites/default/files/omb/assets/a11_current_year/s20.pdf.

- 海关相关收费（例如，美国海关总署商品加工费）；
- 资产出售收入（物业、厂房和设备）；
- 自然资源出售收入（例如，木材、石油和矿产）；
- 外大陆架收入；
- 无线频段拍卖收入；
- 与特许、监管和司法服务相关的收费；
- 专项税和关税例外；
- 存入信贷项目账户且被计入当期预算的与信贷项目相关的收费。

除此以外，还有一些被排除在外但易于混淆，需要明确指出，不包括[1]：

- 贷款和投资收益；
- 利息、红利收入；
- 强制参保的社会保险项目保费；
- 消费税；
- 关税；
- 罚款、处罚和罚没；
- 用于抵消政府成本的捐赠收入；
- 美联储的盈利收入。

从总体上看，美国"使用者付费"确实类似于中国"政府非税收入"。主要依据如下几点：

一是产生机制大体相同。产生于政府（利用国有资产、国有资源）提供私人产品、准公共产品（准公共服务）和服务（基于政府权力、政府信誉）。

二是具体内容大体相似。如表2-3所示，美国"使用者付费"基本都可在中国"政府非税收入"中找到对应（除了自愿参保的社会保险项目，因为中国政府不提供自愿参保的社保项目）。

由于使用者付费和非税收入是一个对等概念。为了行文一致，下文统一使用联邦政府非税收入。

---

[1] Office of Management and Budget, Circular No. A-11: Section 20 - Terms andconcepts, 2013: 32-33, http://www.whitehouse.gov/sites/default/files/omb/assets/a11_current_year/s20.pdf.

表2-3　　　　中国政府非税收入与美国使用者付费对应情况

中国政府非税收入	美国使用者付费
行政事业收费	• 来自联邦政府向公众提供产品或服务的收入；海关相关收费；与特许、监管和司法服务相关的收费 • 存入信贷项目账户且被计入当期预算的与信贷项目相关的收费
政府性基金	• 专项税和关税例外
国有资源有偿使用收入	• 自然资源出售收入；外大陆架收入；无线频段拍卖收入
国有资产有偿使用收入	• 资产出售收入
	• 自愿参保的社会保险项目，如医疗保险B部分保费收入

虽然中美两国非税收入性状相似，但也存在一些比较明显的差异——其中固然有因国情不同导致的名称类别等表面化差异，更有一些深层次的差异。具体表现如美国非税收入是将利息、红利收入，捐赠收入和罚款、罚没收入三项排除在外的，而中国则列入其内。这种差异性产生的主要原因可能是两国认识角度不同。美国强调非税收入的本质特性，要求其存在对应明确的成本收益关系，所以是一个相对狭义的概念。

具体分析美国政府非税收入，具有如下特点：

一是体现成本补偿性。

罗斯福（1941）在给国会的预算建议中写道："我始终认为，许多由政府提供给人民的设施应该由那些使用它们的人全部或部分偿付。"[①]

在理论上，产品可分为私人产品和公共产品，其中公共产品又可分为纯公共产品和准公共产品。

同时具有非竞争性和非排他性的公共产品被称为纯公共产品。在实际中，政府提供的产品中如国防、政府行政、外交、司法、公安以及基础教育等纯公共产品并不太多，私人产品也不太多，更多的是介于公共产品和私人产品之间的准公共产品。纯公共产品的非竞争性，意味着纯公共产品消费的边际成本为零，这样，根据边际成本定价原则，政府在向社会提供纯公共产品时不应向使用者直接收费。另外，纯公共产品的非排他性特征，也意味着很难通过非税方式为该公共产品筹资。因此，对纯公共产品，既无必要也无可能向其使用者直接收费，只能通过强制征税弥补

---

① Richardson, *The growth of federal user charges*, DIANE Publishing, 1993.

成本。

相反，政府提供私人产品和准公共产品所发生的费用，则不能全部用税收来补偿，这是因为它们的效用可以分割，并且，消费者对它们的消费无论在范围还是在程度上都存在差异。如果用税收形式补偿它们的生产成本，一方面会侵犯没有消费或少消费的社会成员利益，另一方面也会剥夺消费或较多消费的社会成员根据自己的偏好选择消费种类和规模的权利，使供给偏离最佳状态，降低经济效率。因此，对私人产品和准公共产品的成本补偿，是非税收入最根本的特性。

二是矫正负外部性。

受益税和损害税有明显的矫正负外部性特点。在现实生活中，微观主体的行为可能会对其他主体产生负的外部效应，如厂商的生产经营活动造成环境污染，会对附近居民健康带来有害影响等。由于负外部效应所造成的损害及大小很难确定，受害者难以索赔，其结果导致负外部效应的无限扩大，给整个社会造成有害影响。在这种情况下，政府出面按照社会治理"负外部效应"所需成本来核定收费，使外部成本内在化，则有可能修正社会成本与微观成本的差距，使生产"负外部效应"者承担其活动的真实成本，利用利益机制约束其产生"负外部效应"行为，从而使社会资源得到充分利用，使经济社会环境得到必要维护。

三是反映政府所有权收益。

联邦政府拥有大量的资源和资产，利用它们获得的非税收入反映了政府所有权的收益要求。以国有资源为例，在人类的生产活动中，自然资源从来都是生产活动必不可少的要素构成之一。在市场经济中，各类要素都在市场交换中索要自身的报酬，国有自然要素也不例外。因此，国有资源的开发和使用在市场经济下不应该是无偿的，即在市场开发使用过程中可以产生收益，具体表现为如自然能源、土地使用权的出让等，其产生的市场收益应全部归资源所有者，即归国家所有。

四是内容界定细致，便于实际管理。

在实际管理中各类财政收入混合在一起，识别非税收入远比理论上复杂，例如，美国的社保是强制参保和自愿参保混合在一起，信贷项目中既存在利息收入又存在手续费等服务收入，这些不能一概而论，全部放入或排除非税收入。细致界定非税收入内容，正是为了避免在类似项目上出现管理混乱的问题。

(二) 州和地方政府非税收入

在州和地方政府中，也存在使用者付费。但由于美国相关法律规定、政府组织结构以及统计口径存在差异，导致使用者付费千差万别。这在地方政府层面表现得尤为突出。由于数量太多，逐一研究几乎不可能。为了克服这一问题，在此采取两种方法处理：一是大致统一非税收入定义、具体内容和统计口径；二是将地方政府以州为单位合并，即将8万多个地方政府压缩为50个进行研究。

考虑到比较研究的对应性，结合中国财政部财综〔2004〕53号文件中的非税收入定义和具体内容，也将美国州和地方政府非税收入大致定义为除税收、社保基金外的政府收入。

据此，结合美国联邦政府统计局对州和地方政府收入的统计分类，州和地方政府非税收入的具体内容包括经常性收费（Current Charges）、综合性收入（Miscellaneous General Revenue）、公共设施收入（Utility Revenue）和酒类商店收入（Liquor Stores Revenue）。

1. 收入结构

美国州和地方政府的财政收入由非税收入与税收收入、政府间收入、社会保险收入共同构成。如图2-2所示：

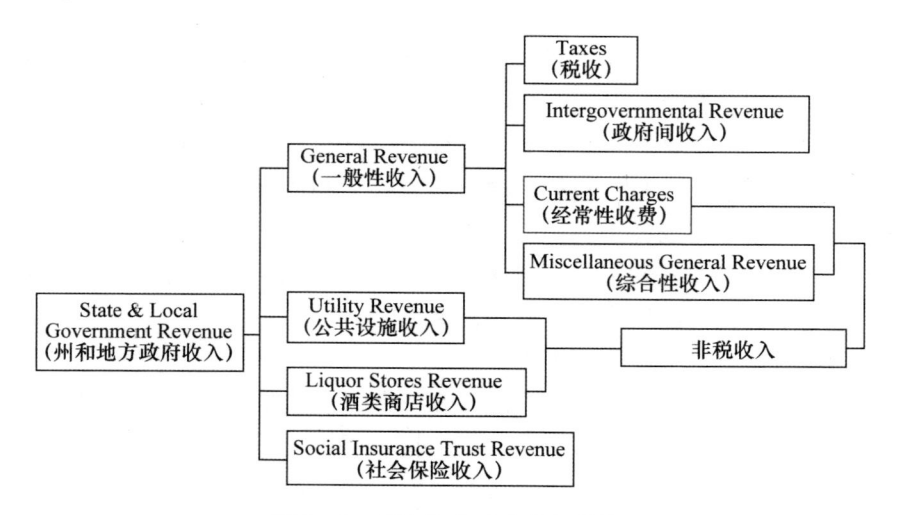

图2-2 州和地方政府收入结构

收入结构一方面清晰反映了非税收入在财政收入中的地位，另一方面也可以看出其税收收入、政府间收入、社会保险收入三者各具的特点。

其一，税权高度分散。州政府可以开征除关税和财产税以外的几乎所有税种；地方政府可以开征除遗产税和社会保险税以外的所有税种。各州可根据本州立法机构制定的有关法律、经济发展水平和税收来源的充裕程度等设立不同的税种和相关税率。生活水平较高的州，如美国东北地区州的总体税率水平要高于南部的州；而有些州，如阿拉斯加州，由于有丰富的石油资源和充裕的税源，不但没有州销售税和收入所得税，该州居民在交税后还可以获得部分税收返还的优惠待遇。有些州免征食品、药物的销售税，佛罗里达州免征个人收入所得税，内华达、南达科他、得克萨斯、华盛顿和怀俄明等州则免征个人和公司收入所得税，但可能会征收特许权税或使用税，还有些州规定纳税人可以用所交的某些州税抵扣相同的联邦税。

其二，上级政府通过转移支付对下级政府治理施加影响。政府间收入主要来自政府间转移支付，它基于政府间合作产生。例如，联邦政府通过与州政府合作，制定一些由联邦提供经费、州政府实施的法律和项目，对于许多州政府和地方政府的公共服务起到宏观控制和协调作用。合作的领域主要有教育、社会福利、住房补贴、国土安全、交通和紧急行动等。几乎所有州的大部分转移支付资金都用于中小学教育。与联邦政府转移支付不同的是，美国的州政府与地方政府之间存在以财政均等化为目标的转移支付（Block Grant），通常把此类转移支付归类为按职能分类的专项转移支付或分类转移支付，这些资金主要用于支持特殊类型的政府，尤其是学区政府。

其三，州政府分担社会保障责任。社会保险收入主要来自两部分，一是保费收入，二是社保资金投资收益。美国州政府在社会保障管理中具有十分重要的作用。各州内部都设有各自的社会保障基金管理机构来管理本州设立的公共养老、疾病与生育、工伤保险、失业等项目。而且州政府在管理上具有很强的独立性，1935年美国通过立法授权各州建立失业保险制度，联邦政府只是制定失业保险的一些措施，失业保险项目则由各州自己建立和进行管理。

2. 非税收入具体内容

因州和地方政府之间财政收入结构及居民需求的不同，其非税收入具体内容有所差异。本书根据美国联邦统计局统计分类方法整理，对各州和地方政府间较为普遍和主要存在的非税收入项目作出概括,大致有以下内容。

(1) 经常性收费

经常性收费主要来自政府提供产品和服务收益。州政府经常性收费主要涉及教育、医疗、住房等重要民生领域,也包括国有资源出售、国有资产使用等项目,构成了州政府非税收入的主要内容。在地方政府层面,除了不包括国防与国际关系,其余基本与州政府相同。具体如图 2-3 所示。

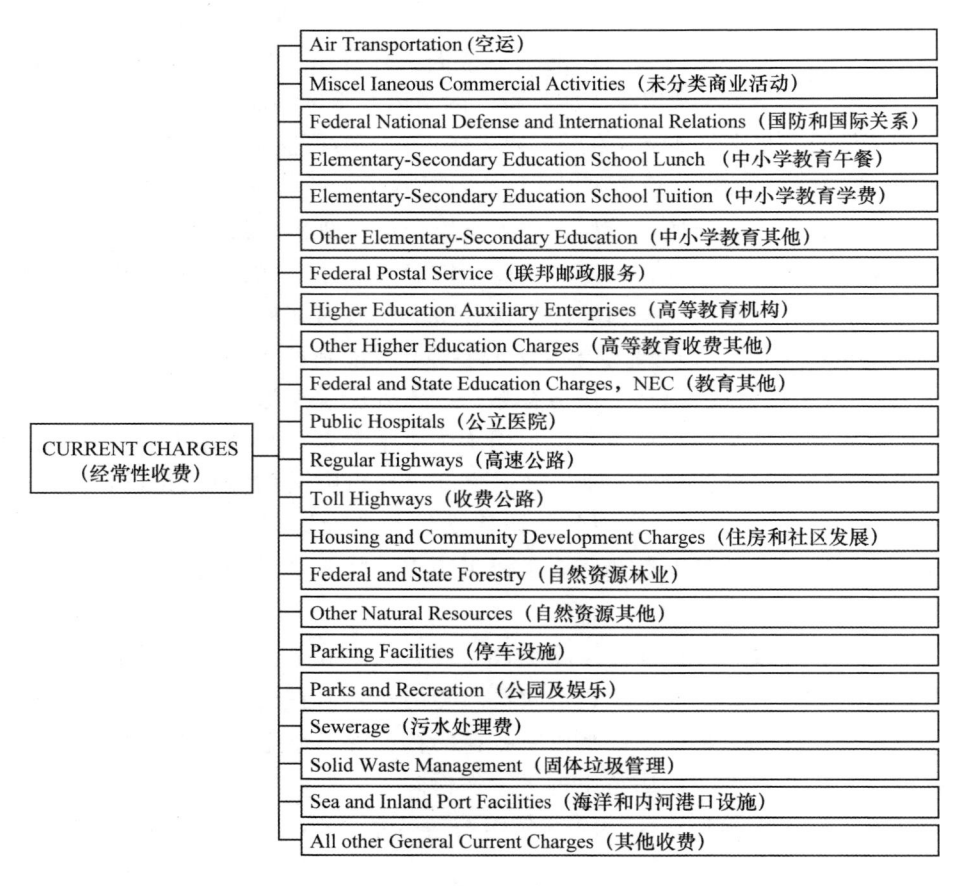

```
CURRENT CHARGES
(经常性收费)
├── Air Transportation (空运)
├── Miscel laneous Commercial Activities (未分类商业活动)
├── Federal National Defense and International Relations (国防和国际关系)
├── Elementary-Secondary Education School Lunch (中小学教育午餐)
├── Elementary-Secondary Education School Tuition (中小学教育学费)
├── Other Elementary-Secondary Education (中小学教育其他)
├── Federal Postal Service (联邦邮政服务)
├── Higher Education Auxiliary Enterprises (高等教育机构)
├── Other Higher Education Charges (高等教育收费其他)
├── Federal and State Education Charges, NEC (教育其他)
├── Public Hospitals (公立医院)
├── Regular Highways (高速公路)
├── Toll Highways (收费公路)
├── Housing and Community Development Charges (住房和社区发展)
├── Federal and State Forestry (自然资源林业)
├── Other Natural Resources (自然资源其他)
├── Parking Facilities (停车设施)
├── Parks and Recreation (公园及娱乐)
├── Sewerage (污水处理费)
├── Solid Waste Management (固体垃圾管理)
├── Sea and Inland Port Facilities (海洋和内河港口设施)
└── All other General Current Charges (其他收费)
```

图 2-3 经常性收费具体内容

资料来源:根据美国统计局 (U. S. Bureau of the Census)《政府财政和就业账目分类手册》(*Government Finance and Employment Classification Manual*), 2006 年 10 月, 第 4 章第 32—37 页整理, http://www.census.gov/govs/classification/。

在上述 22 大项中，有些从名称便可知其具体所指，但有些却不能，例如"未分类商业活动"，容易令人难以琢磨。为此，我们整理出表 2-4 对 22 大项进一步解释说明。

在表 2-4 中，可以看出州和地方政府提供产品和服务的多样性和细致性，反映出非税收入对于政府公共服务能力扩展的帮助。以教育为例，在表 2-4 中与教育有关的有六项，涉及学生的吃、住、行等一系列公共服务，反映了教育相关公共服务的完善程度，这些也得益于非税收入作为资金支持。

表 2-4　　　　　　　美国经常性收费的具体内容

项目名称	内容
空运	机库租赁，起降费，航站楼和商铺租金，飞机燃料和航油的销售，在机场地段的停车费，机场设施使用，或与其使用有关的服务费用
未分类商业活动	国有商业企业收益，如国营商场、水泥厂、公墓等
国防和国际关系	出售国防材料和其他国家的赠予
中小学教育午餐	出售牛奶和午餐
中小学教育学费	学费和交通费
中小学教育其他	运动竞赛，销售或出租课本，学生活动基金等
邮政	邮费，出售纪念邮票，邮政保险，挂号信等
高等教育机构	宿舍，食堂，体育比赛，学生活动，校内书店等
高等教育其他收入	学费，实验费，以及未包含在高等教育机构收费中的教学设备产生的收入
教育其他	残疾人学校和州立职业学校的学杂费
公立医院	诊疗费，医疗保险，医院内的商店，餐厅，礼品店
高速公路	损坏道路罚款，设立特殊交通标志，路灯维护，除雪服务收费
收费公路	收费来自于收费关卡，收费公路，桥梁，渡口，隧道；租金和特许经营费（服务站，餐厅等）
住房和社区发展	公共住房项目以及住房抵押保险（例如，联邦住房管理局担保贷款）
自然资源，森林	树木、苗木及其他林业产品出售、森林火灾赔偿
自然资源，其他	出售国有土地上的矿产和其他自然作物（除了林业产品）。对于联邦政府还包括国有牧地和草原，铀浓缩费用，电费收入（例如，博纳维尔电力管理局和田纳西河流域管理局）
停车设施	街道上和街道外的停车收费、租赁国有停车位或者国有车库的租金

续表

项目名称	内容
公园和娱乐	政府运营的设施（游泳池，康乐船坞和码头，高尔夫球场，溜冰场，博物馆，动物园等）；出租或使用体育场馆，礼堂，社区和会展中心费用
污水处理费	污水收集和处理，包括下水道接驳费
固体垃圾处理	垃圾收集和处理费；垃圾场运营费；可回收材料出售；有毒垃圾清理；利用废物循环产生的电、燃气、蒸汽或其他副产品出售
海洋和内河港口设施	运河通行费，租金、特许权租金，港口码头设施及相关服务
其他收费	法院、公证处，警察局、消防、监狱、养老院、图书馆服务收费。联邦政府还包括核废料处理和存款保险费

资料来源：根据美国统计局（U. S. Bureau of the Census），《政府财政和就业账目分类手册》(Government Finance and Employment Classification Manual)，2006年10月，第4章第32—37页整理。

（2）综合性收入（见图2-4）

综合性收入与经常性收费并列，成为州和地方政府非税收入中最主要的内容，甚至在一些州和地方，它们就是全部非税收入。值得关注的是，在州政府层面，与中国政府非税收入的具体内容大致相同，即利息、捐赠

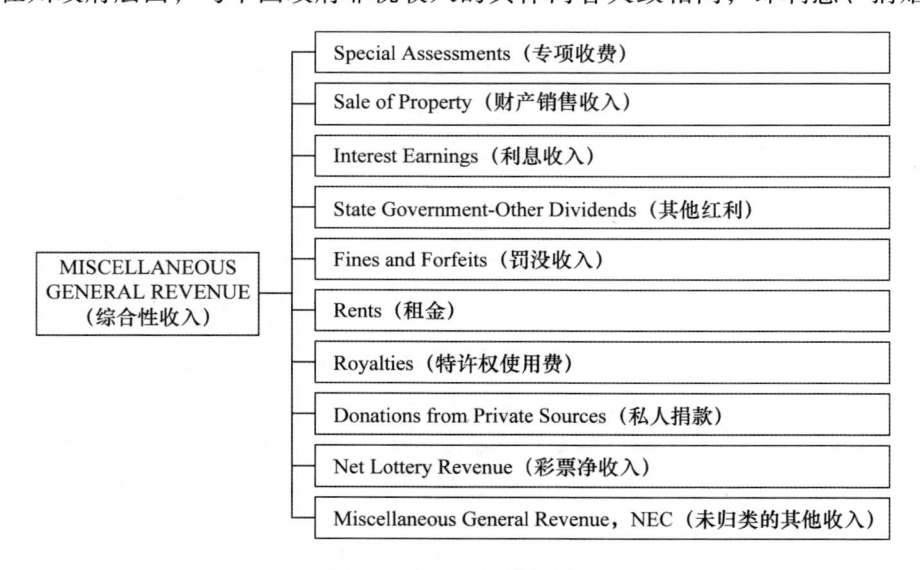

MISCELLANEOUS GENERAL REVENUE（综合性收入）
- Special Assessments（专项收费）
- Sale of Property（财产销售收入）
- Interest Earnings（利息收入）
- State Government-Other Dividends（其他红利）
- Fines and Forfeits（罚没收入）
- Rents（租金）
- Royalties（特许权使用费）
- Donations from Private Sources（私人捐款）
- Net Lottery Revenue（彩票净收入）
- Miscellaneous General Revenue，NEC（未归类的其他收入）

图2-4 综合性收入构成

收入、彩票收入都在其中。在地方政府层面，由于权力所限而更为精简，仅由专项收费、财产销售收入、利息收入组成。

与经常性收入一样，为了更为清晰地了解各项的具体指向，整理出表2-5。

表2-5　　　　　美国州或地方政府综合性收入的具体内容

项目名称	内容
专项收费	来自公共项目中受益财产的所有人；新开发地产项目的供水、排污管道铺设、道路修建和其他地下设施建设收取的影响费；这些收费用来支付公共项目的全部或部分成本，如支付该项目债券融资的本金和利息。 一般来说，专项收费是根据从公共项目受益资产的收入进行分摊。它们涵盖不单是一般性的公共项目，如街道铺装、人行道、公路建设、下水管道、排水和灌溉项目，也包括公共设施改进，如供水管网建设
财产销售收入	来自不动产、房屋的出售和使它们增值的改进措施收费、土地地役权、路权和其他固定资产出售（政府所有的公交车、汽车等），包括公共事业组织的国有资产出售取得的收入
利息收入	所有计息存款账户的利息；已出售投资证券应计利息，建设资金利息及用于私人目的的公债利息
其他红利	在股份制企业中的股权收益
罚没收入	来自违反法律法规的罚款；民事罚款（如藐视法庭）；刑事诉讼费；损害赔偿费；罚没的保释金或抵押物
租金	来自国有房产、土地或其他固定资产的短期租赁，如放牧费、林地使用费、荒地或者不动产（包括公共设施）租金和矿产资源补偿费
特许权使用费	由州或地方政府赋予开发、使用或运营国有资源权利的特许经营费，主要是与自然资源相关的特许权，如石油、天然气等
私人捐款	来自个人或企业以证券或货币形式的捐赠
彩票净收入	国有彩票扣除奖金和成本的运营收入
其他	上一财年已冲销坏账的冲回；保险调整；私人支付的补偿性税收；用于支付固定资产改善项目（如州之间联合共建项目）成本的捐赠；加入烟草和解协议的烟草厂商支付的费用

（3）公共设施收入

公共设施是来自公共设施生产产品或提供服务产生的收益。它包括直接销售商品和服务的收入，经营性物业的租金，管网连接服务、仪表安装和维护费用等。按市政功能可分为供水、供电、供气、公共交通四类。

在美国，联邦政府主要负责涉及国家全局或需投入巨资的公益性城市基础设施项目，如与全国性道路交通关联的基础设施建设均由联邦财政投资，而地方财政只提供一定比例的配套资金即可。表2-6中显示的市政基础设施，美国州一级政府，尤其是州以下的地方政府是主角。

表2-6　　　　　　　　公共设施收入的具体内容

项目名称	内容
供水	来自公共供水系统的经济收益，比如居民用水、工业用水和商业用水（包括被其他私营或公共供水设施转售的水；接驳和龙头收费；水表检验费；滞纳金；其他运营收入）
供电	来自公共供电系统的经济收益，比如居民用电、工业用电和商业用电（包括被其他私营或公共供电设施转售的电；接驳和龙头收费；电表检验费；滞纳金；其他运营收入）
供气	来自国有燃气企业的营业收入，如居民用气、商业、工业用气（包括其他私营或公共燃气设施转售的天然气）；其他运营收入
公共交通	来自公共交通系统的运营收入（快速公交，地铁，公交车，市内电车，通勤铁路服务），如票价、包机费、广告收入和其他业务经营收入

（4）酒类商店收入

酒类商店收入是美国州和地方政府较为独特的一项非税收入。它源于美国历史上的禁酒运动。

1920年，美国宪法第18号修正案——禁酒法案（又称"伏尔斯泰得"法案）正式生效。根据这项法律规定，凡是制造、售卖乃至运输酒精含量超过0.5%以上的饮料皆属违法。自己在家里喝酒不算犯法，但与朋友共饮或举行酒宴则属违法，最高可被罚款1000美元及监禁半年。21岁以上的人才能买到酒，并需要出示年龄证明，而且只能到限定的地方购买。

该禁酒令虽然于1993年被废止，但在禁酒组织的游说下，许多州仍然保持对酒类生产、销售的限制，为此由州或地方政府进行酒类专营[①]。例如，西弗吉尼亚酒类管理局控制着该州的酒精饮料批发，宾夕法尼亚酒

---

① 王晓光：《美国宪法禁酒令的立与废》，《法制与社会发展》2011年第6期。

类管制局控制该州的酒精饮料销售。

目前，保有此项非税收入的州已经不多，根据2011年统计数据，50个州中仅有17个州还有此项收入。地方政府的则更少，2012年统计数据显示，仅有5个州的地方政府仍存在酒类商店收入。有人认为，也许在不久的将来，这项收入会在州和地方政府的非税收入中彻底消失。

三 美国政府非税收入具体情况

本节主要介绍美国政府非税收入的具体情况，包括非税收入的绝对规模、相对规模、内部结构、变化趋势等，透过对它们的统计描述和分析，揭示美国非税收入的体量、地位、内核和发展情况。

非税收入在美国各级政府财政收入中由来已久，统计数据较为完备。

● 预算管理办公室和财政部网站上分别系统完整地呈现1994—2014年的预算和决算报告，有些历史数据最早可追溯至1934年。

● 商务部下属的美国统计局关于州和地方政府财政收入1998—2012年的数据齐备完整。

● 联邦政府内也比较关注非税收入，例如，国会预算办公室1993年出版的《美国联邦非税收入增长研究》，政府审计办公室关于非税收入的研究报告更是多如牛毛，且都可以在其官网上方便获取。

这些资料，为美国政府非税收入研究提供了极大便利。

（一）联邦政府非税收入具体情况

1. 联邦政府非税收入绝对规模

一个十分清楚的事实是，美国政府每年使用者付费的绝对数额较大，而且从80年代起，每年都在增加，详见表2-7。以2012年为例，美国政府使用者付费是2873亿美元。与其他发达国家比较，是德国（445亿美元）的6.4倍，加拿大（291亿美元）的9.8倍，意大利（664亿美元）的4.3倍，英国（1089亿美元）的2.6倍[①]。按照2012年美元对人民币

---

① International Monetary Fund（IMF），Government Finance Statistics Yearbook，2012. 其中Table W07（Major Categories，by Levels of Government）表中的Grand 和 other revenue 相加。

的平均汇价折算①，相当于 18135.81 亿元人民币，是同期中国中央政府的非税收入（2880.03 亿元）② 的 6.3 倍。客观上，这是由于美国自身经济规模较大导致的，主观上则是由于联邦政府决策者们越来越愿意使用非税收入方式来资助现有项目和开发新的政府项目。③

表 2－7　　　　　　美国联邦政府使用者付费收入　　　　（单位：亿美元）

财年	1980	1981	1982	1983	1984	1985	1986
非税收入	473.12	555.83	595.86	691.69	753.23	815.10	836.33
财年	1987	1988	1989	1990	1991	1998	1999
非税收入	863.33	952.00	1032.12	1039.17	1199.88	1358.00	1380.00
财年	2000	2001	2002	2003	2004	2005	2006
非税收入	1308.00	1336.00	1578.00	1622.00	1719.00	1852.00	2013.00
财年	2007	2008	2009	2010	2011	2012	2013
非税收入	2333.00	2473.00	2697.00	3214.00	3027.00	2873.00	3401.00

资料来源：1980—1991 年数据来自美国预算和管理办公室发布的《使用者付费增长》报告；1998—2013 年数据来自美国历年《总统预算案》；缺 1992—1997 年的数据。

使用者付费增长较快且有一定的持续性。如图 2－5 所示，1980—1991 年保持持续增长，年均增长率达到 8.8%。1998—2013 年间整体上依然保持增长态势，年均增长率 6.3%。整体上，2013 年较 1980 年增长了 6 倍多。

导致非税收入增长的原因是多方面的，经济增长和财政赤字是两个比较主要的因素。

经济增长带动非税收入增加。1981 年遭遇经济危机后，美国经济在里根政府的领导下进入强力复苏期，除 1982 年负增长外，至 1989 年里根离任前 GDP 年均增长率保持在 4% 以上。而 1998—2013 年，GDP 年均增长率依然保持在 3.5% 以上。另外，这一阶段非税收入的波动性增大可能跟 1998 年和 2007 年两次经济危机造成的经济波动有关。

---

①　根据《中国统计摘要 2013》中公布的 2012 年人民币对美元的平均汇价为 1∶6.3125。
②　中国统计局 2012 年中央政府财政主要收入项目。
③　United States Government Accountability Office，FEDERAL USER FEES：A Design Guide，U. S. Government Printing Office，2008.

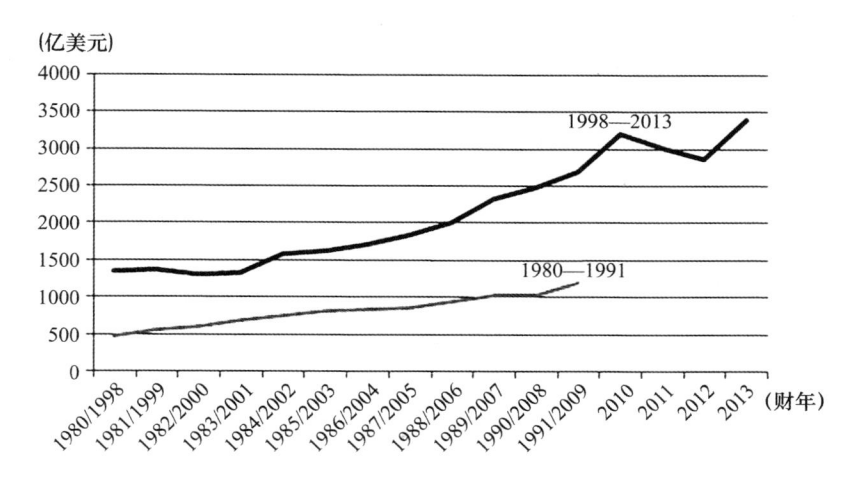

图 2-5 非税收入变化

财政赤字迫使政府更多地使用非税收入形式。在这两个阶段联邦政府都出现了数额大且持续周期长的赤字，例如：1980—1991 年，政府财政一直处于赤字状态，额度最高达 3214.35 亿美元（1991 年）；而在 1998—2013 年间，除 1999 年和 2000 年短暂出现过盈余，其余年度皆为赤字，额度最高达 1.5 万亿美元（2009 年）之巨，[1] 这使政府增加收入的驱动尤为强烈。

2. 联邦政府非税收入相对规模

非税收入占财政收入的比重，体现了政府财政的非税收入依存度，它反映政府收入的结构中非税收入的相对重要性。从这个指标看，可以发现两个特点：一是非税收入增速在大部分年份快于财政收入增速。特别是 2002 年和 2009 年，非税收入显著快于同期财政增速。这说明，非税收入在联邦政府财政系统中的地位不断增强；二是与税收相比，政府收入对非税收入的依存度不高。尽管税收占财政收入的比例呈现一种波动下降的趋势，依然保持在 53% 以上，而非税收入比例虽然波动上升，但最高点依然在 15% 以下（见表 2-8），这说明联邦政府收入主要依赖税收收入。与税收收入相比，非税收入是财政收入的一种辅助性、补充性收入。

---

[1] Office of Management and Budget, Table 1.4—Receipts, Outlays, and Surpluses or Deficits (-) by Fund Group：1934-2019，http：//www.whitehouse.gov/omb/budget/Historicals.

表2-8　　　　　　联邦政府非税收入相对规模　　　　　（单位:%）

财年	非税收入/财政收入	税收/财政收入	非税收入/GDP
1998	7.89	62.4	1.51
1999	7.55	62.1	1.45
2000	6.46	63.2	1.29
2001	6.71	60.8	1.26
2002	8.52	57.9	1.45
2003	9.10	55.7	1.43
2004	9.14	56.8	1.43
2005	8.60	59.4	1.44
2006	8.36	61.2	1.47
2007	9.08	62.2	1.63
2008	9.80	60.2	1.68
2009	12.81	53.1	1.87
2010	14.86	53.5	2.17
2011	13.14	58.4	1.97
2012	11.73	59.3	1.78
2013	12.26	60.3	2.05

尽管从政府整体而言，对非税收入的依存度很低。但具体联邦政府机构支出对非税收入的依存度差异较大。如表2-9所示，1997年政府审计办公室对27个政府机构的非税收入依存度调查显示：

表2-9　　　　1996年联邦机构预算支出对非税收入的依存度

完全依靠	
美国货币监理署	美国储蓄机构管理局
Other Department of Defense Trust Funds	核管理委员会
美国农业信贷管理局	巴拿马运河委员会
联邦住房金融委员会	专利和商标局
联邦退休金节俭投资委员会	邮政局
国家信用合作社管理局	电力营销管理局
国家技术信息服务局	田纳西河流域管理局
美国浓缩公司	

续表

	主要依靠
动物和植物健康检疫局	联邦贸易委员会服务
农垦局	证券和交易委员会
联邦通信委员会	美国海关总署
	不太依靠
移民局	美国铸币局
	很少依靠
农业部市场服务局	矿产资源管理服务局
谷物检验、包装和堆料场管理局	美国鱼类和野生动物服务局

资料来源：U. S. Government Accountability Office，FEDERAL USER FEES：Budgetary Treatment, Status, and Emerging Management Issues, AIMD-98-11, Published：Dec. 19, 1997, Publicly Released：Dec. 19, 1997。

（1）完全依靠：15 个机构——至少 95% 的资金来自非税收入；在 15 个机构中，与金融相关的管理机构有 7 个。

（2）主要依靠：6 个机构——至少 20% 预算资金来自非税收入，导致他们主要依靠使用者付费的直接原因是国会立法意图的变化，即要求对执照、备案和申请活动增加收费。

（3）不太依靠：2 个机构——8%—10% 的预算资金来自非税收入；在 2 个机构中，美国铸币局的情况有些不同。国会已经为它授权取得更多的非税收入。从 1991 年到 1996 年，非税收入增长了两倍多，从 41 亿美元到 92 亿美元。不过，还是滞后于国会拨款的增长。所以在整体结构上显示对非税收入的依赖性仍然很低。

（4）很少依靠：4 个机构——低于 3% 的预算资金来自非税收入。

1998—2013 年，联邦政府非税收入占 GDP 比重的均值为 1.62%。最高值出现在 2010 年，达到 2.17%。最低值是 2001 年的 1.26%。虽然整体表现出增长趋势，但其中的变化趋势没有规律性，可以说是增长和下降并存。

3. 联邦政府非税收入的内部结构

联邦政府对非税收入的财务处理比较独特，并不将非税收入看作政府收入，而是将其看作政府支出。根据预算和管理办公室的解释，政府收入仅指政府通过行使政治权力取得收入（见图2-6），而来自市场交易的收入（包括绝大部分非税收入）并不属于政府收入。

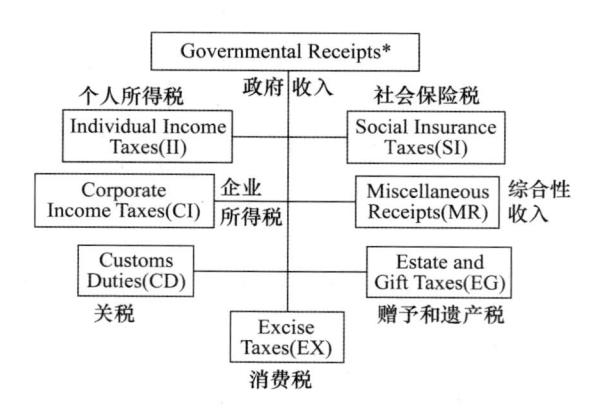

```
                    Governmental Receipts*
                         政府 收入
个人所得税                              社会保险税
    Individual Income              Social Insurance
       Taxes(II)                      Taxes(SI)

      Corporate          企业         Miscellaneous    综合性
    Income Taxes(CI)   所得税        Receipts(MR)     收入

       Customs                         Estate and
      Duties(CD)                      Gift Taxes(EG)
        关税                                           赠予和遗产税
                         Excise
                       Taxes(EX)
                         消费税
```

图2-6 联邦政府收入

从预算角度而言，非税收入包括三类预算资金，即政府收入、抵消性支出和抵消性收入。

政府收入：基于政治权力且具有强制性的极少部分收入，被计入财政部一般性收入账户。

抵消性支出，取得非税收入机构无须再获得使用授权即可直接使用，具体做法是将其计入财政部的专项支出账户（如循环基金账户）中，直接冲抵机构预算支出。

抵消性收入，取得非税收入机构须获得国会的使用授权方可使用，虽然也用来冲抵预算支出，但与抵消性支出直接作为负支出计入专项支出账户不同，它被计入专项收入账户，然后用于冲抵预算支出，以便更清晰地显示资金流动。

抵消性支出和抵消性收入的区别在于资金使用的限制程度不同，最终都作为抵消政府预算的支出，因而不被计入政府收入。

由此可见，联邦政府非税收入具有以下几个特点：

一是所有非税收入统一纳入预算管理中，实行"收支两条线"；

二是将绝大部分非税收入作为负支出冲抵政府机构或政府活动预算支出。如表2-10所示，1999—2013年间，抵消性支出和抵消性收入合计占总非税收入的比例一直保持在98%以上。

表 2-10　　　　　　　　非税收入的内部结构　　　　　（单位：亿美元）

财年	非税收入	抵消性支出	抵消性收入	政府收入
2013	3401	2278	1082	41
2012	2873	1855	977	41
2011	3027	2052	937	38
2010	3214	2302	878	34
2009	2697	1652	1013	32
2008	2473	1454	983	36
2007	2333	1380	915	38
2006	2013	1268	710	35
2005	1852	1201	617	34
2004	1719	1196	496	27
2003	1622	1149	447	26
2002	1578	1138	415	24
2001	1336	1019	302	15
2000	1308	1018	277	13
1999	1380	990	380	10

资料来源：1999—2013 年来自预算和管理办公室历年的《前景分析》报告，一般附于《总统预算案》之后。

4. 联邦政府非税收入项目数量变化情况

通过政府审计办公室的两份调查报告，可以管窥联邦政府使用者付费项目的数量变化。

第一份，1998 年美国审计署的调查报告。调查覆盖 24 个《首席财务官法案》（Chief Financial Officer Act，CFO）规定的接受财务审计的政府机构，要求它们提供 1996 年现存非税收入项目及 1993—1997 年间评估情况的相关资料。经过整理，24 个机构 1996 年共有 546 个非税收入项目。由于审计署并未对项目数量逐一核实，实际情况可能存在出入[1]。交通部数量最多为 150 个，其中总结评估过的为 142 个，余下的大部分机构都不同

---

[1] 政府预算和管理办公室的《A-25 通告》要求，用户收费机构每两年至少对部门内的收费项目进行一次总结评估。1998 年美国审计署调查报告显示，一些部门部分或完全未遵照执行。具体表现为：（1）没有在年报中讨论评估结果；（2）没有或未定期持续地总结评估用户收费。

程度地存在类似问题（具体见表 2-11）。

表 2-11　1996 年政府机构使用者付费项目及其在 1993—1997 年间评估情况

机构	用户收费项目数量	评估频率			评估项目总数
		每年一次	两年一次	五年一次	
农业部	59	35	11	3	49
商业部	66	32	21	9	62
国防部	35	14	0	1	15
教育部	4	0	4	0	4
能源部	12	5	7	0	12
卫生及人类服务部	20	8	4	4	16
住房和城市发展部	1	0	0	1	1
内政部	88	0	88	0	88
司法部	12	0	8	0	8
劳动部	7	2	2	1	5
国务院	7	0	2	2	4
交通部	150	140	0	2	142
财政部	31	10	4	2	16
退伍军人事务部	14	1	0	3	4
美国国际开发署	3	0	0	0	0
环境保护署	5	2	0	3	5
联邦紧急事务管理署	1	1	0	0	1
总务管理局	3	1	0	1	2
国家航空和航天局	6	6	0	0	6
国家科学基金会	1	0	0	0	0
核管理委员会	9	0	8	1	9
人事管理办公室	1	0	0	0	0
小企业管理局	3	2	0	1	3
社会保障管理局	8	0	0	0	0
合计	546	259	159	34	452

资料来源：United States General Accounting Office，"FEDERAL USER FEES: Some Agencies Do Not Comply With Review Requirements"，1998。

第二份，审计署2012年年报。年报显示2011年再次调查24个机构使用者付费项目定期评估情况，除国防部未回复，教育部和国家科学基金会回复数量为零外，余下的21个部门报告的使用者付费项目总计3666个，其中定期评估的1687个，大约占总数的46%[1]。这意味着，从1996年到2011年的15年间，联邦使用者付费项目的数量膨胀了6倍，平均每年新增数超过200个。

（二）州和地方政府非税收入具体情况

1. 州和地方政府非税收入的绝对规模

表2-12"州和地方政府非税收入"，分别为50个州和地方政府非税收入的总和。从其绝对规模上看，地方政府非税收入明显高于州政府。而从增长上看，二者的增长趋势都非常明显，但地方政府非税收入平均增速为3.95%，州政府为5.15%，地方政府非税收入增速落后于州政府。

表2-12　　　　2000—2011年州和地方政府非税收入　　　（单位：亿美元）

年份	州政府	地方政府
2001	1950.20	3144.49
2002	2082.26	3184.23
2003	2187.77	3245.88
2004	2275.66	3411.04
2005	2482.44	3603.27
2006	2768.12	3936.57
2007	2897.50	4325.15
2008	3105.78	4502.04
2009	3087.26	4559.15
2010	3076.78	4537.85
2011	3223.38	4632.40

资料来源：根据美国统计局网站公布数据整理。

---

[1] U. S. Government Accountability Office, "2012 Annual Report: Opportunities to Reduce Duplication, Overlap and Fragmentation, Achieve Savings, and Enhance Revenue", GAO-12-342SP, Published: Feb. 28, 2012.

在各州政府中，非税收入的绝对规模差异十分显著。将2011年50个州政府的非税收入描绘成散点图，如图2－7所示。

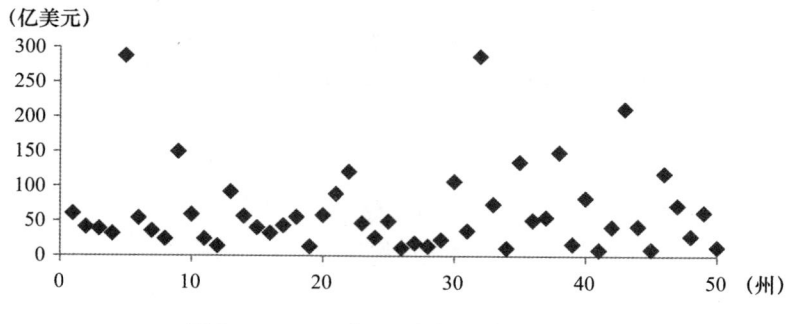

图2－7 2011年50个州政府非税收入

其中，高于100亿美元的有9个州，最高的是加利福尼亚州，约为287.28亿美元，纽约州以286.86亿美元位居第二，它们也是美国的经济强州。非税收入最低的是南达科塔州，为8.66亿美元，相当于加利福尼亚州的3%。

在增长方面，2001—2011年各州政府非税收入环比增长率有升有降。但截至2011年底，总体保持增长态势，没有出现负增长的州。年均增长率最高的南卡罗来纳州为8.93%，最低的缅因州为1.18%。

在各地方政府中，差异性更加显著。加利福尼亚州地方政府非税收入总额为759.93亿美元位列第一，而最少的佛蒙特州地方政府仅有5.29亿美元。在增长情况方面，2001—2011年间最高的怀俄明州地方政府非税收入年均增长率为7.14%，最低的内华达州地方政府为2.42%。

2. 州和地方政府非税收入相对规模

从财政的非税收入依存度上来看，州和地方政府的依存度相对稳定，不像联邦政府有一个较为明显的增长态势。相比州政府，地方政府依存度更加稳定，方差为0.000137，而州政府的方差为0.001462。并且地方政府对非税收入依存度更高。非税收入在地方财政收入中几乎与税收并驾齐驱，成为地方政府财政收入的主要来源。相对应地，在财政收入的税收依存度上，地方政府在三级政府中最低。另外，在表2－13中2009年州政府财政的非依存度有一个异常增长，但表2－12中显示2009年州政府非税收入较2008年有所下降，究其原因，在于州政府财政收入的急剧下降——州政府主持的失业保险项目出现了巨额亏损，亏损额达到 4492 亿美元。

表 2-13　　　　　州和地方政府非税收入相对规模　　　　（单位:%）

财年	州政府 非税/财政	州政府 税收/财政	地方政府 非税/财政	地方政府 税收/财政
2001	16.52	47.42	29.44	33.18
2002	18.98	48.78	29.40	34.15
2003	16.89	42.37	28.46	34.19
2004	14.34	37.21	27.34	33.67
2005	15.11	39.61	27.56	34.26
2006	15.60	40.34	27.97	34.80
2007	14.52	37.97	28.10	34.16
2008	19.67	49.39	29.41	35.93
2009	27.25	62.97	31.26	38.69
2010	15.12	34.56	27.86	34.84
2011	14.23	33.56	27.75	34.63

各州政府财政的非税收入依存度各有差异。以 2011 年为例，比重最高的是阿拉斯加州政府 27.51%。尽管加利福尼亚州政府的非税收入绝对规模最高，但非税收入依存度在各州政府中最低，仅为 8.6%。在 2001—2011 年间，绝大部分州政府的非税收入依存度保持稳定或呈下降趋势。阿拉斯加州政府下降最为明显，从 2001 年依存度为 54.16% 下降到 2011 年的 27.51%，下降了一半左右。

各地方政府财政的非税收入依存度的差异性明显，以 2011 年为例，最高的田纳西州地方政府是 47.98%，最低的康涅狄格州政府是 12.65%。低于 20% 的地方政府有 8 个，在 20%—30% 之间的有 22 个，在 30%—40% 之间有 17 个，高于 40% 的有 3 个。

3. 州和地方政府非税收入的内部结构

州和地方政府非税收入在经常性收费、综合性收入、公共设施收入和酒类商店收入的比重分配很不均匀。从整体上看，州和地府政府非税收入的主要来源是经常性收费和综合性收入。2011 年，两项加总占州政府总非税收入的93.40%，其中经常性收费占比56.19%。两项加总占地方政府总非税收入的70.66%，其中经常性收费占比53.48%。

州政府经常性收费主要集中在教育和医疗相关收费。2011年，它们合计占经常性收费的81%。余下主要集中在"其他收费"和"高速公路收费"两项，2011年分别占比9.81%和3.9%。在地方政府经常性收费的集中度有所下降。2011年，教育和医疗相关收费占比40%，"污水处理费"和"其他"两项占比都达到了18%，"空运"和"固体垃圾管理"两项分别占比7%和6%。

州政府综合性收入主要集中在"利息收入"和"其他"两项。2011年它们合计共占综合性收入的57.47%，分别为28.59%和28.89%。余下主要集中在"彩票收益"和"私人捐款"两项，分别占比17.49%和12.53%。"罚没收入"和"特许权使用费"分别占比5.33%和4.41%，位于集中度的第三梯队。地方政府综合性收入仅包含"利息收入"、"专项收费"、"财产销售"和"其他"四项。2011年，它们分别占比29.27%、8.78%、2.61%和59.33%。

水、电、煤、交通等公共设施收入占地方政府非税收入的比重较州政府高。这与地方政府的职能有关，提供和完善公共设施是美国地方政府的重要职能，大量地方公共设施都是由地方政府出资建设，州政府基本不参与。2011年统计数据显示，有31个州政府完全没有这类收入。

酒类商店收入在州和地方政府财政收入中数量很少，几乎可忽略不计。在各州和地方财政收入中也不常见，仅能算"联邦禁酒令"在财政体系中的遗迹了。

虽然以上论述以2011年数据为例，在其他年份（2001—2010年）非税收入内部结构与2011年显示的情况基本一致。

总之，在美国各级政府财政收入中，每年都有几百上千亿美元的非税收入进账。在联邦政府，2011年非税收入项目多达3600项。在州和地方政府，非税收入的规模更大，占财政收入比重更高。

四　美国政府非税项目设立

美国政府为何设立非税项目、非税项目由谁来设立、通过何种程序设立，是本节关心的主要问题。由于州和地方政府权力架构与联邦政府类似，非税项目的设立、征收、使用、监督等环节也大体相似，所以自本节以后如不明确区分联邦、州和地方政府，则以研究联邦政府的具体情况为主。

（一）联邦政府非税项目的源起及发展

20世纪初，美国政府开始关注非税问题。1952年的《独立办公室拨款法》（the Independent Offices Appropriations Act，IOAA），是非税收入一个里程碑式的发展标志。IOAA第五款写道："国会认为任何工作、服务、出版，……福利，……许可，执照，登记……被任何联邦机构执行，提供，……或刊发给任何个人（包括企业）应该尽可能由其偿付。"这种认识的产生，与当时政府主要利用补贴形式提供适用非税的产品和服务，联邦政府中存在大量补贴项目的现状有关。所谓补贴项目，是指政府无偿或以远低于成本的价格提供产品或服务给特定群体，使其获得超出一般大众的受益程度。[①]

补贴项目设立往往基于不同的政府目标，比如地区发展、为经济活动建立基础设施、扶持新兴产业或者帮助弱势群体等。举例来说，当时为了促进美国西部经济发展由联邦拨款兴建铁路，建设免费的水运航道，以低于成本的价格提供灌溉用水等。美国航空业能够发展起来也得益于20世纪20—30年代联邦政府提供的邮政服务订单。类似的政府补贴项目还有很多，问题在于即使最初的政府目标已经达成，补贴仍在继续。例如，1983年美国西部的农业发展已经非常成熟，政府意在提升产量的目标早已被农产品产量过剩的事实取代，而当初为鼓励农业发展的灌溉补贴却依然如旧，政府不得不额外投入大量的国家资源解决过剩问题。

补贴导致当时大量政府设施被过度使用和公共资源浪费。面对廉价甚至免费的产品和服务，"公地灾难"不可避免。由于联邦政府补贴大约90%的用水成本，导致当时农民灌溉用水浪费非常严重，进而又对联邦政府估计的项目投资需求造成了误导。此外，政府补贴还造成了一定的市场扭曲，客观上为补贴受益人在市场竞争中设置了人为优势。例如，有着航

---

① CBO, *Charging for Federal Services* (1983 - 12 - 01) (http://www.cbo.gov/publication/15511).

道补贴的船运商，就比无补贴的陆运或空运商更有竞争力。

为此，国会预算办公室建议国会用非税替代补贴的方式资助政府项目，以解决上述问题。这样做基本考虑以下几点：

1. 非税收入能改进效率

非税收入能够进一步改进政府投资效率。具体表现：

其一，非税收入可以优化政府资金流向和政府投资水平。在预算约束下，使用者总是希望购买使自身效用最大的产品和服务。因而，他们希望政府优先提供这类产品和服务，这为政府资金流向提供指引。另外，使用者的购买行为也为政府判断投资水平提供了依据。非税收入充足反映需求旺盛，意味着当前投资水平富有效率。非税收入不足反映需求不足，意味着当前投资水平过高。

其二，非税收入可以优化市场资源配置。如果竞争性服务的相关成本未因政府选择性补贴产生扭曲。以水运航道补贴为例，如果船运商完全支付政府航道建设成本，托运人将会在船运、陆运和空运间选择成本最低的运输方式，并反过来鼓励经营者进一步节约成本，从而优化市场资源配置。

其三，非税收入鼓励高效使用现有公共设施。机场使用高峰期收取附加费，已被证明有效减少了拥堵和班机延误，鼓励航空公司进一步挖掘机场的空间潜力，因而减少了对新机场的需求。

其四，非税收入为政府开发新项目提供融资支持。政府可以通过项目未来收益权的出售或抵押以获得借款，从而推动新项目建设。这对于政府特别是资金紧张的地方政府平衡财政支出和服务能力至关重要。

2. 非税收入能削减赤字

联邦政府在 1984 财年，包括港口、内陆航道、民用航空、灌溉用水在内的 7 项补贴共投入财政资金 62 亿美元。这些支出的背后是巨额的财政赤字，到 1984 财年联邦政府赤字额已累计达 1850 亿美元。显然，让用户偿付部分成本，有助于缩小政府赤字。

国会预算办公室的报告阐述了非税收入的理论和现实基础，使非税收入进入决策者视野，为美国政府更多设立非税项目扫清了障碍。

1993 年，政府审计办公室报告称，"非税收入由来已久，尤其是在近几年，已经在联邦项目融资上扮演非常重要的角色"。在 1991 年，护照费、国家公园门票费和燃油税总数接近 1200 亿美元，它们甚至已经成为一些政府项目运行的唯一资金来源。相比1980年，1991年非税收入增长了54%（按1991年不变美元价格计算）。具体而言：使用费增长了46%，已超过900亿美元；规费增长了3倍多，达到40亿美元；受益税增长了61%，接近230亿美元；损害税从非常小的基数增至25亿美元，实现近6倍增长（详见图2-8）。①

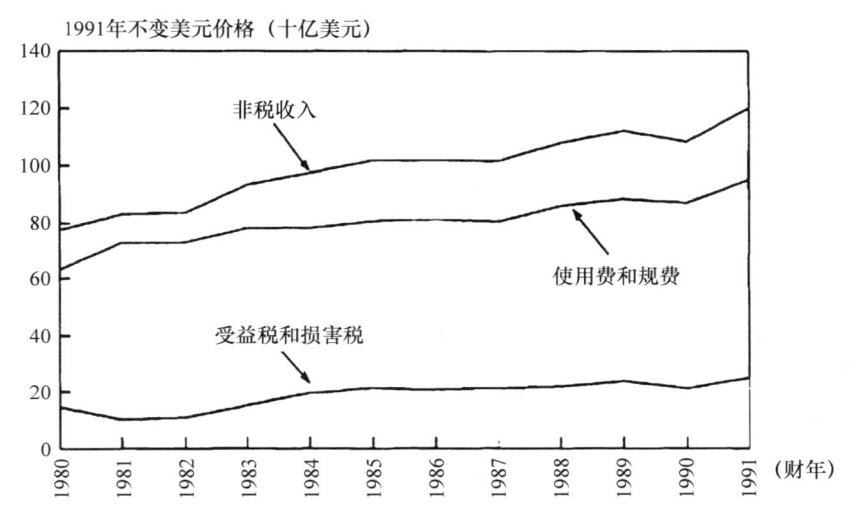

图2-8 美国联邦政府1980—1991财年非税收入增长

另外，更多政府机构的资金需求依靠非税收入供给。一些政府活动传统上就依赖非税收入支持，如主要生产和出售产品的电力部门，出售服务的邮政系统。这几个原来依靠拨款支持的政府管理机构也转而主要或全部依靠非税收入。还有一些机构则获得新的非税收入征收授权，比如环境保护局、食品和药物管理局。当然，具体哪些项目或机构采用非税形式，并没有一个清晰的准则或规律，完全基于决策者对具体情况的考量。即使是性质相近的项目或机构，非税具体实践也完全不同。如证券交易委员会被授权依靠非税收入回收其全部运行成本，而商品期货交易委员会的服务却是完全免费的。随着时间变化，这些差异还可能会促使非税收入进一步

---

① Congressional Budget Office, "THE GROWTH OF FEDERAL USER CHARGES", August 1993 (http://www.cbo.gov/sites/default/files/cbofiles/ftpdocs/104xx/doc10417/1993_08_growthofuserchargesa%29taxes.pdf).

增长。

应该说，政府审计办公室在1993年的判断极其准确，美国政府非税收入确实在此后20年中保持了持续增长的势头。除了非税自身具有提升效率的特性，更重要的是非税的减赤作用，在难以抗拒的客观现实——巨额财政赤字的胁迫下，更为决策者所看重。

从1980年到2013年间，除了1998—2001年出现过短暂的财政盈余外，赤字一直令美国财政头痛。面对日益高筑的债台，2011年国会不得已成立了"减少赤字超级委员会"，但问题的彻底处置，对美国政府而言至今似乎仍"无解"。

（二）州和地方政府设立非税项目的考虑

对于州和地方政府，设立非税项目只是政策选择的其中一个选项，另一个选项是税。在非税与税之间如何抉择，需要州和地方政府的决策者们在众多因素中权衡考虑。在难以细述的众多因素中，州和地方政府的决策者们在任何情况下都需要审慎考虑以下10个方面。

1. 用户和纳税人的一致性

在一般情况下，用户和纳税人两个群体的重合度越高，越有可能以税的形式来负担某项政府活动的支出。反之，两个群体的差异性越明显，政府越有可能借助于非税。而以下两种情况中，往往会产生这种差异性。

第一种，如果政府服务为许多政府征税范围外的个体所享用。最典型的例子就是新泽西高速公路，它贯穿新泽西南北向，北边连接纽约，南边连接费城，是全美最忙碌的高速公路，而使用者中大多是外州居民，并不向新泽西州缴纳燃油税。所以，新泽西州用非税资金支持这条高速公路。

第二种，如果政府服务提供给一个确认的但从属于纳税人的子集，例如，政府向居民提供成人教育。

在以上情况中，税对公共资源的配给可能有失公平，而非税则在满足项目资金需求的情况下兼顾了公平问题。

2. 社会福利

政府提供某项基础设施或服务，是综合平衡各类相互矛盾的政策建议后的结果，在这些建议中，最为突出的一对可能就是由税还是非税来提供资金支持。从本质而言，如果某项基础设施或服务对大部分公众的福利都有明显改善，则非税就不能被视为一种合适的方式。具有普遍福利改善责任的政府行为，一般在各州宪法中有着明确规定，如免费的义务教育、平等保护条款以及正当程序原则。在这类服务的配给中，任何与财富或可支配收入相关联的分配标准都不能被接受。因此，一般来说，公众普遍认为政府有义务提供必要的公益性服务，这将抑制政府在这些服务上使用非税的冲动。

3. 保护和效率

使用非税的一个重要的考虑可能是政府希望在一定程度上限制资源的消耗。这可能是基于：

（1）增加效率的考虑，使政府在更低的成本上提供更好的产品或服务；

（2）基于环保的目标，通过节约资源和限制消费；

（3）更一般的目的是抑制对该项产品或服务的超额需求。

如果成本由使用者承担，价格机制对消费量的约束将远强于税收支持下的免费供给。从效率上讲，非税之优于税，不仅保证了政府将产品或服务交给最需要的用户使用，还会令用户对它们更加爱惜，从而提高了使用效率。

虽然有关公共资源分配中市场原则的适用性问题在学术上备受争议，但相比税，非税会导致一个更低的消费水平，这一点毋庸置疑。

4. 历史惯性

过去的出资方式，影响人们对当前选择非税或税的公平性的感知。例如，人行道的铺设成本一直由受益方邻近业主承担，如果转而由税收支付，则对之前缴费的业主是不公平的，他们还被迫承担了其他人行道的成本。相反，如果一个特定的改善公众福利的政府项目长期以来一直由税收资金支持，决定将成本转为由更小范围的群体缴纳非税收入负担，这将可能引起这一群体的不满，因为他们被要求承担这种曾经由全体公众共同偿付的社会成本。

5. 专款专用

税收通常存入一般收入基金，没有被指定用于任何特定用途，这可能导致资金的非恰当使用。非税收入则为政府避免此类问题提供了可能性。它允许政府建立一个独立的、单一目的的政府部门，如特别区，使其仅限于提供某项特定产品或服务。它还可能提供可预见的收入，并保证专款专用。因为收入只能用于补偿产生它的政府项目或活动成本，这是非税收入的本质属性，即有偿性。因而，可以使政府挣脱税收收入的约束，提供更多的产品或服务,且保证政府活动所需资金不被挤占滥用。

6. 政治因素

政府使用非税往往基于以下两个政治动机。

第一,迫于纳税较多的社会群体对税收再分配不满的压力。企业是缴纳税款较多而公共需求较少的典型代表,而且企业还可能会利用撤资、搬迁来威胁地方政府以获得一个更低的税率,这使得地方政府更难以依赖税收提供新的产品或服务。主要依靠企业财产税收入的美国地方政府,对此尤为敏感。在这种情况下,为了回避压力,政府更愿意利用非税收入来为那些并不使企业直接受益的项目筹集资金。

第二,政治代表制的现实,也鼓励政府将成本分担给在政治上没有代言人的群体。如对于非本地纳税人的非税主张在决策过程中往往更易通过,而且并不在乎这仅是政府增加额外收入的权宜之计,抑或是为了逃避政府税收的应尽义务。

7. 税的限制

自 20 世纪 70 年代以来,以加利福尼亚为首的 13 个州,相继对地方政府提高财政收入的能力做出严格限制。主要表现在:在一些州,政府税收被限制在规定的额度或比例内;在另一些州,新的税收设立必须经过立法机关绝对多数投票决定或者税收对象的投票。[①] 而且,纳税人对政府削减支出的共同厌恶,令政府削减支出的提议总是在议会难以通过。依靠宪法和各州法规,对政府支出和税收施加限制,选民已经成功收紧了政府税收增收的渠道。在此情形下,政府不得不寻找增加收入的新途径。在几乎所有州,非税并没有如税收般的诸多限制,所以能够满足政府增加收入和规避限制的双重需求。

8. 财政压力

联邦政府的财政压力会通过转移支付的缩减传导至州和地方政府。如图 2-9 所示,联邦政府对州和地方政府的拨款呈现一种不稳定的波动状态,20 世纪 80 年代和 2005—2009 年是两个明显的下降期。与之对应的是,州和地方政府的责任和义务要求则一直保持增长。联邦政府委派州和地方政府提供的一些公共福利改善项目并没有辅以相应的拨款以帮助偿付

[①] Kirk J. Stark, "The Right to Vote on Taxes", *Northwestern University Law Review*, Vol. 96, No. 1, 2001, pp. 197–206.

成本。①

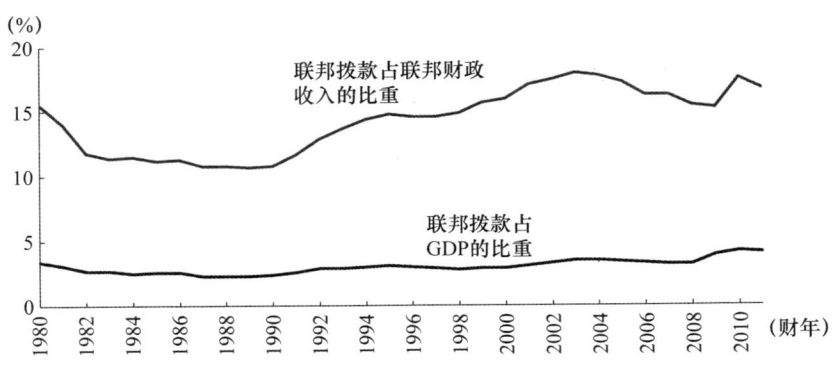

```
(%)
20

15     联邦拨款占联邦财政
       收入的比重

10

5          联邦拨款占
           GDP的比重

0
  1980 1982 1984 1986 1988 1990 1992 1994 1996 1998 2000 2002 2004 2006 2008 2010 (财年)
```

图2-9　联邦政府向州和地方政府拨款的变化情况

另外，地方政府辖区内需要维修或升级的老化基础设施也极速增加。世界经济论坛发布的2011—2012年全球竞争力报告显示，美国的基础设施在世界综合排名第24位，其中航空运输基础设施质量排名第31位，电力供应质量排名第32位，移动电话订阅服务排名第87位。② 美国土木工程师学会（American Society of Civil Engineers）的报告显示，到2020年仅仅为了使基础实施的质量维持现有水平，就需要投入3.6万亿美元。③

在财政压力的压迫下，州和地方政府的决策者们已经对非税表现出了更大的兴趣和热情。

9. 发展的自我维持

在1970年之前，人们通常认为经济发展能够带来社会整体福利的改善。社会整体是发展的最终受益人，发展的成本由社会大众共同承担。基于这种认识，似乎可以公平和恰当地使用税收来资助新的基础设施建设需求。④ 然

---

① Alan Altshuler and Jose Gomez-Ibanez, *Regulation for Revenue: The Political Economy of Land Use Exactions*, Brookings Institution Press, March 1993, pp. 31-32, 63.

② Klaus Schwab, "The Global Competitiveness Report 2011-2012", *World Economic Forum*, 2011, p. 363 (http://www3.weforum.org/docs/WEF_GCR_Report_2011-12.pdf).

③ American Society of Civil Engineers, "2013 REPORT CARD For America's infrastructure", March 2013, p. 65 (http://www.infrastructurereportcard.org/a/documents/2013-Report-Card.pdf).

④ Alan A. Altshuler and Arnold M. Howitt, "Regulation for Revenue: The Political Economy of Land Use Exactions", Brookings Institution, March 1993, p. 1.

而，从20世纪80年代开始，人们的态度发生了明显改变：对社区的高品质生活而言，发展被看作是一种威胁，而不再是贡献。[①] 如果发展需要这个社区中的居民来分担成本，原因只能是他们从与这项发展中获得收益。基于这种改变，将收益与成本紧密对应的非税收入更易被接受，从而为政府定向提供推动经济社会发展所需的资金支持。利用影响费、接驳费和其他针对性的非税收费项目，社区正在努力抵偿那些并不能使它在其中收益的发展成本。目前，发展是否确实给社区带来了未偿付的成本，发展的成本是否应该由税收来支付，政府采取何种方式筹集发展资金，这些在美国尚存在很大争议。但有一点可以确认，发展的自我维持即发展应自行支付其成本已经被广为接受，与此相伴非税的应用范围也在不断扩大。

10. 司法推动

政府非税收入的增长，其责任应大部分归咎于行政机关。不过，司法机关似乎也愿意促进这种政府融资的深刻变革。在众多有关非税的司法解释中，司法机关时常刻意模糊甚至忽视非税和税之间的传统界限。例如，在一些情况中，已经放松了使用户获得确定收益的要求，比如采用非税形式提供火灾和洪灾救援等市政服务；类似地，一些州法院忽视非税的自愿性特点；对政府成本和用户收益间对等关系的强调也已减弱。[②] 司法机关对非税限制的逐渐松动，使它与税的界限越发模糊，同时它又不必像税一样受到法定上限的约束，这为政府增加收入提供了一种便捷方式，且不必担心反税群体的苛责。

针对上述10个因素，需要指出，在20世纪90年代的时候，州和地方政府在决策时主要考虑前六个。除了法律严格限制非税的使用，它似乎也受限于广泛的社会共识，即政府成本应由全体纳税人承担。因而，政府通常混合使用非税和税，在具体项目上并不作清晰的划分，很少单独诉诸非税。90年代之后，这种认识逐渐发生改变，一些新的因素被加入政府的考虑之中。虽然上述10个因素并非全部，也不能满足每一种特定情况，却涵盖了州和地方政府在设立非税时的主要着眼点。需要注意的是，在具体

---

① Alan Altshuler and Jose Gomez – Ibanez, *Regulation for Revenue*: *The Political Economy of Land Use Exactions*, Brookings Institution Press, March 1993, pp. 1 – 2.

② LaurieReynolds:"TAXES, FEES, ASSESSMENTS, DUES, AND THE 'GET WHATYOU PAY FOR' MODEL OF LOCAL GOVERNMENT", 6 Fla. L. Rev. 373, 2004, p. 396.

情况中，上述因素间可能有相互矛盾之处，致使一些人认为应采用非税，而另一些人则觉得应倾向征税。最终的平衡将依赖于大家对相互矛盾因素的评估考量，并可能产生一种非税和税之间的折中。例如，政府认可非税抑制稀缺公共资源过度消费的作用，但同时却不想只在有支付能力的人群中分享这一资源。为此，政府一般会选择为贫困者提供补贴或者建立一种与收入水平相关联的累进费率。因此，上述10个因素的罗列，不是对政府非税决策的指导，而是反映州和地方政府及广大居民对非税收入的认识深化。

（三）美国政府非税项目设立程序

在联邦政府，非税项目可由国会设立，也可由行政机构设立。原则上，非税收入作为政府一类财政收入，只能由国会设立。按照《美利坚合众国宪法》规定，财政权是国会的一项重要权力，因而国会对非税项目具有无可争议的控制权。在美国政府内的非税研究报告中，行政机构的非税项目授权有两种：其一是非税项目的设立权，得到国会授权的行政机构可以通过行政规章设立各类非税项目。该授权较为宽泛，被称为一般性授权。其二是国会立法授权行政机构建立指定非税项目，即国会设立的非税项目，被称为具体授权。

1. 一般性授权

一般性授权基于美国联邦法规第31编9701款——政府服务和有价值事物的收费（fees and charges for government services and things of value）。它的具体内容如下：

（1）国会认为由政府机构（除了合资的国营企业）提供给个人（不包括联邦政府执行公务的政府雇员）的每项服务或有价值的事物都可考虑使用非税形式以维持运转。

（2）政府机构的负责人可以为非税项目制定相应规章制度。所制定规章制度应与总统的政策意图相一致，并且尽可能使其可行。每项非税收入应——

（A）公平；

（B）基于——

（a）政府成本；

（b）服务或事物对用户的价值；

（c）公共政策和公共利益；

（d）其他相关事实。

（3）上述规定不能违背其他联邦法律——

（A）禁止采用非税形式、获得和处置非税收入规定；

（B）关于非税价格核算方法的规定。

一般性授权最早出现在1952年的《独立办公室拨款法》（the Independent Offices Appropriations Act, IOAA），也被称为《非税收入法》。根据该法规定，联邦机构可以通过行政规章设立非税项目。在此之前，这项权力之前一直为国会独有。尽管国会将这项权力授权给行政机构引起了社会的广泛关注，但行政机关对此反应却略显迟钝。在该法颁布7年后，总统行政办公室才配合该法出台了一份行政机构设立非税项目的指导性意见——《A-25号通知》。

尽管国会与行政机构共同拥有设立非税项目的权力，但根据《A-25号通知》，行政机构依照一般性授权设立的非税项目，如无国会的使用授权，只能存入财政部一般性收入账户，作为预算收入管理，不可专项安排使用。这意味着国会保留了有关非税项目另一项最重要的权力——非税收入的使用权，从而使国会依然保有钳制行政机关的能力。

2. 具体授权

一般性授权对于如何设定非税价格的规定比较模糊，且存在一定的内在矛盾。例如：

首先，维持服务的非税价格可能有失公平。同样，基于政府成本的价格可能与基于用户价值的价格并不一致。

其次，依公共利益制定的价格可能高于或低于依政府成本或用户价值。

正因为一般授权具有上述特点，从而为国会的"具体授权"留下充足的立法空间——通过具体授权对行政机关非税行为加以规范。

具体授权的法律根据指定非税项目设立，并无统一样式。一般而言，需要包括以下内容：

- 非税的设置。根据受益者付费原则设置的非税项目，在具体授权中一般须明确以下几方面：一是确定受益人，明确缴费群体；二是确定受益程度，明确用户负担比例；三是确定成本核算方法，明确价格。另外，如果非税项目涉及多个政府机构，还要在各机构间明确非税收入的分享比例。

- 非税的征收。在具体授权中明确征收主体、征收方式、征收时间等。为了平衡征收质量和征收成本，国会一般会选择政府内外既有的征收系统，如海关为军方代收港口检查费、航空公司代收旅客检查费等。
- 非税的使用。在具体授权中，国会为指定机构的非税收入使用作出规定，一般包括非税收入的使用限额、使用期限、使用方式、具体用途等。
- 非税的监管。除了明确负责具体监管的国会委员会，一般还附加非税信息披露要求，规定享有非税收入的机构须定期自查并发布非税项目运行情况，以便国会和用户了解、监督。

如表2-14所示，即使性质相近的非税项目，基于不同的具体授权，也有内容各异的制度安排。

表2-14　　　　依据特殊法授权建立的非税项目

非税项目	海关旅客检查费	移民局旅客检查费	港口维护费
特殊法	1985年综合预算调节法	1987年美国司法部拨款法	1986年水资源发展法
授权设立	国会	国会	国会
用户	国际航空和航海旅客	国际航空和航海旅客	商船乘客
管理机构	美国海关和边境保卫局	美国海关和边境保卫局 美国移民和海关执法局	美国海关和边境保卫局 美国陆军工程兵团
征收主体	售票商代收	售票商代收	船舶运营商代收
征收过程	每季度以现金、支票、汇票支付给美国海关和边境保卫局	每季度以支票或汇票方式支付给美国海关和边境保卫局	每季度以支票方式支付给美国海关和边境保卫局
使用授权	该项非税收入被授权按优先顺序偿付以下活动：减少赤字、加班费和奖金、退休和工伤保费、产地检疫服务和外语能力奖金	该项非税被授权用于偿付提供检查和预检服务以及其他法律规定的成本	该项非税收入被授权用于支付商业港口以及圣劳伦斯航道100%的运营、维护、管理费用

资料来源：政府审计办公室2008年报告"Substantive Reviews Needed to Align Port - Related Fees with the Programs They Support"。

一般授权和具体授权各有千秋。一般认为，具体授权除了通过项目指定来更好地表达国会意图外，还会通过限制费率的频繁调整来抑制"官僚预算最大化"倾向。而一般性授权使机构拥有更多的自主权，能够令其迅速应对非税项目的情况变化，例如，及时根据成本变化调整费率、根据用户需求变化更新服务内容，并使非税项目免受政治因素和利益群体游说的干扰。政府审计办公室已经发现，通过一般性授权比具体授权设立的非税项目费率更新的频率更高。①

五　美国政府非税项目定价

非税项目定价是非税设立过程中一项极具挑战的工作，因为需要考虑的影响和被影响因素过多（政治、经济、社会、文化），也因为理论方法在现实中面临诸多困难。尽管如此，确定利用非税形式提供产品或服务的价格，这不仅仅是政府非税项目实践中无法回避的问题。毫不夸张地说，定价的合理性甚至是关乎非税项目成败的关键点。

（一）美国政府非税项目定价的经验做法

在美国，非税项目的定价主体是负责实施的行政机构，因为它最为了解项目将要发生成本的详细情况，但最终决定权依然在国会，国会可能会通过特殊法对行政机构的定价建议进行修改。不论是行政机构还是国会，在定价过程中，两个核心问题都是必须考虑到的。

1. 非税项目的成本

为确保非税收入能够有效覆盖项目的目标成本，可靠的项目总成本核算必不可少。但计算行政机构的总成本相对容易，要在总成本中析出某个非税项目的总成本则非常困难，例如，打印机、电脑、办公桌的成本中，在多大比例上应由具体的非税项目承担？为此，必须就总成本作出细化，廓清包括在非税项目中的成本范围。

其一，确定项目的直接成本和间接成本。

在美国，如果没有特殊法特别规定，行政机构应遵循《A-25号通知（修订）》。它建议机构根据项目总成本确定非税价格，总成本包括所有的

---

① For examples, see GAO-08-386SP and GAO-12-514R.

直接成本和间接成本。

直接成本是与非税项目产出具有确定关系的成本。具体包括：

（a）直接服务于项目员工的工资和福利；

（b）用于项目的生产要素成本；

（c）专用于项目的办公场地、设备、设施以及水电费；

（d）从其他行政机构获得与项目相关的产品或服务成本。

间接成本是行政机构中同时用于支持多个项目但无法按照比例清晰分担的资源成本，如一般性的行政服务、研究和技术支持等。具体分为两种情况：

（a）发生在行政机构内的间接成本基于与具体项目的因果关系进行确认。

（b）发生在其他行政机构的间接成本，首先分配给其支持的各类服务，然后再分配给具体非税项目。①

确定间接成本是个难点。政府审计办公室发现，在这方面做得比较好的是电力营销管理局，设定的供电价格包括了所有直接和间接成本，甚至涵盖了人事管理办公室支付的员工退休福利成本。而农业部的动植物检疫局在计算检疫费率时则未能涵盖某些间接成本。

其二，确定总成本的未来成本。

确定总成本还需考虑它随时间的变化情况，这意味着机构必须合理预测项目的未来成本。例如，美国农业部食品安全和检疫局确定的2006—2008年对肉、禽、蛋类产品的检疫价格，该价格根据每年通货膨胀和劳动力成本上涨情况进行调整，以使未来非税收入能满足项目成本增加需要。

另外，如果非税项目涉及多个机构，这些机构应共同议定估算未来成本的办法，以使非税收入做出一致性的适应性变化。例如，动植物检疫局和美国海关与边防局曾经分别采用不同的方法估算农业检疫服务成本，在政府审计办公室的要求下采用了一致性的方法。

其三，确定项目的平均成本与边际成本。

究竟是根据项目的平均成本还是边际成本来确定价格也是一个需要慎重考虑的问题。从经济学角度看，获得最佳配置效率的最优价格等于供应最后一单位服务的成本，即边际成本价格。但由于边际成本往往难以测

---

① Statement of Federal Financial Accounting Standards 4: Managerial Cost Accounting Standards and Concepts.

算，为了满足实际管理需要，在效率损失可容忍的范围内，价格也会基于平均成本决定，如农业检疫服务价格。为了确定这一价格，动植物检疫局将总成本按比例分配给不同类型的用户（例如，航空旅客、商用飞机和商用船只），然后用各类型分配到的成本总额除以该类型估算的用户数。当然，遵循相对低效的做法，主要因为其便于计算且易于被用户接受。

在那些前期资金投入较大，即固定成本较高的非税项目中，即使边际成本能够测算，也不建议使用边际成本定价。供水、供电等自然垄断行业最为典型，它们具有平均成本递减的特点，这说明边际成本总是小于平均成本。因此，按照边际成本定价，无疑会令非税项目入不敷出，难以为继。如果不想用税收贴补这类项目，两部收费法是一个可能的选择，它包括一个固定价格以覆盖固定成本和一个使用价格以弥补边际成本。例如，电力用户被收取固定的包月费加上基于消费数量的使用费。

确定价格的基础是对项目成本的科学估算，而这有赖于行政机构按照一致性的会计准则及时记录、积累、分析相关数据。由于缺乏这类可靠的数据，美国国土安全部的移民和海关执法队无法确定与国际旅客检查服务相关的成本，从而无法证明其设定价格的合理性。

其四，确定项目的会计管理成本。

在获取可靠数据的同时，行政机构还要注意控制管理成本，它与数据的详细程度成正比。所以在决定机构需要的数据详细程度时，行政机构必须考虑实施、维持和使用这类财务管理系统的成本。《A-25号通知》指出，项目成本估计最好基于行政机构最易得的数据，不建议单独为此新建成本会计系统。不过，不可靠的成本信息确实会扭曲定价决策，所以管理层需要可靠的成本信息，以确保非税收入能够抵偿目标成本。因而，各机构应确定恰当水平的成本核算流程和程序。

2. 在用户中分配成本

如果提供同一服务的成本随用户类型发生变化，对不同类型用户设定的价格，可以不同也可以相同，要视情况而定。差别定价能够体现公平和效率，因为价格与成本更接近。统一定价由于高于或低于为特定类型用户提供服务的成本，可能导致各类用户间的交叉补贴。联邦航空局的交通管制服务正是如此，用户付费多于或少于他们实际应承担的成本，使他们缺乏尽可能高效使用国家空域系统的动因，并引起用户对公平和效率问题的关注。尽管差别定价能更好地体现公平和效率，但需要行政机构分别统计不同类型用户的成本,在某些项目中因此产生的管理费太过高昂。例如,向船舶运营商收取的移民检查费,由于差别定价导致行政成本显著增加。据美国海关与边防局估计,核算和记账成本大约相当于 2007 财年这项非税收入的 26%。与之相比,采用统一定价的商船农业检疫费。无论是由一般工作人员还是由农业专家检查,无论船舶带来的农业风险大小,所有船舶运营商都统一支付 492 美元。

在具体项目中,究竟是差别定价还是统一定价,有几个因素可能是需要重点考虑的。

(1) 非税项目的目标

统一定价可能更好地促进政策目标的达成,如协助支撑全国性的公共系统。港口维护费是一个很好的例子。尽管维护不同港口的疏浚成本不同,但为了支撑全国的港口体系,所有船舶按照统一价格缴费,这意味着使用自然深港(如西雅图)的用户要贴补使用浅港和内河港口的用户。如果非税项目更倾向于提升效率,或是为了支持个别实体或地方发展,则差别定价更值得考虑。

(2) 价格的数量

如果用户支付的数量相比所面对的其他成本很小时,差别定价的意义不大。例如,联邦船舶检查费在商船运营开支中微乎其微,几乎不会影响船舶运营商的商业决策,也很少有运营商对这项非税提出质疑。

(3) 不同类型用户的成本差异

如果非税项目面向很多类型的用户,他们之间的成本差异很小,差别定价带来的效率提升收益可能无法弥补大幅增长的管理成本。反之,如果用户类型很少,且彼此成本差异显著,则差别定价也许是可行和必要的。

一些非税项目包括减免条款,这些规定会影响成本在用户间的分配。为了使支付能力差的用户公平地享受公共资源,减免条款是有必要的。然而,它也进一步增加了统一定价方式下用户交叉贴补的程度,也使得用户更加关注公平与效率问题。例如,货物进入某些特定港口不必缴纳港口维护费,这显然降低了用户托运人的成本,所以港口维护费的价格设计机制扭曲了竞争的公平性,使某些港口在竞争中处于优势地位,而使另一些港口处于不利地位。西雅图的港口官员在给政府审计室的报告中称,港口维护费是一种"惩罚性非税",因为它明显削弱了西雅图与附近加拿大港口

（免费）的竞争能力。他们强调温哥华正在积极推动减免港口维护费，而这可以部分地解释为什么温哥华港比西雅图港发展得更快。

科学评估减免条款的成本和收益对于确保类似制度安排达成预期目标至关重要。在非税收入项目中，如果一些用户免于支付，其他用户必须支付得更多才能偿付全部项目成本。例如，商用和自用船只都接受农产品检疫服务，但自用船只免收检查费。所以商用船只检查费中包括了自用船只的检查成本。对用户间交叉贴补的另一种替代是通过税收负担因减免而无法抵偿的成本，依然可以达成预期的政策目标，只不过由其他用户贴补改由社会整体贴补。

最后，跟差别定价一样，减免也会增加机构的管理成本，因为机构必须审核和甄别符合条件的用户。例如，所有商用船运营商抵港后都被征收437美元的海关检验费，每个日历年总额上限为5955美元，大约相当于13.6次支付，这也相当于一种减免。为此，海关和边境保卫局不得不甄别哪些船只已经达到上限而不必再征收，这明显增加了它的管理成本。

（二）美国非税项目定价的启示

1. 强调成本信息的重要性

成本信息是定价的重要基础。确定价格和核算成本是两个不同的概念，非税项目定价更多的是一个政策抉择，有时依据法律法规规定，有时基于公共利益和政治考虑。因此，其产品或服务的价格并不必然等于其成本。但无可否认的是，成本信息是美国政府非税项目定价最重要的考虑因素。除一些例外情况外，预算和管理办公室要求：[1]

（1）对于政府利用政治权力提供产品和服务给特定群体以特殊收益，应使非税价格足以偿付因这一活动产生的全部政府成本；

（2）对于政府按照市场原则提供的产品或服务不必仅限于偿付成本，还可产生一定的净收益。

此外，成本信息之所以重要是因为即使在那些不以成本定价的非税项目中，管理者也需要清楚收入和成本间的差异。这些信息，不仅是非税项目绩效考核的关键性基础，也是国会制定预算决策以及公众知情权和监督权的重要保障。

---

[1] OMB Circular A-25, User Charges (Revised July 8, 1993).

2. 注重成本数据的可靠性

数据的可靠性是合理定价的重要保证。美国政府对数据可靠性的注重，主要体现在对行政机构成本核算的规定上。1990年《首席财务官法》要求本法覆盖的联邦机构应建立和维护一个完整的会计和财务系统，以提供可靠的成本信息。此后，美国联邦政府成立了联邦会计标准顾问委员会，专职制定联邦政府会计标准，并在1995年颁布了《联邦财务会计准则声明》，建议联邦机构应该建立定期、常规和一致的数据成本积累和报告程序，强调定期的成本核算需要满足联邦财务报告的第二目标，即披露成本信息帮助用户了解具体非税项目的成本构成及变化情况。

3. 关注定价方式引致的交易成本

定价方式引致的交易成本具体表现为行政机构的管理成本，这类成本需要根据具体情况加以考虑。在某些具体的非税项目，不同定价方式确实会导致管理成本的显著差异，从而影响用户的购买行为，引致资源配置情况发生变化。在此类非税项目中，如果不考虑这些管理成本，往往会因不恰当的定价方式而导致非税价格偏高，即使达成最终的政策目标，也会影响用户的使用感受，质疑机构的管理能力。

4. 要求价格具有前瞻性

在具体的非税项目中，成本并非一成不变。随着时间的推移，受一些因素影响（如通胀）可能出现升高或下降。因而，需要考虑价格如何与成本增长保持同步。例如，2008年联邦高速公路建设资金不足，就是因为1993年设置的每加仑18.4美分的汽车燃油税一直未作调整。从而导致该项非税收入的购买力因成本物价因素而大打折扣。[1] 为此，政府预算管理办公室（OMB）建议设置价格尽可能采用某一基础值的比例，而不采取固定美元金额。

但如果基础值不能与成本同向变化，这样做依然不能使价格与成本同步变动。例如，港口维护费设定为过往货物价值的1.25‰，由于商业的繁荣，货物数量和价值高速增长，随之增长的港口维护费大大超过了维护的实际支出。[2] 因此，无论采取比例还是固定美元金额，都要保持价格具有

---

[1] See GAO, *Surface Transportation: Preliminary Observations on Efforts to Restructure Current Program*, GAO-08-478T (Washington, D.C.: Feb.6, 2008).

[2] United States Government Accountability Office: "FEDERAL USER FEES: A Design Guide", May 6, 2008, p.13.

良好的前瞻性，能够与目标成本保持动态一致。

六 美国政府非税收入的征收和使用

在美国，非税征收制度可由国会通过特殊法制定，也可由行政机构通过行政法规制定，但非税使用制度却只由国会制定，行政机构无权染指。从设计难易程度上看，两方面的制度内容主要都基于项目决策的考虑，相比非税项目的设立从技术上更为简单，而且无论制度出自何方，最终都由行政机构来执行。

（一）政府非税收入征收

征收方式的选择需要确定两件事，一是何时征收，二是如何征收。而选择的依据就是在征收成本尽可能小的情况下保证征收质量。

1. 最好选择即时征收或预先征收

非税被征收可以有以下几种情况：

（1）预先征收，在提供服务前征收。例如，机场建设费在旅客购买机票时同时支付。

（2）即时征收，在提供服务的同时征收，例如，国家公园门票。

（3）事后征收，在提供服务后征收，例如，超速罚款。

即时征收因为征收程序被简化，可以降低征收成本。但也并非总是如此。如由检查人员当场征收的海关检查费，因为没有自动化的征收系统，征收成本一直居高不下。另外，国家公园也采用即时征收，这令它们很少去关注逃费行为，从而降低了征收质量。

在某些情况中，即时征收的可行性也受到质疑。例如，如果美国海关和边防局提供旅检服务时即时征收检查费，旅客的等待时间会更长。在一些非税项目中，行政机构仍然使用人工征收作业，显然增加了征收成本。减少这类成本可以考虑使用电子支付或银行代收。对于某些按年支付的非税，预先征收能够有效避免用户集中支付带来的拥堵。以商用卡车入境时的农业检疫费为例，按照规定，每次入境的农业检疫费是 5.25 美元。如果卡车运营商可以预付全年的农业检疫费，领取一年的付费证明，到海关和边防管理局只需要查车通过，而不必耗时在每个入境关口都征收检疫费。这样既减少了行政机构的管理成本，又方便了用户。

2. 尽可能利用现有征收系统

在非税项目中，应尽可能利用现有征收系统，或将收费和审计工作外包给第三方。具体而言，当一个企业用户需要缴纳多项非税时，最好由一个行政机构统一征收。例如，港口维护费，属于美国陆军工程兵团的非税项目，就是由海关和边防管理局代为征收的，因为海关和边防管理局在地方上有完备的征收系统，比起陆军工程兵团另建一套征收系统，显然能够更好地节约政府成本。再者，其非税价格所基于的船只货物价值，海关职能中本就包括统计，也没必要让陆军兵团再行重复劳动。政府审计办公室在评估后明确肯定这种做法是有效率的，极大降低了征收成本。[①]

同时，非税收入合并在一个机构或部门，也简化了审计工作，降低了审计成本。例如，在海关检查费、移民检查费和农业检疫费统一由海关代收后，审计工作也被整合在海关和边防管理局之下。

除了联邦行政机构，州政府机构或企业也可以作为非税代收的外包商。例如，航空和油轮公司利用机票销售系统帮助代收旅客检查费，然后再汇给海关和边防管理局。需要注意的是，私营机构代替政府征收时，尽管有利于降低征收成本，但征收质量可能会下降，而审计监督成本可能会上升。为了解决这一问题，可以考虑设立保证金要求和奖惩制度。

（二）政府非税收入的使用

国会决定行政机构在何种程度上使用非税收入。当非税收入并非专款专用时，国会在资金决定分配上有更多的灵活性，在监督上也更加积极主动。一些人主张联邦资金决策应主要考虑非税项目的社会效益而非它的筹资能力。同时，授权行政机构自由留存和使用非税收入，将增强机构的灵活性，防止管理僵化。有些人则提出非税收入应主要用于产生它的非税项目，如果非税收入不被用于非税项目，联邦机构征收意愿可能会下降。为此，在使用上，国会采用各类机制去平衡灵活性和约束力。

1. 类型

在联邦预算资源中，非税收入被分为三种类型：抵消性支出、抵消性

[①] GAO, "FEDERAL USER FEES: Substantive Reviews Needed to Align Port – Related Fees with the Programs They Support", Feb. 22, 2008.

收入和政府性收入。非税收入的类型不同,决定了它能否被行政机构直接使用。归入抵消性支出的非税收入,无须额外国会授权即可被机构使用。而归入后两项者,一般需国会授权后机构方可使用。这也意味着非税收入的设立和使用被分列在两个国会授权过程中,后续的使用授权如果不能与之前的设立授权相一致,可能导致彼此缺乏衔接。

2. 期限

国会为机构使用非税收入设置期限。常见的期限设置有两种:一种是在年度拨款议案中的年度使用授权,财年结束则使用授权终止,新的财年开始后再行授权;另一种是由单独法律规定的长期使用授权,该授权不随财年结束终止,新的财年开始后也无须再授权。

显然,对国会而言,前者使它能够定期监督行政机构。而对行政机构而言,后者使其在非税项目上更加独立。来自港口维护信托基金的支出就属于年度使用授权,每年联邦港口的维护支出由国会依照非税收入所得确定,而不是自行确定。2007财年末港口维护信托基金有近40亿美元的结余,但陆军工程兵团在2006年和2007年从该基金获得的使用授权只有7.98亿美元和9.1亿美元。一些用户表示,预留一定的港口维护费用是可以理解的,但截留数额过大无疑会破坏该项非税收入的公信力。

长期使用授权使机构可以根据非税项目的情况变化做出更加及时的调整。一份1999年农业部关于此项非税收入的报告显示,农业市场服务局获得长期使用授权后,它所提供的自愿购买的非税服务收入已经成为自身主要资金来源,并激励其进一步开发更多非税服务项目的热情。当然,报告也强调,机构使用非税收入的自由量裁权越大,越有必要建立一个结构化的监督系统。①

长期使用授权还可以帮助机构平滑支出。国会为了给予机构更多的灵活性,在某些长期使用授权下的非税收入可以被使用直至用尽为止。而机构由于可以将未花尽的非税收入留作后用,使其可以在更长时期(超过1年)内匹配非税收入和平均成本。通过结转机构有能力设立类似准备金的储备账户,得以缓和收入或成本波动给非税项目运营带来的影响。例如,《农业检疫费法案》中的长期使用授权,允许动植物检疫局留存用于应对

---

① U. S. Department of Agriculture, Economic Research Service, User – Fee Financing of USDA Meat and Poultry Inspection (Washington, D. C.: March 1999).

突发情况的准备金。据动植物检疫局反馈,由于其资金完全依靠非税收入,所以该准备金对保持机构正常运转十分必要。如同任何事物皆有利有弊一样,长期使用授权下,也存在着导致非税收入脱离总成本约束而过度膨胀的问题。

3. 用途

使用用途的宽严程度,无疑决定了机构使用非税收入的自由度。

其一,针对不同的部门,采取不同的规定。例如,农业检疫费被授权用于偿付提供农业检疫服务成本及相关管理成本;海关检查费仅被授权按照国会设定的优先顺序为一些限定活动报销已垫付的支出。

其二,授权指定全部或部分非税收入的具体用途。例如,国会授权美国专利商标局,一定比例的专利费专用于专利服务,一定比例的商标费专用于商标服务,二者余下的部分可由机构自由使用。专利局官员称专利和商标服务的用户是两个明显不同的群体,这样安排确保用户缴费能够资助直接影响其受益的活动。[①] 这样的做法有时也会限制机构的灵活性。例如,国家公园管理处曾经的一个非税项目80%的非税收入被指定仅可用于产生该收入的公园。这一限制导致高收益的公园资金过剩,而低收益的公园资金短缺。

另外,用途狭窄也可能导致非税收入使用无法与提供非税服务的政府活动同步变化。例如,海关和边防局官员称,"9·11"恐怖袭击之后,要求加强货物安检工作,但因此带来的成本却无法通过与货物通关检查相关的非税收入报销。虽然他们认为这些检查作为政府提供非税服务的活动,其成本本该由非税收入抵偿。

用途狭窄的好处是有助于国会监督非税收入使用,不过这也增加了机构的使用成本。为了向国会证明非税收入正在被合规高效地使用,机构需要收集更加细致的成本数据。为了证明非税收入使用绩效,海关和边防局要求记录工作人员执行检查服务的时长,以评估工作人员在海关、移民和农业检查各项服务上的效率改进。同时对于国会而言,用途越窄,意味着不得不更加频繁地审查和更新使用授权,以保证它满足非税项目实际需求。

[①] United States Government Accountability Office, "FEDERAL USER FEES: A Design Guide", May 6, 2008, p. 13.

4. 数额

国会从宏观和微观上限制非税收入的使用数额。

宏观上，国会通过在预算中确定非税项目的性质，即强制性（mandatory）或政策性（discretionary），来限制数额。

强制性非税项目是由国会单独立法规定的非税项目，需满足"收付相抵"，这意味着收入和支出必须符合赤字中性原则，即支出增加必须来自收入的增加，收入的减少要求支出也要减少。如果港口维护费被归为强制性政府收入，国会降低价格导致收入减少，就相应要求机构的非税收入使用额度减少以抵消减少的收入。

政策性项目被包括在年度拨款议案中，所有被归为政策性项目（包括非税项目）的支出统称为政策性支出。这个支出受到当期预算决议规定的上限约束，所以政策性非税收入的使用必须在计算总的政策性支出中考虑。

微观上，国会可以为具体的非税项目设立征收或使用限额。这样做可以约束行政机构的非税行为，但代价是机构可能无法足量供给。特别是在没有其他资金来源的情况下，机构未被授权全额使用，会使它在财政上捉襟见肘，无法正常履行职能。国会在一些财年中要求美国专利商标局不能使用他们取得的全部非税收入，这使得该局无法购买和雇用足够的技术设备和人力，2012年，该局积压了超过64万未审核的专利申请。

5. 形式

使用非税收入时，采取预付形式还是报销形式，也会影响到机构的灵活性。

预付形式可以令机构直接获得非税资金，增加了机构的财力，从而使机构能够更充裕地调配资金。

"报销形式"容易导致机构灵活性更低，并产生更高的管理负担。而且，如果非税项目所需投入的前期资金较高，类似安排可能会出现问题。

据海关和边防局反馈，农业检疫费在动植物检疫局及海关和边防局之间共享，但只有前者被授权直接使用，而后者则需先垫付后报销。这意味着在使用非税收入上海关和边防局比动植物检疫局需等待更长的时间。

如图2-10所示，非税项目设计，实质上反映出机构灵活性与国会约束力之间的调配过程。在国会对非税项目设立和使用作出具体规定之际，若增加机构灵活性，就会削弱国会约束力，若削弱机构灵活性，就会增加国会约束力，而如何具体安排则有赖于政府决策者对项目特点的通盘考虑。

非税项目设计要点		增加行政机构的灵活性	增加国会的约束力
设立	价格设置	行政规章	法律
使用	类型	抵消性支出授权	抵消性收入授权 政府性收入授权
	期限	长期使用授权	年度使用授权
	用途	用途宽泛	用途狭窄
	数额	不受限制	受到法律限制
	形式	预付	报销

图 2-10　非税项目使用设计图

正是由于不同规定的搭配和组合，形成了美国政府非税项目各不相同的差异化管理体系。

七　美国政府非税收入的监督

美国政府非税收入监督由事前、事中、事后监督构成，是一个全流程的监督过程。

事前监督能够更好地提高非税项目的设计水平，有助于减轻纳税人负担，减弱政府活动对税收的依赖性，优化联邦政府的资金结构。

事中监督能够帮助国会和联邦机构发现和解决重复征收、成本错配等非税项目中可能存在的问题，充分发挥非税收入提升资源配置效率、实现公平分配的积极作用。

事后监督使国会和用户了解非税项目的详细信息，为国会决策和用户监督提供依据。

事前、事中、事后三者相互衔接，形成了监督闭环，将美国政府非税收入管理进程的每一步骤、每一环节都牢牢地圈在制度监管之中。

（一）事前监督

事前监督主要表现为对非税项目设立的层层审批，如图 2-11 所示。因为要经历如此多的环节，所以要在预算适用财年开始前的 18 个月就着手准备。这一审批流程实际就是政府预算的审批过程。

理论上，非税项目设立作为财政范畴的动议，可以由众议院议员或行政机构负责人提出。按照美国宪法规定，财政动议必须由众议院提出。但实际中，非税项目设立一般由行政机构负责人提出。

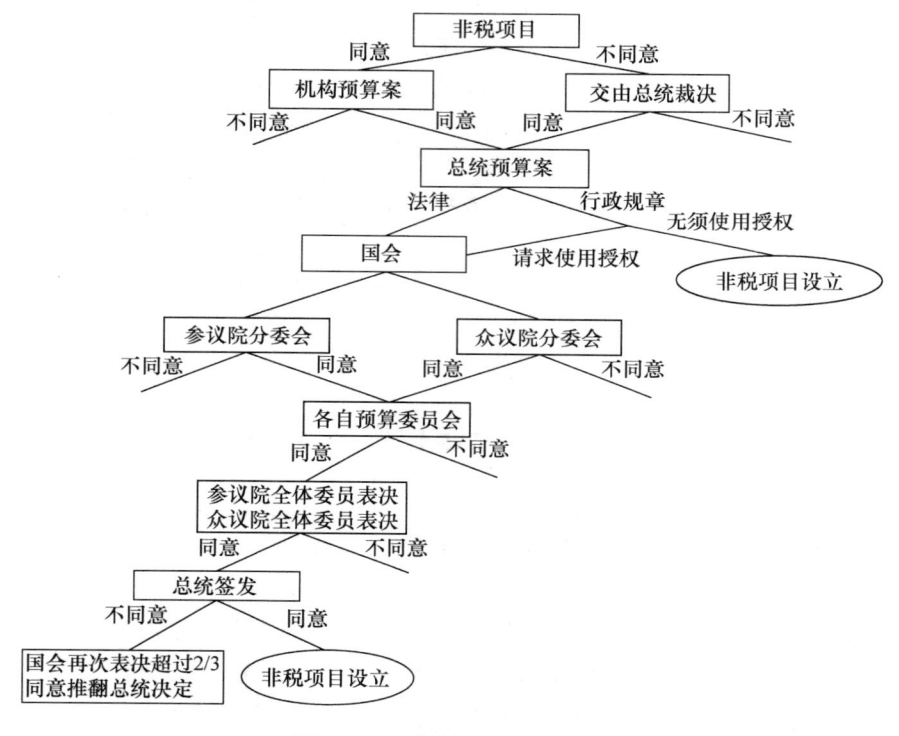

图 2-11 非税项目设立程序

行政机构申请设立非税项目的流程：
- 首先需要将设立动议写入机构预算案。不过，这须征得预算和管理办公室同意，预算和管理办公室负责指导和审核各机构预算案编写，以保证其与总统的政策主张和意图相一致。

- 预算和管理办公室如果同意,则非税项目申请可以被包括在机构预算案中,等待总统审核同意后即可由预算和管理办公室汇总进入总统预算案。
- 如果不同意,则交由总统裁决,总统同意后依然可以被编入总统预算案,至此,行政系统内的审批告一段落,接下来将转入国会审批。
- 在国会审批过程中,总统除被要求对预算案进行一次中期调整外,随时都可以调整其预算提案。

在转入国会审批前,还区分为两种情况。如果非税项目依据行政规章设立且无须国会额外授权,则非税项目成功设立。如果非税项目需要国会立法支持,例如,想要获得非税收入的使用授权,则非税项目进入立法审批流程。

- 进入立法审批流程,总统预算案按照具体涉及的领域分别交由参众两院预算委员会下的各专业分委会审核。分委会审核过程中,申请设立非税项目的机构负责人会被要求出现在讨论会上接受质询。
- 分委会讨论同意后呈交给各自预算委员会,经预算委员会同意后汇总,汇总后的议案分别由参众两院组织全委会表决。
- 如果参众两院表决后意见不一致,则成立专门的协调委员会进行协商。最后,交由总统签发,法律即可生效。如果总统不同意,则由国会再次组织全委会表决,表决结果超过2/3同意,则推翻总统的决定,法律依然生效。
- 随之,非税项目设立。

一般来说,对于具体的非税项目,关键是各分委会意见,预算委员会和全委会一般不会否决分委会意见。而总统否决权主要用于与国会出现比较重大的经济和政策分歧上,一般也不会在某个具体的非税项目上行使。

不过,就理论而言,非税项目设立确实也经过如此繁复的博弈过程,尽管这可能拖累决策效率,但确实也为决策的科学性提供了更多保障。

(二) 事中和事后监督

需要澄清一点,这里指的事后监督并非非税项目完结后,而是指以一个或多个财年为周期,周期完结后对非税项目的审查监督,也可称为定期监督。而事中监督则是在这个周期内随时抽查,即不定期的监督。因而,事中和事后、不定期和定期监督,钩织了一张相辅相成、紧密衔接的监督网。

1. 非税项目的评估标准

无论是事中还是事后,政府审计办公室的监督作用都不可忽视。它在美国经常被称为国会的"watchdog",负责监测政府财政系统运行问题并提出改进建议供国会参考。

对于非税项目,政府审计办公室从设计到运行全程协助国会进行督导。它在评估非税项目方面,提出了四个标准。

- 效率:通过要求用户负担给自己带来收益的政府活动成本,非税可以抑制需求并显示受益人的偏好。如果用户未能承担政府活动全部成本,表明其需求会超过效率最优的供给水平。因而,评价非税项目的效率改进或绩效目标达成情况,成为评价非税项目优劣的首要标准。
- 公平:公平意味每个用户都支付他们应负担的份额。在受益者付费原则下,非税项目的公平性体现在用户负担了因它而产生的实际政府成本上。
- 收入充足率:指非税收入偿付目标成本的程度。它包括非税收入随目标成本变化的动态覆盖率和非税收入的稳定性。稳定性是指短期经济波动和其他因素对非税收入的影响幅度。
- 管理成本:非税项目的管理成本主要是征收成本,也包括非税收入的记账、使用等相关成本。

这些标准可能相互矛盾,在评估非税项目时需要权衡考虑。而且,不得不承认任一具体项目都无法做到完美无缺,不能令所有人满意,总是利弊共存。因而,评估非税项目需要根据项目的实际情况调配各标准的比例。

2. 监督机制

非税项目由行政机构主持运行,行政机构最易掌握其详细信息,因而其事后监督是由内部(机构自身)监督和外部(国会和用户)监督共同构成。

(1) 内部监督——自我监督

根据行政规章设立的非税项目,依照《首席财务官法案》和《A-25

号通知》规定，行政机构对非税项目应至少每两年全面自查一次。主要目的是为国会和用户提供非税项目详细信息，并据此对非税项目进行恰当的调整。除此之外，《A-25号通知》要求机构还要自查那些没有采用非税方式的政府项目，判断其是否需要申请转为非税形式。更进一步地，如果这种转变受到法律的限制或禁止，机构应一并提出恰当的法律调整请求。行政机构被建议在年报中，比如绩效报告，讨论上述结果以及由此产生的建议。

不过，内部监督由于缺乏激励和动机，难免导致监督不力。政府审计办公室2011年调查发现，许多机构年报中并未包括或包括全部的非税项目自查结果。这在一定程度上妨碍了国会和用户了解非税项目情况，使其难以有效地决策和监督。所以，政策审计办公室建议预算和管理办公室，利用预算审核权，确保机构遵照规定，如实完整地报告非税项目自查结果。但直至2012年3月，仍未见预算和管理办公室采取任何相关举措。

（2）外部监督

内部监督成本虽低，如果不配以外部监督，效果实在乏善可陈。政府审计办公室认为，无论非税项目由行政机构还是由国会设立，机构都必须频繁地自查和报告，以确保国会和用户掌握完整的项目成本和运行信息。鉴于机构不愿公布非税项目相关信息的问题，国会往往会在拨款法、具体授权或委员会决议中对机构增加额外的报告要求。

例如，《美国发明法》要求商标和专利局报告非税项目的情况，包括定价相关信息。商标和专利局2012年的拨款授权，要求其提供一个完整的支出计划。相似地，美国造币局也被要求每两年向国会报告一次硬币制造成本，每年报告非税项目收支情况。

非税项目越透明，越能提升效率、促进公平。政府审计办公室的研究表明，机构不能与用户保持良性沟通，可能会影响非税项目运营和调整。用户希望在非税项目中获得好的体验，与其沟通，共享相关信息，获取用户对产品或服务的建议是必要的。让用户反馈意见和提出建议，使其了解非税项目的具体运行状况以及资金使用情况，将增强社会对项目的认同感。

按照规定，行政机构要披露非税项目信息让用户知晓。特别是非税项目调整时，应在联邦公告上发布。例如，2004年美国动植物检疫局发布

"关于调整2005—2010财年的检疫服务价格"通知，其中包括调整后的价格、调整前的实际成本和调整后的预期成本，预期成本估计的假设条件和方法等。公众可以通过书面形式将意见反馈给动植物检疫局。除了这种非面对面的沟通方式，还可以采取公开听证的形式。例如，根据《美国发明法》规定，商标和专利局的任何价格调整都必须举行公开听证会，通过之后仍需在联邦纪事上发布，内容要包括调整的目的、合理性和由此带来的好处等信息。

行政机构除了利用法律授权的多种方式收集用户意见外，还可以组建咨询委员会，聘请资深用户担任委员，为非税项目的运行及调整提供建议。例如，司法部组建的咨询委员会，其成员由用户代表构成，为非税项目改进和调整提供帮助。

八　非税收入的财政票据管理

1993年克林顿政府成立全国绩效评估委员会，在时任副总统戈尔的领导下对政府工作效率、行政措施、政府服务的质量等问题进行研究和探讨，当年即通过两份报告，提出"运用信息技术再造政府"的观点。此后，美国开始走上立法推动电子政府发展的道路。这些法律包括《1996年的Clinger - Cohen法》（亦称《1996年信息技术管理改革法》）、《1998年政府纸张消除法》（"the 1998 Government Paperwork Elimination Act"）。根据《1998年政府纸张消除法》规定，至2003年，美国所有政府机构必须做到具备提供电子登记备案、电子申请的能力。[①]

随着政务电子化，依托居民良好的电子支付习惯，以及完善的金融电子网络，美国政府加快了财政收支电子化建设，大部分非税项目都实现了电子化征收，财政票据向无纸化发展，更多表现为一种电子凭证。

（一）Pay.gov支付平台

Pay.gov支付平台于2000年10月正式运行，由美国财政部下属的财政管理局设立，旨在利用网络技术帮助政府完成税费征收工作。它主要由四

[①] 张泳华：《中外网络新闻业比较》，清华大学出版社2004年版，第152—153页。

大项服务构成：征收、表格提交、账单/通知、财务报表。作为美国政府的电子支付平台，Pay.gov 整合了大部分联邦政府机构的征收工作（具体见表 2-15）。

表 2-15　　截至 2006 年 4 月使用 Pay.gov 的联邦机构①

农业部	总务管理局	美国联邦通信委员会	国家劳工关系委员会
商务部	政府印刷局	联邦仲裁调解委员会	美国国家公园基金会
国防部	国土安全部	美国联邦贸易委员会	国家运输安全委员会
教育局	交通运输部	住房和城市发展部	核管理委员会
能源部	社会安全局	退伍军人事务部	人事管理办公室
国库部	环境保护局	美国国会图书馆	卫生与人类服务部
内政部	美国地区法院	美国国家航空和航天局	田纳西河流域管理局
律政司	美国破产法院	国家档案管理局	国家和社区服务公司
劳工部	进出口银行	国家信贷联盟管理局	斯坦尼斯公众服务中心
国务院	和平工作队	美国国家艺术基金会	小企业管理局
			铁路退休委员会

由于电子平台同时整合了数据记录功能，所以征收和记录被整合为一个过程。对于行政机构和用户来说，作为凭证的票据在电子平台上的重要性已经被极度削弱。行政机构和用户都可以随时在支付平台上根据所需查询缴费情况。

（二）纸质票据

尽管电子凭证大量代替纸质票据，但在某些非税项目中纸质票据依然有不可替代的作用。

例如，美国海关对入境运输工具收取的费用（User Fee – Decal，使用费贴花），会为缴费人出具明细收据。因为当事人在以后办理退换贴花、退款，或者更换车辆时都需出示该收据。另外，某些由机构代收的费用也

---

① Pay.gov, "Who's Using Pay.gov?", April 2006（https://www.pay.gov/paygov/press.html?nc=1389837184853）.

采用纸质票据，以加强对代收机构的监督。例如，由航空公司代收的旅客检查费。

如图2-12所示，在机票的左下角，标注了非税项目收费。旅客检查服务分别涉及海关和边防管理局、移民局、农业部三个机构，由于每个机构的非税项目都在财政部建有对应的收入账户，征收款项由航空公司汇给财政部后，财政部再将其按照对应关系存入相应的非税项目账户。

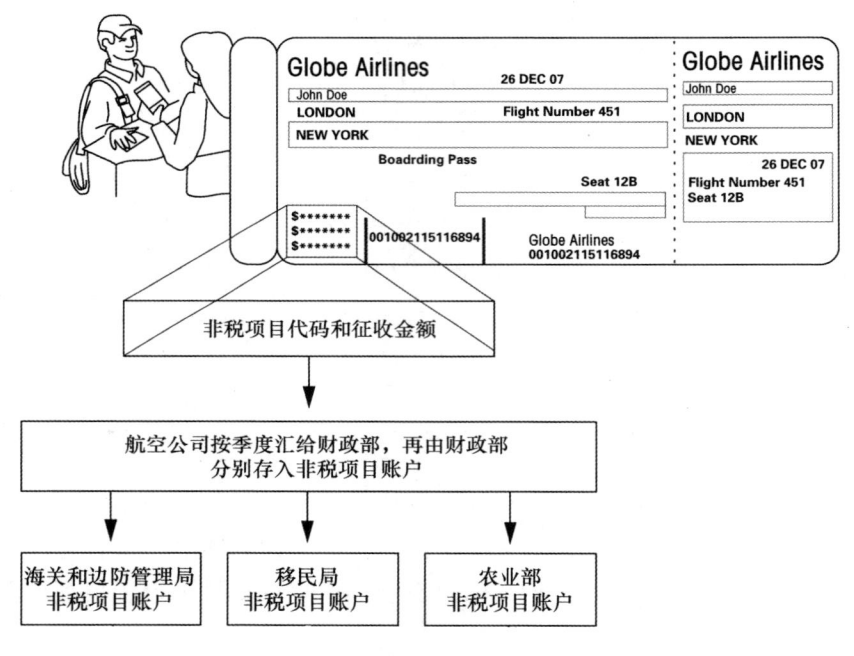

图2-12 航空旅客检查费票据样式

联邦政府的纸质发票样式相对统一、规范。而州和地方政府由于涉及的数额普遍较小，所以也较为随意。有的地方政府的发票就是收银机打出的小票，手写发票也不需要盖印公章，仅需收款人签名即可。[①]

---

① Legislative Audit Bureau, "Best Practices Report – Local Government User Fees", April 2004 (http：//legis. wisconsin. gov/lab/reports/04 - 0userfeesfull. pdf).

第二章　美国政府非税收入

附录　美国核管理委员会对用户的收费[①]

1990年11月5日经由国会通过，美国总统签署了《综合预算调节法》（简称 OBRA-90），目的之一就是增加美国政府收入。其中一项条款，授权美国核管理委员会（NRC）通过非税收入满足其近乎全部的预算支出需要，以相应减少从政府获得的拨款。

（一）核管理委员会

核管理委员会（US Nuclear Regulatory Commission，以下简称 NRC）征收两种类型的非税：

第一种是根据《1952年独立办公室拨款法》第31编9701条授权征收特许费和检查费，包括NRC为用户提供的各类申请审批和许可发放服务。

第二种是年费，用以偿付一般性的和未通过第一种非税收入偿付的管理成本。

第一种大约能够覆盖NRC预算授权25%的经费需要［不包括高放射性次废物处理（HLW）计划］，余下的由第二种覆盖。具体分析如下：

1. 特许费和检查费[②]

核管理委员会的前身——原子能委员会，根据1968年的IOAA授权设立此项非税。收入来自在NRC活动中可被清晰界定识别的获得具体利益的用户。具体利益包括NRC履行法定义务和工作职责过程中为申请人审批签发许可证、执照等所有必要服务，比如新签、续签许可、修改许可范围以及许可项目审查等。价格由NRC根据非税服务的全部直接和间接成本进行确定。NRC按照对象不同区分为两种价格，向反应堆和燃料循环征收的全部成本价格和向许可人征收的平均成本价格。

[①] Organization for Economic Co-operation and Development, "User Charging for Government Services", OECD Publishing, Mar. 6, 1998.

[②] Organization for Economic Co-operation and Development, "User Charging for Government Services", OECD Publishing, Mar. 6, 1998.

● 全部成本价格①

对于核反应堆和燃料循环设施，非税收入用于偿付完成审查或检验工作的全部成本（包括美国核管理委员会工作人员实际工作时长和其他合同成本）。非税价格由用户消费服务的数量决定，通过工作耗费的时长乘以工时成本计算。核管理委员会设有两种价格，反应堆申请审查每小时128美元、燃料循环和材料申请审查每小时120美元。它们包括了按比例承担的委员会日常开销和一般性管理成本，并且每年都会更新。

● 平均成本②

在 NRC 中，按照不用用户类别设定的各种材料、许可、申请和变更费超过6000种，例如，放射线技师（30类），核测井师（5A类），或核子水分—密度测量师（3P类），不同用户类别在材料费列表中能很容易找到对应的价格标准。在同一类别中，每个用户的缴费金额是相同的，不再就地理区域或企业规模进行差别定价。单个类别征收的最终价格，由处理该类别申请的平均时长乘以收费规定中确定的工作人员每小时费率。根据1990年《首席财务官法》，核管理委员会每两年进行一次自查，并根据提供服务的成本相应调整价格。

2. 年费

除了《独立办公室拨款法》授权的非税收入以外，根据《综合预算调节法》规定，NRC 还可收取年费以补偿第一种非税收入未能偿付的管理成本。

在国会报告随附立法中，国会为 NRC 计算年费费率提供了指导性原则，具体如下：

● 年费总额应由核管理委员会的预算减去收取的服务费和直接从核废料基金获得的拨款确定；

● 年费应最大限度地与 NRC 提供服务成本有较为合理的关系；

● 年费应公平、公正地在用户间合理分摊。

国会认为，核管理委员会的年度开支，不仅应由单个类别用户偿付，

---

① Organization for Economic Co-operation and Development, "User Charging for Government Services", OECD Publishing, Mar. 6, 1998.

② Organization for Economic Co-operation and Development, "User Charging for Government Services", OECD Publishing, Mar. 6, 1998.

还应由不同类别的用户共同偿付。某一类用户群体引起的一般性成本（如研究费用），由所有持有该类许可证的用户共同分担。即便某项支出无法归属于特定类别的持有用户，也可以年费的形式偿付成本。某一类用户的年费数额，由均匀分配给该类别每个用户的预算金额决定。成本负担和定价与提供服务的成本应具有一种合理的对应关系。

NRC 确定各类用户的预期成本，这些类别并不局限反应堆运行、测试和研究，还包括燃料设施、乏燃料贮存、铀回收、材料等。预期成本被预计收取的服务费数额抵扣后再扣除核废料基金的拨款授权，剩下的就是需要收取的年费数额。

尽管非税价格由 NRC 确定并征收，但收入并不由 NRC 直接留存使用，而需上缴至美国财政部。非税收入与 NRC 预算授权没有直接关系，因为授权支出额度在财年开始时已由国会审批通过，具有典型的"统收统支"特点。

另外，为了平滑服务需求，服务费和年费不采用"高峰负荷定价"方法。折旧和资本支出成本也不包含在机构预算中，因此，调整非税项目时也不予考虑。

按照规定，非税项目调整需向社会发布并接受公众听证。NRC 每次价格调整都在《联邦公告》发布草案。在听取公众意见并作出相应修订后，再次于《联邦公告》上刊发正式方案，并将副本邮寄给每一个用户。

3. 非税项目的一些调整[①]

1991 年费用调整期，NRC 被要求参照 1980 年的《灵活监管法》——该法规定每个联邦机构都要充分考虑部门规定对小型实体的影响。即考虑到小企业，小型政府司法机构和非营利性组织，缴纳全额年费可能存在困难。NRC 设立了符合核监管责任的合适的小型实体费率标准，按照实体的规模大小收取年费。在不与 1990 年《综合预算调节法》冲突的前提下，降低对小型实体的影响，为符合要求的小型实体设立 1800 美元的最大年费，部分年收入相对较低的小型实体甚至可以享受 400 美元/年的优惠，详情见表 2-16。

---

① Organization for Economic Co-operation and Development, "User Charging for Government Services", OECD Publishing, Mar. 6, 1998.

表 2-16　　　　　　　　不同类别的小型实体年费表

非生产性小商业企业和非营利性组织（每年总收入）	
$35000—$5000000	$1800
低于$350000	$400
生产性企业实体	
35—500个雇员	$1800
少于35个雇员	$400
小的政府司法机构（包括公立的教育机构）（人）	
20000—50000	$1800
少于20000	$400
非国家的或公共的教育机构	
35—500个雇员	$1800
少于35个雇员	$400

　　享受此待遇，申请人必须证实自己符合核管理委员会设立的小型实体各项条件。每年大约有1300个申请人向NRC提供符合减免年费标准的证明，其中约有900个小型实体符合1800美元的年费标准，另有400个小型实体符合400美元的年费标准。这样一来，从小型实体获得的总年费收入不到核管理委员会预算收入的1%。扣除这些收入大约还有500万美元的政策成本需要由NRC自行承担。

　　另外，NRC对非营利性教育机构执照服务费和年费进行减免，但如果许可证被用于取得劳务报酬则不予减免。教育机构使用核反应堆和核材料进行研究所取得的知识成果，被NRC归为经济学定义中的"公共产品"。教育性的费用减免还会产生巨大的正外部性，大学或者研究机构的生产过程及产品，对整个社会发展起到巨大推动作用。而在核反应堆研究中被训练的学生，很可能会成为下一代核反应堆的工程师或研发者。

（二）收费产生的影响[①]

　　核管理委员会成功达成了1990年《综合预算调节法》的第一个目标，

---

① Organization for Economic Co-operation and Development, "User Charging for Government Services", OECD Publishing, Mar. 6, 1998.

即通过收费，满足其近乎 100% 的预算资金需求。1991—1996 财年收取费用总额平均达到预算授权的 98.5%。

不过，与此同时，NRC 的收费也饱受争议。在征求收费调整建议时，核管理委员会曾经恳请建议人不要老是纠缠于"联邦政府是否应该采取使用者付费而不通过税收资助它的活动"这样的政策问题，希望他们更多关注"在 NRC 收费的前提下，如何通过法律和政策手段帮助 NRC 消除收费过程中不公平的费用负担"。尽管如此，许多建议者仍然对公共政策目标与采取 100% 预算补偿收费做法之间可能产生的利益冲突表示担忧。

NRC 强调，收费并未对服务需求产生过大影响。实施 100% 成本补偿收费的起初几年，材料许可证从 9100 个减少到 6500 个——但这种数量减少并不意味着该项商业活力的衰减。一是有些人因不再持有被许可的材料而不再使用许可证；二是更普遍的情况大部分人将两三个许可证合并为一个。事实上很少有人因规避年费而注销许可证。

作为对被许可人有关 NRC 实施收费相关意见的反馈，1992 年国会通过了《能源政策法》，命令核管理委员会自查年费计算评估相关规定，对需要修改的方面征求公众意见，为国会对现存法律进行修改以消除收费不公提供建议报告。1994 年 2 月 23 日报告被提交到了国会，建议通过立法来解决其中存在的不公平和不平等问题。

在这些问题中，最主要的一个是认为 NRC 的收费并不满足等价交换原则，即"如果核能管理委员对使用者收费而不收税，那么，NRC 每个活动的直接受益人（不仅仅包括被许可人）应得到与其支付相当收益"。这个原则之所以不能被满足，由于法律和政策的限制，并不是所有 NRC 活动的受益人都付费。此外，费用确定是根据 NRC 执行监管责任的成本，而不是根据持牌人（持有一些特殊证件的人）的收益，这会使一些持牌人觉得与之相关的监管活动收费和其收益并不对称。给国会的报告建议调整 1990 年《综合预算调节法》，将一些 NRC 活动全部或部分排除出采用收费方式补偿其成本的范围。这些活动包括 NRC 的一些国际活动，免除对非营利教育组织与 NRC 相关的收费，免除《独立办公室拨款法》规定的联邦机构费用，减少小企业缴费金额等活动。最终，这个报告的建议并没有被国会采用。

虽然立法建议没有通过，在 1995 财年，NRC 出台了一个更为公平和平等的分配成本的收费政策，不过 NRC 收费的立法基础并未发生改变。

（三）收费的法理依据

尽管核管理委员会的收费程序是成功的，但是，服务费和年费在法院那里都受到了挑战。

其一，服务费问题。

关于服务费，NRC 参考研究了高级法院 1974 年对国家有线电视协会公司起诉美国政府、联邦电力委员会起诉新英格兰电力公司两起案件的判决决定。在这些判决中，法院认为，依据《独立办公室拨款法》，政府机构可以根据测算出的、为可识别受益人提供服务的价值收取相应费用。对《独立办公室拨款法》的司法解释，在 1976 年 12 月 6 日美国哥伦比亚特区上诉法院的 4 个判决中，被进一步澄清：国家有线电视协会与联邦通信委员会、国家广播协会与联邦通信协会、电子工业协会与联邦通信委员会以及资本城市通信公司与联邦通信委员会。这些案件的判决为 NRC 完善收费规定提供了参考借鉴。

NRC 的收费指导原则，在 1979 年 8 月 24 日得到美国第五上诉法院对密西西比州电力和照明公司诉美国核管理委员会案件判决的支持，法院认为：

a）NRC 有权回收为可识别的用户提供服务的全部成本；

b）为确保用户遵守《原子能法》及相关法规，NRC 对提供日常检查所产生成本的评估是合理的；

c）根据《国家环境政策法》，NRC 可收取费用以补偿环境评估产生的相关成本；

d）NRC 在费用列表中包括的不正当竞争听证会、管理和技术支持的成本是恰当的；

e）NRC 有权向低辐射废物掩埋场更换运营许可证收费；

f）NRC 的费用收取基于实际发生的成本，有事实依据支持。

其二，收费问题。

关于收费，当原始账单或第一封缴费通知单被发送，第二封缴费通知单会在 30 天后发出。如果仍然没有收到付款，第三通知单亦即最后一封会在 60 天后发出。其中会发送一个请求认证/注册的邮件回执，提醒缴费对象，如果在 30 天内仍未支付也未申请分期付款，他们的执照将会被暂停甚至被撤消。NRC 员工还会电话通知申请人，如果依旧未收到付款，暂停执照的处罚将被公示。如果公示的 30 天内仍未收到付款，该处罚正式被执行，申请人就不再具备有效的运营执照。在 180 天内，债务将由 NRC 收费部门负责追缴。

根据财政部和美国核管理委员会之间的合作谅解备忘录，核管理委员会将其大部分拖欠债务提交给美国财政部（简称财政部）。财政部会综合使用各种追缴手段，包括转包给代理讨债机构，报告给信用局，行政抵偿或退税抵消。行政补偿是指用其他政府机构需要向债务人支付的费用抵消债务人的未缴款（除了美国所得税退款抵消）。美国的所得税退款抵消，会由美国财政部根据其财政部的法定权限以及与核管理委员会达成的协议来实现。在 15 个月的账单期内，NRC 有权终止讨债和注销坏账。过了这 15 个月，NRC 将冲销债务，并向美国国税局报告，如果冲销金额超过 600 美元，将被计入债务人的需缴税收入中。

其三，收费部门组织结构。

在 NRC 内，首席财务官办公室负责制订费用计划。具体而言，许可费和应收账款科室负责管理 NRC 的收费方案。该科隶属于会计和财务部门。

NRC 约有 25 名全职员工管理许可、审查和年费项目，包括直接人力消耗用于完善和刊发费用管理制度。这些工作人员还要出具许可证、检查和年费相关票据，收取保管费用资金，追缴拖欠费款等。

除了这些直接与收费直接相关的活动，这些人力资源还要用于审核申请赦免费用请求，处理大量来自国会和申请人的信件和电话。

在每一个财政年度，用于补偿这些成本大概不到收费总额的 1%。

（四）遭遇的管理问题

自从通过引入和实施 1990 年《综合预算调节法》，于 1991 财年整合了大约全部的新的预算权后，NRC 在管理过程中也涌现出了一些问题。主要的问题分类记录如下：

1. 法律问题

a）1990 年《综合预算调节法》是否能够支持 NRC 对扣除成本的自由量裁权；

b）NRC 是否有权力自行设定非税项目价格；

c）NRC 是否有权依《独立办公室拨款法》规定，免除征收的联邦机构征收年费；

d）根据 NRC 行政规章第 10 章第 170 节规定征收的出口许可费，是否违反了美国《宪法》第九章第Ⅰ款。

2. 政策问题

a）NRC 能否用非税收入抵偿与申请人并非直接相关的成本。

b）核管理委员会向用户征收非税是否需要考虑对经济的影响。例如，核管理委员会在制定年费时是否要考虑材料的拥有量、放射源数目、材料使用的频率、被授权位置的销售收入、公司的大小和盈利能力，还有某些特定材料的市场供需状况以及费用可能对国内和国外市场竞争产生的影响。

c）如何去调节《灵活监管法》和 1990 年《综合预算调节法》之间的内在矛盾。《灵活监管法》主张 NRC 在征收时应该考虑费用对小企业的影响。而 1990 年《综合预算调节法》主张 NRC 应通过非税收入满足几乎全部的预算资金需求。

d）核管理委员会是否应建立一个包括企业代表的独立办事机构或咨询委员会，用以：

- 评估一般性核项目的经济效益并消除可能存在的重复建设等浪费行为；
- 审计 NRC 的财务状况；
- 对现有非税项目提出修改和完成建议。

e）核管理委员会是否应该免征某些执照费。

（五）经验教训与结论

在发展过程中，NRC 利用非税收入抵偿近 100% 预算授权的做法，也积累了丰富的经验教训。虽然在设立非税项目、征收和使用非税收入上已经摸索出了一套成熟可行的工作模式，但 NRC 也经历了一些挫折，并且仍然面临很多困难和问题。

成功的经验：与 NRC 法定职责相符，征收的非税收入已经能够覆盖超过 98% 的资金需求。此外，NRC 成本意识不断增强，致力于不断提高监管的内部效率和效益同时，并没有削弱保护公众健康和安全的能力。

失败的教训：核管理委员会的非税项目的管理成本过高。除了每年印发各类制度修订通知，向数目众多的申请者发送的账单外，该部门的员工还要接听成千上万的电话、处理数以百计的减免请求和回应国会的各类问询审查。而 NRC 的用户笃信,非税价格是不公平的,并且已经终止了约 2600 种材料的申请活动。他们认为自己正在为不能给自身提供福利的活动缴费,因为许多人认为非税价格与收益是不相称的。

在总结、吸取教训的基础上,NRC 发现收费备受争议主要集中在以下三个方面:

第一,为与己不直接相关的服务成本付费。

由于法律和政策的限制,NRC 的某些成本无法分摊到用户。这些成本包括:某些国际活动,NRC 会对非营利教育机构的减免,根据《独立办公室拨款法》对联邦机构的减免,对小型实体的优惠,等等。因此,为了获得 100% 的预算资金,不得不用其他用户来分担这类成本。

第二,部分申请人认为收益与价格不相当。

在这方面,材料审批用户感觉最强烈。NRC 的材料监管计划同时负责 NRC 和州许可协议的申请审批,但只有 NRC 的用户负担全部成本。NRC 执行对核材料使用人和铀回收许可人的监管活动,包括举办研究、制定法规和指导,以及运营评估,从而为规范约 7000 种材料和铀回收许可人提供了基础。因为很多州与 NRC 签订协议使用 NRC 的监管规章,使 NRC 也为 29 个协议州规范 16000 多种核材料的审批提供监管基础。但根据 1990 年《综合预算调节法》规定,NRC 不能向协议州及其用户征收年费,因为他们并不属于 NRC 的用户。这样一来,只有大约 30%(在 23000 个中仅有 7000 个属于 NRC)的材料许可证用户缴费,却要为包括协约州在内的全部用户提供服务支持。这种一般性管理活动的成本(在 1995 财政年度约 2000 万美元)仅被包含在 NRC 材料审批用户的年费中,因而被认为是非常不公平的。

对于这些无法通过财政拨款资助的活动,可以在预算中予以剔除,还可以在补偿协议的帮助下开展工作。因此,在 1995 财年,NRC 通过一项政策对这一问题作了平衡。政策规定,可以将此项成本(1995 财年约为 5600 万美元)在 NRC 全部类别的用户中分摊。通过这种方式,申请人根据他们在 NRC 预算中的份额按比例支付这部分成本,这也导致动力反应堆申请用户从以前分担该成本的 50% 提高到承担 89%。没有立法支持,NRC 解决此类公平和公正问题的能力非常有限。

第三,用户对年费费率显著波动表示担忧。

由于每年预算授权和用户数量的变化,年费费率会随之出现显著波动,引起用户担忧。对此,在 1995 年的收费规定中,NRC 提供了稳定年费的方法:在预算授权内,设定年费随服务费数量与用户数量在一个限定比例内浮动,这可以给用户一个相对明确的变化预期,提高了年费的稳定性。由于愿意通过改进力争所有申请人受到公平和公正的待遇,从效果反馈看,用户的担忧确实减少了。

通过该案例,可以发现美国政府非税收入管理有以下典型特征:

(1) 项目管理法制化

美国政府非税项目界定非常明确,主要体现了非营利组织的补偿性非税收入。公共部门设立非税项目要有严格的法律依据和法定程序。如果调整,则必须经过严格的法律和审议程序。立法层次较高,一般集中在国会。预算也同样要经过政府审查和批准,并对其财务审议和监督。

(2) 定价标准科学

以提供准公共产品为核心的政府非税收入,以"成本补偿"为原则,不以营利为目的。政府对所提供的公共服务的成本测算以及减免都有非常严格的量化标准,以使其制定的价格标准既能满足政府补偿成本的需要,又能使社会公众普遍接受。为此,政府相关部门制定了专门的成本、价格计算公式,供联邦政府部门和机构定价时参考。

(3) 财务管理透明

政府部门和机构应当公开非税项目的财务管理情况,接受国会质询,遵循法律规定的审批程序,向国会或公众披露征收和使用的具体细节,有关设立或修订项目应事先得到国会批准。同时,也加强定价的监督,在实施定价标准前,要求行政机构公布定价的假设条件和计算方法。

(4) 预算管理规范

非税收入作为政府收入来源的一部分,与其他收入一起纳入了政府预算,统一管理。非税收入全部上缴国库,即征收机构的收入全部计入政府收入账户,机构的支出由财政部门划拨。

(5) 政策制定民主

为赢得用户的理解和支持,避免向用户征收不合理的费用,政府机构在非税项目设立过程中,与用户进行磋商,确保用户在非税规则制定中的发言权。在设立新的非税项目或修订价格前,向用户说明为什么要实施,价格是如何控制的;与用户一起,对联邦政府非税项目设立的环境进行分析；对非税项目可能产生的影响进行评估；设立听证程序，就可能出现的问题与用户代表进行磋商，阐明对用户意见和建议的采纳程度及其原因。有关部门和机构未履行上述程序，或者未经协商和未达成一致意见的，不能设立收费项目。各州和地方政府设立非税项目相关程序与联邦政府大体相似。

第三章

英国政府非税收入

非税收入是在一国财政收支矛盾较为突出的情况下成为增强政府调控能力的重要财力的。英国作为典型的福利国家，通过对高收入者征收高额税收，为人们提供了一个普遍的安全网，遵循"一视同仁"的原则，追求"从摇篮到坟墓"的全面保障。[①] 20世纪70年代末撒切尔政府开始实施的一系列的削减社会福利开支的计划，试图将普遍性的福利模式向选择性的福利模式转变，社会政策方面的财政支出依然上升。

英国政府财政中主要依靠税收体系发挥作用，作为弥补执收单位经费不足和地方财政收支缺口的非税收入，从总量上来看，1998—2011年呈上升趋势，其中2008—2009年上升较快，此后趋于平缓。而税收自2009年有所下降，2010年以后逐步回升。

一 英国政府财政职能划分

英国税收收入高度集中于中央政府，税收分为国税和地方税。国税由中央政府掌握，占全国税收收入的90%左右，是中央财政的主要来源。地方政府的财政来源主要有三个：地方税、中央政府的拨款及地方政府服务收取的费用。[②] 地方税由地方政府负责，主要财源是中央对地方的财政补助，此外，主要有市政税和营业房产税。其中，市政税由地方政府对居民

[①] 刘成等：《英国社会福利政策的历史沿革》，《历史教学》2012年第19期。
[②] 杨光斌：《中央集权与大众自治：英国中央—地方的新型关系——以财政变革为中心的分析》，《欧洲》1995年第4期。

住宅按照房产价值课征,全部由地方支配。营业房产税征收税款则须全额上交中央政府,中央再根据各地人口等情况按一定标准返还给地方,税率由中央政府统一制定。①

(一) 中央财政职能

英国中央政府集中了较大权责,地方政府对某些事项有一定的自由裁决权,但总体上要接受中央的种种监控。

关于中央政府和地方政府的财政职能,作为国家政权组织的重大问题,英国基本法对此有具体规定。总的来说,涉及整个国家的全局性利益,需要采取全国性的行动去实现,或者地方政府无能力实现的政府职能,都属于中央政府的职能。具体到英国中央财政职能,主要包括:

1. 资源配置职能

在英国,各地方税收收入中的比例税必须全部上交中央,中央根据各地不同情况及政府宏观经济政策的要求,经综合平衡后再全部返还给地方。需要说明的是,中央向各地方返还的数额与其上交数并不对等。一般来说,经济发达地区交多返少,而经济欠发达地区则交少返多。

另外,英国还通过拨款、借款等转移支付手段,在全国范围内对个人收入分配水平和不同地区的公共服务水平进行调节,以达到全国范围公平分配的目的。英国的拨款制度,又被称作比例支持拨款(R.S.G),开始于1974年的《地方政府法》,它为地方政府提供了总体财政资助,中央对地方政府的拨款占整个中央政府拨款赞助的85%。比例支持拨款的基本目标是使地方政府的财政来源和开支需要大致相当。另一个目标是补助地方当局开支需求的差额。1979年,保守党上任伊始,就开始了拨款制度的改革。1980年出台的《地方政府计划和土地法》的第六部分规定了新的拨款分配机制。1980年之前的比例支持拨款目标包含三个因素:地方因素、资源因素及需求因素。②

---

① 《综述:英国不断推进财税改革确保经济持续发展》,http://news.xinhuanet.com/2015-12/25/c_1117584119.htm。

② 杨光斌:《中央集权与大众自治:英国中央—地方的新型关系——以财政变革为中心的分析》,《欧洲》1995年第4期。

2. 稳定经济职能

英国中央政府主要通过一系列经济调节体系和管理体系来实现稳定经济的职能。

其一，经济调节体系。英国的经济调节体系主要有以下几个方面：

● 经济发展计划。

中央政府制订和监督执行经济发展计划，在实施计划是协调各方面的行动，协调有关工业发展的一切经济政策；协调发展方案中的区域关系，已达到经济稳定增长目标。

● 经济政策。

英国中央政府通过一系列经济政策调节经济。这些政策包括：

财政政策。政府实行灵活的税率，有选择地征税，改变公共开支和投资，运用补贴和贷款来管理总需求，增加总供给。

货币和金融政策。利用短期利率和财政性货币供给，影响货币供应量，从而达到控制需求的目标。

收入分配政策。运用收入政策来稳定物价，抑制通货膨胀，从而调节经济。

科技体系、社会福利政策。中央政府制定各种鼓励政策，控制进口渠道，夺取国外市场，实行汇率管制，以促进对外贸易发展。

在这一系列政策中，财政和金融政策是核心，通过这两者对全国经济进行宏观管理。

其二，管理体系。

英国中央政府对国有化企业和私有化企业进行管理与监督，由中央政府各部直接管理国有企业，如工业部管理工业企业，运输部管理交通运输企业等。同时中央政府还采取一些措施促进私有企业的活力，建立一整套约束企业和市场行为的法律规章制度，使市场交易过程规范化和市场管理法制化，为企业之间的竞争创造良好的外部调节。

3. 提供公共劳务职能

以国家为整体考虑的公共劳务，如国防、外教、对外援助和中央政府行政管理等，分别由国防部、外交部等提供。涉及整个国家的利益，或具有规模经济特点的公共劳务或事业，如教育、空间开发、环境保护、海洋开发、尖端科技、卫生保健、社会保险，全国性的交通运输、通信和能源发展等，一般都由中央政府提供和管理。

（二）地方政府财政职能

地方政府收入的主要部分来自中央政府，中央政府还通过控制借贷而控制地方的资本开支。因此，地方政府的地方税收水平常常受到来自中央政府的收入变化的影响，而且地方政府收入的主要来源是中央，那么服务的很多决定由中央制定。[①] 这样一来，英国地方政府是在中央的统一领导下享有一定的自由度和自主性。

总的来说，凡那些需要发挥地方主动性、符合地方特点、能提高地方政府财政效率的事务，基本属于地方政府的职能。这些职能包括：地方行政管理、城市维护与建设、地方交通运输、其他地方基础设施、地方共用设施和就业训练等。

具体来说，英国地方政府的财政职权主要有：

- 从事公共建设事业。如道路（除全国干线外）、桥梁、环境卫生（包括排污工程、垃圾的清除和处理、噪声、废气等公害的管制，卫生检查、贫民窟、供应住宅、海岸保护、美化环境等）、福利事业等。
- 维护公共安全。如维持地方法院，设置警察，管理交通和危险贸易，检查消防、民防，设置公共保护设施，检查度量衡等。
- 发展社会福利。如发展城乡规划、文化和教育、青年就业服务、社会服务等。
- 改良社会设施。如设立学校、图书馆、公园、博物馆、美术馆、体育馆、浴室等。
- 从事准商业活动。如设立市场、供应水电煤气、客运、公墓、渡船、土地分配、发展地方航空等。

二　非税收入概况及分类

政府财政收入中可分为税收和非税收入，英国财政部对国民经济核算

[①] 杨光斌：《中央集权与大众自治：英国中央—地方的新型关系——以财政变革为中心的分析》，《欧洲》1995 年第 4 期。

中的收入划分，主要包括税收、商品和服务的出售所得、公共部门间的收入、罚款、产权收入、捐赠社会贡献等。

其中按照欧洲会计系统的规定，税收是指由政府或欧盟机构征收的强制的、无偿的现金或实物。而不属于税收的部分有：按照市场价格支付的服务，土地租金所得交纳的收入，利润与分红，以及职业退休金额贡献，即任何购买竞争性市场中产品的支付都不算作税收。

就英国的非税收入分析，由于不同报告中的统计方法有所差异，概括起来看，主要有以下三种统计口径。

（一）预算盈余表

英国国家统计局的统计年鉴中，预算盈余表对非税收入的计算比较粗略，见表3-1。

从英国国家统计局的统计年鉴中的预算盈余表中，可以清楚地看出英国政府的非税收入中，包括强制社会贡献、利息与分红和其他收入。具体展开分析如下：

（1）商品和服务的出售所得

一个实体单位，生产商品或服务在进行销售时会从中得到收入，在全国账户中，这种生产主要分为两类：

- 市场产出：包括按照显著的经济价格在市场上出售或用于支付的商品和服务。
- 非市场产出：包括免费的或者不以显著的经济价格出售的商品和服务。

市场与非市场之间的区别，并不影响对于预算或账户中收入的处理，但会影响到这个机构在国民经济核算中的归类。在英国，主要依靠市场融资的公共部门就是一个公共企业。

在公共部门中，区分一项收入是税收还是商品和货物销售收入，主要看以下几个标准：

其一，支付费用者必须享用到相对应的商品或服务，如使用了停车场的设施并交停车费。

其二，这种服务的收益必须只针对付费个人。

需要注意的是，这些用于销售的商品和服务，通常也可以由市场中的私人部门提供，如停车场的便利设施、员工能力评估等。

第三章 英国政府非税收入

表3-1　2000—2010年英国中央政府财政经常性收入及构成①

（单位：百万英镑）

类目 明细 年份	生产税 总量	生产税 增值税	生产税 其他²	收入和财富所得税 总量	收入和财富所得税 收入和资本所得税¹	收入和财富所得税 其他²	其他税收	非税收入 强制社会贡献	非税收入 利息与分红	非税收入 其他收入³	非税收入 总量	经常性收入	非税收入占比
2000	129138	59998	—	140002	105459	34543	8651	60252	8281	6624	75157	352948	21.29%
2001	131997	63525	—	147281	112165	35116	9370	63125	8664	7161	78950	367598	21.48%
2002	138663	68258	—	142814	112440	30374	9569	63410	7386	7228	78024	369070	21.14%
2003	145782	74603	—	144234	113621	30525	10118	71540	7864	7203	86607	387319	22.36%
2004	154582	79755	—	154127	120725	33402	10862	79224	7739	7247	94210	414294	22.74%
2005	157856	81426	—	172498	131689	40809	11481	84459	7662	7517	99638	441671	22.56%
2006	166760	85591	—	192600	141714	50886	12262	89550	7903	7593	105046	476902	22.03%
2007	175360	89706	—	199851	153477	46562	13213	93210	9369	7744	110323	498758	22.12%
2008	173167	89732	—	207589	156975	50542	12892	98319	10215	7959	116493	510347	22.83%
2009	163041	78307	—	185148	147316	37832	12215	94615	7500	7996	110111	472268	23.32%
2010	186341	93530	—	191161	147143	43993	12828	97857	5614	8741	112212	503492	22.29%

注：1. 包括了房产的资本所得税。包括公司的收入税和资本所得税。
　　2. 主要由公司税和石油税收构成。
　　3. 包含光谱费用。

① 英国国家统计局2011年统计年鉴，第23章，Public sector transactions and fiscal balances。http://www.ons.gov.uk/ons/rel/ctu/annual-abstract-of-statistics/quarter-4-2011/art-quarter-4-2011.html#tab-Chapter-23-Government-Finance。

(2) 公共部门间的收入

处理公共部门间的收入，难题在于判断由一个政府部门支付给另一个公共部门的费用应该归为销售收入还是拨款。一般情况下，如果有特定的生产价值与之相对应，则这种支付被归为销售，而政府为了弥补日常运用成本或弥补赤字所进行的支付即为拨款。如果由政府拨款所资助的实体是非市场实体，则既不是通常意义的政府部门，也不是私人非营利组织。

(3) 罚款：执法收入

罚款是违反行政法规的个人和单位被强制性的无偿的支付，本质上是惩罚性的并且由司法机关征收。与执法相关的收入也算作罚金收入，但是其中也有与税收相关的罚金，如滞纳金或逃税的罚款，都算在与之相关的税收中。

(4) 产权收入

产权收入包括红利、利息、经济租金。其中经济租金是指政府基于对土地和其他自然资源享有所有权而提供其使用权时所得的收入。其中财政收入，包括租用土地等自然资源所得到的收入，以及对使用电磁频谱和开采矿产资源许可权征收的费用。尽管出租自然资源可以得到经济租金，但在使资源变成可用形式的过程中，政府花费了大量成本，这些成本需要通过税费形式来收回。

(5) 捐赠

捐赠是指来自私人部门的自愿捐款，可以被看作资源会计和国民经济核算中的当期收入。

(6) 社会贡献

社会贡献是指雇员或雇主为获得未来的社会福利或规避风险所进行的支付，这种支付通常是为未来服务的支付，但事实上两者之间的关联性不是很强。比如尽管国民健康服务与个人的贡献水平没有关系，国民保险贡献中的一部分还是会用于支付国民健康服务计划所提供的相关服务。

社会贡献本身不属于税收，但是可能会被加到税负的估算中，比如强制性社会保险就包括在税负计算中，而自愿性社会贡献就排除在外，如养老金计划中的支付。

(二) 公共部门交易和财政平衡表

根据中央政府的公共部门交易和财政平衡表中关于财政收入的统计来看，非税收入及其在经常性收入中的占比如表3-2所示。

第三章 英国政府非税收入

表 3-2　　　　　　　　　公共部门交易和平衡表①

（单位：百万英镑）

财年	1998—1999	1999—2000	2000—2001	2001—2002	2002—2003	2003—2004	2004—2005	2005—2006	2006—2007	2007—2008	2008—2009	2009—2010	2010—2011
收入和财富所得税	123875	133668	144091	145081	143194	145445	160363	179697	193880	207826	206151	183533	194718
生产税	115227	125098	129270	133043	139829	148831	155132	159449	170122	176106	167756	169766	190886
其他税收[1]	17688	18916	19696	21569	23194	25794	27422	28808	30317	31889	33216	33929	34611
资本税	1804	2054	2236	2383	2370	2521	2941	3276	3618	3890	26552	2431	2723
税收	258594	279736	295293	302076	308587	322591	345858	371230	397937	419711	433675	389659	422938
社会贡献	54746	56935	62068	63162	63529	75148	80923	85489	90564	95324	97313	97049	97529
总经营剩余	16822	17022	16756	16966	17161	18436	18674	21595	22851	24888	35560	41996	45530
利息和红利	5283	4345	6206	4879	4586	4649	6053	6726	6492	10602	46345	50741	46006
租金和其他转移[2]	891	1037	2036	2427	2470	2036	1964	1969	1864	1763	999	1815	24
非税收入	77742	79339	87066	87434	87746	100269	107614	115779	121771	132577	180217	191601	189089
总经常性收入	336336	359076	382362	389510	396331	422861	453471	487009	519708	551996	589180	580451	611657
非税收入占比	23%	22%	23%	22%	22%	24%	24%	24%	23%	24%	31%	33%	31%

注：1. 包括国内费率、议会税、社区收费、机动车费、房产税和证件费。
　　2. 包括土地租金、石油使用税及其他财产收入和罚金。

① 根据英国国家统计局 2011 年年鉴中的 Public sector transactions and fiscal balances 整理所得。http://www.ons.gov.uk/ons/rel/ctu/annual-abstract-of-statistics/quarter-4-2011/art-quarter-4-2011.html#tab-Chapter-23-Government-Finance。

· 93 ·

外国政府非税收入管理

表3-2中，英国非税收入分为社会贡献、总经营剩余、利息和红利与租金和其他转移，其中租金和其他转移包括土地租金、石油使用税及其他财产收入和罚金。

从总量上来看，英国非税收入在1998—2011年呈上升趋势，其中2008—2009年上升较快，此后趋于平缓。而税收自2009年有所下降，2010年以后逐步回升。具体如图3-1所示：

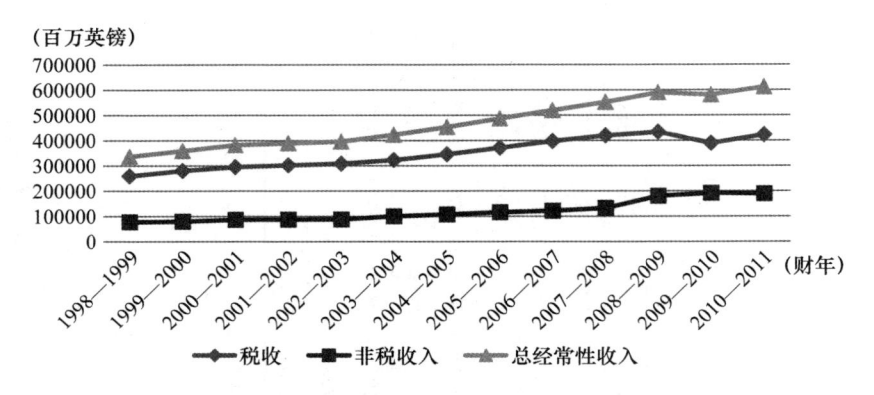

图3-1 英国经常性收入、税收、非税走势图

资料来源：根据前文公共部门交易和平衡表整理，http://www.ons.gov.uk/ons/rel/ctu/annual-abstract-of-statistics/quarter-4-2011/art-quarter-4-2011.html#tab-Chapter-23-Government-Finance。

下面从两个方面分析英国的非税收入在国民经济中的重要性问题。

一是从税收与非税收入两者在经常性收入中的数量变化，如图3-2所示。

二是从非税收入与经常性收入中的占比，如图3-3所示。

非税收入占比总体呈上升趋势，其中2009—2010年度占比最高，达33%。2007—2008年度与2010—2011年度非税收入占比分别为24%和31%。

具体分析英国非税收入中的各项收入情况，如图3-4所示。

其中，社会贡献所占比例最大，其次是总经营剩余，总经营剩余呈现上升趋势。利息与红利增长自2008—2009年度有较快增长，总额超过了经营剩余。占比最小的是租金和其他转移类收入。

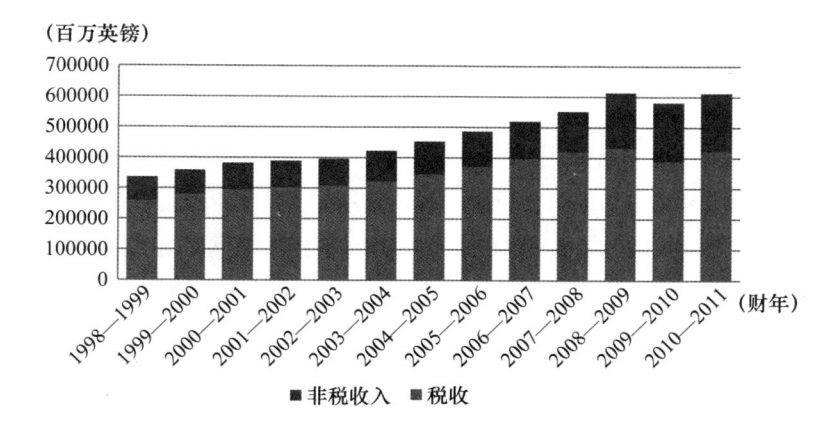

图 3-2 英国经常性收入中非税收入与税收比较

资料来源：根据前文公共部门交易和平衡表整理，http://www.ons.gov.uk/ons/rel/ctu/annual-abstract-of-statistics/quarter-4-2011/art-quarter-4-2011.html#tab-Chapter-23-Government-Finance。

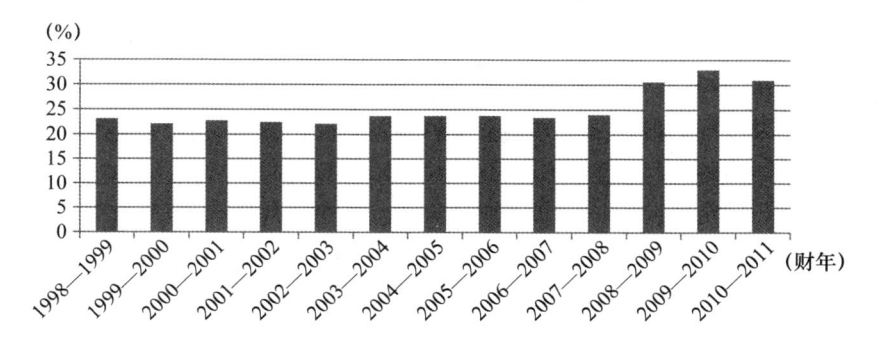

图 3-3 英国非税收入占经常性收入百分比

资料来源：根据前文公共部门交易和平衡表整理，http://www.ons.gov.uk/ons/rel/ctu/annual-abstract-of-statistics/quarter-4-2011/art-quarter-4-2011.html#tab-Chapter-23-Government-Finance。

（三）英国政府整体财务报告（WGA）

英国政府整体财务报告（Whole of Government Accounts，WGA）是一套以权责发生制为基础包括英国境内所有公共部门（约1300个）的合并财务报告，也就是将所有公共部门当作一个主体编制的财务报告。

（百万英镑）

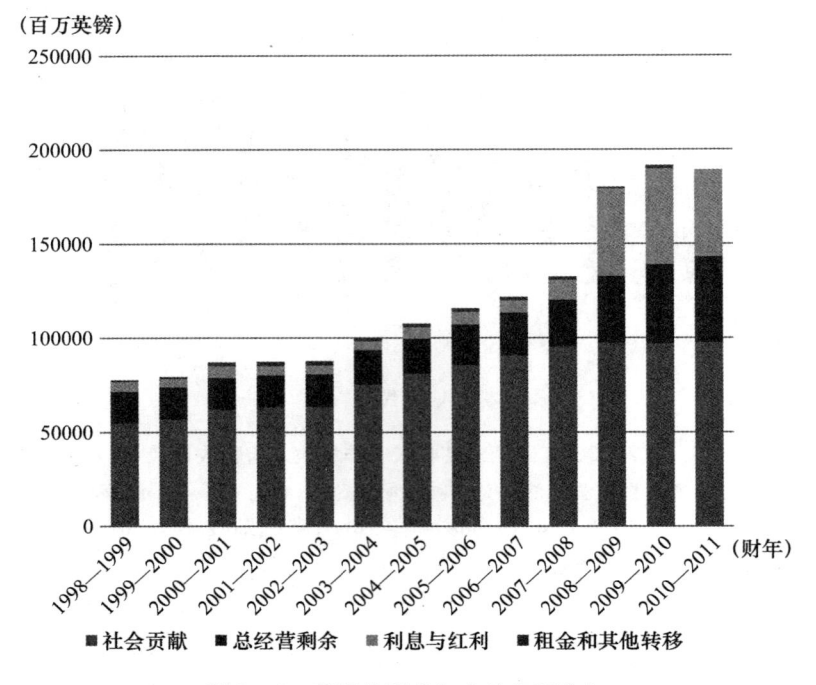

图 3-4　英国非税收入中的各项收入

资料来源：根据前文公共部门交易和平衡表整理，http://www.ons.gov.uk/ons/rel/ctu/annual-abstract-of-statistics/quarter-4-2011/art-quarter-4-2011.html#tab-Chapter-23-Government-Finance。

英国政府整体财务报告与世界上其他已采用权责发生制会计的联邦制国家编制的政府整体财务报告不同，联邦制国家编制的政府整体财务报告范围仅限于本级政府，要么是联邦政府整体财务报告，要么是地方政府整体财务报告，它们分别属于不同的政府层次。而英国政府整体财务报告则包括所有层次公共部门的合并财务报告。[①]

目前，英国主要由国家统计局（Office of National Statistics）将所有公共部门划分为四大类：中央政府、地方政府、国民健康服务部门（National Health Service，NHS）和公共公司（指由政府控制的商业企业）。因此，编制政府整体财务报告需要将这四类公共部门之间以及每类公共部门内部的

[①] 财政部国库司：《英国政府会计管理的六大特色》（http://news.esnai.com/33/2015/0411/112672.shtml）。

重大交易事项及余额相抵消,以避免数据重复。由于编制政府整体财务报告涉及的公共部门种类不同,数量众多,财务数据量十分庞大,所以抵消工作难度较大,整个过程异常复杂。

其一,政府整体财务报告编制情况。

英国政府于1998年承诺编制以权责发生制为基础的政府整体财务报告,并启动了相关研究工作。1999年,开始准备编制中央政府整体财务报告,同时对将地方政府和其他公共部门全部合并以编制政府整体财务报告进行成本效益分析。2000—2002年,继续做相关数据收集及准备工作,协调会计政策,抵消内部交易,同时试编中央政府整体财务报告。2004年,第一次试编完成了2003—2004财年的中央政府整体财务报告,但没有对外公开。之后,英国财政部不再编制中央政府整体财务报告,而开始着手试编政府整体财务报告。2007年1月,首次试编完成2005—2006财年政府整体财务报告,并提交审计部门审计,但审计结果并不令人满意。

英国首次公开经审计的政府整体财务报告为2009—2010财年的政府整体财务报告,本书选取了2009—2010财年、2010—2011财年以及2011—2012财年的政府整体财务报告。

其二,政府整体财务报告的编制方法。

英国政府整体财务报告,需要对所包括的公共部门进行多次逐层编制合并财务报告后,才能最终生成。也就是说,英国政府整体财务报告的编制过程复杂,需要经过逐层对整个报告主体内部各个主体之间的交易予以抵消后,才能最终形成政府整体财务报告。[1]

由于英国所有公共部门归属为四类,即中央政府、地方政府、国民健康服务部门和公共公司,因此,需要经过以下几个编制过程:

首先,要对各类公共部门内部各个主体之间的交易进行抵消,分别编制相应的合并财务报表并提交给财政部;

其次,由财政部对这些分类的子财务报表数据进行再次合并,抵消四类公共部门之间的交易;

最后,生成政府整体财务报告。

目前,英国分部门编制的子财务报表(sub consolidations)数量分别

---

[1] 财政部国库司:《英国政府会计管理的六大特色》,《中国会计报》,2015-04-11,http://news.esnai.com/33/2015/0411/112672.shtml。

是：中央政府22份，地方政府4份，国民健康服务部门4份，公共公司1份。英国财政部则负责将所有的合并财务报表进行再合并，编制出政府整体财务报告。

英国政府认为，政府整体财务报告的编制能反映整个公共部门总体财务状况，有效提高了英国政府财务数据质量，有利于将财务管理、财政控制和经济政策体系有机结合在一起，更好地保持了财政稳定性。[1]

据政府的整体财务报告（Whole of Government Accounts）来看，英国财政收入分为以下几个部分（见表3-3）：

表3-3　　　　　　　英国政府的财政收入　　　　（单位：十亿英镑）

项目	2011—2012 财年	2010—2011 财年	2009—2010 财年
直接税税收	291.4	296.4	285.2
间接税税收	177.5	166.2	148.0
地方税税收	54.8	52.8	52.1
税收	523.7	515.4	485.3
销售商品和服务的收入	41.8	49.8	51.0
其他收入	51.1	48.8	47.1
非税收入	92.9	98.6	98.1
总收入	616.6	614	583.4
非税收入占财政收入的比重	15%	16%	17%

资料来源：根据2011—2012 财年、2010—2011 财年、2009—2010 财年英国政府整体财务报告 Whole of Government Accounts 整理[2]。

非税收入的主要组成部分来自商品和服务的销售。其他收入主要来自政府为弥补服务成本所征收的费用、社会房屋的租金收入、欧盟的拨款补助以及政府账目（WGA）之外的雇员和雇主的养老金计划所得收入。下面具体展开分析。

---

[1] 财政部国库司：《英国政府会计管理的六大特色》，《中国会计报》，2015-04-11，http://news.esnai.com/33/2015/0411/112672.shtml。

[2] 英国财政部：webarchive.nationalarchives.gov.uk201301231 71443，http://www.hm-treasury.gov.ukpsr_government_accounts.htm。

1. 商品和服务的销售收入

从不同部门来看,商品和服务的销售收入分布如表3-4所示:

表3-4　　　　　　　　英国商品和服务销售收入表　　　　（单位:十亿英镑）

	2011—2012 财年	2010—2011 财年	2009—2010 财年
地方政府	22.1	25.4	28.3
公共企业	14.7	17.1	16.1
中央政府	5.0	7.3	6.6
商品和服务销售总收入	41.8	49.8	51

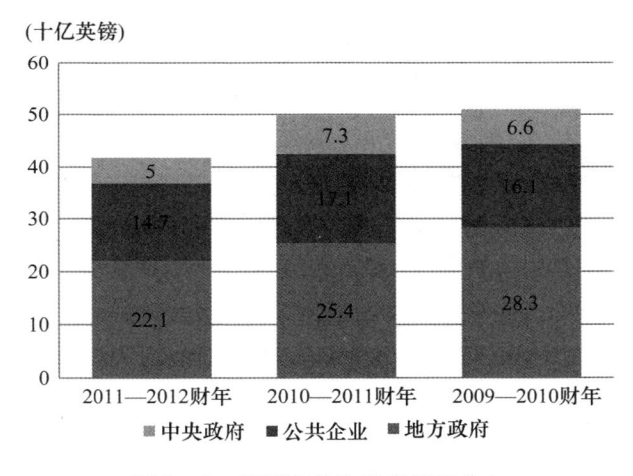

图3-5　英国商品和服务销售收入

地方政府从提供给公众的服务中取得的221亿英镑收入,主要来自向公众提供服务,如社会福利、规划与发展、提供文化和休闲以及环境服务。其中最重要的一项收入来自伦敦巴士和地下交通服务收费,达35亿英镑[①]。

公共企业通过提供服务获得收益147亿英镑。从商品和服务销售中取得的主要收益,包括英国皇家邮政的邮政服务收费(94亿英镑),赛马博彩管理局的赌注收入(7亿英镑),公共广播公司主要从广告和商品及广

---

① 英国财政部:Whole of Government Accounts, 2012, p.12, https://www.gov.uk/search? q = whole + of + government + account&tab = government – results。

告权销售中取得的收益（14亿英镑），以及苏格兰水务公司取得的供水和服务收益（11亿英镑）等。①

中央政府取得的商品和服务销售，主要收益包括英国核退役管理局[为了顺利推进核退役，英国采取核运行与核退役的管理职能分开的方式，依据《2004年能源法》于同年拨款700亿英镑设立了核退役管理局（NDA），力争在控制时间和成本的同时，以较低的环境影响完成英国19家指定核设施的退役工作]②。通过废物管理和发电合同取得的11亿英镑。中央政府收益也包括英国国民医疗保健制度内实体的收益14亿英镑。

这不包括其他政府账目实体取得的收益。

2. 其他收入中统计口径的差别

由于统计口径的不同，英国"其他收入"在每一年的政府账目中都略有差别。表3-5为2012年3月的政府整体财务报告的统计。

表3-5　　2012年3月的政府整体财务报告的统计　　（单位：十亿英镑）

财年	2011—2012	2010—2011
收费（Fees, levies and charges）	9.4	10.2
当地政府房屋资金收入（Rental revenue from local government housing）	7.5	7
欧盟收入（EU income）	5.0	4.9
养老金计划雇员贡献收入（Pension schemeemployee contribution income）	5.4	5.5
养老金计划雇主贡献收入（Pension schemeemployer contribution income）	2.3	2.2
地方服务中的私人贡献（Private sector contribution to local services）	2.9	4
许可证收入（Licence income）	0.2	0.3
慈善收入（Charitable income）	3.6	0.2
其他经营收入（Miscellaneous operating revenue）	14.8	14.5

---

①　英国财政部：Whole of Government Accounts, 2012, p. 12, https://www.gov.uk/search?q=whole+of+government+account&tab=government-results。

②　陈鹤寿：《英国核退役经验值得借鉴》，《中国能源报》2015年1月28日。

续表

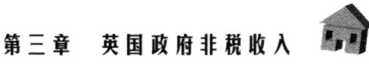

财年	2011—2012	2010—2011
总计（重述后①）	51.1	48.8

资料来源：Whole of Government Account 2012.03，p.69.②

关于"非税收入中的其他构成"（见图3-6），以2011—2012年为例，具体分析如下：

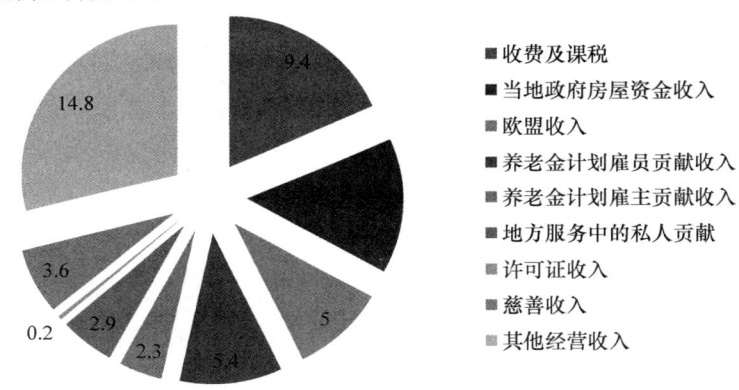

图3-6 2011—2012财年非税收入中的其他收入构成（单位：十亿英镑）

其一，"收费（Fees, levies and charges）"：其中一部分（Fees and charges）反映的是政府所提供服务的全部成本，另一部分（levies）是对公共商品的经营和使用许可权进行征收，或者为支持产业的专门研究机构，对公共商品的经营和使用许可权的征收。后者由法定监管机构收取，是为了弥补相关成本而设立，例如监管机构在监管时产生的成本费用。

其二，欧盟收入：是指由政府总体账目（WGA）中的实体，从欧盟获得的部分或全部赞助项目的收入。大部分收入都转移给了第三方。

其三，养老金计划的雇主及雇员贡献收入：是指来自中央政府养老金计划的相关账户贡献收入，主要是国民健康服务养老金计划、教师养老金

---

① 财务报表重述即财务报表的重新表述，是指企业在发现并纠正前期财务报告的差错时，重新表述以前公布的财务报告。
② 英国财政部：Whole of Government Accounts, 2012, https：//www.gov.uk/search? q = whole + of + government + account&tab = government – results。

计划、公务员养老金计划。大部分的雇主贡献收入被雇主贡献开支所抵消，因为这些养老金计划中的雇主实体是包含在政府总体账目之内的实体。预抵消金额为 152 亿英镑。抵消后的剩余部分，源于包括参加养老金计划但不属于政府总体账目的雇主实体。例如，为养老金计划服务的全科医生和慈善收容所；为教师养老金计划做贡献的高等教育机构和其他独立的教学机构；为公务员养老金计划做贡献的非 WGA 的实体，如 NAO、威尔士审计署、选举委员会、养老金保护基金等。

其四，慈善收入：主要包括来自私人对于学术机构的捐赠。

其五，其他经营收入：包括各公共服务部门实体各种类型的收入。其中最大的组成部分包括英国交通部认可的特许经营火车运营企业取得的 13 亿英镑收入，以及从货币发行和英国皇家财产局剩余收益取得的 4 亿英镑收入。另外，也包括在国民医疗保健制度内从事的教育、培训、研究和发展、慈善捐赠以及其他非营业收入。

从 2011 年 3 月的政府账目统计来看"其他收入"，与 2012 年不同的是，包含"医疗保健实体收入"和"联营企业或合营企业利润得失"两项，而没有"慈善收入"项，如表 3-6 所示。

表 3-6　　　　　英国政府账目收入　　　　（单位：十亿英镑）

财年	2010—2011	2009—2010（重述后）
收费（fees, levies and charges）	10.2	10.2
当地政府房屋资金收入（rental revenue from local government）	7.0	6.8
欧盟收入（EU income）	4.9	5.5
养老金计划雇员贡献收入（pension scheme employee contribution income）	2.2	5.3
养老金计划雇主贡献收入（pension scheme employer contribution income）	4.6	2.2
地方服务中的私人贡献（private sector contribution to local services）	4.0	4.6
医疗保健实体收入（income received by health entities）	1.7	1.3
许可证收入（licence income）	0.3	0.3

第三章　英国政府非税收入

续表

财年	2010—2011	2009—2010（重述后）
联营企业或合营企业利润得失［Share of profit/（loss）of associates and joint ventures］		0.1
其他经营收入（Miscellaneous operating revenue）	13.0	9.4
总计		45.7
重述		1.4
总计（重述后）	48.8	47.1

资料来源：Whole of Government Accounts，2011。

可见，英国政府账目统计上，存在着动态变化（见图3-7）。

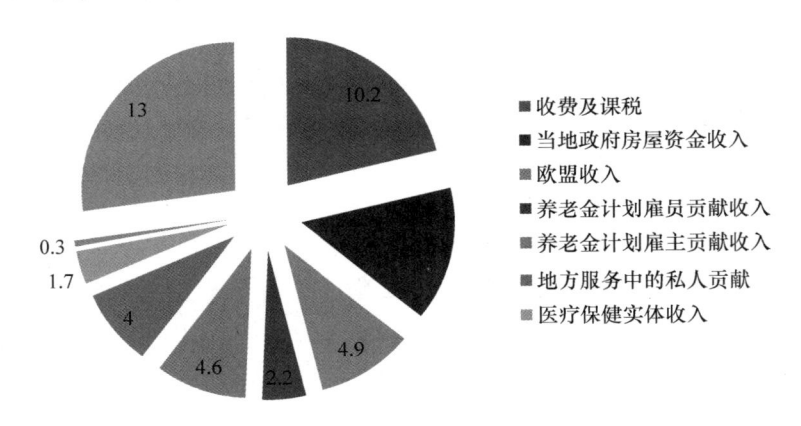

图3-7　2010—2011财年非税收入中的其他收入构成（单位：十亿英镑）

3. 关于许可证收入中税与费的划分①

许可证是相关权力机构在一般禁止的前提下，对符合特定条件者授予其相关权利的书面证明。

没有为申请人提供显著利益的许可证收入（Licences）被归类为国家账户中的税收。例如，无须资格检验即可自动申请颁发的许可证，为了协助一个机构进行数据收集以及执行工作而颁发的许可所得，主要用于对集

---

① 英国财政部：Classification of Receipts，https：//www.gov.uk/government/publications/introduction-to-classification。

体性商品和服务的集资等,其所得收入都被视为税收。

一些对于政府活动的支付也要根据许可证的条款进行,如对私有化的公用事业的监管。这类监管是作为一个整体向社会(或消费者群体)提供的,而不是向公用事业本身提供的。因此,这种许可的收入也是税收的一种。

在现行的欧洲会计体系的规则下,所有的许可主要是为了全社会公众的整体利益。但是在一些情况下,也存在针对付费个人的一些重要的服务内容,这部分许可收费被视作对于服务的支付。当一种许可能够提供给申请人高层次的服务时,可被视为服务的销售。例如,包括对海洋适航性的检查工作,或餐厅卫生的检查费用。

欧洲账户体系规则,考虑到大多数欧盟国家对于许可证的规定,制定有相应规定,明确了如何对许可收费进行归类。不过,英国国家统计局以自己的方式进行归类,因为许可证在英国有不同的授权方式。

许可证的签发是主要面向社会整体的一项服务,通常被看作对于一个行业监管的促进和改善。但在某些情况下,也针对个人申请者提供重要服务。如是否签发许可证,也是对申请人能力、品质和适应性,或者其经营厂址、员工、设备和产品进行审查后的结果。在这种情况下,许可证针对申请人作出的是具有授益性的服务,因为它提供了一个客观的声明,保证其持有者或能够在市场中运作,或与其他人的交涉(例如,护照帮助英国旅行者与外国政府进行交涉)权利和利益。此时,许可证所得费用就算销售服务的收入。

三 收费指南及使用范围

英国财政部在 2005 年出台了《费和收费指南》[①](*The fees and charges guide*)(替代了 1992 年的《费和收费指南》),财政部后续又出台的《管理公共资金》报告中关于费的一章,可谓是对《费和收费指南》的延续。这两部文件对收费的相关问题做了具体说明。

---

① 来源:http://www.dhsspsni.gov.uk/fmd17-05.pdf。

第三章 英国政府非税收入

Q1：哪些部门需要遵守该指南？

A1.1 收费指南适用于：

由英格兰、苏格兰、威尔士和北爱尔兰的部长、政府部门（包括执行机构或营运基金），非政府部门公共机构（NDPB），大多数公共机构（包括国民保健信托基金或其他国民保健服务机构）设置或将批准设置的针对不可移交的服务的收费。

不管这个服务是由机构本身提供还是由地方当局或私人承包商等另外一种机构提供，都适用于该指南。

A1.2 本指南不适用于以下情况：

- 根据财政部协议规定"自负盈亏的公共企业"，在2004年共有6个这样的企业，有关于公共企业的所有列表见http：//www. wga. gov. uk/pages/tablea. html。
- 被移交的服务（由被移交的机构决定必要的指南）。
- 当地方政府或私人机构对设定费用承担了合理责任的时候（尽管很多法律规定也适用于地方政府）。

A1.3 术语"公共机构"（Public Body）在这里指所有适用于该指南的部门和机构。

Q2：什么是规费和收费？

A2.1 规费和收费是指向使用者提供的单位服务的价格（如提供许可和提供训练场地），fees 和 charges 两个术语可以交替使用［尽管规费（fees）通常指由法律许可的收费（charges），如驾驶许可费］。

A2.2 在许可证规费或其他由法律授权的收费中，规费和收费通常在欧洲账户系统中被划为一般收入（如税）。这种情况下，通常不适用于该指南，除了这种收费是为了弥补行政机构履行职责或管理提供服务机构的成本。在这些例外的情况中，需要一种更宽泛的测量服务成本的方法。

Q3：什么是服务？

A3.1 根据该指南的目的来看，服务是一种产出，不管是一种货物还是一种服务，它都可以持续提供产出。

A3.2 本指南不包括那些不构成持续交易活动的资产的销售，也不包括受部门间协议管理的活动（除非这些活动是为了提高法律收费）和某种非商业的活动，因为它们的成本是被共同分担的。

四　非税收入中关于费的政策

（一）收费设置的目的及原则

1. 收费设置的目的和收益

特定的公共事业和公共服务是通过收费而非一般的税收来提供资金支持的。这是一个分配资源的合理方法，因为通过收费向客户发出信号，表明公共服务是有真正的经济价值的。①

其一，收费有助于阻止严重的定向消费造成的浪费。

其二，收费可以有利于公共部门与私人经济部门服务形成对比，推进竞争，促进市场发展以及推进公共经济部门规范经济行为。

其三，对于服务进行收费是为了确保资源的有效配置。

- 用户可以做出更明智的选择，来决定是否或以什么频度来使用服务，从而促进了公共机构更好地评估是否应该在服务中分配更多的或更少的资源，因而促进商业化管理。
- 由于从服务中直接受益的使用者合理地承担了一些成本，减轻了一般纳税人的负担，促进了公共资源的广泛分配，或者减少了公共开支和借款。

其四，其他的收益包括：

- 服务成本和收益在更大程度上的可视性。
- 增强了与相似的私人或公共部门服务的可比性，促进市场的发展。

收费政策之所以重要，是因为：

- 收费可以代替税费（或者借贷）成为政府财政收入的一种渠道。因此收费政策的制定应该与税收政策一样仔细，并且采取类似的标准。
- 出于这个原因，议会期望考虑的问题：是否应该收取费用、如何构

---

① Managing Public Money，英国财政部，2013 年 6 月，https：//www.gov.uk/government/publications/managing‐public‐money。

建收取费用的体系,以及在什么水平上收费合法化。

2. 收费的基本原则①

1)设定收费以涵盖总成本。费用应该按照权责发生制进行计算,包括日常开支、折旧(例如,启动的费用或者改良的费用)以及资本费用。

2)确保政府不仅不从消费者支付中获利,且不损失纳税人补贴。这就要求政府严格遵守政策目标并提高透明度。

3)提供公共服务的组织应时刻控制成本以便有效且高效率地利用公共资金。低成本反映在顾客身上就是低收费。降低成本并不意味着可以违反本指南之原则。

4)该原则适用于部长及公共机构设置的所有收费,包括:政府部门,交易基金,公共机构,英国国民健康保险制度,苏格兰、威尔士和北爱尔兰以及大多数的国有企业,也适用于提供其他公用事业或者服务的国有组织,以及由部长制定的地方政府法定的收费。

3. 抵消成本的政策

收费应按照能够抵消服务全部成本的原则进行设置,当设置一项不能收回全部成本的费用时,需要明确的理由。

在有些情况下,收费覆盖全部成本可能是不合理的:

- 相关的法律不允许收费那么多,如税收的项目、商业收费等;或者大臣同意某项服务的收费可以只收回部分成本。
- 如果是一种商业服务,并且这种商业服务可能或者面临来自私人部门的竞争,那么这种情况下的收费按照市场价格决定,出于公平竞争的考虑,收费中可能还会包含合理的利润。

对于有些服务,宪法规定它们只有在立法效力下才可以收费,对于其他服务则由公共部门在权力范围内酌情决定。

(二) 公共部门的责任

公共部门的责任包括:

- 确定每一项服务的定义和财政目标,维护之前的财政部协议,确保任何与收费相关的法律效力的落实,确保政策与权力一致;

---

① Managing Public Money, 英国财政部, 2013 年 6 月, https://www.gov.uk/government/publications/managing-public-money。

- 提供服务，包括成本及其预测、设置费用并征收、维护账户系统、监控表现等；
- 关于服务的问责，包括报告及账目等。

在政府部门中，服务提供机构的会计人员承担着财务管理的职责，财务总监应该谨慎监督政府部门所有的付费服务，非政府部门机构或国民保健计划机构中的类似机构也应该承担监督的责任。

对于不同的服务，收费的工作安排也不尽相同，因为其取决于地方的规定、服务的本质、可用的资源等。通常财务总监可以任命一个收费协调者（Fees and Charges Co-ordinator）来对收费事宜进行指导，并且监督服务部门主管是否履行了他们的职责。

1. 高级管理层的职责

高级管理层应该向财政部就服务的提供、服务提供的范围、是否对每一项服务进行收费提出建议，高级管理层也应该负责监督收取费用的服务。

2. 财务总监的作用

除了上文已经介绍的职责外，财务总监还承担着以下职责：

- 确保每项服务都有与之相关的法律权力的支撑，并且确保政策与法律权力相一致。
- 批准对服务进行收费。有一些收费需要征得财政部的同意。
- 列出并及时更新本指南所涉及的服务的名单。
- 监督收费报告的制作。
- 确保提供充足的关于财务表现的信息，从而有助于高级管理层定期对收费服务进行监管。
- 担任财政部的联络者（或指定收费协调人作为与财政部的联络人）。
- 确保提供服务部门的管理者权责分明。

3. 收费协调人（Fees and Charges Co-ordinator）

财务总监要确保收费协调人完成以下任务：

- 在部门对收费政策进行宣传，包括向服务提供部门的管理层就收费指南在具体情况中的应用提出建议。
- 确保服务提供部门的管理层明确并正确履行其职责，确保收费的定期检查回顾，确保收费在必要情况下及时进行调整。
- 确保提出的收费与服务的财务目标相一致，确保收费的引入要符合时间要求。
- 准备向财政部提交的报告。
- 确保负责收费的相关工作人员接受培训。
- 作为收费事宜的中间联络人。

4. 提供服务部门的管理者的职责

提供收费服务部门的管理者，不仅要确保服务的提供，而且要使收费符合服务的财务目标及收费指南的要求。收费工作需要政策和技术的支持，因此服务提供机构的管理者可能需要收费协调者和相关专家顾问的建议。

5. 专家顾问的职责

对收费工作提出建议的专家顾问主要有以下几类：
- 研究者、统计学家和经济学家可以协助对服务的需求进行预测，以及对一些特殊情况下（有些情况下收回全部成本是不合理的）的收费提出建议。
- 会计工作人员可以对收费的计算、会计账户以及财务报告等提出建议。
- 很多问题也需要法律工作人员的建议，如当一项法律服务需要相关的法律条文的支撑的时候。

6. 内部审计部门的职责

内部审计部门需要对收费政策的设定及修订进行评估。

7. 财政部的职责

财政部负责宏观收费政策的制定，其中包括设定费用计算的准则、向部门提供指导，等等。财政部也经常对个人收费授予法律许可，具体来看：
- 发布收费指南并提供相关必要的指导。
- 批准服务的提供、服务的定义以及服务的财务目标。
- 监管赤字，要求部门进行定期报告。
- 按照法律规定批准法律服务（statutory services）的收费。
- 批准1987年财政法案第102节中规定情况下的收费。
- 批准公共支出系统以及其他与收费服务有关的会计账户，包括与服务相关的支出与收入建议，等等。

(三) 服务的定义以及财政目标的设定

1. 定义服务的类别和范围

同一个公共机构可能提供很多类别的服务或者提供同一类别下不同种类的服务。如果相同的服务是在不同的制度下提供的（如跨部门收费部门和私营企业的商业服务），那么不同制度下的这种服务需要分别对待并分别记账。具体来看，指南提到的四种服务的类别及其定义如下：

法律服务。（按照本指南的目的来看）对于不可移交的服务的收费提供的法律上的认可，或者由英格兰、苏格兰、威尔士和北爱尔兰的部长、政府部门（包括执行机构或营运基金），非政府部门公共机构（NDPB），大多数公共机构（包括国民保健信托基金或其他国民保健服务机构）设置或将批准设置针对不可移交的服务的收费。从本指南的目的看，由皇家特权提供的可以授予收费法律权力的服务都是法律服务。如驾驶许可、护照、公司注册费或土地所有权收费及其他服务。

部门间服务。是指一个政府部门（如上文所述）、非政府部门公共机构（NDPB）或国民保健服务机构向政府其他部门、非政府部门公共机构（NDPB）或国民保健服务机构提供的自主决定的服务（部门内的服务即便涉及一个或多个机构，都不属于部门间服务，而是属于部门内服务）。

部门内服务。是指政府部门的一个部分向该部门的另一个部分提供的自主决定的服务（服务的提供者或受众或双方都可能是一个组织或者一个组织中的某个部分）。

商业服务。在没有专门的收费设置的权力的情况下，一个政府部门，包括非政府部门公共机构和大多数的公共机构向更多的公共机构或商业机构提供的自主决定的服务。这可能包括一个政府机构向其他政府机构和更多的公共机构以及私人机构提供的服务。

法律服务的范围通常在英国或欧盟的一级立法（primary legislation）中有所定义（欧盟的一级立法在英国主要是通过 European Communities Act 1972 年或 1973 年财政法案第 56 节中规定的法律文件进行实施）。在一些情况下，部长对于是否提供某项服务，服务的结构或者其在二级立法中的细节规定有相当大的自由裁决权。

有些情况下，收费权力会以一种更一般和灵活的方式来表达，法律服务以不同的方式来提供，并且对不同的子服务收取不同的费用。出于成本和费用设置的考量，每一项服务都应该分开来对待。大多数情况下，费率是由法定文件决定的。在没有对立法做出调整的情况下，法定服务不能加在其他服务上从而形成一个更大的单项的服务。然而，非法律的完全自主决定的服务（部门间、部门内服务或商业服务）的提供和范围并没有法律上的定义。管理层可以根据顾客的需求和组织的结构定义服务的范围。应遵守以下指南：

- 服务应该是经过慎重考虑并且容易区分的。
- 服务的数量应该满足有效率的业务运营，包括财政目标的设定。在有些情况下，一个公共部门的所有的活动可能就构成了一项服务（例如，在这项服务中包含了一个或很多相关的活动）。
- 一项服务可能被分解成不同的子服务，并且按照不同的方式提供和收取费用。出于公共部门审计账目汇报产出的考虑，这些分解以后的部分无须被看作相互独立的服务（尽管机构需要分别计算这些服务的成本来阐明其费用的设定）。

2. 收费的权力

按照英国宪法的规定，如果没有专门法律授权，政府在收费上不具备与国会相同的法律地位。一项新的收费能否代表"国会征"（State levy）要视情况而定。政府的法规和通常的法定权利的使用也需要视情况而定。

收费的法律权力一般是在假定收费不会超过成本的情况下被授予。任何超出总成本的收费都被假定为税收。当收费机构试图收取超出全部成本的费用时，需要在法律中明确规定。出于如下目的中的收费如果超出成本可能会得到法律的许可：

- 设置"激励性"费用来影响行为（如为了减少污染物的排放，收费遵循国际通用的"谁污染谁付费"原则）；
- 为了向国库做贡献，或者为了给未来的开始做好储备。

当所提议的收费结构中包括向同种形式和质量服务的不同使用者收取不同的费用时（对于不同规模的公司收取不同的费用），并且这种费用的差别并不完全是由成本差异造成时，需要在法律中有明文规定。

3. 财政部及立法草案

财政部需就议会法案中的财政规定接受咨询，例如有关授予收费权力的提议，或者是否需要在一些立法中明确规定需要"财政部同意"或"财政部批复"。在既有的立法中，当部长或政府部门设定收费的时候，一般都会在其中包括"财政部同意"或"财政部批复"的要求，在最近的立法中，这个要求没有那么常见了。

"财政部同意"或"财政部批复"这条规定，是指财政部不能将该责任委托给其他部门，而必须由财政部亲自进行批复，这不仅包括最初设置收费时的批复，还包括对收费每一次变更的批复。当立法中没有规定"财政部同意"或"财政部批复"时，财政部可利用其权力将这项职责转移给其他部门。

4. 财政目标（Financial Objective）

财政目标通常是收回全部成本，原则上来说，全部成本应该在每年都被收回。但是考虑到管理部门的效率，对这个原则可以进行商榷。例如，计费时可能四舍五入，从而导致盈余或赤字，再如有些情况下成本的比例是集中按照平均水平来决定的，因此不会在每年都重新计算。

当机构签订了长期合同时，它们在每年的合同中都应考虑到成本的回收需求，并且考虑到成本的增加或减少。当机构提供基于因特网的服务时，这些服务可能同时受到两种规定的限制，一种是要收回全部成本的规定，另一种是信息的获取应该免费的规定。例如，当人们在网上就某项服务如机动车驾驶许可、护照或出版物提出申请时，有关这项服务的相关信息可以在该机构的网上免费获得，但是为了获取这些服务，相关费用还是需要支付。

收回全部成本的原则不适用于：

- 相关法律不允许的大数额收费（如税收中的一些项目、商业收费，等等），或者财政大臣同意只收回部分成本而旨在收回的费用低于全部成本时，都需要一个明确的理由。
- 如果是一种商业服务，且这种商业服务可能或者面临来自私人部门的竞争，那么它的收费可以按照市场价格决定，出于公平竞争的考虑，收费中可能还会包含合理的利润。

财政大臣同意某种服务的收费可以只收回部分成本的一个案例，就是由政府部门或其他皇家部门提供的信息服务。财政部的《信息收费：何时以及如何收费》(*Charges for Information：When and How*)中讲述了一些皇家机构提供的信息无须收费的情况，或者按照边际成本进行收费的情况，以及按照全部成本进行收费的情况，或者是按照市场价格进行收费的情况（当所提供的商业服务面临着来自私人部门的竞争的时候）。

当财政政策指南提到或允许基于边际成本进行相关收费时，这些决定在设定财政目标时都应该考虑进去。而且，公共机构应时常审查这些决定，来确保其合理性。在其他情况中，部长们允许一项服务的费用只需覆盖部分成本的时候（如服务受到公共资金的资助），应该设定一个日期以将其转移到旨在收回全部成本的服务中，或者提供一个持续收取低于成本的费用的理由。在有些情况下，一项服务从原来收到资助转变为需要收费才能收回成本时，财政部可能同意其在几年内分阶段收回全部成本。

当一个机构收到针对其服务成本的捐赠时，特别是当这种捐赠来自该部门的其他部分或其他部门的时候，这项服务的收费只需涵盖剩余的成本，这种来自其他部门的剧增应该在账户中标明为赠予（subsidy）。

同种服务的财政目标可以有不同的表述方式。最常见的有以下几种：

- 收回全部成本（recovery of the full cost）。要求收回提供服务所花费的全部成本，包括服务所使用的资本的成本（按照 3.5% 的比例，如所使用的资产净值的 3.5%）。另一种描述就是把它作为资本回报的 3.5%。
- 成本回收百分比（percentage recovery of the full cost）。这个指标用来度量运营账户中的总产量。例如，如果这个指标设定为 90%，那么就需要通过收费来在本年收回 90% 的成本。高于或低于这个指标将可能导致盈余或赤字。
- 收回边际成本（recovery of marginal costs）。这项指标旨在收回边际成本，定义是按照针对某项服务的一般指南来确定的。对于其他服务，相关的成本需要另行决定。
- 所用资本的回报率（rate of return on capital employed）。通常是按照资本回报率阐明商业服务的财政目标，这个比例并不一定是 3.5%。财政目标也可以有其他的表述方式，如盈余或赤字的数字。

5. 处理盈余和赤字

在法律允许的情况下，收费水平应弥补过去的赤字（参见法定服务的过程）。当盈余合法时（如法律服务中偶然的少量的英语或者商业服务中的盈余），可以留取盈余以为机构自身所用或转交给财政部。出于政策的考虑，制定法定收费时不应顾及过去的盈余，除非过去的赤字也被考虑进去并且有一个既存的权力来要求收回赤字，或者它满足于 1987 年财政法案第 102 节中有关范围的规定。而商业服务中的收费盈余不该持续下去，因为可能会导致价格不符合公平竞争的要求。

当一项法律服务的收费权力要求费用逐年进行设定时，可以结转盈余（或）赤字用未来的收入作抵消，这样费用就可能会比之前要低，收入可能会少于过去几年的成本（如果这样做有可能增加公共支出的话，该增加就需要与公共机构以收抵支的储备金相匹配）。

6. 获得财政部同意的程序

当财政目标需要得到财政部同意时，应该至少向财政部提供以下信息：

- 财政目标内容及其适用时期。
- 提出这些目标的原因及关于公共支出和收入的具体阐述，如果与已有服务相关，则需预测下一会计年度的账户情况，预测当年的产量，并阐明上一年度的产量。

（四）收费的设置

1. 标准惯例

如果要制定一项公共服务的收费，首先要进行立法，通过制定法规以便部长设置有关收费的结构和收费的水平。通常先在一级立法中阐明政策框架，然后在二级立法中确定细节问题。所有延伸收费方案或改变收费方案的提议都需要财政部的许可。有时，可以依靠二级法规而不是一级法规收费：

1972 年欧共体法案的 s2（2）条例介绍了实施欧盟法规的实质政策。1973 年的财政法案的 s56 条例也可以使用。如下所示：

英国 1973 年财政法案（Finance Act，1973）第 56 节 "Charges for

services, etc., by Government departments", 第1—4条如下[①]：

（1）凡政府部门，根据任何社会责任或任何国际协议或安排，提供任何服务或设施，或发出任何授权，证书或其他文件，可能会要求支付相关费用，这些费用由主管部门制定、管理并且需要获得财政部允许。

（2）根据本条例制定的规则可以规定须缴付的任何款项的回收和处理，并针对不同情况作出不同规定。

（3）本条所赋予的权力，不妨碍行使其他非本条规定的征收费用的任何权力。

（4）根据本条例所制定的规定应以法定文件的形式制定，当与下议院决议的履行发生冲突时可能会被废止。

收费的调整有时可以参照1987年财政法案（2）的S102条例完成。具体内容如下：
- 在现存的主要法规中S102的条例可以延伸或者改变权力。
- 此条例可以允许因需要考虑的特定因素而进行的调整收费。
- 必须且首先要获得财政部的明确许可。

但是
- 当一项新的收费没有通过立法得以确定时，S102的条例不能授予其征收权。
- 此条例也不能限制或阻碍一级立法的内容。

对于享受同一类别服务的所有用户，收费应该是一样的，从而收回该类别服务的成本。针对不同服务类别则应设定不同的收费标准。那么，如何确定不同的类别？方法如下：

区分提供方式的不同，例如亲自提供、通过邮局或者在线提供。
- 优先权，比如较快的服务收取的费用较多。
- 质量，比如收取更多的费用提供专门的优质的服务。
- 在对特定顾客提供的服务可能产生更多的成本时要关注服务结

---

① 英国1973年财政法案（Finance Act, 1973）第56节 Charges for services, etc., by Government departments, http://www.legislation.gov.uk/ukpga/1973/51。

构的差别。

但是，不能因为顾客类别不同而导致消费相同的服务而缴纳数量不同的费用，比如向公司收取的费用比个人要多。同样地，当提供服务的成本相同时，向大型企业收取的费用不能多于小型企业。中央政府机构收取的费用通常应该涵盖全部成本，包括标准的资本成本。任何差异计算费用高低的方法都可能造成一方收到预算之外的利润或遭受损失；与之对应的就是消费者会面对高于或低于服务成本的收费。

在公共部门收费中，共享服务是一个特殊的案例。

共享服务通常可以通过安排几个公共服务组织联合提供便宜的服务形成规模经济，一个机构提供给另外一个机构（一些机构）。公共经济部门提供（或者改善）共享服务应该在计划的前期咨询财政部。正如设立任何新的服务一样，预算的计划应该分期偿还最初成本以便于在服务开始后的一段时期内收回最初成本。提供服务的部门不能通过提供给公共经济部门的顾客服务而获得利益或者补助资金。财务部门也不能因提供公共服务对企业自身没有好处而拒绝提供公共服务。

2. 其他标准

有些部门关于收费服务的政策目标可能与以上一节中的标准不相符。在这种情况下，可以通过其他方法实现政策目标。完成政策目标的一些方法如下所示，但其任何变动都须先征求财政部和法定机构的许可。

（1）低于成本的收费

当部长决定收取低于成本的费用时，应该有一个相关的计划以确保在一定时期内收回所有成本。每一种情况都需要对其自身价值进行评估并且获得财政清算。若需要持续进行补助，则需要备案并定期审议。

（2）高于成本的收费

国家统计办公室通常将高于规定成本的收费，或者与费用支付者不相关的费用归类为税收。这种收费通常要求财政部门的明确决定以及特定的法定管理当局的决定。

（3）交叉补贴

交叉补贴与过度收费和较低收费相伴随，即使它整体上是为了补偿服务的所有成本。因此交叉补贴收费通常被归类为税收。交叉补贴收费通常要求明确的部长决议以及议会的同意，通常表现为一级立法或上文提到的1987年财政法案（2）第102的条例。

（4）信息服务

出于公共利益，信息应该免费提供或者低收费提供。但有一些例外的情况，参见如下规定：

对于信息的收费[①]

为了公众的利益，大部分关于公共服务的信息应该是免费或者是低成本的。任何产生于政府体系中的信息，包括很多公共部门组织的信息，都受到皇家产权的保护。所以对于这类信息，人们如果希望通过复制或再利用它们来获利，则需要付费。

信息产品具有独特的二重性，即较高的生产成本和较低的传播成本。所以信息产品通常是以授予顾客许可权的方式来使用，而非直接出售或转化，这有利于较为准确地涵盖其成本。

①信息的获得

大部分公共组织都会把它们的活动和服务免费公布在网站上，比如近期的立法，公共政策的发布、写有文件和其他帮助公众理解公共组织业务的文件。除此之外，税收和社会福利的信息也应该是免费的。

很多论文或电子版的信息是付费的，从而收回其生产成本，这也包括公共部门办公室里打印的一些纸质版材料。但是为了特殊人群提供的此类文件不应该再征收额外的费用，如盲文等。

②信息的传播

很多公共部门对所提供的信息进行收费，这些信息包括：对于特殊的信息请求所提供的信息服务；法律规定需要收费的信息服务；贸易基金组织许可或出售的信息；通过搜集信息、编辑、归类、分析所集成的服务于公众的出版物；搜索软件。

此外，如果公众获取一些信息是为了进行继续加工和利用，那么

[①] 英国财政部：《Managing Public Money，Annex 6.1》，2013年6月，https：//www.gov.uk/government/publications/managing - public - money。

公共部门组织可以对此类信息的提供进行收费，其标准是：
- 对于原始数据，按照边际成本进行许可收费。
- 对于贸易基金组织提供的增值数据或信息，以适宜的回报率收取全部成本费用。

（五）成本核算、预测和会计

1. 成本核算

成本核算需要计算之前的会计年度的成本、当前的成本并对下一个会计阶段的成本进行预测（对于近两年才提议或开始提供的服务，可能缺乏上述信息）。

全部成本（the full cost）应该按照权责发生制进行计算，它包括提供服务所用到资源的总成本（直接成本、间接成本，任何间接成本的分摊和任何分销费用、保险、折旧以及资本的成本等，既包括现金成本也包括非现金成本）。然而，当收费是基于边际成本进行的时候，成本也应作相应核算。当部分或全部成本来自其他的部门时，这些其他部门需要阐明其提供服务所花费成本的具体情况。成本应该尽可能地与实际相符，只有在相关信息不足的情况下才可以根据年度调查进行估计。估算成本的方法应该与资源账户 resource account（或其他公共部门的年度账户）中的运营成本报告所采用的方法相一致，在必要情况下，分摊间接成本（overhead cost）的方法需要被明确规定并连续地贯彻下去。

保险和启动成本方面存在一些例外。（出于对政府关于保险的政策的考虑）当公共部门没有向商业保险公司或其他机构支付保险费时，任何损失都应在其发生时计入资源账户。但是对于规费和费用的会计账户需要包括一个名义的保险费，保险费中已涵盖的用于弥补损失的成本不应该被排除在账户外。这就提高了公共部门的服务与私人部门提供的服务之间的可比性，因为私人部门服务中的商业保险部分可能被排除在外了。同时，这样避免了收费的一次性增加（收费的一次性增加可能会带来损失）。

当启动资金在资源账户（或其他公共部门的审计账户）中予以资本化，并且是为了正在进行的资本资产收购的时候，需要分别为支出提供资金，因为资源通过折旧、资本成本以及资本回报率投入了服务中，所以在设置费的时候应将成本考虑其中。启动成本和资本开支或通过政府部门内部 voted finance 来筹集资金，或通过运营基金、非政府部门公共机构的内部资源及公共财政来进行筹措。至于没有被资本化的启动资金，在发生之时就被计入资源账户中，根据费的会计准则，可在最初几年被逐渐收回。

2. 预测未来成本和收入

服务成本也分为固定成本和可变成本。固定成本是指对于某种服务的给定产出，不管服务提供多少都会产生的成本。可变成本则是随着消费者所需服务量变化而变化的成本。对服务的需求量是决定总成本的一个重要因素。

对于不同的服务来说，影响需求的因素也各不相同，比如收费水平、天气、国家或国际经济发展的情况等。过去的需求趋势有助于对未来需求的预测，但应考虑到服务提供方式的变化对需求的影响。同时，还要考虑到可能限制供给的因素，例如人员配备水平和可用的信息技术，都可能影响给定成本下所能提供的服务量。

对于既存的服务来说，需要用到上一个会计期间的产出，以对当前会计期间作出最新产出估算。当然，预测要考虑到变化情况（如需求的变化），分析之前的假设是否仍有效，是否需要做出相应调整。对于新的服务，政府部门可根据所获取信息，最大限度地对其需求、成本以及收入进行估计。

对于成本的预测，应该允许：

- 已知成本变动：已知成本变动需要加入（或减）到当前的成本水平中。
- 不确定的成本增加。
- 预测的偏差。
- 任何维护或改善服务质量的要求。

每年都要对收入和支出进行的预测，一旦出现了未预见的成本变动，就要及时复审，相关部门也可能需要在年中对费用进行调整。复审的时间取决于以下几点：

- 修订以后费用生效的日期。复审距上次审查的时间不应超过12个月。
- 与财政部协商所需的时间以及议会批准某些政策所需的时间。
- 与利益相关方进行协商所需要的时间。

在年度内监管中,也需要将预测与实际情况进行对比,从而采取相应的政策以减少成本或弥补赤字。监管的程度取决于服务的性质、规模及复杂程度,同时也应该考虑到季节因素。

当某项收费不经常征收,或需要被单独计算的时候,可以采用特设的成本核算方法,例如在公共突发事件中使用部队的费用。

具体来看,与服务相关的成本主要有如表 3-7 所示的几个类型:

表 3-7　　　　　　　　　与服务相关的成本的类型

成本的类型	举例
房屋成本	对不动产所有权的资本收费 租赁产权的收费 不动产所有权和租赁产权的折旧 家具及配件 维护费用 公共设施
摊销成本	
坏账	
基本服务	金融和会计 消防和安全 法务 人力资源 注册和信息传递 复印 高级管理 运输
折旧	
固定资产处置	处置过程中产生的盈余或损失
设备租金	
信息技术保险	商业保险的保费,当不需要支付保费时,保险属于非现金成本
非现金成本	资本成本 保险(不需要支付保费的保险) 免费提供的部门内服务

续表

成本的类型	举例
办公室服务	办公室设备的维护 邮费 印刷 电信
支付成本	员工的保险 雇主的退休金 工资 加班费
人员开销	旅费和生活费
研发	
存货及原材料	消耗品
分包项目	从外部供应方购买来的服务，包括咨询与其他专业服务等
增值税	此处只包括无法收回补偿的税

3. 会计、监控和报告

会计和其他信息系统，应该提供设置费用所需的财务信息，根据计划监控财务结果，编制财务账务以及其他的财务报告。当有某些服务出现变化，或随着时间变化被划分为另一个类别的时候，需要创建一个详细的系统，使计算费用的系统随着服务的类别、规模和复杂性及其在哪种金融制度下运营等因素，发生相应变动。

当所需的信息没有在公共部门的审计或已发布的账户中专门阐明时，公共部门应编制备忘录交易账户（Memorandum Trading Accounts，MTAs），从而促进服务成本核算、设置合理的费率以及监控整个会计期间的产出。备忘录交易账户按照权责发生制进行编制。

汇报服务的产出

有些信息需要在公共部门主要审计账户中报告，主要有以下部分：

针对所有总成本在100万英镑以上的服务，或不到100万英镑但其收入和总成本对账户有重大影响的服务，其财政目标、全部成本、收入、盈余或赤字以及根据财政目标衡量的表现，都需要在审计账户中显示。当一个公共部门提供多项服务时，需要对每项进行单独分析并在账户中注明。

当一个公共机构没有发布单独账户时，以上信息应出现在其责任部门的联合账户中，并阐明该部门内的其他部分信息都包含在它们各自的账户里。

子服务产出的报告

子服务和全部成本超过100万英镑的服务的形式，需要做一个单独的分析：

- 法律服务中：一个单项收费设定的权力可以用来覆盖很多不同的服务，并且出于成本核算和收费的目的，这些子服务应该成为单独的服务，或者不同形式的服务的收费只能反映其不同形式的成本；
- 如果一个部门向不同类型的顾客提供不同的子服务，或者不同收费制度下不同类型的服务，那么向每一类顾客提供的服务都需要单独进行分析。这些分析被分别发布在公共部门的网站上（或相关职责部门的网站），或在备忘录交易账户（MTA）中。

对于其他服务（法律、部门间和商业服务），如果存在子服务和不同形式的服务，则单项分析并不是必需要求的。但是，公共部门的会计管理系统需要有单项分析，从而确保当管理部门有需要时，子服务的总成本、需求和收入可以被计算出来。例如，这些信息的作用，可以用来告知人们费是如何设置的和公众对服务的讨论，或者被用于比较单位成本以对后续服务做出决策。

（六）法律服务

1. 成本核算和收费

每一种法定服务都需要分别核算成本并分别收费。费用的设置要能够在年内收回全部的成本，或者满足财政目标的要求。

除非多于成本的收费有收费权力的支撑，或者满足财政法案中第102节的情况从而可以通过收费来弥补过去的赤字，一般情况下，对于服务征收的费用需要反映提供服务的总成本，并且不能多于总成本。这适用于任何提供法律服务的部门，包括运营基金（Trade Foundation）。

a）在有些情况下，针对一项费用设立的权力可能被许可用于很多服务（例如，许可同一领域内的不同种活动）。在这些情况下，出于成本核算和收费的需要，每一种子服务都构成一项单独的服务，如果这些服务的成本完全不同，那么就须根据每一项服务的成本单独设定费用。应该避免交叉赠与（除非有法律条文的许可），因为它可能会被视为向付费人过度收费导致收费超出成本，也可能被解释为未授权的税收。

b）当同一服务以不同的方式提供时——如常规的或加急的服务，个人服务或邮递服务——可以根据不同的服务类型设定不同的费用，部门应该计算出每种服务类型的成本（但根据基本服务和优质服务设定的不同费用可能与它们成本的差异无关）。

针对所有顾客提供的相同形式的同种服务，收费应该是一样的，除非有特殊情况。①

2. 盈余或赤字

机构提供的服务，如果面临成本上升问题，那么收费需要在年内提高；如果成本降低，那么费用就应随之减少，从而避免盈余，实现长期内的成本回收。

如果由于预测失误或者一项服务被暂停，导致公共部门获得了显著的盈余，那么这些盈余应该返还给付费人。1990年财政法案第128节提供了相关的法律权力。这些权力适用于所有将收取的费用支付到共同基金（Consolidated Fund）中的法律服务。

费用不能为了弥补财政赤字而提高，不管是为了弥补年内赤字还是去年的赤字，除非特殊情况。但是赤字应该在随后的一年里按照1987年财政法案中的第102节来弥补。有效的年内监控应该指明赤字，这样在赤字发生的财年内或下一财年的开始就可以对费用进行调整。1987年财政法案第102节中规定的权力有助于弥补之前累积的财政赤字，或者有利于弥补未来一个阶段即将产生的大规模的财政赤字。

3. 财政部对于费的许可

当国会要求财政部对某项费进行许可时，部门需要向财政部提供以下信息，并留出充足的时间来让财政部考虑其提议：

- 提议的收费以及其适用的时间；
- 被提议费用的可行性，表明如何收回所有成本，或者如何实现财政目标；

---

① 例如，出于如下目的中的收费如果超出成本可能会受到法律的许可：设置"激励性"费用来影响行为（如为了减少污染物的排放，收费遵循国际通用的"谁污染谁付费"原则）；为了向国库做贡献，或者为了给未来的开支做好储备。

- 对公共支出和收入的影响；
- 每种服务（子服务、同种服务的每种形式）的预测和产量账户。

（七）部门间服务

1. 收费政策

享受部门间服务的消费者，应该对其所享受到的服务支付相关费用。收费有助于激励购买方更有效地利用商品和服务，从而促进服务提供者对成本进行更准确的估计。收费应该能够收回年内提供服务的全部成本，并且这种成本包含了按照3.5%的比例计算的资本成本。在计算收取的费用高时，部门应该考虑到按照不同方式提供服务的成本差异，例如，在一天中不同时段提供服务的成本。

在有些情况下，一个政府部门或非政府部门组织，向其他政府部门或非政府部门组织，在商业基础上提供服务时，这种服务应该在成本测量和收费设置中有所体现。如果服务是在法律基础上提供的，那么收费水平应该由法律条文规定。

部门间服务通常不在竞争法（Competition Act）的管辖范围内，因为这些服务只发生在政府部门之间，或产生在政府部门与其他王室机构之间。有时候尽管非王室机构也参与其中，但竞争法此时还是不适用，因为服务提供方可能不是竞争法的适用对象（例如，服务提供方的活动是与社会、环境或国家安全相关的，如向国民保健计划提供物资）。

如果一种部门间服务是免费提供的，那么每一个作为消费方的相关部门也都应该被告知它们所消费的服务的成本，这样作为消费一方的部门就可以考虑到它们活动的成本。

收费通常是根据单位商品或服务的成本以及消费量设定的。在设置收费的时候，主导部门应该向消费部门提前提供一个配额，这样费用就按照这个配额而非主导部门实际产生的成本来征收。然而，如果预测到赤字或盈余，收费则需在合适时间段进行调整。

2. 引入收费

当服务提供部门考虑对一项部门间服务进行收费时，需要与消费方部门进行协商，并在财政部备案。需要协商的问题有如下几点：

- 服务的定义以及需要收费的项目；
- 服务提供方和消费方各自的职责，以及服务的条件（包括表现评估、收费方式、收费频率）；
- 就所提供服务的数量达成一致；
- 未来可能产生的收费额以及是否需要支付增值税。

（八）商业化服务

商业化服务是指提供给私人部门和更广泛的公共部门的服务，这种服务没有与之相关的专门的收费设置权力。其中包括了政府部门向其他政府部门提供的服务，这些服务也向更多的公共部门和私人部门提供。

当相同的服务以不同的方式提供，如以不同的速度、质量提供的服务，这些不同的服务需要分别计算成本。商业服务的财政目标通常是获得政府在提供服务时所用资本的回报（如所用净资产回报），回报率的计算期限最少为一年。

回报率受到很多因素变动的影响，包括政府部门与私人部门相比所具有的优势。当一个部门提供低风险的商业化服务，并且不存在来自私人部门竞争的时候，这个部门可以按照3.5%的资本收益率收回资本成本。当这种低风险的服务可能或已经面临着来自私人部门竞争的时候，服务提供部门就应该对所用资本设定一个真实的平均的收益，从而更好地反映市场价格。

设置收益率时应考虑以下问题：
- 市场价格。
- 活动可能面临的风险程度（低级风险、中级风险等）以及相关市场中私人部门竞争者的资本成本。
- 过去的表现以及任何可能影响未来表现的问题。

一般来说，资本回报率（税前）通常在5.5%（低风险活动）到15%（高风险活动）之间。实际情况中，15%的回报率是很少见的，因为公共部门很少参与如此高风险的活动。当可能或已经存在来自私人部门的竞争的时候，回报率通常不应低于5.5%。

尽管每一项服务都应该通过收费收回全部成本，但在有些情况下，为了提高商业服务的效率，这项原则也会被调整。例如，如果一项服务的供给不能再扩大了，但是人们愿意付更多的费用，那么这项服务的价格可能就会上升。又如，如果某项服务的容量有限，而且人们不愿意支付当前的费用，那么服务提供方就可能会减少收费以增加产出。此外，一些激励性

外国政府非税收入管理

收费在有些情况下也是合理的,例如,设置低于成本的收费来刺激需求,或设置高于成本的收费来减少需求。但是,这种降价不应该以遏制竞争为目的,因为大幅度降价会阻碍私人部门的发展。尽管在某个时段或时间点上,一项商品或服务的收费可能低于其盈亏平衡点,综合来看,所有的服务收费都不应低于其平均可变成本或短期边际成本。收回全部成本是一项重要的原则,尤其是当某项服务面临来自私人部门的竞争的时候。如果某项服务长期内无法达到盈亏平衡,那么就可以考虑取消。

商业服务收费应该按照商业费率制定。这种费率应该体现出对公共服务中使用的自然资源的商业回报。商业服务不仅要收回全部成本,还要获得与私人部门控制风险所得相匹配的收益。通常这个比例是5%—10%,但对于高风险行业可能高达15%[①]。

因此,财务指标应该和市惯例保持一致,使用相关的资本风险加权收益率。费率的计算有两个标准:

(1)对于销售到竞争性市场上的商品,估算要与竞争对手对于商业风险的评估相一致,针对高风险的活动设定更高的费率;

(2)如果是公共经济部门提供给另外一个公共经济部门的服务,或者在没有竞争对手的市场上提供服务,那么就采用资本成本的标准费率。

如果以公众名义提供的商业服务没有完成其收益率目标,可通过调整收费来弥补这项赤字。任何一个没有达到收益率的计划都要得到部长的许可,并且要经过财政部的正式批准。自主决定的公共服务不能违反公共部门的职责及其财政目标。

商业服务的公共供应者要遵守竞争法,尤其是在其处于市场垄断地位的情况下。否则,公共服务可能会妨碍或者歪曲市场的良好运行。

(九)收入的处理

收入的分类,必须符合国际会计惯例。有时一些服务收费(如对某些产业征收的规费),可能出于国民核算(national accounts)的考虑被划分为税收,被记作收入(revenue),而非负的公共支出(negative public expenditure)。如果付费者从付费的服务(尤其是私人部门提供的服务)中

---

① 英国财政部:Managing Public Money, Annex 6.1, 2013年6月, https://www.gov.uk/government/publications/managing-public-money。

得到直接的收益，那么这种收费所得的收入就被划为负的公共支出（negative public expenditure）。

针对监管类活动的收费通常划分为收入（revenue），除非付费人从监管的过程中得到一些直接的收益（如签证）。然而，当收入满足一些特殊标准的时候，财政部可能允许政府部门保留收入或以收抵支。这些标准包括：

- 这项服务应该与许可证费用的支付者密切相关，并且能积极促进政府的经济目标的实现；
- 抵消的收入（netting off receipts）应该能够提高资源的分配效率，如有盈余则需上交；
- 收费机构应该对成本的有效性和收费水平分别做出决定；
- 需要对服务进行周期性的评估，包括服务的连续性、活动的规模，等等。

当一些服务满足了以上标准的时候，政府部门应该向财政部提案。财政部的决定并不会改变收入在国民核算（national account）中的归类方式，只会对收入在部门公共支出中的管理产生影响（如预算）。

通常来说，针对法律服务的专门立法都指明了收入应该纳入综合基金（Consolidated Fund）。然而，按照政府资源和账户法案（Government Resources and Accounts Act 2000），财政部有权规定一部分收入可以用于拨款援助。拨款援助的水平在 Main Estimates 中进行了规定，任何可能导致这种水平增加的额外收入都应该作为综合基金额外收入（Consolidated Fund Extra Income）上交。如果拨款援助有所减少，那么资源的消费也应该相应地减少。如果政府部门无法减少资源消费，就应该向财政部提案并呈现在预算中。

1. 营运基金（Trading Funds）

所有产生于营运基金业务活动中的收入都应该计入营运基金（包括专门法律规定的应该纳入综合基金的费用），除非这种收入是营运基金业务过程之外的。计划外的盈余可能产生于计划外的缩减开支，这些盈余可能被用于资本支出、纳入收入储备、支付债务、支付红利或作为综合基金额外收入纳入综合基金（Consolidated Fund）。

如果营运基金无法收回成本，那么赤字就由收入储备金来弥补。当营运基金出现赤字的时候，需要调整接下来几个财年的收费，从而收回成

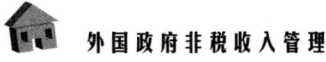

本,增加的收费应该给公共收益资本的红利支付、额外的服务债务、收入储备的补充提供足够的资金。

2. 非政府部门(Non – departmental public bodies)

一些非政府部门应该把它们的收入交给资助方,资助方再将其交给综合基金作为综合基金额外收入。其他的非政府部门则可以保留其收入,用以抵消开支。

(十) 引进新的收费服务时需要考虑的问题

当引进一项新的收费服务时,需要考虑以下问题:

- 服务的定义,提供服务的原因。
- 使用者。
- 服务以什么媒介进行提供?(网络在线提供、电话、邮寄,等等)
- 该项服务的财务目标是什么?
- 资本以及启动成本最初如何收回?
- 提供服务的机构是否应该或可以保留其所得收入?
- 服务的提供方式以及收费方式,是否应对其他备选方案也进行投资评估?
- 哪些部门经营这项服务,是政府部门、运营基金、非政府部门组织、公共公司还是私人部门?(决策如何影响法律规定、预算及相关程序)
- 公共支出问题。
- 是否有部门收费协调者可以与之讨论?或者财务部门是否对提议进行了讨论?
- 对这项服务进行收费是否需要专门的收费权力的支撑?
- 服务的类别和范围。(确定服务类别的重要之点是该服务向谁提供,以及该服务的提供是否需要专门收费权力的支撑)
- 收费的结构,是只有一种服务还是存在几个子服务或不同形式的服务?如果向公司征收许可费或注册费,是采取同一标准还是对不同规模的公司设置不同的收费标准?
- 是否需要新的立法?
- 需要有一个合理的会计系统来预测、衡量成本并且回顾收费;需要考虑这个会计系统的资金来源。

- 设定一个合理的机制来收费、设定目标、监管服务的情况和相关账户。
- 是否需要与财政部协商并征得其同意？
- 对于商业服务，是否涉及竞争法（Competition Law）？
- 对于部门间或部门内服务收费，服务提供者与受益者的责任是否达成一致？
- 在费的设立期间，是否需要与潜在的消费者进行协商？是否有一个可以向其进行咨询的机构？
- 引入新的收费服务的时间规划。

（十一）评估

每年要对公共部门提供的服务进行审查，并适当调整收费标准。每隔一段时间都要进行总结和回顾。一些需要审查的事项见表 3-8。

表 3-8　　　　　　　　　　需要审查的事项

审查收费的公共服务
• 公共经济部门使用公共资源提供服务是否仍然合理？
• 有无其他相关服务可能产生收费？
• 企业结构仍然有意义且用于提供服务的资金充足？
• 如何提高效率和有效性以降低收费或者提供更好的服务？
• 财政目标是否合理？
• 对于法定的（或者其他的国有经济部门）服务，如果没有收回全部成本，原因何在？
• 对于商业服务来说，目标收益率是否仍然反映了市场的收益率？
• 高于成本的收费是否仍然合适？
• 有无一个范围能够确保规模经济发展共享服务？
• 什么样的发展可能会导致商业环境改变？
• 自主决定的服务是否适用于商业准则并符合更大范围的目标？
• 未充分利用的资产是否应该重新部署，用来创造商业回报或是出售？
• 另外一种商业模式（例如，许可、合同外包、私有化）会更好吗？

五　英国非税收入与预算制度

（一）非税收入与预算的关系

英国政府部门有两种相互独立的预算，即资源预算和资本预算。

资源预算是对经常预算的改进和发展。经常预算以现金支出需求为基础，只记录年度现金成本。资源预算则以部门的全部资源需求为基础，记录全部资源的使用成本，还包括了非现金成本、资本耗费（折旧）、资产变化的成本（拥有资产的机会和成本）、对未来支付的补偿（如对退休者的补偿）等。资源预算就是计入公共服务全部成本的预算，是英国实施绩效预算的内容之一。

资本预算是对新投资项目的预算，部门仅仅将资本预算经费用于资本目的，保证投资不被用于短期的经常项目。

资本预算与资源预算是分离的。2000年度，英国中央财政主要部门的部门限额支出正式运用资源预算和资本预算。

在国民经济核算中，有一些收入会减少公共开支，有一些收入则会为公共开支提供资金。例如，来自商品和服务的收入等非税收入减少了公共开支［被称为负的公共开支（negative public expenditure）］，而税收收入为公共开支提供了资金，从而促进了公共开支。

根据英国政府的统一预算指导（Consolidated budgeting guidance from 2008-2009），政府部门的其他收入纳入资源预算，包括：

- 商品和服务的销售收入*
- 特许权使用费以及知识产权使用费*
- 对许可证的出售收入*
- 规费
- 罚没收入
- 保险金收入*
- 赔偿收入（国家统计局把这部分收入划入经常性预算）
- 利息和股息
- 房屋*及土地的租赁收入
- 在国民经济核算中被划为经常性收入的捐赠（捐赠也可以是资本的

形式）
- 全国彩票分销机构中为公共开支提供资金的收入
- 来自欧共体的收入
- 商业的和非商业的增值税退税

＊号所标注的收入在英国国民经济核算中被划为负的经常性开支（negative current public expenditure）①。

其中，按照英国政府总账户（Whole of Government Account）对非税收入的分类标准，商品和服务的销售收入、特许权使用费以及知识产权使用费、对许可证的出售收入、规费、利息和股息、在国民经济核算中被划为经常性收入的捐赠、来自欧共体的收入等，都属于非税收入的范畴。

（二）预算原则

1. 1961 年四原则

1961 年，根据"普洛登委员会报告"对公共预算进行了重大改革，英国确立了以下原则：

（1）统一性原则。年度预算必须包括全部公共收支。

（2）重要性原则。年度预算支出必须考虑各种支出的相对重要性。

（3）多年度原则。公共预算中政府的收支规划应是多年度的，但只有预算年度的计划具有法定效力。

（4）分类原则。公共预算收支应按功能和经济性质分类。

2. 1998 年五原则

1998 年英国修订了《财政法》，通过了《财政稳定法典》。其中特别强调了以下五项原则：

（1）透明原则。公共预算必须透明和公开，使人们充分了解和认识；国会审议通过后，公开发表。

（2）稳定原则。公共预算必须考虑对宏观经济稳定运行的影响。

（3）负责任原则。公共预算应体现政府对财政管理、对社会负责任的态度。

---

① 英国财政部：Consolidated budgeting guidance from 2008 – 2009 （http：//webarchive.nationalarchives.gov.uk/20090104012212/, http：//www.hm – treasury.gov.uk/psr_ bc_ consolidated_ budgeting.htm）。

（4）公平原则。公共预算既关系到当代人的福利，也关系到后代的福利和发展，预算应考虑代际之间的公平。

（5）效率原则。公共预算必须考虑效率，应从收入与支出两方面来考虑预算的社会经济效率。

3."黄金原则"和"可持续投资原则"

"黄金规则"针对经常项目，在中期财政计划中控制经常性支出。具体要求是，在一个经济周期内，公共债务收入仅用于公共投资支出，不允许用于增加经常项目支出。

"可持续投资规则"针对资本项目，要求政府借款占GDP的比重在整个经济周期内维持在一个市场可以接受的水平上，使公共部门的净债务在1999—2005年这一时期控制在GDP的40%以内。

（三）复式预算结构

英国实行复式预算。1968年以前，预算分为线上预算和线下预算两部分。从1968年开始编制正式的复式预算，分别设立"统一国库基金预算"和"国家借贷基金预算"。大部分财源都要经过统一国库基金预算来分配，它是预算基金的日常收入和支出账户。其收入超过支出，则列入国家借贷基金预算的收入部分，如支出超过收入而出现赤字，则由国家借贷基金的贷款弥补，政府则增加这个数目的国债。

国家借贷基金预算相当于资本预算。其收入主要包括对国有企业及地方政府长期贷款的利息及贷款的回收资金、英格兰银行发行局利润收入、统一国库基金预算转入的结余和国债利息收入。其支出主要是经过议会批准的政府可以靠借款来进行的各种支出，如对国有企业及地方政府和私营企业提供的长期贷款、国债费（由统一国库基金预算转入的国债利息支出和发行管理费）、常规预算赤字的转入等。

统一国库基金预算相当于经常预算。其收入主要是税收，余额占总收入的96%，其他还有社会保障收入、捐款、利息和股息收入等；而支出分为由议会批准的日常支出（又称议定支出）和不经议会审查批准的统一基金的永久性支出（又称既定支出）。议定支出约占总支出的93%，既定支出约占7%。

议定支出项目主要是军费拨款、对工农业的投资、管理机构经费、社会文化设施建设费、补贴地方政府支出、对发展中国家的拨款等。既定支出主要是用于偿还国债，向欧洲经济共同体缴纳的款项和王室的维持费等。

在统一国库基金预算的支出中单独划出永久性支出，是英国国家预算的一个重要特点。

经常支出项目要包括：商品与劳务的购买支出、社会福利支出、国外援助支出、补贴支出、公共部门支出、利息支出等。

资本支出项目包括：资本形成的投资支出、对公共部门的资本拨款、对私人部门的贷款支出、库存增加支出等。

在复式预算这一基本形式下，还采取中期财政计划、功能预算和部门预算等形式。近年来英国预算改革强调对部门预算的控制，集中反映了政府试图提高公共服务效率和加强公共资源管理的主旨，注意了部门支出的有效控制和管理问题。除主要按经济性质分类外，也按功能（支出）和来源（收入）分类。

中期财政计划中预算的重点是编制系统、完整的中期财政计划。年度收入和支出估计数包含在中期计划中，由议会审议批准的年度预算是由年度《财政法案》和《拨款法案》来表现的。其中净借款是经常项目结余和净投资的差额——在英国的国民账户中也称为财政赤字，它是国债发行和对外借款的数额。

财政总债务是政府的债务累计——它与GDP的比例是《马斯特里赫特条约》规定的重要的公共债务指标，也是英国"可持续投资规则"的重要指标。

1998年通过新的《财政法》《财政稳定法典》和政府《经济与财政战略报告》以来，英国预算的重点在于加强公支出管理，如建立部门限额支出（DEL）和年度管理支出（AME）。

部门限额支出是对各政府部门稳定的、跨度为3年（中期）的支出限制，包括各部门的全部运作成本和所有投资项目的支出。这类支出比较稳定，具有非短期性，可以合理地确定它在3年内的限额，并在3年内受到严格控制。与部门支出限额配套的管理机制还有"公共服务协议"（PSA）制度。部门支出限额采用特定的资源预算和资本预算。

年度管理支出主要包括那些具有年度变动特性，需要根据年度经济状况进行调整、不适宜进行硬性限制和管理的各种其他支出，如社会保障、税收扣免、住房补贴、共同农业政策支出等。年度管理支出通常结合初预算和正式预算报告过程，一年度进行两次评价检查和调整。

由于按多年度管理和年度管理来划分预算支出，打破了经常项目和资本项目的界限，所以在 DEL 和 AME 下往往既包括经常支出，又包括资本支出。

（四）国家预算程序

英国的财政年度从 4 月 1 日开始（t 年）到次年的 3 月 31 日为止（t+1 年），通常用 FY（t+1）表明。

1. 预算的编制

英国国家预算的编制由财政部负责，财政收入由财政大臣拟定概算，预算支出的编制是为期五年的政府公共支出计划，并以白皮书的形式发表。其具体过程是财政部向各部门发出编制概算的通知；各部门编制概算估计后提交财政部；由财政部审核汇编出英国政府支出概算，然后与收入概算一起提请国会决议。

英国编制预算的时间较长，因为中间需要与各部委机构协商、审议。从预算年度开始到 5 月份是年度评审阶段，这一阶段中，各部委审议自己的现行草案。它们要根据过去研究的结果公布在公共支出调查报告上，然后把申请报告提交给财政部。

6 月，首席大臣与内阁提出下年支出总额目标需求，对每个具体项目的必要拨款都编制在不变的总额计划之中，国税与地税局必须提出直接税和间接税的一系列变化的建议，财政部组织讨论。同时经济预测机构也提出一个初步报告。

9 月，财政部拟定一个有关各项财政措施建议的清单，也就是把各种思想和观点列举出来，送给部长们讨论。部长们根据已经掌握的情况，将所有建议进行比较和筛选。

11 月份直至圣诞节之前，是政府为秋季报告做准备时间。根据经济预测系统所提供的新报告、税收政策的变化，讨论公共支出计划，形成初步方案，包括政府最新的短期经济预测和后三个财政年度公支出的关键数额。

12 月，每个政府部门要交给财政部一份有关下一个财政年度需要的议会授权的支出细节。

进入第二年后，1 月和 2 月，财政部对照这些数据仔细检查下一个财政年度的预算报告。于3月份完成编制工作,提出本年度的预算,并向国会报告。议会下议院的审议讨论延续到新预算年度以后,一般要到预算年度开始以后的4个月,也就是7月底(个别到8月初),必须完成税收(财政法令)和支出(拨款法令)的立法程序。因此,从新预算开始到正式预算成立之间,要设立临时预算。

2. 预算的审查与审批

对国家预算的审查主要由政府内阁进行,审查的内容是财政的指导方针和目标,重点是指出其效益和有效性。包括对部门实行"效益检查",检查所规定的各项任务以及具体领导者如何进行和履行职责的;对公共支出的限额进行审查;对社会保障资金进行全面检查;对地区政策和就业措施的有效性审查等。

批准国家预算的权力在下议院。内阁提出的提案由下议院讨论审查通过,以上议院对下议院表示认可的方式进行。因为既定支出部分是依法列支,并以"拨付资金决定"通知国库,依有关规定如数拨付的,需要批准的是议定支出部分。对议定支出部分,下议院将提交的年度预算草案交拨款委员会对支出项目进行审核,提出审核报告,经全体议会表决批准,再由财政和内务委员会对核定拨付的资金最后以"拨款法"形式加以具体化。至于预算收入和国债,由财政委员会审议,以"筹资法"规定下来。

3. 预算的执行和追加

在国家预算实施过程中,需对各项资金进行管理。从管理机构及分工看,支出预算由财政指导、监督各政府主管机构执行,财政部主计长负责按"拨款法"规定的项目和数额拨付款项;收入预算主要由关税和货物税局以及国内税务局负责执行;国库出纳业务由英格兰银行代理。各部大臣负责本部门支出的经济效益和资金的有效使用,英国国王任命的审计长负责领导预算执行的审计监督。可见各管理机构有着具体的管理内容。

预算执行管理,首先是保证一年的支出计划总额不得突破。其次是对现金限额范围的管理。最后是财政年度内允许拨转,一个部门可以在同一个决议拨款中的两个款项之间进行拨转,但不能将一个决议拨款转到另一个决议拨款。这种转拨须经议会批准。经常性支出的拨款必须在决议拨款的年度使用。根据年终的"灵活性计划",占中央政府现金限额的资本综述的5%的资本支出可以结转到下一个年度。

追加预算需要先报财政部审核后,再报议会审批。在议会没有批准之前，包括首相在内，任何人都无权同意追加支出。由于追加支出涉及资金的再分配，因此议会像对待正式案一样对待追加预算，需要重新编制，故称之为修正预算。

（五）国家决算

国家决算是对国家预算执行情况的总结。英国国家决算编制和审议的程序是：

（1）各执行机关编制决议报告书

预算年度（会计年度）执行终结，由各执行机关负责组织编制各机关的决算报告书。首先要对各项收支、往来款项等进行一系列的年终清理和对账工作，然后在清理的基础上结平各类收支账户，编制部门决算。部门决算连同决算说明书和附件报告财政部。

（2）国家决算的编制

财政部负责审查各预算执行单位报来的决算报告，并汇编成国家决算。如发现某机关决算编制不当，可要求该单位重新调整决算。决算报告编成后，由财政大臣审查并签章，再同时向下议院和国家审计署递交国家决算报告。

（3）对国家决算的审计

对国家决算的审计由英国国家审计署负责。国家审计署结合日常进行的决算监督，着眼于整个预算过程对年度决算报告进行全面估价，以确定预算原则和预算计划是否持续有效地发挥着积极作用。审计完毕，国家审计署须将审计结果及时通告财政大臣。如审计结果无须纠正，则可将包括审计结果在内的审计报告呈送下议院。

（4）议会审议通过决算

财政大臣提交的年度决算报告和国家审计署提交的审计报告，先由下议院的财政和内务委员会审查，再提交下议院审议。在下议院审议决算时，财政大臣代表政府作决算报告，并向议会说明收入的来源、支出的用途以及经验教训等。审计长汇报对决算报告的审计情况和结果。议员们在听取决算报告和审计情况后，可以对决算报告的内容提出疑问或质问，由财政大臣和审计长负责解答。辩论过后，进入表决程序，下议院通过的决算报告成为正式的国家决算。①

---

① 项怀诚：《英国财政制度》，中国财政经济出版社1999年版。

附录1 英国重型货车道路使用收费法案

关于政府非税的征收，可以英国议会2013年颁布的《重型货车道路使用收费法案》[①]为例作阐释，其中包括了有关该项非税收入征收范围、征收和监管方式。具体内容概括如下：

1. 征收范围：所有使用或停留在公路上的重型货车。
2. 征收部门：该项收费由内阁的国务大臣进行征收。
3. 该费用的支付政策：
（1）本条适用于英国的重型货车。
（2）只要重型货车符合缴纳车辆税的范围，就必须在缴纳车辆税的有效时段内缴纳该法案规定的重型货车道路使用费用。
（3）若缴纳某年的车辆税，则同年的重型货车道路使用费也必须缴纳。
（4）如支付了6个月的车辆税，则相同的6个月的重型货车道路使用费也必须支付。
（5）对于一年的收费，采用第一个条款中的"年费率"。
（6）对于6个月的收费，采用第一个条款中的"半年费率"。
4. 征收和执行
（1）为了对该项费用进行更好征收，国务大臣及其办公人员与税务和海关总署在以下方面有相同的权利和义务：
（a）消费税（除了对进口货物的征税）；
（b）其他事务（除了与进口货物相关的事务）。
（2）与消费税相关的法文和处罚政策在这里也同样适用。
（3）征收的费用全部纳入统一基金（Consolidated Fund）。
5. 命令车辆停止行驶的权力
（1）相关工作人员如果在道路上发现重型货物机动车可以命令其停止行驶。
（2）第一条权力的规定是为了确保工作人员可以检查重型货车是否支

---

① HGV Road User Levy Bill（http://www.legislation.gov.uk/ukpga/2013/7/contents）.

付了道路使用费。

（3）该部分的相关工作人员是指 1988 年道路交通法案第 66B 部分授权的工作人员。

6. 关于该项费用征收的登记规定

（1）内阁国务大臣应该创立登记册，对已交纳该项费用的重型货车进行登记。

（2）有关各车辆的登记册必须显示：

（a）登记号码；

（b）车辆登记的国家或地区；

（c）交费的时期，下一次交费的日期。

（3）以上登记信息必须公布在网站上并且注明该信息由国务大臣进行维护。

（4）所公布的网站必须能够免费浏览。

7. 规定

（1）为了促进该法案的实施，国务大臣可以指定相关规定。

（2）在该法案下指定的规定可以包括对不同情况（英国和非英国重型货车）的具体政策，也可以包括对英国境内不同区域的具体规定，也可以包括不同情况下对费用的免除。

（3）该法案中所授予的权力由国务大臣按照国家法定文件执行。

附录 2　地图服务收费：英国陆地测量部

本案例选取自经济合作与发展组织（OECD）的《政府服务的使用者收费：行为指南与案例研究》①（*User Charging for Government Services*：*Best Practice Guidelines and Case Studies*），其中叙述了陆地测量部（英国政府部门）向客户收取产品和服务费用的原因以及方式。

1. 陆地测量部

陆地测量部成立于 1791 年，职权是准确测定英国地形以便军事用途。第一批地图是关于英国东南部的，这一地区被认为是入侵者最有可能争夺

---

① 来源：http://www.oecd.org/gov/budgeting/41213602.pdf。

的地区。从那时起，活动逐步扩展到全国，起初的比例尺固定在军用的1：63360，随后出现了一系列或大或小的比例尺。

尽管起初是严格的军用，很快人们就明白地图也有很大的民用价值。从 19 世纪初开始，入侵的危险减少，军事机密不再重要，地图就开始向大众出售。那时，地图销售的收入上缴政府。

陆地测量部的支出由国会从一般税收中补贴。陆地测量部的特殊性在于它既是一个独立的部也是一个执行机构。它通过环保部部长向议会负责。

其他提供商品或服务的机构包括皇家铸币局——负责制造英国和外国的货币；中央信息办公室——负责向大众传达政府信息；机动车驾照局；护照局——负责签发护照；各种与研究、健康安全和环保有关的组织。

2. 收费的目的和理论

收费的理由是用户应该付费，而大众不应该通过税收为只由特定个人或组织享受的服务交费。20 世纪人们意识到地图是商品，因此收入应归陆地测量部以贴补成本。而之前所有收入都上缴财政部，成本完全由中央政府承担。

3. 陆地测量部的收费

在 1897 年，陆地测量部被授予权力，将地图销售的收入留存以抵消成本，尽管如此，该部门的总支出也要受到严格的限制。

目前，陆地测量部对它几乎所有的产品和服务都收费。尽管 90%的成本都由商业收入抵消，预算得以平衡还是要归功于议会授予的基金。其商业收入主要来源于：

a）地图、地图册和导游手册的销售；

b）数码地理信息的销售；

c）地图和数据的复制与再利用所收取的版权费；

d）向国内和国外提供服务。服务包括勘测，定制数据，协助英国海外发展项目，在其他国家的基础设施建设，提供欧盟所要求的数据（主要关于农业）。

（1）使用者付费的政府政策

政府对于服务收费的目标是保证资源有效分配。收费的目的是收回服务的全部成本。服务全部成本的回收是政策而非法律问题。在这一领域政府政策涵盖的服务包括：

a）法律服务。法律规定收取服务费，部长、部委、机构、非部委的公共实体或者国家健康服务实体有责任设定或批准收费。

b）部门间服务。政府部门、机构、非政府部门公共机构或者国家健康服务实体向类似部门提供了自由的服务。（服务如果是在一个部门内部提供，无论牵涉到一个或多个机构，都是内部而非部门间服务）

c）部门内服务。部门的一个部分向另一部分提供服务。（提供者或者接受者都可能是机构或机构的部分）

d）商业服务。由于缺少具体的定价权，政府部门、机构、非部委公共机构或国家健康服务实体将全权委托服务出售给更广泛的公共部门或私人部门。

陆地测量部的收费种类主要是b）部门间服务和d）商业服务。

部门间服务通常采取对特定工作收取议定价格的形式，一般是为了从顾客处收回全部成本。版权费根据标准费率收取。向其他部委收取版权费始于1973年，之前是不收费的。直到1968年，纸质地图还是无偿提供给其他部门。

商业服务则出售给其他公共部门实体，特别是地方当局以及私人部门。从政府的一般政策规定来看，这些服务应该原则上由私人部门而非公共部门提供，公共部门在必要时购买这些服务。然而陆地测量局的案例不同于大多数政府实体。它的基本作用是提供国家的地图以应对一系列用途，其中一些有关国家利益。这一活动结果具有商业价值且在许多情况下是独一无二的。

（2）陆地测量部定价和利润的规定

基于全部成本定价是基本原则，这具有重要意义。首要也是最重要之点在于，务必要有记录单个产品或产品组成本的会计系统，且系统必须可靠、可审计，并避免交叉补贴。

为了满足这些要求，陆地测量部建立了一个既满足政府会计要求（主要与现金流动有关），也满足商业会计要求的会计系统。在这一点上，它像私人部门的公司一样，包括权责发生制账户、资产评估、折旧费等。陆地测量部的全部运营成本都包含在产品收费中。

核心

陆地测量部负责提供和销售地形数据，制作全英国1∶10000和更大比例尺的地图（取决于地区类型），包括大地测量和地形调查以及必要的协作。陆地测量部也负责提供并销售比例尺为1∶25000和1∶50000的地图。制作这些地图被认为是核心业务，因为这对于国家有着十分重要的意义。

商业化

商业活动主要包括制作和销售比例尺小于 1：50000 的地图和调查信息、有选择性的大比例尺地图、教育产品和服务等。陆地测量部还推出了一系列合作出版物，包括文章、照片和地图，以及针对英国和海外的私人或公共部门的地理信息系统合约服务。

（3）产品和服务的定价

影响商业产品和服务定价的主要因素有以下几个：

a）成本；

b）竞争；

c）客户的支付能力与支付意愿；

d）政府和法律限制，包括罗马条约85法案和86法案。

在定价服务中，部门间服务一般在征得客户同意的基础上收费，用以收回全部成本。对于商业化服务，完全收回成本是其最低要求。商业服务的资本回报率受一系列因素的影响，包括任何相对于私人部门竞争者的优势。政府对于商业化服务的营利性有具体的指导方针，一般的安排是：

a）当提供一项低风险商业服务时，或许是支持法律要求的活动，若没有来自私人部门的竞争，部门取得6%的真实资本回报率是合适的；

b）对于低风险的商业活动（大多数公共部门都存在），并且有来自私人部门的竞争，应该取得平均8%的真实回报；

c）存在竞争的市场将产生更高的回报，或者活动具有中等至高度的风险，而私人部门有更高的资本成本，超过8%的资本回报率是合理的。

在实践中，陆地测量部提供的商业服务主要是竞争性报价的专业化任务。一些服务也与提供或修改地理信息以适合客户需求有关。报价基于全部间接成本。在这一方面，它与私人部门竞争者一样，也与海外项目的案例和来自他国的公共绘图机构的行为相一致。

（4）顾客的支付意愿和支付能力

在大多数情况下，顾客都愿意并能够为他们需要的地理信息付费。诸如公用事业（电力、天然气、供水和电信公司）和地方当局这样的主要用户通过签署服务协议，协商确定了需要提供的数据和服务，需要支付的价格。而出售给大众的地图和数据则需要经过许多咨询委员会的审核，这些委员会代表了大约 160 个与陆地测量部地图利益相关的组织，这些组织受邀对定价、可行性等提出意见。

来自大众或私人部门竞争者的意见或抱怨，可以直接向陆地测量部提出，或通过代表在议会中提出。陆地测量部除了要经常关注客户对于自己产品和服务的所有意见包括定价外，还要定期开展顾客满意度调查。最近的调查显示，客户对于其提供的产品和服务反映都很好，但对于价格的反映都不好。这主要是由于政府一直都没有允许陆地测量部最大化其成本回收，使地图售价明显低于全部成本，而回收成本和融资需求（为更频繁的地图更新成本融资）的联合效应导致了价格上升。

基于公共利益收集持有的信息

尽管陆地测量部收集并提供的大部分信息都有很大的商业价值，其对于核心产品的垄断性，要求它必须搜集并保存一些并没有商业价值的东西。包括绘制农村、荒原和山地地图等，这类只有在突发情况时才需要的详细信息。突发情况包括火灾、洪水或主要的海岸侵蚀等自然灾害，空难、追捕嫌犯和寻找失踪人员等事件，要求必须短期内立刻提供准确地图。提供此服务的成本由国会每年批准的基金来承担。有关部门正在进行协商以达成服务协议，确定非商业服务内容，用以补偿陆地测量部的成本。

概括与结论

作为政府部门，陆地测量部的特殊性在于它所具有的一个至关重要的功能——既是维护国家的部分基础设施，同时又能向大众、公共和私人组织提供具有商业价值的产品。扮演这些角色的关键在于，它一方面要明白客户需求，另一方面要明确所需成本。从商业角度说，成本包括资本成本和资产折旧，这是保证公正合理收费（既无隐性补贴也无隐性税收）的重要因素。

附录3 地方土地服务费

该案例选取自由（英国上议院）大法官依据 1975 年的地方土地收费法案第 13A 部分针对注册机构颁布的指导意见[①]。

---

① 来源：http://www.official-documents.gov.uk/document/cm70/7026/7026.asp。

第三章 英国政府非税收入

● 目标与适用范围

该指导意见旨在帮助注册机构明确并公布地方土地收费服务的费用，而不仅是地方土地收费注册的个人搜索费用，该费用也将由大法官规定，并自2007年4月1日起生效。

本指导意见不涉及对其他土地或财产的搜索，比如对地方政府询查的回应，或对房屋资料信息册中建议的排水、用水情况等查询的回应。

本指导意见不适用于威尔士的注册机构——自2004年12月31日起，大法官对地方土地收费服务的费用设置权被转交至威尔士国民议会手中。

● 背景

根据1975年发布的地方土地收费法案，所有注册机构都应对其管辖区内的土地进行注册管理，并且编辑索引以方便追踪所有条目。该法案在财政部的支持下将权力授予大法官，使其可以对地方土地收费服务的费用做出规定。大法官设置的费用与财政部的收费指导意见相一致。

该指导意见的最新版本规定，一般情况下，收费总额应当与服务的总成本相等。此处总成本指提供服务所利用到的所有资源的成本总和，由直接成本和间接成本组成，包括全比例份额的管理成本、分配成本、保险、折旧和资本成本。该指导意见同样指出，除非有立法授权，否则注册机构不得保有收费盈余。

因为各个注册机构提供地方土地收费服务的方式不同，所以大法官所设置的费用只是所有注册机构的平均收费额，并不是指每个机构都要缴纳相同的费用。因此，注册机构被赋予了拥有部分设置费用的权力，以便针对不同的实际成本收取适宜的费用。

2005年发布的宪法改革法案（the Constitutional Reform Act 2005）对1975年的地方土地收费法案做出了相应的修改，要求英格兰的注册机构除了确定并公布地方土地收费登记的个人搜索以外，还需确定并公布其对地方土地收费服务所设置的费用（1975年的法案规定，注册机构必须保证其收取的费用在两个财年内不得高于提供服务的成本）。

在宪法改革法案的审核期间，"指导意见的说明性草案"（draft illustrative guidance/draft guidance）在议会两院对地方土地收费法案讨论中起到了协助作用。政府以此"指导意见的说明性草案"为基础，在2006年"关于地方土地收费的咨询文件"中提出了建议性指导方案：对英格兰注册机构收取地方土地服务费的指导意见。

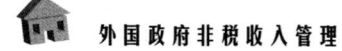

本案例主要解释了如下问题：设置地方收费标准的机构及其义务，相关服务的概念与服务类型，设置收费的上限与服务成本的计算方式、收费所需考虑的因素，公布费用的方法，解释竞争法与费用设置的关联及其收费监督等。具体分析如下：

问题1：什么是注册机构？

注册机构在1975年的法案中定义为各区议会、伦敦自治市议会，以及伦敦市议会。

问题2：注册机构必须要做哪些事？

每一个注册机构都必须明确与地方土地收费相关的费用。设置这些费用时，注册机构必须以此指导意见为依据，并与1975年法案相一致。1975年的法案允许注册机构针对不同服务或不同类型的服务收取金额不等的费用，注册机构也可以提供免费服务。收费额度必须保证能够收回其成本，但不可超过成本。在大多数情况下，我们可以预期注册机构会通过收费收回其提供服务的成本。凡是注册机构决定收取低于成本的费用，都需要提出明确理由，尤其是在决定提供免费服务时。注册机构须每年对收费进行审核以确保收费设置是适当的。

问题3：与地方土地收费相关的服务有哪些？

鉴于1975年的法案没有明确给出地方土地收费服务的定义，本指导意见对此进行了补充，明确所指的服务即注册机构在连续经营基础上提供的产品。这与地方土地收费部门或者地方政府所提供的服务或者更广义上的服务概念不同，不应混淆。

1975年的法案规定，不同的服务，或者不同类型的服务，也可收取不等数额的费用，但没有明确界定不同类型服务的分类边界。大法官对官方搜索地方土地登记收费规定为：对传统形式的搜索收取6英镑，对电子搜索收取4英镑，即以不同的方式提供同样的服务。

现在，一个注册机构可以像大法官一样对同一范围地方土地收费服务和服务的类型确定收费，也可以为每类服务或服务介绍确定收费。但这并不是强制要求的。例如，一个注册机构可以为一项新的服务确定收费。

问题4：一个注册机构可以收取多少费用？

1975年的法案允许注册机构在设置地方土地收费服务的费用时有一定的灵活性。但是，每个注册机构都必须确保在设置收费的2个财年内，其收费额不超过其提供服务的成本。同样的原则也适用于其他不同类型的服务对于不同组服务的定价。

为了进行这种比较，注册机构必须将各项、各类别、各分组服务的费用收入与提供成本进行比较——只要这些服务与收入相关。一个注册机构可能做出决策，将下列服务的收入组合到一起：根据 10（3）条款规定裁决的正式证书的归档；若登记册（register）第 11 部分的任一条目有改动或被删除，其相关判决、命令或者申请的归档；以及登记册第 11 部分的收费的注册。关于服务的分组将在问题 6 中进行更进一步的讨论。所有试图设置收费额低于成本的注册机构都应该慎重考虑改定价方式是否具有非竞争性的影响。为了达到设置收费的目的，注册机构可能不会将地方土地收费服务与它所提供的其他服务归为一类。例如，对地方政府的查询回复。

问题 5：注册机构应如何计算服务成本？

如上文所述，所谓服务即是一种产出。它应该是一种独立的、易于识别的活动。服务的类别应该也是同样可分离且可识别的。在设定费用时，注册机构应该先确定它们所提供或希望提供的服务及服务类型。这些主要包括大法官设置的所有费用项目，而不仅仅是个人对地方土地收费注册的搜索。但这些内容也不仅局限于此。例如，一个注册机构可以确定所有地方土地收费的注册收费。

确定要收费的服务后，注册机构应计算提供这些服务的成本。在大多数情况下，相关服务与地方政府已有费用设置的服务有着密切关系。因此，定义的信息和服务的成本对地方政府来说，应该是比较容易获得的。

服务成本是指提供服务的总成本。这些成本包括维护、更新地方土地登记记录与索引的直接成本。同时也包括间接成本。后者如对中央的捐款、管理成本、保险费、分期偿还的成本、折旧和资本成本。注册机构在编辑这些成本时，会发现 BVACOP 与 SORP 对此有很大帮助。注册机构通常都会使用一种行之有效的方法来制定其他服务的适当价格。

在计算一种服务的成本时，注册机构需要使用既往的经验与现有的资料对其需求进行评估。预测需求的方法有很多，不妨将过去 5 年中手机的数据作为出发点，然后计算其移动平均数，以此估算未来的需求。

根据 1975 年的法案规定，私人搜索地方土地收费要登记，向注册机构需缴纳由大法官确定的法定收费。目前的收费额为 11 英镑。这是为了使所有注册机构允许个人搜索的成本接近于平均总成本。因为个人搜索必须要注册，所以这项费用包括个人对地方土地登记搜索的间接成本。收取的 11 英镑费用，应该计入提供地方土地收费服务的总成本。11 英镑仅与个人搜索的登记有关，并不意味着付款人有权对注册机构的其他登记进行检查或查询。那些检查或查询的成本与地方土地收费服务无关。

问题 6：一个注册机构应该如何确定地方土地收费服务的费用？

在对需要计算成本的服务和服务类型进行定义后，注册机构必须确定需要支付的费用究竟有哪些。最简单的（计算）方法即将总成本均分到每个单位的预期产出上，并指定该结果为拟收取的费用。

然而，这种方法有需要改进之处。首先，注册机构需要考虑到两个财年之内对服务需求的波动。其次，注册机构可能希望对服务或服务的类型进行分组。最后，注册机构必须在其职权范围内行事。

"综合考虑两个财年"（taking one financial year with another）意味着一个注册机构在设置收费时，应该考虑到在本年度或前几年所产生的盈余或赤字，这样随着时间推移，收入和支出成本总体是平衡的。

1975 年的法案没有明确规定应考虑的年限，而是取决于具体情况，并且因注册机构不同而有所差异。若注册机构已对其他费用的收取采用了相近方法，那么继续采用此种方法不失为明智之举。若注册机构考虑评估提供服务的成本与该服务的申请率，制定收费标准则设置为 1 至 3 年为宜。

1975 年的法案还规定，注册机构为了方便比较收入与提供服务的成本，可以在确定收费时将服务归类，使共同成本被分摊，并且避免在同类型服务中产生不必要的区分。归类是涉及地方土地收费服务费用的一个新概念，使设置收费变得更加简单直接。1975 年的法案并没有提及所谓"组服务"的定义，也没有就地方土地收费服务或者服务类型的区分给出明确的限制条件。所需要的条件是：分组的服务必须是注册机构依据 1975 年的法案设置费用的服务。

注册机构须依法设置费用，必须在其职权范围内行事。例如，对所有得到相同服务或者类型相同服务的用户收费一视同仁。注册机构若有越权行为将受到司法审核。注册机构在涉及职权范围的问题时，应当参考与其自身相关的法律意见。

注册机构应当能够确保其行为可与 1975 年的法案一致，同样也应考虑到本指导意见。它们应该确保其会计和其他信息系统可以提供财务信息，该信息为地方土地收费服务设置费用和监督收入与成本提供依据。这同样适用于服务类型、服务分组等。

注册机构应考虑报告的编写成本,该报告记录了各个服务(或各个类型的服务)的现实成本与预期成本和费用收入。

问题 7:应该如何公布费用的细节?

1975 年的法案要求:注册机构在确定对地方土地收费服务征收新的费用时,必须确定这些费用的支付日期。

若地方土地收费服务的费用发生改变,应于实施前以适当形式公布。注册机构在更改生效前选择恰当时间发布关于收费的细节,按照惯例是在财年开始之际发布。

公布费用细节时,注册机构应提供与收费相关服务的清晰描述。同样的原则也适用于每个不同类型的服务或不同组的服务。(注册机构可能也同样希望表明费用的支付方式:例如,在服务交付之前付费,而不是事后付费。)

如上所述,注册机构应能够解释费用是如何计算的。一套已用的费用计算方法大纲有助于确定费用(而这套大纲也应能够提供)。

1975 年的法案要求注册机构必须公布费用,但并没有明确公布在哪里。注册机构应该保证商家与消费者都可以无障碍地获取收费标准的细节。因此,有必要在注册机构网站的突出位置发布费用标准。

问题 8:1998 年发布的竞争法与注册机构的费用设置是否有关联?

一般情况下,竞争法仅适用于注册机构的自由商业活动,而不包括设置法定收费的限定。但是在房地产信息市场中,注册机构须确保在行使其权力指定的地方土地服务费时完全遵守竞争法。

问题 9:应如何对注册机构进行监督?

2007 年,部门将比较 4 月 1 日生效的费用的影响,若有任何显著变化,则会对其进行深入调查。有关部门会审查指导意见在过去 3 至 5 年时间内产生的影响。该审查会涉及政府与相关利益人的咨询。

由于地理环境的差异与组织管理方式的不同,服务成本会因注册机构不同而不同,因此收费水平也随之变化。

- 指南附表 A:1975 年地方土地收费法案,13A

英格兰注册机构收费规范

13A

(1)英格兰所有注册机构都必须确定由政府提供与地方土地相关的服

务费用，并向得到服务的个人征收费用。

（2）本节并不适用于个人的搜索行为。

（3）针对不同的服务（或不同类型的服务）应收取不同的费用。

（4）一个注册机构可以提供免费服务。在收取服务费时，注册机构必须保证在两年内不得使收费所得超过服务成本。

（5）注册机构在根据第（1）条履行其责任时，必须确定需要交付费用的日期。

（6）在注册机构根据第（1）条履行其责任时，必须依照第（6）条所述日期之前，发布关于收费的所有细节。

（7）若条款（1）中所确定的所有收费在财年开始前后都是一样的，那么注册机构必须在财年开始前发布这些详细信息。

（8）注册机构在确定费用或者发布费用细节时需遵循大法官指定的指导意见。

（9）这些指导意见：

（a）可能会包含有关费用的支付方式；

（b）可能由多个指定的制度意见构成。

（10）根据本条款的要求，大法官必须在议会两院之前处理相关的指导意见。

（11）在本书中，一个财年意味着从 4 月 1 日开始的 12 个月。

第四章

加拿大政府非税收入

一 加拿大政府非税收入概念与分类

(一) 政府财政统计体系的历史变迁

加拿大统计局于1919年起开始对全国各级政府的财政数据和财政信息进行统计,至今经历了两次重大修改,也形成了政府非税收入统计变化的三个阶段。

第一阶段:历经51年的探索和总结,统计局于1970年首次正式出台了一套完整的政府财政统计系统[1],即加拿大"财政管理系统"(FMS)体系,开始使用以现金收付实现制为基础的财政管理系统体系,并分别于1972年[2]和1984年[3]进行了修订和调整。后两次修订仅限于部分调整,并没有大范围改变整个财政体系尤其是非税收入目类。可以说,该系统包括联邦、省(地区)、地方各级政府部门和国有企业的财政数据和财政信息,为加拿大政府提供了一套最全面系统的财政统计体系。

第二阶段:为了更好地统一财政管理系统(FMS)和国民账户体系

---

[1] 加拿大统计局(Statistics Canada):《财政信息系统》(A Financial Information System for Municipalities)(文件编号 Catalogue nos. 12 - 532, 12 - 533, 12 - 534), 1970。

[2] 加拿大统计局(Statistics Canada):《加拿大政府财政管理统计系统》(The Canadian System of Government Financial Management Statistics)(文件编号 Catalogue no. 68 - 506), 1972。

[3] 加拿大统计局(Statistics Canada):《政府财政管理统计系统》(The System of Government Financial Management Statistics)(文件编号 Catalogue no. 68 - 507), 1984。

(CSNA)①,也为了更好地与国际通行财政统计准则接轨,1997年,加拿大统计局对FMS体系进行了重大调整,其中非税收入的构成和分类也有较大变动。可以说以1997年为转折点,加拿大财政管理系统中的政府非税收入体系的概念和类目也发生重大变化。

第三阶段:2009年,加拿大统计局正式停止使用其以现金收付实现制为基础的"财政管理系统"(FMS)体系,开始全面应用以权责发生制为基础的"政府财政统计"(GFS)体系②,对财政数据和财政信息进行统计。该体系由国际货币基金组织(IMF)于2001年制定,并已覆盖全球149个国家③,是目前世界上应用最为广泛的政府收入统计体系。由"财政管理系统"(FMS)体系过渡到国际货币基金组织"政府财政统计"(GFS)体系,尤其是由现金收付实现制到权责发生制的转变,使加拿大非税收入的概念和分类在21世纪发生了重大改变。

截至2015年,加拿大仍未就应用GFS体系出台本国专属的政府财政统计手册。因此,本书以国际货币基金组织制定的《政府财政统计手册》④和加拿大国家出纳总署2013年最新制定的政府财政报告会计目类⑤为依据作出阐述。

由此可见,加拿大政府财政统计经历了一个历史变化过程,"政府非税收入"概念也表现出动态性的变迁。

(二)加拿大政府非税收入概念与分类变化

1997年和2009年两次重大修改,成为加拿大财政管理系统变化的两个关节点,本书在分析加拿大政府非税收入的概念和分类情况之际,也大

---

① 加拿大统计局(Statistics Canada):《加拿大国民账户体系——1997年修订版》(The 1997 historical revision of the Canadian System of National Accounts)(文件编号 Catalogue no. 13F0031MIE - No. 010),2003年6月,http://publications.gc.ca/Collection/Statcan/13F0031M/13F0031MIE2001009.pdf。

② 国际货币基金组织(International Monetary Fund,IMF):《政府财政统计手册2001》(Government Finance Statistics Manual 2001),简称 IMF GFSM 2001。

③ 贾康、刘军民:《非税收入规范化管理研究》,《税务研究》2005年第4期。

④ 国际货币基金组织(International Monetary Fund,IMF):《政府财政统计手册2001》(Government Finance Statistics Manual 2001),简称 IMF GFSM 2001。

⑤ 加拿大国家收纳总署(Receiver General for Canada):《广义政府会计账户》(Government - wide Chart of Accounts),第四章 - 财务报告会计科目(Chapter 4 - Financial Reporting Accounts),2013年7月,http://www.tpsgc - pwgsc.gc.ca/recgen/pceaf - gwcoa/index - eng.html。

致按照这三个阶段作出动态阐述。

1. 加拿大"财政管理系统"(FMS)(1997年以前)

1997年以前的财政管理系统将非税收入定义为各级政府收入中既不属于税收收入,也不属于转移支付收入的部分,主要包括五大类:自然资源收入、许可证和特许权使用费、商品和服务销售收入、投资收益和其他杂项,见表4-1。

表4-1　　　　加拿大FMS体系非税收入分类(1997年之前)

自然资源收入	渔业和狩猎收入	
	森林资源收入	
	矿产资源收入	
	石油和天然气收入	
	水利资源租赁费	
	其他收入	
许可证和特许权使用费	机动车使用费	
	特许权使用费和专利权收入	
	企业经营许可费	
	公司费	
	其他收费	
商品和服务销售收入	公共产品销售收入	
	公共服务销售收入	
	学区委员会"跨省间收入"	
投资收益	国有企业投资收益	
	财政垄断收益	酒精饮料专营收入
		博彩专营收入
	其他投资收益	

(1) 自然资源收入

自然资源收入(Natural Resource Revenue)是指来源于自然资源的勘探、开发和开采而取得的收入,而不是按照所得税法规取得或通过与自然资源经营有关企业而取得的收入。主要包括:

①渔业和狩猎收入:兽类狩猎和渔业捕捞执照收费、许可证收费、对动物毛皮和鱼的特许权使用费;

②森林资源收入：对砍伐树木收费，国有土地租赁收入，各种特许权使用费，以及树木的租赁收入、特许费和其他有关森林与树木管理方面的费用；

③矿产资源收入：矿山经营税、耕地税、特许费、租赁费以及矿产品特许权使用费；

④石油和天然气收入：国有石油专卖收入、天然气租赁收入、石油和天然生产缴纳的税款、特许使用费、自由保护税、租赁费和特许费等；

⑤水利资源租赁费；

⑥其他收入：沙地、砂砾、泥炭、采石场、停车场和运动场的特许费和租赁费，国有土地出售和出租收入，其他各种自然资源的税收和费用收入。

（2）许可证和特许权使用费

许可证和特许权使用费（privileges，licences and permits）是政府对某些业务活动所收取的费用。包括：

①机动车使用费：指对拥有和使用汽车的人收取的特许费、许可费和其他费用收入。包括以下五种：1）汽油及汽车燃料税；2）机动车操作许可费；3）车辆注册费；4）商业许可费；5）对违反章程的罚款。各省政府根据机动车的特征对驾驶许可证进行分类征费①，收取的车辆注册费也因机动车辆的类型而有所不同。

②特许权使用费和专利权收入：只从专营权中取得的收入。

③企业经营许可费：各省级政府一般通过特别法规来向企业收取许可费，经营许可费主要来源于特定类型的经营活动以增加政府收入及支付管理费用。经营许可费通常按照统一标准收取，某些省可根据企业在市区经营范围的大小采取不同的征收标准②。尽管各省对经营许可的要求各有不同，但通常各省都包括：代理机构及代理人的收入，职业机构的收入，保险经纪人的收入，销售商及评估人的收入，信托公司的收入，证券与投资

---

① 客车收费上，有的省份根据车辆重量的差异确定收费标准，有的省份根据车辆驾驶底盘的不同确定收费标准，有的省份根据车轴种类的不同确定收费标准。商用汽车收费上，注册费通常包含根据汽车重量确定的费用和根据座位容量确定的费用。根据加拿大《机动车辆注册法案》规定，对商用汽车跨省际间的注册费要按照行程距离的一定比例确定。

② 例如，如萨斯喀彻温省按照经营范围和运动场座位容量来确定收费比例，阿尔伯塔省和爱德华王子岛省通常按照经营的一般法规而不是按照政府的特定标准来确定其收费标准。

经纪人和销售商的收入,抵押经纪人的收入,不动产销售商及经纪人的收入,私人调查员及证券保证人的收入,剧院、电影胶片的收入,以及其他各种娱乐、体育和竞赛活动的收入。

④公司费:省级政府根据公司经营中股本额的多少对公司征收公司费,大多数省份按照公司经营规模确定统一的收费标准,有的省份对股本额进行分段收费。对于在其他辖区注册的公司,各省政府都要在营业前收取注册费或许可费,多数省级政府征收的跨省级公司注册费与公司费相同。

⑤其他收费:包括住宅许可费、版权费、职业状况的许可费或特许费、船舶和飞机许可费等,有关自然资源的特许权使用费和许可费等属于自然资源收入。

加拿大地方政府的许可证和特许权使用费收入几乎全部由市政府征收,且占财政总收入的比重较低。多数市政府征收营业许可费或特许费的主要目的在于管理和控制,比如,某些城市为了限制杂技表演而收取高额演出费。此外,还可以通过监督与检查的方式对某种行为进行规制,如出台建筑特许条例等。此外,省级政府通常允许市政府在其所管辖的范围内对商业用车收取年许可费。

(3) 商品和服务销售收入

商品和服务销售收入(sales of goods and services)主要来自政府直接进行非普遍受益的公共产品交易或提供公共服务取得的收入,但不包括国有企业和自然资源收入。具体包括:

①一般公共产品的销售,如不动产、机器与设备、出版物、被没收的财产;

②提供公共服务收入,如司法费、航空费和码头运输费、行政管理费与技术费、商品出租收入等;

③省级和地方学区委员会向联邦政府提供教育服务而收取的"跨省间收入"。

加拿大多数地方政府从出租动产和出让公路使用权中取得收入,此外,地方政府还可以通过出让公共交通的特许权、提供电力、水利或在公园提供饮食或娱乐活动的特许权等取得收入。在某些情况下,这些费用主要用于娱乐设施(如溜冰或海滩等)的改善。

（4）投资收益

投资收益（investment income）包括政府通过经营国有企业取得的利润和红利收入、财政垄断收益以及其他投资获得的收益。其中，来自于国有企业的投资收益是加拿大三级政府非税收入的重要来源。具体如下：

①国有企业投资收益

根据《1867年宪法法案》的有关规定，加拿大是联邦制国家，实行联邦、省（地区）和地方政府三级分权管理制度。加拿大的公共部门共分为两大部分：政府部门和国有企业。政府部门包括联邦政府、省（地区）政府、地方政府三级；国有企业包括联邦政府国有企业、省级政府国有企业、地方政府国有企业。其中联邦和省级政府国有企业分别包括金融国有企业和非金融国有企业，而地方政府仅能设立非金融国有企业。详见图4-1。

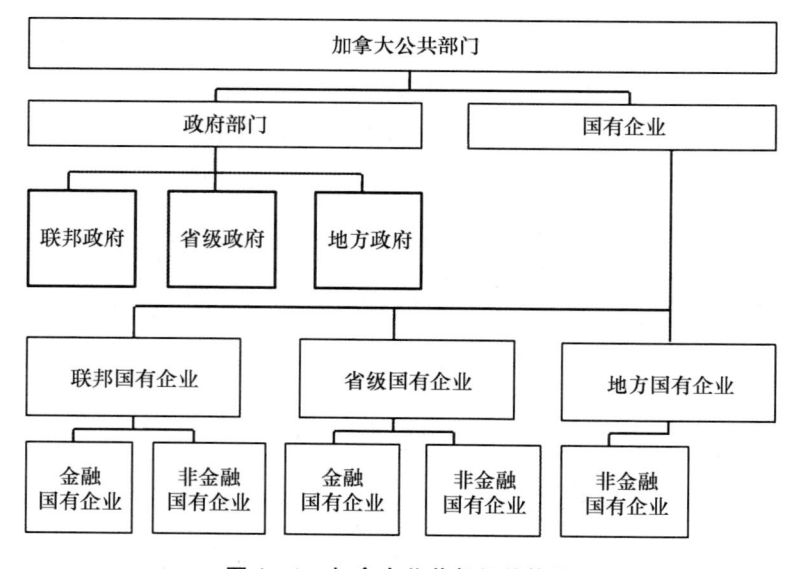

图4-1 加拿大公共部门结构图

因此，加拿大财政管理系统的统计中把政府经营的国有企业视为一个独立的部分，而没有反映在政府活动之中。

联邦政府和省级政府均可以设立本级政府控制的国有企业，加拿大政府国有企业主要包括电力公司、自来水公司、热力公司、能源公司、公交公司、经济发展公司等。联邦政府所属国有企业的相关收入归联邦政府财政收入，省级政府所属国有企业的相关收入归省级政府财政收入。

国有企业上交给政府的利润反映在财政管理系统（FMS）的政府"投资收益"项下，而国有企业收入中来自政府划拨的部分则反映在财政管理系统的政府"对企业的转移支付"之中。在政府和国有企业这种财政收支关系下，多数国有企业的经营都基本处于收支基本平衡的状况，如果有盈余，也通常把盈余部分作为储备基金，用于进一步扩大生产的资金或者弥补由于投资率下降或利率上升而带来的损失。

②财政垄断收益

财政垄断收益是指由政府专门机构对酒类和博彩等实施垄断经营而获得的专营收入，其部分收入主要归省级政府所有，是省级政府非税收入的重要组成部分。具体包括：

• 酒精饮料专营收入

加拿大各省政府都制定了酒类控制法或酒类许可法，由政府专门机构对酒精饮料实行垄断经营。各省酒类管理当局都对酒精饮料的生产和销售分别进行了控制严格的限制性许可。

在酒精饮料生产方面，各省级政府对酒精饮料的生产制造商也严格征收许可费。多数省份对酿酒厂和烧酒厂都按照统一比例收取许可费。此外，有的省份在统一年许可费的基础之上对制造商的酒精饮料零售部分再加收一定费用；有的省份规定一个固定基准费用，在此费用之上随着销售量的增加收取附加费；还有的省份规定酒精饮料的单位产量许可费用，按酒精制造商的产量进行征费。

在酒精饮料销售方面，各省级政府对不同类型场所（如酒店、餐厅、夜总会、私人酒吧等）的酒水销售都规定了不同的收费标准。收取费用通常包括统一费用加上酒类销售额的一定百分比。多数省份对发放新的酒类许可证都做了严格的限制，有些省对现行许可证使用权的转让也规定了较高的收费标准。

• 博彩专营收入

加拿大博彩活动主要包括赌博、赛马和彩票等，由各省博彩公司垄断经营，收入主要归省级政府所有，另有少部分收入根据联邦和省的博彩协议，通过转移支付的方式分配给联邦政府和博彩所在地的市政府。

③其他投资收益

其他投资收益是指除国有企业投资收益和财政垄断收益以外的政府投资收益，主要包括对国有企业及其他机构的贷款利息收入、国有资产租赁和出售收入、外汇盈余、汇兑准备金收益，以及地方政府进行资本性基础设施投资取得的收入等。

上面分析的加拿大财政管理系统（FMS），1970年建立使用后，虽历经修改，但修改均仅限于细节调整。

2. 修订后的"财政管理系统"（FMS）[①]（1997—2009年）

1997年，加拿大统计局对财政管理系统进行了大范围修订，是FMS系统在2009年停止使用前的最重要修订。就这次新修订而言，特点在于：

其一，统一了财政管理系统和加拿大国民账户体系（CSNA）[②]的分类和统计口径。两个系统能够使用更加一致的标准对加拿大公共部门数据进行统计和分析，因而也消除了财政管理系统与国际通行统计标准（如经济合作与发展组织的税收分类标准准则[③]）在概念和分类上的某些差异与冲突。

其二，对财政管理系统作出重大变更。主要包括以下几个方面：

①取消1997年以前五大类非税收入中的"自然资源收入"（natural resource revenue）大类。"自然资源特许权使用费"（natural resource royalties）归并进入非税收入中的"投资收益"（investment income）大类，而与矿产的勘探和采掘相关的收入纳入税收收入中的所得税收入大类；

②取消1997年以前五大类非税收入中的"许可证和特许权使用费"（privileges，licences and permits）大类。大部分个人支付的执照费和许可

---

① 加拿大统计局：《财政管理系统》（文件编号 Catalogue no. 68F0023XWE），2009年7月（http：//www5. statcan. gc. ca/bsolc/olc - cel/olc - cel? catno = 68f0023x&lang = eng）。

② 加拿大统计局：《加拿大国民账户体系——1997年修订版》（13F0031MIE - No. 010），2003年6月（http：//publications. gc. ca/Collection/Statcan/13F0031M/13F0031MIE2001009. pdf）。

③ 经济合作与发展组织（Organization for Economic Co-operation and Development，OECD），《经济合作与发展组织税收分类准则》（OECD Classification of Tax）。在该准则中，OECD界定税收收入和非税收入以是否具有对应的报偿性为标准。根据OECD对税与费的分类，在满足下列条件之一时所征收的公共收入可以认定为税收：（1）政府征收的收入大大超过其提供该类产品或服务的成本；（2）费用的缴纳者并非直接受益者；（3）政府并不根据所征收的收入份额提供给费用缴纳者任何特殊服务；（4）即使只有缴费者受益，但每个缴费者并非必须按其所付的份额得到相应比例的收益。

费归并进入非税收入中的"商品和服务销售收入"（Sales of goods and services）大类，而企业经营许可费、公司费、机动车使用费以及地方政府的许可证和特许权使用费均纳入税收收入范畴；

③把来自于财政垄断专营的收益（如酒类和博彩）纳入税收收入范围。

其三，对政府非税收入的范围和分类做出了重大调整。作为目前为止加拿大政府对本国非税收入体系最完整全面的系统定义，在相当长时间内得到广泛应用。

通过调整与合并的财政管理系统，将加拿大非税收入分为三大类，分别是商品和服务销售收入、投资收益、其他自有资源收入，见表4-2。

表4-2　　　加拿大FMS体系非税收入分类（1997—2009年）

商品和服务销售收入	向其他政府部门提供的商品和服务
	向国有企业提供的商品和服务
	其他商品和服务销售收入
投资收益	自然资源特许权使用费
	国有企业投资收益
	利息收入
	其他投资收益
其他自有资源收入	罚款和罚没收入
	捐赠收入
	资本性转移支付
	杂项收入

下面展开分析1997—2009年加拿大FMS非税收入的三个大类[①]：

（1）商品和服务销售收入

商品和服务销售收入（sales of goods and services）的概念和内涵与1997年以前的内容基本一致。根据商品和服务的销售对象，可分为以下三类：

---

① 鉴于1997年调整后的三大类非税收入的基本概念界定和范围与前文关于1997年以前FMS体系的论述无本质区别，所以下文分类介绍中不再赘述，只对新修改内容和与1997年之前版本的不同之处进行补充阐述。

①向其他政府部门提供的商品和服务（sales of goods and services to other government sub – sectors）：包括所有由一个政府部门向另一个政府部门销售商品和服务的收入。例如，省级政府和学区委员会向联邦政府提供教育服务的收入，以及省级政府向地方政府提供公共警察服务等。

②向国有企业提供的商品和服务（sales of goods and services to own business enterprises）：包括所有由政府部门向其国有企业销售商品和服务的收入。例如，省级政府向其控制下的水力发电企业提供债务担保所收取的使用费等。

③其他商品和服务销售收入（other sales of goods and services）：包括所有向公民个人或企业销售的商品和服务等。例如，学费等。

具体来说，政府提供的公共产品包括但不限于自来水、出租建筑物和机器设施、土地、畜牧和动物产品、出版物、政府文件等。

政府提供的公共服务收入包括但不限于：

- 司法程序相关服务费，遗嘱认证费等；
- 公共交通服务和基础设施的使用费；
- 向公民个人收取的许可费和执照费（除拥有或使用机动车、船舶或私人飞机的执照，以及狩猎、渔业的执照）；
- 船舶和码头设施使用费；
- 学费、培训费、考试费等；
- 书籍和音像制品的版权费；
- 向国有企业提供债务担保的使用费。

出售或私有化政府部门和国有企业的收入不包含在"商品和服务销售收入"大类内，而包含在"投资收益"大类内。

（2）投资收益

投资收益（investment income）包括自然资源特许权使用费、国有企业投资收益、利息收入和其他投资收益。

①自然资源特许权使用费（natural resource royalties）

自然资源收入之前被单列为非税收入一级分类中的一个大类，1997年修订后被纳入"投资收益"大类项下，成为了政府投资收益的一部分。

自然资源特许权使用费主要包括各种自然资源的租赁收入、国有土地的出租和出售收入、提炼自然资源的许可费，以及沙场、泥煤、采煤、采石场、野营地等的许可证收费和租用费等。更新后的非税收入类目中的自然资源相关收入主要集中于自然资源和国有土地的出租收入，而自然资源的勘探和采掘收入则纳入税收中的所得税内。

此外，需要特别指出的一点，"自然资源特许权使用费"还包括了政府拍卖电磁波谱执照的收入。原本对于电磁波谱执照的拍卖收入采用在使用期内逐年摊销的方式计入政府非税收入，而自2008—2009财年起，其拍卖收入作为出卖政府资产的形式在拍卖成交时一次性计入政府非税收入。

②国有企业投资收益

国有企业投资收益（remitted trading profits）主要来源于国有企业利润分配和分红收入，政府出售国有资产以及私有化国有企业所得的收入也属于该类投资收益。变化在于1997年以前各个省级政府来源于酒类、彩票和博彩类政府垄断专营企业的利润，现纳入税收中消费税收入范畴之内。

③利息收入

利息收入（interest income）主要来源于政府通过向其他政府部门或其他有关机构提供贷款或投资所产生的收益，以及到期未付的税收收入所应缴纳的利息。主要包括存款利息、助学贷款利息、预付款利息、债权投资利息等。

④其他投资收益

其他投资收益（other investment income）主要包括外汇交易损益和有价证券交易损益等。

（3）其他自有资源收入

其他自有资源收入（other revenue from own sources）主要包括罚款和罚没、捐赠、资本性转移支付、杂项收入：

①罚款和罚没收入

罚款和罚没收入（fines and penalties）主要来源于个人或企业由于违反法律法规所交纳的现金罚款和财产罚没，包括民事处罚和刑事处罚。

②捐赠收入

捐赠收入（donations）主要来源于个人或企业建立的慈善基金和其他现金或有价证券的自愿或无意识赠予。

③资本性转移支付

资本性转移支付（capital transfers from own sources）主要来源于固定资产所有权的变更以及债权债务的减免，具体包括：固定资产所有权的转移、同固定资产的收买和放弃相联系的或以其为条件的资产转移、债权人

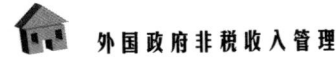

不索取任何回报而取消的债务等。

④杂项收入

杂项收入（miscellaneous revenue from own sources）主要包括联邦政府贵重金属投资收益、保险提供的补偿、私人部门捐献、充公的选举按金、合并多个公共部门带来的调整收益等。

需要特别注意的是，以前铸币税也包含在"其他自有资源收入"大类的"杂项收入"内，但1997年之后，铸币税被视为政府负债而不再纳入财政收入范畴。

综上所述，加拿大统计局制定的"财政管理系统"（FMS）为加拿大三级政府提供了一整套标准化的财政信息和财政数据统计体系。"财政管理系统"（FMS）的会计基础是收付实现制。在现金收付实现制下，非税收入在其收到或拨付现金时记录。收付实现制虽然也可以记录非货币收入，但是大多数采用收付实现制的会计制度并不记录非货币收入，因为其重点在于现金管理。

加拿大统计局使用FMS财政管理系统直至2009年，长达39年之久。

3. IMF"政府财政统计"（GFS）体系（2009年至今）

2009年，加拿大开始实行国际货币基金组织（IMF）于2001年制定的"政府财政统计"（GFS）体系[①]。因此，其非税收入的概念和分类也被统一为IMFGFS体系的标准，出现了重大调整。

（1）FMS体系至GFS体系的转变

加拿大财政统计转变为"政府财政统计"（GFS）体系，最本质差异是由收付实现制向权责发生制的转变，这反映了加拿大财政统计基础的根本性变化。

国际通行的国际货币基金组织的"政府财政统计"（GFS）体系的会计基础是权责发生制。在权责发生制下，非税收入在其经济价值被创造、转换、交换或消失时都予以记录。无论是否收到或支付现金，抑或是否应收或应付现金，经济事件导致的收入都在其事件发生的时期记录。非货币收入也包含在权责发生制统计的财政信息中。

加拿大政府决定使用权责发生制为基础的GFS体系，主要是由于在权

[①] 国际货币基金组织（International Monetary Fund，IMF）：《政府财政统计手册2001》（Government Finance Statistics Manual 2001），简称IMF GFSM 2001。

责发生制下收入和支出的记录时间与资源实际流动的时间相符,可以更好地估计政府财政政策对宏观经济的影响。由于避免了以往收入和支出的记录时间可能会严重偏离有关经济活动和交易实际时间的问题,及时记录包括内部交易和实物交易在内的全部资源流动,权责发生制可以提供最全面的财政信息。

此外,强制性收入未能在支付到期日之前得到时会出现收入拖欠。由于到期日总是与权责发生制下确定收入的日期相同或者晚些,因此,将政府应收部分的拖欠都包括在按权责发生制编制的财政统计数据中。

(2) GFS 体系的非税收入分类

应用国际货币基金组织的"政府财政统计 (GFS)"体系后,加拿大的非税收入分为五大类:财产收入、商品和服务销售收入、捐赠收入、罚款和罚没收入、其他杂项收入。具体内容见表 4-3。

表 4-3　　　　IMF GFS 体系非税收入分类 (2009 年至今)

财产收入	利息
	红利
	租金
	准公司利润提取
	投保人财产收入
商品和服务销售收入	管理费收入
	市场主体的销售收入
	非市场主体的非固定性销售收入
	商品和服务的近似销售估算收入
捐赠收入	经常性捐赠
	资本性捐赠
罚款和罚没收入	罚款
	罚没
其他杂项收入	杂项收入
	无法辨识的收入

①财产收入

财产收入 (property income) 来源于政府部门向其他部门提供其拥有

的金融资产或非生产资产时取得的各种形式的收入，主要包括：利息、红利、租金、准公司利润提取、投保人财产收入等。

● 利息

利息（interest）是指政府部门因拥有某些金融资产并向其他部门单位贷出资金而定期可以得到的收入，如存款利息、债券利息、应收账款利息、向其他机构的贷款利息等。政府通过允许债务人使用其资产或资金而赚取利息，利息在其金融资产的存续期内可连续累计。

● 红利

红利（dividends）是指政府部门作为国有企业的股东和所有者，有权因向该国有企业提供权益资金而得到股息。国有企业可以不定期地进行利润分配，且在分配利润时可能并未标明其为政府红利，但以下几种情况除外：

A. 所分配的红利是该国有企业向其股东和所有者分配全部利润，包括中央银行向联邦政府转移的利润；

B. 中央银行之外履行货币当局职能的机构产生的利润；

C. 国营彩票转移的利润。

财政专营利润（profits of fiscal monopolies）[①] 虽也是垄断国有企业向政府部门分配利润和红利，但不属于非税收入中的财产收入，而是纳入税收收入范畴管理。因为非税收入中的垄断经营[②]，主要是为了推动公共经济政策和提供公共服务而存在的，而财政专营利润旨在提高政府收入。

● 租金

租金（rent）是指政府通过对国有土地资源和地上地下自然资源的租赁出租和提供使用权等方式取得的收入。同利息收入一样，租金收入在整个租赁合同期间内向政府部门提供连续累计的收入来源。租金主要包括以下几个方面：

A. 矿产资源和矿物燃料的租赁收入：政府部门允许其他单位在规定的期间内开采和生产矿物资源，政府以"特许权使用费"的形式得到回报收

[①] 根据国际货币基金组织《政府财政统计手册2001》（Government Finance Statistics Manual 2001）第5.50条定义，财政专营利润（Profits of fiscal monopolies）的典型产品包括烟草制品、酒精饮料、盐、火柴、石油产品和农业产品。

[②] 非税收入中的垄断经营主体主要包括铁路交通、电力、邮政和通信服务等国有企业。

益。作为政府部门在规定期间内提供自然资源的回报而累计的租金，有的省份规定为定期支付固定数额，有的省份根据开采和生产资源的数量、体积或市场价值计算收费标准；

　　B. 土地勘探收入：进行国有土地勘探的企业须向政府部门缴纳土地勘探费，以得到进行试钻或以其他形式调查是否存在地下资源及其位置的许可。企业一旦对国有土地进行勘探即须缴纳该费用，即便企业并未进行开采生产；

　　C. 在未开垦的国有土地上砍伐森林的许可；

　　D. 为获取出于娱乐或商业目的而利用无人管理的公共水域的许可；

　　E. 捕鱼、狩猎、国有土地畜牧和灌溉的许可。

●准公司[1]利润提取

准公司利润提取也称为准企业收益（withdrawals from income of quasi-corporations）。根据定义，国有准公司不能以红利的形式向政府部门分配利润，但是政府部门可以直接提取部分或全部国有准公司利润，这一提取利润的过程在性质上相当于分配红利。所提取利润不包括出售或处置准公司资产得到的收益。如果政府部门通过大量清理国有准公司累积的留存收益或其他储备而提取的资金，被视为政府对企业撤股，即政府部门在该准公司的权益下降。

●投保人财产收入

投保人财产收入（property income attributed to insurance policyholders）是指由政府部门作为投保人而持有的保险公司准备金[2]投资收益。政府部门所持有的保险公司准备金是政府部门的资产，即保险公司的负债，其投资所得的收入为投保人（即政府部门）的财产收入。该部分财产收入在政府部门非税收入中所占比例很小。

②商品和服务销售收入（sales of goods and services）

●管理费收入（administrative fees）

---

　　[1] 根据国际货币基金组织《政府财政统计手册2001》（Government Finance Statistics Manual 2001）第2.16条定义，准公司（Quasi-corporations）是指未注册为公司或在法律上以其他方式设立的商业实体，但其运作形式为生产和提供商品或服务，并以此作为其所有者（即政府部门）利润和收入的来源。准公司在生产过程和资金使用方面具有高度的自主权，在实质上可独立于其在法律上所属的政府部门。

　　[2] 保险公司持有预付保险费形式的技术准备金、对未解决理赔的准备金、寿险保单未解决风险的精算准备金等。

主要包括强制性许可证收费和以提供公用服务为目的的公共管理收费，如驾照收费、护照收费、法院司法费用，以及广电当局提供一般广播服务时的广电许可使用费等。如果将该类收费视为政府出售公共服务收入的话，政府部门必须就这些收费体现相应的管理职能①，例如，检查相关人员的能力或资格、检查有关设备是否安全高效运转等。如果政府所征费用收入远远大于其提供公共产品或服务的成本，则其应纳入税收收入范畴。

● 市场主体②的销售收入（sales by market establishments）

由作为统计对象的政府部门的全部市场主体的销售收入组成，其中也包括国有企业的公共产品和公共服务销售收入，同时，生产性资产的租赁作为销售公共服务也包含在其中。

● 非市场主体的非固定性销售收入（incidental sales by nonmarket establishments）

指除管理费收入外政府部门的非市场主体出售公共产品和公共服务的收入，主要包括政府部门或相关机构通常进行的社会或社区活动所附带的销售收入。例如，销售职业学校制造的产品，销售政府部门试验农场的种子，博物馆出售的明信片和艺术复制品，政府公立医院和诊所收费，政府公立学校的学费，公园和文化娱乐设施的门票等。

● 商品和服务的近似销售估算收入（imputed sales of goods and services）

如果政府部门或相关机构生产商品和服务的部分目的，是将其作为对雇员的福利，则此时该部门或机构为了清楚记录作为员工福利所支出的货币数额，应先将以实物支付的数额处理为以现金支付的工资薪金支出，然后雇员以现金购买该商品或服务，此时雇员购买商品或服务的收入记为商品和服务的近似销售估算收入。

---

① 如果发放许可证和特许权并不需要政府做什么工作或者不需要政府做多少工作，即不需政府在发放许可过程中体现相应的管理职能或提供相应的服务，仅在缴费者支付相应费用后便自动给予许可，则该类许可证和特许权所征费用应纳入税收收入范畴。

② 根据国际货币基金组织《政府财政统计手册2001》（Government Finance Statistics Manual 2001）第2.36条定义，市场主体（Market establishments）是指仅位于一个地点的企业或企业的一部分，其只进行一种生产活动，或者其主要生产活动占经济附加值的绝大部分比例。政府部门内的市场主体按市场价格出售或处置其全部或大部分产出。

③捐赠收入（grants）

捐赠是指政府部门从其他政府部门或者国际组织得到的非强制经常性转移或资本性转移。当捐赠方和接受方对捐赠物的价格看法不一致时，以捐赠方意见确定价值。

按捐赠方的类别划分，捐赠收入可分为来自外国政府的捐赠、来自国际组织的捐赠、来自其他政府部门的捐赠、来自其他实体①的捐赠。

按赠予性质划分，捐赠收入可分为经常性捐赠②和资本性捐赠③。

按捐赠主体的类别划分，捐赠收入可分为现金及现金等价物捐赠和实物捐赠。现金及现金等价物捐赠按其账面价格确定价值。实物捐赠按其市场价格确定价值，当其市场价格不可得时，按其生产成本或出售时的公允价格确定价值。

④罚款和罚没收入④（fines，penalties and forfeits）

罚款收入是指司法机关或相关机构对违反法律法规或行政管理条例的行为征收的强制性经常转移。罚没收入是指存放在政府部门等待法律程序或行政管理程序裁决的财产以及可作为该程序裁决的一部分转移至政府的财产。

罚款和罚没收入在政府对资金转移的法律权利生效时记录为政府非税收入，可以是法院作出判决或公布行政裁决之时，也可以是在延迟付款或其他违规自动产生罚款之时。

⑤其他杂项收入（miscellaneous and unidentified revenue）

其他杂项收入包括但不限于：出售未划为资产的旧军用物品和其他商品、对保险公司的非寿险索赔、政府经营保险计划的非寿险保费、因公用

---

① 根据国际货币基金组织《政府财政统计手册 2001》（Government Finance Statistics Manual 2001）第 5.106 条定义，其他实体包括个人、市场非营利机构、非政府基金、各类公司企业，以及除政府和国际组织外的其他实体。

② 根据国际货币基金组织《政府财政统计手册 2001》（Government Finance Statistics Manual 2001）第 5.77 条定义，经常性捐赠（Current grants）是出于经常性支出的目的进行的捐赠，不与接受方获得一项资产挂钩，也不以此为条件。

③ 根据国际货币基金组织《政府财政统计手册 2001》（Government Finance Statistics Manual 2001）第 5.77 条定义，资本性捐赠（Capital grants）会使捐赠接受方获得相应资产，包括预期或要求接受方用于获得资产（除存货外）的现金转移、资产转移（除存货和现金外），以及通过债权人和债务人之间达成的协议而减免捐赠接受方的负债。

④ 违反与税收有关的法律法规而产生的罚款和罚没收入纳入税收收入范畴，计入"其他税收"大类中"与税收过失相关的罚款和罚没"项下。

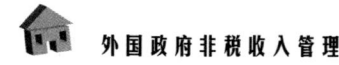

财产损坏而取得的支付,以及没有充分信息划入其他类别的收入。

(三) 加拿大政府非税收入的会计分类

加拿大政府 2009 年将财政统计体系变更为国际货币基金组织的 GFS 体系,并计划于 2014 年制定并出版加拿大本国的财政统计系统。迄今为止,政府各部门尚未出台针对此次重大变更的系统性指导文件。

通过文献搜索,发现加拿大国家收纳总署于 2013 年最新出版有《广义政府会计账户》①,可谓目前最具时效性和准确性反映加拿大非税收入分类的政府文件。现节选与非税收入相关类目作介绍,见表 4-4。

表 4-4　　　　　加拿大非税收入统计类目(节选)

一级分类	二级分类	三级分类	四级分类	收入项目
41				税收收入
42				非税收入
	421			投资收益
		4211		自营国有企业投资收益②
		4212		政府直属企业投资收益③
		4213		其他政府外部投资收益④
		4214		政府内部投资收益
			42141	失业保险基金利息
			42142	农产品稳定账户利息
			42143	其他综合专项账户利息
			42144	可周转基金利息
			42145	来自其他部门的投资收益

---

① 加拿大国家收纳总署 (Receiver General for Canada),《广义政府会计账户》(Government-wide Chart of Accounts),第四章 - 财务报告会计科目 (Chapter 4 - Financial Reporting Accounts),2013 年 7 月,http://www.tpsgc-pwgsc.gc.ca/recgen/pceaf-gwcoa/index-eng.html。

② 自营国有企业如加拿大银行 (Bank of Canada)、加拿大存款保险公司 (Canada Deposit Insurance Corp)、加拿大按揭房产公司 (Canada Mortgage and Housing Corporation)、加拿大出口发展公司 (Export Development Canada)、加拿大商业开发银行 (Business Development Bank of Canada) 等。

③ 政府直属企业包括博物馆、艺术馆、各种专职委员会、广播电视公司、港口航空企业等。

④ 包括非发展中国家政府、发展中国家政府、省级或地区政府、个人、联合或混合企业等。

续表

一级分类	二级分类	三级分类	四级分类		收入项目
			4215		投资收入
				42151	外汇基金账户
				42152	银行存款利息
				42153	外汇溢价
				42154	年末外汇价值重股溢价
				42155	国际货币基金
			4216		折价摊销
		422			国有企业收入
			4221		政府直属企业收入
			4222		自营国有企业利润分红
		423			商品与服务收入
			4231		许可证和特许权
			4232		租赁和使用公共设施
			4233		监管服务①
			4234		非监管服务②
			4235		销售公共产品和信息产品
			4236		向其他政府部门提供服务
			4237		其他收费
		424			出售公共资产所得
			4241		出售或处置有形资产所得
				42411	向外部组织处置固定资产所得
				42412	向外部组织处置非固定资产所得
				42413	不动产出售所得
				42414	贵金属与货币出售所得
				42415	向国有企业处置有形资本资产所得

① 政府作为服务的唯一提供者。
② 在自由公开市场可得的服务，即政府不是服务的唯一提供者。

续表

一级分类	二级分类	三级分类	四级分类	收入项目
			4242	出售政府组织所得
			42421	出售国有企业所得
			42422	出售部门组织所得
			42423	出售联合或混合企业所得
		425		收入利息
			4251	所得税收入利息
			4252	其他税收收入利息①
			4253	税收返款利息
			4254	非税收入利息
		426		综合专项账户收入
			4261	主要综合专项账户收入②
			4262	保险、捐赠和遗赠收入③
			4263	其他综合专项账户④
		427		其他收入
			4271	杂项收入⑤
			4272	捐赠和遗赠
			4273	其他会计核算收入
			42731	年末外汇价值重估所得
			42732	合作项目和成本分摊协议收入
			42733	租赁条款变更所得
			4274	外汇损益⑥

① 包括商品劳务税、能源税、进口关税、消费税、失业保险费、航空旅客安全费等。
② 主要为保险账户收入，包括失业保险账户利息、失业保险账户其他收入、向省级政府征收再保险收入、农产品稳定账户项下证费和费用等。
③ 包括船舶航油污染基金所征船舶吨位费、其他保险账户保险费及收入、捐款账户项下捐赠和遗赠等。
④ 包括环境研究基金收入、加拿大商业银行和北国银行账户收入、罚没财产收入账户收入、法院裁定的费用、公园和账户收入等。
⑤ 包括罚款收入、皇室赠礼、其他国有企业收入、工资扣杂项收入等。
⑥ 包括外汇基金账户项下外汇损益、与国际货币基金组织头寸相关的外汇损益、未到期债务产生的外汇损益、货币掉期价值重估产生的外汇损益、主权贷款产生的外汇损益等。

二 加拿大政府非税收入规模和结构

从整体来看，加拿大财政收入主要来源于税收收入，非税收入是财政收入的重要补充。

（一）加拿大政府非税收入规模和趋势分析

分析加拿大政府非税收入规模和趋势，在此以联邦为例，非税收入占其财政收入总额的比例并不高，但非税收入规模呈现持续增长的态势，且非税收入的增长快于财政总收入和税收收入速度，如图4-2所示。

1. 非税收入在财政总收入中的地位

加拿大非税收入在财政收入中所占比重越来越大，逐渐成为增加政府财政收入的重要手段。近10年加拿大联邦政府财政收入与非税收入规模详见表4-5。

表4-5　　　　加拿大联邦政府财政收入与非税收入规模

财年	税收收入（百万加元）	占财政总收入比重	非税收入（百万加元）	占财政总收入比重	财政总收入（百万加元）
2002—2003	156400	82.1%	16300	8.6%	190570
2003—2004	164895	83.0%	16149	8.1%	198590
2004—2005	174894	82.5%	19742	9.3%	211943
2005—2006	186100	83.8%	19568	8.8%	222203
2006—2007	198416	84.1%	20761	8.8%	235966
2007—2008	203591	84.0%	22271	9.2%	242420
2008—2009	191604	82.2%	24601	10.6%	233092
2009—2010	180174	82.4%	21665	9.9%	218600
2010—2011	191466	80.8%	28124	11.9%	237091
2011—2012	199377	81.3%	27270	11.1%	245203

续表

财年	税收收入		非税收入		财政总收入（百万加元）
	（百万加元）	占财政总收入比重	（百万加元）	占财政总收入比重	
2012—2013	209338	81.6%	26902	10.5%	256635

注：表格中的数据经过了四舍五入处理。

资料来源：根据加拿大财政部《财政数据索引——2013年版》整理。①

从表4-5可以看出以下几点：

其一，加拿大政府非税收入占财政收入比呈上升趋势。2002—2013年，联邦政府税收收入占财政总收入的平均比例为82.52%，由2002年的82.07%下降至2013年的81.57%，降低0.50%；而同期，联邦政府非税收入占财政总收入的平均比例为9.70%，由2002年的8.55%上升至2013年的10.48%，增长1.93%。②

其二，加拿大非税收入绝对数额的增长速度，快于财政总收入特别是税收收入的增长速度。从绝对数额的角度来看，2002—2013年，联邦政府财政收入总额增长了34.67%，税收收入增长了33.85%，而非税收入增长达65.04%，非税收入增幅远大于财政总收入和税收收入。③

其三，加拿大非税收入的增长率远大于财政总收入。从增长率的角度来看，2002—2013年，联邦政府财政总收入的年均增长率为3.12%，税收收入的年均增长率为3.07%，而非税收入的年均增长率达到5.78%。非税收入的增长率大于财政总收入2.66个百分点，大于税收收入2.71个百分点。2002—2013年，非税收入年增长率最大达29.81%，而同期税收

---

① 据加拿大财政部（Department of Finance）《财政数据索引——2013年版》（Fiscal Reference Tables - 2013）整理，2013年3月。由于加拿大不同政府机构对财政数据的统计口径不同，故此处有关数据与表4-3相关数据存在一定差异，此处数据由加拿大财政部根据"加拿大公共账户统计（Public Accounts of Canada）"口径统计，表4-3数据由加拿大统计局采用"财政管理系统（FMS）"口径统计。

② 据加拿大财政部（Department of Finance）《财政数据索引——2013年版》（Fiscal Reference Tables - 2013）整理，2013年3月，http://www.fin.gc.ca/frt-trf/2013/frt-trf-13-eng.asp。

③ 据加拿大财政部（Department of Finance）《财政数据索引——2013年版》（Fiscal Reference Tables - 2013）整理，2013年3月，http://www.fin.gc.ca/frt-trf/2013/frt-trf-13-eng.asp。

收入年增长率仅 6.27%。①

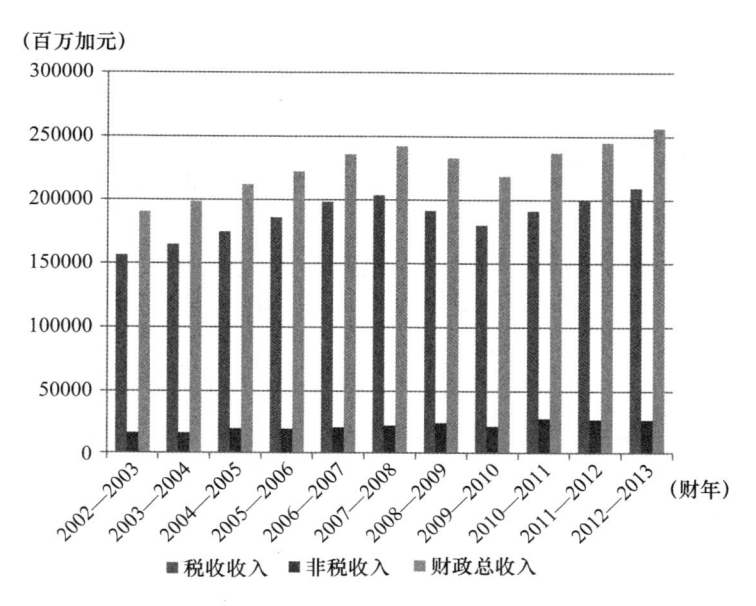

图 4-2 加拿大联邦政府财政收入与非税收入规模

资料来源：根据加拿大财政部《财政数据索引——2013 年版》整理。

2. 非税收入对 GDP 的贡献程度

加拿大非税收入占当年 GDP 的百分比逐年增大，而财政总收入和税收收入占 GDP 的百分比逐渐降低，可见加拿大非税收入对 GDP 的贡献作用越来越大，详见图 4-3。

从表 4-6 可以看出，2002—2013 年，加拿大联邦政府财政总收入占当年 GDP 的百分比由 16.5% 降低至 14.2%，下降了 2.3%，降幅达 13.94%；税收收入占当年 GDP 的百分比由 13.6% 降低至 11.6%，下降了 2.0%，降幅达 14.71%；而同期非税收入占当年 GDP 的百分比由 1.4% 上升至 1.6%，增加 0.2%，增幅达 14.29%。②

---

① 据加拿大财政部（Department of Finance）《财政数据索引——2013 年版》（Fiscal Reference Tables - 2013）整理，2013 年 3 月，http://www.fin.gc.ca/frt-trf/2013/frt-trf-13-eng.asp。

② 据加拿大财政部（Department of Finance）《财政数据索引——2013 年版》（Fiscal Reference Tables - 2013）整理，2013 年 3 月，http://www.fin.gc.ca/frt-trf/2013/frt-trf-13-eng.asp。

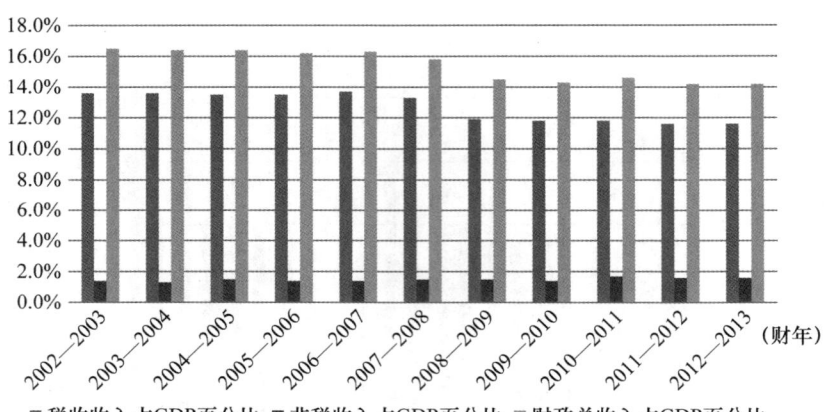

图 4-3 加拿大联邦政府财政收入占 GDP 百分比

资料来源：根据加拿大财政部《财政数据索引——2013 年版》整理。

表 4-6　　　　　加拿大联邦政府财政收入占 GDP 百分比　　　　（单位:%）

财年	税收收入/GDP	非税收入/GDP	财政总收入/GDP
2002—2003	13.6	1.4	16.5
2003—2004	13.6	1.3	16.4
2004—2005	13.5	1.5	16.4
2005—2006	13.5	1.4	16.2
2006—2007	13.7	1.4	16.3
2007—2008	13.3	1.5	15.8
2008—2009	11.9	1.5	14.5
2009—2010	11.8	1.4	14.3
2010—2011	11.8	1.7	14.6
2011—2012	11.6	1.6	14.2
2012—2013	11.6	1.6	14.2

资料来源：根据加拿大财政部《财政数据索引——2013 年版》整理。

3. 三级政府非税收入规模的对比

加拿大政府分为联邦政府、省级政府①和地方政府，非税收入在三级政府财政收入中的绝对数额和占比均差异较大，体现出加拿大三级政府对非税收入的依赖性有所不同。

需要指出的是，2009 年，加拿大统计局采用国际货币基金组织制定的"政府财政统计"（GFS）体系取代原统计局制定的"财政管理系统"（FMS）体系，对加拿大三级政府的财政数据和财政信息进行统计。然而，由于无法很快将整套 GFS 体系全面系统地应用于三级政府的财政统计中，所以加拿大统计局在《加拿大经济账户的最新发展》②中声明，加拿大三级政府 2010 年应用 GFS 体系以后的财政数据将于 2014 年公布，即 2010 年之后的财政数据在公开渠道尚无法获得。

有鉴于此，作出两点说明：其一，本课题描述和比较加拿大三级政府非税收入情况的财政数据，只能采用加拿大统计局 2009 年以前公布的数据；其二，本书应用的非税收入分类体系，亦即前文所述的加拿大 1997 年以后的"财政管理系统"（FMS）体系。

通过对比三级政府非税收入规模和结构，主要有以下几个特点：

其一，从非税收入绝对数额的比较来看，省级政府非税收入的绝对数额远超过联邦政府和地方政府，联邦政府和地方政府非税收入的绝对数额相差不大。不过，联邦政府的非税收入近年有逐年增大的明显趋势，省级政府和地方政府非税收入的增长趋势较为平缓。如图 4-4 所示。

其二，地方政府对非税收入的依赖性最大，省级政府次之，联邦政府对其依赖性最小。2000—2009 年，联邦政府非税收入占联邦财政收入的平均比重为 6.18%，省级政府非税收入占省级财政收入的平均比重为 19.96%，地方政府非税收入占地方财政收入的平均比重为 30.33%。③ 如图 4-5 所示。

---

① 包括 10 个省政府和 3 个地区政府。
② 加拿大统计局（Statistics Canada）：《加拿大经济账户的最新发展》（Latest Developments in the Canadian Economic Accounts）（文件编号 Catalogue no. 13-605-XIE），2011 年 7 月，http://www5.statcan.gc.ca/bsolc/olc-cel/olc-cel?catno=13-605-x&lang=eng。
③ 据加拿大统计局（Statistics Canada）CANSIM 数据库相关数据整理（数据库表格编号 Table No. 385-0002，385-0024），http://www5.statcan.gc.ca/cansim/home-accueil?lang=eng&tz=120308。

外国政府非税收入管理

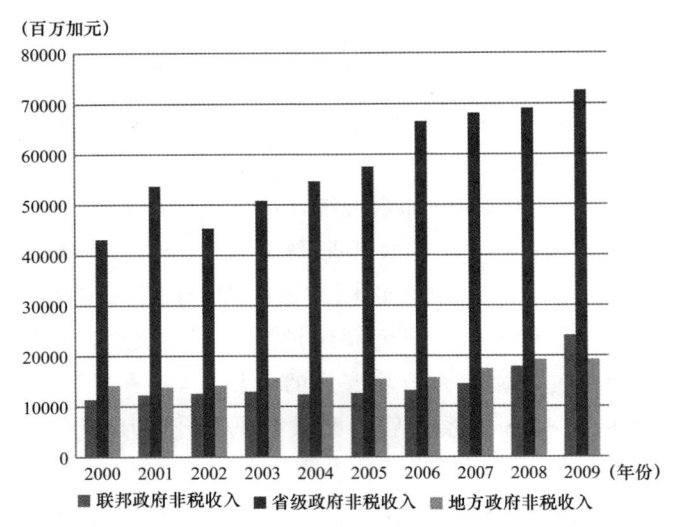

图 4-4 加拿大三级政府非税收入的绝对数额

资料来源：根据加拿大统计局 CANSIM 数据库联邦、省级、地方政府财政收入数据整理（数据库表格编号 385-0002、385-0024）[①]。

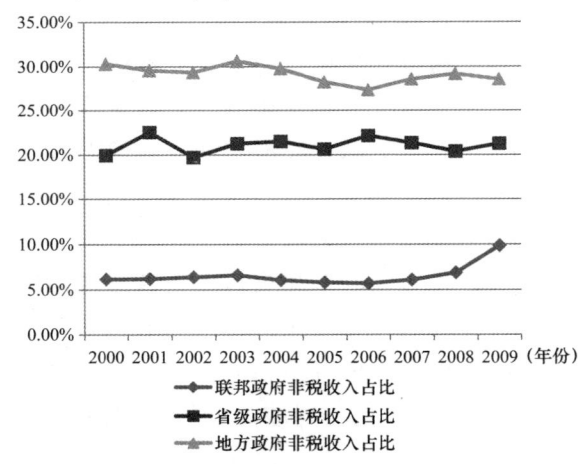

图 4-5 加拿大三级政府非税收入占财政总收入比例

资料来源：根据加拿大统计局 CANSIM 数据库联邦、省级、地方政府财政收入数据整理（数据库表格编号 385-0002、385-0024）[②]。

---

① 据加拿大统计局（Statistics Canada）CANSIM 数据库相关数据整理（数据库表格编号 Table No. 385-0002，385-0024），http：//www5.statcan.gc.ca/cansim/home-accueil? lang=eng&tz=120308。

② 据加拿大统计局（Statistics Canada）CANSIM 数据库相关数据整理（数据库表格编号 Table No. 385-0002，385-0024），http：//www5.statcan.gc.ca/cansim/home-accueil? lang=eng&tz=120308。

第四章　加拿大政府非税收入

从变化趋势角度来看，于 2006 年起联邦政府非税收入占财政收入的比重开始明显增大，可见非税收入在联邦政府财政收入中所占地位越来越重要。省级政府和地方政府的非税收入占比相对稳定，分别保持在 20% 和 30% 左右。

总之，随着政府层级的降低，加拿大三级政府对非税收入的依赖性却不断加大。

（二）加拿大政府非税收入结构和趋势分析

1. 加拿大政府非税收入内部结构

根据加拿大统计局 2009 年出版的《财政管理系统》[①] 对非税收入的分类，加拿大非税收入分为三大类，分别是商品和服务销售收入、投资收益、其他自有资源收入。

如图 4-6 和图 4-7 所示，2000—2009 年，加拿大政府的三大类非税收入结构相对稳定，其中商品和服务销售收入占比基本维持在 50% 左右，投资收益占比次之，其他自有资源收入所占比重最小[②]。从 2003 年起，其他自有资源收入开始呈现小幅下降趋势，投资收益占比在小幅波动中逐渐上升。

2. 联邦政府非税收入内部结构

联邦政府的非税收入的最主要来源是投资收益。如图 4-8 和图 4-9 所示，投资收益所占比重呈现逐年上升趋势，至 2009 年投资收益占联邦政府非税收入的比重约为 60%，商品和服务销售收入的占比基本保持在 40% 左右[③]，其他自有资源收入所占比重非常小并有逐年下降的趋势。

以下分别就联邦政府的三大类非税收入的内部结构进行具体分析。

（1）商品和服务销售收入

商品和服务销售收入主要分为特许权使用费、营业租金、自来水使用费以及其他商品服务销售收入。

[①] 加拿大统计局：《财政管理系统（NO. 68F0023XWE）》，2009 年 7 月（http：//www5. statcan. gc. ca/bsolc/olc - cel/olc - cel？catno = 68f0023x&lang = eng）。

[②] 据加拿大统计局（Statistics Canada）CANSIM 数据库相关数据整理（数据库表格编号 Table No. 385 - 0002，385 - 0024），http：//www5. statcan. gc. ca/cansim/home - accueil？lang = eng&tz = 120308。

[③] 据加拿大统计局（Statistics Canada）CANSIM 数据库相关数据整理（数据库表格编号 Table No. 385 - 0002，385 - 0024），http：//www5. statcan. gc. ca/cansim/home - accueil？lang = eng&tz = 120308。

外国政府非税收入管理

图4-6 加拿大政府非税收入内部结构

资料来源：根据加拿大统计局 CANSIM 数据库联邦、省级、地方政府财政收入数据整理（数据库表格编号 385-0002、385-0024）①。

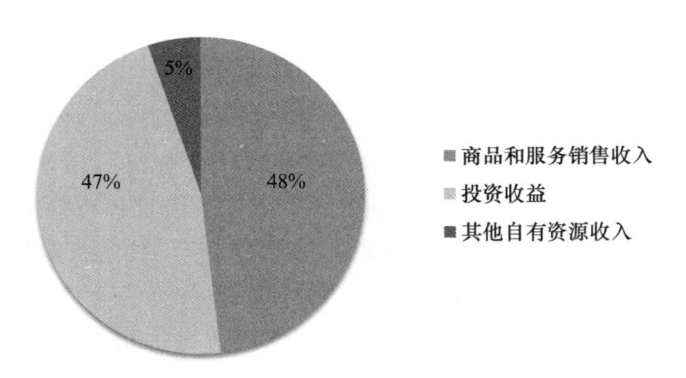

图4-7 2009年加拿大政府非税收入内部结构

资料来源：根据加拿大统计局 CANSIM 数据库联邦、省级、地方政府财政收入数据整理（数据库表格编号 385-0002、385-0024）②。

---

① 据加拿大统计局（Statistics Canada）CANSIM 数据库相关数据整理（数据库表格编号 Table No. 385-0002，385-0024），http://www5.statcan.gc.ca/cansim/home-accueil?lang=eng&tz=120308。

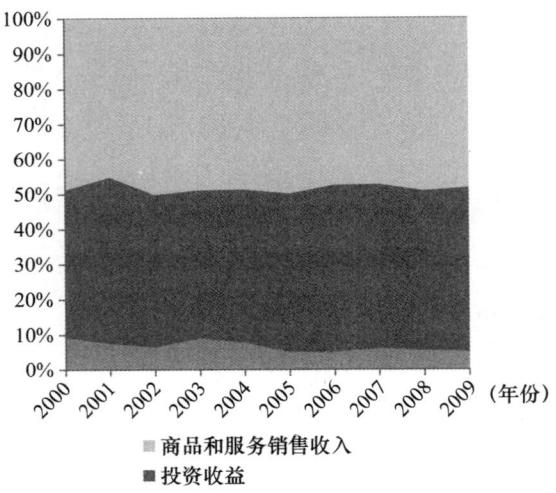

② 据加拿大统计局（Statistics Canada）CANSIM 数据库相关数据整理（数据库表格编号 Table No. 385-0002，385-0024），http://www5.statcan.gc.ca/cansim/home-accueil?lang=eng&tz=120308。

第四章 加拿大政府非税收入

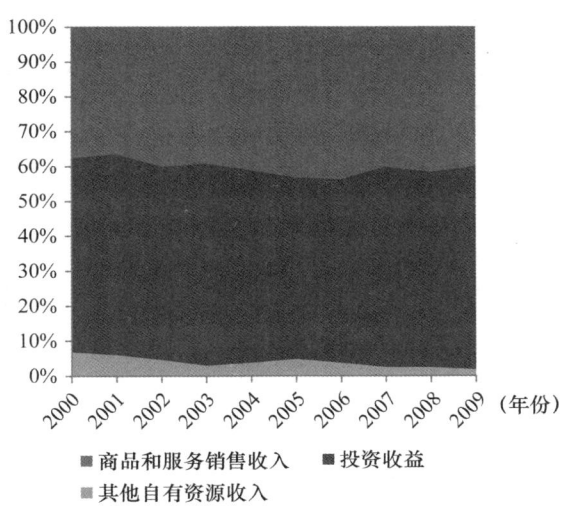

图 4-8 联邦政府非税收入内部结构

资料来源：根据加拿大统计局 CANSIM 数据库联邦、省级、地方政府财政收入数据整理（数据库表格编号 385-0002、385-0024）[1]。

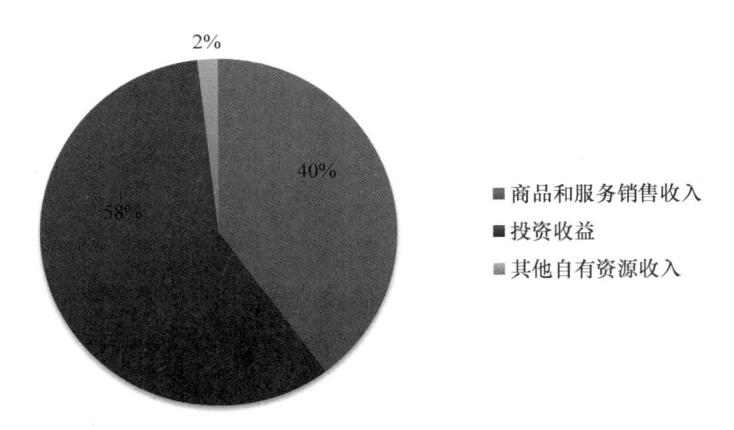

图 4-9 2009 年联邦政府非税收入内部结构

资料来源：根据加拿大统计局 CANSIM 数据库联邦、省级、地方政府财政收入数据整理（数据库表格编号 385-0002、385-0024）[2]。

---

[1] 据加拿大统计局（Statistics Canada）CANSIM 数据库相关数据整理（数据库表格编号 Table No. 385-0002，385-0024），http：//www5.statcan.gc.ca/cansim/home-accueil? lang=eng&tz=120308。

[2] 据加拿大统计局（Statistics Canada）CANSIM 数据库相关数据整理（数据库表格编号 Table No. 385-0002，385-0024），http：//www5.statcan.gc.ca/cansim/home-accueil? lang=eng&tz=120308。

外国政府非税收入管理

如图4-10和图4-11所示，其他商品服务销售收入所占比例最大，但呈现逐渐下降的趋势；营业租金和特许权使用费收入占比相对较小，其中特许权使用费收入在2008年以后迅猛增加；自来水使用费收入基本保持逐年上升的趋势。

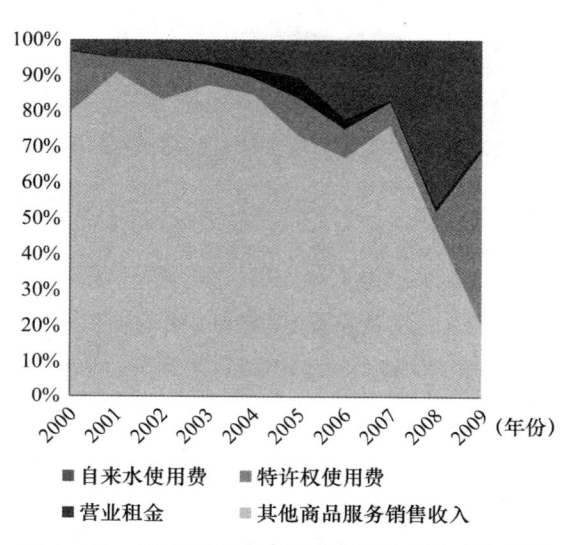

图4-10 联邦政府商品和服务销售收入内部结构

资料来源：根据加拿大统计局CANSIM数据库联邦、省级、地方政府财政收入数据整理（数据库表格编号385-0002、385-0024）①。

（2）投资收益

投资收益主要包括国有企业投资收益、自然资源特许权使用费、利息收入以及其他投资收益。

如图4-12和图4-13所示，加拿大联邦政府的国有企业投资收益占总投资收益的比重最大，基本维持在50%—60%②，可见联邦政府国有企

---

① 据加拿大统计局（Statistics Canada）CANSIM数据库相关数据整理（数据库表格编号Table No. 385-0002，385-0024），http：//www5.statcan.gc.ca/cansim/home-accueil? lang=eng&tz=120308。

② 据加拿大统计局（Statistics Canada）CANSIM数据库相关数据整理（数据库表格编号Table No. 385-0002，385-0024），http：//www5.statcan.gc.ca/cansim/home-accueil? lang=eng&tz=120308。

第四章 加拿大政府非税收入

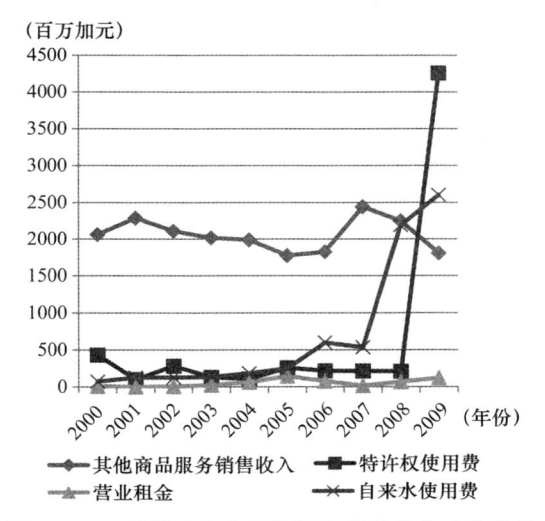

图 4-11 联邦政府商品和服务销售收入变化趋势

资料来源：根据加拿大统计局 CANSIM 数据库联邦、省级、地方政府财政收入数据整理（数据库表格编号 385-0002、385-0024）①。

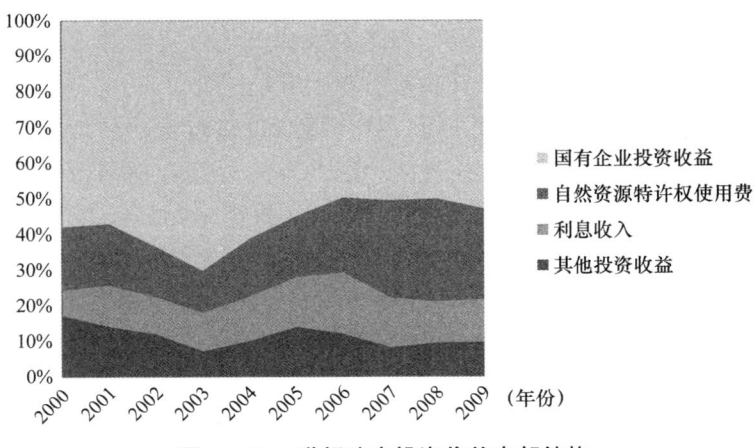

图 4-12 联邦政府投资收益内部结构

资料来源：根据加拿大统计局 CANSIM 数据库联邦、省级、地方政府财政收入数据整理（数据库表格编号 385-0002、385-0024）②。

---

① 据加拿大统计局（Statistics Canada）CANSIM 数据库相关数据整理（数据库表格编号 Table No. 385-0002，385-0024），http：//www5. statcan. gc. ca/cansim/home-accueil? lang = eng&tz = 120308。
② 据加拿大统计局（Statistics Canada）CANSIM 数据库相关数据整理（数据库表格编号 Table No. 385-0002，385-0024），http：//www5. statcan. gc. ca/cansim/home-accueil? lang = eng&tz = 120308。

外国政府非税收入管理

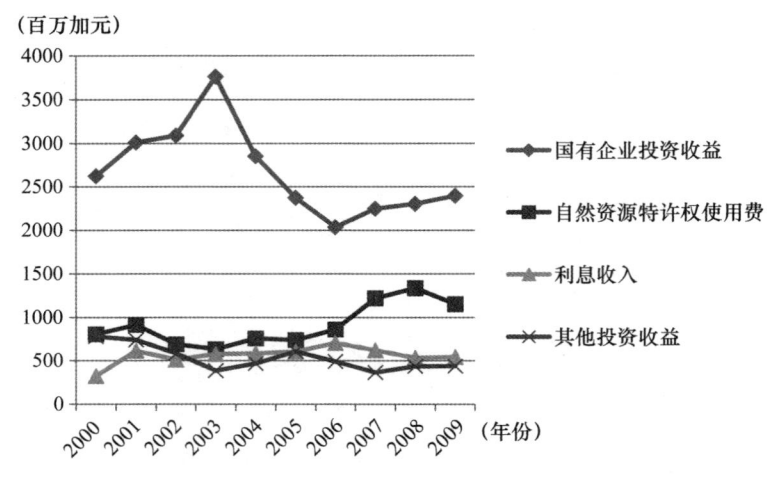

(百万加元)

图 4-13　联邦政府投资收益变化趋势

资料来源：根据加拿大统计局 CANSIM 数据库联邦、省级、地方政府财政收入数据整理（数据库表格编号 385-0002、385-0024）①。

业分配的利润和红利是加拿大财政收入的重要来源，但其占比逐渐呈现下降趋势。自然资源特许权使用费、利息收入和其他投资收益的占比依次降低，其中自然资源特许权使用费收入呈现上升趋势。

在自然资源特许权使用费方面，联邦政府可对包括西北地区、育空地区、比欧福特海、北极岛、哈德逊湾和东西海岸等其管辖的国有土地的石油和天然气生产征收特许权使用费②。此外，根据《地区土地法令》的相关规定，联邦政府还可对西北地区和育空地区的矿产生产征收特许权使用费③。尽管北部协定中规定，西北地区和育空地区对能源资源拥有较多的控制权，但是，联邦政府仍然享有对西北地区和育空地区自然资源的管

---

①　据加拿大统计局（Statistics Canada）CANSIM 数据库相关数据整理（数据库表格编号 Table No. 385-0002，385-0024），http://www5.statcan.gc.ca/cansim/home-accueil?lang=eng&tz=120308。

②　在开工头六年内，联邦政府征收的石油天然气生产特许权使用费占总收入的比重由 1% 提高到 5%，从而使其所收费用弥补了初始投资。此后，特许费占到净现金流的 30% 或总收入的 5%，甚至更多。根据加拿大《石油和天然气收入法案》规定，联邦政府对石油和天然气生产的收入要征收 4% 的税金。

③　根据加拿大《地区土地法令》的规定，联邦政府对西北地区的矿产生产就其价值超过 10000 加元的部分要征收特许权使用费。征收的比例为 3%—12%，随生产价值不断增加而提高。对于新矿实行 3 年免征特许权使用费。

第四章 加拿大政府非税收入

辖权。

（3）其他自有资源收入

其他自有资源收入主要包括罚款和罚没收入、捐赠收入、其他杂项收入。

如图4-14和图4-15所示，捐赠收入占比较小且比例基本保持稳定，罚款和罚没收入比重逐渐增大，其他杂项收入占比最大但呈现下降趋势。

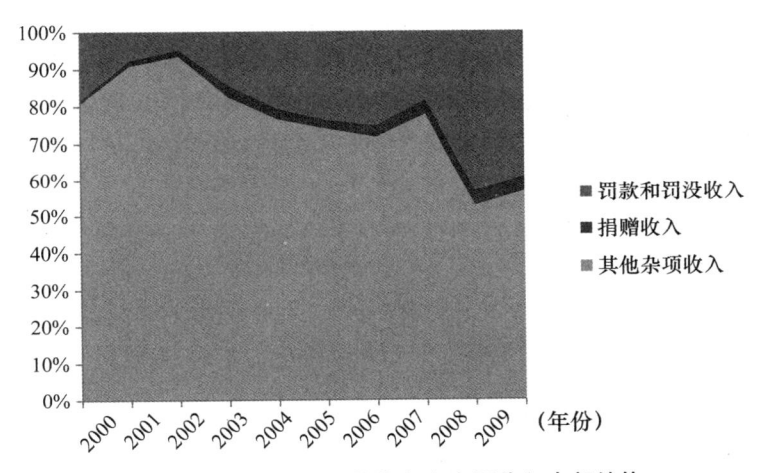

图4-14 联邦政府其他自有资源收入内部结构

资料来源：根据加拿大统计局CANSIM数据库联邦、省级、地方政府财政收入数据整理（数据库表格编号385-0002、385-0024）①。

3. 省级政府非税收入内部结构

省级政府非税收入主要来源于商品和服务销售收入与投资收益。

如图4-16和图4-17所示，加拿大省级政府的投资收益占非税收入比重最大，约为50%；商品和服务销售收入次之，约占非税收入的40%左右；其他自有资源收入占比基本维持在10%左右。②

---

① 据加拿大统计局（Statistics Canada）CANSIM数据库相关数据整理（数据库表格编号Table No. 385-0002, 385-0024），http：//www5. statcan. gc. ca/cansim/home-accueil？lang=eng&tz=120308。

② 据加拿大统计局（Statistics Canada）CANSIM数据库相关数据整理（数据库表格编号Table No. 385-0002, 385-0024），http：//www5. statcan. gc. ca/cansim/home-accueil？lang=eng&tz=120308。

外国政府非税收入管理

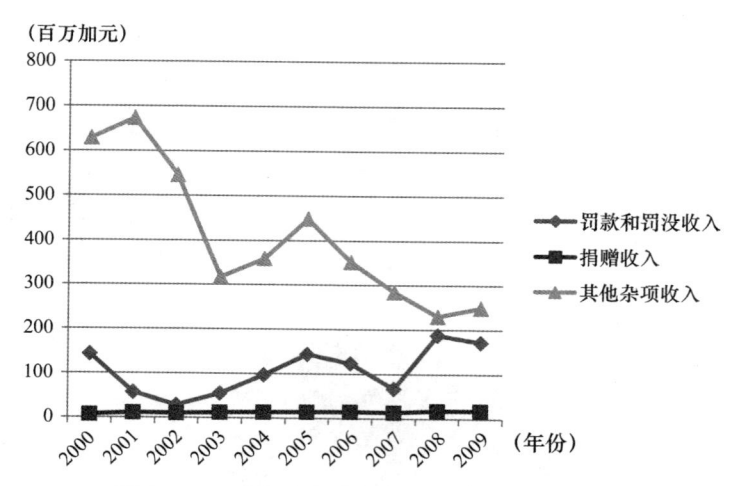

图 4-15 联邦政府其他自有资源收入变化趋势

资料来源：根据加拿大统计局 CANSIM 数据库联邦、省级、地方政府财政收入数据整理（数据库表格编号 385-0002、385-0024）①。

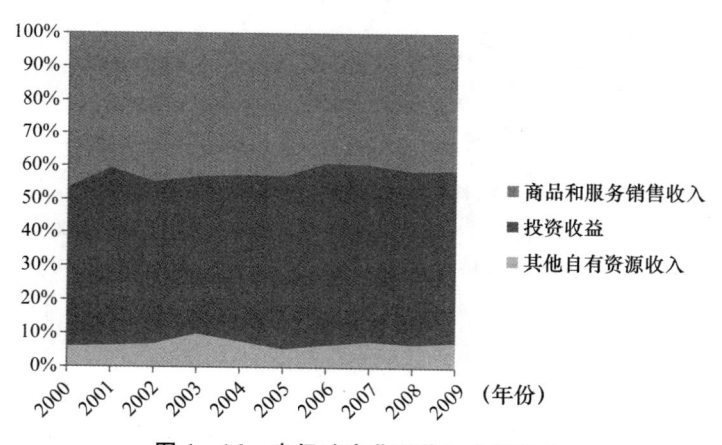

图 4-16 省级政府非税收入内部结构

资料来源：根据加拿大统计局 CANSIM 数据库联邦、省级、地方政府财政收入数据整理（数据库表格编号 385-0002、385-0024）②。

---

① 据加拿大统计局（Statistics Canada）CANSIM 数据库相关数据整理（数据库表格编号 Table No. 385-0002，385-0024），http://www5.statcan.gc.ca/cansim/home-accueil? lang=eng&tz=120308。

② 据加拿大统计局（Statistics Canada）CANSIM 数据库相关数据整理（数据库表格编号 Table No. 385-0002，385-0024），http://www5.statcan.gc.ca/cansim/home-accueil? lang=eng&tz=120308。

第四章 加拿大政府非税收入

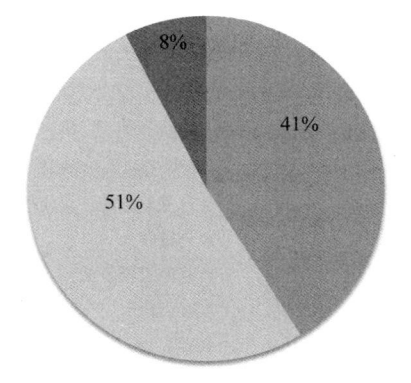

图 4-17 2009 年省级政府非税收入内部结构

资料来源：根据加拿大统计局 CANSIM 数据库联邦、省级、地方政府财政收入数据整理（数据库表格编号 385-0002、385-0024）①。

虽然投资收益在省级政府和联邦政府的非税收入中所占比重均最大，但其在联邦政府非税收入中占比约为 60%，在省级政府非税收入中占比约为 50%，可见投资收益在联邦政府的非税收入中扮演着更加重要的角色。②

如图 4-18 和图 4-19 所示，省级政府投资收益的最主要来源是自然资源特许权使用费，占省级政府投资收益比重超过 50%③，并呈现上升趋势。在加拿大《1982 年宪法法案》中，省级政被赋予了直接对自然资源的使用征收税费的权力，各个省级政府直接管理和控制各省辖区内的自然资源。尽管这种收入可列为税收收入，但加拿大政府将自然资源相关收入纳入非税收入范畴。因此，自然资源收入是加拿大省级政府非税收入最重要的来源之一，且由于各省自然资源禀赋不同，自然资源收入在各省的重要程度有很大差异。1994—1995 财年，自然资源收入最高的阿尔伯塔省为

---

① 据加拿大统计局（Statistics Canada）CANSIM 数据库相关数据整理（数据库表格编号 Table No. 385-0002，385-0024），http://www5.statcan.gc.ca/cansim/home-accueil?lang=eng&tz=120308。

② 据加拿大统计局（Statistics Canada）CANSIM 数据库相关数据整理（数据库表格编号 Table No. 385-0002，385-0024），http://www5.statcan.gc.ca/cansim/home-accueil?lang=eng&tz=120308。

③ 据加拿大统计局（Statistics Canada）CANSIM 数据库相关数据整理（数据库表格编号 Table No. 385-0002，385-0024），http://www5.statcan.gc.ca/cansim/home-accueil?lang=eng&tz=120308。

外国政府非税收入管理

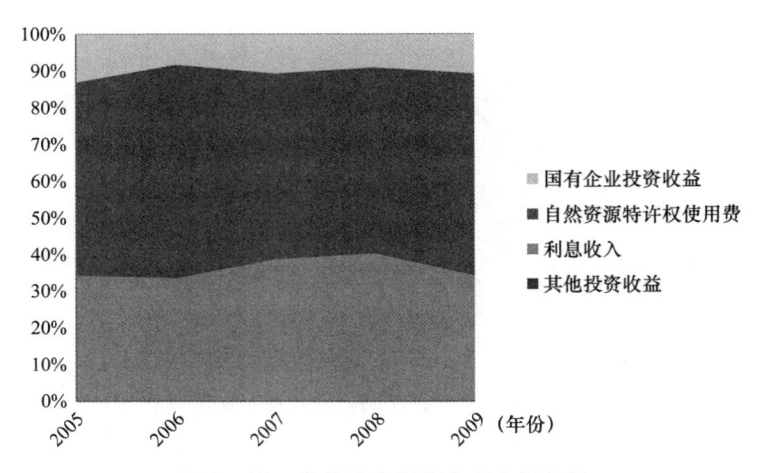

图 4-18 省级政府投资收益内部结构

资料来源：根据加拿大统计局 CANSIM 数据库联邦、省级、地方政府财政收入数据整理（数据库表格编号 385-0002、385-0024）①。

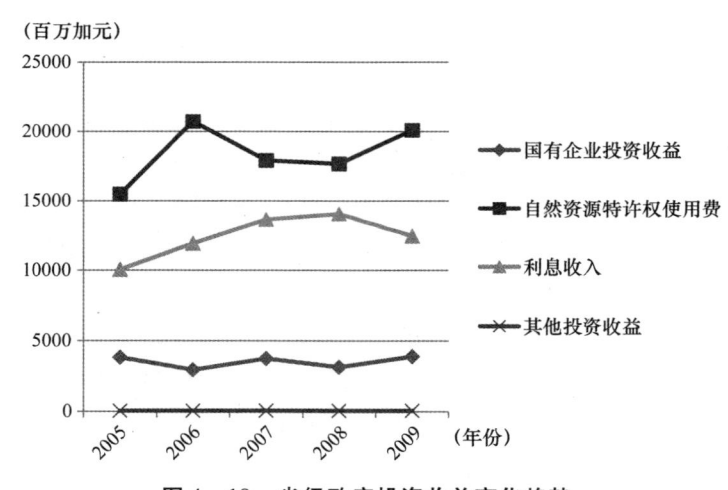

图 4-19 省级政府投资收益变化趋势

资料来源：根据加拿大统计局 CANSIM 数据库联邦、省级、地方政府财政收入数据整理（数据库表格编号 385-0002、385-0024）②。

---

① 据加拿大统计局（Statistics Canada）CANSIM 数据库相关数据整理（数据库表格编号 Table No. 385-0002，385-0024），http：//www5.statcan.gc.ca/cansim/home-accueil? lang = eng&tz = 120308。
② 据加拿大统计局（Statistics Canada）CANSIM 数据库相关数据整理（数据库表格编号 Table No. 385-0002，385-0024），http：//www5.statcan.gc.ca/cansim/home-accueil? lang = eng&tz = 120308。

268800万加元,其自然资源收入约占其当年财政总收入的50%,而自然资源收入最低的爱德华王子岛省仅不足100万加元。[1]

加拿大联邦政府与纽芬兰、与拉布拉多省和新斯科舍省签订的境外协议规定,两省对其辖区内石油和天然气的生产拥有优先征收特许权使用费的权力。根据这一协议,两省都有权在其管辖范围内建立和取得资源收入和征收一般省级税收,该协议包括了特许权使用费、租金和许可费、公司所得税以及销售税等。

省级政府还可通过对矿产品的利润、土地面积或估价值征税的方式取得收入。同时,在某些省,还可以通过出租土地、收取各种许可费及对矿产品生产收取特许权使用费的方式取得收入。省级矿产利润税是对矿产经营中的利润征收,马尼托巴省和萨斯喀彻温省还对制造过程的利润征税,其他省则根据有关公式来确定收费标准。

4. 地方政府非税收入内部结构

地方政府的非税收入主要来源于商品和服务销售收入。

如图4-20和图4-21所示,商品和服务销售收入占地方财政收入的比重逐年增加,至2009年该类收入所占比重已达到85%[2]。投资收益和其他自有资源收入占比较小且逐年下降。

综上所述,加拿大政府非税收入的规模和结构呈现以下三个特点:

(1) 政府非税收入的地位越来越重要。无论是从非税收入占财政总收入的比重而言,还是从非税收入对GDP的贡献而言,非税收入在加拿大财政收入中的地位越来越重要,其增长速度快于政府财政总收入和税收收入的增长速度。

(2) 政府层级与非税依赖程度之间成反比关系。加拿大三级政府对非税收入的依赖程度呈现出不同特点,地方政府对非税收入的依赖最大,省级政府次之,联邦政府的依赖性最小,即随着政府层级的降低,政府对非税收入的依赖性越来越大。

(3) 随着时代的变化,各级政府非税收入逐渐由财产性收入为主向行政性收费收入为主转变。联邦政府非税收入主要来源于国有企业的利润分

---

[1] 资料来源:加拿大统计局:《公共部门统计》(Public Sector Statistics),1994—1995财年。
[2] 据加拿大统计局(Statistics Canada)CANSIM数据库相关数据整理(数据库表格编号Table No. 385-0002,385-0024),http://www5.statcan.gc.ca/cansim/home-accueil? lang=eng&tz=120308。

外国政府非税收入管理

配和分红收入以及其他投资收益,省级政府非税收入主要来源于商品和服务销售以及自然资源特许权使用费,地方政府非税收入几乎全部来源于提供公共产品和公共服务的收费。

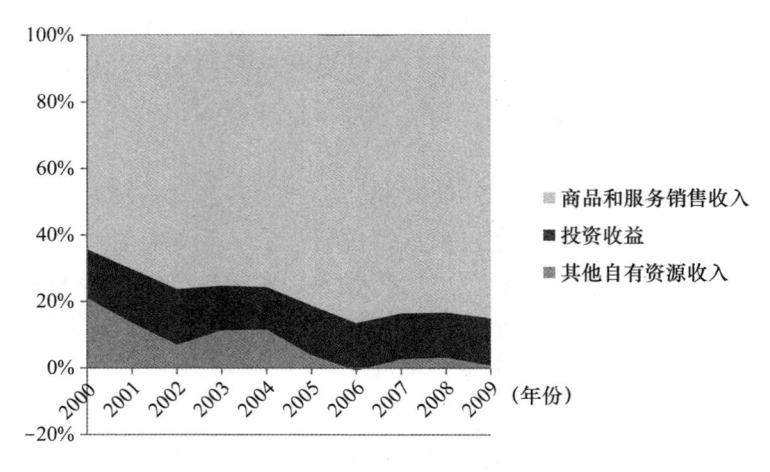

图 4-20 地区政府非税收入内部结构

资料来源:根据加拿大统计局 CANSIM 数据库联邦、省级、地方政府财政收入数据整理(数据库表格编号 385 - 0002、385 - 0024)①。

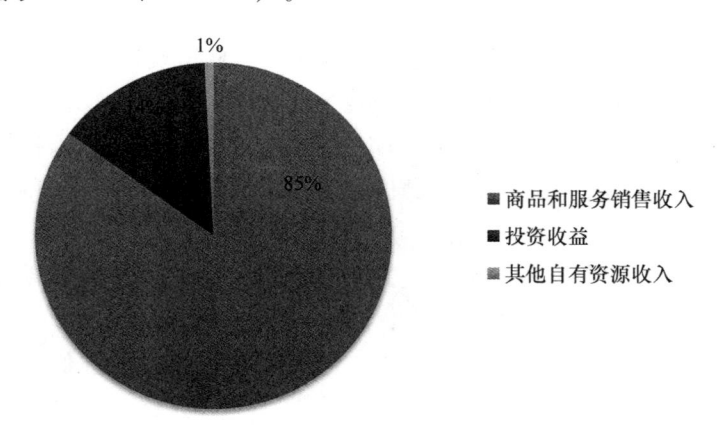

图 4-21 2009 年地方政府非税收入内部结构

资料来源:根据加拿大统计局 CANSIM 数据库联邦、省级、地方政府财政收入数据整理(数据库表格编号 385 - 0002、385 - 0024)②。

---

① http://www5.statcan.gc.ca/cansim/home - accueil? lang = eng&tz = 120308。
② http://www5.statcan.gc.ca/cansim/home - accueil? lang = eng&tz = 120308。

第四章 加拿大政府非税收入

三 加拿大非税收入设立

（一）非税收入存在的合理性

如前所述，加拿大各级政府设有众多非税收入项目，且涉及的范围十分广泛，包括行政性收费、国有资产的投资与管理、罚款与罚没等。其设立目的主要出于增加政府公共收入、提高资源配置效率、促进社会公平。

1. 增加政府公共收入

在过去几十年中，加拿大政府活动和财政支出规模和范围的增长，主要依赖于由经济增长所带来的税收收入的增加。由于经济增长逐渐放缓，政府的部分公共支出开始通过财政赤字进行融资。作为高福利国家，社会福利支出越来越大，各级政府特别是地方政府面临的财政压力也日益增大。目前加拿大税负已相当高，若一味通过面向全社会普遍加税的方式来增加政府财政收入，势必引起公众的不满和反对，使政府面临较大的政治风险。

而政府非税收入本身具有分散性和专项性的特点，不会普遍增加公众的负担。因此，加拿大各级政府特别是地方政府，愈加倾向于通过非税收入的方式筹措政府资金，严格控制税负，适度增加财产性收入和行政性收费，甚至将某些税收改为收费。

2002—2013年，加拿大联邦政府非税收入占财政总收入的比重由8.55%上升至10.48%；近十年内，联邦政府税收收入增长了33.85%，而非税收入增长了65.04%；联邦政府财政总收入的年均增长率为3.12%，税收收入的年均增长率为3.07%，而非税收入的年均增长率达到5.78%[1]。加拿大非税收入的增长速度快于财政总收入和税收收入的事实，基本验证了这一点。

2013年3月，加拿大国会预算办公室（the Parliamentary Budget Office）公布的《2013年经济计划——收入预算展望》中预测，2013—2018年五年内，非税收入将由255亿加元增长至314亿加元，即加拿大未来五年内

---

[1] 据加拿大财政部（Department of Finance）《财政数据索引——2013年版》（Fiscal Reference Tables – 2013）整理，2013年3月，http：//www.fin.gc.ca/frt‐trf/2013/frt‐trf‐13‐eng.asp。

非税收入将增长约 23.14%①。增幅之大，可见一斑。

因此，非税收入已经成为加拿大各级政府筹措财政资金的重要方式，越来越多地被赋予了增加政府财政收入的作用。照此规模发展，以后这种趋势恐怕会愈加显著。

2. 提高资源配置效率

（1）市场角度

从市场角度来看，通过非税收入方式收取费用可为准公共产品提供成本补偿，从而可以在不损害市场竞争的情况下提高市场配置资源的效率。

在市场经济条件下，准公共产品是介于公共产品和私人产品之间的混合物品，一方面具有消费的局部公共性或外部性，表明在一定范围内不能由市场提供，或由市场提供缺乏效率；另一方面又具有消费的局部可排他性和竞争性特征，说明消费的边际成本并不绝对为零，在一定情况下向使用者收费具有实际操作的可行性。从这个意义上讲，准公共产品可以通过非税收入方式提供，收费数额即为准公共产品的价格，为准公共产品准确定价可加速优化准公共产品在市场中的配置过程，提高公共产品和公共服务的供给效率。

例如，若城市自来水供水的资金来源于财产税收入，那么决定水费多少的就不是用水数量而直接取决于纳税人拥有的财产数，节约用水并不能为具体消费者带来直接效益，于是居民的用水需求一定会大幅增长。而用水数量的增长同时造成供水设备投资和污水处理成本激增，进而造成社会资源的浪费。因此，对收费的合理使用可以极大地降低对水资源的浪费，降低供水总成本。同理，当高速公路和机场等资本性设备过于拥挤时，提高收费的价格不仅可以使这些公用设备的使用分流，还可以减少对这些公用设备进行新建的需求。

（2）政府角度

一方面，从政府角度来看，政府机构运营活动的资金是通过立法机关的批准来取得的。如果这种批准需要政府工作人员对公众服务需求进行详细的描述，并根据政府机构内部制定的绩效标准，与批复资金的财政部门

---

① 据加拿大国会预算办公室（the Parliamentary Budget Officer）《2013 年经济计划——收入预算展望》（Economic Action Plan 2013 – Outlook for Budgetary Revenue）整理，2013 年 3 月，http://www.budget.gc.ca/2013/doc/plan/budget2013 – eng.pdf。

或立法机关尽力争取，不仅过程繁复，而且在某种情况下甚至存在权力寻租的隐患。但如果采用非税收入的方式，政府工作人员则可以将注意力全部用在及时满足民众需求上，避免在财政预算中空泛地假设公众的需求。由于政府机构必须准确提供公众需要并提供真正能够满足民众需求的服务，否则其将会在财政检验中处于弱势地位，无法良性稳健地维持运营和发展。

另一方面，从非税收入中的收费角度而言，可以满足降低交易费用的要求。对于公共产品来说，由于实行受益与支付直接对应的原则，收费制度的交易费用（制定费用和执行费用）通常小于税收制度的交易费用。

（3）社会公众角度

从社会公众角度来看，非税收入可以有效反映公众的服务需求。效率要求稀缺的资源能被放置在最能有效利用的地方，决定效率的最有效信息是价格，合理的收费可以让政府管理者知道自己提供服务的成本和收益，同时让社会公众知道自己所要选择消费的服务成本。实际上，随着社会分工的深化和专业服务的发展，如果遵循自愿和等价原则，消费者自然会选择最佳的服务与价格组合，并有权对提供的项目进行评论。如果社会公众对准公共商品或服务不满意，除了通过抗议或采取公共行动的方式来明确地要求更高的效率，更可以通过减少使用来表达不满。因此，对公共服务收费使得政府管理者更直接地面对社会公众，并通过市场检验来更合理地分配资源。

假设某城市欲举办冰球联赛，如果所需费用是通过收费方式来筹集的，该市就可以得到关于服务类型的选择、所需服务的数量和质量等方面的数据。如果不收取费用，无论政府还是市民都可能会就项目的可行性以及提供服务的方式等问题漫无边际且无休止地争论下去。收费是对服务需求的一种终结性测试，未享受服务者不必支付费用，因此，收费体制不仅为政府提供这些服务筹集了一定的资金，同时也有利于公民表明自己对某种服务的偏好。

3. 促进社会公平

（1）使用者收费角度

从使用者收费的角度，非税收入从两个方面促进着社会公平。一是体现了受益公平原则；二是可以平衡社会不同收入阶层的成本负担。

非税收入针对付费者所享受的服务收取一定的费用，是按照其从政府提供的公共产品中受益的程度来分配负担的,使成本与受益相对称,体现了受益公平原则,也满足了付费者的回报心理。

加拿大联邦法律规定,联邦设立收费的目的是通过对直接受益以及需要监管的活动进行收费,以促进社会公平。收费容许政府在个别人获取关系到全体利益的权利或者特权时,可以有一个代表全体利益的公平的回报。

加拿大大多数城市提供的服务,均可以被区域内任何人便捷地获取,因此,如果某项服务符合收费条件而政府选择作为纯公共产品提供,则相当于为非纳税受益人群体提供财政补助,以牺牲纳税人为代价。

例如,在加拿大很多城市都是通过财产税来为垃圾回收活动提供资金支持。可是慈善机构、宗教组织和教育机构在财产税方面享受免税待遇,从而不会对垃圾回收活动给予任何资金支持,故它们享受到的垃圾回收服务就只能由广大一般纳税人承担。一旦改为通过收取垃圾回收服务费,成本转嫁现象就会大大减少。正如税收豁免权并不能免除这些主体从公开市场上购买商品和服务时应当付费的义务一样,这些机构必须为从私人部门购买的商品付费,也应当为垃圾回收服务付费。

非税收入在平衡社会不同收入阶层的成本负担上也发挥着作用。人们承认,免费服务并不是重新分配财富的最好方式。根据加拿大政府对不同收入阶层的调查资料[①],高收入阶层很少能够从免费或者低成本的公共服务中受益,如停泊费用较低的机场和码头很少使拥有私人飞机或者游轮的消费者受益,而高等教育财政补贴在很大程度上是使高收入家庭受益。反之,如果引入覆盖边际成本的使用者收费,那么将减少财政投入(相当一部分财政收入即一般性税收由低收入群体缴纳,这给该群体带来极大的经济负担)。使用者收费不会收取成本之外的费用,反而能够使大众更加理性消费,同时可以更多地面向高收入群体征收,以减少低收入群体的负担,从而更好地达到公平的目的。

(2) 财产性收入角度

非税收入可以对自然垄断行业进行公正合理的定价。

加拿大国有企业在社会经济中发挥着十分重要的作用,每年政府从国

---

① 加拿大国库委员会秘书处:《联邦政府使用者收费的背景文件》(USER CHARGING IN THE FEDERAL GOVERNMENT – A Background Document) (http://www.tbs-sct.gc.ca/pubs_pol/opepubs/tb_h/ucfgtb-eng.asp)。

有企业利润及分红中所得的投资收益占政府非税收入的比重不容小觑。加拿大的国有企业大多集中于自然垄断行业，对于自然垄断行业而言，政府管制的一个重要手段就是进行公共定价。

合理的公共定价机制应是按照平均成本定价。平均成本定价超过边际成本定价的部分实际上是一种政府收费，这对于公平协调企业利益和消费者利益的作用是税收所不能取代的。

（二）收费和税收的关系

加拿大政府非税收入主要来源于政府收费、投资收益、罚没和捐赠等，其中收费包括公共商品和服务的使用费与规费等，是与民众利益关系最为密切的部分，也是非税收入中公众最易与税收收入混淆并产生异议的部分。

对于加拿大政府而言，采取收费方式增加财政收入已经有比较久远的历史。如今，加拿大政府的收费目标已不是更多地筹集政府资金，而是如何确保政府活动收费更加合理并得到民众更好的理解与支持。

目前加拿大政府财政收入所面临的最大挑战，是如何向民众尤其是受直接影响最大的收费群体介绍收费项目，因为民众更多时候仅将收费视为"另一项税收"。因此，梳理收费收入和税收收入的联系与区别就显得很重要。

收费作为财政收入的一个组成部分，与税收收入在性质上既有相似之处，又有显著的不同点。

1. 税与费的联系

收费与税收的联系表现在：作为政府收入的两种基本来源，二者在"量"上可以相互替代，又在"质"上能够相互补充，在下面几点上具有一定相似之处。

第一，主体均为行使政府职能的行政机关或者其授权部门；

第二，收入性质上均为财政性资金，都是政府参与分配国民经济的重要形式；

第三，在征收方式方面，都必须严格遵照政治程序制定的规章制度；

第四，在基本用途方面，都服从于政府职能的履行。

2. 税与费的区别

• 普遍性程度不同

税收在征收对象上具有普遍性，征收范围几乎涉及社会各个经济领域，因而在市场经济国家的财政收入中占很高的比例。

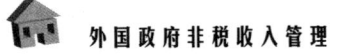

收费以交换为目的，在消费与否的选择上具有自愿性，一般设定在某个特定范围之内，对于特定的人群和项目进行收取，这种非普遍性决定了收费收入是财政收入的一种补充形式。

- 受益和支付的对等性不同

一般性税收的纳税与受益之间并无直接的对应关系，缴纳税款的主体并不能直接从政府获得相应的公共产品或服务。虽然加拿大税收项目中包含专用税，即指定用途税和受益税，但其应用的领域极其有限。在联邦政府税收中，如失业保险融资等税收主要是基于社会稳定和公民权益保障的考虑，从特定渠道中收取并指定其用途，不具有一般性税收的普遍特征。

收费是以政府行使特定职能和公共产品的需求为前提，即政府在为某些社会成员提供特定服务时才能收取费用。付费与受益之间存在直接对应关系，付费者即是政府所提供特定服务的受益者，受益者所支付的费用较为接近政府提供产品或者服务所耗费的边际成本，从而使政府方与受益者各有所获。

- 具体用途不同

税收通常不规定特定用途，而由政府统筹安排使用，其所提供的产品主要是具体受益对象难以确认的公共产品，如国防、一般行政管理服务等纯公共产品。纯公共产品的特征决定了政府只能采取普遍征收、普遍服务的方式，即通过税收来筹集资金。

收费在用途上比较注重受益者与付费者之间的直接联系，资金一般具有专门的用途，用于提供具体受益对象明确的混合性产品和服务，如高速公路、桥梁等公共设施和公共服务。

- 立法层次和制度稳定性不同

税收的课税对象、课税标准等均通过多重立法，在相当长的时间期限内都将固定不变。对于收费而言，从立法层次看，收费项目一般事关某一局部，因此立法权限或政策制定权限也相对较分散。从制度稳定程度看，收费对象的特定性致使其有很大程度的灵活性，一旦某种行为或现象发生变动乃至消失，对应的收费项目也将随之改变以至被废除，尤其是一些具有限制性或者惩罚性的收费。如加拿大《财政管理法》和《使用者收费法案》规定政府可以对已设置的收费项目进行调整，《基于成本的使用费和规费项目设立指南》①指出征费部门每三至五年可对收费项目进行审查修正。

(三) 非税收入的设立条件

对政府服务收费一方面可以反映出公众的偏好和需求,另一方面也可以带来生产和消费效率的提高。加拿大政府设立的收费项目应满足以下几个必要条件,即商品服务的竞争性和排他性、收费对象为特定受益者、商品服务具有可衡量性。

1. 商品服务的竞争性和排他性

纯粹的公共物品和服务具有非竞争性和非排他性,一个人消费特定的服务并不影响另外一个人消费此服务,也不能防止未付费的人消费该服务,即允许另外一个人消费非竞争性的物品和服务的边际成本是零。例如,在看烟火时增加一个观赏者并不影响其他人观看。

而纯粹的私人物品和服务是强竞争且强排他的。例如,如果一个人吃了一个苹果则其他人就不能再吃那个苹果了。

政府收费项目所提供的商品和服务是准公共产品,因此应介于两者之间,具备一定的竞争性或排他性。

总体来说,竞争性和排他性决定了政府对商品服务进行收费的可行性,物品的竞争性或排他性越强,就越需要定价和收费,这也是从商品服务自身属性的角度看政府收费所须满足的必要前提。

2. 具备特定受益者

特定受益者是指从政府提供的商品、服务或者设备使用中获得的利益比一般公众多的人群。

加拿大政府规定,只有当从政府提供的商品和服务中受益的是明确的个人或者公司而不是整个社区时,对这种商品和服务收取费用才是可行的,且特定受益者须承担所获商品和服务的成本。如果使用一般财政收入来为社区中一小部分人提供的服务来融资的话,无异于为这部分人从别人口袋中渔利创造了条件。使用特定服务并从中受益的人,并没有付出比未

---

① 加拿大国库委员会审计办公室 (the Office of the Comptroller General):《基于成本的使用费和规费项目设立指南》(Guide to Establishing the Level of a Cost - Based User Fee or Regulatory Charge), 2009 年 5 月。

享受者更多的成本。政府通过收费的方式可避免这种"系统性的财政补助"。

如果某种服务的具体受益人是不明确的，或者受益人涵盖整个地区，那采取收费的方式就不可取。加拿大安大略省法律规定，从政府服务中获益的人应该支付服务成本，但在收费成本过高、收费导致损害、受益者无法确认、使用者无法负担等情况下，政府可不收费。例如，加拿大的教育体制规定：不应当对基础教育收费，但可以对成年人的自动机械学培训课程收费。因为在前一种情况下，试图依靠自愿供给以提供基础教育显然不具备可操作性；而在后一种情况中，机械工确实可以提高社区的运营效率。如果某人的汽车需要修理，他必须因此而付出修理费，所以通过教育获得机械工技能的受益过程就必须以收取培训费为代价。

3. 服务的可衡量性

加拿大国库委员会出台的《外部服务收费的服务标准政策》[①] 要求，加拿大政府设立的使用费服务项目必须可以通过经济可行的方法进行衡量，从而排除没有付费者享受该种服务的收益。

如果可以具体实际地度量服务的使用状况，如使用水表和收费站等，那么将可以得到最大化的资源配置效益。但是，由于并非所有可度量指标都是值得度量的，因此在设定标准时必须有所选择。如对城市街道的使用，可以通过设立收费站或者收费桥来测量，但排队等候时间等成本因素就不列入考量。

有的服务可以通过直接途径进行测量和监控，比如通过仪表、围栏、旋转栏门、贴花机等方式。有的服务则需要通过间接方式进行测量，比如加拿大许多城市对排污系统使用情况的度量是通过对自来水使用量的测算。这是因为考虑到污水排放有数量和质量两个因素，工厂对排水管道的使用情况很难具体测量，而通过自来水的使用量来间接反映污水排放情况，无疑是合理的选择。

此外，收费行为本身将产生一定的成本，包括社会公众对服务使用情况的度量、根据服务成本计算收费数额以及费用的征收过程等。因而，加拿大政府规定，政府收费本身不应产生过多的管理成本和服务成本。

---

① 加拿大国库委员会（Treasury Board）：《外部服务收费的服务标准政策》（Policy on Service Standards for External Fees），2004 年 11 月。

(四) 非税收入项目的设立依据

1. 非税收入项目须依法设立

依据加拿大联邦《宪法》《财政管理法》等法律和政策,加拿大政府征收任何非税项目都需要经过严格的法律或行政审议程序,国库委员会主要通过《外部收费政策》[①]对政府设立收费项目的行为进行管理。2004年联邦议会颁布的《使用者收费法案》,更加明确地规定了各级政府设立收费项目或变更收费标准须依法设立,使得政府设立收费项目从行政层面上升到法律层面。

2. 非税收入须分级设立

根据管理权限划分,联邦政府、省(地区)政府和地方政府各自依据联邦《宪法》等有关法令,经本级议会批准设立非税收入项目,并分别管理本级非税收入。各级政府筹集非税收入,必须以法律法规为依据,由各级议会(立法院)批准。

加拿大非税收入在立法层次上,基本集中在联邦政府和省级政府两级。全国性和中央政府的非税项目,须经过中央权力机构的审议批准后以法律形式颁布;省级政府主要根据联邦和各省的法律法规筹集非税收入,收费项目由省级议会审议批准设立;地方政府收费项目须由省级法令授权,经市议会批准,确定各城市的收费范围和收费标准。但联邦政府可以对省级和地方公共部门的收费标准进行干预和限制。

3. 项目设立过程中的听证协商制度

加拿大法律规定,政府应通过听证制度、公示制度、协商制度等方式,将社会公众的意见和建议作为非税收入项目设立过程中重要的设立依据。《使用者收费法案》明确规定,政府须将收费项目详细方案进行公示,在公示期内若接收到来自社会各界的投诉,须按照《使用者收费法案》第4.1条的规定进行及时有效的处理,另外,政府还应举行听证会广泛听取公众和服务对象的意见,与公众和服务对象进行协商。

加拿大国库委员会规定,联邦政府部门和机构在收费项目设立过程中,必须认真听取缴费者的意见:

[①] 加拿大国库委员会秘书处(Treasury Board Secretariat):《外部收费政策》(External Charging Policy),2003年8月。

第一,在设立新的收费项目或修改收费标准之前,采取适当方式通知缴费人,给予缴费人反馈意见的机会;

第二,就可能出现的问题与缴费人进行磋商并达成共识;

第三,对现有的相关收费以及收费设立的环境进行分析,对收费可能产生的正、负面影响进行评估;

第四,设立答辩程序,阐明对缴费人提出意见和建议的接纳程度及原因。

未履行上述程序,未经协商或达成一致意见的,不得实施收费。

省级政府和地方政府设立收费的有关程序与联邦政府大致相同,也必须在本地区范围内广泛征求各方意见。

加拿大政府设立收费项目过程中具体的听证协商要求与过程将在后文"非税收入项目的设立程序"中进行详细论述。

四 非税收入管理部门及法律和政策依据

(一)非税收入管理部门

1. 决策部门

• 议会

加拿大议会采取两院制,分别为下议院和参议院。议会在财政收支和预算中的作用举足轻重,议会下设财经委员会、公共账目委员会和预算委员会,承担预算审查监督的主要工作。其中财经委员会负责总预算的审查和监督,公共账目委员会负责对政府收入支出审计报告的审议,预算委员会负责对部门预算收入和支出的审查监督。根据威斯敏斯特会议有关责任政府的内容,政府对议会负有受托责任,议会的信任是政府执政的必要条件。很多关键政策如《御前宣言》和《预算法案》都是信任案,政府须得到议会多数支持。若无本级议会批准,各级政府无权擅自设立收费项目和支出经费,议会在审议过程中,全面行使监督和问责职能。《1867年宪法法案》还规定,加拿大联邦议会有权力和责任统一除魁北克省之外的所有省的财产。

• 枢密院

枢密院是由加拿大总督顾问组成的机构。枢密院向总督提供有关国务和宪制事务的建议。枢密院通过《御前宣言》和《预算法案》向内阁和总理建议政策优先顺序的调整，管理内阁议程，沟通内阁决策，并在内阁试图改变政府决策或项目结构的部门备忘录中执行具体事务。

2. 主管部门

● 财政部

财政部（Department of Finance）是联邦政府政策咨询与制定的重要职能部门，负责检测所有的国民经济运行指标，向政府提供宏观经济形势预测和分析，根据财政收入和经济发展情况研究制定政府收入、支出政策以及货币政策，编制财政收入与支出预算，承担税收和关税立法修订草案的制定，为联邦政府提供必要的经济信息和政策建议。同时，财政部还负责评估政府收入与支出项目建议。为了提高经济决策的科学性，加拿大财政部70%[①]的司局及人员均从事财政经济预测和政策研究，工作中心体现在政策的研究与制定上。

● 国库委员会

国库委员会（Treasury Board）是加拿大的内阁机构，由一位主席和包括财政部长在内的五位身为部长的内阁成员组成。国库委员会下设秘书处，为独立的部级机构，由国库委员会主席领导。2004年，加拿大议会颁布了《使用者收费法案》，自此以后，国库委员会秘书处承担起了监督和引导该法案所创制的新型法律框架的责任，在指导和协助政府各部门设立新的收费项目和变更原收费标准等方面发挥了主导性作用。

国库委员会主要负责财政收支管理，包括协助财政部编制部门收支预算，按预算进度下达财政资金拨付计划，监督议会有关年度详细支出计划的报告，制定政府收支的行政政策。国库委员会可建议设立各种收费和支出项目，并按照内阁的意图与财政部长共同确定项目重点、项目筹划和配置概算等，同时还负责政府各部门具体收入和支出项目提案的审查、批复和后续管理工作。财政部和国库委员会在加拿大整体财政收支管理中起主导作用。

3. 其他部门

● 国家收纳总署

加拿大国家收纳总署（Receiver General for Canada）主要负责掌管联邦

---

① 中华人民共和国财政部：《加拿大财政预算编制简介与启示》（http://www.mof.gov.cn/zhengwuxinxi/diaochayanjiu/200904/t20090423_135877.html）。

国库收支、运营和管理政府"综合收入基金"(Consolidated Revenue Fund, C. R. F)、处理政府公共账务等。其具体职责包括：第一，代表联邦政府各部门和部分省级政府向加拿大公民、加拿大企业以及国际组织拨付资金；第二，为联邦政府提供银行现金管理服务，代表联邦政府接收社会各界和其他政府部门的缴款；第三，作为政府账簿的记录员和"综合收入基金"的管理者，管理联邦政府和各部门所有收入和支出项目的公共账务往来，并依据《财政管理法》第64条的规定每年向社会公布年度《加拿大政府公共账户》(Public Accounts of Canada)，起草政府财务报告和决算报告，监督各部门收入和支出预算的执行。

● 加拿大审计署

加拿大审计署(Auditor General for Canada)隶属于加拿大议会，直接对议会负责和报告，主要负责审计联邦政府运营状况以及联邦政府使用和管理公共基金的情况，并向议会提交独立信息和审慎建议。其审计对象包括联邦政府的各个部门和机构、政府年度财政报告、国有企业特别检查和财务报告、政府收支项目评估，以及加拿大努纳武特地区、育空地区和西北地区的地区政府。另外，依据1995年《审计法》修正案，加拿大审计署还负责加拿大环境和可持续发展相关工作。

● 国会预算办公室

加拿大国会预算办公室(Parliamentary Budget Officer)成立于2006年12月，由14人组成，直接隶属于议会，负责向议会提供关于国家财政状况和加拿大未来经济趋势预测的独立分析，以及评估由议会负责审批的收支项目提案的成本收益。

（二）法律和法规

1. 加拿大宪法

加拿大宪法由很多法律组成，还包括不成文的司法实践惯例和政治习惯。其成文宪法中有两个核心法案[①]，均有关于非税收入的相关内容：

一是1867年的宪法，即《1867年英属北美法案》（在1982年被重新命名为《1867年宪法法案》）。1867年宪法规定了加拿大联邦中央政府与

---

① 成文宪法中的两个核心法案，均属于加拿大现行宪法的组成部分，而且是英国宪法和美国宪法的混合体，采纳了美国的联邦制和英国的议会民主制。

地方政府，联邦议会与省议会的机构组成，以及中央与地方的立法权、行政权的划分等。该法由 11 个部分组成，包括：序言、联邦、行政权、立法权、各省组织、立法权的划分、司法、预算、债务、资产、税收、铁路及北美殖民地其余省份加入联邦的问题等。

二是《1982 年宪法法案》，以《1867 年英属北美法案》为基础并在 115 年的时间里作了 23 次修改后，最终形成加拿大宪法的成文部分。《1982 年宪法法案》的新意主要表现在增加了有关加拿大公民基本权利和自由的宪法性规定，并添加有关宪法修改程序的规定。

两部宪法法案中，关于联邦政府、省级政府、地方政府的非税收入的阐释和规定大致介绍如下：

①联邦政府非税收入

根据《1867 年宪法法案》中第 53、54 条的规定，所有关于收取税收和拨付国家公共收入的议案，都应当源于下议院（the House of Commons）。但下议院并无权力直接采纳或通过这些关于财政收入和财政拨付的提案或决议，只有当总督首先向下议院提出建议意见，然后再提出相关的法案时，才能合法有效地通过一个关于公共收入和税收的政策。

第 102 条规定，所有为提供公共服务而建立联邦收入基金的职权，均由立法机关掌握。

第 126 条规定，宪法赋予联邦议会和省级立法机构在各省设立固定收益基金的权力，用于提供本级政府的公共服务的拨款。

②省级政府非税收入

经过对《1867 年宪法法案》的修正，《1982 年宪法法案》中第 92 条规定，省级立法机关对下列财政收入项目具有专属决定权：不可更新的自然资源、林业资源和电能，归属于省的公共土地及其地上林木的管理和销售，为增加省和地方收入而对商店、酒吧、客栈、拍卖行等行业收取的特许经营费，关于省内违法行为收取的罚金。

第 109 条规定，土地矿藏的所有权和使用费收益归各省所有，由此产生的费用、信托收益和其他利益权也归各省级联邦政府。省级政府有权在其管辖区域范围内筹集非税收入，并在制定省级法律时予以规定。

③地方政府非税收入

加拿大宪法有设立联邦和省（地区）两级政府的规定，但对于地方政府没有明确条款，如何设立以及权限授予，均由省级政府依照有关法律决定，因而地方政府筹集非税收入也是由省级法令授权。如安大略省《发展收费法令》规定，该省可以征用于城市基础设施建设所需资金。此外，各省还允许市政府在供水、污水垃圾收集和处理、公共交通等方面，适当收取费用以弥补部分成本开支。

2. 《财政管理法》

《财政管理法》（Financial Administration Act）作为联邦法案，对加拿大政府的财政管理做出全面而统一的规定，是政府进行国家财政治理、建立健全国家收支预算体系、有效控制重要国有资产的主要依据和有效保障。《财政管理法》同时也是加拿大联邦非税收入管理的重要法律依据。

整个法案共包含十一个部分，分别为组织机构介绍、公共收入（Public Money）、公共支出（Public Disbursements）、政府债务（Public Debt）、公共财产（Public Property）、政府公共账户（Public Accounts）、国有债权的转让（Assignment of Crown Debts）、相关民事责任与惩罚（Civil Liability and Offences）、国有企业（Crown Corporations）以及杂项等。其中关于非税收入的有关规定主要涉及以下几个部分：

- 第一部分：主要明确加拿大政府在财政管理方面的主管部门，即国库委员会（Treasury Board）和财政部（Department of Finance）的机构职能、人员构成、权责分配等。
- 第二部分：主要包括关于公共收入的规定。开篇便强调了联邦政府部门和机构所征收的非税收入必须按照国库委员会的规定，统一缴存到国家收纳总署（Receiver General for Canada）的"综合收入基金"（Consolidated Revenue Fund, C. R. F）账户中，除个别非税收入可以用于补偿提供服务发生的费用外，非税收入原则上由政府统一安排使用。有关部门和机构开支，必须列入部门或单位预算，并事先获得国库委员会和议会批准。法案还明确指出应对何种服务或者权利收费，同时强调对使用者收费不得超过成本。
- 第五部分：强调加拿大政府公共账户（Public Accounts）的建立过程、涉及内容、对公共账户的季报要求以及公布时间等方面具体细则，政府各部门每年非税收入的征收明细需在该部门公共账户里明确列示。
- 第十部分：阐释关于加拿大国有企业的规定，明确了国有企业的分类、特征、权利范围以及主要经营项目和活动，并分五个子模块详细阐述了公司事务、人员任免、公司财务管控、国有企业在北美贸易协定中的责任等内容,突出体现了政府对国有企业的指导、管理和监督。

3.《使用者收费法案》

《使用者收费法案》(User Fees Act)于 2004 年 3 月 31 日由加拿大议会通过并颁布实施。该法案创立了一套完整的使用者费用征收系统,对政府各部门设立新收费项目或变更原有收费标准的具体要求进行了明确阐释。

在该法案颁布实施之前,国库委员会主要通过《外部收费政策》[1]对加拿大政府设立收费项目进行管理,为避免两者之间产生冲突,遂被废止[2]。为了向各部门法律顾问提供关于《使用者收费法案》的基本信息,加拿大司法部同时拟定了一份关于《使用者收费法案》的法律指南。

《使用者收费法案》对如下几个方面做出了详细的规定,包括:
- 关于使用者收费相关法律概念的界定;
- 法案的适用范围;
- 具体收费项目设立的流程;
- 政府与缴费者的协商机制;
- 政府对投诉处理方式;
- 政府向议会提交项目议案的程序;
- 议会对收费项目进行审查和批复的程序等。

《使用者收费法案》的目标在于指导政府部门如何合理合规地收费,同时加强使用者收费的信息披露,强调项目绩效的标准和结果。根据该法案的规定,国库委员会秘书处对于监控政府各部门的收费事项具有特定责任。秘书处不仅为各部门提供收费项目提案的模板,指导其在本法框架内新设、修改、更新、完善收费项目,还制作参考指南,详细说明《使用者收费法案》关于争议解决和设立独立顾问小组的具体事项,以最大限度地帮助政府部门顺利完成收费项目事宜。

---

[1] 加拿大国库委员会秘书处(Treasury Board Secretariat):《外部收费政策》(External Charging Policy),2003 年 8 月。

[2] 加拿大国库委员会秘书处(Treasury Board Secretariat):《外部收费政策》(External Charging Policy),2003 年 8 月。

法案第 8 条规定:"该法案颁布的三年内,国库委员会主席须就法案的相关规定及实施情况等向议会两院提交审查报告。"据此,国库委员会主席于 2007 年 3 月 30 日,向议会提交了题为《国库委员会主席就〈使用者收费法案〉相关规定及实施情况报告》的专项报告[1]。

报告除了对《使用者收费法案》的具体规定进行了详细阐述和权威解读之外,还列举了该法案实施头三年内依据该法案申请设立或更改的三个收费项目,分别为:

- 加拿大环境部 2005 年关于《加拿大国家公园门票及娱乐费》的提案。
- 加拿大工业部 2006 年关于申请为其下属认证和工程局所提供的服务设立两个新收费项目的提案。
- 加拿大国有资源部 2005 年申请提高其相关许可费、执照及特许权收费标准的提案。

报告展现了三年阶段政府各部门在行政管理操作中对《使用者收费法案》的执行效果,同时也反映了对相关利益群体知情权的尊重,使社会公众充分了解了一项收费提案设立或修改的流程,有利于增强公众对政府管理的信任。

(三) 政策和指南

1.《外部收费政策》[2]

2004 年 3 月 31 日被废止的《外部收费政策》虽然已不具有行政效力,但作为加拿大政府《使用者收费法案》的基础,对收费项目设立的各个环节和程序都有最为全面系统的规定,对于了解加拿大收费制度的建立和完善具有重要意义,在此略加介绍。

由加拿大国库委员会秘书处 2003 年 8 月 12 日制定并实施的《外部收费政策》,适用范围包括产品服务收费、特许权或其他权利收费、政府财产的出租或出售三类,不适用于调整转移支付、专项收入合同交易、不动

---

[1] 加拿大国库委员会(Treasury Board):《国库委员会主席就〈使用者收费法案〉相关规定及实施情况报告》(Report of the President of the Treasury Board on the Provisions and Operation of the User Fees Act),2007 年 3 月。

[2] 加拿大国库委员会秘书处(Treasury Board Secretariat):《外部收费政策》(External Charging Policy),2003 年 8 月。

产交易、政府部门之间的内部交易、基于雇佣关系导致的部门与其雇员之间的交易行为、使用或处置国有资产的行为、出版物定价等方面。该政策主要从三个角度对政府外部收费行为进行了规制：

第一，收费项目须满足的条件以及设立、调整、管理收费项目的行政要求；

第二，政府征费部门须与收费项目的利益相关者进行公开、透明的协商沟通；

第三，收费项目设立后的后续管理、绩效评估、争议处理等要求。

2.《外部服务收费的服务标准政策》[1]

加拿大国库委员会于 2004 年 11 月审核通过《外部服务收费的服务标准政策》，要求相关部门为所有收费项目设立服务标准和具体量化的绩效指标。这是根据《使用者收费法案》特别强调的政府部门公共服务的绩效指标设立和绩效表现评估进行的。主要政策规定有：

- 政府收费项目必须满足两个具体的标准，即可衡量性和与支付数额的匹配性。
- 所有收费服务标准必须经过与相关利益者的协商订立，并由国库委员会秘书处最终审议决定。
- 政府部门每年应在公开发布该部门年度绩效评议报告之前，向议会递交该部门所有收费标准和绩效指标的明细，以及与收费项目利益相关者的协商咨询结果。
- 国库委员会秘书处认为服务标准的确定对于政府提供公共服务具有重大影响，收费项目的利益持有者对该项目的服务标准绩效评估享有知情权，有关部门应当及时公示服务标准、服务目标、协商咨询成果等信息。

3.《基于成本的使用费和规费项目设立指南》[2]

2009 年 5 月，国库委员会审计办公室出台《基于成本的使用费和规费项目设立指南》，对使用费和规费项目的定价方式进行指导。该指南旨在

---

[1] 加拿大国库委员会（Treasury Board）：《外部服务收费的服务标准政策》（Policy on Service Standards for External Fees），2004 年 11 月。

[2] 加拿大国库委员会审计办公室（the Office of the Comptroller General）：《基于成本的使用费和规费项目设立指南》（Guide to Establishing the Level of a Cost－Based User Fee or Regulatory Charge），2009 年 5 月。

通过介绍基于成本定价的操作过程和关键影响因素，为有关部门和机构理解定价方式、实施定价操作提供帮助。

根据该指南，基于成本的使用费和规费项目设立依三个步骤进行，即成本核算、估算费用上限和考核定价因素。

该指南具体阐述了使用费和规费收费标准的确定过程，政府有关部门在完成成本核算并预估出费用上限之后，应量化该收费项目所包含的公共利益，与利益相关者进行磋商咨询，并充分考虑收费项目实施后的市场反应与对其他公共政策目标造成的影响。

该指南明确指出，应当对费用设置的全过程实施详尽的记录，以适应内部意见咨询和后续审批工作的需要。

4. 《成本核算指南》[①]

国库委员会审计办公室（the Office of the Comptroller General）于 2008 年 7 月制定的《成本核算指南》，旨在建立一套完整精确的成本信息核算体系，用以指导从联邦到地方各级政府部门的工作。通过核算具体政府活动或产品服务项目的成本，可以为有关部门设立收费项目、确定收费标准提供有效依据。同时，检验政府支出与公共服务的相关度水平，为提高政府工作效率、推进机构人事管理、完善责任分配制度提供政策引导。它替代的是加拿大国库委员会秘书处于 1989 年颁布的《加拿大政府产出成本指南》。[②]

《成本核算指南》的核心内容是成本核算的七个步骤。这七个步骤建立了一套逻辑严密的成本演算过程，并在此过程中明确指出了各部门的角色和职责。

在该指南的基础之上，政府部门可完成对非税项目的成本信息统计，包括制订预算计划、获取项目资源、制作财务报表、进行财务决策、评估财务绩效、建立问责机制等。

此外，根据该指南，有关部门在开展成本核算工作时必须遵守以下几

---

① 加拿大国库委员会审计办公室（the Office of the Comptroller General）：《成本核算指南》（Guide to Costing），2008 年 7 月。该指南替代了 1989 年加拿大国库委员会秘书处颁布的《加拿大政府产出成本指南》（Guide to the Costing of Outputs in the Government of Canada）。

② 加拿大国库委员会秘书处（Treasury Board Secretariat）：《加拿大政府产出成本指南》（Guide to the Costing of Outputs in the Government of Canada），1989 年 2 月。加拿大国库委员会秘书处财政与信息管理处曾于 1994 年对该指南做出修改和更新。

项基本原则，包括：

- 对相关利益者进行前置性咨询；
- 确保项目成本可以实现计划目标；
- 保持对同一项目投入的前后一致性；
- 明确成本核算和产品定价的差别；
- 选用具有高信度和高效度的原始数据样本进行统计；
- 在可承受成本范围内最大限度地满足公众需求。

5. 《加拿大成本收益分析指南》[1]

成本收益分析被世界多国和国际组织广泛应用于提供服务或实施监管的决策过程[2]。

加拿大国库委员会于 1995 年颁布的《监管活动的成本收益分析指南》[3]，是加拿大政府第一份关于成本收益分析方法的文件。1999 年加拿大枢密院颁布的《加拿大政府监管活动政策》[4] 又规定，政府在公共管理方面做出任一重大决策（包括各级政府部门设立任一形式的非税收入项目）前，都必须首先进行成本效益分析，预估其对环境、产业、就业、消费者以及社会其他方面的影响。

国库委员会 2007 年颁布的《加拿大成本收益分析指南》[5] 是关于成本收益分析的最新指南。该指南用于帮助政府管理者选择经济有效的项目或

---

[1] 加拿大国库委员会秘书处（Treasury Board Secretariat）：《加拿大成本收益分析指南》（Canadian Cost – Benefit Analysis Guide），2007。

[2] 国际上在成本收益分析的方法和应用方面，美国环境保护局（Environmental Protection Agency）2000 年 9 月发布了《经济分析指南》（Guidelines for Preparing Economic Analyses），美国管理预算办公室（Office of Management and Budget）2003 年 9 月制定了编号为 Circular A – 4 的文件论述相关问题；澳大利亚监管审查办公室（Office of Regulation Review）1998 年 12 月发布了《监管活动指南——第二版》（A Guide to Regulation, second edition）；经济合作与发展组织（Organization for Economic Co-operation and Development，OECD）2004 年 4 月发布了《监管活动影响因素分析手册》（Regulatory Impact Analysis Inventory），2005 年发布了《关于环境于成本收益分析的近期发展报告》（Cost – Benefit Analysis and Environment：Recent Developments）；欧盟委员会（European Commission）2005 年 6 月发布了《影响因素评估指南》（Impact Assessment Guidelines）。

[3] 加拿大国库委员会秘书处（Treasury Board Secretariat）：《监管活动的成本收益分析指南》（Benefit – Cost Analysis Guide for Regulatory Programs），1995 年 8 月。

[4] 加拿大枢密院（Privy Council Office of Canada）：《加拿大政府监管活动政策》（Government of Canada Regulatory Policy），1999 年 11 月。

[5] 加拿大国库委员会秘书处（Treasury Board Secretariat）：《加拿大成本收益分析指南》（Canadian Cost – Benefit Analysis Guide），2007。

行为方案,并以此作为与利益相关者进行协商咨询的出发点和立足点,是政府内部进行非税收入项目设立或调整决策的依据,同时也是政府向社会公众和利益相关者推介非税收入项目的重要内容和途径。其中,非税收入项目设立过程中的具体规定和应用将在此后"非税收入标准的制定流程"中进行详细阐述。

五 非税收入的收费标准设立

加拿大政府设立收费项目时,主要分为基于成本的定价方法和基于市场价值的定价方法,在不同政策目标和实际情况下,制定收费标准的方法有所不同。本书着重从静态分析的角度,阐述政府在何种情况下应选择何种收费标准,以及收费标准设立后的调整。

(一)收费标准的分类

加拿大《外部收费政策》[①] 规定了两种收费办法:

其一,对于政府部门或机构提供的商品和服务(包含监管服务)、信息产品、公共设施等收费项目应采取基于成本的定价方法,且收费标准不得超过其全部成本;

其二,对于政府部门或机构出租或出售公共财产、授予商业化的投资许可和特许权、发放执照等收费项目应采取基于市场价值的定价方法,且此时政府须向专业的法律部门进行咨询。

一般情况下,政府收费项目的收费标准应等于项目的全部成本或者其市场价值。不过,当征费部门证实出现下列情况时,收费标准可低于成本或市场价值:

(1)覆盖全部成本或市场价值的收费标准将大大降低该项目的需求量,或者将严重影响某一重大公共政策目标的实现;

(2)覆盖全部成本的收费标准将对政府财政造成重大不利影响,且降

[①] 该政策于2003年8月颁布,用于指导政府部门设立收费项目的各个方面,为避免与2004年3月议会颁布的《使用者收费法案》(User Fees Act)有关规定发生冲突,该政策在《法案》出台之日起废止,但该政策中关于此部分制定收费标准的规定在现实中仍然适用。

低收费标准与广泛意义的政策目标相一致；

（3）对政府提供的该商品或服务等的需求量不足以覆盖全部成本，且成本无法具有弹性的降低。

1. 基于成本的定价方法

在加拿大，基于成本的定价方法多应用于政府提供的商品和服务（包含监管服务）、信息产品、公共设施等收费项目。加拿大《财政管理法》第19（2）条规定，政府设立或调整的公共服务或公共设施收费标准不能超过成本。据此，国库委员会审计办公室颁布了《成本核算指南》[①]，其中详细制定了专门的成本费用核算公式，供政府部门和机构制定收费标准时参考，其中成本包含直接成本、间接成本以及与该收费项目有关的其他政府部门的成本。

基于成本的定价方法的首要任务是对成本的界定。在此，首先对关于收费项目成本的几个重要概念进行界定，这对于分析和理解下文不同的基于成本的定价方法的内涵和差异具有重要意义。

A. 会计成本和经济成本

会计成本：与一项特定活动相关的直接和间接成本，是可识别的货币支出，包括员工薪酬、厂房租金、水电气费、交通费、补给费等。

经济成本：会计成本加上由于未将资源应用于其最高价值之处而放弃的机会带来的成本，即经济成本或机会成本。

决定最佳收费标准的成本是经济成本而不是简单的会计成本。理想状态下，政府应该同时考虑两种成本，以决定不同服务水平下的成本水平。现实中，衡量经济成本尤其是机会成本因素的工作量和工作难度较大。较为实用的方法是识别经济成本和会计成本之间可能的不同。如果政策制定者判断二者差别较小或对于使用费的影响较小，可用会计成本作为合理的近似估计；如果二者差别对成本的影响很大，则应尽可能地估计经济成本。

B. 边际成本和平均成本

边际成本：一单位产出的变动导致的成本变化值，即每增加一单位使用者数量所带来的成本的增加量。

---

① 该指南替代了1989年加拿大国库委员会秘书处颁布的《加拿大政府产出成本指南》（Guide to the Costing of Outputs in the Government of Canada）。

平均成本：与给定产出量相关的总成本除以供给的单位数量，即总成本/使用者总人数，又称为单位成本。

加拿大国库委员会秘书处 1997 年在一份关于征收使用者收费的背景文件中指出[①]，政府服务的收费标准最理想和有效率的定价方式是边际成本定价法，使用该定价方法既能最集约地使用政府资金，又能实现社会总体福利最大化。然而在实际操作中，边际成本定价法存在较难识别成本和衡量成本的问题，且充分搜集市场信息又需要花费大量的额外成本，这些额外成本有时甚至远远超出政府设置收费项目所产生的收益。

因此，为了兼顾效率与公平，也为了平衡公共部门定价的有效性和公共服务成本覆盖的有效性，政府在制定收费标准时往往寻找边际成本的替代方案，使用其他成本定价方法进行近似估计，包括平均成本定价法、平均增量成本定价法、分段计价法、分块递减定价法等。这四种收费标准核定方法可能比边际成本定价法需要更多的政府资金投入，但在实际操作上优于边际成本定价法。

下文将分别介绍这五种收费标准核定方法。

（1）边际成本定价法

边际成本定价法（Marginal – cost Pricing）看似简单，实际应用却十分困难，原因有二：

其一，许多公共服务都很难有效定义成本；

其二，即便成本能够有效定义，也不太可能对成本进行量化，或者可量化程度尚不足以支持制定合适的收费标准。

从经济学的角度来说，收取使用费的主要意义是促进公共资源的有效利用。经济学理论早就指出，能够使公共资源有效利用的收费方案是使收费标准等于服务的边际成本。在需求有弹性（即会随价格而变化）的条件下，如果收费标准低于边际成本，则社会就会过量消费，导致总体福利下降；反之，如果收费标准高于边际成本，则社会就会过量生产。简单来说，政府提供的商品和服务的收费标准应等于其边际成本。

与会计成本不同，边际成本定价法中的成本是经济成本，经济成本的

[①] 加拿大国库委员会秘书处（Treasury Board Secretariat）:《联邦政府使用者收费的背景文件》（USER CHARGING IN THE FEDERAL GOVERNMENT – A Background Document），http：//www.tbs – sct. gc. ca/pubs_ pol/opepubs/tb_ h/ucfgtb – eng. asp。

本质是一种机会成本，即某种资源用于他处所能够获得的收益。例如，一座公园的成本不仅仅是公园的建造成本和运营成本，而是应该包括公园占地如果用于其他用途（如这片土地上的树木砍伐后出售或者在这片土地上兴建住宅以创造收入）所能够得到的最大收益。所以，在应用边际成本定价法的时候，需要对社会成本或者机会成本进行有效估计，而这种估计即使是在理论上也往往较为困难。进行成本估计时，需要估计多提供一单位的某种公共服务需要多付出多少成本。例如，对一条繁忙的航线来说，增加一单位的航班将会产生拥堵成本，因为其他的航班可能因此而延误。对于交通设施来说，拥堵显而易见会带来社会成本，但是却很难衡量其货币数额。可是要决定有效的价格，却又必须对拥堵的社会成本进行测度。

即使理论上测量这些边际成本是可行的，实际操作中也会困难重重。因为相关的市场价格可以找到。例如，将一个公园里的树木砍伐出售可以产生的价值，或者是在公园所在土地上建房子可以产生的价值，但是只有在确认这些市场价值可以等同于社会边际成本时，才可以使用这些市场价值来确定收费标准。若要让这些市场价值可以等同社会边际成本，则必须证明市场是完全竞争的，即该市场上的卖者均将价格设定为边际成本。

根据边际成本定价法，如果多提供一单位服务所多产生的成本可以计量，那么这个成本必然等于整个社会因为这一单位的服务所获得的边际利益。然而实际上，边际成本不是恒定的，而是随社会需求量的变化而变化的。所以，如果要根据边际成本制定收费标准，政府还需要确定价格变化对需求的影响。确定的方法有许多，可以参考互补品和替代品的价格（如根据旅行成本来为娱乐设施定价），或参考经过科学设计的调查（比如或有价值分析）。但一般来说，获取需求信息的难度大于获取成本信息。

除了定义成本和识别成本，在应用边际成本定价法之前还有一些其他的基本事项需要厘清。其中最重要的问题之一是政府提供商品和服务的收费标准是否应该包括"固定成本"（投资成本）。原则上说，收费标准应该仅仅包括短期边际成本，这样才能保证资源的有效分配，然而如果这样进行定价，就必须假定公共设施的规模处于最优状态。而该假定的成立，必须满足以下三个条件：

其一，原始投资决策是基于正确的社会成本—效益分析做出的，将影响定价的多方因素考虑在内；

其二，固定资产永远不可能报废；

其三，短期边际成本价格必须随着使用量的变化而变化。

也就是说，当存在闲置服务能力时，不应该收取使用费，但是随着使用水平增加，对使用者的收费也会上升，以此反映增加的拥挤成本。只有这样，才能保证更新固定资产时有足够的资金。

尽管如此，这一解决方案存在两方面的问题：

其一，如前所述，拥挤成本在任何情况下都难以精确估计；

其二，即使拥挤成本可以精确估计，但是除非有重大政治或行政因素，使用者收费一旦确定就很难更改，尤其是在服务质量下降时提高收费，尤为困难。因为政府无法让社会公众为越来越差的服务支付越来越高的价格。

如果计算初始收费标准时便考虑固定成本，也就是把长期边际成本作为成本计量的基础。如前所述，短期边际成本定价的变化会影响需求的变化，而计算长期边际成本时不需要需求变化信息。而且，基础设施建设需要巨大的资金投入，但是当使用长期边际成本时，这些项目的成本反而会下降。比如水电厂以及通信网络基站的建设，项目的沉没成本却具有明显的规模经济效应，产出很高，在某种意义上，至少平摊到每单位产出的成本就会下降。如果平均成本下降，那么边际成本——多提供一个单位服务所增加的成本——从理论上来说必然会低于平均成本。此类项目若采用边际成本定价法就意味着对使用者收取的费用将低于平均成本，进而在经济学意义上高效的收费方式将会导致财政赤字。

那么，对于公共服务使用边际成本定价所产生的财务赤字该如何弥补？如果该公共服务仅仅被部分人享受，就不应使用一般性的税收收入弥补亏空，由所有纳税人买单。一种可行的方案就是用平均成本替代边际成本作为收费的成本标准，使全部成本都被所征费用覆盖。

（2）平均成本定价法

平均成本定价法（Average – cost Pricing）是加拿大各级政府最常使用的确定公共服务收费标准的方式。平均成本定价法首先估算公共服务的会计总成本，然后除以当前提供服务的数量，从而计算出每一单位的价格，即使用费的收费标准。

平均成本定价法采用的是会计成本，而非经济成本。尽管经济学家更偏好边际成本定价法，但由于其确定收费标准的过程较为晦涩难懂，相比之下，平均成本的计算简单易行，对于缴费者而言也更加容易理解和推行，于是平均成本定价得到广泛应用。

然而，这一收费标准的核定方法存在以下两个问题：

其一，如前所述，该方法所得的结果并不能使资源得到最有效的利用。如果产出提高，单位成本就会下降，那么这种定价方法所确定的收费标准就会相对过高，导致产出数量低于社会真实需求量。反之，如果单位成本上升，收费标准会相对过低，公众会增加对该服务的需求，为了提供这一服务所消耗的资源依旧没有得到合理的分配。而且收费标准过低导致的高需求若被管理者理解为产出不足，政府就有可能通过增加投资等方式提高产出，致使资源的分配不均更为严重。只有当单位总成本不变，即边际成本等于平均成本的时候，平均成本定价法才是经济有效的。

其二，在单位总成本可变的前提下，必须估计收费标准变化对需求的影响，而这种估计较为困难。假定某一公共服务（如国家公园）之前免费提供服务，或仅收取远低于实际价格的费用，同时假定运营成本能够合理估计（该运营成本是指保证公园正常开放运营所需要的资金成本），且可以估计公园的游客人数。在这种情况下，如果突然提价或者将原本的免费改为收费，收费标准确定为平均成本，即"当前的运营成本/当前的游客人数"，则会导致公园游客数量的减少，不仅不可能完全覆盖总成本，甚至不能覆盖可变成本。因此，设定能够覆盖运营成本的平均价格收费标准，需要知道以下两方面信息：第一，需要知道当使用者人数变化时，单位成本会如何变化；第二，需要知道当收费标准变化时，使用者人数将会如何变化。而关于后者的信息并不容易获得。即便可以获得这类信息，由于第一个问题的存在，既无法根据该信息确定使资源有效配置的收费标准，也无法根据该信息确定公园是该扩大开放还是该降低服务规模（这是因为固定成本并未纳入计算）。

（3）平均增量成本定价法

平均增量成本定价法（Average Incremental Cost，AIC）是将每个成本因素分配到增加的服务上去，然后将这些成本增量根据用量分配到每个使用者上。作为一种具有实用价值的折中方案，和边际成本定价法一样的地方是需要计算每一新增使用者所产生的额外成本，但不同的是该方法不仅能够覆盖全部成本（类似于某些平均成本定价法），而且在实际生活中被许多公共部门证明可以进行实际计算。平均成本增量定价法所说的成本因素包括固定成本和可变成本，会计成本和（可以计量的）社会成本。

Haritos 和 Hildebrand 在对加拿大交通运输委员会（Canadian Transport Commission，CTC）和加拿大公共交通基础设施建设进行了一系列深入的研究之后撰写了《加拿大国民交通基础设施建设：年度成本和收入分析》[1]，通过以平均增量成本定价政策为基础的框架，系统分析了加拿大 15 年内每年公共交通基础设施建设的成本和收入，内容涵盖加拿大航空、铁路、公路多个交通系统。在此，以加拿大航空系统的服务收费标准为例介绍平均增量成本定价法的机理。

当一位乘客在某一特定时间乘坐航班从一个特定城市的机场飞往另外一个特定城市的机场时，所花费的成本可以分解如下：

其一，在该地该时刻增加一单位乘客所增加的成本（如增加一单位乘客造成的拥堵成本）；

其二，能够归结于该段时间的成本（如该段时间机场登机口和跑道的运营成本）；

其三，能够归结于该项设施的成本（如机场登机口和跑道的建造成本）；

其四，能够归结于旅途本身的成本（如运营机场产生的损耗）。

在该例中，比较有效的定价可能包括以下几部分：一是在高峰时段收取的额外费用；二是为了覆盖地面设施、登机口、跑道的运营成本所收取的费用；三是对机场和跑道的固定成本收取一定的使用费。这些费用当中，一部分是对乘客征收的（如登机费、预留票收税等），一部分是对航空公司征收的（根据时间段的不同对登机口和跑道征收的不同的使用费），还有一部分是对二者同时征收的（包含固定设施成本的燃油附加费和根据时间段而变的着陆费等）。

在这种情况下，合理的使用费收费标准可基于对现有可获得的会计信息和社会成本信息（噪声、污染、拥堵等）的综合考量，然后将由此计算得到的平均成本附加在多方使用者身上（如乘客、飞机、航空公司）。虽然这种成本计算的方法严格意义上不是边际成本定价法，但是这已经是在实际应用中最接近边际成本定价法的方法了。

---

[1] Z. Haritos 和 D. Hildebrand，加拿大交通运输委员会（Canadian Transport Commission，CTC）：《加拿大国民交通基础设施建设：年度成本和收入分析》（Civil Marine Infrastructure：Annual Costs and Revenues），1973。

（4）分段计价法

分段计价法（Multi-part Tariff）最简单的形式是首先征收固定的使用费（如入网费），之后根据公共设施或服务的使用量再征收额外费用[1]，收取的费用与使用量成正比。在理想情况下，这种分作两部分的收费方式效率较高，而且十分接近边际成本收费标准。加拿大许多公共机构使用这种收费形式以弥补因边际成本定价法无法覆盖平均成本所产生的赤字。

分段计价法通常也被称为"区别定价法"，实质上是一种价格歧视。当公共服务使用者的特征很容易界定时，分段计价法有助于提高经济效率。假定有两组使用者，如航班上的普通乘客及商务乘客，或者运动型渔船购买者和商业渔船购买者，这两组使用者对收费标准变动的反应是已知的而且是不同的。从效率最大化的角度来说，对需求缺乏弹性的那组使用者应该制定更高的价格（这种逆弹性定价法称为"拉姆齐定价法"）。当收费标准提高时，拥有更多替代选择的使用者由于可以转而使用其他服务，从而将会降低他们对于该种服务的需求。所以效率最大化的定价方法（在这个例子中，该定价方法也会带来收入最大化），就是对那些替代选择较少的使用者征收更高昂的费用。

在完全竞争市场前提下，根据价格承受能力制定收费标准的方法可能并不公平，但却是有效率的。当公共服务提供者拥有垄断地位时，这种收费标准制定方法并不合适，从收入分配的角度来说也存在问题，因为富人一般比穷人拥有更多的替代选择。尽管如此，分段计价法还是可以被作为一个效率标杆来使用的：当考虑到收入分配或其他因素从而对收费标准进行变更时，可以对照这个标杆来确定效率的变化，亦即以此来衡量偏离有效价格的成本。

（5）分块递减定价法

分块递减定价法（Variable Block Pricing）也是一种价格歧视，和分段计价法所涉及的"拉姆齐定价法"类似，这种收费标准的核定方法在加拿大的公共服务机构也十分常见。

分块递减定价法的核心思想是对常客收取更低的单位费用，即使用得越多，单位价格越便宜。这种定价策略可用于那些具有较大闲置的服务和

---

[1] 加拿大某些地方政府对当地居民使用公共便民设施收取很低的使用费，因为这些城市的居民已经缴纳过当地的不动产税。

设施，但是在应用中必须谨慎，以避免吸引过多的使用者，导致高峰时段过于拥堵。

例如，在交通系统中，如果在非高峰时段系统没有被充分利用，那么可以考虑对错峰旅行者提供折扣，折扣形式可以是单价随着旅途的增加而降低。这样一来，由于单位价格降低，选择非高峰出行的旅客就很有可能会增多。但是，通勤者不应享有类似的折扣，因为其已经在高峰时段给该交通系统造成了堵塞。

2. 基于市场价值的定价方法

在加拿大，基于市场价值的定价方法多应用于政府出租或出售公共财产、授予商业化的投资许可和特许权、发放执照等收费项目上。

政府公共服务的定价涉及一个重要概念，即"经济租金"。经济租金大多产生于资源的垄断分配过程，即政府对市场进行干预从而影响资源配置。通常情况下，如果垄断是自然形成的，那么政府公共部门有充分的理由进行垄断分配，同时也应由公共部门来决定垄断收益的使用者。行政垄断一旦存在，政府便面临对私人部门使用这类资源应征收何等水平的费用，收费标准又该如何确定的问题。

这类收费与基于成本的收费有显著的差异，因为（除少数例外情况）对于政府而言并不产生需要覆盖的成本。因此，应当基于使用者所获取的许可和特权的经济租金的市场价值，以促进使用者对资源的有效使用，从而确保资源配置的效率，另外，政府通过管理权力和特权的准入可以最大化垄断经济租金收入。因此，市场机制（如拍卖等）有助于确定经济租金的价值，进而确定使用费的收费标准。

（1）拍卖

在适当的情况下，为确保将执照发放给支付最多且能够使资源体现最优市场价值的使用者，加拿大政府最常采用的方式就是拍卖。相当长一段历史时期内，一般采用单轮暗标拍卖方式，常在多方使用者竞争政府购买合同时使用。后来，政府开始发展和应用一些新的方法，主要用于决定合理的收费标准，以及确保政府将许可和特许执照发放给合适的使用者。

（2）连续拍卖

连续拍卖主要应用于政府以一定的频率一个接一个地发放执照的情形。

（3）同步增价拍卖

同步增价拍卖最初被美国政府用于分配美国无线电频谱。在同步增价拍卖中，多个执照或许可证同时开放进行公开招标，只要有任何一个标的还处于竞价状态，其他标的也都处于开放竞价状态。在这个过程中，一些牌照可能是相互关联的，比如竞标的两个牌照可能覆盖同一区域或处于同一无线电频段；一些牌照也可能是互补的，比如一个区域的运营许可证对于其相邻区域的运营商来说价值更高。投标以回合的方式进行，且由计算机进行执行，允许网上竞价。投标人可以随时了解竞争对手对每一个牌照给出的价格，从而了解不同参与者竞标的牌照组合。到目前为止，这种相对复杂的拍卖形式已使加拿大政府获得了高于最初估计的财政收入。

3. 出于管理外部性目的的财政补助

政府可以对个人、企业、政府等主体行为产生的外部性进行管理。外部性是指一项经济交易对于未参与交易者造成的影响，这是除交易的"私有"成本和收益之外的部分，并未包含在市场价格中。外部性分为正外部性和负外部性。使他人或社会受益，而受益者无须花费代价的被视为正外部性（如健康教育、疫苗接种、药物测试等），而使他人或社会受损导致外部成本的被视为负外部性（如阻塞、香烟烟雾、污染等）。

（1）正外部性

政府公共部门管理外部性的一个重要任务是创造正外部性。政府可以通过提供补贴的方式来进行，最典型的例子是政府为高校和产业的研发活动提供经费。政府通过提供这些经费，使得整个社会从这些活动所产生的知识中受益。

对正外部性活动进行补贴，可通过估算为一单位额外使用者提供公共服务所产生的边际收益，即该服务的外部社会收益，然后将公共服务的收费标准设定为边际成本减去该外部收益，相应的赤字可通过一般性财政收入弥补。然而，这面临两个问题。

第一，难以对外部社会收益进行有效的衡量，这如同准确计量消费者偏好和个人认知一样困难，这个问题尚没有简单可行的解决方案。仅有的对外部效益的研究表明，加拿大政府对提供公共服务的预期外部收益在总边际成本50%—90%的范围水平内，而真实的外部收益则小于总边际成本的10%，远远低于政府预期。大多数公共服务面临的一个问题是如何在不显著减少服务水平的条件下适当增加使用费弥补成本的比例。一个可行的方法是，如果一项公共服务能够带来可识别的收益同时还有特定的受益人，则特定受益人应为可辨认的收益支付费用，剩余部分由财政进行补贴。

第二，财政补贴该如何以最为有效的方式发放。加拿大政府曾经使用供给补贴（supply subsidy）的方式来激励公共服务的提供者降低收费。供给补贴虽然方便，但存在如下问题：①如果补贴额取决于使用者数量，则公共服务规模可能过度膨胀，造成不经济；②可能导致补贴流向错误的对象，如富人（其需求更富有弹性）而非穷人（其需求更缺乏弹性）；③可能导致以昂贵的价格提供过量的产品或服务。

考虑到以上问题，加拿大政府后来开始尝试从供给补贴的方式转向需求补助（demand subsidy）的方式。例如，可以直接对某一类特定公共服务的消费者提供税收优惠或转移支付，加拿大政府曾通过智能卡和代金券等形式在医疗卫生和教育等领域推行过此类补贴计划。如果在特定情况下必须要推行供给补助，政府应在制定预算的过程中尽量对其做出详细说明和规定。

（2）负外部性

无论是政府公共部门还是个人和企业，其行为除了会带来正外部性，还有可能带来负外部性。公共部门在管理外部性的过程中，通常采取收费或其他限制性顺从机制（如许可证、执照等）来修正负外部性行为，并覆盖政府用于消除或减弱负外部性影响所支付的成本。例如，加拿大法律规定政府可以通过销售排污许可证控制污染水平。

外部性的最佳定价是将生产者的社会成本"内部化"，由生产者承担这部分其私人生产成本之外的社会成本。加拿大政府对负外部性进行定价的方式主要有：对于能够清晰界定并量化某一行为的负外部性，可以对该行为人而非直接受益人征收等同于边际成本的税或费；对于来自于使用免费公共物品和资源的负外部性，则可以采用限制性顺从机制进行定价；在其他情况下，也可以通过某种形式以基于义务的税或费对其进行衡量。

（二）收费类别的选择

加拿大政府根据所提供商品和服务的性质以及影响因素的差异，有针对性地选择不同的收费类别和收费标准定价方法，而非"一刀切"的收费方式。

图 4-22 以决策树的形式反映了加拿大政府在不同情况下选择不同收费标准的决策流程，下文 A 至 I 分别对应于图中每个选择性节点。

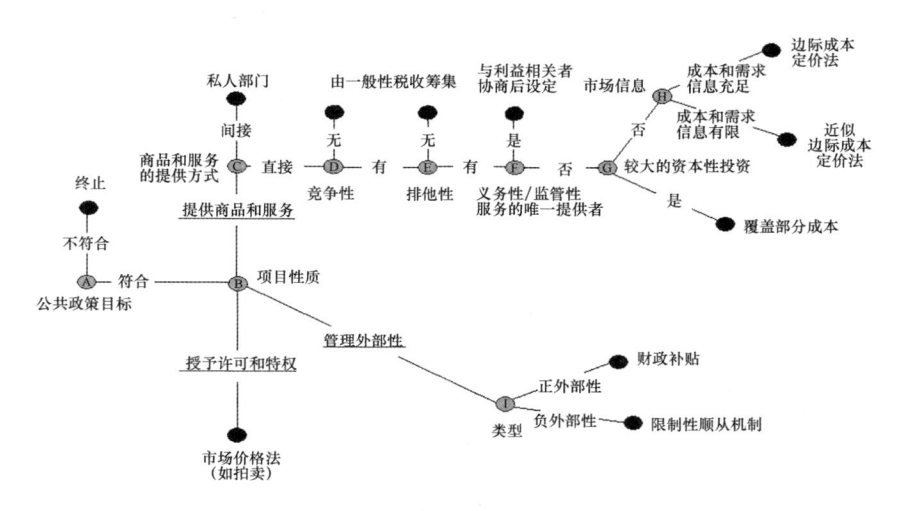

图 4-22 加拿大政府收费类型的决策流程

A. 公共政策目标

建立一个非税收入项目和制定具体收费标准的第一步，是考虑该项目是否具有一贯清晰且符合公共利益的政策目标，即考量政府的参与是否合理。如果答案是"符合"，则建立该非税收入项目是合理的；如果答案为"不符合"，则政府应终止或移交所讨论的项目。

B. 项目性质

确认非税收入项目的性质和类别，对于收费标准的制定具有决定性作用。基于前文所述，项目类别大致可分为三类：提供商品和服务、授予许可和特权、管理外部性。其中，提供商品和服务采用基于成本的定价方法，授予许可和特权采用基于市场价值的定价方法。

C. 商品和服务的提供方式

政府首先应决定以何种方式提供商品和服务，包括直接提供和间接提供。直接提供是指由政府部门专门所提供的公共产品和公共服务；间接提供是指由私人部门（即通过市场方式）或者政府与私人部门合作的形式提供。当所涉及的产品和服务必须由私人部门生产或者只能从私人部门获得时应采取间接提供方式。

当公共产品和公共服务只能由政府提供，即以直接方式提供商品和服务时，政府接下来需要考虑该公共产品或公共服务的公共性。公共性是指一项政府活动属于纯公共产品或服务的程度。某个产品或服务可以从两个维度进行描述，一是竞争性，二是排他性。纯公共产品或服务具有非竞争性和非排他性；纯私人产品或服务具有强竞争性和强排他性；准公共产品或服务表现出不同程度的竞争性和排他性。

D. 竞争性程度

从效率的角度考虑，竞争性程度较高的公共活动更适合设立收费项目。根据竞争性程度的高低可以选择征收全额使用费或者部分使用费。

E. 排他性程度

政府管理者应对排除不准备付费使用者的可能性进行估计，识别产品或服务的排他性的水平和成本，有助于判断收费项目的可行性。排他性程度较高的公共活动更有可能设立收费项目。

F. 政府是否是义务性或监管性服务的唯一提供者

政府在提供义务性或监管性服务方面扮演着重要的角色。在政府提供服务过程中能产生直接的经济利益，这些经济利益包括提高市场稳定性、市场流通性、消费者信心以及减轻使用者的法律义务。这类服务项目的管理必须基于"谁付费，谁发言"的制度，对因此获益的使用者收费是正当合理的。政府越是在作为公共服务唯一提供者的情况下，越应当确保与使用者进行充分的协商咨询和公开对话，而适当的机构控制可以确保尽职过程。

G. 是否需要较大的资本性投资

公共产品或服务的生产性质有时可以影响政府征收使用费的能力，尤其是当该项目需要较大的初始资本投资或者沉没成本较高时。如果该项目属于自然垄断领域，初始投资较高且随着产出的增加单位成本递减的情况下，边际成本定价法无法实现全额的成本覆盖，政府一般会选择平均可变成本覆盖法（大致等于项目运营和维护成本），同时通过财政拨款等方式支付全部或部分沉没成本。

H. 市场信息

对收费项目的性质、特征及可行性进行充分分析之后，政府还需尽可能地收集相关的各种市场信息，包括但不限于项目成本和市场需求量的可得数据，并对数据进行充分而全面的理解和分析。当市场信息完全时，收费标准应采用边际成本定价法进行确定，这是最理想也是最高效的定价方法；当市场信息不完全时，即可获得的数据有限，收费标准可根据具体情况采用不同的近似边际成本定价法进行确定，包括前文所述的平均成本定价法、平均增量成本定价法、分段计价法、分块递减定价法，以此对项目的边际成本进行近似估计。

政府授予使用者的特定许可和特权大多属于对垄断资源的一种配置，是使私人部门有偿使用高价值资源的过程，这类收费项目应基于使用者所获经济租金的市场价值，在确保稀缺资源的有效配置的同时，有效最大化政府收入。因此，授予许可和特权类项目应采取市场价格法制定收费标准，如各种类型的拍卖等。

I. 外部性类型

外部性分为正外部性和负外部性。政府公共管理的目标之一是尽可能地创造正外部性，对于产生正外部性的部门和产业（如教育等），政府可以通过提供财政补助的方式进行鼓励和支持，补贴方式应由供给补贴转向需求补贴。而对于产生负外部性的部门和产业（如环境污染等），政府可以通过发放许可证和营业执照等手段加以限制和修正，以此弥补政府支出成本。

（三）收费标准的调整

收费项目设立后，政府可以根据实施过程中的实际情况对原定收费标准进行调整，加拿大相关法律对调整收费标准的前提条件、申请文件、申请过程和审批流程都进行了严格的规定。

《使用者收费法案》第4（1）条表明，政府征费部门不但可以设立收费项目，而且可以提高收费标准、扩大收费范围、延长收费期限，但这些变更都需要和设立新项目一样履行完整程序，包括但不限于听证协商、处理投诉、影响因素分析、建立绩效标准、进行国别比较等。《使用者收费法案》第4（2）条还规定，政府调整收费标准须由该部门部长向议会两院分别提交收费项目变更提案，并在提案中陈述调整收费费率的原因。

《财政管理法》第19.2（1）条规定，如果政府有关部门在设立商品服务使用费或特许权收费项目时，其设立内容中包含涉及在特定期限内对其收费项目的数量金额和费率水平进行调整的规定，则在日后的实施中可以据此进行收费标准调整。如果不存在类似规定，则在任何情况下均不能对项目的收费标准再行调整。《财政管理法》还要求政府在调整收费标准前须面向社会发出公告，阐明调整后的收费水平和新收费标准的确定方式。

《财政管理法》特别要求政府设立和调整项目收费标准时须严格依据项目成本，因此，为了使政府征费部门在确定收费标准时有所参考，加拿大国库委员会审计办公室颁布的《成本核算指南》[①] 制定了详尽的收费成本核算公式。此外，国库委员会还颁布了《基于成本的使用费和规费项目设立指南》，明确政府征费部门可通过制定收费标准公式对收费项目进行定价和后续管理。

《基于成本的使用费和规费项目设立指南》[②] 指出，在与利益相关方进行磋商之后，政府可以依据双方协商的方案对收费标准公式进行修改。据此制定的公式，收费标准可随时间、成本、需求量等影响因素的变化自动进行调整。采用收费标准公式方式进行定价的优越性在于，不需要投入额外的人力成本和时间成本，即可实现费用水平的自发性调整。

收费标准公式的自发调整特性，可以明显地减少用于分析修改收费标准的时间，且有效减少相关工作量，使政府征费部门和使用者个人均可以从选用收费标准公式的过程中受益。更重要的是，收费标准公式会对项目成本增加或生产要素变动等情况做出敏感的响应，通过自发性地调整收费标准，维持了政府公共服务水平的一致性和一贯性。

六 非税收入标准的制定流程

前文集中论述了非税收入项目中最具代表性的收费标准的设立方法问

[①] 加拿大国库委员会审计办公室（the Office of the Comptroller General）：《成本核算指南》（Guide to Costing），2008 年 7 月。该指南替代了 1989 年加拿大国库委员会秘书处颁布的《加拿大政府产出成本指南》（Guide to the Costing of Outputs in the Government of Canada）。

[②] 加拿大国库委员会审计办公室（the Office of the Comptroller General）：《基于成本的使用费和规费项目设立指南》（Guide to Establishing the Level of a Cost – Based User Fee or Regulatory Charge）2009 年 5 月。

题，在此基础上，基于《加拿大成本收益分析指南》①《成本核算指南》②《基于成本的使用费和规费项目设立指南》③等政府政策和文件，拟从动态角度阐述加拿大政府非税收入标准的制定流程，即政府欲设立或调整一个非税项目时会采取怎样的步骤制定标准。

标准制定流程是广泛意义上的非税收入都会履行的程序，在政府确定国有企业利润上缴比例、分红利息率、罚没标准等方面均适用。

具体到标准的流程制定，有三个步骤：第一步是核算成本；第二步是衡量收益；第三步是利益相关者影响分析。下面分别加以阐述。

（一）核算成本

在设立任何一个非税收入项目之前，政府有关部门首先应当对该项目所提供的公共产品或服务的成本进行准确计算，并撰写项目成本核算报告——该报告是加拿大内阁备忘录、国库委员会意见书以及财政部长向国会提交的财政报告等文件中必不可少的部分。加拿大国库委员会根据《财政管理法》相关规定颁布《成本核算指南》④，规定政府每一项与非税收入相关的成本活动都须遵守该指南。

指南提供了一整套系统核算加拿大政府公共服务成本的方法，用于指导各级政府部门和其他相关机构进行成本核算。整个流程逻辑严密，详细阐述了包含七个步骤的成本核算流程：

其一，确定成本核算的目的，即明确进行某项成本核算后所得出数据信息的具体用途。

其二，确定成本核算的对象，即明确是对何种具体对象进行成本计

---

① 加拿大国库委员会秘书处（Treasury Board Secretariat）：《加拿大成本收益分析指南》（Canadian Cost – Benefit Analysis Guide），2007。

② 加拿大国库委员会审计办公室（the Office of the Comptroller General）：《成本核算指南》（Guide to Costing），2008年7月。该指南替代了1989年加拿大国库委员会秘书处颁布的《加拿大政府产出成本指南》（Guide to the Costing of Outputs in the Government of Canada）。

③ 加拿大国库委员会审计办公室（the Office of the Comptroller General）：《基于成本的使用费和规费项目设立指南》（Guide to Establishing the Level of a Cost – Based User Fee or Regulatory Charge），2009年5月。

④ 加拿大国库委员会审计办公室（the Office of the Comptroller General）：《成本核算指南》（Guide to Costing），2008年7月。该指南替代了1989年加拿大国库委员会秘书处颁布的《加拿大政府产出成本指南》（Guide to the Costing of Outputs in the Government of Canada）。

算，目标对象可以是某个组织、某项活动或是某类产出结果，其中计算产品和服务的产出对部门绩效评估和项目标准确定具有重要意义。

其三，确定成本的构成，即明确哪些具体的成本支出项目是与统计对象密切相关的。通常情况下，相关性支出主要包括：由核算对象直接引起的支出；产生自核算对象之外但需要由核算对象分摊的内部服务费用；因核算对象分属于其他项目而需要分摊的费用。其他有可能与统计对象存在联系的内容还有：其他部门的成本（如果目标项目为各部门联合协作的成果）；直接或间接的固定资产分期摊销成本；中央管理基金的成本，特别是国库委员会制订的员工福利计划所涉支出等。

其四，确定成本的分类，即区分哪些支出项目是与统计对象直接相关联的，哪些支出是因统计对象而间接衍生出来的。确保所有部门成本都按照直接项目成本、项目支持成本和内部服务成本三个类别进行分类。步骤三与步骤四之间紧密相关，二者的关系可见图4-23。

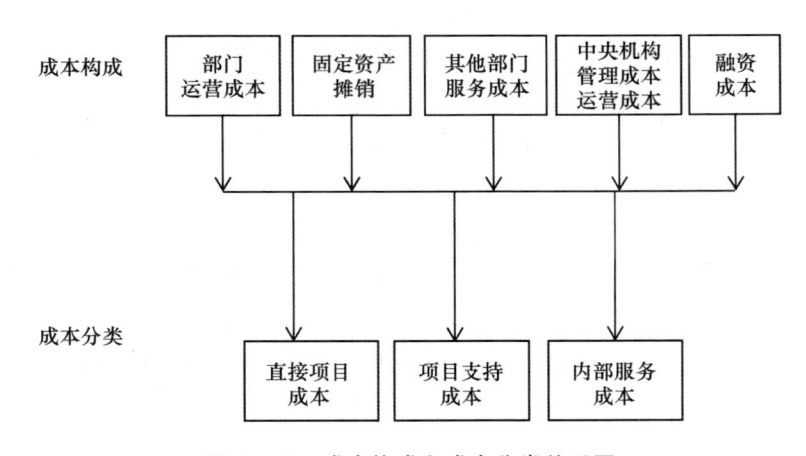

图4-23 成本构成和成本分类关系图

其五，确定成本的分配。在进行这一步工作时，应当首先选择合适的方法对项目成本进行分配。联系成本核算的目的，最终被选方案必须具备合理性和高效益性的特点。成本的具体分配过程可见图4-24。

其六，对统计结果进行进一步计算、验证并确认结果。在选用适当的方法对项目成本进行核算时，必须对相关假设和选用数据进行严格检验，并反复确认计算结论是否可以对步骤一形成有效支持。

第四章 加拿大政府非税收入

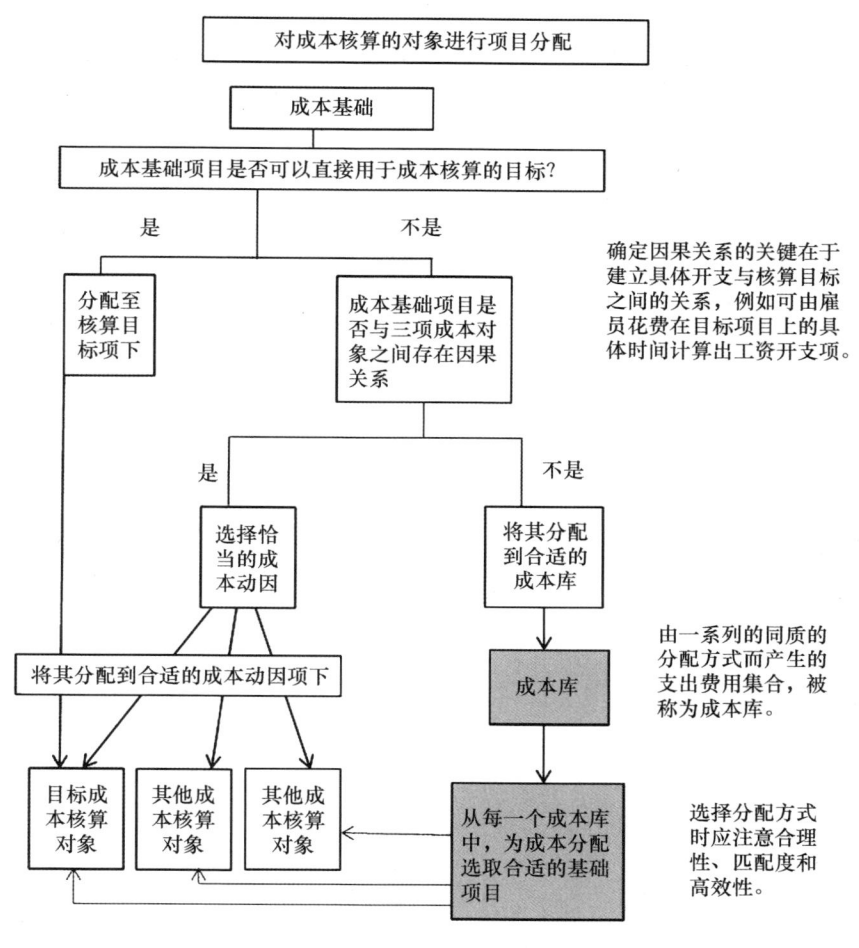

图 4-24 成本分配流程图

其七，报告经有关负责人签字从而获得通过。经过以上六个步骤得出的成本核算结果，最终报送财政部长批准以提交国库委员会意见书或内阁备忘录，或由本部门长官签署以适用于满足某项内部管理需求。

（二）衡量收益

1. 市场价格明确的产品服务收益

作为应用福利经济学中的基本工具，"支付意愿"（willingness to pay,

· 223 ·

WTP，即某一个体愿意对某项商品或服务支付的需求价格）可以用于衡量单位商品或服务的经济价值，同时体现这项商品或服务对于经济整体的贡献度。具体而言，支付意愿就是个体消费者愿意为改善健康、避免伤害、环境改善、保护自然资源等所支付的最高金额。而"接受意愿"（willingness to accept，WTA）则是指个体因相关状况无法得到改善而愿意接受的最低补偿金额。

支付意愿或许与消费者剩余的概念密切相关。消费者剩余是指消费者为产品或服务所愿意支付的价格同他们实际支付的价格之间的差异。政府提供的公共产品或公共服务如果能够降低生产成本，进而使市场价格下降，则该产品或服务可以增加消费者剩余。因此，政府非税项目所提供的公共产品服务的收益，既可以使用消费者剩余的增加量来衡量，也可以使用产品或服务成本的下降量来衡量。反之，政府提供的公共产品或公共服务也可能会增加成本，从而提高市场价格，减少消费者剩余。此时消费者剩余的减少同时也表现为生产成本的增加，在计量收益变动时需加以注意，避免对相同指标重复计算。

2. 市场价格不明确的产品服务收益

对于政府提供的环境、医疗、国防安全等领域的公共产品和公共服务，其价值往往并不直接通过市场价格进行体现，而是通过改变公众的生活条件间接影响社会福利。对此类产品或服务的收益进行衡量，与简单地考察市场价格有较大差异，其难点在于如何将这些间接收益进行货币化衡量。

目前，加拿大政府采用多种相关收益衡量方法，用于对市场价格不明确的产品或服务进行收益衡量，得出类似于市场价格明确的商品或服务的估值结果。具体包括修正不完全市场价格、显示偏好法、叙述性偏好法、收益转移法等。① 下面略作介绍。

（1）修正不完全市场价格

如果某非税项目所涉及的产品或服务存在竞争性市场，并且市场价格没有被税收或补贴影响，则其市场价格就是对该产品或服务收益效用的最佳估计。这是基于支付意愿（WTP）原则或机会成本原则所测量出成本效

---

① 加拿大国库委员会秘书处（Treasury Board Secretariat）:《加拿大成本收益分析指南》（Canadian Cost – Benefit Analysis Guide），2007。

益。但是，如果相关产品或服务处于非竞争性市场，或者市场价格被人为因素影响，则需要通过估计商品或服务的经济价格来确定其成本收益。

例如，当政府对生产者提供财政补贴，生产者每销售一单位产品都会收到固定金额的补贴。在这种情况下，生产这种产品的边际成本等于市场价格与财政补贴金额之和。假设在中间产品的购买环节存在补贴，则在计算产品生产成本的时候，应该包括中间产品的购买补贴。因此，如果所评估的产品或服务存在财政补贴，就应该作相应调整，在成本价格中加入政府补贴金额。

（2）显示偏好法

显示偏好法通过观察行为个体在相关市场中所做的选择，利用消费者偏好来估测相关产品或服务的价值，从而进一步衡量该项目的收益。具体包括特征价格法、差旅成本法、规避行为法等。

● 特征价格法

特征价格法通过观察相关产品服务市场的行为，对那些无交易市场的商品或服务进行价值估计，如估计噪声的价值，将商品的销售价格与商品的特定属性联系起来，这种关系可以通过采用普通最小二乘法（OLS）构建特征价格函数的方法来进行表示。一旦建立起函数关系并估计出系数，就能够通过偏微分方程获得影子价格，从而估计消费者对某一商品特征的需求曲线。

在加拿大，这种方法也已经被政府用于衡量不存在交易市场的商品服务的收益，如测算空气污染、水体质量和道路交通状况的价值，同时还广泛地应用于劳动力市场和房地产市场，以衡量政府各种监管活动是否存在潜在的改进空间。

● 差旅成本法

差旅成本法通过观察相关市场的消费行为，衡量不存在活跃交易市场的商品服务的收益，亦即将环境的消费成本作为衡量收益的替代变量。这种方法已经被加拿大政府广泛应用于娱乐场所价值评估等方面。

人们通常会在权衡休闲活动所获效用收益和相关路费成本之后再做出旅行决策，故而某一休闲活动的价值可以通过个体或家庭为了到达娱乐活动地点所花费的差旅费进行衡量。差旅费可以通过旅途当中花费和旅行的次数来估计，前者通常包括机票价格、出租车、燃油、轮胎的磨损、车辆折旧等运输成本和旅途所占用的时间成本——时间成本可以通过司机或乘客所花费时间的机会成本来衡量。

• 规避行为法

衡量规避行为的方法类似于差旅成本法，但它是通过记录人们对环境质量、健康、安全等方面的动态反应进行衡量。例如，要想估计死亡风险的价格，可以观察人们花费多少成本进行预防性活动。类似地，要想测量安静的生活环境对个体的价值，可以通过测量人们愿意支付多少成本用于安装双层玻璃窗等进行估计。

（3）叙述性偏好法

叙述性偏好法是指采用直接调查的方式来获取信息，直接要求消费者对于环境、健康和安全等状况的变化给出标价，以评估其支付意愿，最常见的应用是条件价值评估法。

条件价值评估法不需要公共产品或服务的相关市场信息，仅需要设计调查问卷，对某一市场环境进行假设，然后统计被调查者愿意为目标商品服务支付的金额。当无法使用显示性偏好方法来确定目标的价值时，条件价值评估法是最为便捷的方法之一。

目前，该方法在加拿大已被广泛应用于评估空气、水质、户外休闲、文化遗址等方面的收益。

（4）收益转移法

收益转移法是从已有研究中提取信息，其实质是使用商品或服务在其他研究中的收益价值统计，代替其在当前研究中的价值。

在加拿大，这种方法已经被广泛用于医疗健康和环境评估两个领域。例如，环保部的卫生与环境影响评估独立小组曾使用收益转移法衡量降低汽油硫含量给加拿大环境和国民健康带来的收益影响[1]。

对于这种方法而言，最关键的环节是找到与待评估项目相关且已完成的研究成果。由于原始的衡量结果是针对特定情景专门设计的，所以不能强求收益转移法能够得出完全精确的衡量结果。因此，加拿大政府在应用这一方法时格外注重审查原始研究的适用性，并对现有情况和原始情况之间的不同之处进行调整，如对人均收入变化、年龄结构变化、人口密度变

---

[1] 加拿大环保部卫生与环境影响评估独立小组（Health and Environment Impact Assessment Panel, Environment Canada）：《卫生与环境影响评估报告》（Health and Environment Impact Assessment Panel Report），1997年6月。

化、教育水平等因素进行调整。

3. 非货币化收益

对收益进行量化可以帮助政府充分了解不同政策所产生的收益差异，但现实中存在某些不容忽视的重要收益项目，由于其自身特性的原因而难以使用货币形式对其价值量化。此时，加拿大政府会采取以下方式进行处理：

第一，列出所有不能以货币形式表示的定量信息；

第二，解释此类定量信息不能货币化的原因；

第三，描述此类收益的持续时间和发生的可能性；

第四，定性描述这种无法量化的影响，如生态收益、提高生活质量、美观效果等；

第五，讨论定性信息的优势和局限性。

（三）利益相关者影响分析

政府有关部门设立非税收入项目时，须提交利益相关者的影响分析报告，回答如下问题：该非税项目的设立会使哪些群体受益，会使哪些群体利益受损，二者的损益分别是多少。政府管理者须依据该影响分析报告进行项目决策。

当政府设立或调整非税收入项目时，会对多方利益相关者产生影响。因此，对利益相关者进行影响分析与成本收益分析同等重要。利益相关者的影响分析将遵循以下步骤进行：

首先，估算非税项目辐射人群因受项目设立或调整影响产生的合规成本变化；

其次，评估该项目对产品生产成本的影响；

最后，评估产品价格和其他相关因素的影响。

列举几个常见的利益相关者群体的影响问题，略作分析。

- 对产业的影响

对相关产业的影响分析主要集中于投入和产出等方面的变化，项目或部门生产成本受非税项目设立或调整影响的程度，产品价格的应激性变化，与商业竞争对手竞争地位的对比，替代性商品或服务的价格变化水平等。有时，非税收入项目的设立或调整还会造成行业准入壁垒并引起产业集中，甚至阻碍相关行业参与国际竞争，并由此引发的诸如降低市场竞争、阻碍创新等一系列经济后果，甚至最终导致生产力水平下降和经济增长放缓的不良局面。

● 对就业的影响

国库委员会出台的《加拿大成本收益分析指南》[①] 规定，政府有关部门的利益相关者的影响分析报告须详尽论述因非税项目的设立或调整而有可能减少的就业数量。作为利益相关者分析的重要组成部分，政府须对因工厂倒闭而导致社会权益性损失和个体收入减少量进行重点统计，其中收入减少量为失业前收入超出机会成本的部分，其中机会成本的数额可由于具体职业类型、工人技能水平、工厂环境、市场状况、地区和失业保险状况的不同而不同。

● 对消费者和个人的影响

政府设立或调整非税收入项目可能会带来合规成本的增加，从而导致受控行业产品或服务价格的变动。合规成本是否将对相关企业产生直接影响，而由此又将有多少成本被转嫁到消费者身上，是政府必须要纳入考虑的问题。政府管理者要利用国内市场竞争状况、相关产品服务的供给弹性、需求弹性、需求的交叉价格弹性等数据确定受影响市场的供求变化范围。如果某公司的合规成本上升，且公司将这部分成本转嫁到了顾客、个人和家庭身上，政府管理者必须对这部分成本进行正确的测算。

● 对政府的影响

政府对非税收入项目的设立、实施、管理和监督必然伴随额外的管理成本，从而增加政府的财政负担，这部分影响在不同级别的政府之间（联邦、省、地区）具有明显差异，各级政府需要对此进行必要的影响分析。

七　非税收入项目的设立程序

（一）项目提议

加拿大政府有关部门设立非税收入项目，须由加拿大总督提议设立，或由总督授权提议设立。

[①] 加拿大国库委员会秘书处（Treasury Board Secretariat）：《加拿大成本收益分析指南》（Canadian Cost – Benefit Analysis Guide），2007。

加拿大《财政管理法》第 19（1）条和第 19.1 条规定：总督可在国库委员会的建议下发起提议设立非税收入项目，包括但不限于提供公共产品或服务、出租或出售公共设施、发放许可证和特许权等使用费和规费项目；总督也可以授权相关部门部长或相关机构负责人提议设立非税收入项目，但项目具体条款和适用条件须由总督指定。

（二）方案设计和标准制定

非税收入项目的设计流程包括前文所述的"非税收入的收费标准设立"和"非税收入标准的制定流程"两部分。此不赘述。

（三）项目公示和协商咨询

1. 项目内容的披露

根据加拿大《财政管理法》和《使用者收费法案》的有关规定，政府征费部门内部在完成收费项目设计之后，并不能直接进入呈报议会审批程序，而应当先面向全社会公示和介绍收费项目完整方案，征求社会各界尤其是利益相关者的意见，并与社会公众就相关问题进行协商。

加拿大《使用者收费法案》第 4（1）条规定，当某一政府机构欲设立新的收费项目、提高收费标准、扩大收费范围或者延长收费期限时，该政府机构需要采取如下流程：

（1）对收费项目所可能产生的影响进行评估，确定与其相关的因素，并在最终确立收费方案时综合考量预期结果；

（2）采取适当方式通知缴费者以及与所涉及收费有相似缴费群体的其他政府部门；

（3）向用户解释使用费是如何确立的，并说明使用费的成本与收益；

（4）为所有缴费者与政府服务使用者提供充分表达意愿的机会，使其可以对与使用费相关的服务提出改进建议；

（5）建立独立咨询小组，负责处理缴费者关于设立使用费或使用费变更的异议和投诉（针对公示期投诉的具体处理流程见下文）。

2. 公众异议的处理

在收费项目公告的公示期内，社会公众如果对该项目提出异议或投诉，则该项目的政府征费机构必须根据《使用者收费法案》第 4.1 条的规定采取如下流程：

（1）尽量解决投诉中涉及的问题，并且以书面形式告知投诉人该机构针对其投诉拟采取的解决措施；

（2）公告公示期结束的 30 天内，若投诉者认为仍未得到满意的答复，可以书面形式对该政府机构提出将投诉转交至独立咨询小组处理的要求；

（3）公告公示期结束的 40 天内，该政府机构和投诉人须各选举一名代表作为独立咨询小组成员，并由双方代表共同选择第三位独立咨询小组成员；

（4）出于经济和效率的考量，政府机构可以在同一个收费项目遭到两起或更多投诉时，选择是否由同一个独立咨询小组进行干预解决，在这种情况下，独立小组的成员是由全体投诉人通过投票来选举的；

（5）该独立咨询小组须在确定小组成员后的 30 天内向征费机构和投诉者提交书面报告，阐明其调查结论和解决争端的建议；

（6）如果独立咨询小组认为缴费者的投诉是无理取闹的，投诉人须承担所有费用；

（7）除第（6）条以外的情况，独立咨询小组有权对投诉解决过程中产生的费用进行裁定，这些费用包括费用成本和小组成员的支出成本。

加拿大政府完整的非税收入项目异议处理流程详见附录 3。

（四）项目提案通过流程

1. 征费部门向议会提交项目提案

政府征费部门在完成与社会公众的交流协商并根据其意见建议对收费项目方案进行有益改进之后，该收费项目可正式进入申请与审核的法律程序。根据《使用者收费法案》第 4（2）条的规定，该征费部门负责人（如部长）须向下议院和参议院分别提交收费项目提案，所提交的提案应包含但不限于如下内容：

（1）阐述欲对何种服务、产品、监管行为、设备使用、特许权或执照征收使用费；

（2）解释拟议的使用费率的变更理由；

（3）通过比较不同国家该类收费项目的设立和实施情况，建立该收费项目的服务评估标准和绩效指标，以及在此标准下该征费部门当前已经达到的绩效水平；

（4）估算该收费项目设立后前三年的收入总额，并确定征收的使用费所能覆盖的成本范围；

（5）说明根据《使用者收费法案》第4.1条的规定对收到的缴费者投诉如何进行处理，并描述相关独立咨询小组的成立过程；

（6）如果拟定的收费标准高于作为参考和借鉴的其他国家的收费标准，则必须在提案中说明产生这种差异的原因。

2. 议会审查和批准项目提案

征费部门负责人向下议院和参议院提交的项目提案将分别被送至两院的常务委员会，由议会常务委员会进行审查和批复。《使用者收费法案》第5条规定，两院议会的常务委员会须对使用费征收提案进行审查，并根据提案的具体情况向下议院或参议院提交建议报告书。

议会两院根据《使用者收费法案》第6条的规定，须通过出台决议的方式对常务委员会的建议予以批准、驳回或者提出相关修改意见。第6条还规定，如果在20个议会合议日（sitting days）内，常务委员会未能向议会两院提交关于收费项目提案的建议报告书，议会将视其为建议批准该使用费申请的提案。

在此将介绍两个具体案例，来展现加拿大议会对政府收费项目提案的审议过程。

案例一：加拿大环境部关于《提高国家公园门票及娱乐费》提案

加拿大环境部于2005年4月4日和2005年4月12日分别向下议院和参议院提交了关于《提高国家公园门票及娱乐费》的提案。该提案全面列出了每一个国家公园不同类别费用的提高收费标准计划，并说明费用将以三年为期分阶段增长。

下议院的环境与可持续发展常务委员会于2005年5月17日审查了此提案，并于审查后向下议院提交了建议批准该提案的报告书，最终由下议院批准同意。而与此同时，在20个议会合议日内，参议院的常务委员会未审查此份提案且未向议会提交建议报告，因此根据《使用者收费法案》第6（2）条的规定，该提案被视为同意通过。

提案通过后，加拿大国家公园管理局按提案中的提高收费标准计划分阶段完成了为期三年的收费增长。

案例二：加拿大工业部关于《设立电信及无线电设备执照费用》提案

加拿大工业部部长曾于 2005 年 8 月 17 日将提案第一次提交至议会，申请为工业部下认证和工程局所提供的服务设立两个新的收费项目。提案阐明现有费用已超过 10 年未作变动，且与当前电信市场发展状况不匹配。提案中所涉及的收费是加拿大工业部实施智能化监管计划的一部分，旨在降低加拿大整个电信产业的潜在成本。

然而，直至 2005 年 11 月 29 日议会解散前，议会两院中没有任何一方的常务委员会对此提案进行审核并递交建议报告书。由于 2005 年 8 月 17 日至 2005 年 11 月 29 日期间，议会未满 20 个合议日，因此该情形不适用于《使用者收费法案》第 6（2）条的规定（视同批准条款）。于是，该提案的第一次提交"终止于议程中"（"died on the Order Paper"）。

2006 年，工业部部长再次向议会提交提案，于 2006 年 9 月 18 日和 2006 年 9 月 26 日向下议院和参议院分别提交。参议院的交通和通信常务委员会于 2006 年 10 月 3 日审查了该提案，并于审查后向下议院提交了建议批准该提案的报告，最终由参议院批准同意。下议院的常务委员会在 20 个议会合议日内未对此提案进行审查，根据《使用者收费法案》第 6（2）条的规定，该提案被视为同意通过。

八　非税收入的征收管理

（一）征管部门

1. 国家收纳总署

加拿大《财政管理法》第二部分对政府公共收入进行了专章规定，其中国家收纳总署（Receiver General for Canada）在公共款项的收入环节中占据核心地位。具体如：

根据《财政管理法》第 17（1）条规定，所有公共收入项目均需计入国家收纳总署进行统一管理。非税收入作为一项重要的公共收入，同样也需要统一收入国家收纳总署账户进行管理。

《财政管理法》第 17（2）条规定，国家收纳总署应当设立一个以缴

款机构名字命名的账户,用来存放来自以下四类机构的公共款项:
- 加拿大支付协会[1]会员;
- 具有中央信用社[2]成员资格且同时具有加拿大支付协会会员资格的地方信用合作社;
- 部长指定的金融代理机构;
- 部长指定的境外金融机构。

为了进一步说明上述法条,国库委员会颁布了《公款的收入收缴条例》(Receipt and Deposit of Public Money Regulation)[3],对非税收入资金存入国家收纳总署的时间进行了一般性的规定:

其一,若采用电子方式收款,收款部门必须即刻将公款转入国家收纳总署账户。

其二,若采用电子方式以外的方式进行收款,相关机构需要以每天一次的转款频率将当日收入汇入收纳总署的账户。

其三,在特殊情况下,基于管理成本的考虑,也可以采用一周一次,或者一月一次的转款频率。如转款频率为一月一次,相关机构必须提前获得收纳总署的授权同意。

其四,除上述情况外,还存在收款后两个工作日内上缴所得的特殊情况,如学生贷款的还款。

同时,《公款的收入收缴条例》规定,所有有关公共款项收入部门的工作人员都应当把收的款项缴入国家收纳总署,不得做出此外的其他处理。

2. 加拿大公共服务部

不仅国家收纳总署,加拿大公共服务部(Public Works and Government Services Canada)在非税收入的征收过程中承担了多项职责。

---

[1] 加拿大支付协会(the Canadian Payment Association,CPA)成立于1980年,它是一个受政府规定制约的公共目的组织,其任务是建立和运行一套全国清算和结算系统,并规划加拿大全国支付系统的发展。加拿大银行和特许银行是该协会的法定成员,其他接收存款的金融机构亦有资格参加该协会。CPA在电子结算、自动提款机、电子转账、电子资料交换和其他各种迅捷高效率的支票结算系统等方面均发挥了关键性的作用。

[2] 加拿大的信用社是消费者共同拥有的一种金融机构,每个存款户都是股东。它提供储蓄、贷款、支票等业务。

[3] 国库委员会:《公款的收入收缴条例》,1997(http://laws-lois.justice.gc.ca/eng/regulations/sor-98-128/FullText.html)。

加拿大公共服务部主要负责为各项金融业务的顺利开展提供政策支持和运营保障。如与金融服务提供者进行广泛的业务谈判，从而为存款资金建立高效的金融投资方案。公共服务部与各金融机构紧密相关，不仅为各个金融机构所提供的服务付费，同时还授权各个金融机构设立业务守则，用以规范资金存入联邦收入基金的相关事宜。

此外，公共服务部还可以管理多项金融业务，例如：弥补偶发性的账目缺口，使其满足存款标准的要求；接受信用卡、借记卡或者预授权付款的方式；设置信用卡支付方式的金额限制；接受将相关款项直接存入银行的支付方式；管理旅行支票和部门银行账户事宜；等等。

3. 国库委员会

国库委员会（The Treasury Board）秘书处以及审计办公室负责监督和维护非税项目的征收。秘书处就具体的征费操作流程为政府各部门提供政策指导和实践指导。

国库委员会规定，所有涉及公共款项收入或支出的机构或个人都应当留存资金进出的相关凭证，如存单或者收据；同时记录每笔收入的存入时间、收入金额等信息，以备其审核。

在某些特殊情况下，国库委员会还可以授权公款收取人保留一部分本应当缴入收纳总署的费用。这些情形或由其他法案规定，或由政府与个人签订的合同约定。

（二）征收过程管理

依照相关法律规定，部门应当妥善保管各项资金收入，对其进行登记、存储并及时汇入国家收纳总署的资金账户。这是为了确保加拿大政府收取的所有款项都在法定授权下，受到国家公权力的统一管理，进而引导联邦公共资金发挥最大效益，避免出现资金闲置或者资金滥用的不良状况。因此，《公款的收入收缴条例》[1]对联邦公共收入资金的管理事项进行了详细指导。

1. 政府部门的内部管理

（1）确保部门内部相关工作人员都接受了必要的资金管理培训。

---

[1] 国库委员会（Treasury Board）：《公款的收入收缴条例》（Receipt and Deposit of Public Money Regulation），1997，http：//laws – lois. justice. gc. ca/eng/regulations/sor – 98 – 128/FullText. html。

（2）妥善保管资金。对通过各种支付方式取得的收入，相关部门会根据其属性进行妥善分类保管。同时严格保护使用者的登记注册信息（例如：信用卡账号、银行账号、账户名称）。若需要对资金进行转运，则必须遵照特定安全标准所规定的运输条件进行。

（3）审慎管理存款。一旦某项存款出现在了收纳总署资金账户中，其所代表的实体存款就必须立刻存入联邦收入基金。

（4）管理保证金。

（5）管理国家权益类财产，包括债券、备用信用证以及其他金融担保单据。所有此类权益性财产都必须履行注册登记手续。在提交了金融担保单据后，付款人会收到相应的收款凭证。同样地，如果有关部门遵照事前协议将相关单据退还给付款人，也应取得收付凭证。

（6）对账管理。另有《对于资金损失的处理意见》（Directive on Loss of Money or Property）、《还款准则》（Repayment of Receipts Regulation）等规范性文件对此部分内容进行详细规定。

（7）全面审计资金收入收缴的各个环节。

（8）对相关工作人员实行权责分离管理。在发票制作、账目记录、现金收付等工作方面实行严格的人员分离制度。如果由于部门的职能结构、人员数量等原因确实无法拆分某些部分，则必须对相关工作内容进行细致、妥善、周全的安排。

（9）记录资金收入情况。

（10）省级政府或其他机构受联邦政府委托收取的公共款项，同样需要汇入联邦收入账户统一管理。

2. 银行管理

参与公共资金存储和结算的银行，应当定期为联邦政府和各部门机构提供其收支状况的分析报告，为有关部门决策是否采用信用卡方式进行支付结算提供政策建议。

如果分析结果倾向于选用信用卡方式支付，则所有与收纳总署签订了合作协议的银行卡都可以用于费用支付。但部门间的资金收付不允许使用信用卡结算。

如果银行想对联邦收入基金项下的服务项目进行调整，必须向国家收纳总署提交项目报告，并接受相关规范性文件的管理。

（三）征费系统电子化程度

加拿大征费系统电子化程度极高。联邦各机构部门根据自身服务的特点建立了各种收入征缴程序，其中很多机构都开发使用电子征管系统。政府非税收入收缴也通过计算机信息征缴网络系统，对全过程进行管理和监控。

电子征费系统的采用，不仅加强了政府对非税收入的管理，提高了政府服务效率，也令使用者切实享受到公共服务的便捷。在此，以移民局公款处理系统和407高速公路电子收费系统作出具体介绍。

例一：移民局公款处理系统

加拿大移民局建有公款处理系统，征收有关公民身份和移民的收费。其征收流程如下：

非本国申请人提出移民申请时，不必亲自到移民局缴纳相关费用，只需持移民局票据到加拿大国民银行或者其他指定金融机构，清缴费用后，将盖有银行章的第二联票据寄送移民局即可。

国民银行每天都会将票据信息扫描，并将资金汇入国家收纳总署。移民局在验证收据信息后，开始对申请进行审查。

移民局通过公共服务部获得国民银行收集的申请信息和财务数据的电子信息。如果没有收到公款处理系统开具的收据，申请将被退回，需要重新通过公款处理系统进行提交[1]。

在这个系统之下，费用通过金融机构来征收，由一家银行作为中介实现所有金融机构和移民局之间的资金集中转移。而这家集中银行最终将所有款项缴入国家收纳总署。

例二：加拿大407高速公路电子收费系统[2]

407高速公路是多伦多市北部一条东西向的全封闭、全立交高速公路，全线采用不停车电子收费系统，也就是说，全程不设收费站、收费员，不需要中途停车就能迅速地分辨车辆车型及行使里程并收取通行费。

407高速公路的不停车收费系统，采用封闭式的收费制式，且费率可

---

[1] 财政部票据中心：《美国、加拿大政府非税收入及其票据管理考察报告》，2013年5月。
[2] 王忠仁：《加拿大407公路的电子收费系统》，《中国公路（交通信息产业）》2000年第3期。

以根据时间段的不同实行弹性价格的自动调节。这是一种弹性收费标准，依高峰时段（peak hours）、高峰期（peak period）、正午时分（midday）、非高峰期（off Peak）等，费率各有区别。作为全世界最早采用不停车电子收费技术的高速公路之一，高科技的应用大大缓解了多伦多市周围东西向交通的拥挤状况，每年可以减少大约20亿加元的交通拥挤损失。

407高速公路收费中心的职能主要包括以下方面：

- 对于装有电子卡的车辆，处理非常简单，工作内容一般包括统计日常工作数据报表，处理电子卡的挂失、跟踪以及出巡；
- 对于那些没有安装电子卡的车辆，需要用图像识别技术识别出入口的汽车牌照号码，以判定每辆汽车进、出系统的位置和时间数据，从而进一步计算应缴费额；
- 最后，系统通过与警察局车辆管理中心的数据库联网，每月给车主寄送费用账单。

407高速公路电子收费系统的应用，为交通主管部门带来了极大的便利，其优越性体现在以下方面：

- 保证了收费的准确性，最大限度地避免逃费现象的发生；
- 采取用户登录个人账户进行缴费的方式，使收费环节免去了人与现金的直接接触，从源头上堵住了相关财务漏洞；
- 最大限度地减少了停车收费、排队等候的延误时间，提高了高速路的通行能力，增加了行驶安全性，同时减少了环境污染；
- 电子系统造价低廉，不需要花费大量成本建设收费站等地上设施，也不需要支付收费员工资等日常性开支，使低成本的道路收费成为可能；
- 最后，付款方式灵活便捷，收费系统可直接与银行联网，相关道路交通费直接通过银行即可划拨到收费机构。

九　加拿大政府非税收入的资金使用

加拿大政府非税收入的使用，主要通过统一支出方式进行，也有一部分支出采用以收抵支（respend）方式进行，后者必须在法律严格限制的范围内。

(一) 统收统支

在加拿大，所有非税收入均属于政府公共收入，关于这部分资金的使用分配问题，必须首先经过议会的授权。加拿大《财政管理法》第三部分对财政收入的分配问题作了规定，联邦政府部门所有收入均缴入政府综合收入基金（Consolidated Revenue Funds, C. R. F）。

《财政管理法》第27条和第28条规定，议会要就加拿大联邦政府的所有开支问题向加拿大民众负责。如果没有议会的授权，任何机构或个人均不得擅自支出联邦综合收入基金中的资金。部门为实现公共管理申请拨款的项目，在经过议会批准之后，还需要获得总督签署的拨款授权书。授权书将会写明具体拨款的用途和数额，部门的支出项目要严格遵照授权书的要求，不得出现超出授权的拨款行为。

《财政管理法》第35条规定，任何部门想要从政府综合收入基金中支出经费，都需要获得收纳总署发布的支款指令。加拿大付款协会的会员，或是受收纳总署授权的个人，提出结算申请后，如果经法定手续验证，该笔款项的申请数额和使用需求均符合规定，那么政府综合收入基金就会根据申请支出相关款项。其中，部门支出申请的验证流程和款项用途的证明规定均由收纳总署依法制定。如果出现支出申请与实际用途不符，则未获证据支持的超额支出部分将被收回政府综合收入基金统一管理。

(二) 以收抵支

世界各国的既有实践表明，政府采用以收抵支的财政支出方式一般会面临资金分散难以管理、不能准确建立收入与支出之间的联系，以及无法做出连贯的财政政策等问题。所以，传统上，加拿大政府一直避免将政府的收入和支出进行直接挂钩[①]。

但应该承认，以收抵支也有其独特优势，如可以充分揭示公共服务的社会偏好。而相关政府部门可以通过资金的流动状况，轻易地判断出某项公共产品适当的供应量，并确定收付对象。

因此，对以收抵支方式要扬长避短，加强管理，发挥其优越性，同时

---

① 加拿大国库委员会秘书处：《联邦政府使用者收费的背景文件》（http://www.tbs-sct.gc.ca/pubs_pol/opepubs/tb_h/ucfgtb-eng.asp）。

兼顾政府服务的公共性。目前,加拿大联邦收费收入中约有1/3的收入采用以收抵支的方式①。

1. "以收抵支"项目与管理

采用以收抵支方式进行支出的项目必须具备以下特征:

- 政府部门提供的公共产品或服务具有私人产品的特征,且每个使用者的花费成本可以被准确估算;
- 收入来源与成本支出紧密相关;
- 有明确的使用者群体;
- 需求本身具有弹性,即需求量会随着价格变化而变化。简言之,需求多则收入多,需求少则收入少。

加拿大《财务管理法》规定,政府机构可通过向议会申请授权,将缴费者直接受益的政府服务项目收入作为可重新使用收入(Respendable Revenue),并在议会批准额度内直接用于该服务项目的运行,实现以收抵支。

国库委员会秘书处针对以收抵支的资金使用途径,特别颁布了《特别收入支出授权政策》(Policy on Special Revenue Spending Authorities)②。根据其规定,政府机构可经议会授权设立可周转基金(Revolving Funds)和净拨款基金(Net Voting)作为以收抵支的资金来源。在部门会计系统中,以上基金使用的政府收入资金都是通过"净支出"(总支出-可重新使用收入)而非"政府收入"体现在财政预算中。

2. 申请"以收抵支"授权部门的注意事项

①收入资金和开支费用均产生于本部门已获批开展的活动项目。

②相关产品和服务产生的费用开支与其收入规模成正比。收入款项将仅被使用于满足该项目本身的预期用途,而不会对其他项目进行交叉补贴。

③可重新使用收入款项将不会汇入联邦收入基金,所以联邦收入基金的对应会计科目将不会产生净增长额。

④对资金用途、资金的使用条件、项目活动内容等事项均有明确计划。

---

① 财政部票据中心:《美国、加拿大政府非税收入及其票据管理考察报告》,2013年5月。
② 加拿大国库委员会秘书处:《特别收入支出授权政策》(http://www.tbs-sct.gc.ca/pol/doc-eng.aspx? section = text&id = 12248)。

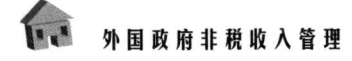

⑤对"可周转基金"和"净拨款基金"的拨款数额均须列入预算。

3. "以收抵支"的资金来源

"以收抵支"的资金来源一般有两类，分别为可周转基金（Revolving Funds）和净拨款基金（Net Voting）。

● 可周转基金（Revolving funds）

可周转基金通常应用于大型的、用途明确的活动，维持部门自给自足的运作方式。由于可周转基金涉及资金数量大，是部门开支中的重点支出项目，所以涉及支出的项目是否具有足够的重要性是其新设立的重要考虑因素。

社会经济的发展存在周期性的规律，运行于其中的部门机构也会随之而产生收入盈余或赤字。可周转基金一经设立，通常就会运转多年，以用来缓解经济的周期循环对部门财政状况的影响，维持账户收支平衡。可周转基金可以弥补现实生活中收入支出资金转款进账的时间差，为部门财务提供一定的灵活性。同时，可周转基金项下管理着大量资金和实物性的投资，考虑到这些非现金性交易投资的重要性，部门应当对其制定权责发生制的会计报表以备财务审查之用。

加拿大于1985年颁布了《可周转基金法案》（Revolving Funds Act），授权加拿大农业部、外交部、公共服务部、国家电影总局、公共服务委员会、国家供应部、交通部等机构，可以为完成规定内容的职能而从联邦综合收入基金中支取款项，但同时设定了相关的支出限制额，以控制以收抵支的项目运行在合理范围内。

● 净拨款基金（Net voting）

净拨款基金的主要用途，是为了满足由需求波动性变化而导致的额外服务。通常情况下，这类波动性需求与项目的基础服务目标一致，但如果使用部门根据通常业务模式所作出的基本预算资金对这部分需求进行满足，就会极大地扰乱机构的正常运行秩序，损害财务的健康状况。当然，净拨款基金的设立目的并不是满足机构自由增长的需求。针对可重新使用收入项目，任何与成本预测有实际差异的开支项目都需要经过国库委员会秘书处审议。

由此可见，两种基金的设立目的，都是使各部门的财务结构在经济波动中保持弹性均衡，并以专款专用的收费方式促进部门服务效率的提高。同时，二者都不应被视作财政支出的基础性保障或补充性资源。

其不同之处在于，可周转基金一经授权，效力长达数年，而一项净拨款基金的有效性仅能维持一个财政年度。另外，可周转基金是为了保证部门在财务上实现自给自足，维持稳定的机构运营模式；而设立净拨款基金是为了在某一具体财政年度内实现账面收支平衡。就运营规模来看，净拨款基金的重要性低于可周转基金。

4. 可周转基金的运作程序

可周转基金（Revolving funds）要遵照国家收纳总署和其他部门的指示，提供周期财务数据、财务报表、资产负债表、每项获批收费项目的收入支出金额统计数据，制作拨款预算，并严格统计具体开支发生的时间、支出标准、资本性支出情况等。另外，加拿大政府的公共账户每年都要对可周转基金的资金流转进行披露。

根据《特别收入支出授权政策》（Policy on Special Revenue Spending Authorities）[1]，可周转基金的运作一般包含以下要素：

①授权机构

通常情况下，可以通过以下三种方式对新设基金项目、修改基金使用权限、冲销基金累计负债、终止基金项目等事项进行授权：

第一，经议会投票通过；

第二，符合法定征费标准的规定；

第三，其他法律法规的规定。

②项目设立申请书

设立一项可周转基金需要向授权机构提供项目申请书，其内容主要包括：基本情况说明，包括简述资金的使用目的、基金的运作模式、资金需求、所设基金的资金来源等。基金的基本运作模式说明包括：预期收益、主要收费项目和基本开支；未来3—5年的商业计划书，用以展示业务发展和财务治理；对提供产品服务的需求预测，并同时估计可由此产生的资金收入量；收费项目的费率和收费结构的调整方案；分析采用部门自制还是外部购买方式提供服务；绩效指标和资金使用计划；对部门固定资产进行估值；列明设备需求清单，估算一次性购买成本和摊销成本；计提折旧

---

[1] 加拿大国库委员会秘书处（Treasury board of Canada Secretariat）：《特别收入支出授权政策》（Policy on Special Revenue Spending Authorities），2000年7月，http://www.tbs-sct.gc.ca/pol/doc-eng.aspx?section=text&id=12248。

的规定；除资金以外的其他资源需求；其他有关信息；等等。

③投票通过

如前所述，可周转基金的设立和运营都要经过议会的明确授权，或经过议会的特别提案，或作为某项具体的拨款法案中单独投票项。如果是单独议案，该议案中必须包含条款，允许征收法案对可周转基金的授权事项进行修改。

投票提案一般采取如下形式："提案编号，可周转基金的名称，根据《财政管理法》第29.1（2）条b款的规定，授权（填写部门名称）的部长，根据国库委员会的批准，为了达成（简要描述基金使用目的）的目的，从联邦收入总账户中进行开支：授权部长对本部收入进行符合基金使用目的的开支，同时支出金额不得超过（法定的具体数额）。"①

④修改授权额度

可周转基金必须有正当、充分的理由来向国库委员会修改支出授权总额的申请。一般来说，国库委员会会要求部门提供基金过去两年的收支情况报告和对未来三年收入的预算报告。

相关提案模板如下所示："提案编号，可周转基金名称，本可周转基金由第×号拨款议案提出，经××投票批准设立。预计本基金的开支总额将超过前述授权额度，为了实现（填写可周转基金名称）的设立目的，现申请将$（之前授权数额）变动为至$（新授权数额）。"②

⑤可周转基金不能擅自对资金账户项目进行调整，任何项目的变动均需要提交申请

⑥基金的终止

当设立一项可周转基金时，该基金的终止条件也应当包含在拨款法案授权的事项内。有关部门应当向国库委员会提出终止基金运营的申请，说明服务终止后的相关替代方案和基金剩余财产的分配情况。

⑦处理盈余和赤字

---

① 加拿大国库委员会秘书处（Treasury board of Canada Secretariat）：《特别收入支出授权政策》（Policy on Special Revenue Spending Authorities），2000年7月，http://www.tbs-sct.gc.ca/pol/doc-eng.aspx? section=text&id=12248。

② 加拿大国库委员会秘书处（Treasury board of Canada Secretariat）：《特别收入支出授权政策》（Policy on Special Revenue Spending Authorities），2000年7月，http://www.tbs-sct.gc.ca/pol/doc-eng.aspx? section=text&id=12248。

⑧资金账户管理

5. 净拨款基金的运作程序

由于净拨款基金（Net voting）的资金使用量一般小于可周转基金的数额，所以其批准拨付的程序比可周转资金简便。其项目立项、修改授权额度、经议会投票批准等事项的基本流程与可周转基金类似，故不赘述。

十　加拿大政府非税收入的后续管理

（一）非税项目的后续监控

相关非税收入项目实施后，加拿大政府建立起了一套由国库委员会秘书处和收费部门联合监督的管理措施，以提高服务的可靠性和管理的有效性。

1. 国库委员会的主要职能
- 批准须经国库委员会审议的项目提案；
- 在政府全局工作角度对具体收费项目进行引导监督，并与其他部门协同合作，实时了解政策实施情况的最新反馈。

国库委员会秘书处将采用以下方式对收费活动进行监管：
- 与各部门定期会晤；
- 严格的尽职调查；
- 开展教育研讨活动；
- 检查部门收入状况、关联性支出水平和其他与设立修正收费标准的信息；
- 审核部门出具的内部审计报告项目评估结果和其他相关报告。

国库委员会秘书处会要求各部门定期提供全局性的分析报告，或者要求收费部门就收费项目的特殊性进行研究，以检查非税收入项目的具体细节。秘书处应当每年撰写一份报告，对具体收费项目未来五年的实施情况进行预测。

2. 各部门的监督职能
- 各部门应当从本部门工作角度出发，对具体收费项目的各个操作环节进行实时监控，确定监控收费项目所需要使用的工具，同时将类似的监控手段应用于具体收费活动中，以便于使收集具体信息建立收费工作各个环节的一致性。
- 对其外部性收费活动进行定期检查。制作自查报告,以确定收费活动是否正在顺利开展,并根据检查结果对下一步工作作出相应的调整方案。
- 遵照国库委员会秘书处的要求,将本部门内关于非税收入收费的相关报告递交国库委员会秘书处(包括上述部门自查报告),以适应秘书处对各部门的监管需求。

(二) 非税项目的后续信息披露

国会委员会秘书处认为,利益持有者对一项收费项目中的各项事宜均享有知情权。对相关利益者的意见调查不仅应当在收费项目设立之前进行,还应当在项目的后续管理中予以重点体现。因此,加拿大政府各部门非常注重对收费项目进行信息披露。

披露信息必须具备方便易得、高效及时、定期披露的特点,以适应一般民众、议会管理者以及利益相关者的不同需求。

对利益相关者的咨询活动,不仅体现在收费项目设立初期,而且应当贯穿整个收费项目的活动过程。使用者在体验了收费项目活动后的反馈意见,可以帮助有关部门改进相关服务,反映使用者的现实需求,以促进在未来的管理活动中最大限度地满足公众需求。

后续管理活动中的相关利益者意见调查一般分两步进行:

第一步,收费部门应当向相关利益者公示包括服务标准、服务提供量、预期目标执行情况、服务提供部门的职责、服务未达标时将会采取的措施等涉及收费项目管理活动的各类信息;

第二步,汇总使用者在接受相关部门的服务后,对服务的满意度评价和由此产生的反馈意见信息,并进行进一步的研究分析。

加拿大各政府部门对于制作使用者收费信息披露报告均表现出了较高的积极性,且加拿大政府的信息披露制度也日趋完善。有关人员除了可以通过查阅每年的《加拿大公共账户统计》(Public Accounts of Canada)、《关于计划和优先事项的报告》(Reports on Plan and Priorities)、《部门绩效报告》(Departmental Performance Reports)获悉收费项目的收入支出情况,还可以通过各部门机构的官方网站便捷地获取所需数据。

- 《加拿大公共账户统计》中关于使用者收费项目的披露以整理性和

概括性的大类数据为主；
- 《关于计划和优先事项的报告》中主要对计划收费活动项目进行了描述，包括计划收费项的类型、授权机构、引入或修改该项收费的理由、收费生效日期、预期咨询审议流程以及争议解决途径；
- 《部门绩效报告》相较于《关于计划和优先事项的报告》而言，更侧重于说明已发生的收费项目事宜。

《关于计划和优先事项的报告》和《部门绩效报告》是从具体部门和费用类别的分类方式出发，对使用者收费情况给予了更详细的说明，这两份报告将使用者收费分为三类：其一，特许权或其他权力收费；其二，管理活动收费；其三，产品服务使用费。

根据《使用者收费法案》第 7 条的规定，每位部门机构的负责人须在每年的 12 月 31 日前向两院议会提交一份关于使用费征收效果和影响的报告，该报告应提交至议会的常务委员会。

《使用者收费法案》关于提交年度报告的规定还要求，国库委员会秘书处应在政府各部门提交的项目绩效报告的基础之上，向议会提交一份内容更丰富的年度监测报告，报告内容包括项目计划、项目的优先级以及各部门的绩效表现。秘书处的报告重点应基于《使用者收费法案》对政府各部门项目信息的具体披露要求，这也从一个侧面反映出议会对收费项目具体信息的掌握需求。

（三）非税项目的后续绩效报告

加拿大国库委员会秘书处的重要职能之一，就是通过《部门绩效报告》（Departmental Performance Report）来监督部门收费政策的实施情况。因此，加拿大联邦政府辖下的 96 个机构和部门每年都会出具一份当年的《部门绩效报告》，其中会在"使用者收费与其他外部性收费"（User fees and Regulatory Charges/ External Fees）的题目项下，对使用者收费项目进行专项报告。

此报告内容在各个部门官方网站上都会进行公开披露，便于公众查阅。"使用者收费与其他外部性收费"会列明该政府部门开设的所有收费项目，并对每个项目依次进行说明，包括收费项目的名称、项目类别、收费的授权依据、收费标准、收费规定的最后修订日期以及当年度内对服务的绩效考核。针对每个收费项目的收费情况，报告会展示当年收入和支出的预算与实际差额,并对未来三年的服务收费状况进行预测。

根据国库委员会的规定,该报告中还包含了利益相关者对收费项目的意见反馈,当出现服务未达到服务标准的情况时,有关部门会在报告中予以解释说明并提出整改意见。

附录4为加拿大公共服务部2012—2013财年绩效报告中"使用者收费与其他外部性收费"情况。

(四)非税项目的后续评估

2004年11月,国库委员会审核通过了《外部服务收费的服务标准政策》①,要求相关部门为所有收费项目设立服务标准。根据《外部收费标准政策》②的规定,联邦政府外部收费必须满足两项具体的标准,即可衡量性和与支付数额的匹配性。因此在后续管理活动中,应当对收费水平进行评估。

定期对收费标准进行评估将有助于机构部门及时获得相关影响因素的最新信息,提高政府服务的响应速度,并帮助其制定收费规划。定期对费用水平进行评估,也可以向有关部门展示收入的变化规律,以便其开展有针对性的收费工作,维持部门收入与支出之间的平衡。

加拿大国库委员会制定的《基于成本的使用费和规费项目设立指南》③规定,应当每三至五年进行一次收费项目定价标准的后续评估,评估由国家审计署和国库委员会审计办公室发起和负责。在具体实践中,评估频率会受影响政府、部门或使用者等外部因素的影响而相应地增加或者降低。

收费部门提出的具体要求和对优先考虑因素的关注可能会引导评估活动集中于某些特别项目。同时要注意充分利用原有的收费水平评估记录,对比新旧收费标准不仅能够判断现行标准是否合理,既往收费标准的变化趋势还能为未来的定价修改提供有效参考。另外,相关部门还应当注意审

---

① 加拿大国库委员会(Treasury Board):《外部服务收费的服务标准政策》(Policy on Service Standards for External Fees),2004年11月。
② 加拿大国库委员会(Treasury Board):《外部服务收费的服务标准政策》(Policy on Service Standards for External Fees),2004年11月。
③ 加拿大国库委员会审计办公室(the Office of the Comptroller General):《基于成本的使用费和规费项目设立指南》(Guide to Establishing the Level of a Cost-Based User Fee or Regulatory Charge),2009年5月。

核具体收费水平的评估活动是否需要相关利益方的提前授权，以避免违规行为的发生。

需要特别注意的是，对收费水平进行评估并不一定会导致收费标准发生变化。开展评估活动主要是为了给政府决策机构提供最新的定价因素信息。收费水平的评估结果可能是导致定价标准发生改变的关键性因素，但其他一系列外界因素同样会对定价结果产生影响。最终，所有的具体收费标准将早于政府部门绩效评议报告报送议会，并由国库委员会秘书处作出审议决定。

（五）不达标收费项目的处理

1. 强制降低收费标准

如果政府收费部门提供的产品或服务未能符合相应的服务标准，使用费将被强制性降低。加拿大《使用者收费法案》对服务未达到设立目标的收费项目调整方案有着明确规定。

根据《使用者收费法案》第5.1条的规定，政府机构实施使用费收费标准后，若在某一财年中，该机构收费项目的绩效表现未达到本年所设定绩效标准的90%，则该项目的收费标准应随绩效表现情况下降同等比例，最大降低幅度可达原收费标准的50%。降低后的使用费征收标准从当年年报提交之日起生效，有效期至下一财年年报提交日。

2. 对公众做出解释、提供解决方案

如果服务项目未达标，相关部门需要进行原因分析，提出整改方案，同时将以上情况向公众做出明确说明。

下面以文化遗产部一项关于使用者收费的报告[①]为例进行说明。

2011—2012年度，文化遗产部下设的加拿大影视认证中心（Canadian Audio - Visual Certification Office）对相关机构发放资格证书的服务收取认证费。收费项目的服务标准为：在收到正式申请书后10个星期内发放相关认证凭证。这一年度，加拿大影视认证中心共收到2200份申请，其中一半申请由书面方式提交，一半申请在其在线申请系统中完成。但在当年服务评价中，客户满意度仅达到60%。究其原因，通常情况下，可以在10个星期以及更短的时间周期内完成的申请审核，因书面申请首先需要人

---

① 加拿大文化遗产部：《2011—2012年度部门绩效报告中关于使用者收费、规费的公告》（http://www.pch.gc.ca/eng/1349810806591）。

工录入电脑系统,所以大大延长了这部分申请的审核时间,降低了行政运行效率。于是,有关部门据此对服务进行了调整,从 2012 年 4 月 1 日开始,影视认证中心仅接受在线方式的申请,以确保达到服务标准的要求。

附录1　加拿大《使用者收费法案》
(User Fees Act)

该法案于 2004 年 3 月 31 日颁布实施。

简称

1. 该法案在被引用时可简称为《使用者收费法案》。

概念定义

2. 本节中的定义适用于本法案。

"委员会"(committee)是指议会两院的常务委员会。

"直接收益"(direct benefit or advantage)指用户由于缴纳使用费而得到的收益,该收益可以是仅使该缴费者受惠的收益,也可以是该缴费者由于缴费行为而比其他社会公众更多享受的额外收益。

"部长"(minister),如财政管理法的第 2 条所界定,指对监管机构负责的部长。

"监管机构"(regulating authority)指的是有权根据国会法律设立使用者付费标准的部门、机构、董事会、委员会或在编制目录里边提到过的其他团体。法案授权给理事会的管理者或者部长,意味着该组织有向用户收费的主张。

"使用费"(user fee)是针对某一产品、监管行为、授权行为、特许权或执照、设施使用或监管机构提供的服务征收的费用。收费须严格遵照议会法案的规定进行征收,并且使缴费者获得直接的收益(direct benefit or advantage)。

适用范围

3.

(1) 该法案适用于所有监管机构所设立的使用费。

第四章　加拿大政府非税收入

（2）该法案不适用于由某一政府机构设立的面向另一个政府机构征收的使用费，即政府间收费。

协商要求

4. 在某一政府机构欲设立新的收费项目、增加收费标准、扩大收费范围或者延长收费期限时，它首先需要：

（a）采取适当的方式通知缴费者以及与所涉及收费有相似缴费群体的其他政府部门；

（b）为所有缴费者与政府服务使用者提供充分表达意愿的机会，使其可以对与使用费相关的服务提出改进建议；

（c）对收费项目所可能产生的影响进行评估，确定与其相关的因素，并在最终确立收费方案时综合考量预期结果；

（d）向用户解释使用费是如何确立的，并说明使用费的成本与收益；

（e）建立一个独立咨询小组，负责处理缴费者关于设立使用费或使用费变更的投诉；

（f）通过比较不同国家该收费项目的设立和实施情况，建立该项目的服务标准并据此对征费部门的绩效表现进行评估。

除了条款（1）中的规定，政府机构负责人还需向下议院和参议院分别提交收费项目提案，所提交的提案须：

（a）解释欲对何种服务、产品、监管行为、设备使用、特许权、执照征收使用费；

（b）阐明拟议的使用费率的变更理由；

（c）包含与（4）（f）条款相一致的服务评估标准和绩效指标，以及在该标准下当前已经达到的水平；

（d）估算该收费项目设立后三年的收入总额，并确定征收的使用费所能覆盖的成本范围；

（e）描述（4）（e）中所述独立咨询小组的成立过程，并且说明如何根据第4.1条款规定对收到的缴费者投诉进行处理。

如果部长根据条款（2）拟定的使用费的收费额高于（1）（f）中作为参考和借鉴的其他征收该项费用的国家的收费标准，则部长必须在提案中说明产生这种差异的原因。

第（2）条中所述提案将被提交至议会常务委员会。

投诉异议

4.1

（1）如果某一政府机构在其公告公示期间内接到了投诉，该机构必须：

（a）尽量解决投诉中涉及的问题；

（b）以书面形式告知投诉人该机构针对其投诉拟采取的解决措施。

（2）公告公示期结束的 30 天内，若投诉者认为仍未得到满意的答复，投诉人可以书面形式对该政府机构提出将投诉转交由独立咨询小组处理的要求。

（3）公告公示期结束的 40 天内，该政府机构和投诉人须各选举一名代表作为独立咨询小组成员，并由双方代表共同选择第三位独立咨询小组成员。

（4）基于经济和效率的考量，政府机构可以在同一项议案遭到两起或更多投诉时选择是否由同一个独立小组进行干预解决。在这种情况下，独立小组的成员是由全体投诉人通过投票来选举的。

（5）该独立咨询小组须在确定小组成员后的 30 天内向征费机构和投诉者提交书面报告，阐明其调查结论和解决争端的建议。

（6）除第（7）条的情况以外，独立咨询小组有权对投诉解决过程中产生的费用进行裁定，这些费用包括收费成本和小组成员的支出成本。

（7）如果独立咨询小组认定投诉是琐屑无聊或无理取闹的，投诉人将承担所有费用。

（8）由投诉人支付的成本将作为应付款给英联邦女王的债务，并且在任何有审判权的法院都可以恢复。

常务委员会的审查

5.

常务委员会须依据 4（d）条款所述的要求对使用费征收提案进行审查，并且按照条款 5.1 的规定根据提案的具体情况向参议院或众议院提交建议报告书。

强制性降低使用费

5.1

政府机构实施使用费收费标准后,若在某一财年中,该机构收费项目的绩效表现未达到本年所设定绩效标准的90%,则该项目的收费标准应随绩效表现情况下降同等比例,最大降低幅度可达原收费标准的50%。降低后的使用费征收标准从第7(1)条所规定的本年年报提交之日起生效,有效期至下一财年年报提交日。

议会的决议

6.

(1) 常务委员会须依据第5条提交建议报告书,参议院或众议院通过出台决议的方式对常务委员会的建议予以批准、驳回或者提出修改意见。

(2) 若在20天合议期(sitting day)内常务委员会未能向议会两院提交关于条款4(b)所述收费提案的建议报告,议会将视其为建议批准该使用费申请提案。

政府机构负责人年报

7.

(1) 每位政府机构负责人须在每年的12月31日前向两院议会提交一份关于使用费征收效果和影响的报告,该报告需包含4(2)条款中规定的内容。

(2) 7(1)中所述报告应提交至议会的常务委员会。

附录2 使用者收费项目设立流程

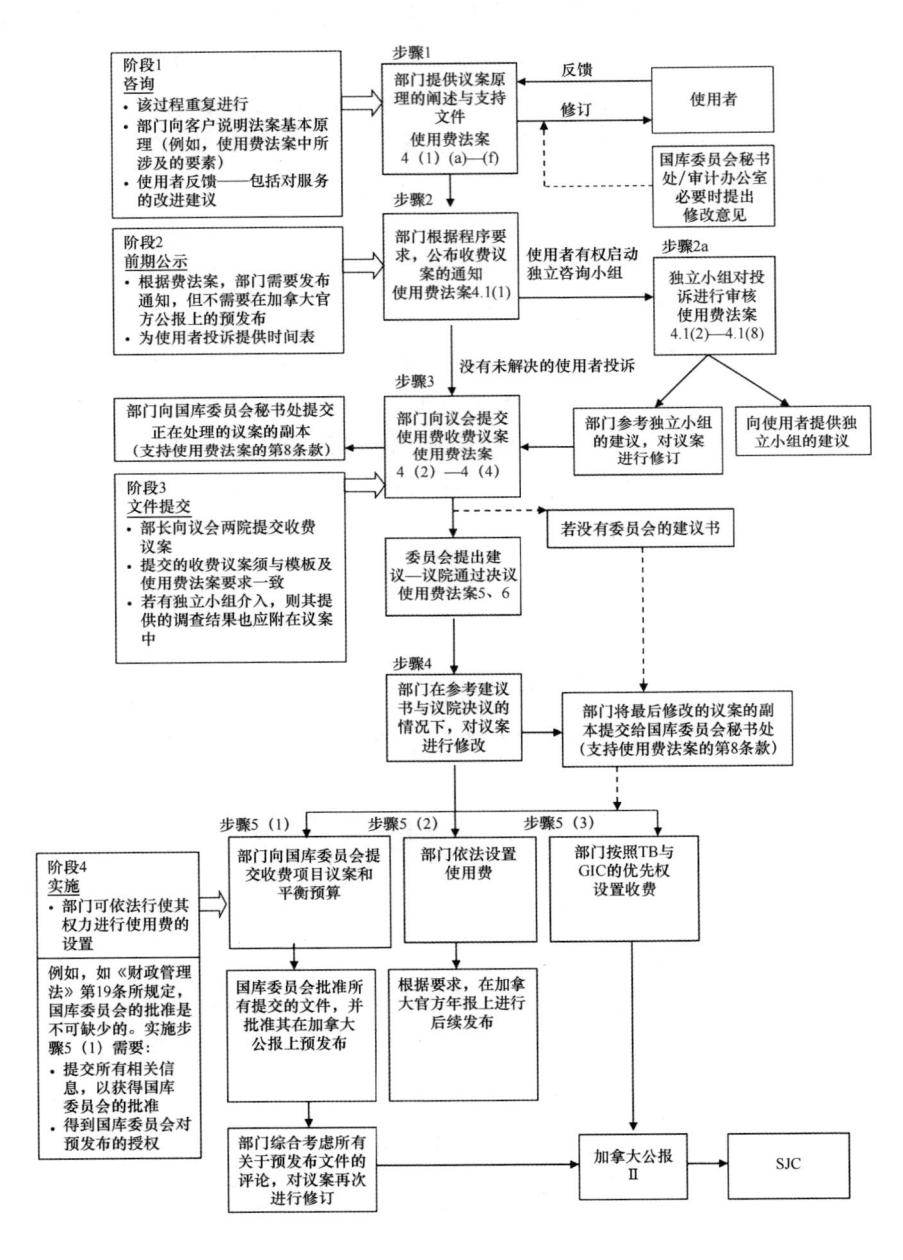

阶段1 咨询
- 该过程重复进行
- 部门向客户说明法案基本原理（例如，使用费法案中所涉及的要素）
- 使用者反馈——包括对服务的改进建议

步骤1 部门提供议案原理的阐述与支持文件 使用费法案 4（1）(a)—(f)

反馈 → 使用者
修订 ←

国库委员会秘书处/审计办公室必要时提出修改意见

阶段2 前期公示
- 根据费法案，部门需要发布通知，但不需要在加拿大官方公报上的预发布
- 为使用者投诉提供时间表

步骤2 部门根据程序要求，公布收费议案的通知 使用费法案4.1(1)

使用者有权启动独立咨询小组

步骤2a 独立小组对投诉进行审核 使用费法案 4.1(2)—4.1(8)

没有未解决的使用者投诉

部门向国库委员会秘书处提交正在处理的议案的副本（支持使用费法案的第8条款）

步骤3 部门向议会提交使用费收费议案 使用费法案 4(2)—4(4)

部门参考独立小组的建议，对议案进行修订

向使用者提供独立小组的建议

阶段3 文件提交
- 部长向议会两院提交收费议案
- 提交的收费议案须与模板及使用费法案要求一致
- 若有独立小组介入，则其提供的调查结果也应附在议案中

委员会提出建议——议院通过决议 使用费法案5、6

若没有委员会的建议书

步骤4 部门在参考建议书与议院决议的情况下，对议案进行修改

部门将最后修改的议案的副本提交给国库委员会秘书处（支持使用费法案的第8条款）

阶段4 实施
- 部门可依法行使其权力进行使用费的设置

例如，如《财政管理法》第19条所规定，国库委员会的批准是不可缺少的。实施步骤5（1）需要：
- 提交所有相关信息，以获得国库委员会的批准
- 得到国库委员会对预发布的授权

步骤5（1） 部门向国库委员会提交收费项目议案和平衡预算

步骤5（2） 部门依法设置使用费

步骤5（3） 部门按照TB与GIC的优先权设置收费

国库委员会批准所有提交的文件，并批准其在加拿大公报上预发布

根据要求，在加拿大官方年报上进行后续发布

部门综合考虑所有关于预发布文件的评论，对议案再次进行修订

加拿大公报II → SJC

附录3　加拿大收费项目投诉异议处理流程

使用费法案：投诉解决流程

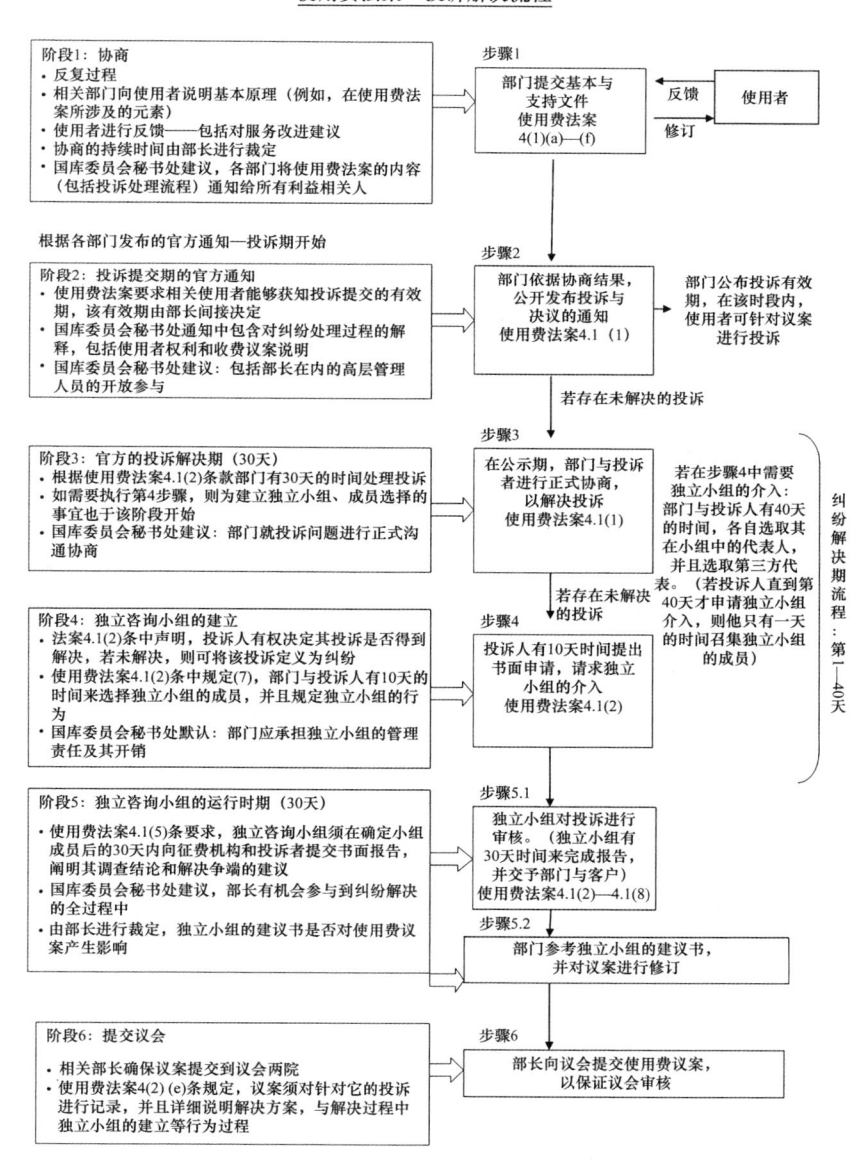

阶段1：协商
- 反复过程
- 相关部门向使用者说明基本原理（例如，在使用费法案所涉及的元素）
- 使用者进行反馈——包括对服务改进建议
- 协商的持续时间由部长进行裁定
- 国库委员会秘书处建议，各部门将使用费法案的内容（包括投诉处理流程）通知给所有利益相关人

步骤1：部门提交基本与支持文件 使用费法案 4(1)(a)—(f) ←反馈／修订→ 使用者

根据各部门发布的官方通知——投诉期开始

阶段2：投诉提交期的官方通知
- 使用费法案要求相关使用者能够获知投诉提交的有效期，该有效期由部长间接决定
- 国库委员会秘书处通知中需包含对纠纷处理过程的解释，包括使用者权利和收费议案说明
- 国库委员会秘书处建议：包括部长在内的高层管理人员的开放参与

步骤2：部门依据协商结果，公开发布投诉与决议的通知 使用费法案4.1（1） → 部门公布投诉有效期，在该时段内，使用者可针对议案进行投诉

若存在未解决的投诉

阶段3：官方的投诉解决期（30天）
- 根据使用费法案4.1(2)条款部门有30天的时间处理投诉
- 如需要执行第4步骤，则为建立独立小组、成员选择的事宜也于该阶段开始
- 国库委员会秘书处建议：部门就投诉问题进行正式沟通协商

步骤3：在公示期，部门与投诉者进行正式协商，以解决投诉 使用费法案4.1(1)

若在步骤4中需要独立小组的介入：部门与投诉人有40天的时间，各自选取其在小组中的代表人，并且选取第三方代表。（若投诉人直到第40天才申请独立小组介入，则他只有一天的时间召集独立小组的成员）

纠纷解决期流程：第一40天

若存在未解决的投诉

阶段4：独立咨询小组的建立
- 法案4.1(2)条中声明，投诉人有权决定其投诉是否得到解决，若未解决，则可将该投诉定义为纠纷
- 使用费法案4.1(2)条中规定(7)，部门与投诉人有10天的时间来选择独立小组的成员，并且规定独立小组的行为
- 国库委员会秘书处默认：部门应承担独立小组的管理责任及其开销

步骤4：投诉人有10天时间提出书面申请，请求独立小组的介入 使用费法案4.1(2)

阶段5：独立咨询小组的运行时期（30天）
- 使用费法案4.1(5)条要求，独立咨询小组须在确定小组成员后的30天内向征费机构和投诉者提交书面报告，阐明其调查结论和解决争端的建议
- 国库委员会秘书处建议，部长有机会参与到纠纷解决的全过程中
- 由部长进行裁定，独立小组的建议书是否对使用费议案产生影响

步骤5.1：独立小组对投诉进行审核。（独立小组有30天时间来完成报告，并交予部门与客户） 使用费法案4.1(2)—4.1(8)

步骤5.2：部门参考独立小组的建议书，并对议案进行修订

阶段6：提交议会
- 相关部长确保议案提交到议会两院
- 使用费法案4(2)(e)条规定，议案须对针对它的投诉进行记录，并且详细说明解决方案，与解决过程中独立小组的建立等行为过程

步骤6：部长向议会提交使用费议案，以保证议会审核

附录4 加拿大公共服务部（PWGSC）2012—2013 财年绩效报告

一

使用费：根据加拿大《信息获取法》（Access to Information Act）向请求权限收取的费用

收费类型：其他产品与服务（O）

收费项目设立依据：《信息获取法》（Access to Information Act）

最后修改日期：1992 年

绩效标准：在收到请求后的 30 日以内处理完成；可以根据信息获取法第 9 部分适当延长处理时间。

绩效表现：该部门应能够在 30 天以内或延长的时间限制内完成 92% 的任务。

*在收到请求后的 30 内，将延长的通知发送给请求者。

2012—2013（单位：美元）			规划年（单位：美元）		
预期收入	实际收入	全部成本	财年	预期收入	预计全部成本
3500	7072	4151192	2013—2014	5000	4218845
			2014—2015	5000	4282127
			2015—2016	5000	4346359

其他信息：根据《信息获取法》，在符合公共利益的情况下，25 美元以下的收费可以被免除。2012—2013 年间共免除收费 4660.45 美元。

二

使用费：加拿大公报订阅费（Canada Gazette – subscription fees）

收费类型：管理（R）

收费依据：订阅费根据《法律文书规定》（Statutory Instruments Regulations）收取

最后修改日期：1985 年

第四章 加拿大政府非税收入

绩效标准：客户满意率达到85%
绩效表现：100%，加拿大公报的董事会未接到任何与订阅相关的投诉

2012—2013（单位：美元）			规划年（单位：美元）		
预期收入	实际收入	全部成本	财年	预期收入	预计全部成本
29.0	21.0	101.0	2013—2014	15.0	102.5
			2014—2015	0	0
			2015—2016	0	0

其他信息：

外部客户或者私人要获取纸质版或者电子版的加拿大公报需缴纳订阅费。因为登录费被归于公共工程和政府服务（PWGSC）的承包机构管理，所以关于登录费（insertion fees）的信息部不再包含在此表内。

到2014年4月1日，纸质版的公报将会被淘汰不再发行，取而代之的是免费的电子版公报。预期收益与全部成本的评估数字全部来源于2012年的一个成本模型的研究结果。

到2014年4月1日，免费的电子版加拿大公报将作为公报的唯一形式。而订阅服务也会终止，所以表中未列出2014—2015年与2015—2016年的预期收入。

外部费用（External Fees）

基于《关于外部费用服务标准的政策》（Policy on Service Standards for External Fees）

外部费用	服务标准	绩效标准	利益相关者协商咨询（consultation）
要获取纸质版或者电子版的加拿大公报需缴纳订阅费	客户对公报的交付时间与质量的满意率达到85%以上	100%：能够达到加拿大公报董事会（CDG）的服务标准。未收到任何关于交付公报的投诉	最后一次利益相关者的协商咨询发生在1985年以前。经过这次协商，1985年的公报订阅率提高了很多。如以前所记录的，在2011年3月的咨询调查中，481位订阅者收到邮件，其中有119位（25%）完成并答复了这项调查。2013年5月8日的公报第Ⅱ版公开宣布，将于2014年停止发行纸质版加拿大公报而代之以免费的电子版公报。加拿大公报董事会（CGD）在此后将不再对利益相关者进行咨询，因为订阅服务将不复存在

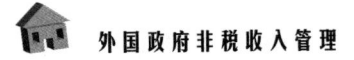

其他信息：无

三

使用费：埃斯奎莫尔特的槽式船坞（Esquimalt Graving Dock）
收费类型：管理
收费依据：公共工程与政府服务部法案第23部分，埃斯奎莫尔特槽式船坞法案第23部分，埃斯奎莫尔特槽式船坞管理条例（法定命令和规定 SOR/89－332，SOR/95－642，SOR/2009－324）。
最后修改日期：2009年12月10日
绩效标准：绩效标准发布在埃斯奎莫尔特槽式船坞的客户服务网站上。此外，为了确保客户服务质量和客户的需求，与租赁客户的会议会定期举行。
绩效表现：能够满足上一财年的全部绩效标准。埃斯奎莫尔特槽式船坞。此外，所有的主要船只需在出发前确保需求得到满足。

2012—2013（单位：美元）			规划年（单位：美元）		
预期收益	实际收益	全部费用	财年	预期收益	预计全部成本
8000	8965	25774	2013—2014	8000	60324
^	^	^	2014—2015	8000	40818
^	^	^	2015—2016	8000	16153

其他信息：根据《联邦污染地行动计划》（Federal Contaminated Sites Action Plan），全部成本包含矫正活动的费用。（2012/13－$11.1M，2013/14－$44.7M，2014/15－$25.1M，2015/16－$.2M.）

全部成本包括摊销，埃斯奎莫尔特槽式船坞的绩效标准发布在网站上，用户可以预定查看。

外部费用（External Fees）
基于《关于外部费用服务标准的政策》（Policy on Service Standards for External Fees）

外部费用	绩效标准	绩效表现	利益相关者协商咨询
埃斯奎莫尔特槽式船坞	埃斯奎莫尔特槽式船坞（EGD）基于以下条款对所有用户和船队的客户提供设备与服务： • 管理服务，为了给船舶提供服务与停泊空间； • 若有影响安全与设备操作效率的改动需在48小时内通知用户； • EGD 的应急计划； • 且经批准的海洋设施保安计划和合格的海事设施保安官。 纠纷涉及：（1）埃斯奎莫尔特槽式船坞的主管人员；（2）一般工程资产战略局；（3）助理副部长－房地产助理副部长	埃斯奎莫尔特槽式船坞（EGD）满足2012—2013年所有的设备绩效标准。 在有要求的情况下，预定及确认预定需要以合理的方式提供。 若有服务与设备性能的改变，须在发生变化后的48小时内公布通知。 每两年对EGD的应急计划进行评估并且更新。 EGD 根据《海洋运输安全管理条例》（Marine Transportation Security Regulations），持有"海洋设施或港口的合乎要求的声明"	与租赁用户的会议每两个月举行一次，以确保服务质量与客户需求得到满足。除此以外，还要确保所有主要船只的问题在出发前得到解决

其他信息：无

使用费总额

	2012—2013（单位：千美元）			规划年（单位：千美元）		
	预期收益	实际收益	总成本	财年	预期收益	预计全部成本
管理费用	8029.0	8986.0	25875.0	2013—2014	8015.0	60426.5
				2014—2015	8000.0	40818.0
				2015—2016	8000.0	16153.0
其他产品与服务	3.5	7.1	4151.2	2013—2014	5.0	4218.8
				2014—2015	5.0	4282.1
				2015—2016	5.0	4346.4
总计	8032.5	8993.1	30026.2	2013—2014	8020.0	64645.3
				2014—2015	8005.0	45100.1
				2015—2016	8005.0	20499.4

注：由于四舍五入，数字不能直接相加。

第五章

澳大利亚政府非税收入

澳大利亚联邦成立于1901年,包括6个州和2个直属联邦政府的领地,即新南威尔士州、维多利亚州、昆士兰州、南澳大利亚州、西澳大利亚州和塔斯马尼亚州,首都堪培拉所在的首都领地以及北部领地。澳大利亚实行与美国相似的联邦制度,立法、行政和司法三权分立,联邦政府、州(领地)政府和地方政府实行严格的分税制度和分级财政管理体制,每级政府的财权和事权划分清晰。澳大利亚各级政府非税收入全部统一纳入公共财政预算管理体系进行依法管理;各级政府非税收入的项目、规模和结构有所不同,非税收入在各级政府财权和事权中的地位和作用也有所不同。

一 澳大利亚政府非税收入的概念和分类

概括地讲,政府非税收入是政府财政收入的子概念,即除税收收入以外的所有其他公共收入。国际货币基金组织、世界银行等国际组织没有对"非税收入"进行明确定义,各国政府对非税收入的界定也没有统一的口径。

国内学者郑智强(2012)认为,澳大利亚政府非税收入主要由成本补偿性收入、资产资源性收入、证照收入、罚没收入、捐赠5种类型构成。[①] 这种按来源性质划分的方法有助于从非税收入来源的角度考量,只是不够

---

① 郑智强:《澳大利亚政府非税收入管理及启示》,2012年9月,万方数据资源系统(http://d.g.wanfangdata.com.cn/Periodical_ zgdzsw201217158.aspx)。

第五章 澳大利亚政府非税收入

具体。

安徽省财政厅课题组（2005）从项目分类的角度，将澳大利亚联邦政府非税收入概括为以下四类：商品和服务销售收入、利息收入、红利收入、其他政府非税收入。[①] 这种分类方法依据的是澳大利亚政府财政统计（GFS）体系对非税收入的财务统计口径，但针对的只是联邦政府。

本书结合澳大利亚联邦统计局、财政部、国库部等相关部门提供的统计数据、财务报表和其他相关信息，尝试从非税收入的项目分类入手，对澳大利亚非税收入的概念、规模、州（领地）政府和地方政府非税收入，以及各级政府公共部门不同组成部分等，作出较为系统和具体的梳理。

（一） 政府非税收入的概念

在澳大利亚，尽管国库部和财政部都没有对"非税收入"的概念进行专门定义，但是综合统计局制定的《政府财务统计手册 2005：概念、数据来源和统计方法》（Australian System of Government Finance Statistics：Concepts, Sources and Methods 2005，GFS2005）、联邦财政部定期公布的"澳大利亚政府财务统计"（Government Finance Statistics, Australia, GFSA）、联邦国库部每年公布的"政府决算报告"（Final Budget Outcome，FBO）、各政府部门按要求定期公布的"年度报告"（Annual Reports）以及其他各类预算报告和财务报表，或可以从财政角度梳理出澳大利亚非税收入的概念和角度不同的分类。

澳大利亚政府非税收入的概念有狭义和广义之分。

狭义的政府非税收入，对应一般政府部门（General Government），除税收以外的所有其他公共财政收入。一般政府部门包括联邦政府、州（领地）政府和地方政府，以及各级政府所属的单位和机构。

广义的政府非税收入，对应整个公共部门（Public Sector）除税收以外的所有其他公共财政收入。公共部门不仅包括一般政府部门，还包括公共非金融公司（Public Non-Financial Corporations）和公共金融公司（Public Financial Corporations）。其中，一般政府部门和公共非金融公司共同构成非金融公共部门（Non-financial Public Sector），非金融公共部门和公共金融

[①] 安徽省财政厅课题组：《澳大利亚政府非税收入管理概况》，《经济研究参考》2005 年第 3 期。

公司共同构成整个公共部门（见图5－1）①。联邦政府、州（领地）政府和地方政府都拥有各自的公共非金融公司或者公共金融公司。公共非金融公司和公共金融公司没有税收收入，因此，它们的全部公共财政收入都属于非税收入。

狭义和广义的非税收入没有本质区别。但是，在会计和财务管理理论和实践中的差异值得关注。广义的非税收入不仅包括一般政府部门非税收入，而且包括公共非金融公司和公共金融公司的公共财政收入，因此数量上大于狭义。而统计并公布广义的公共部门非税收入，可以说体现的是公共财政管理的科学性和透明度。

（二）公共部门的组成

澳大利亚公共部门组成结构及其组成部分的简要说明如下：

```
                    公共部门
                   /        \
          公共金融公司      非金融公共部门
                          /          \
                    一般政府部门    公共非金融公司
```

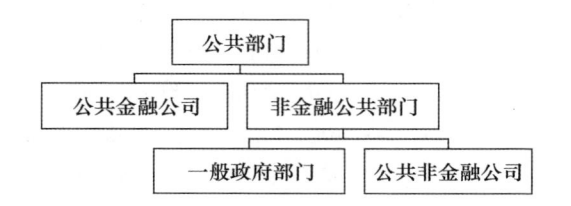

图5－1　澳大利亚公共部门组成结构

1. 一般政府部门

一般政府部门（General Government）是公共部门最主要的组成部分。它包括：联邦政府、州（领地）政府、地方政府的一般政府部门，以及由各级政府支持和控制的非公司型企业和非营利组织等。

非公司型企业虽然进行商品生产，但其经营活动与政府机构的联系非常紧密，并且没有独立的全套账户，因此，性质上不属于公司或者准公司。

非营利组织包括所有公立大学。政府对公立大学的控制权主要体现在对校长的任命权和提供经费的力度。每个公立大学依法拥有资产、承担负债并参与经济活动，是独立的机构单位。公立大学从税收当中间接获得经

---

① FINAL BUDGET OUTCOME 2012－13 SEPTEMBER 2013，p. 56. http：//www. budget. gov. au/2012－13/content/fbo/html/index. htm.

费，自主增收和自主开销的自由度也很高，但是不能分配盈余。

需要指出的是，鉴于各级政府机构对公立大学的控制权各不相同，联邦统计局"统一部门分类标准"（Uniform Sector Classification）将公立大学划入"多级政府辖区"中的一般政府部门。多级政府辖区并非一级独立的政府机构，它介于联邦政府、州（领地）政府和地方政府之间，并与它们密切相关，是各级政府机构混合作用产生的一种特殊形式[①]。

2. 公共非金融公司

公共非金融公司（Public Non-financial Corporations）[②] 包括所有由各级政府控制的公司和准公司，主要从事商品生产或者提供非金融服务。所谓非金融服务，是除金融中介和辅助性金融服务等各种金融服务以外的公共服务活动，按市场竞争价格提供商品[③]。典型代表有：澳大利亚电信公司（Telstra）、澳大利亚邮政公司（Australian Postal Corporation）、澳大利亚铁轨公司（Australian Railway Track Corporation Ltd.）以及各州和地方政府铁路、港口当局等。

3. 公共金融公司

公共金融公司（Public Financial Corporations）包括所有由各级政府控制的提供金融中介和辅助性金融服务的公共公司和准公司。根据国民账户体系 SNA93[④] 规定，金融中介是联通借款者和贷款者的渠道，指市场主体以获得金融资产为目的而参与金融市场交易，从而在其账户上产生负债的经济行为。辅助性金融服务是为支持金融中介活动而存在的一类金融服务，它包括证券经纪人、上市公司、贷款经纪人、票据背书代理人、套期工具（利率互换、期货、期权）代理商等。

公共金融公司包括扮演中央银行角色的金融机构，履行制定货币政策、发行货币、托管国际储备、为政府部门提供银行服务以及监管金融市场等职责。澳大利亚储备银行（the Reserve Bank of Australian）和澳大利亚

[①] 多级政府辖区的全部财政收入均属于非税收入。

[②] 5514.0 Australian System of Government Finance Statistics Concepts, Sources and Methods 2005, p. 13. http://www.abs.gov.au/AUSSTATS/abs@.nsf/DetailsPage/5514.02005.

[③] 金融中介和辅助性金融服务等各种金融服务由金融公司提供，其中带有公共服务性质的部分则由公共金融公司提供。

[④] 国民账户体系 1993（System of National Accounts 1993，SNA93）是由联合国、国际货币基金组织、欧盟、经合组织和世界银行等国际组织共同制定的国民账户体系国际标准，2008 年更新至最新 SNA08。

审慎监管局（the Australian Prudential Regulation Authority）都属于公共金融公司。除此之外，政府控制的银行、保险公司、养老基金、经济发展公司和金融服务公司都属于公共金融公司部门。

澳大利亚各州（领地）政府纷纷建立了中央借款机构（Central Borrowing Authority，CBA），意在为政府控制的公共公司、准公共公司和其他机构提供融资服务，并为这些公司和机构的闲置资金设计投资方案。主要通过发行证券和向其公共部门客户贷款来获得融资。尽管贷款对象限制在其辖区范围内的公共部门以内，但是，也会以投资为目的参与其他的金融中介活动，也可能参与其所属政府的财政安排事宜。这些中央借款机构均被视为公共金融公司。

另外，州政府为了帮助首次购房者而建立的各种各样的住房金融机构也属于公共金融公司。

由上述介绍可以看出，澳大利亚公共部门分为金融性公共部门和非金融性公共部门两大部分，前者由金融性公共公司构成，后者又分为一般政府部门和非金融公共公司。

（三）公共部门狭义和广义非税收入

澳大利亚各级政府［包括联邦、州（领地）、地方以及多级政府辖区］统一遵循 GFS 体系对政府财政统计的要求，专门区分了各自的狭义非税收入和广义非税收入。

以联邦政府为例。借助联邦统计局 2012—2013 财年公布的 GFSA 数据——《澳大利亚政府财政统计 2011—2012》（Government Finance Statistics, Australia, 2011 - 2012），可以从静态和动态两个角度直观对比狭义与广义非税收入的区别与联系。

1. 静态对比

如表 5 - 1 所展示的是联邦政府 2011—2012 财年狭义非税收入。其中，"项目"一列前五项是具体科目（后文会详细加以说明），合计金额约为 215 亿澳元。

表 5 - 2 展示的是联邦政府 2011—2012 财年广义非税收入。其中，"类别"一列代表公共部门组成部分，整个公共部门合计金额约为 340 亿澳元。

第五章 澳大利亚政府非税收入

表 5-1　　联邦政府 2011—2012 财年一般政府部门非税收入

（单位：百万澳元）

项目	金额
商品和服务销售收入	8897
来自公共金融公司的利息收入	683
其他利息收入	3483
红利收入	2662
其他收入	5837
合计	21562

资料来源：李欣根据澳大利亚联邦统计局 Government Finance Statistics, Australia, 2011-2012: Table 1 Commonwealth General Government Operating Statement 整理。

表 5-2　　联邦政府 2011—2012 财年公共部门非税收入[①]（单位：百万澳元）

类别	金额
非金融公共部门	28031
一般政府部门	21542
公共非金融公司	8065
公共金融公司	7959
公共部门合计	34084

资料来源：李欣根据澳大利亚联邦统计局 Government Finance Statistics, Australia, 2011-2012: Table 1 Commonwealth General Government Operating Statement 整理。

通过表 5-1 和表 5-2 可见，联邦政府广义非税收入比狭义非税收入大约多出 127 亿澳元。这部分差额来自公共非金融公司和公共金融公司。由表 5-2 可以看出，这两部分大致相当，都约为 80 亿澳元，占一般政府部门非税收入的三分之一略多。

由图 5-2 可见，一般政府部门非税收入占整个公共部门非税收入的 57%，公共金融和公共非金融公司分别占整个公共部门非税收入的 22% 和 21%，而作为非金融公共部门占整个公共部门非税收入的 78%。

---

① 注：经查证的五个数据由上到下依次来源于 Government Finance Statistics, Australia, 2011-2012 的 034 号、002 号、022 号、047 号和 057 号文件；其中总收入涉及税收的两个数据由作者计算得来，不涉及税收的三个数据由文件直接得来。因为这 5 个数据来源于 5 个文件，所以尽管每个数据本身已经没有问题，但它们之间直接相加仍会有误差。

公共金融公司，22%

公共非金融公司，21%

一般政府部门，57%

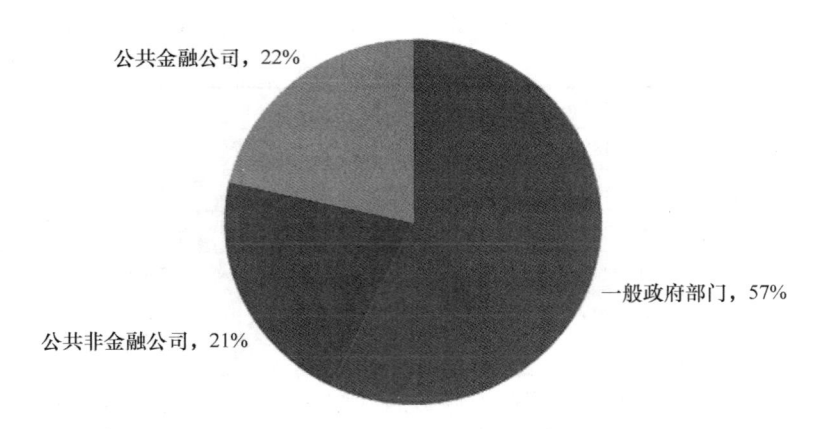

图 5-2 联邦政府 2011—2012 财年广义非税收入构成

2. 采用时间序列数据动态地对比[①]

根据 2012—2013 财年联邦统计局公布的 GFSA，按照公共部门的构成整理出表 5-3。

表 5-3　　澳大利亚联邦政府公共部门非税收入规模与构成

（2002—2003 财年至 2012—2013 财年）　　（单位：百万澳元）

	一般政府部门	公共非金融公司	非金融公共部门	公共金融公司	公共部门
2002—2003	11956	24405	33370	4872	35078
2003—2004	12474	25443	34392	4795	35749
2004—2005	12864	26990	36198	5608	39734
2005—2006	15563	28107	39219	6954	42777
2006—2007	15990	15467	29032	9205	33182
2007—2008	17619	6875	23502	9383	29356
2008—2009	20281	7013	25966	9047	32344

---

① 统计部门负责制定和公布的政府财务统计报表对应的是广义的非税收入，例如联邦统计局公布的 GFSA 中涵盖了整个公共部门非税收入相关信息；与此不同，财政部门负责制定和公布的年度决算报告对应的则是狭义的非税收入，例如联邦财政部公布的 FBO 只显示一般政府部门和非金融公共部门非税收入相关信息。在使用和解读不同类型的财务报表时，有必要认清其中"非税收入"的具体内涵与外延。

续表

	一般政府部门	公共非金融公司	非金融公共部门	公共金融公司	公共部门
2009—2010	24841	7303	30730	7327	31132
2010—2011	20858	7582	27085	7736	33608
2011—2012	21562	8065	28055	8078	34226

资料来源：李欣根据澳大利亚联邦统计局 Government Finance Statistics，Australia，2011－2012：Table 1 Commonwealth General Government Operating Statement 整理。

上述十年间的变化趋势可以由图 5－3 直观展示：

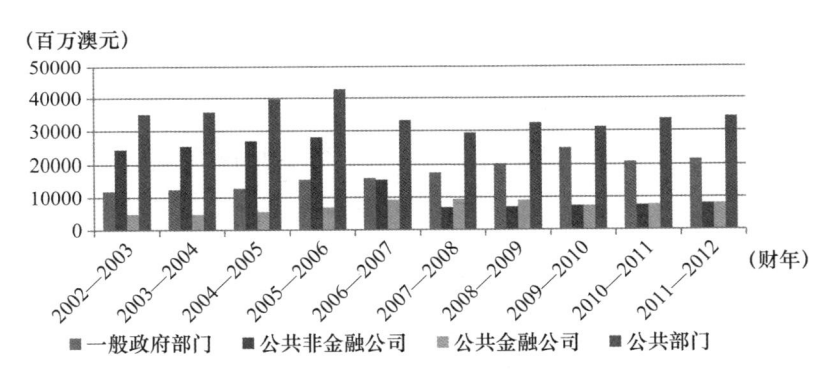

图 5－3 澳大利亚联邦公共部门各组成部分非税收入对比（2002—2003 财年至 2011—2012 财年）

如图 5－3 所示，第一栏代表一般政府部门非税收入，即狭义非税收入；第四栏代表整个公共部门非税收入，即广义非税收入。从 2002—2003 财年到 2011—2012 财年，这十年间，无论非税收入的规模增长还是下降，各个财年广义非税收入在数量上都明显超过狭义非税收入，但是两者之间的差距在缩小。说明联邦政府一般政府部门非税收入在整个公共部门非税收入中所占的比例在上升。

图中第二栏代表公共非金融公司非税收入，第三栏代表公共金融公司非税收入。比较第一栏和第二栏，可以看出，以 2006—2007 财年为界，之前联邦政府一般政府部门非税收入明显少于公共非金融公司非税收入，前者只占后者一半略多；自 2007—2008 财年起，发生了突变——联邦政府一般政府部门非税收入继续增长后略微下降，基本在 200 亿澳元以上，而公共非金融公司非税收入则明显下降,基本保持在 80 亿澳元左右的水平,前者反而数倍于后者。

比较第二栏和第三栏,可以看出,公共金融公司非税收入由 2002—2003 财年的约 50 亿澳元上升至 2007—2008 财年的约 100 亿澳元后,缓慢下降至 2011—2012 财年的约 80 亿澳元,与公共非金融公司非税收入先快速增长后迅速下降的情况相比,变化较为平稳。

以上通过数据和图表的形式,以联邦政府为例,展示了澳大利亚狭义和广义非税收入之间的区别和联系:这两部分非税收入及其各个组成部分不仅数量不同,而且变化趋势各有特点。因此,区分狭义与广义是认识和分析澳大利亚非税收入概念的必要前提,也可以说是深入了解澳大利亚公共财政管理先进性的重要视角。

二 分析政府非税收入的不同角度

在区分狭义非税收入与广义非税收入的前提下,可以从不同角度进一步细化分析。对此,还需要明确以下几点:

首先,从财务报表中看损益表和现金流量表中的非税收入。财务报表展示的是数据输出的结果,非税收入的概念蕴含在这些数据对应的财务科目当中。根据不同的会计准则,财务科目的设置会有不同,因此,有必要区分损益表中的非税收入和现金流量表中的非税收入。

其次,从数据来源梳理的非税收入。现实经济活动和财务实践决定了财务报表科目的设定,而且须经过筛选、分类和概括,才能全面、科学地反映在财务报表当中。因此,可以从数据输入角度进一步梳理非税收入的概念,以作为对数据输出角度的损益表和现金流量表中非税收入概念梳理的有益补充。

最后,从国际比较中看非税收入差异。不仅澳大利亚本国在特定统计规则下和财务管理实践中公布非税收入相关信息,世界银行、国际货币基金组织等国际组织也有这方面信息的公布,但几者的数量往往有所出入。原因在于国际组织的概念界定以及设定的财务科目与澳大利亚并不相同。在使用数据,特别是进行国际比较时,需要特别注意这方面的差别。

在此基础上,本书结合澳大利亚联邦统计局、联邦财政部、联邦国库部等部门提供的相关资料，进一步系统梳理澳大利亚政府非税收入的类别和概念。

（一）损益表中的非税收入

澳大利亚联邦统计局制定的《政府财务统计手册2005：概念、数据来源和统计方法》（GFS2005）对其政府财务统计框架做了明确而详细的说明，与 SNA93 和 IMF 政府财务统计体系 2001（IMF GFSM2001[①]）标准保持一致，要求公共部门按照权责发生制提供集损益表（operating statement）、资产负债表（balance sheet）和现金流量表（cash flow statement）为一体的财务报告[②]。其中，损益表反映的是公共部门的收入（revenue）、支出（expense）和非金融资产净获得（net acquisition of non – financial assets），它们共同反映公共部门经济活动对资本净值（net worth）的影响。

在 SNA93 和 GFS2005 统计体系当中，非税收入包括以下四大类：商品和服务销售收入、产权收入、其他当期收入和资本收入。其中产权收入包括利息收入、红利收入和地租收入等。

2013年4月30日，联邦统计局公布的《澳大利亚政府财政统计2011—2012》（GFSA，2011 - 2012），共包括93张子表。按照公共部门组成部分和三级政府两个维度分类，归纳其中"GFS 收入（revenue）"部分，可以将一般政府部门和非金融公共部门"GFS 收入"除税收以外的其他收入项目和公共金融部门的"GFS 收入"项目归纳如表5 - 4 所示：

表 5 - 4　　　　　　　　　　GFS 非税收入项目

联邦政府 一般政府部门	州政府 一般政府部门	地方政府 一般政府部门	非金融 公共部门	公共金融 部门
当期资助与补贴	当期资助与补贴	当期资助与补贴	当期资助与补贴	当期资助与补贴
商品和服务销售	商品和服务销售	商品和服务销售	商品和服务销售	商品和服务销售

[①] IMF Government Finance Statistics Manual 2001，简称 IMF GFSM2001，是由国际货币基金组织 2001 年制定的政府财务统计手册，根据 SNA08，即将在 2014 年完成制定 IMF GFSM2014。澳大利亚政府统计局依据 SNA93 和 IMF GFSM2001 制定了澳大利亚 GFS2005，是继 1986 年之后的第二版。IMF GFSM2014 完成制定以后，澳大利亚统计局将随之对澳大利亚 GFS2005 进行更新。

[②] 5514.0 Australian System of Government Finance Statistics Concepts, Sources and Methods 2005, pp. 1 - 6. http：//www.abs.gov.au/AUSSTATS/abs@.nsf/DetailsPage/5514.02005.

续表

联邦政府 一般政府部门	州政府 一般政府部门	地方政府 一般政府部门	非金融 公共部门	公共金融 部门
来自公共非金融 公司的利息收入	利息收入	利息收入	利息收入	资本补助
来自公共金融 公司的利息收入	其他	其他	其他	来自一般政府部门的 利息收入
其他来源的 利息收入	—	—	—	来自非金融 公共部门的利息收入
红利收入	—	—	—	其他来源的利息收入
其他	—	—	—	其他

由表 5-4 可以看出，GFS 体系下[①]，非税收入主要包括以下几类：

- 资助和补贴收入
- 商品和服务销售收入
- 利息收入
- 红利收入
- 资本补助
- 其他

其中，资助和补贴收入、商品和服务销售收入和利息收入三项为一般政府部门、非金融公共部门和公共金融部门所共有的项目；红利收入为联邦政府一般政府部门所特有的项目；资本补助为公共金融部门所特有的项目。

由于澳大利亚的财年从每年 7 月 1 日开始，截至次年 6 月 30 日，按照联邦宪法和《1998 年预算诚信法案》（Charter of Budget Honesty Act 1998）的规定，政府必须在本财年结束后三个月内（即 9 月 30 日之前）提供本财年的决算报告。以澳大利亚联邦政府 2012—2013 财年决算报告中的财

---

① 与 GFS 体系并存的是国库部和财政部的财务报告体系，前者是统计局从统计角度对整个公共部门所有经济行为的记录，后者则侧重从财务角度对整个国民经济运行和一般政府部门预算、决算情况进行记录。在国库部和财政部的财务报告体系中，国民经济账户（National Accounts）围绕经济总量［比如，收入（income）］反映整个国民经济的运行状况，政府部门的经济行为只是其中的一个组成部分；各个政府部门的年度报告（Annual Reports）则具体反映其在某一财年的各种经济行为；预算报告和决算报告（Final Budget Outcome）是从财政预算的角度反映政府部门的行为，其中不仅包括一般政府部门，也包括非金融公共部门和公共金融部门。

务报表为例,可以进一步看到非税收入项目中的"商品和服务销售收入"、"利息和红利收入"和"其他非税收入"的细分状况(见表5-5、表5-6和表5-7)。

表5-5　　　　**澳大利亚联邦政府商品和服务销售收入**
（2012—2013 财年）　　　　（单位：百万澳元）

	2013—2014 财年预算估计数	2012—2013 财年决算数	2013—2014 财年预算缺口
公共物品销售收入	1492	1283	-209
服务收入	4031	3878	153
经营租赁租金收入	53	46	-6
监管服务收费	3182	3679	497
公共物品和服务总收入	8757	8886	129

资料来源：《澳大利亚联邦政府2012—2013财年决算报告》,2013年9月。

表5-6　　　　**澳大利亚联邦政府利息和红利收入**
（2012—2013 财年）　　　　（单位：百万澳元）

	2013—2014 财年预算估计数	2012—2013 财年决算数	2013—2014 财年预算缺口
来自其他政府的利息收入			
州（领地）政府贷款	10	10	1
地方政府	0	1	1
住房协议	140	139	-21
来自其他政府的利息总收入	170	150	-20
其他来源的利息收入			
预付金	44	42	-2
存款	100	131	31
银行存款	157	181	24
高等学校（学生）贷款	503	377	-126
其他	2790	2763	-27
其他来源利息总收入	3594	3495	-99
利息总收入	3764	3646	-119
红利			

续表

	2013—2014 财年预算估计数	2012—2013 财年决算数	2013—2014 财年预算缺口
来自其他公共部门的红利	691	972	281
其他红利	1739	2107	369
红利总收入	2429	3079	650
利息和红利总收入	6194	6725	531

资料来源：《澳大利亚联邦政府2012—2013财年决算报告》，2013年9月。

表 5-7　　　　　澳大利亚联邦政府其他非税收入
（2012—2013 财年）　　　　　　　（单位：百万澳元）

	2013—2014 财年预算估计数	2012—2013 财年决算数	2013—2014 财年预算缺口
工业建设费	39	56	17
矿区土地使用费	1785	1798	13
铸币税	136	134	-2
杂项	4324	5238	914
其他来源非税总收入	6284	7226	942

资料来源：澳大利亚联邦政府2012—2013财年决算报告，2013年9月。

从表 5-5 至表 5-7 可以直观地看出，在联邦政府决算报告的财务报表中，非税收入并没有体现 GFS 体系下"资助和补贴收入"这一类，而是被分为商品和服务销售收入、利息收入、红利收入和其他非税收入四大类。

第一，商品和服务销售收入又可以细分为公共物品销售收入、服务收入、经营租赁租金收入和监管服务收费四项；

第二，利息收入又可以细分为来源于其他政府的利息收入和其他来源的利息收入两小类，前者包括州（领地）政府贷款利息收入、地方政府利息收入和住房协议利息收入三项；后者包括预付金利息收入、存款利息收入、银行存款利息收入、高等学校（学生）贷款利息收入及其他五项；

第三，红利收入又可以细分为来源于其他公共部门单位的红利收入和其他来源的红利收入两项；

第四，其他非税收入又可以细分为工业建设费、矿区土地使用费、铸币税和其他四项。

（二）现金流量表中的非税收入

现金流量表记录经营活动、投资活动和融资活动中发生的现金流的变化，是权责发生制取代现金收付制后的补充性财务报表。现金流量表第一部分是关于经营活动的现金流变化的财务统计报告，与损益表中的"收入（revenue）"有所区别，现金流量表中的"收入"使用"receipts"[①]，强调实际现金收付性，因此在含义与数量上与损益表中的"收入（revenue）"不尽相同。

对于非税收入的概念界定，在损益表非税收入（non-taxation Revenue）的基础上，还应当对现金流量表非税收入（non-taxation Receipts）有所关注。表5-8和表5-9分别展示了2012—2013财年澳大利亚联邦政府一般政府部门权责发生制和现金收入制统计的非税收入：

表5-8　澳大利亚联邦政府一般政府部门（权责发生）收入

（单位：百万澳元）

	2013—2014财年预算数	2012—2013财年决算数	2013—2014财年预算缺口
税收收入	338727	337323	-1403
商品和服务销售收入	8757	8886	129
利息收入	3764	3646	-119
红利收入	2429	3079	650
其他非税收入	6284	7226	942
总非税收入	21234	22836	1602
总收入	359961	360160	198
其他杂项收入			
医疗服务收入	9720	9788	68

资料来源：李欣根据《澳大利亚联邦政府2012—2013财年决算报告》第18页表8、第23页表11、第26页表14、第29页表17整理。

---

① FINAL BUDGET OUTCOME 2012-2013 SEPTEMBER 2013规定，Receipts（现金收入）等于经营活动实际现金收付量与非金融资产销售实际现金收付量之和。

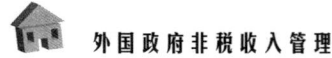

表 5-9　　澳大利亚联邦政府一般政府部门（现金收付）收入

（单位：百万澳元）

	2013—2014 财年预算数	2012—2013 财年决算数	2013—2014 财年预算缺口
经营活动实际现金收付			
税收现金收入	326297	326426	129
商品和服务销售现金收入	9043	9071	28
利息现金收入	3674	3561	-112
红利和所得税等价现金收入	3186	3420	234
其他现金收入	6574	6846	272
经营活动总现金收入	348773	349323	550

资料来源：李欣根据《澳大利亚联邦政府 2012—2013 财年决算报告》第 21 页表 10、第 25 页表 13、第 28 页表 16、第 31 页表 19 整理。

可以看到，表 5-9 中 2012—2013 财年决算数"经营活动总现金收入"减去"税收现金收入"，即可得到非税现金收入决算数（"22897"），与表 5-8 中 2012—2013 财年总非税收入决算数（"22836"）并不相同。形成原因就在于非税收入概念的内涵差异，因此，有必要区分损益表中的非税收入（non-taxation Revenue）和现金流量表中的非税收入（non-taxation Receipts），使用数据时不能混淆。

（三）经济类型分类框架（ETF[①]）下的非税收入

财务报表科目针对的均是公共部门的特定经济活动，而这些经济活动又纷繁复杂，因此需要在数据输入之前进行专门的分类。而不同体系和不同类型的财务报表是从数据输出角度显示对非税收入的不同分类。

根据 GFS2005 附录 3[②] 提供了经济类型分类框架表（Economic Type Framework，ETF），项目分类和概念界定提供了一个可供比对和照应的视角，从而可以更加清晰地把握非税收入项目及其概念的异同所在。下面从数据输入的角度，更为细致、全面地认识澳大利亚非税收入项目及其

[①] Economic Type Framework Classification，经济类型分类框架，是澳大利亚统计局对 GFS 体系输入数据从经济类型角度所做的分类，每一个分类项目都有相应代号。

[②] 5514.0 Australian System of Government Finance Statistics Concepts, Sources and Methods 2005, pp. 156-157. http://www.abs.gov.au/AUSSTATS/abs@.nsf/DetailsPage/5514.02005.

概念。

1. ETF 对非税收入的项目分类

ETF 对公共部门所有经济活动类型进行了全面、详尽的分类，其中关于收入的部分如表 5-10 所示：

表 5-10　　　　经济类型分类框架三级目录（节选：收入）

一级目录	二级目录	三级目录	项目名称
11			收入
	111		税收收入
		1110	税收收入
		1111	所得税
		1112	其他当期税
		1113	产品税
		1114	其他生产税
		1115	资本税
	112		商品和服务销售收入
		1120	商品和服务销售收入
	113		产权收入
		1131	利息收入
		1132	红利收入
		1133	来自公共企业所得税等价的利息收入
		1134	来自公共企业批发销售税等价的利息收入
		1135	地租收入
		1136	矿区土地使用费收入
		1137	铸币税收入
	114		其他当期收入
		1141	当期补助和补贴收入
		1142	非金融资产收益/损失
		1143	金融资产收益/损失（市场对市场的证券交易）
		1144	金融资产收益/损失（金融衍生品）
		1145	其他金融资产收益/损失
		1146	罚款收入
		1149	其他未分类当期非税收入

续表

一级目录	二级目录	三级目录	项目名称
	115		资本收入
		1151	资本补助收入
		1152	低于公平价值获得的资产收入
		1159	其他未分类资本收入

从 ETF 的角度看，非税收入分为商品和服务销售收入（112）、产权收入（113）、其他当期收入（114）和资本收入（115）四大类。按照非税收入获得的时期又分为当期收入和资本收入两大类，其中商品和服务销售收入（112）、产权收入（113）和其他当期收入（114）均属于当期收入。其中利息收入、红利收入、地租收入、矿区土地使用费收入和铸币税收入都反映了与某种权利相对应的当期收入，共同划归产权收入。

2. ETF 对非税收入项目概念的界定

GFS2005 附录 3 同样对表 5-10 中对应项目做出了详细解释[①]，其中有关非税收入的内容如下：

（1）商品和服务销售收入（sales of goods and services）

商品和服务销售收入是指一般政府部门和公共公司直接提供公共物品和服务所获得的收入。它包括一般政府部门和公共公司提供和销售公共物品和服务的费用和收费。具体而言，包括监管服务收费，一般政府部门的企业作为其他政府部门和私人部门的代理人完成特定工作任务所获得的收入就属于此类。

商品和服务销售收入还包括经营租赁收入。经营租赁的客体包括房屋、轮船、飞机、汽车等通过社会劳动生产和制造的固定资产，还包括建筑和娱乐、图书馆及艺术馆等设施。但是，不包括土地、矿床矿物和化石燃料等自然资源的租金收入。

（2）产权收入（property income）

产权收入是指凭借金融资产所有权或者土地和地下资源等自然资源所有权获得的收入。当这些所有者将其所有的此类资产的使用权转移给其他

---

① 5514.0 Australian System of Government Finance Statistics Concepts，Sources and Methods 2005，pp. 164-168. http：//www.abs.gov.au/AUSSTATS/abs@.nsf/DetailsPage/5514.02005.

主体时，便产生了产权收入。前者主要包括利息收入和红利收入；后者主要包括地租。

● 利息收入（interest income）

利息收入是指金融资产（存款、除股权以外的证券、贷款和应收账款等）的所有者向其他主体提供资金时所获得的收入。它包括私人部门、公共企业、住房建造协会和外国政府的预付金的利息收入，还包括银行账户余额、银行固定存款、政府证券、公共部门内部存款和短期货币市场余额的利息收入。

● 红利收入（dividend income）

红利收入是指股东凭借其在其他实体单位所拥有的股权所获得的收入。它来源于一般政府部门在公共公司所拥有的股权，公共公司在子公司所拥有的股权，包括一般政府部门在私人部门公司和公共公司投资的股份，还包括来自国际货币基金组织的除黄金支付以外的收入。包括公共金融和非金融公司向一般政府部门转移支付在内的红利收入不是真正意义上的股权投资收益，只是被当作股权投资收益来看待。需要说明的是，通过资产出售、资本重组、借款和其他贷款协议所获得的收入不属于红利收入。

● 来自公共企业所得税等价的利息收入（income from public enterprises as income tax equivalents）

澳大利亚联邦宪法规定，只有联邦政府有权征收所得税，因此，对应于公共企业向联邦政府缴纳的企业所得税，公共企业向州（领地）政府和地方政府缴纳所得税等值额，属于州（领地）政府和地方政府的非税收入。在 GFS 体系下，公共企业向一般政府部门缴纳的所得税等值额划归产权收入，而非划归所得税。

● 来自公共企业批发销售税等价的利息收入（income from public enterprises as wholesale sales tax equivalents）

指公共企业向一般政府部门缴纳的批发销售税等值额。与公共企业所得税等值额一样，它是公共企业向州（领地）政府和地方政府缴纳的费用，相当于其向联邦政府缴纳的销售税。因为澳大利亚联邦宪法规定，只有联邦政府有权征收销售税，州（领地）政府和地方政府只能向公共企业收取批发销售税等值额，以作为州（领地）政府和地方政府的非税收入。

- 地租收入（land rent income）

地租是使用土地和其他自然资产所付的租金，是资产所有者凭借其对土地和其他自然资产的所有权获得的收入，因而是一种产权收入。它既包括澳大利亚联邦地域范围内的土地租赁收入，也包括英联邦地域范围内的土地租赁收入。凭借对房屋、厂房等建筑物的所有权获得的租金地租属于商品和服务销售收入，因为建筑物不是自然资产。

- 矿区土地使用费收入（royalty income）

矿区土地使用费是一种产权收入，并且是地租收入的一种。与自然资产的使用有关，比如矿床矿物或者化石燃料，而且主要为离岸石油、矿物和木材，而不是种植和再生的森林等自然资源的使用。

- 铸币税（seigniorage）

铸币税是联邦国库部和中央银行通过发行纸币和硬币所获得的利润，这部分利润产生于面值与生产成本之间的差额。在会计实务中，纸币和硬币对于发行者而言属于负债，所以纸币和硬币的面值，包括铸币税都记作金融交易活动（负债），而发行成本记作费用。但销售价值与面值之间的差价属于商品和服务销售收入，而非铸币税。

（3）其他当期非税收入（other current revenue）

其他当期非税收入是指除税收收入、商品和服务销售收入和产权收入以外的当期非税收入，包括当期补助和补贴（而非资本补助和补贴）、罚款和地方政府当期收入。这里的罚款是指对违法者的民事处罚和刑事处罚，而不是税收征管部门的处罚。税收征管部门的罚款属于税收。地方政府当期收入特别指赠予和慈善收入，以及无人认领的彩票中奖款项和银行账户款项。

- 当期补助和补贴收入（revenue from current grants and subsidies）

当期补助和补贴收入是指本着当前目的的资助和补贴收入。对于长期合同安排下的资助和补贴，在特定时期内的收入以可控制的现金收入为准。

- 非金融资产收益/损失（gains/losses on non‒financial assets）

非金融资产收益或损失涵盖与非金融资产相关的已实现收益/损失和未实现收益或损失。它包括非金融资产销售的利润或损失。非金融资产销售的利润或损失等于非金融资产处置所得与其持有所得之间的差额。

- 金融资产收益/损失——市场对市场证券交易（gains/losses on financial assets: securities marked-to-market)：

金融资产收益或损失涵盖金融资产未实现收益或损失和金融资产已实现收益或损失。金融资产收益或损失等于金融资产处置所得与其持有所得之间的差额。市场对市场证券交易收入属于与初级金融产品相关的金融资产收益或损失。

• 金融资产收益/损失——金融衍生品（gains/losses on financial assets: derivatives）

金融衍生品资产收益或损失涵盖已实现的金融衍生品收益或损失和未实现的金融衍生品收益或损失。金融衍生品包括外汇合约、远期利率协议、利率和货币互换、期货和期权等。需要说明的是，在GFS体系下，衍生品结算所获得的收入属于金融交易范畴，因而不属于这里所说的经营性收入范畴，不属于非税收入。

• 其他金融资产收益/损失（gains/losses on other financial assets）

其他金融资产收益或损失也涵盖已实现的金融资产收益或损失和未实现的金融资产或损失。是除上述三项金融资产收益或损失以外的所有金融资产收益或损失，比如，按历史成本和当期成本对金融资产估值产生的差额，或者销售原本用作投资目的的金融资产所获得的收益或损失，以及早期的债务回购等。

• 罚款（fines）

罚款是指针对违法者的民事罚款处罚和刑事罚款处罚，而不是税务机关针对偷税、漏税的处罚。前者属于非税收入，后者属于税收收入。

• 其他未分类当期收入（current revenue n.e.c.）

其他未分类当期收入是指上述六项所没有涵盖的当期收入，比如地方政府当期收入特别指赠予和慈善收入，以及无人认领的彩票中奖款项和银行账户款项。

（4）资本收入（capital revenue）

资本收入是指以资本为目的的无偿转移和没有付出任何成本所获得的资产。

• 资本补助收入（revenue from capital grants）

资本补助收入是指以资本为目的的资助。资本补助的主要形式是契约安排。

• 低于公允价值获得的资产收入（assets acquired below fair value）

低于公允价值获得的资产收入以及未付出任何成本所获得的资产收入，当它们具备经济性质并且估值可实现时，在 GFS 体系下划归为等值交易，记入资本收入。

● 其他未分类资本收入（capital revenue n. e. c.）

其他未分类资本收入是指除公共部门内部资助和资产获得意外的资本收入，它包括对偿债基金的转移支付，地方政府的资本税以及私人部门主体在基建工程方面向政府部门提供的转移支付，比如捐款和道路修筑等。

鉴于公共财政管理工作涉及不同的政府部门和机构，依法分别具有相应的权利和义务，并且各自依法制定财务数据统计、分析规则以及提供的财务报表，致使同一项目的数据表现会有不同。这种数据输出端所表现出的各种差异，都能够从数据输入端找到可供比对的依据。这可以说是通过 ETF 梳理非税收入项目及其概念的意义所在。

（四）国际组织统计的非税收入

澳大利亚统计局制定的 GFS2005 规定，政府财务统计规则尽量与国际标准 SNA93 和 IMF GFSM2001 保持一致，并且根据国际标准 SNA93 与 IMF GFSM2001 的修改予以更新。但实际上，鉴于本国经济活动需要，在财务统计项目分类上难免存在差异。

了解澳大利亚政府非税收入，除了利用澳大利亚政府对内财务统计报表的信息以外，还可以通过国际组织相关信息，以便于进行对比研究。因为从国际组织相关网站上找到的各成员国政府非税收入的财务统计数据，在项目设置和具体数目上，与各国政府对内发布的数据可能并不完全一致。

从表 5 - 11 的一级分类目录中可以看出，国际货币基金组织对收入的分类较为简单，非税收入一级分类只有三项，即社会贡献、资助和其他收入；澳大利亚联邦统计局相比之下更为详细。鉴于澳大利亚本国对非税收入的分类项目及其概念前文已经详细说明，以下仅对国际货币基金组织的分类项目加以说明。

表 5 – 11　　IMF 与澳大利亚 GFS 政府财政收入统计项目之比较①

IMF 统计项目	澳大利亚 GFS 对应统计项目
收入	GFS 收入
税收	税收收入
社会贡献	当期资助和补贴
资助	商品和服务销售收入
其他收入	利息收入
	其他收入

国际货币基金组织对收入及其分类的界定简述如下：

● 收入

一般政府部门所有增加净资本的经济交易活动所得都叫作收入。需要说明的是，这里的经济交易活动是指当期经营性活动，不包括以投资为目的的金融资产交易活动。

● 税收

向一般政府部门强制、无偿、依法缴纳的款项。税收包括与公共物品和服务无关的收费，但是不包括社会贡献、罚款和罚金。

● 社会贡献

包括社会保障安排当中的所有支付和政府为保障政府雇员而经营的社会保障项目的所有支付。需要说明的是，在澳大利亚，这一项并不重要，可以予以忽略，因为国际货币基金组织所界定的社会保障安排在澳大利亚并不存在；并且，在澳大利亚，大部分为政府雇员提供社会保障服务的保险项目并非由政府经营。

● 资助

国际货币基金组织界定的资助是指一国政府从外国政府和国际组织获得的无回报的非义务性转移支付。支付可以通过现金，也可以通过其他方式。

● 其他收入

上述四项所未涵盖的收入在国际货币基金组织的分类中全部归为其他

---

① 5514.0 Australian System of Government Finance Statistics Concepts, Sources and Methods 2005, p.83. http://www.abs.gov.au/AUSSTATS/abs@.nsf/DetailsPage/5514.02005.

收入,主要包括产权收入、商品和服务销售收入、罚款、罚金和没收收入、除资助以外的自愿转移支付,以及其他未分类收入等。

表5-12针对表5-11所列以及上述五项收入进行了再分类。国际货币基金组织政府财务统计手册(2001年版)对收入的完备、详尽的分类和界定见本章附录1。

表5-12　　　　　IMF GFS 对收入的二级分类目录①

税收	所得税(收入、利润和资本所得)
	工资和劳动力税
	产权税
	商品和服务税
	国际贸易税
	其他税收
社会贡献	社会保障的贡献
	其他社会贡献
资助	来自外国政府的资助
	来自国际组织的资助
	来自其他一般政府部门的资助
其他收入	产权收入
	商品和服务销售收入
	罚款、罚金和没收收入
	自愿转让和其他资助
	杂项收入和不明收入

通过对澳大利亚政府非税收入概念的梳理,可以分为三个层次:

第一,政府职能和机构设置的层次。非税收入的存在,归根到底是由政府职能划分和机构设置决定的,而非税收入的概念鲜明地反映了政府提供公共物品和服务的方式方法。狭义地看,非税收入对应一般政府部门;广义地看,它对应的是整个公共部门。因此,区分狭义的非税收入和广义

---

① 5514.0 Australian System of Government Finance Statistics Concepts, Sources and Methods 2005, p.146. http://www.abs.gov.au/AUSSTATS/abs@.nsf/DetailsPage/5514.02005. IMF GFS 对收入的三级分类目录,即最完备、详尽的分类目录见本章附录1。

的非税收入,是本书分析的逻辑基础。

第二,财务报表的层次。非税收入的概念直观表现在各种各样的财务报表当中,一是财务报表的科目,二是相应的数据。直观的表象分为两大类:损益表中的非税收入(non-taxation Revenue)和现金流量表中的非税收入(non-taxation Receipts)。但仅综合这两类仍显不完备,还需要从数据来源上溯一步,从数据输入的规则设定中加以补充,可以说是对狭义和广义非税收入的具体化。

第三,国际比较的层次。澳大利亚统计制度和财政管理制度国际化水平比较高,但考虑到与国际组织所面临的客观社会经济条件毕竟有所不同,必然导致两者在非税收入项目及其概念上存在差别,进而导致出现数量和结构的区别。因此,有必要从国际比较的层次作出更为宏观的分析。

综上所述,从概念上区分狭义和广义的非税收入,是理解澳大利亚非税收入的关键,也是本书分析的基础;从综合数据输出和数据输入两方面的梳理,从最直观的层次具体化了狭义和广义非税收入的表现与成因;而国际比较则是对前两个层次的进一步补充。

三 澳大利亚政府非税收入的规模和结构

(一) 政府非税收入的地位和规模

从整体上看,澳大利亚公共财政收入的主要来源是税收收入,非税收入是财政收入的重要补充。

1. 非税收入在财政收入中的地位

就联邦政府而言,自2000年以来,狭义非税收入规模总体呈现增长趋势。但在联邦政府财政收入[①]中所占比重很小,基本保持在6%左右,最高仅达8.5%,显示了非税收入是财政收入的重要补充。

---

① 表5-13中的财政收入规模是税收收入规模和狭义非税收入规模之和。因此,准确地说,这里的财政收入规模应当称作"狭义财政收入",它并不包含联邦政府非金融公共公司非税收入和公共金融公司非税收入。

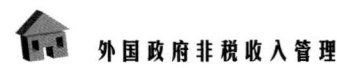

表 5-13 　澳大利亚联邦政府一般政府部门税收收入、非税收入和财政收入规模（2000—2001 财年至 2012—2013 财年）

财年	税收收入 规模（百万澳元）	税收收入 占财政总收入百分比	非税收入 规模（百万澳元）	非税收入 占财政总收入百分比	财政收入（百万澳元）
2000—2001	175881	94.5	10228	5.5	186110
2001—2002	178210	93.6	12278	6.4	190488
2002—2003	195203	94.3	11720	5.7	206923
2003—2004	209959	94.5	12209	5.5	222168
2004—2005	229943	94.8	12564	5.2	242507
2005—2006	245716	94.1	15522	5.9	261238
2006—2007	262511	94.3	15900	5.7	278411
2007—2008	286229	94.2	17500	5.8	303729
2008—2009	278653	93.2	20280	6.8	298933
2009—2010	268000	91.5	24767	8.5	292767
2010—2011	289005	93.3	20885	6.7	309890
2011—2012	316779	93.7	21330	6.3	338109
2012—2013	337323	93.7	22836	6.3	360160

资料来源：李欣根据《澳大利亚联邦政府 2012—2013 财年决算报告》第 109 页表 B6 整理。

图 5-4 更为直观地展示了其规模及变化趋势。

从表 5-13 和图 5-4 可以看出以下几点：

第一，联邦政府狭义非税收入占财政收入的比重总体呈现上升趋势。2001—2013 年，税收收入占财政收入的平均比例为 93.8%，由 2001 年的 94.5% 下降至 2013 年的 93.7%；而同期，狭义非税收入占财政收入的平均比例为 6.2%，由 2001 年的 5.5% 上升至 2013 年的 6.3%。

第二，联邦政府狭义非税收入增速高于财政收入的增速，特别是高于税收收入的增速。从绝对量看，2001—2013 年，财政收入总额增长了 93.5%，税收收入增长了 91.7%，而非税收入增长达 123.3%，非税收入增幅远大于前两者。从年均增长率的角度来看，2001—2013 年，财政收入为 7.2%，税收收入为 7.1%，而非税收入达到 9.5%，比财政收入高出 2.3 个百分点，比税收收入高出 2.4 个百分点。

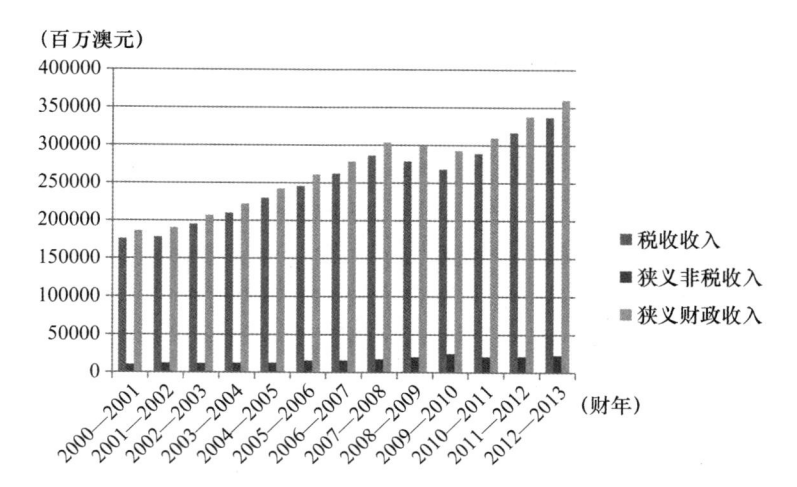

图 5-4 澳大利亚联邦政府税收收入、狭义非税收入和狭义财政收入规模
（2000—2001 财年至 2012—2013 财年）

第三，联邦政府非税收入对财政收入的补充作用在 2008 年国际金融危机期间得到充分体现。2008—2010 年，联邦政府税收收入和狭义财政收入连续两年降低。而联邦政府狭义非税收入连续增加，并且增幅显著：2008—2009 财年，占财政收入比重由上一年的 5.8% 增至 6.8%，2009—2010 财年进一步达到 8.5%，为 2000—2013 年间最大增幅。在金融危机的冲击下，税收收入规模下降进而财政收入规模下降，公共支出压力增大。在这种情况下，非税收入规模的增加，体现了非税收入在保持公共产品和服务供给基本稳定和均衡的过程中的作用。

2. 非税收入对 GDP 的贡献程度

就联邦政府而言，由表 5-14 可见，2000—2013 年间，澳大利亚联邦政府狭义非税收入占澳大利亚当年 GDP 的百分比基本稳定在 1.4%—1.6% 之间（2009—2010 财年该比重出现最高值 1.9%），远远低于联邦政府税收收入占当年 GDP 的比重（浮动于 20%—25% 之间）。

图 5-5 更为直观地展示了其变化趋势。

由图 5-5 可以看出，联邦政府税收收入和财政收入占 GDP 百分比变化幅度均超过非税收入占 GDP 百分比变化幅度。可见，非税收入对 GDP 的贡献作用远远小于税收收入对 GDP 的贡献作用。

表 5-14　联邦政府财政收入占当年 GDP 百分比

（2000—2001 财年至 2012—2013 财年）　　　　　　（单位:%）

财年	税收收入/GDP	非税收入/GDP	财政收入/GDP
2000—2001	24.9	1.4	26.3
2001—2002	23.6	1.6	25.2
2002—2003	24.4	1.5	25.8
2003—2004	24.4	1.4	25.8
2004—2005	25.0	1.4	26.3
2005—2006	24.7	1.6	26.3
2006—2007	24.2	1.5	25.7
2007—2008	24.4	1.5	25.8
2008—2009	22.2	1.6	23.8
2009—2010	20.7	1.9	22.7
2010—2011	20.6	1.5	22.1
2011—2012	21.5	1.4	22.9
2012—2013	22.3	1.5	23.8

资料来源：《澳大利亚联邦政府 2012—2013 财年决算报告》第 109 页表 B6。

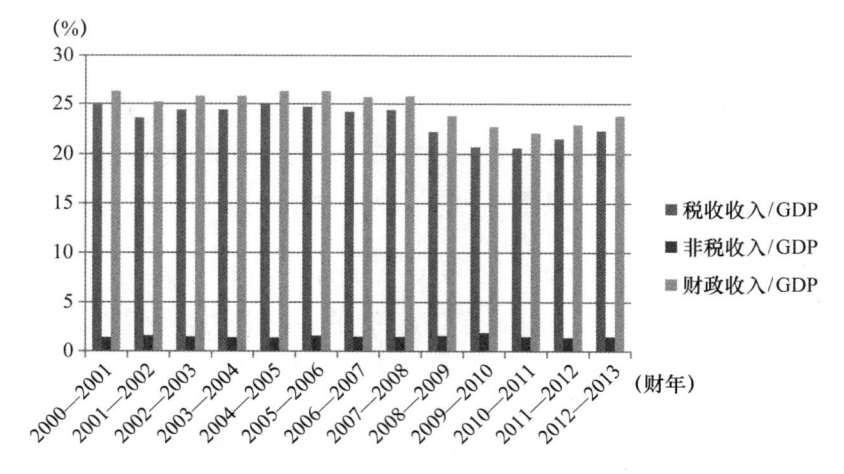

图 5-5　联邦政府税收收入、非税收入和财政收入占 GDP 百分比

（二）政府非税收入的结构

联邦统计局每年依法定期公布的"澳大利亚政府财政统计"（GFSA）

按照公共部门和三级政府两个维度分类,全面统计了政府非税收入在本财政年度的规模,同时也为分析政府非税收入的结构提供了直接、可靠的数据来源。依据2013年4月30日联邦统计局公布的《澳大利亚政府财政统计2011—2012》(GFSA,2011-2012),分析其非税收入的结构。

广义的非税收入是指整个公共部门除税收以外的所有其他公共财政收入。澳大利亚公共部门构成见表5-15。从公共部门的角度划分,可以得到一般政府部门、公共非金融公司、非金融公共部门、公共金融部门和整个公共部门非税收入规模与构成;从政府层级的角度,可以得到联邦政府、州(直辖区政府)、地方政府和各级政府全部的非税收入规模与构成。

表5-15　　　　　澳大利亚公共部门非税收入结构分析维度表

	联邦政府	州(领地)政府	地方政府
公共部门	1*	1	1
非金融公共部门	1	1	1
一般政府部门	1	1	1
公共非金融公司	1	1	1
公共金融部门	1	1	0**

注:"1*"代表本级政府中有这一部门;"0**"代表本级政府中没有这一部门。

表5-15说明,联邦政府和州(领地)政府公共部门组成结构一致,而地方政府公共部门没有公共金融公司。换言之,公共金融部门只包括联邦政府和州(领地)政府两个组成部分。

1. 公共部门各组成部分非税收入结构分析总表

无论就一般政府部门而言,还是就整个公共部门而言,澳大利亚联邦政府非税收入在财政收入中所占比重都远远小于州(领地)政府和地方政府非税收入在财政收入中所占比重。

从表5-16总体来看,2011—2012财年,澳大利亚狭义非税收入占全部财政收入35.85%,广义非税收入占全部财政收入42.48%,并由此推算出公共公司非税收入占全部财政收入的6.63%,远远低于一般政府部门非税收入在财政收入中所占比重。

表 5-16　　澳大利亚公共部门各组成部分 2011—2012 财年
非税收入占财政收入百分比　　　　（单位：%）

	联邦政府	州（领地）政府	地方政府	总和
非金融公共部门	8.11	77.24	65.66	41.18
其中一般政府部门（狭）	6.35	71.59	64.18	35.85
公共部门（合计）（广）	9.72	78.01	65.66	42.48

资料来源：李欣根据《澳大利亚政府财政统计 2011—2012》（GFSA，2011-2012）整理。

从各级政府机构来看，以公立大学为代表的多级政府辖区最特殊，没有税收收入，因此无论狭义非税收入还是广义非税收入都是其全部财政收入。

除此之外，联邦政府非税收入占财政收入的比重最低，广义非税收入占财政收入比重也在 10% 以内。由表中数据可以推算出，联邦政府公共非金融公司非税收入占财政收入的比重为 1.76%，公共金融公司非税收入占财政收入的比重为 1.61%，均明显低于一般政府部门非税收入占财政收入的比重。

州（领地）政府非税收入占财政收入的比重最高，其中狭义非税收入占 71.59%，广义非税收入占 78.01%。州（领地）政府广义和狭义之间的差距主要来自公共非金融公司（占财政收入 5.65%），而公共金融公司占比不到 1%，均远远低于州（领地）政府一般政府部门非税收入占财政收入的比重。

地方政府非税收入占财政收入比重明显高于联邦政府，但是略低于州（领地）政府。地方政府狭义非税收入占财政收入的 64.18%，广义非税收入占财政收入的 65.66%。由于地方政府没有公共金融公司，因此两者之差全部来自公共非金融公司。静态地看，一般政府部门非税收入占财政收入的比重，州（领地）政府最高，地方政府居中，都远高于联邦政府；公共非金融公司非税收入占财政收入的比重，也是州（领地）政府最高，地方政府其次，联邦政府最低；公共金融公司非税收入联邦政府最高，地方政府为零；就整个公共部门而言，非税收入占财政收入的比重，州（领地）政府最高，达到 78%，地方政府 67%，联邦政府不到 10%。

2. 各级政府机构狭义非税收入结构分析

从时间动态的角度看，就狭义非税收入占财政收入比重而言，联邦政府远远小于州（领地）政府和地方政府；州（领地）政府略高于地方政府。如表5-17所示。

表5-17 澳大利亚各级政府机构2002—2003财年至2011—2012财年
非税收入占财政收入百分比 （单位:%）

财年	联邦政府	州（领地）政府	地方政府
2002—2003	5.80	68.00	61.40
2003—2004	5.62	67.44	61.31
2004—2005	5.31	68.42	61.43
2005—2006	5.97	68.91	63.32
2006—2007	5.75	68.20	64.02
2007—2008	5.80	67.03	65.02
2008—2009	6.79	70.88	65.16
2009—2010	8.50	71.97	64.07
2010—2011	6.73	70.98	63.41
2011—2012	6.35	71.59	64.18

资料来源：李欣根据《澳大利亚政府财政统计2011—2012》（GFSA，2011-12）整理。

将表5-17转换为图5-6，可以更为直观地看到，十年间联邦政府狭义非税收入占财政收入的比重远远低于州（领地）政府和地方政府，保持

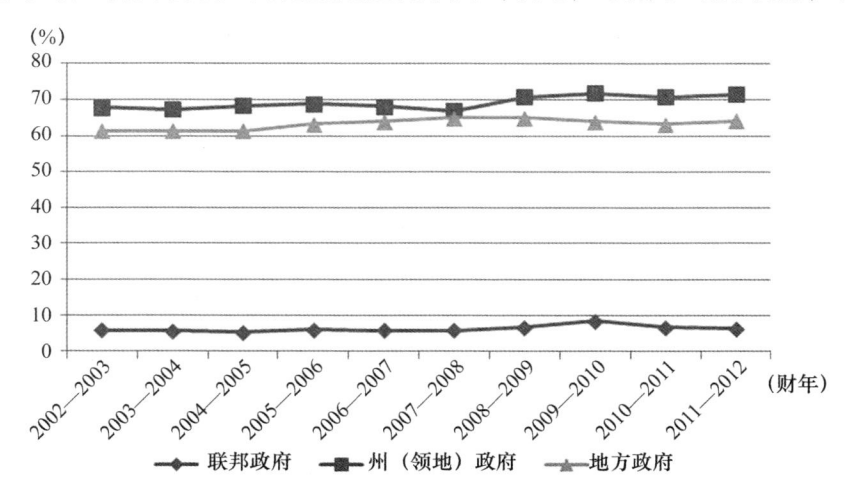

图5-6 澳大利亚各级政府机构2002—2003财年至2011—2012财年一般政府部门非税收入占财政收入百分比

在10%以内；州（领地）政府在70%左右小幅波动；地方政府略低于州（领地）政府，基本保持在60%—65%之间。

2002—2012年间，澳大利亚联邦政府非税收入只占财政收入的十分之一左右，而州（领地）政府和地方政府占三分之二左右。可见，在提供公共物品和服务方面，联邦政府主要依靠税收，而州（领地）政府和地方政府主要依靠非税收入。

3. 各级政府机构公共部门广义非税收入结构分析

从时间动态角度看广义非税收入，联邦政府非税收入占财政收入的比重远远小于州（领地）政府和地方政府；州（领地）政府略高于地方政府。如表2-6所示。

将表5-18转换为图5-7，可以看到，十年间，联邦政府广义非税收入占财政收入的比重在2006—2007财年以前从15%缓慢下降至11%，之后在10%左右小幅波动；州（领地）政府在75%—80%之间；地方政府略低于州（领地）政府，基本保持在60%—65%之间。

表5-18　澳大利亚各级政府机构2002—2003财年至2011—2012财年
公共部门非税收入占财政收入百分比　　　　　　　　（单位:%）

财年	联邦政府	州（领地）政府	地方政府
2002—2003	15.38	75.68	61.40
2003—2004	14.70	75.00	61.33
2004—2005	14.90	75.59	61.49
2005—2006	14.97	75.91	63.43
2006—2007	11.29	75.33	64.20
2007—2008	9.32	74.75	63.61
2008—2009	10.42	77.43	65.14
2009—2010	10.43	78.50	64.05
2010—2011	10.43	—	64.97
2011—2012	9.72	78.01	65.56

资料来源：李欣根据《澳大利亚政府财政统计2011—2012》（GFSA, 2011-2012）整理。

联邦政府一般政府部门非税收入只占财政收入的十分之一左右，而州（领地）政府和地方政府一般政府部门占比远远高于联邦政府。可见，公

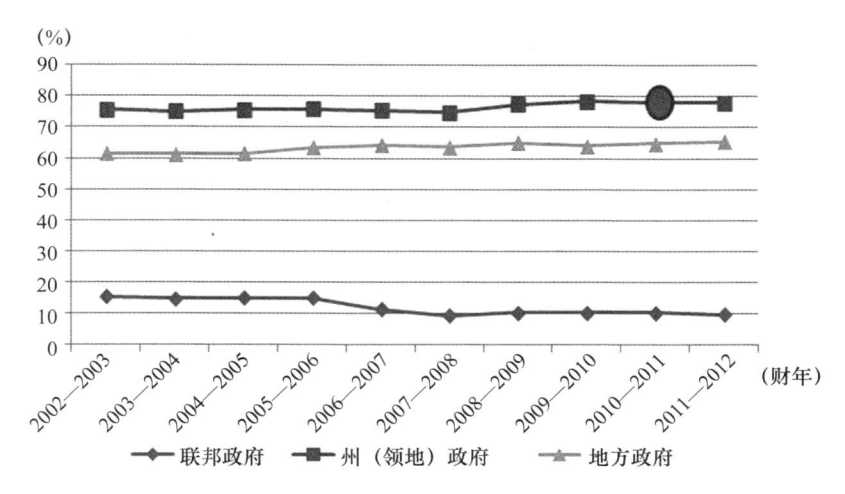

图 5-7 澳大利亚各级政府机构 2002—2003 财年至 2011—2012 财年公共部门非税收入占财政收入百分比

共非金融公司和公共金融公司在这方面只是起到补充作用。联邦政府提供公共物品和服务主要依靠税收收入，而州（领地）政府和地方政府则主要依靠其一般政府部门的非税收入。

本书分别从静态和动态角度分析了澳大利亚各级政府非税收入的结构，得出结论：联邦政府提供公共物品和服务主要依靠税收收入，而州（领地）政府和地方政府提供公共物品和服务则主要依靠非税收入，尤其是来自一般政府部门的非税收入。究其原因，这是由澳大利亚实行严格的分税制，以及联邦政府、州（领地）政府和地方政府之间的财权与事权的划分格局所决定的。

四 澳大利亚政府非税收入的设立

（一）设立的合理性和必要性

澳大利亚实行严格的分税制，一级政府对应一级财政，每级政府的财权和事权划分清晰。各级政府间的纵向财政不平衡主要通过较为规范的财政转移支付制度，尽可能使公民享受均等的社会公共服务。在此基础上，依法设立非税收入，对公共支出满足公共产品和服务需求起到进一步的润

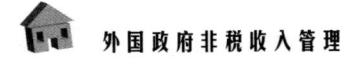

滑作用。

1. 各级政府财权与事权的划分

如前所述，联邦政府提供公共物品和服务主要依靠税收收入，而州（领地）政府和地方政府主要依靠非税收入，这缘于澳大利亚实行严格的分税制，以及各级政府之间财权与事权划分格局所决定的。

按澳大利亚现行法律规定，联邦政府与州政府之间没有行政隶属关系，而且实行严格的分税制，地方政府不仅享有税收立法权，还享有举债权。关于各级政府财权和事权划分清晰程度，可见下面所述：

涉及全国的事物由联邦负责，主要有国防、外交、宏观经济管理、全国性的税收、州际基础设施、电信、移民、金融、社会保险；

涉及州内的公共产品和服务由州一级政府提供，主要有教育、警察、卫生、医疗保健、交通和州内的社会经济基础设施；

地方政府只负责一些非常本地化的事物，如社区服务、消费者事务、社会治安、环境服务（垃圾和污水处理等）、城市计划、建设和基础设施维护等。

近些年的公共行政管理改革更着眼于为大众和社区提供更人性化的服务。转移支付按照联邦宪法规定，凡不属于联邦政府管辖的权限均由州政府负责。

与事权相对应，澳大利亚财政分为联邦、州（领地）、地方三级财政。财政收入大都来自于税收，税收不仅是国家财政的主体财源，也是决定联邦政府与州政府、地方政府财政分配关系的重要因素。目前从中央到地方三级政府财权划分为：

联邦政府：个人所得税、企业所得税、消费税和关税等；

州级政府：印花税、工资税、财产转让税、机动车辆税、博彩税、土地使用税等；

地方政府：开征一些服务性收费项目，如水费、电费和服务费以及土地使用费等[①]。

2. 设立非税收入的合理性

澳大利亚政府设立非税收入的合理性，主要表现在以下三个方面：

---

① 中国财政部国际司，http://www.mof.gov.cn/mofhome/guojisi/pindaoliebiao/cjgj/201310/t20131024_1003149.html。

第五章 澳大利亚政府非税收入

第一，增加政府财政收入。随着社会经济的发展，政府财政支出规模不断增长，范围逐渐扩大。作为高福利国家，社会福利支出越来越大，各级政府特别是地方政府面临的财政压力日益增大。尽管政府对财政赤字实行严格控制和管理，但与此并行的是新一轮税收体制改革。在这两股相反力量的共同作用下，税负增加受到法律限制，非税收入本身具备分散性的特点和专项性的特点，并不会普遍增加公众负担。因此，各级政府特别是地方政府诉诸非税收入筹措政府资金以增加政府财政收入，用以缓解控制财政赤字和严格限制税负增加这对矛盾。

第二，多角度提高资源配置效率。就市场而言，通过非税收入的方式为准公共产品提供成本补偿，从而在保护市场竞争的同时提高市场配置资源的效率。就公众而言，在自愿和等价交换的市场环境中，公众作为消费者，可以有效地反映对公共产品和服务的需求，通过"非税收入项目"这一价格信息选择消费决策，而且对其所消费的公共产品和服务拥有了发言权，从而促使其具备应有的质量和效率。就政府而言，获得相应运营活动的资金，必须依照法律程序进行详尽的说明和评述，政府部门机构和工作人员会集中全力以满足公共需求，否则难以通过财政检验，无法维持良性运营和稳定发展。

第三，全方位促进社会公平。公共支出的负担按照公众从政府提供的公共产品和服务中享有的受益程度进行分配，体现了公平受益原则。同时，依照边际成本收费的非税收入项目，能够平衡不同社会阶层之间的成本负担；公共非金融公司和公共金融公司分红所得投资收益的非税收入项目，可以对自然垄断行业进行公证合理的定价。

3. 设立非税收入的必要性

澳大利亚政府历经百年的税收改革，设立非税收入也与此密不可分。

联邦成立伊始，一个重大基本问题就是如何向州政府提供充足的收入。联邦宪法正式通过时，新南威尔士、维多利亚、南澳大利亚、西澳大利亚、昆士兰和塔斯马尼亚这六个州都遭受了收入损失：放弃征收消费税、海关税和进口税的权利，保留着土地、公路、学校、铁路和大部分工业事务的自主管理权。联邦政府面临着弥补各州收入损失的任务，同时又要承担起诸多方面的财政责任，如国防、对外事务、移民、洲际贸易和商业、海关、邮政、电报和电信、货币和银行、版权和商标以及许多养老金和保险项目等。除了借款，非税收入发挥了重要作用[1]。

旧的财税体制是基于20世纪30年代的经济基础构建的，已经很难适应新的国民经济发展要求。不仅过时，而且不公平、效率低，还很复杂，结果阻碍了经济健康发展。整个财税体制过度依赖所得税，降低了个人和企业的活力，导致税基削弱，公共财政难以支撑良好的公共服务，形成恶性循环。

20世纪90年代末，澳大利亚政府推行全面的财税体制改革，不只是税种的个别调整，而是着眼于整个国民经济的可持续发展，充分发挥国民经济发展的潜能，使财政税收政策与其他宏观经济管理政策更好地配合，降低居民和企业的税负，促进经济增长，扩大就业机会，在提高政策效率的同时，突出体现平等和公平，建立一套系统的、全新的税收体制。这一全面的财税体制改革，主要基于以下五条基本原则[2]：

- 不得增加整体的税收负担；
- 降低个人所得税；
- 扩大间接税课税范围；
- 设立适当的特殊补偿；
- 改革各级政府之间的财政关系。

新的财税体制在不增加整体税负的前提下，降低所得税，扩大间接税课税范围，提高间接税，每年减少的个人所得税超过130亿澳元[3]。议会通过专门立法，启用新的商品和服务税（Goods and Services Tax，GST），全面系统改善间接税的征收。联邦政府课征的批发销售税和州政府课征的9种间接税被取消。卫生保健、教育、保育、地方政府税、水和污水处理费和公共慈善机构的非商业活动都被排除在商品和服务税的征收范围之外。

新的财税体制提高了个人和企业的积极性，促进了出口和投资，也增强了政府税收来源的持续性和稳定性，改善了私人部门和公共部门之间的

---

[1] [美]玛格丽特·利瓦伊：《统治与岁入》，周军华译，上海人民出版社2010年版，第157页。

[2] Tax Reform：Not a New Tax，A New Tax System – Overview，p. 18. http：//archive.treasury.gov.au/documents/167/PDF/overview.pdf.

[3] Tax Reform：Not a New Tax，A New Tax System – Overview，p. 19. http：//archive.treasury.gov.au/documents/167/PDF/overview.pdf.

相互关系。政府与个人和企业良性互动、财税体制与国民经济相辅相成，反映出公共部门收入必须符合法治、效率、公平和简单的基本要求。更重要的是，从根本上决定了各级政府根据财权和事权需要依法设立非税收入项目的必要性，以更好地提供公共产品和服务。

（二）非税收入的设立原则和设立条件

1. 非税收入的设立原则

为了判断非税收入制度、政策、征收、使用和管理是否合理、合法和有效，澳大利亚非税收入项目设立的原则可以概括为成本补偿、适度、便利和公开透明。[①]

第一，成本补偿原则。

非税收入项目设立必须遵循的首要原则是成本补偿，即只是用于补偿公共财政支出不能通过税收收入支付的成本，而不是用来赢利。

第二，适度原则。

应当兼顾收入需求和支付能力，取之有度。收入需求是指公共财政的需求，支付能力是指非税收入支付主体的支付能力，包括经济承受能力和缴纳者承受能力。适度原则要求非税收入负担适中，既能满足正常的公共财政支出需求，又能与经济发展保持协调同步。

第三，便利原则。

应当为征管者和缴纳者在各个环节创造便利。充分利用计算机信息管理系统的技术优势和银行账户系统的操作平台，优化非税收入收缴和管理。

第四，公开透明原则。

公共账目必须接受议会监督、审查。非税收入部分所体现的公共部门经济活动同样要通过相应的预算、决算报表提交议会和相关机构审查，对全社会公开。

2. 非税收入的设立条件

第一，对应的公共产品和服务具备竞争性和排他性。

政府部门和机构依法设立非税收入项目为某项运营活动筹集资金，所提供的公共产品和服务是介于纯公共物品（和服务）与纯私人物品（和服

---

① 刘忠信等：《论我国非税收入原则》，《财会研究》2006年第4期。

务）之间的准公共产品和服务，具备竞争性和排他性。并且竞争性和排他性越强，越需要对其定价收费。

第二，对应的公共产品和服务具备特定的受益者。

非税收入对应的公共产品和服务必须具备特定的受益者，特别是商品和服务销售收入类的非税收入，受益者必须完全明确。

第三，对应的公共产品和服务具备可衡量性。

非税收入必须具备特定的受益者，且必须可衡量这是项目可操作性所必需的。

（三）非税收入的设立依据

澳大利亚联邦宪法规定，公共部门的公共收入必须建立公共账目，公共账目必须依法设立，并接受议会的监督和审查。因此，每一项非税收入都有相应的法律或者条例依据。

第一，必须依法设立，相关法律、条例必须见诸联邦公报。

依据澳大利亚"联邦宪法"、"公共部门治理、绩效和责任法"等法律政策，各级政府部门和机构每一项非税收入都有专门的相关法律或者条例作为立项依据。在澳大利亚联邦政府专门的法律网站搜索"费"（fees），显示与特许经营费、农业和畜牧业化学用品代码申请费、专业仪器安装费、企业名称注册费、签证手续费、电力供应费、勘探许可证费等非税收入项目有关的130项结果。搜索"收费"（charges），显示与清洁能源费、通信费、出口检验费、大堡礁海洋公园环境管理费、移民费、工业化学品注册费等非税收入项目有关的135项结果。在各州（领地）政府的相关网站上也可以得到类似的搜索结果。任何政府行政部门均无权通过行政手段设立非税收入项目。

第二，必须分级设立。

澳大利亚实行严格的分税制。一级政府对应一级财政，这从根本上决定各级政府须依据联邦《宪法》等有关法令，经本级议会批准设立非税收入项目，并依法管理。非税收入的立法层次主要集中在联邦政府和州（领地）政府。全国性的和联邦政府的项目，必须经过联邦议会的审议批准后以法律形式颁布；州（领地）政府则同时根据联邦法律法规和州（领地）政府法律法规，设立收费项目由州（领地）议会审议批准；地方政府收费项目则由所属州（地方）政府法令授权，经市议会批准，确定收费范围和收费标准。联邦宪法规定,联邦政府有权对州(领地)和地方政府公共部门的收费标准进行干预和限制。

第三,必须经过听证协商设立。

依据澳大利亚"联邦宪法"和"公共部门治理、绩效和责任法"相关规定,政府应当通过听证制度、公示制度、协商制度等方式,在非税收入项目设立过程中听取社会公众的意见和建议。就商品和服务销售收入类项目而言,各级政府无论新设项目,还是调整收费标准,必须在本地区范围内广泛征求各方意见,而且要采取适当方式通知缴费人,尊重其反馈意见的权利,并就可能出现的问题进行磋商并达成共识。设立答辩程序,阐明对所提意见和建议的接纳程度及原因。

五 非税收入的设立程序

澳大利亚联邦宪法规定,最高立法机构是联邦议会。联邦议会由英国国王或者女王(以联邦总督为代表)、参议院和众议院组成,同时,联邦议会在组织结构上采用两院制,认为两院制可以防止立法的草率与武断,既防止议会专横腐化,又平衡代表的利益。每一个法案都经过两院多次研讨,审慎制定,法律尽可能精密完善。同时,法案必须经过两院的审议和一致通过才能最终确立,这样可以增加立法的稳定性。联邦宪法赋予联邦政府和州(领地)政府的立法部门以相应的立法权力。联邦法律或者条例与州(领地)政府法律或者条例发生冲突时,以联邦法律或者条例为准。

(一)设立非税收入的相关机构

1. 参议院

参议院的主要职能是复审众议院通过的议案。参议员无权提出有关财政的议案,对于众议院提交的有关财政的议案,参议院只有提出"要求修改"的权利,而无权自行修改。联邦宪法第53条规定,除包括罚金、执照费或者服务费等规定的议案外,参议院不得提出拨款或者征税的议案;不得修正征税或者拨款维持政府常年工作的议案;不得修正任何议案导致人民负担的增加。参议院必须随时将参议院不得修正的议案退回众议院,以咨文请其取消或者修正议案中的任何条目。众议院同意时,必须咨文要求或者另拟修正案，予以取消或者修正①。

2. 众议院

众议院开会期间大约80%的时间用来讨论政府事务，主要是立法事项和政府预算等，至于政府部长就政策事项发表声明以及议员对政府部长提出质询等，不属于"政府事务"范围。与参议院一样，众议院的工作按《议事规则》进行。另外，众议院特设议事规则委员会，负责建议改变议程等工作。

3. 联邦议会内部组织

除了参议院和众议院的基本组织结构外，澳大利亚联邦议会的内部组织还包括若干办事机构、议会委员会以及由主要政党组成的议会党团。

● 两院委员会

澳大利亚议会两院联合设立的委员会包括两类，一类是两院联合委员会，另一类是两院联合法令委员会。

两院联合法令委员会又由下列各委员会构成：

其一，议会议事日程广播委员会。

其二，公共账目委员会。其职责是深入调查了解审计长已经披露出来的国家机构（包括联邦政府各部）财务方面的弊端，与审计长一起将调查结果署名报告议会，并提出处理意见。不仅税收收入项目要接受公共账目委员会的审查和监督，非税收入项目同样要接受公共账目委员会的审查和监督。

其三，公共建筑工程委员会。该委员会的职责是审查议会交办的所有建筑设计（一般是超过200万澳元的工程），会同各部专家勘察工地，从有关当事人方面获得有关证据；如果认为必须要改变设计，则上报议会决定。

● 参议院中的委员会

参议院中设立的委员会包括三类，一类是参议院常设委员会，一类是财政委员会，一类是参议院立法与多用途常设委员会，其中的诸多分委员会直接与非税收入的审查和监督有关。

参议院常设委员会下设：有争议的成果与资格委员会、住房委员会、

---

① Commonwealth of Australia Constitution Act（The Constitution），p. 20. http：//www.comlaw.gov.au/Details/C2013Q00005.

图书馆委员会、优惠委员会、出版委员会、规章条例委员会、议事规则委员会。

财政委员会负责审查联邦政府各部财政支出，委员会下设：第一预算委员会、第二预算委员会、第三预算委员会、第四预算委员会、第五预算委员会。

参议院立法与多用途常设委员会下设：宪法与法律事务委员会、教育与艺术委员会、外交与国防委员会、金融与政府工作委员会、国家资源委员会、科学与环境委员会、社会福利委员会、贸易与商业委员会。

- 众议院中的委员会

众议院中设立的委员会包括：议事规则委员会、住房委员会、图书馆委员会、特权委员会、土著人事务委员会、环境与保护委员会、财政支出委员会、道路安全委员会。

4. 议会的职权与议事规则

联邦议会的职权主要包括：[①] 讨论、修订并通过各种法令和组成并监督政府。议会监督政府的权力主要表现为质询和财政监督。其中税收只有在议会的许可下才能增加；财政收入的一切款项必须列入公共账目项下，未经议会允许，不得撤出；议会通过其审计长及有关委员会检查政府支出是否合理。

两院会议都必须公开举行。公民自由旁听，新闻媒体自由报道会议召开情况，议事记录全文公开发表。但是，如果旁听者和报道者不如实反映情况，需要承担民事或者刑事责任。

（二）非税收入的设立程序

1. 新法令的准备阶段

新法令的建议，一般是某个政府部门内部或者几个部门之间经过长期讨论之后，提交内阁委员会批准或者加以修订后批准，而后交由司法部使之具体化为议案草案。草案经原提议部审阅、修订，并经内阁立法委员会审核通过后提交议会。有关拨款的议案必须提交众议院。在议案成为法令之前，必须经过众、参两院通过，并经英国国王或者女王（以总督为代表）批准。

---

① 金太军：《当代各国政治体制：澳大利亚》，兰州大学出版社1998年版，第79—80页。

2. 非税收入项目设立议案提交众议院和参议院

在众议院又需要经过以下几个阶段：

第一，通告阶段：在讨论议案的前一天，通告周知。但是，对于政府的税收和拨款议案，无须通知。

第二，呈递和一读阶段：这个阶段只是一种形式，政府部长将议案呈交众议院，众议院秘书宣读议案名称。

第三，二读阶段：一读阶段过后，紧接着由原呈递政府部长动议二读，发表演说，提纲挈领地宣讲议案目的。演说完毕，政府和反对党的发言人便发表支持或者反对该议案的演说，即进入辩论阶段。辩论重点放在该议案的一般原则上。如果众议院同意，则辩论结束，将该议案再宣读一次。

第四，委员会审议阶段：委员会包括众议院全体议员，但是议长除外。委员会委员对议案逐字逐句讨论，或者稍加增订；如果无须经过这一阶段，则直接进入三读阶段。

第五，三读阶段：要求众议院通过该议案，很少再有辩论。

议案在众议院三读阶段过后，必须转到参议院审议，并且同样需要经过上述几个阶段。如果参议院对该议案（不包括有关财政方面的议案）有修订建议，必须将修订意见转到众议院；如果众议院不予同意，则该议案暂时被搁置。

3. 非税收入项目设立议案的批准与生效

一般情况下，大多数议案首先提交众议院通过，而后再转到参议院。经过众、参两院通过后，呈送联邦总督批准。这时议案便成为法令，在批准后的第28天（或者在议案中注明的日期）生效。

政府设立非税收入项目的一般立法程序是：

首先，地方主管部门按照合理、公平和适当定价的原则，提出立项申请，并由市长、议员和市民共同召开会议，对拟征收项目进行论证；

其次，取得共识后立项申请由地方主管部门上报州政府的地方政府部进行审批；

最后，获批的立项申请由地方政府加入运营计划。在收取过程中如果出现征收方式、征收金额纠纷的，通过行政决定由仲裁庭来解决。同时，如果所立项目具有政治敏感性、征收引起很大民怨的，在下次选举时，本届州政府所代表的政党有可能失去选民的选票。[①]

六 澳大利亚政府非税收入项目设立标准及调整

项目和标准的确定，是政府非税收入管理中的一个核心问题。对于以提供准公共产品为对象的非税收入，一般依照两条原则确定其标准：一是对私人成本进行社会调整，包括将社会认为过高的私人成本降下来，如反垄断的限制性收费；将社会认为过低的私人成本提上去；还有消除"负外部效应"的惩罚性收费和消除拥挤的准入性收费，将社会认为含混的私人成本明晰平均化，如反欺诈的规范性收费；二是对社会成本向私人分摊，包括对社会成本的私人分解，如为发展公共公共物品生产的集资性收费；对社会成本的私人补偿，如非营利组织的补偿性收费。从现实情况来看，多数市场经济国家普遍是按低于平均成本的边际成本收费。[②]

澳大利亚有关法律严格规定，制定政府性收费标准的根本原则是"成本补偿"，不能以营利为目的。因此，政府以非常严格的成本测算方式制定收费标准，这样不仅满足了政府对补偿成本的需求，也有利于社会公众的普遍认可。

非税收入项目的标准也并非固定不变。无论最初设立，还是标准调整，都必须经过提案—咨询—建议—立法的过程。通过联邦政府道路使用费项目标准的确定和调整过程，可以看到其中的具体细节，见本章附录2。

通过"道路使用费"设立标准及其调整的案例可以清晰看出，澳大利亚政府非税收入设立标准，对收费标准的依法确认，在这个过程中，不仅立法机构和相关行政机构参与，而且非常注重公众参与和公众监督，充分体现了政府非税收入管理的法制性和透明性。

[①] 郑智强：《澳大利亚政府非税收入管理及启示》，2012年9月，万方数据资源系统（http://d.g.wanfangdata.com.cn/Periodical_zgdzsw201217158.aspx）。

[②] 马洪范等：《政府非税收入管理国际经验及借鉴》，《地方财政研究》2009年第9期。

七 澳政府非税收入的管理框架

澳大利亚非税收入的管理纳入整个公共财政管理和公共收入管理的框架之内。公共财政管理框架奠定了整个非税收入管理框架的基础,决定了非税收入管理措施的制定。以下分三个部分分别介绍。

(一) 公共财政管理体制[①]

1. 财政管理模式

澳大利亚联邦、州(领地)、地方三级政府中,实行典型的分税、分级财政管理体制,一级政府对应一级财政,每级政府的财权和事权划分清晰,并通过较为规范的财政转移支付制度,尽可能使公民享受均等的社会公共服务。

澳大利亚有一套完整的财政预算法律体系,使得整个政府预算的各个阶段、各个部门的各种行为必须在现行法律框架下完成,预算的编制、执行都需要议会的批准和监督。目前,参与预算编制、执行的主要部门有国库部、财政与行政管理部和联邦拨款委员会等。

国库部主要负责财政收入,编制收入预算,确定联邦对州的转移支付总规模,参与货币政策、产业政策及国民经济发展规划的制定和协调。国库部负责管理和监督的部门包括税务局、审慎监管局(APRA)、储备银行(RBA)、证券和投资委员会、审计署、竞争和消费者委员会等。

财政与行政管理部是 1976 年从原国库部分离出来的,主要负责政府采购与政府支出,以公共部门为工作重点,即负责财政预算执行的日常工作,如制定相关定额指标、编制支出预算、拨付财政资金、绩效考核、定期向议会、政府报告等。

联邦拨款委员会根据国库部确定的每年转移支付总规模,计算出联邦政府与各州政府之间一般性转移支付的数额。

国库部长和财政与行政管理部长都是政府内阁的主要成员,联邦拨款

---

① http://www.mof.gov.cn/mofhome/guojisi/pindaoliebiao/cjgj/201310/t20131024_1003149.html.

委员会对国库部长负责（对应职能，澳大利亚的国库部相当于我国的财政部和发展改革委，而财政与行政管理部相当于或略大于我国财政部的国库司、地方财政部门的国库管理局）。

各州政府间内部机构设置基本相同，多数州国库部与财政和行政管理部为一个部，也有些州分设两个部。1901年澳大利亚成立联邦时，各州的经济管理职能很强，联邦政府只负责国防、外交和对外贸易等。经过100多年的发展演变，目前各州的经济管理权限逐渐降低，联邦政府集权程度越来越高，通过税收、转移支付等财政经济手段调控联邦各州协调发展的能力逐步增强，实际上澳大利亚已经成为经济上联邦高度集权、政治上地方高度自治的发展模式。

2. 财权与事权划分

按现行法律规定，联邦政府与州政府之间实行严格的分税制，没有行政隶属关系。地方政府不仅享有税收立法权，还享有举债权。每一级政府财权和事权划分清晰。

涉及全国的事物由联邦负责，主要有：国防、外交、宏观经济管理、全国性的税收、州际基础设施、电信、移民、金融、社会保险；

涉及州内的公共产品和服务由州一级政府提供，主要有教育、警察、卫生、医疗保健、交通和州内的社会经济基础设施；

地方政府只负责一些非常本地化的事物，如社区服务、消费者事务、社会治安、环境服务（垃圾和污水处理等）、城市计划、建设和基础设施维护等。

近些年的公共行政管理改革更着眼于为大众和社区提供更人性化的服务。转移支付按照联邦宪法规定，凡不属于联邦政府管辖的权限均由州政府负责。

与事权相对应，财政分为联邦、州（领地）、地方三级财政。财政收入大都来自于税收，税收不仅是国家财政的主体财源，同时也是决定联邦政府与州及地方政府财政分配关系的重要因素。

目前从中央到地方三级政府财权划分为：个人所得税、企业所得税、消费税和关税等归联邦政府；印花税、工资税、财产转让税、机动车辆税、博彩税、土地使用税等归州级政府；地方政府开征的一些服务性收费项目，如水费、电费和服务费以及土地使用费等归地方政府。

3. 预算编制程序

澳大利亚财政年度从每年 7 月 1 日到次年 6 月 30 日。联邦财政预算由联邦本级部门预算和联邦对州的转移支付预算两部分组成。

每年 9 月，国库部对下年度经济形势进行预测，确定年度财政收入总规模；10 月由财政和行政管理部根据国库部测算的财政收入总规模，提出编制年度预算的原则和设想报告联邦总理，然后由联邦总理下发各部门征求意见，各部门就此结合本部门的发展计划编制部门预算（建议），包括一般支出预算、资本项目预算以及今后三年的预算设想及备选项目库，然后提交财政和行政管理部；12 月至次年 2 月，财政和行政管理部对各部门意见进行研究，与各部门协商（如协商不一致，则提交联邦总理办公会讨论），形成年度预算收支说明报内阁审核；每年 3 月，内阁中的预算委员会对年度预算收支说明进行审核（根据法律规定，内阁部长必须为国会议员），确定项目取舍和项目排序；每年 4 月，联邦总理和资深内阁再次审核后，国库部根据审核意见进行调整并形成预算草案；每年 5 月，政府将预算草案提交国会众议院审议，国库部长在此过程中要接受议员咨询，众议院三次通读后提交参议院审议，参议院审议通过后将预算草案送回众议院，众议院审议通过后即形成具备法律效力的国家预算。

遇有突发事件或经济形势变化需要调整预算的，由政府在每年 11 月向国会提交补充预算，国会严格按程序进行审议，一般在次年 3 月完成。国会众议院和参议院审议政府预算的所有会议，社会公众均可以参加旁听。

4. 转移支付制度

澳大利亚政府对财政转移支付有明确的制度规定。联邦政府成立后，为规范政府间财政转移支付，制定了《政府转移支付法》，从法律上明确界定了各级政府的收入权限。当政府财力与支出任务不协调而出现纵向财政失衡时，联邦政府要向州及地方政府进行纵向财政转移支付，原则是横向财政均衡，即如果征收方面达到了平均努力程度，在政府管理效率方面达到了平均水平，则该州政府有权利获得财政能力以提供全国平均公共服务水平。因为公民同样缴纳了所得税就应该享受到均等化的公共服务水平。

财政转移支付目标主要是推动统一、有序的国内市场的形成，促进经济、文化、社会等各项事业的协调发展。在近几年财政总收入中，联邦收入占七成以上,州约占二成,地方政府则不足一成。在财政总支出中,联邦政府的支出约占总支出的70%,其中用于联邦本级的支出一般只有30%左右,其他40%则主要用于全国的社会保险以及对州和地方政府的转移支付。

转移支付包括两种类型。其一,一般性转移支付。原则是横向财政均衡,包括商品和服务税(GST)转移支付以及政府预算平衡补助款、国家竞争政策款、特定收入补助款和支付给地方政府的地方政府财政补助款。一般性转移支付不指定支出用途,州和地方政府可自主确定支出。联邦政府对各州政府的一般性转移支付金额,由联邦拨款委员会按照事权、财权相匹配的原则,设计转移支付因素和公式,计算分配一般性转移支付资金,转移支付公式一般一定5年不变,具体计算分配方法向社会公开。其二,特定转移支付。为了保证各州及地方政府教育、卫生等特定职能的实现,联邦政府通过特定转移支付,将其部分管理权限转移给州及地方政府。一般要达到联邦或全国的某些目标,并按照项目逐项签订协议,实行严格的绩效考核评价。

5. 地方政府债务管理

澳大利亚地方政府债务管理经历了自由举债、严格限制、放松管理、总量控制、市场运作五个阶段。1927年,根据联邦宪法的有关规定,借款委员会正式成立,其成员包括联邦、州的国库部长共九人,联邦国库部长担任主席。该委员会负责协调、监督和管理公共部门(包括地方政府)债务。州政府具有独立举债的权利,可以通过发放债券、贷款或其他方式举借债务;地方政府也可以举债,但要受州政府监督,一般只向金融机构融资,不可以发行债券。

近年来,澳地方政府坚持"非负债经营"的理财理念,债务规模相对较小,政府资产负债率较低,地方财政运行情况良好。通过举债所筹资金,一般用于基础设施等资本性项目。为保障地方政府及时偿还所借债务,地方议会在举债时需要提供相应的担保。

为了应对地方政府债务的风险,逐步形成了以预算管理、规模控制、信用评级、透明度要求、债务化解为内容的风险管理基本框架。

(二)公共财政管理框架

澳大利亚现行公共财政管理框架覆盖联邦政府、六个州政府和两个领地政府，是自联邦成立和 1901 年宪法实施以来财政政策和公共财政管理框架持续发展的结果。

1. 财政收支的法律基础

联邦宪法制定了一系列相关条款，构成政府财政收支的法律基础：①

◆ 宪法第 51 条规定，联邦议会具有制定税收和公共信用借款相关法律的权力。

◆ 宪法第 81 条规定，联邦政府行政部门的所有收入必须全部纳入综合收入基金，再按联邦政府具体职责予以拨款。

◆ 宪法第 83 条规定，拨款必须通过专门立法，否则任何钱均不得从联邦国库部支取。

◆ 宪法第 56 条规定，唯独联邦政府行政部门有权向议会提请财政支出议案。

2. 财政政策角色和责任

澳大利亚财政政策和预算管理责任由联邦国库部和财政部共同承担。《行政安排目录》（The Administrative Arrangement Order）中明确规定了政府各部门长官的具体职责。国库部长和财政部长除了在财政政策和预算管理方面承担有共同责任外，国库部长主要负责掌管税收体系，财政部长主要负责监督政府支出②。

政府的行政部门履行适当的财务管理职责具有明确的法律依据：《1997 年总审计师法》③《1997 年财政管理和财政责任法》《1997 年联邦政府机构和公司法》④（这三部法律取代了《1901 年审计法》⑤）。自 2014 年 7 月起，《1997 年财政管理和财政责任法》和《1997 年联邦政府机构和公司法》将由《2013 年公共治理、绩效和责任法》所取代⑥。这些法律规

---

① Commonwealth of Australia Constitution Act（The Constitution），http：//www.comlaw.gov.au/Details/C2013Q00005.

② MAKING TRANSPARENCY TRANSPARENT：AN AUSTRALIAN ASSESSKENT – MARCH 1999，http：//archive.treasury.gov.au/documents/178/HTML/docshell.asp?URL=ch1.asp.

③ Auditor – General Act 1997，http：//www.comlaw.gov.au/Details/C2012C00697.

④ Commonwealth Authorities and Companies Act 1997，http：//www.comlaw.gov.au/Details/C2013C00259.

⑤ the Census and Statistics Act 1905，http：//www.comlaw.gov.au/Details/C2006C00178.

⑥ Public Governance，Performance and Accountability Act 2013，http：//www.comlaw.gov.au/Details/C2013A00123.

定了总审计师的任命、权力和责任；政府各部门行政长官、国家法定机构负责人、国有公司负责人的具体财政责任；会计人员责任；审计检查等。

此外，《1998年预算诚信宪章》主要目的是完善政府在财政政策制定方面的问责制度。宪章要求政府遵循健全财政管理的原则，发布年度财政策略报告。年度财政策略报告必须满足以下几点要求：

◆ 确立政府长期财政目标，在此基础上制定政府中期和短期财政政策；
◆ 解释制定预算所依据或者将要依据的战略重点；
◆ 确定制定和评估财政政策的主要财政措施。

3. 财政报告

联邦宪法、《1998年预算诚信宪章》和《1975年澳大利亚统计局法》等法律要求公共财政信息及时、准确、公开、透明，共同规定了公共财政报告的类型和标准。除了联邦统计局GFS体系，主要的财政报告还包括经济和财政展望报告（EFO）、年度决算报告（FBO）、经审计的合并财务报告（CFS）等，联邦政府和州（领地）政府等所有承担公共财政报告责任的部门和单位统一按照专门的《统一表达框架》（UPF）编制财务报表，法律要求审计的报表需要先提交总审计师或者同时提交相关监察机构，最终所有类型的的财务报表都要提交议会。

• 经济和财政展望报告（Economic and Fiscal Outlook Report）

《1998年预算诚信宪章》对政府财政报告有明确规定。宪章要求政府在每个预算时间、在每年年中和每次选举之前提供经济和财政综合展望报告。每份报告必须包括以下信息：本预算年度和未来三个财年的财政预算；制定上述财政预算所依据的经济和其他假设；一份财政展望的风险声明。此外，每个财年结束之后政府必须发布财政决算报告。

• 权责发生制预算和经审计的合并财务报告（Accrual Budget and Audited Consolidated Financial Statements）

1997年，联邦政府宣布实施一套完全统一的权责发生制财政管理框架。这个框架要求政府自1996—1997财年起，发布经审计的合并财务报告，并自1999—2000财年起实行权责发生制预算。

• 统一表达框架（Uniform Presentation Framework）

20世纪90年代初期，联邦政府和州（领地）政府共同协议制定了《统一表达框架》，规定每个负有财政责任的单位按照统一要求制定财务报表。同时，联邦政府和州（领地）政府协议通过了《统一公共部门会计标准》，要求每个负有财政责任的单位自 1998—1999 财年起，采用权责发生制会计准则编制标准的财务报告。

4. 财政透明度

现行财政框架的目标是通过提高财政政策的透明度、加强对财政政策的责任，来促进财政管理的优化，遵循国际货币基金组织制定的《财政透明度良好行为守则》，提出财政透明度的四条一般原则[①]：

◆ 明晰财政角色和责任；
◆ 向公众提供财政信息；
◆ 预算公开的制备、执行和报告；
◆ 独立的诚信保证。

在此基础上，制定了《财政透明度良好行为守则》。其中，一般原则与国际货币基金组织完全一致，在一些具体原则和具体要求上与国际货币基金组织的规定有所区别。

（三）非税收入管理框架

非税收入管理框架通过《财政透明度良好行为守则》的基本原则得以体现。明晰财政角色和财政责任、向公众提供财政信息、预算公开和诚信保证四条基本原则及其在非税收入管理中的具体原则，共同构成管理框架。

1. 明晰财政角色和财政责任

在政府部门内部明晰财政角色和财政责任，划分清楚财政领域、货币领域和公共企业领域之间的界限，反映出划分清楚公共部门和私人部门的重要性。

其一，政府部门应当与经济体中的其他部分区别清晰，在政策和管理方面的角色也应当定义清楚。

联邦统计局基于《1993 年国民账户体系》（SNA93）制定的《2008 年澳大利亚标准经济部门分类》（SESCA），对一般政府部门的界定如下：包括联邦政府的所有单位，州（领地）政府和地方政府的所有法定机构，以

---

① INTERNATIONAL MONEYTARY FUND CODE OF GOOD PRACTICES ON FISCAL TRANSPARENCY, http://www.imf.org/external/np/fad/trans/code.htm.

第五章 澳大利亚政府非税收入

及由上述各级政府控制的非市场、非营利常驻机构。参与市场生产但不属于准公司的政府控制的非公司企业也属于一般政府部门,因为这种非公司企业的业务与政府部门其他单位的业务融合度很高,也不是单独的全套会计主体①。

其二,政府部门参与经济领域的活动,应当在明确规则和程序的基础上,通过开放的、公共的方式进行。

以银行领域的政府干预为例。联邦政府和州政府授权的吸收存款机构都要接受持续的审慎监管,直接参与银行部门的活动均受到限制,包括其准金融活动在内。

1998年,联邦政府实施了金融体制的第一阶段改革。澳大利亚审慎监管局(Australian Prudential Regulation Authority)成立,对所有存款吸收机构、人寿保险公司、通用保险公司和养老基金实施审慎监管。审慎监管局拥有充分的自主经营权,并对国库部和议会负责。

此外,在直接股权投资方面,除昆士兰州政府在一家商业银行拥有重要股权之外,联邦政府和其他州(领地)政府都没有直接股权投资。联邦政府曾经拥有的澳大利亚工业发展公司和住房贷款保险公司都已经出售。

其三,各级政府之间和行政、立法、司法分支部门之间的责任分配应当明晰。

各级政府责任都有明确规定。联邦宪法规定联邦政府的立法权范围,一部分属于联邦政府独有,另一部分属于联邦政府和州(领地)政府共有。两级政府责任重叠的情况下,通过协商确定各自的责任。当联邦法律和州(领地)法律发生冲突时,以联邦法律为准。地方政府属于州(领地)政府管辖,并为联邦政府正式承认。

尽管宪法规定联邦政府和州(领地)政府都有征收所得税的权力,但是实际执行所得税征收权的只有联邦政府。同时,宪法禁止州(领地)政府征收关税和国内货物税,即征收商品和服务税的权力被排除在外。

受征税权力分布的影响,澳大利亚垂直财政不平衡的特征非常显著。

---

① 1218.0 Standard Economic Sector Classifications of Australia(SESCA)Australia 2008,http://www.abs.gov.au/AUSSTATS/abs@.nsf/DetailsPage/1218.02008?OpenDocument.

联邦政府财政收入大大超过其财政支出的需求,州(领地)政府却正好相反①。

为了解决垂直财政不平衡的问题,联邦政府向州政府和领地政府提供财政拨款,包括一般用途和特殊用途两种。一般用途财政拨款的正式协议由专门的年度会议通过,联邦政府和州政府、领地政府行政长官共同商议,并且听取联邦拨款委员会的建议。特殊用途财政拨款是为了实现某种政策目的,经联邦政府和州政府、领地政府共同协议设立的款项。大多数情况下,特殊用途财政拨款款项是为了实现联邦政府政策目标或者国民政策目标而设立的。

1998年,联邦政府决定通过税收体制改革缓解垂直财政不平衡对州(领地)政府和地方政府的财政压力,将征收商品和服务税全额转移到各州(领地)政府,以此取代大部分一般用途财政拨款。

政府立法、司法和行政分支部门之间的财政责任在宪法中也有明确规定:

- 对于立法部门,宪法第51条规定,联邦议会具有制定税收和公共信用借款相关法律的权力②;第90条规定,联邦议会具有征收关税和土产税(excise duties)的独占权③。
- 对于行政部门,宪法第81条规定,联邦政府行政部门的所有收入必须全部纳入综合收入基金,再按联邦政府具体职责予以拨款④。第83条规定,拨款必须通过专门立法,否则任何钱均不得从联邦国库部支取⑤;第56条规定,唯独联邦政府行政部门有权向议会提请财政支出议案⑥。

---

① Code of Good Practices on Fiscal Transparency, http://archive.treasury.gov.au/documents/178/HTML/atta.asp.
② Commonwealth of Australia Constitution Act (The Constitution), p.18. http://www.comlaw.gov.au/Details/C2013Q00005.
③ Commonwealth of Australia Constitution Act (The Constitution), p.35. http://www.comlaw.gov.au/Details/C2013Q00005.
④ Commonwealth of Australia Constitution Act (The Constitution), p.32. http://www.comlaw.gov.au/Details/C2013Q00005.
⑤ Commonwealth of Australia Constitution Act (The Constitution), p.32. http://www.comlaw.gov.au/Details/C2013Q00005.
⑥ Commonwealth of Australia Constitution Act (The Constitution), p.21. http://www.comlaw.gov.au/Details/C2013Q00005.

● 对于司法部门，宪法第 71 条规定，联邦政府的司法权力归属联邦最高法院——澳大利亚高等法院，和议会创建的其他联邦法院[①]。

其四，相关部门在非税收入管理过程中的协调。

根据联邦宪法第 64 条，联邦总督根据总理的建议，在每次选举之后公布一份《行政安排目录》（The Administrative Arrangement Order，见《联邦公报》），详细规定每位部长的责任及其各自负责的立法范围[②]。

财政政策和预算管理责任由联邦国库部和财政部共同承担。国库部长和财政部长除了在财政政策和预算管理方面承担有共同责任外，国库部长主要负责掌管税收体系，财政部长主要负责监督政府支出。

内阁设有经费审查委员会（Expenditure Review Committee，ERC），专门审查政府每年预算过程中的工作重点和目标。各部长必须向议会提交《部门预算报表》（Portfolio Budget Statement，PBS），以供经费审查委员会做出预算报告决定。《部门预算报表》涵盖本部门所有子单位和机构，并需提交议会。

其五，建立明确的非税收入管理法律框架。

预算内和预算外活动的财政管理应遵守相关综合法律和行政法规。任何政府资金的承诺或支出应当有相应的法律依据。联邦宪法保证联邦议会对征税、政府支出拨款和政府借款的立法权威。

在财政收入方面，税收（taxes and duties）和收费（fees and charges）也都必须有明确的法律依据。联邦宪法赋予联邦议会制定税收法律的权力，并且规定了联邦政府税收权力的范围。纳税人可以通过法院对税收和收费的法律、条例提出质疑，也可以通过行政诉讼法庭（Administrative Appeals Tribunal，AAT）对包括自由裁量权在内的行政决策和行为提出质疑。所有的法律、条例必须在《联邦公报》（Commonwealth Gazette）公布，并提交联邦议会。议会有权禁止条例的实施。

1999—2000 财年以前，政府按照联邦统计局政府财政统计标准（ABS GFS）编制预算，收费（fees and charges）被看作补偿支出（offsets to out-

---

[①] Commonwealth of Australia Constitution Act（The Constitution），p. 27. http：//www.comlaw.gov.au/Details/C2013Q00005.

[②] Commonwealth of Australia Constitution Act（The Constitution），p. 24. http：//www.comlaw.gov.au/Details/C2013Q00005.

lays)。自 1999—2000 财年起，权责发生制会计准则正式启用之后，收费不再作为补偿支出，而是作为收入项目编入预算。

2. 向公众提供财政信息

政府要在明确指定的时间向公众公布综合财政信息。综合财政信息超越了传统的政府预算和会计报表的范围。任何非政府机构承担的准财政活动也必须通过综合财政信息得以反映。政府过去、现在和将来的财政活动信息必须全面向公众公开。

《1998 年预算诚信宪章》要求政府提交和公布以下经常性财政报告：

- 第 14 款规定，国库部在每年 1 月底（前一年度预算 6 个月后）向公众公布《年中经济和财政展望报告》（Mid – Year Economic and Fiscal Outlook Report，MYEFR)[①]；
- 第 18 款规定，国库部和财政部在每个财年结束后 3 个月内（即每年 9 月 30 日之前）向公众公布《年度决算报告》（Final Budget Outcome，FBO)[②]；
- 第 22 款规定，相关部门负责人在大选令状发布后 10 日内联合公布《选举前经济和财政展望报告》（Pre – election Economic and Fiscal Outlook Report)[③]；

《1997 年财政管理和财政责任法》要求政府提交和公布的财政报告包括：

- 第 54 条规定，政府依照澳大利亚会计准则委员会 1049 号标准（Australian Accounting Standard Board 1049）编制《政府月度财政报告》（Australian Government Monthly Financial Statements)[④]；
- 第 55 条规定，财政部长必须在每个财年结束时立即准备年度财政报告（Annual Consolidated Financial Statements），编制完成后立即交付总审计师。如果上一财年结束 5 个月后仍未做到，财政部长必须

---

① Charter of Budget Honesty Act 1998, p. 13. http：//www. comlaw. gov. au/Details/C2013C00690.

② Charter of Budget Honesty Act 1998, p. 15. http：//www. comlaw. gov. au/Details/C2013C00690.

③ Charter of Budget Honesty Act 1998, p. 17. http：//www. comlaw. gov. au/Details/C2013C00690.

④ Charter of Budget Honesty Act 1998, p. 42. http：//www. comlaw. gov. au/Details/C2013C00690.

向参议院和众议院分别提交书面报告，说明原因①。

此外，统计部门也会提供一整套政府财政统计报告，信息覆盖联邦政府、州（领地政府）和地方政府公共部门各个组成部分。

统计局提供以下四种政府财政统计报告②：

- 《政府财政预算》（Government Finance Estimates – ABS Cat. no. 5501.0.55.001）；
- 《政府财政统计》（Government Finance Statistics – ABS Cat. no. 5512.0）；
- 《税收收入》（Taxation Revenue – ABS Cat. no. 5506.0）；
- 《政府季度财政统计》（Government Finance Statistics Quarterly – ABS Cat. no. 5519.0.55.001）。

3. 公开预算的制备、执行和报告

公开预算的制备、执行和报告原则确保政府财政状况受到内部控制系统的检查和制衡。

- 内阁委员会审查和批准所有支出提案；
- 议会预算委员会审查政府部门和机构的支出项目；
- 政府部门和机构严格按照财务报告标准保持财务账户的及时性。

此外，预算执行必须接受内部审计，审计过程必须接受公开审查。《1997年财政管理和财政责任法》规定了公共收入和公共财产的适当管理框架，其中第46条（P38）要求各部委行政长官必须建立审计委员会，协助本部委履行该法所规定的各项义务，并为促进交流，在行政长官、各单位和机构负责人、内部审计人员和总审计师之间建立专门论坛；第63条（P47）规定了审计委员会的成员、会议频率、委员会职责等具体事项。

《1998年总审计师法》规定了一套核心报告和审计要求，明确联邦政府各部门单位和机构负责人和一般公务人员的相关行为标准，确保政府各部长和联邦议会对国有企业的活动享有知情权。

---

① Charter of Budget Honesty Act 1998, p. 13. http://www.comlaw.gov.au/Details/C2013C00690.

② 5514.0 Australian System of Government Finance Statistics Concepts, Sources and Methods 2005, p. 70. http://www.abs.gov.au/AUSSTATS/abs@.nsf/DetailsPage/5514.02005.

4. 独立的诚信保证

独立的诚信保证原则下，既要通过外部审计和统计独立性的通常手段保证政府财政诚信度，也要通过允许独立审查、加强政府开放度的途径保证政府财政诚信度。

政府财政信息诚信度由公众和独立审查机构来衡量和判别。《1998年总审计师法》确立了总审计师的法定地位，并且建立了相关法定机构——澳大利亚国家审计署（Australian National Audit Office，ANAO）。该法明确了总审计师的作用、任务和权力，并且赋予国家审计署独立审计的权力。

总审计师的任务在于审计联邦政府部门单位和机构、联邦政府拥有或控制的公司的财务报告。但是，财政部长或者联邦议会公共会计和审计联合委员会的长官有权向总审计师提出绩效审计的要求。总审计师向联邦议会提交审计结果，并向相应部门行政长官提供其财务报告的审计报告，连同已经审计的财务报告共同展示在各部门年度报告当中。联邦议会公共会计和审计联合委员会负责审查总审计长向议会提交的所有审计报告。

总审计师的独立性具有明确的法律保障。《1998年总审计师法》规定，总审计师是议会的独立成员；经联邦议会公共会计和审计联合委员会提议、由联邦总督任命；任期10年；免职需经联邦议会参议院和众议院共同决定；不受任何立法部门和行政部门人员有关职能的影响。

政府财政数据的诚信度主要由联邦统计局负责。联邦统计局的职责由《1975年澳大利亚统计局法》[①]（Australian Bureau of Statistics Act 1975）和《1905年统计法》（the Census and Statistics Act 1905）共同规定。澳大利亚统计长（the Australian Statistician）经过与客户和澳大利亚统计咨询委员会（the Australian Statistics Advisory Council）的充分商议，决定数据收集的范围。统计长具有法定独立性。

联邦统计局力求提供质量好、可靠性强的数据，对数据分类、数据来源和收集方法公开说明。统计方法、统计框架、统计过程都会定期接受审查，从而确保统计数据的诚信度。

---

① Australian Bureau of Statistics Act 1975，http://www.comlaw.gov.au/Details/C2012C00137.

八 政府非税收入管理措施

《1997年财政管理和财政责任法》是关于公共收入和公共财产如何管理的专门法律,规定了公共收入和公共财产的管理措施。非税收入包括在公共收入的范围内,主要涉及征收、保管、会计、分配、支付和使用几个方面。

(一) 非税收入的征收和保管

《1997年财政管理和财政责任法》第8条和第9条规定,财政部长代表联邦政府与国内或者国外银行签订协议,设立专门账户,用于公共收入的存款、保管、支付或转账。协议期不得超过一年,除非联邦政府在发出终止协议通知的6个月内可以随时终止协议。财政部长至少开设一个账户,并且账户名中必须包含"官方"二字[①]。

第10条和第11条规定,政府任何部门、机构和单位负责人获得包括非税收入在内的公共收入(现金、支票、汇票等各种形式)必须立即存入在协议银行开设的专门账户,不得存入非官方账户,没有授权不得支取[②]。

第15条规定,当公共收入丢失时,相关责任人必须向相应公共账户赔付等额款项,公共收入的丢失是由不可抗拒的外力因素导致,并且相关责任人已经尽到应尽的责任的除外[③]。

(二) 非税收入的会计、分配和支付

《1997年财政管理和财政责任法》第19条规定,财政部长必须建立与公共收入和公共支出相关的专门会计账户。第48条规定,联邦政府各部行政长官必须按照财政部长的要求建立本部门公共收入和公共支出的会计记录,财政部长有权要求随时不受限制地获得这些会计记录信息,有特别

---

① Financial Management and Accountability Act 1997, p. 6. http://www.comlaw.gov.au/Details/C2013C00282.

② Financial Management and Accountability Act 1997, pp. 7 - 8. http://www.comlaw.gov.au/Details/C2013C00282.

③ Financial Management and Accountability Act 1997, p. 9. http://www.comlaw.gov.au/Details/C2013C00282.

立法保护涉密信息的情况除外①。

第 20 条和第 21 条规定,财政部长或者其他专门法律有权设立特别账户(Special Accounts)。财政部长依据本法通过书面文件建立特别账户,规定可以存入的金额、专门用途和每项专门用途可以支取的金额。财政部长有权对特别账户进行修改和注销②。第 22 条规定,财政部长必须将建立特别账户的书面文件复印件呈交参议院和众议院。参议院和众议院经商议有权否决该特别账户的建立,并且务必在书面文件呈交至两院后的 5 个工作日内给出表决意见。参议院和众议院至少有一个不予否决,该特别账户的建立就得以通过③。

第 26 条和第 27 条规定,政府各部门、机构和单位的负责人未经财政部长授权不得从公共账户提款。经授权的提款权范围包括公共支出和向指定特别账户拨款。财政部长随时有权调整和撤消对提款权的授权④。

(三)非税收入的使用

《1997 年财政管理和财政责任法》第 37 条、第 38 条和第 39 条规定了公共收入借款、投资和参与公司运作等使用方面的事宜。

第 37 条规定,联邦政府借款必须通过专门法律予以授权,借款形式包括现金和透支的预付金⑤。

第 38 条规定,财政部长有权代表联邦政府与银行或者其他机构和个人签订借款协议,还款期限不得超过自协议生效起的 60 天⑥。

第 39 条规定,财政部长和国库部长有权代表联邦政府使用公共收入进行授权投资项目的投资。投资过程产生的费用和收益必须与对应的特别

---

① Financial Management and Accountability Act 1997, pp. 11, 39. http://www.comlaw.gov.au/Details/C2013C00282.

② Financial Management and Accountability Act 1997, p. 13. http://www.comlaw.gov.au/Details/C2013C00282.

③ Financial Management and Accountability Act 1997, p. 14. http://www.comlaw.gov.au/Details/C2013C00282.

④ Financial Management and Accountability Act 1997, p. 15. http://www.comlaw.gov.au/Details/C2013C00282.

⑤ Financial Management and Accountability Act 1997, p. 28. http://www.comlaw.gov.au/Details/C2013C00282.

⑥ Financial Management and Accountability Act 1997, p. 28. http://www.comlaw.gov.au/Details/C2013C00282.

账户挂钩①。联邦政府建立（或者参与建立）公司、获得公司股份以及作为公司成员的相关权力的获得与变更必须由相关部委行政长官向两院分别提交书面说明②。

附录 1　IMF GFSM 收入分类一览表③

1	收入
11	税收
111	所得税（收入、利润和资本利得）
1111	个人应付所得税
1112	公司和其他企业应付所得税
1113	其他所得税
112	工资和劳动力税
113	产权税
1131	不动产税
1132	净资本税
1133	遗产、继承和赠与税
1134	金融和资本交易税
1135	其他产权非返还税
1136	其他产权返还税
114	商品和服务销售税
1141	商品和服务一般税
11411	增值税
11412	销售税
11413	其他商品和服务一般税
1142	消费税

---

① Financial Management and Accountability Act 1997, p. 29. http://www.comlaw.gov.au/Details/C2013C00282.

② Financial Management and Accountability Act 1997, p. 30. http://www.comlaw.gov.au/Details/C2013C00282.

③ Government Finance Statistics Manual 2001（GFSM 2001）, p. 56. http://www.imf.org/external/pubs/ft/gfs/manual/index.htm.

续表

1143		财政垄断利润税
1144		专门服务税
1145		商品使用税和执行活动允许使用税
11451		汽车税
11452		其他商品使用税和执行活动允许使用税
1146		其他商品和服务税
115		国际贸易税
1151		关税和其他进口税
1152		出口税
1153		进出口垄断利润税
1154		交易利润
1155		交易税
1156		其他国际贸易税
116		其他税
1161		企业应付税
1162		其他应付税
12		社会贡献［GFS］
121		社会保障贡献
1211		员工社会保障贡献
1212		雇主社会保障贡献
1213		自雇者或非雇者社会保障贡献
1214		其他社会保障贡献
122		其他社会贡献
1221		员工其他社会贡献
1222		雇主其他社会贡献
1223		估算社会贡献
13		资助
131		来自外国政府的资助
1311		外国政府当期资助
1312		外国政府资本资助
132		来自国际组织的资助
1321		国际组织当期资助

续表

1322	国际组织资本资助
133	来自其他一般政府部门的资助
1331	其他一般政府部门当期资助
1332	其他一般政府部门资本资助
14	其他收入
141	产权收入［GFS］
1411	利息收入［GFS］
1412	红利收入
1413	来自准公司的取款收入
1414	属于投保人的财产收入
1415	租金收入
142	公共物品和服务销售收入
1421	市场销售收入
1422	行政管理费收入
1423	非市场附带销售收入
1424	估算公共物品和服务销售收入
143	罚款、罚金和没收收入
144	资助以外的自愿转移收入
1441	资助以外的当期自愿转移收入
1442	资助以外的资本自愿转移收入
145	其他杂项收入

附录2 澳大利亚道路使用费

2008年，联邦政府根据《2006年燃油税法》出台了《道路使用费条例》，并从2009年起每年予以修订。

《道路使用费条例》对道路使用费项目做出明确说明：专指重型车辆道路使用和维护费。在道路建设和维护过程中，为重型车辆付出的成本由重型车辆道路使用者承担（成本回收）。其中一部分通过州（领地）政府按照重型车辆登记费征收，另一部分由联邦政府通过本条例征收。①

《道路使用费条例》针对的是重型车辆道路使用和维护费当中由联邦政府基于《2006年燃油税法》征收的部分。《2006年燃油税法》规定，对符合条件的企业和非营利机构，政府可以提供一定额度的燃油税抵免。

《2006年燃油税法》第41条和第43条规定，商品和服务税（GST）注册企业和非营利组织在公共道路上以商务目的使用总重量4.5吨以上的重型车辆可以享受燃油税税收抵免。税收抵免的额度等于原本应当征收的燃油税总数减去道路使用费②。

2008—2010年的《道路使用费条例说明》指出，根据《2006年燃油税法》第43条第10款第5项的规定，道路使用费收费标准由基础设施、交通和区域发展部部长与地方政府交通局局长决定③。从2011年开始，经过修正，根据《2006年燃油税法》第43条第10款第7项，道路使用费收费标准由交通部部长决定④。

一般而言，道路使用费收费标准确定的过程如下：

◆ 交通部部长以书面形式要求国家交通委员会（National Transport Commission）将道路使用费按成本补偿原则确定收费标准，不得超过道路修建和维护过程中为重型车辆付出的成本⑤；

◆ 国家交通委员会根据年度调整因素确定调整幅度，形成咨询文件，征询公众意见；

◆ 在咨询期期间，国家交通委员会与一些关键行业的利益相关者举行磋商，收集意见，并向交通部部长提交书面报告，明确收费标准的调整幅度和实施日期；

◆ 交通部部长通过立法形式予以确认。

---

① Road User Charge Determination （No.1）2013 Explanatory Statement，p.1. http：//www.comlaw.gov.au/Details/F2013L00990.

② Fuel Tax Act 2006，pp.10－15，19－29. http：//www.comlaw.gov.au/Details/C2013C00594/Download.

③ Road User Charge Determination （No.1）2008 Explanatory Statement，p.1. http：//www.comlaw.gov.au/Details/F2008L00713.

④ Road User Charge Determination （No.1）2011Explanatory Statement，p.1. http：//www.comlaw.gov.au/Details/F2011L01164.

⑤ Road User Charge Determination （No.1）2013 Explanatory Statement，p.1. http：//www.comlaw.gov.au/Details/F2013L00990.

第五章　澳大利亚政府非税收入

道路使用费收费标准每年会根据实际情况进行调整。通过2008—2013年历年《道路使用费条例》和《道路使用费条例说明》可以清楚地看到每年道路使用费收费标准的确立过程和这几年的调整过程。

● 2007—2008财年最初设立

道路使用费项目的最初确立始于2007年国家交通委员会关于重型车辆收费的建议。国家交通委员会提议的原因在于，公共道路的建设和维护过程中为重型车辆付出的费用已经超支。在提交建议之前，国家交通委员会召集各行业利益相关者进行磋商，并于2007年7月形成了一份条例草案影响说明，以征询公众意见。

2008年2月29日，国家交通委员会发布了正式的条例影响说明。与此同时，澳大利亚交通部长理事会（Australia Transport Council Ministers）通过无记名投票通过了对该项建议的支持[1]。2008年3月11日通过《2008年道路使用费条例》，以法律形式确认2008年道路使用费收费标准为0.21澳元/升（其中，"每升"对应的不是实际燃油量，而是应当缴纳燃油税的燃油量），自2009年1月1日起予以实施[2]。

● 2008—2009财年进行调整

2008年12月，澳大利亚联邦议会通过了《2006年燃油税法》修正案。按照第43条第10款第9项规定，交通部部长必须保证，任何提高道路使用费收费标准及其实施日期的提案，必须形成法律文件，并且至少提前60天向公众公开。在此期间，交通部部长必须审阅公众对该项提案的所有评论和意见[3]。

2009年4月6日，交通部部长以书面形式要求国家交通委员会确定重型车辆道路使用费年度调整因素并计算原先设定的21美分/升的收费标准如何调整，公布数据，并召开为期4周的磋商会议[4]。

2009年6月24日，通过《2009年道路使用费条例》，以法律形式确

---

[1] Road User Charge Determination (No.1) 2008 Explanatory Statement, p.1. http://www.comlaw.gov.au/Details/F2008L00713.

[2] Road User Charge Determination (No.1) 2008, p.1. http://www.comlaw.gov.au/Details/F2008L00713.

[3] Fuel Tax Act 2006, p.28. http://www.comlaw.gov.au/Details/C2013C00594/Download.

[4] Road User Charge Determination (No.1) 2009 Explanatory Statement, p.1. http://www.comlaw.gov.au/Details/F2009L02499.

认道路使用费收费标准调整为 0.217 澳元/升①。

• 2009—2010 财年进行调整

2010 年 3 月 26 日,国家交通委员会公布新的道路使用费年度调整因素,并向公众征询意见。2012 年 4 月 30 日,国家交通委员会主席向澳大利亚交通部长理事会［由联邦政府、州（领地）政府和地方政府交通部门负责人组成］提交综合各方意见之后确定的年度调整因素②。

向公众征询意见之前,国家交通委员会计算的道路使用费 2010 年年度调整幅度为上浮 10.7%。但是,征询公众意见和磋商的结果是,由于国家交通委员会计算的年度调整因素与最新数据所反映的重型车辆生产力增长率不一致,高估了公共道路建设和维护过程中为重型车辆支付的费用,因此,将 2010 年年度调整幅度降至 9.7%③。这样,道路使用费收入既能够满足所需的支出,又不会违背成本回收的原则。

2010 年 6 月 24 日,通过《2010 年道路使用费条例》,以法律形式确认 2010 年道路使用费收费标准为 0.226 澳元/升。

• 2010—2011 财年进行调整

2011 年 2 月 11 日,国家交通委员会公布 2011 年道路使用费年度调整因素,将道路使用费收费标准上调 0.5%,由 22.6 美分/升上调至 23.1 美分/升,并向公众征询意见。在随后为期 4 周的咨询期中,召集关键行业的利益相关者对这一调整方案进行磋商④。

2011 年 3 月 24 日,国家交通委员会向交通部部长提交书面报告。2011 年 6 月 20 日,通过《2011 年道路使用费条例》,以法律形式确认 2011 年道路使用费收费标准调整为 0.231 澳元/升。

• 2011—2012 财年进行调整

2011 年 12 月,国家交通委员会公布新的道路使用费调整因素相关数据和计算方法,并向公众征询意见。在随后为期 4 周的咨询期中,召集关

---

① Road User Charge Determination (No. 1) 2009, p. 1. http://www.comlaw.gov.au/Details/F2009L02499.
② Road User Charge Determination (No. 1) 2010 Explanatory Statement, p. 1. http://www.comlaw.gov.au/Details/F2010L01824.
③ Road User Charge Determination (No. 1) 2010 Explanatory Statement, p. 2. http://www.comlaw.gov.au/Details/F2010L01824.
④ Road User Charge Determination (No. 1) 2011 Explanatory Statement, p. 1. http://www.comlaw.gov.au/Details/F2011L01164.

键行业的利益相关者对这一调整方案进行磋商。

2012年3月21日,交通部部长作为基础设施和交通部常务理事会(the Standing Council on Transport and Infrastructure)主席,考虑了国家交通委员会关于调整重型车辆注册费和道路使用费的建议。常务理事会以多数同意通过了对州(领地)政府重型车辆注册费的调整方案①。

2012年5月10日,通过《2012年道路使用费条例》,以法律形式确认2012年道路使用费收费标准调整为0.255澳元/升②。

- 2012—2013财年进行调整

2013年2月,国家交通委员会公布了关于2013年道路使用费收费标准调整的咨询文件,并征询公众意见。文件提出,道路使用费收费标准由25.5美分/升上调至26.14美分/升,上调幅度0.64美分/升。在随后为期4周的咨询期中,国际交通委员会与一些关键行业的利益相关者举行磋商,收集咨询意见。

2013年4月9日,国家交通委员会向交通部部长提交书面报告,建议实施咨询文件确定的收费标准。新的收费标准反映了年度调整因素,能够确保政府为重型车辆付出的道路建设和维护成本得以持续回收③。

2013年7月12日,《2013年道路使用费条例》以法律形式确认2013年道路使用费收费标准为0.2614澳元/升④。

---

① Road User Charge Determination (No.1) 2012 Explanatory Statement, p.1. http://www.comlaw.gov.au/Details/F2012L01032.

② Road User Charge Determination (No.1) 2012, p.1. http://www.comlaw.gov.au/Details/F2012L01032.

③ Road User Charge Determination (No.1) 2013 Explanatory Statement, p.1. http://www.comlaw.gov.au/Details/F2013L00990.

④ Road User Charge Determination (No.1) 2013, p.1. http://www.comlaw.gov.au/Details/F2012L0990.

第六章

日本政府非税收入

税收是日本财政收入的主要来源，是财政政策的一个重要手段。现行日本税制是在第二次世界大战结束后，以"夏普劝告"为蓝本，不断形成并不断加以完善的。在税收制度更新的同时，非税收入也不断发展，其种类不断丰富、明细科目增加、征收规则细化。

进入 20 世纪 80 年代以后，日本原有税制显得越来越不适应时代的要求。因此，以 80 年代末消费税的引进为开始，日本进行了一系列以财政健全化和经济活性化为目的的税制改革。与此同时，为缓解财政压力，在不增加税收收入的同时，非税收入的作用进一步显现，其占财政收入的比例不断提高。

一　日本非税收入的历史

日本的非税收入是伴随税收的发展逐步完善起来的，并且其作用日益凸显。

（一）明治维新至"一战"前夕（1868—1912 年）

19 世纪 60 年代，日本展开了推翻封建幕府统治的革命，从此确立了中央集权地位。日本此时也着手改革税制，将以土地税为主的实物税变为货币税，初步建立了以土地税为核心的税制体系。之后，建立了道府县制、市町村制并规定了相应的税收权限。1887 年引进所得税，成为继英国、德国之后较早实行所得税制的国家。同时，调整了间接税的税目，新增设了一些税种，如相继设立了登记税、营业税、印花税、啤酒税、砂糖税等。

不过，从总体来看，仍然是以古老的直接税作为主体税种；中央征收正税，地方除了房屋税、户口捐外，大多是征收国税的附加税，如土地附加税、所得附加税等。

这一阶段，非税收入的形式和科目较为简单。在《会计法规类集（明治38年）》[①]中，可以看到非税收入大体包括交换交纳金、国有土地森林平原收入、各种贷款费用等，具体规定了非税收入的征收方式、时间期限、主管部门和征收依据。可以看出，这一时期的非税收入没有形成完整的体系，征收的种类也较为单一，与现代非税收入科目差距较大。

（二）"一战"至"二战"阶段（1912—1945年）

"一战"到"二战"期间，日本非税收入的科目不断完善。

从昭和20年的财政预算案中可以看出，中央财政收入预算分为一般会计制度和特别会计制度两个部分。

一般会计制度中的非税收入科目大致有：

（1）国营和国有财产收入。其中包括特许经营收入、森林收入和其他收入。

（2）杂项收入。其中包括日本银行交纳金、利润交纳金、彩票发行交纳金、特殊物件交纳金等。

特别会计制度分为16项具体科目，由不同的部门负责。如政府出资收入、通信事业资金收入、粮食管理收入等。

可以看出，这一时期的非税收入虽然与现行预算制度中的具体科目有所不同，但是大致框架已经形成。

第一次世界大战使日本耗资巨大，政府支出猛增，财政经济不断告危。图6-1是从1885年到1943年日本财政支出情况，上半部分表示军费的开支，可以看出，从1935年开始，财政支出占GNP的比重急剧攀升，而其中军费的开支更是达到GNP的50%。

---

① 注：《会计法规类集》由大藏省第四课编纂。大藏省是日本自明治维新后直到2000年期间存在的中央政府财政机关，主管日本财政、金融、税收。2001年在中央省厅改革后，为了消减其过于庞大的执政影响力，大藏省被分解成了财务省和金融厅（主要负责银行监管）。明治38年即1904年。

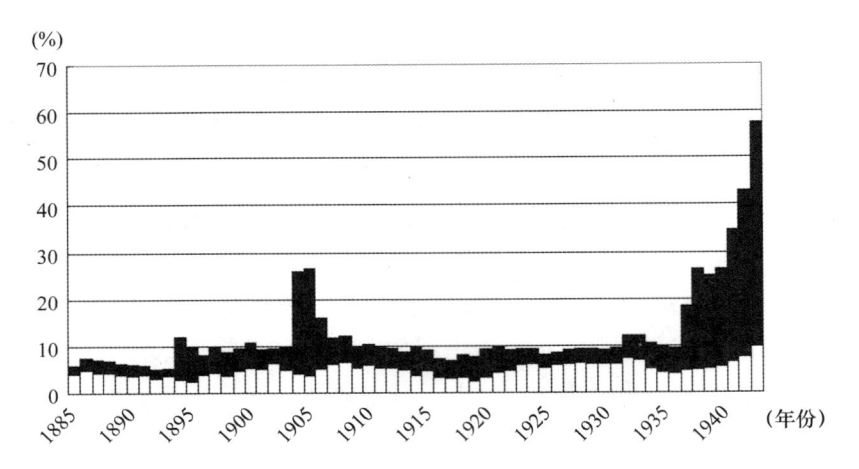

图 6-1　日本财政支出占 GNP 比重（1885—1940 年）

注：上半部分表示军费支出，下半部分表示其他财政支出。

资料来源：《昭和财政史（第四卷）》和《大藏省年报》各年度版。

为此，日本政府一方面采取了一些增加税负的措施：

- 开征新税，如战时开征的利得税、资本利息税；
- 提高税负，对所得税和酒税平均税负分别提高了 16%、15%。战争之后，日本着手进行税制改革，重点是将过去以农业、土地为中心的税收制度转向以城市工商企业为中心的税收制度，并全面改革所得税。提高直接税的比重。

另一方面对所得税制的改革，其内容包括：

- 将原来的所得税分为分类所得税和综合所得税，同时对公司单独开征法人税；
- 分类所得税是对各种不同所得分为六类征税，并规定差别税率；
- 综合所得税是对各项所得先综合起来计算，后按相应的超额累进税率征收，税率最低是 10%，最高为 65%。

日本的分税制也从这个时候开始，初步奠定了日本现代税制的基础。

此外，为了弥补巨额的财政支出，日本政府还开始发行大量的国家债券。从图 6-2 中可以看出，从 1920 年以后，日本国债发行量大幅提升，1945 年前后甚至达到 GNP 的 120% 以上。

"一战"至"二战"期间，日本财政收入的主要特点：一是扩大税收来源；二是大量发行公债；三是增加临时军事费用。"二战"中，日本军

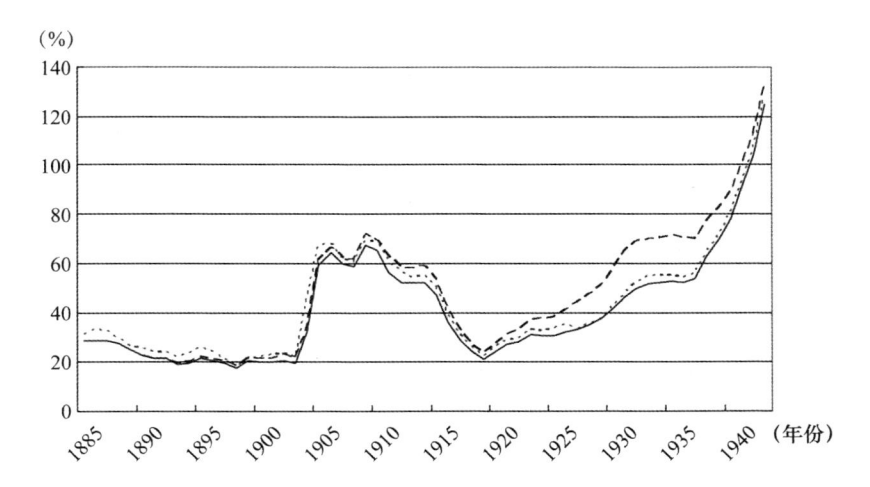

图 6-2　日本国债发行量占 GNP 的比重（1885—1940 年）

资料来源：《明治大正财政史（第 11 卷）》和《金融事项参考书》各年度版。

费开支相当庞大，国民税收负担极重。

（三）"二战"后至 80 年代（1945—1989 年）

战争结束后，日本废除了一些临时因战争需要而设置的税种，如分红利息特别税、临时利得税等，并对一些税种作了一定程度的修改。在国税方面，取消分类所得税和综合所得税两种税并存的征收方法，在继承税中单独列出赠予税，同时也扩大了地方税的征收范围。

1949 年，美国派出以夏普为团长的日本税制考察团，到日本调查税制方面的问题和改革方案，并于 1949 年 8 月 27 日和 1950 年 9 月 21 日两次提出《日本税制报告书》这就是常说的《夏普劝告》。《夏普劝告》分析了日本税制中负担率偏低、间接税比例过高、地方税规模过小的现状，提出了以建立、健全直接税为核心的持久、健全的税收制度。日本战后的税制体系，正是在以上原则指导下确立的。

其中，关于非税收入方面，最为重要的是建立了国库支出金制度。

国库支出金是中央政府拨付一部分资金，通过地方政府的行为实现中央政府的政策意图，是有特别指定用途的财政转移支付资金。这不仅加强了中央和地方之间的联系，同时也构成了地方非税收入的重要组成部分，其占地方非税收入的比重保持在 50% 以上。

70年代中后期以来，伴随日本经济的低增长，日本针对税制中所得税比重偏大，间接税公平性差及消费税比重下降等缺陷，于1988年12月颁布实施了新的税制方案：

（1）个人所得税方面，降低了所得税的累进程度，将原来的10.5%—60%的十二级超额累进税率简化成10—50的五级超额累进税率，并扩大最低税率的适用范围；提高所得税的扣除项目，削减了小额储蓄账户的利息减免额。

（2）法人税方面，将基本税率由42%降低至37.5%，并使其实际税率保持在40%—50%之间；取消有价证券免税的规定。

（3）间接税方面，从1989年4月起，对从事制造、批发、零售、服务等行业的工商业所取得的销售收入和劳务收入课征增值税，税率为3%。

经过一系列改革，终于形成日本现代比较完善的税制体系。

从非税收入的预算框架变化情况来看，与现行的预算框架基本无太大差异。据日本总务省统计局的统计数据（1946—2003年）[①]，从1946年开始，一些具体科目有些增加变化。例如：

- 酒业专卖特别账户。其属于特许经营收入的明细科目，增加于1947年，废止于2000年。
- 印刷局收纳金专用账户和医院诊所收入。其属于国有企业收入的明细科目，增加于1948年。
- 国有财产转让收入、有偿管理收入和回收金收入。其属于政府资产处置收入的明细科目，增加于1953年。
- 国有资产利用收入、交纳金和其他收入。其属于杂项收入的明细科目，增加于1954年。

由此可见，从战后开始，日本非税收入科目的变化只是一个不断细化的过程，在逐步完善的过程中充实和丰富。

（四）90年代至今（1990年至今）

80年代末90年代初，日本经济泡沫破裂，自此陷入了徘徊和长期的不振之中。由于经济的不景气，政府税收也受到了很大的影响，甚至在1992年度至1994年度出现了连续3个年度的负增长（分别为-6.4%、

---

① 日本总务省统计局，http://www.mof.go.jp/index.htm。

-1.4%和-4.6%)。与此同时,为了促使经济发展,日本政府连续实施大规模的扩张型财政政策,政府支出却持续攀升。

为了支撑日益膨胀的支出,财政不得不重新依赖于国债的增发,并且发行规模与日俱增,日本财政又陷入了艰难的境地。① 根据日本财务省2011年2月10日发布的统计数据,截至2010年12月底,日本政府债务余额已高达919万亿日元,人均债务负担已增至721万日元;同时预计在同年4月1日开始的财年中,政府债务还将增长5.8%,达到创纪录的997.7万亿日元,占GDP的比例达到230%。②

国际货币基金组织(IMF)近日则预测,日本公共债务相对于GDP的比例到2012年和2016年将分别达到232%和277%,日本将成为发达国家历史上财政状况最恶化的国家。③

面对这种情形,日本政府在进行其他努力的同时,也试图通过税制的调整来部分缓解财政乃至经济所面临的困境与压力。然而,一方面,公债的发行量过大;另一方面,税收的增加会带来民众的抵制压力。因此,作为财政来源的非税收入则逐渐受到瞩目,在平成23年(2014年)的财政预算案中也提到要广开财政收入来源,增加非税收入,以缓解财政压力。

二 日本政府非税收入的基本情况

非税收入是指政府为实现其社会公共职能除通过税收、公债形式筹集收入以外,采取收费和基金形式取得的政府收入。非税作为政府财政收入的重要来源之一,是中央和地方政府行使公用职能的重要财力。2010年,在日本中央财政中,政府非税收入占财政收入的10.55%;在地方财政中,这一比例水平更高,达到了27%左右。

---

① 余炳雕等:《20世纪80年代以来日本税制改革综述》,《现代日本经济》总第133期。
② 网易财经新闻:《IMF:日本将成史上财政最恶化发达国家》,http://money.163.com/11/0314/00/6V2KJKVD00253B0H.html。
③ 网易财经新闻:《IMF:日本将成史上财政最恶化发达国家》,http://money.163.com/11/0314/00/6V2KJKVD00253B0H.html。

（一）日本财政收入的变化

● 中央财政

日本中央财政收入构成变化（1990—2010年）如图6-3所示。

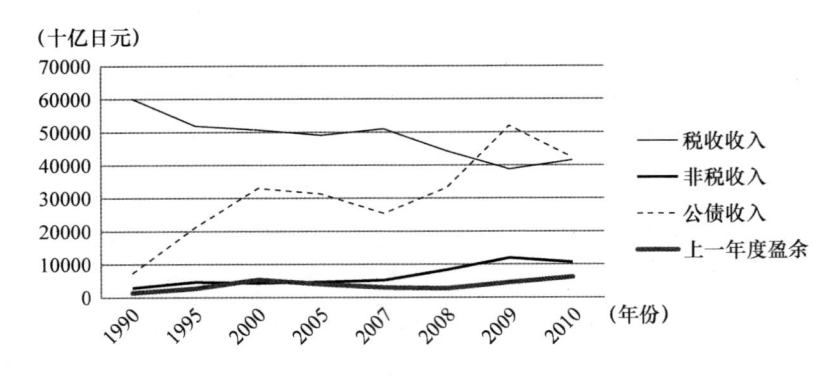

图6-3　日本中央财政收入构成变化（1990—2010年）

资料来源：作者根据日本总务省统计局相关资料整理（http://www.mof.go.jp/index.htm）。

从图6-3可以看出：

其一，从1990年到2010年，税收收入虽然一直是财政收入的最重要来源，但是呈现逐年下降的趋势；

其二，国债收入虽然增长迅速，甚至一度超过税收收入，但是近年来也呈现下降趋势，究其原因就是国债收入的不可持续性，巨额的国债偿还问题也困扰日本政府；

其三，虽然非税收入占中央财政收入的比重不大，但是近年来一直呈现稳步上升的趋势。可见，非税收入在日本政府财政收入中的作用逐渐凸显。

● 地方财政

税收收入是地方财政收入的重要组成部分，从1970年到2008年，税收收入增长十倍以上，其占比一直保持在50%—60%；虽然2000年之后，有所下降，但是从2005年开始地方税收收入又稳步回升。更重要的是，在地方财政收入中，占比第二位的就是非税收入，其1970年占财政收入的34.95%，之后虽有所下降，但基本保持在25%以上。如图6-4所示。

与中央财政收入相比，非税收入在地方财政收入占比更高，作用更加突出。

其中，地方分为都道府县和市町村两级的地方行政。因此，地方财政

第六章 日本政府非税收入

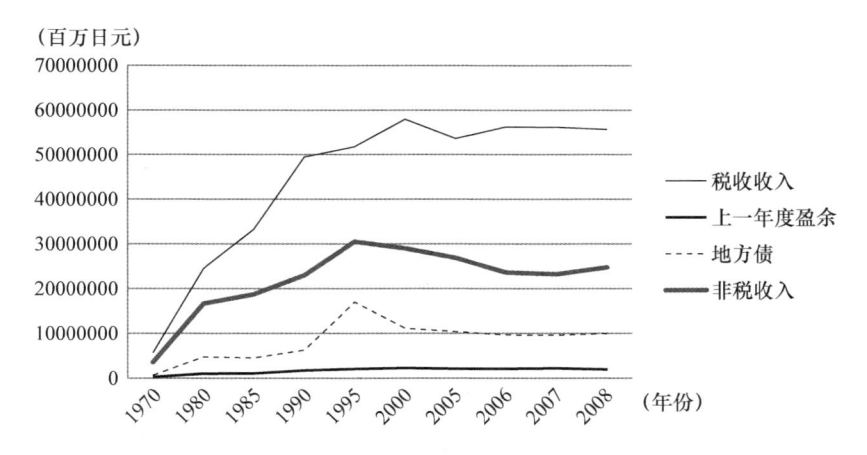

图 6-4 地方财政收入构成和变化（1970—2008 年）

资料来源：作者根据日本总务省统计局相关资料整理（http://www.mof.go.jp/index.htm）。

收入也按照都道府县和市町村分别纳入预算体系。从图 6-5 和图 6-6 中可以看出：

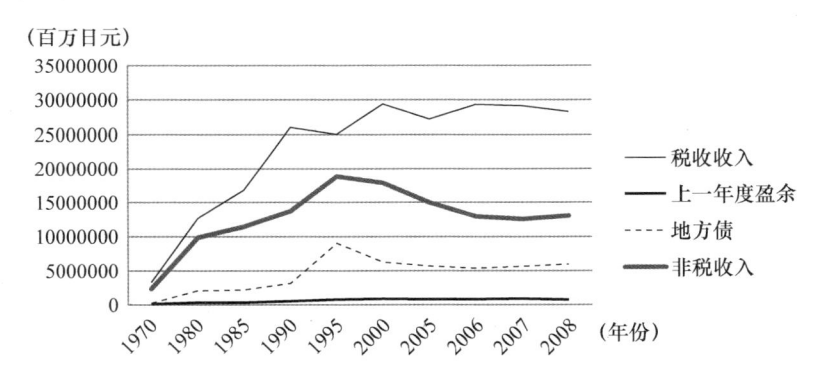

图 6-5 都道府县财政收入构成和变化（1970—2008 年）

资料来源：作者根据日本总务省统计局相关资料整理（http://www.mof.go.jp/index.htm）。

其一，无论在都道府县，还是市町村的财政收入中，非税收入均为仅次于税收的重要财政收入来源。

其二，在都道府县的财政收入构成中，非税收入的比重自 1995 年开始逐年下降，近年来有上升趋势。

其三，在市町村的财政收入构成中，非税收入所占比重更大，且逐年上升。

(百万日元)

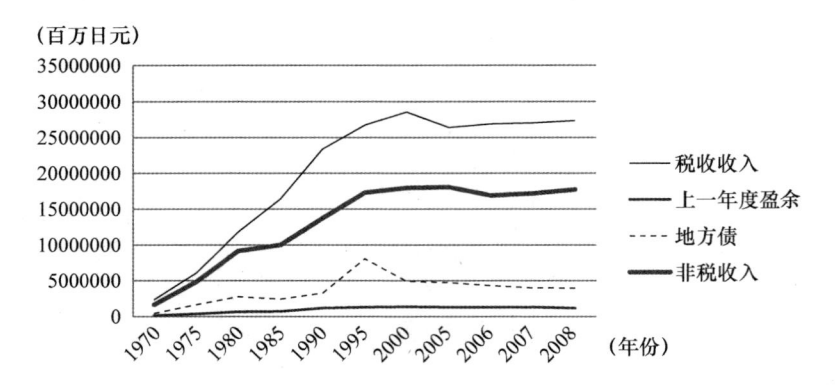

图6-6 市町村财政收入构成和变化（1970—2008年）

资料来源：作者根据日本总务省统计局相关资料整理（http://www.mof.go.jp/index.htm）。

（二）日本非税收入的构成概要

日本中央财政收入大致分为四个部分（见图6-7）：税收收入（主要是所得税、消费税和法人税）、公债收入（主要是建设公债、特例公债和年金公债）、上一年度财政盈余，以及非税收入，[①] 与政府基本事务相关，纳入一般账户预算体系。

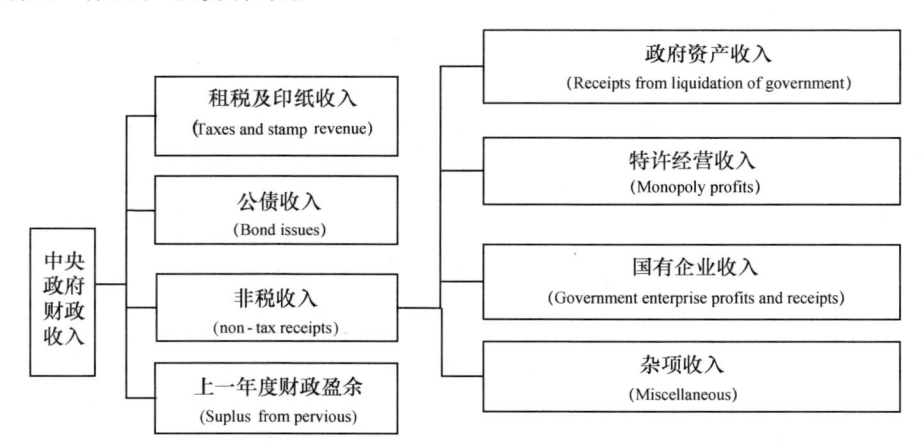

图6-7 日本中央政府财政收入及非税收入构成

资料来源：作者根据日本财务省资料整理（http://www.mof.go.jp/budget/reference/statistics/data.htm）。

---

① 日本财务省，http://www.mof.go.jp/index.htm。

第六章 日本政府非税收入

至于地方政府的非税收入构成，则从图 6-8 中看得很清楚。

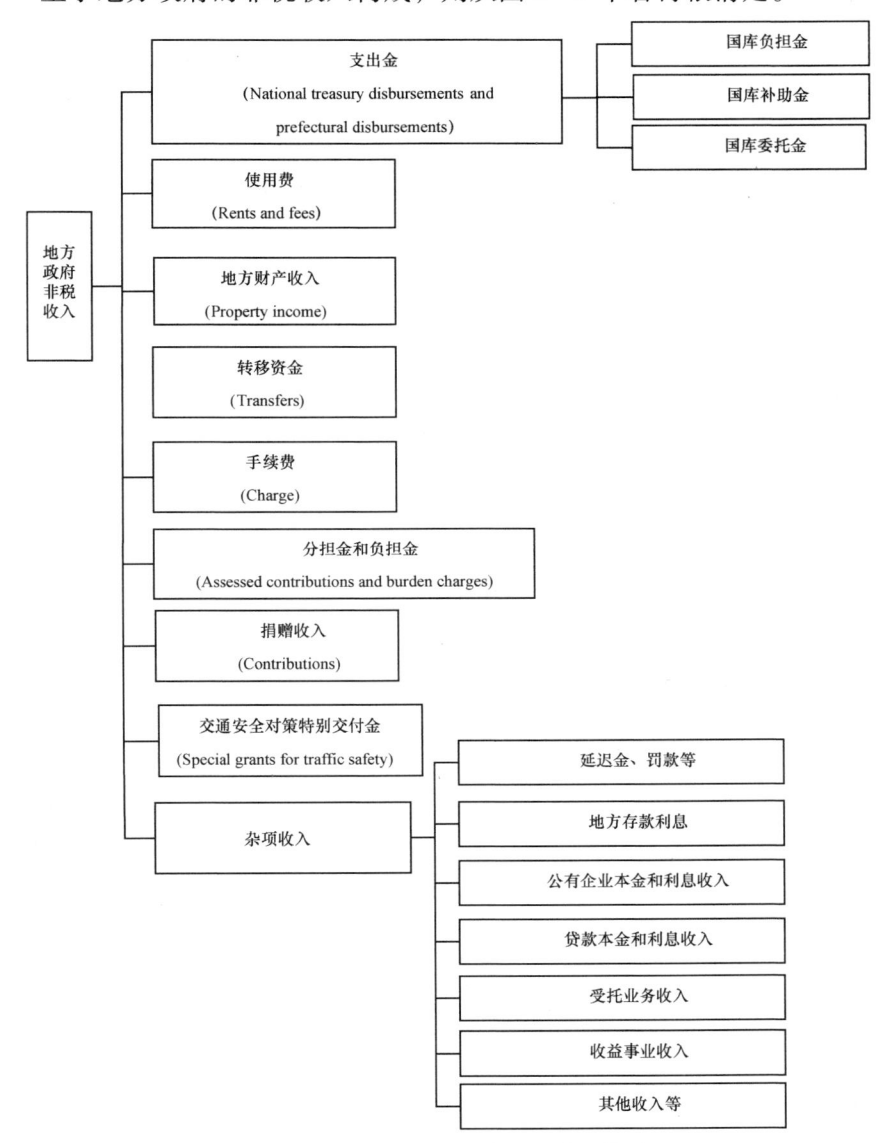

```
地方政府非税收入
├── 支出金 (National treasury disbursements and prefectural disbursements)
│     ├── 国库负担金
│     ├── 国库补助金
│     └── 国库委托金
├── 使用费 (Rents and fees)
├── 地方财产收入 (Property income)
├── 转移资金 (Transfers)
├── 手续费 (Charge)
├── 分担金和负担金 (Assessed contributions and burden charges)
├── 捐赠收入 (Contributions)
├── 交通安全对策特别交付金 (Special grants for traffic safety)
└── 杂项收入
      ├── 延迟金、罚款等
      ├── 地方存款利息
      ├── 公有企业本金和利息收入
      ├── 贷款本金和利息收入
      ├── 受托业务收入
      ├── 收益事业收入
      └── 其他收入等
```

图 6-8 日本地方政府非税收入构成

资料来源：作者根据日本财务省资料整理① （http://www.mof.go.jp/budget/reference/statistics/data.htm）。

---

① 其中详细科目见第三章《日本非税收入的具体构成》。

一般账户预算,是指以税收、国债收入等为财源,为国家的社会保障、教育科学文化事业、行政管理、国防等国家基本职能活动提供财力保障。因此,一般账户预算是位于国家活动中心的预算。

特别账户预算,是国家在基本事务之外,用于特定目的的国家项目支出预算。其中关于非税收入的具体科目如表6-1所示。

表6-1　　　　　　　　特别会计制度中非税收入科目

负责部门	特别会计	
内阁府、总务府、财政部	交通安全对策特别交付金	
财政部	地震再保险	
	外汇基金	
财政部和国土交通部	财政投融资	财政融资资金
		投资账户
		特殊国有财产整理账户
内阁府、文部科学省、经济产业省、环境省	能源对策	能源供给和需求账户
		电力发展促进账户
		核损害赔偿支持账户
劳动卫生部	劳动保险	劳动赔偿账户
		就业账户
		征收账户
	年金	基础年金账户
		国民年金账户
		福利年金账户
		福利养老金账户
		健康账户
		用于儿童的福利金
		企业账户
农林产业部	食品稳定供应	农业经营基础强化账户
		农业经营稳定账户
		米管账户
		麦管账户
		企业账户
		调整账户
		国有土地改良事业账户

续表

负责部门	特别会计	
农林产业部	农业互助再保险	再保险支付基金账户
		农业账户
		家畜账户
		果树账户
		园艺设施账户
	森林保险	企业账户
	国有林野事业债务管理	
	渔船再保险和渔业互助保险	渔船普通保险
		渔船特殊保险
		渔船船员保险
		渔业互助保险
		企业账户
经济产业部	贸易再保险	
	特许经营	
国土交通部	社会资本整理	治水账户
		道路整顿账户
		港湾账户
		机场整顿账户
		企业账户
	机动车安全	保障账户
		机动车检查登录账户
		机动车事故对策账户

资料来源：作者根据日本财政部数据整理（http://www.mof.go.jp/budget/reference/statistics/data.htm）。

(三) 日本非税制度的特点

与税收的强制性和无偿性不同，非税收入是对接受某项公共服务或福利的特定个人、活动或财产征收的，是就政府活动中提供的产品和服务而对使用者或许可证获得者收取的费用，如学费、专业执照和许可证收费、规费、高速公路收费、公用交通收费、公园和娱乐设施收费等。一方面，人们在交纳费用后，可以得到相应的公共产品或服务作为回报；另一方面，纳税人对于需要通过缴费获取的公共产品，在一定程度上有选择消费或不消费，以及消费多少的权利。从这个角度来分析，非税收入具有一定程度的非强制性和有偿性。因此，合理建立非税收入制度有利于增加财政收入，提高资金的使用效率，保证社会的公平。

非税收入作为政府参与社会产品分配和再分配的一种形式，体现政府行为，收入归国家所有。日本的非税制度具有以下特点：

1. 专用性

在日本，非税收入作为财政收入的一部分，要列入财政预算体系。财政收入按照使用用途分类，可以大致分为两类：一类是一般财政收入；另一类是特定财政收入。

一般财政收入是指该资金不规定任何使用用途，可以自主使用。一般财政收入中包含的非税收入中包括财产收入等。

特定财政收入是规定了特定使用用途的财政收入，其中的非税收入包括负担金、分担金、特定目的的捐赠金、交通安全对策特别交付金等。具有指定用途的收费收入被单项用于提供相关服务或福利的项目，而不用于一般公共项目。

通常，非税收入被单独用于提供相关服务或福利的项目，而不是用于一般公共目的。不像税收收入多数被归入一般基金，用于任何法定开支，只有少量专项税收被归入专项基金，用于指定项目。除法律专门规定以外，所有非税收入都要纳入预算管理。

2. 法制性

日本财政法律体系非常完善，其中关于非税收入的各项收费标准和原则基本上都有相应的法律规定。例如，单就地方非税收入中负担金的民生负担金，其涉及的法律就有《身体残障者福利法》《老年人福利法》《精神障碍者福利法》《儿童福利法》《生活保护法》。

● 涉及的财政法律

提纲挈领阐述关于非税收入一般问题的法律文件。具体包括《财政法》《会计法》，以及《关于补助金等预算执行适当化的法律》《关于补助金等预算执行适当化的法律施行令》《关于国家等债权债务等的金额尾数计算的法律》。

• 涉及的其他法律法规

其一，《地方自治法》第三章中有关地方非税收入的具体征收标准。

其二，在与其支出的行政项目相关的法律上有所规定，如国库支付金在《义务教育法》中规定了中央财政负担地方义务教育学校教员的工资支出，《农业基本建设法》规定了中央财政支持地方从事农业基本建设的经费比例，《生活保障法》规定了对地方政府生活保障支出的补助比例等。此外，《地方公营企业法》则对地方公营企业的财务活动做出了规定。

3. 严格性

日本法律条款明确规定每项收费水平不能超过政府提供服务或福利的成本，不能超过外溢损失的额度。在财产评估体系比较成熟的情况下，收费标准具有较高的透明性和可控制性。

例如，《关于非税收入催缴手续费和延迟金征收条例》中规定了非税收入征收的基本内容。其中第 2 条关于催缴手续费的额度规定，"一封催缴的通知收费 100 日元"。其中第 2 条第 2 项关于延迟金的规定，"延迟金的交纳金额是从交纳期限截止的第二天开始到交纳的日期，按照天数年化的 14.6% 比例乘以应交纳的金额。市长有权利根据事由减免延迟金"。

4. 公开透明

从制定、执行和监督层面来看，日本的非税收入都具有公开透明的特点。

首先，从制定方面，非税收入纳入国家预算体系。根据日本宪法第 86 条规定，预算由内阁编制，议会审议批准。预算分为具体的类、科、目，关于非税收入的预算按类别明确归入其中。

其次，从执行方面，预算获得批准以后，就进入执行阶段。政府各部门机关的负责人必须制定出预算期内支付计划的日程表，并获得财务省大臣的批准。由于非税收入的征收标准都有相关法律法规的规定，因此，在具体执行过程中，向谁征收、如何征收、征收多少都是有据可依、有法可循的。

最后，从监督层面，每一财年的预算执行完毕，各部门负责人必须在次年度的 7 月 31 日之前向财务省提交收入和支出的决算报告，在获得内阁会议通过之后提交会计检查院。会计检查院检查完毕后将检查报告返还内阁，由内阁会议将决算报告连同会计检查院的审计报告提交给国会审议，审议通过，完成决算。

可见，日本的非税收入严格执行预算和决算的过程，具有公开透明的特点。

三 日本非税收入具体构成

日本地方政府拥有一定行政权力，国家管理军队、武装警察、司法、邮电、气象、国营铁路、烟、酒和少数国立教育、研究机构，除此以外大量工作由地方办理，地方政府还可以根据需要发行地方公债。按照自治制度规定，都、道、府、县和市、町、村是各自独立的地方行政机构，在原则上它们是平等的，不存在领导和被领导关系。

（一）中央财政收入的非税收入

1. 中央财政收入基本情况

中央财政收入来源主要包括税收收入、非税收入、公债收入和上一年度盈余。其特点概括如下：

其一，税收是日本财政收入的主要来源。虽然从1990年到2010年，税收收入占财政收入的比例由83.83%下降到41.27%，但仍是财政收入的重要组成部分。

其二，公债收入逐年递增，甚至超过税收。从1990年到2010年，呈现逐年递增的趋势，在2009年超过税收收入，之后虽有所下降，但是仍略高于税收收入。

其三，政府非税收入剧增。从1990年到2010年，非税收入的增长幅度较大，数额增长接近五倍，占财政收入的比重也从4.04%增加到10.55%。

需要指出的是，虽然近年来在中央财政收入中非税收入增长较快，但是与税收和公债收入相比，所占比例仍然较低，而且也不是日本财政收入的主要来源。

表6-2　　　　　中央财政收入构成（1990—2010年）　　　（单位：十亿日元）

年度	财政收入	税收收入	非税收入	公债收入	上一年度盈余
1990	71703	60106	2896	7312	1389
1995	80557	51931	4653	21247	2725
2000	93361	50712	4306	33004	5339
2005	89000	49065	4665	31269	4001
2007	84553	51018	5186	25382	2967
2008	89208	44267	8344	33168	2711
2009	107114	38733	11915	51955	4511
2010	100535	41487	10603	42303	6141

资料来源：日本总务省统计局，http://www.mof.go.jp/index.htm。

表6-3　　　税收收入和非税收入占比变化（1990—2010年）（单位：十亿日元）

年度	税收收入	税收收入比例	非税收入	非税收入比例
1990	60106	83.83%	2896	4.04%
1995	51931	64.46%	4653	5.78%
2000	50712	54.32%	4306	4.61%
2005	49065	55.13%	4665	5.24%
2007	51018	60.34%	5186	6.13%
2008	44267	49.62%	8344	9.35%
2009	38733	36.16%	11915	11.12%
2010	41487	41.27%	10603	10.55%

资料来源：根据日本总务省统计局（http://www.mof.go.jp/index.htm）和日本财务省（http://www.mof.go.jp/budget/reference/statistics/data.htm）相关数据整理。

2. 中央非税收入的具体内容

中央非税收入可以分为四个部分，分别是特许经营收入、国有企业收入、政府资产处置收入和杂项收入。

从2010年的情况可见，日本中央政府非税收入中，杂项收入主要包括国有资产利用收入、交纳金和其他收入所占比重最大，占非税收入的92.45%，见图6-9。从中可以看出非税收入构成种类繁杂、科目划分细致的特点。下面具体地分项分析。

外国政府非税收入管理

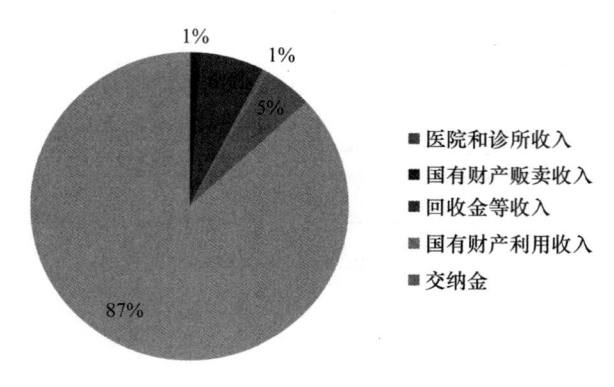

图 6-9 2010 年非税收入构成

资料来源：日本总务省统计局，http://www.mof.go.jp/index.htm。

- 特许经营收入

特许经营收入（Monopoly profits）是由于专卖制度而带来的收入，按照一般会计制度计入财政收入。在日本分别按照"日本专卖公司"和"酒类专卖特别账户"分别记录。但是，自 1985 年起，伴随着专卖公司民营化，先是将其变为烟草消费税，后来到 1989 年变成烟草税。所以，表 6-4 的专卖支付金显示的是酒类专卖特别会计分录下的数据，其一直徘徊在 0.4% 附近，所占比例较低。而从 2000 年开始，与其相关的《酒类专卖事业特别会计法》也被废止。

表 6-4　　　　　　　　　　特许经营收入　　　　　　（单位：十亿日元）

年度	非税收入	特许经营权收入	所占比例
1990	2896	11	0.38%
1995	4653	16	0.34%
2000	4306	21	0.49%
2005	4665	—	—
2007	5186	—	—
2008	8344	—	—
2009	11915	—	—
2010	10603	—	—

资料来源：作者根据日本总务省统计局资料整理（http://www.mof.go.jp/index.htm）。

● 国有企业收入

国有企业收入（Government enterprise profits and receipts）是将从国家事业活动中得到的利益和收入的一部分作为一般会计科目纳入财政收入中。一般分为"印刷局收纳金专用账户"和"医院诊所收入"。这一部分占非税收入的比例不足1%，近年来还有逐渐下降趋势，2010年仅占非税收入的0.14%。见表6-5。因此，不是非税收入的主要来源。

表6-5　　　　　　　　　国有企业收入　　　　　　　（单位：十亿日元）

年度	非税收入	国有企业收入	国有企业收入占非税收入比重	印刷局特别会计收入金	病院诊所收入
1990	2896	22	0.76%	11	11
1995	4653	22	0.47%	15	7.4
2000	4306	20	0.46%	16	4.6
2005	4665	16	0.34%	16	—
2007	5186	16	0.31%	16	—
2008	8344	16	0.19%	16	—
2009	11915	15	0.13%	15	—
2010	10603	15	0.14%	15	—

资料来源：作者根据日本总务省统计局资料整理（http://www.mof.go.jp/index.htm）。

● 政府资产处置收入

政府资产处置收入（Receipts from liquidation of government properties）分为国有财产转让收入、有偿管理收入和回收金收入三个部分。其中，国有财产转让收入包括土地、建筑物、船舶证券等。财务局、财务事务所对国家机关使用的机关大楼、公务员宿舍等国有财产的使用状况进行调查，为使土地、建筑物得到有效使用进行综合调整。另外，为了提高国有财产的使用效益，将不用的不动产卖给或者借给地方公共团体或者私人。[1] 回收金收入包括特别会计整理收入[2]、贷款回收金收入、事故补偿费返还金等。[3]

---

[1] 中华人民共和国财政部：《日本财政制度及经济财政政策走向》。
[2] 指由于一些特别会计账户的废止，由一般会计账户继续回收其债权而产生的收入。
[3] 财政调査会：《國の予算》，はせ書房，2003年2月20日。

政府资产处置收入占非税收入百分比大致在5%之间,其中2009年降到1.22%,而2010年有余回收金收入的大幅提高,达到7.4%。见表6-6。

表6-6　　　　　　　　　政府资产处置收入　　　　　（单位:十亿日元)

年度	非税收入	政府资产处置收入	政府资产处置收入占非税收入百分比	国有财产贩卖收入	有偿管理收入	回收金等收入
1990	2896	162	5.59%	147	9.6	5.0
1995	4653	274	5.89%	250	0.7	23
2000	4306	225	5.23%	198	2.5	24
2005	4665	332	7.12%	304	0.4	28
2007	5186	294	5.67%	254	0.0	41
2008	8344	248	2.97%	121	0.0	128
2009	11915	145	1.22%	99	0.2	46
2010	10603	785	7.40%	105	0.1	680

资料来源:作者根据日本总务省统计局资料整理(http://www.mof.go.jp/index.htm)。

● 杂项收入(Miscellaneous)

杂项收入主要包括国有资产利用收入、交纳金和其他收入。

(1)国有资产利用收入

国有资产利用收入分为国有资产租借收入、国有财产使用收入、股利收入和利息收入。其中具体科目如图6-10所示。

(2)交纳金

交纳金主要包括日本银行交纳金、日本赛马协会交纳金、日本体育·学校健康中心交纳金、新能源·产业技术综合开发机构交纳金和杂项交纳金。具体分析如下:

日本银行交纳金。即日本银行向政府交纳的净盈利。根据《日本银行法》第39条规定,日本银行每年从净盈利中提取5%的法定存款准备金、一般存款准备金,以及分配最高5%的股利后,其余部分必须在年末两个月之内交纳政府。

日本赛马协会交纳金,即日本赛马协会对国库每年交纳的资金。根据

第六章 日本政府非税收入

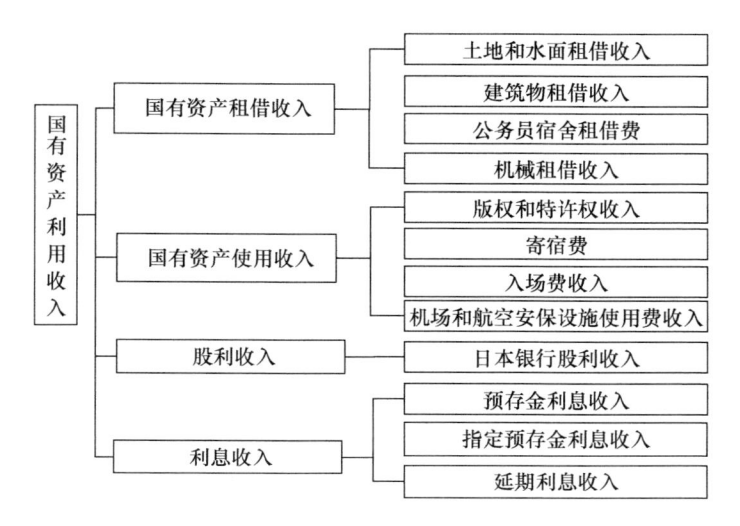

```
                          ┌── 土地和水面租借收入
                          ├── 建筑物租借收入
              国有资产租借收入 ┤
                          ├── 公务员宿舍租借费
                          └── 机械租借收入

                          ┌── 版权和特许权收入
国                        ├── 寄宿费
有  ──── 国有资产使用收入 ┤
资                        ├── 入场费收入
产                        └── 机场和航空安保设施使用费收入
利
用  ──── 股利收入 ──── 日本银行股利收入
收
入                        ┌── 预存金利息收入
              利息收入  ───┤── 指定预存金利息收入
                          └── 延期利息收入
```

图 6-10　国有资产利用收入的明细科目

资料来源：《國の予算（2003）》。

《日本赛马协会执法条例》规定，赛马协会从出售的赛马券的发行金额中，扣除应当返还的部分，其余的 10% 要上缴国库；同时，赛马协会每年净利润的 50% 要上缴国库。

日本体育·学校健康中心交纳金。根据《日本体育·学校健康中心法》第 30 条第 2 项规定，体育振兴基金的三分之一要上缴国库，同时还要根据当年的经营和收益情况适度调整。

新能源·产业技术综合开发机构交纳金和杂项交纳金。根据《酒类事业法》第 33 条第 2 项规定，交纳金要根据当年的经营状况上缴。[①] 其他交纳金主要包括违反价格协议者交纳金、盐类事业交纳金等。

（3）其他收入

其他收入条目较多，种类繁杂，将无法按照性质归入其他非税收入项目的收入，统一归入此账户。其中包括公共事业费负担金、学费和入学费、罚没金等。其中每一项非税收入条目都有相应的法律法规规定，以此明确收费的依据和标准。

---

① 财政調查会：《國の予算》，はせ書房，2003 年 2 月 20 日。

表6-7　　　　　　　　　　杂项收入　　　　　　　　（单位：十亿日元）

年度	杂项收入	杂项收入占非税收入百分比	国有财产利用收入	国有财产利用收入占非税收入百分比	交纳金	交纳金占非税收入百分比	其他收入	其他收入占非税收入百分比
1990	2701	93.27%	46	1.59%	739	25.52%	1916	66.16%
1995	4341	93.29%	62	1.33%	1122	24.11%	3157	67.85%
2000	4040	93.82%	84	1.95%	1621	37.65%	2335	54.23%
2005	4317	92.54%	57	1.22%	805	17.26%	3455	74.06%
2007	4876	94.02%	67	1.29%	2012	38.80%	2797	53.93%
2008	8080	96.84%	74	0.89%	990	11.86%	7017	84.10%
2009	11755	98.66%	70	0.59%	750	6.29%	10935	91.78%
2010	9803	92.45%	72	0.68%	516	4.87%	9215	86.91%

资料来源：作者根据日本总务省统计局资料整理（http://www.mof.go.jp/index.htm）。

（二）地方财政的非税收入

日本地方行政区划分为都、道、府、县、市、町、村。具体为一都（东京都，下设23个相当于市的特别区），1道（北海道），2府（京都府、大阪府），43个县，645个市，2208个町，403个村。第二次世界大战前，都、道、府、县知事（行政首长）由国家任命。战后日本实施《地方自治法》（1947年5月3日）之后，地方开始实行自治制度，都、道、府、县知事也改为选举产生。选举每隔四年举行一次，通称为"统一地方选举"。

1. 地方政府的事权

（1）都道府县事权

其作为包含市町村的广域公共团体，处理如下事务：

- 全区域性事务。本区域的综合开发计划的制订，产业基础的完善，电源开发事业。
- 统一事务。必须按全县或全国统一标准处理的事务，如义务教育及其他教育基准的维持、各种营业的许可和试验等事务。
- 联络调整事务。都道府县作为中央与基层政府的中间环节，对诸如中央与市町村间的联络，市町村的组织与运行的合理化进行劝告、建议与指导。

- 补充事务。不适合市町村处理而由县级政府处理更有规模效益的事务，如高中、研究所、医院等。

（2）市町村事权

市町村是基层的政府，与都道府县相比，自治团体的性质更明显，处理除都道府县事务以外的其他所有地方事务。具体包括学校、上下水道和清扫设施的完善与管理，生活保护和儿童福利等生活保障，户籍与居民记录等事务。

由于市町村中有几百人的村，也有上百万人的市，因此，在事务配置上也有区别。是否设置市的建制，需要考虑的因素一般有人口、都市建设、产业结构等；另外，各都道府县也另行制定了一些标准，通常是官署设置状况，学校和图书馆等文化设施状况，企业和银行等设置状况等。

与町村相比，市在行政组织（如收入征管机构、监督委员定额、福利设施建设等）、按照法令承担的事务（如结核病防治、食品卫生）等方面具有一定的特例。

表6-8　　　　　　　　日本政府间支出责任划分

区分	安全	社会资本	教育	福利卫生	产业经济
中央	外交、防卫、司法、刑法	高速公路国道（指定区间）、河流（指定区间）	大学、资助私立大学	社会保险、医师执照等，医药品等许可证	货币、关税、通商、邮政通信、经济政策、国有林
都道府县	警察	国道（其他县道）、一级河流（指定区间）、二级河流港湾、公营住宅、决定都市计划	高中、特殊学校、中小学教员工资、人事资助私立学校（幼儿园到高中）	生活保护（町村）、儿童福利、老人福利保健、保健院	地区经济振兴、职业培训、中小企业诊断与指导
市町村	消防、户籍、居民基本台账	城市计划实业、市町村道、准用河川、港湾、公营住宅、下水道	中小学校、幼儿园	生活保护、（市）老人福利保健、儿童福利、国民保健保险、上水道、垃圾处理、保健院	地区经济振兴、农田利用整理

资料来源：作者根据日本内阁府资料整理（http://www.cao.go.jp/）。

地方政府的主要财政收入是地方税，居民既要交纳市、町、村的税又要交纳都、道、府、县的税。日本政府规定，如果都、道、府、县为保证日常工作所需的经费高于地方收入的80%，市、町、村高于75%，超过部分，由国家拨款。①

2. 地方财政收入基本情况

地方财政收入同中央财政大体相同，可以分为税收收入、非税收入、地方债和上一年度盈余四个部分。表6-9是日本地方财政构成情况。

表6-9　　　　日本地方财政构成（1970—2008年）　　　（单位：百万日元）

年度	地方财政收入合计	税收收入	上一年度盈余	地方债	非税收入
1970	10103998	5657603	271622	642932	3531841
1980	46803074	24447830	1006591	4731907	16616746
1985	57472555	33227912	1051673	4499125	18693845
1990	80410014	49441054	1730440	6257893	22980627
1995	101315603	51767191	2077535	16978240	30492637
2000	100275101	57943031	2253102	11116145	28962823
2005	92936469	53612090	2093812	10376345	26854222
2006	91528325	56230046	2091666	9622265	23584348
2007	91181397	56184124	2210802	9584445	23202026
2008	92213459	55643434	1926621	9922067	24721337

资料来源：日本总务省统计局，http://www.mof.go.jp/index.htm。

从表6-9可以看出，税收收入是地方财政收入的重要组成部分，从1970年到2008年，税收收入增长十倍以上，其占比一直保持在50%—60%；虽然2000年之后，有所下降，但是从2005年开始地方税收收入又稳步回升。

更重要的是，在地方财政收入中，占比第二位的就是非税收入，其1970年占财政收入的34.95%，之后虽有所下降，但基本保持在25%以上，见表6-10。与中央财政收入相比，非税收入在地方财政收入中占比更高，作用更加突出。

---

① 日本内阁府网站，http://www.cao.go.jp/。

表6-10 地方财政税收收入和非税收入构成比例 （单位：百万日元）

年度	地方财政收入合计	税收收入	占比	非税收入	占比
1970	10103998	5657603	55.99%	3531841	34.95%
1980	46803074	24447830	52.24%	16616746	35.50%
1985	57472555	33227912	57.82%	18693845	32.53%
1990	80410014	49441054	61.49%	22980627	28.58%
1995	101315603	51767191	51.09%	30492637	30.10%
2000	100275101	57943031	57.78%	28962823	28.88%
2005	92936469	53612090	57.69%	26854222	28.90%
2006	91528325	56230046	61.43%	23584348	25.77%
2007	91181397	56184124	61.62%	23202026	25.45%
2008	92213459	55643434	60.34%	24721337	26.81%

资料来源：作者根据日本总务省统计局整理（http://www.mof.go.jp/index.htm）。

表6-11是都道府县和市町村的非税收入情况。从中可以看出，1998年都道府县的非税收入达到最高288645.31亿日元，其后有所下降；1999年市町村的非税收入达到最高的267041.46亿日元，其后有所下降。

表6-11 关于都道府县的财政收入情况 （单位：百万日元）

年度	合计	税收收入	上一年度盈余	地方债	非税收入
1970	6053912	3323992	130290	252518	2347112
1980	24908965	12637075	349564	2084906	9837420
1985	30780295	16826441	334256	2185640	11433958
1990	43454751	26044895	544616	3156054	13709186
1995	53730220	25035723	782254	9061181	18851062
2000	54414878	29371284	877931	6268159	17897504
2005	48694518	27212578	794318	5709473	14978149
2006	48438201	29326117	812842	5367442	12931800
2007	48245874	29147677	898198	5646869	12553130
2008	48045817	28293935	750317	5981676	13019889

资料来源：日本总务省统计局，http://www.mof.go.jp/index.htm。

表6-12　　　　　关于市町村的财政收入情况　　　　（单位：百万日元）

年度	合计	税收收入	上一年度盈余	地方债	非税收入
1970	4535219	2333611	141332	431169	1629107
1975	12890391	6051827	373871	1642115	4822578
1980	24366831	11810756	657027	2753424	9145624
1985	29537388	16401471	717416	2422280	9996221
1990	41581910	23396160	1185823	3260156	13739771
1995	53365389	26731469	1295281	8056396	17282243
2000	52804183	28571747	1375171	4905348	17951917
2005	50478606	26399512	1299494	4718975	18060625
2006	49361930	26903928	1278824	4297209	16881969
2007	49499476	27036447	1312604	3974571	17175854
2008	50213527	27349499	1176303	3970672	17717053

资料来源：日本总务省统计局，http://www.mof.go.jp/index.htm。

从表6-13中可以看出，1970年，都道府县的非税收入明显高于市町村的非税收入；1980—2002年，都道府县的非税收入和市町村的非税收入水平大体相当；从2003年开始，市町村的非税收入明显高于都道府县的非税收入。

表6-13　　　　　非税收入及其占财政收入比例　　　　（单位：百万日元）

年度	都道府县 非税收收入	都道府县 占财政收入比例	市町村 非税收入	市町村 占财政收入比例
1970	2347112	38.77%	1629107	35.92%
1980	9837420	39.49%	9145624	37.53%
1985	11433958	37.15%	9996221	33.84%
1990	13709186	31.55%	13739771	33.04%
1995	18851062	35.08%	17282243	32.38%
2000	17897504	32.89%	17951917	34.00%
2005	14978149	30.76%	18060625	35.78%
2006	12931800	26.70%	16881969	34.20%
2007	12553130	26.02%	17175854	34.70%
2008	13019889	27.10%	17717053	35.28%

资料来源：作者根据日本总务省统计局资料整理（http://www.mof.go.jp/index.htm）。

日本地方政府承担的事务不仅种类多，而且业务量大。在公共事业方面，义务教育、生活救济、各种福利等方面的重新分配支出非常高。一般而言，地方在社会扶助方面支付的资金约占全部资金的80%。尽管日本地方政府承担了大部分支出事务，但其收入与中央政府相比，却要少得多。

以2002年度为例，中央与地方的财政收支如图6-11所示：

[岁入]

国家的岁入（99.2）			地方的岁入（62.9）			国税：地方税
其他(14.2)	国债等(39.1)	国税(45.8)	地方税(33.4)	地方债(13.3)	其他(16.2)	58:42 (≒3:2)

57.9%　　　42.1%

租税总额（79.2）

(33.4) 42.2% → (45.8) 57.8%　　　42:58 (≒2:3)

地方转移支付税等（12.4）

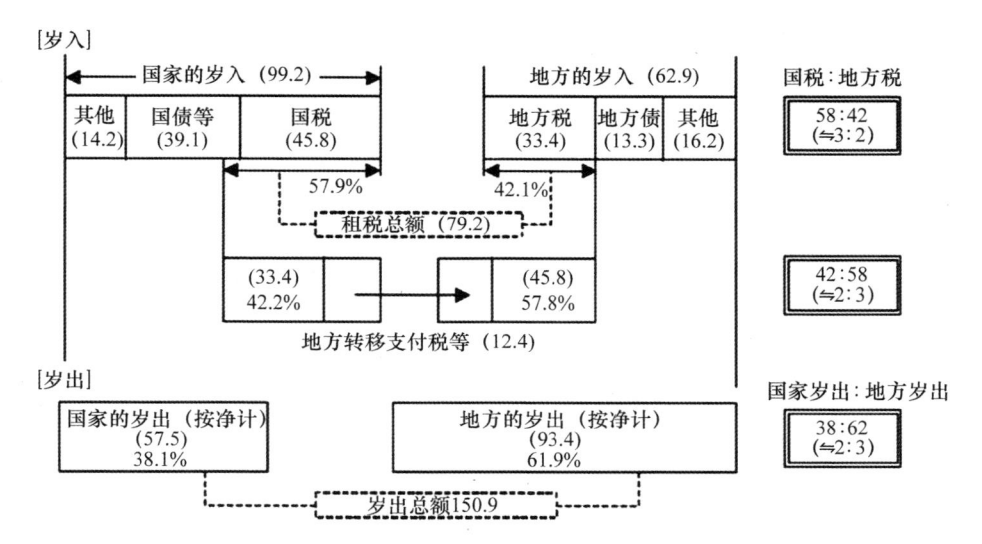

[岁出]

| 国家的岁出（按净计）(57.5) 38.1% | 地方的岁出（按净计）(93.4) 61.9% | 国家岁出：地方岁出 38:62 (≒2:3) |

岁出总额150.9

图6-11　2002年中央与地方财政收支（单位：万亿日元）

资料来源：《日本财政制度及经济财政政策走向》。

如图6-11所示，国税与地方税的比例为58:42，国家的总收入与地方的总收入比例为61:39，约为3:2；国家与地方的支出比例为38:62，约为2:3，正好与收入比相反。也就是说，地方政府以较少的收入承担了较大的支出。为了弥补收支缺口，保证地方财政收支平衡，日本通过财政转移支付制度等调整中央与地方的财政关系。

3. 地方政府非税收入具体内容

日本中央财政对地方财政的转移支付渠道主要有三种，即地方转移支付税、国库支出金和地方让与税。由于本书不涉及税收收入的分析，因此主要介绍作为非税收入的国库支出金部分。

· 347 ·

● 国库支出金

国库支出金（national treasury disbursements）就是中央政府拨付一部分资金，通过地方政府的行为实现中央政府的政策意图，是有特别指定用途的财政转移支付资金。其具体名称有补助金、负担金、转移支付金、补贴金、扶助金、委托金等。国库支出金在地方财政中发挥重要作用。

其一，可以保证地方形成的具体规模和水平，特别是在保障义务教育和生活水平方面。

其二，在道路和下水道等需要社会资源整体规划的事项方面，国库支出金也起到重要作用。

其三，国库支出金可以直接减轻地方财政负担。

但是，正是由于国库支出金数目巨大，在地方财政中占比较大，也带来很多问题。如阻碍地方的财政运营自主性、国库负担较重，以及行政上的非效率化等问题。

在《地方财政法》[①]中，为维持中央政府与地方政府间的财政秩序，对国库支出金作了如下规定：

①为了确保地方政府实施补助对象事务，对该事务所需的经费必须进行充足估算，国库支出金应以此为基础进行计算确定；

②国库支出金必须在以此作为财源的经费支出期内支出；

③对国库补助负担金（国库支出金的一种）的计算、支付时间、附加条件或连带指示以及其他行为不服的，可经由自治大臣向内阁提出意见，或经由内阁向议会提交意见书；

④地方政府没有按照规定使用国库支出金的，对该项拨款可全部或部

---

① 1952年修改了《地方财政法》，重新确立了中央、地方经费负担区分制度。以前的制度是根据事务对中央、地方的利害关系程度来分担经费，修改后虽然明确责任与经费全部在地方政府，但在此大原则下，以例外的形式规定了中央应承担经费的范围。（1）对重要事务由中央负担一部分支出。如义务教育，全部由地方承担，对地方财政的压力较大，为保证地方财政健全运行，中央承担一部分费用；再如保健所与生活保护事务，主要出于维持全国统一水平的考虑，中央给予必要的财政援助。（2）对国民经济发展有重大影响的公共事业，给予一定的补助。（3）对灾害恢复给予补助。由于灾害的突发性，难以用一般财源来筹集重建资金，由中央给予补助。（4）对地方受托承担中央事务的给予补助。除了上述按照责任原则进行经费负担划分外，中央还根据政策需要，对地方政府给予奖励性、援助性补助。

分停止拨付，或要求退回所拨款项。①

如果具体展开分析，国库支出金可以分为国库负担金、国库补助金和国库委托金。② 如图 6-12 所示。

```
                         ┌─ 普通国库负担金
          ┌─ 国库负担金 ─┼─ 公共事业费国库负担金
          │              └─ 灾害国库补助负担金
          │
          │              ┌─ 奖励性补助
支出金 ───┤              ├─ 事业发展的支持性补助
          ├─ 国库补助金 ─┼─ (债务)本息补助
          │              ├─ 损失补偿金
          │              └─ 后进地区特例法适用的地方政府差别补助
          │
          └─ 国库委托金
```

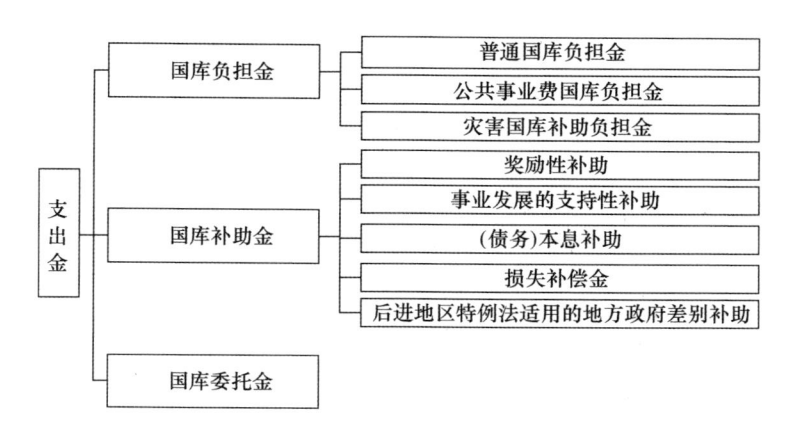

图 6-12 国库支出金图

（1）国库负担金

国库负担金是对那些与中央、地方有共同利益的事务，按照法律规定由中央应承担支出责任部分拨款。对中央应承担的部分，必须通过法律或政令对经费的种类、计算的基础以及中央负担率加以规定；同时，地方应承担的部分，在计算地方交付税时，计入地方标准财政支出需求。对于国库委托金，《地方财政法》上明确规定，地方政府没有承担相关事务费用的义务。国库负担金又可分为以下 3 类：

①普通国库负担金。

普通国库负担金是地方政府或其机构根据法律或政令而实施的事务中，对那些与中央有利害关系的事务，为确保其正常实施，由中央政府承担应负担的部分经费。《地方财政法》第 10 条列举了如下内容：义务教育所需经费（旅费和教材费除外），生活保护所需经费，儿童、妇女、老人保护所需经费，儿童津贴经费，身体残疾者恢复经费，职业学校设施与设

---

① 财政部预算司：《日本的行政与财政制度》，《经济研究参考》2002 年第 51 期（总第 1627 期）。

② 财政部预算司：《日本的行政与财政制度》，《经济研究参考》2002 年第 51 期（总第 1627 期）。

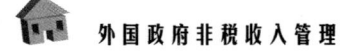

备经费，保育学校经费（旅费和教材费除外）。

②公共事业费国库负担金。

公共事业费国库负担金是对地方政府按照综合的经济发展计划而进行的土木建设及其他建设事业所需经费的拨款。《地方财政法》中列举的补助对象是：道路、河流等重要土木设施新建所需经费，林道等重要农、林、水产设施新建经费，重要都市计划建设经费，公营住宅建设经费，社会福利设施建设经费，失业对策所需经费等。

③灾害国库补助负担金。

地方政府根据法令规定实施的灾后建设事务，难以通过《地方税法》与《地方交付税法》取得所需财源时，根据《地方财政法》第10条第3项列举的项目，可给予灾害国库补助负担金补助。主要是根据《公共土木设施灾后恢复事业费国库负担法》规定应支出的河流、道路、港湾、海岸、防砂设施的灾后复旧国库负担金；根据《公立学校设施灾害复旧费国库负担法》《农林水产业设施灾害复旧事业费国库补助暂定措施相关法律》《灾害救助法》等规定的国库负担金。由于受灾的地区不仅政府受到影响，当地居民也受灾害影响，地方政府财源也遭受损失，而灾后重建事业相对集中，地方一般性财源难以在短期内恢复，因此，该项补助中央的负担比例较高。

（2）国库补助金

国库补助金具体包括各类奖励性补助，事业发展的支持性补助，（债务）本息补助，损失补偿金，后进地区特例法适用的地方政府差别补助等。但是，国库补助金也存在很多问题，表面上接受国库补助金有利于补充地方财源，但是实际上中央也通过补助金加强了对地方的干涉和支配。

（3）国库委托金

国库委托金是指地方在执行国家事务的时候，由此产生的经费收入。《地方财政法》中列举的有：国会议员选举与国民投票等所需经费，国情调查及为中央政府服务的特定目的统计与调查，外国人登记与检疫经费，医药品检查费，国民年金、健康保险等各种保险所需经费，日本侨民调查等所需经费。根据《地方财政法》第10条规定，通常国库委托金应当与产生的费用相同，如果此额度过低，地方可以根据法律规定，提出意见书；但是地方禁止以增进财源为目的，过度征收国库委托金。①

1948年日本制定了《地方财政法》，在法律上对中央地方的费用分担加以明确化。中央委任事务所需费用，根据利益归属明确区分负担主体。例如：

- 主要与地方有利害关系的事务（地方议会与议员所需经费等）全额由地方负担；
- 主要与中央有利害关系的事务（国会议会选举、国土调查等）全额由中央负担；
- 中央、地方双方共同利害关系的事务，经费由双方共同负担（义务教育等）。在这一时期，除义务教育外，生活保护、儿童保护也成为国库负担项目。②

从表6-14可以看出，1980年，国库支付收入在地方非税收入占比达到63.22%的最高水平。之后有所下降，但是基本保持在40%—50%的财政收入占比，足可以看出其重要地位。

表6-14　　　　　关于地方国库支付收入的情况　　　　　（单位：百万日元）

年度	非税收入	国库支付金	占比
1970	3531841	2080775	58.91%
1980	16616746	10505229	63.22%
1985	18693845	10418145	55.73%
1990	22980627	10629210	46.25%
1995	30492637	14962635	49.07%
2000	28962823	14350300	49.55%
2005	26854222	11778086	43.86%
2006	23584348	10415576	44.16%
2007	23202026	10221573	44.05%
2008	24721337	11582745	46.85%

资料来源：作者根据日本总务省统计局资料整理（http://www.mof.go.jp/index.htm）。

---

① 中岛正郎：《新しい予算の見方つくり方》，学陽書房，昭和63年。
② 财政部预算司：《日本的行政与财政制度》，《经济研究参考》2002年第51期（总第1627期）。

外国政府非税收入管理

从表 6-15 可以看出，国库支付金在都道府县的非税收入中占比更大。1980 年，达到 68.45% 的最高水平，之后呈逐年下降趋势，近年来，下降到 40% 左右的水平。

表 6-15　　　　　关于都道府县国库支付的收入情况　　（单位：百万日元）

年度	非税收入	国库支出金	占比
1970	2347112	1551395	66.10%
1980	9837420	6734023	68.45%
1985	11433958	7060133	61.75%
1990	13709186	7319413	53.39%
1995	18851062	9943503	52.75%
2000	17897504	9597460	53.62%
2005	14978149	6583560	43.95%
2006	12931800	5520061	42.69%
2007	12553130	5137223	40.92%
2008	13019889	5750956	44.17%

资料来源：作者根据日本总务省统计局资料整理（http://www.mof.go.jp/index.htm）。

● 关于"县支出金"

除了国库支出金外，还有都道府县转移给市町村的支出金，构成市町村地方非税收入的重要来源。因此，市町村的支付收入分为两个部分，一方面是从国库获得的支付收入，另一方面是从都道府县获得的支付收入。

县支出金和国库支出金一样，主要分为以下三个方面：

一是根据法律要求在一定事务上承担支付义务（在这种情况下，县一方面接受国库支出金作为财政收入，另一方面以财政支出形式转移给市町村）；

二是奖励需要；

三是本来应由府县施行的事务，交由市町村处理更具有效率，因此在财政上以委托金的形式转移给市町村。[①]

1970—1980 年，从国库方面获得的支付收入达到最高水平，占非税收

[①] 中岛正郎：《新しい予算の見方つくり方》，学陽書房，昭和 63 年。

入的41.24%；之后有所下降，但是基本保持在20%—30%的水平。此外，从都道府县方面获得的支付收入，从1970年到2008年变化不大，基本保持在15%的水平。

表6-16　　关于市町村的国库支付和都道府县支付收入情况（单位：百万日元）

年度	非税收入	国库支出金	占比	都道府县支出金	占比
1970	1629107	529380	32.50%	245229	15.05%
1975	4822578	1911233	39.63%	719900	14.93%
1980	9145624	3771206	41.24%	1466438	16.03%
1985	9996221	3358011	33.59%	1515293	15.16%
1990	13739771	3309797	24.09%	1867921	13.59%
1995	17282243	5019132	29.04%	2592446	15.00%
2000	17951917	4752840	26.48%	2385230	13.29%
2005	18060625	5194525	28.76%	2230353	12.35%
2006	16881969	4895515	29.00%	2183629	12.93%
2007	17175854	5084350	29.60%	2398166	13.96%
2008	17717053	5831789	32.92%	2393416	13.51%

资料来源：作者根据日本总务省统计局资料整理（http://www.mof.go.jp/index.htm）。

- 使用费

使用费（Rents and fees）是地方按照向固定受益人收费的原则征收的费用。主要包括以下两个方面：一是利用公共设施，例如为了演讲或放映，使用市民会馆等公共财产；二是根据《地方财政法》第23条规定，国家建造物交由地方公共团体管理，由于管理产生一定的费用，因此地方公共团体可以征收使用费，如学校、住宅、火葬场、医院、图书馆等。

地方财政非税收入的使用费具体包括以下七项：

- 综合使用费，如使用市民会馆、公司停车场等；
- 民生使用费，如养老设施等；
- 卫生使用费，如医院、下水道的使用费；
- 农林水产业使用费，如农场使用费等；
- 工商使用费，如公园娱乐设施使用费等；
- 土木使用费，如城市公园使用费、机场使用费等；

● 教育使用费，如学费、图书馆等教育设施使用费。[①]

以 2012 年为例，具体如表 6-17 所示。

表 6-17　　　　　2012 年地方财政收入中使用费明细　　（单位：百万日元）

项目	2012 年 都道府县		市町村		合计	
使用费	439823	67.7	998447	73.5	1438269	71.6
学费	15981	2.5	29867	2.2	45848	2.3
高中	3480	0.5	382	0.0	3862	0.2
幼儿园	13	0.0	22434	1.7	22447	1.1
其他	12488	2.0	7051	0.5	19539	1.0
幼儿园使用费	—	—	205077	15.1	205077	10.2
公共住宅使用费	239838	36.9	310500	22.9	550338	27.4
发电水利使用费	32502	5.0	—	—	32502	1.6
其他	151502	23.3	453003	33.3	604504	30.1
手续费	210177	32.3	360304	26.5	570482	28.4
法定委托事务费	49952	7.7	26911	2.0	76864	3.8
自治事务费	160225	24.7	333393	24.5	493618	24.6
合计	650000	100.0	1358751	100.0	2008751	100.0

资料来源：日本《地方财政白皮书》。

无论是从地方来看，还是从都道府县和市町村的分别计量来看，使用费占非税收入的比重一直保持在 4%—8% 的水平。如表 6-18 和表 6-19 所示。

表 6-18　　　　　关于各年度地方使用费的情况　　（单位：百万日元）

年度	非税收入	使用费	占比
1970	3531841	151320	4%
1980	16616746	788207	5%
1985	18693845	1168769	6%

[①] 中岛正郎：《新しい予算の見方つくり方》，学陽書房，昭和 63 年。

续表

年度	非税收入	使用费	占比
1990	22980627	1540963	7%
1995	30492637	1823955	6%
2000	28962823	1889729	7%
2005	26854222	1873278	7%
2006	23584348	1794339	8%
2007	23202026	1776943	8%
2008	24721337	1760429	7%

资料来源：作者根据日本总务省统计局资料整理（http://www.mof.go.jp/index.htm）。

表6-19　　关于都道府县和市町村的地方使用费收入情况　（单位：百万日元）

年度	都道府县 非税收入	使用费	占比	市町村 非税收入	使用费	占比
1970	2347112	72150	3.07%	1629107	79170	4.86%
1980	9837420	374946	3.81%	9145624	413260	4.52%
1985	11433958	566256	4.95%	9996221	602513	6.03%
1990	13709186	745693	5.44%	13739771	795271	5.79%
1995	18851062	845126	4.48%	17282243	978829	5.66%
2000	17897504	817590	4.57%	17951917	1072139	5.97%
2005	14978149	751066	5.01%	18060625	1122212	6.21%
2006	12931800	720410	5.57%	16881969	1073929	6.36%
2007	12553130	705793	5.62%	17175854	1071150	6.24%
2008	13019889	700475	5.38%	17717053	1059954	5.98%

资料来源：作者根据日本总务省统计局资料整理（http://www.mof.go.jp/index.htm）。

● 地方财产收入

地方财产收入（property income），是指从地方共有财产中取得的收益，可以作为一般财政来源自由使用。例如，地方土地的出借费、股票和其他有价证券的分配、利息债券的偿还金等收入，此外，将不用的道路、建筑物处置变卖后取得的收入也包括在内。然而，由于行政财产[1]以及公有设施的使用收入已经计入使用费上，因此不属于财产收入的范畴。此前，旧法中有"公共企业和财产收入"这一项，现在根据《地方自治法》，删除公共企业，设为"财产收入"项。[2]

以1988年（昭和63年）为例，地方财产收入中包含的具体科目如图6-13所示。

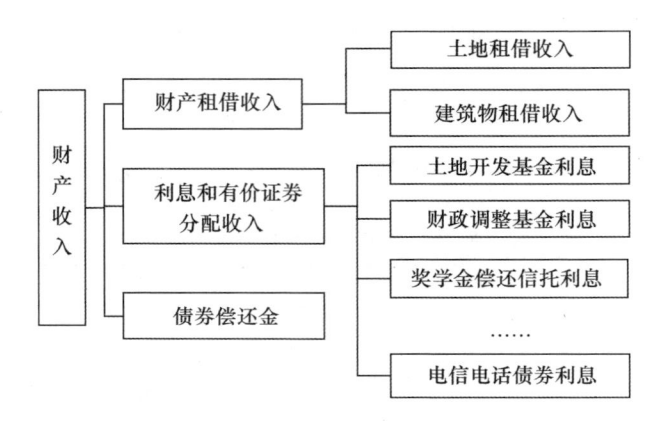

图6-13 地方财产收入

资料来源：《新しい予算の見方つくり方》。

从表6-20中可以看出，财产收入最高占地方非税收入的8%，近年来保持在3%的水平。

财产收入占都道府县的非税收入比重一直不大，基本处在1%—3%的水平，近年来降至1%左右。与此相对，其占市町村的非税收入比重很大，

---

[1] 日本国有财产法将国有财产分为行政财产与普通财产。行政财产是指国家出于立法、司法和行政等广义行政目的所拥有、使用的国有财产。由于行政财产用于行政目的，因此不允许进行出售、租赁、设定抵押，但允许行政财产的目的外使用。行政财产又分为公用财产、公共用财产、皇室用财产以及企业用财产4种。公用财产是指国家用于或决定用于中央事务、事业或公务员住所的财产，如各省厅的机关大楼，公务员的宿舍等。公共用财产是指国家直接用于或决定用于公共使用的财产，如在公园、河川、道路、湖泊上由国家为公共用途提供的桥、堤坝等人工建造的财产。皇室用财产是提供皇室使用的财产。企业用财产是指供国家所有企业用的财产。普通财产是指行政财产以外的一切国有财产，即现在没有被用于公用、公共用等，且未经决定使用的国有财产。普通财产与属于私人的不动产等一样可以租赁、交换、出售、让与以及作为设定私权的对象。

[2] 中岛正郎：《新しい予算の見方つくり方》，学陽書房，昭和63年。

1970 年占非税收入比例达到 21.66%，近年来虽然有所下降，但是也在 15% 左右。见表 6-21。

表 6-20　　　　关于各年度地方财产收入的情况　　　（单位：百万日元）

年度	非税收入	财产收入	占比
1970	3531841	193323	5%
1980	16616746	670947	4%
1985	18693845	923049	5%
1990	22980627	1900832	8%
1995	30492637	1021886	3%
2000	28962823	769401	3%
2005	26854222	684413	3%
2006	23584348	692698	3%
2007	23202026	695019	3%
2008	24721337	636998	3%

资料来源：作者根据日本总务省统计局资料整理。

表 6-21　　　关于都道府县和市町村的财产收入情况　　（单位：百万日元）

年度	都道府县 非税收入	财产收入	占比	市町村 非税收入	财产收入	占比
1970	2347112	82221	3.50%	1629107	352944	21.66%
1980	9837420	246393	2.50%	9145624	1522161	16.64%
1985	11433958	327952	2.87%	9996221	1793495	17.94%
1990	13709186	649853	4.74%	13739771	2518279	18.33%
1995	18851062	371004	1.97%	17282243	2961109	17.13%
2000	17897504	326022	1.82%	17951917	2952237	16.45%
2005	14978149	257890	1.72%	18060625	2899104	16.05%
2006	12931800	287703	2.22%	16881969	2571316	15.23%
2007	12553130	282731	2.25%	17175854	2562107	14.92%
2008	13019889	234121	1.80%	17717053	2676024	15.10%

资料来源：作者根据日本总务省统计局资料整理（http://www.mof.go.jp/index.htm）。

● 转移资金（transfers）

在地方一般会计制度下，转移资金是指由其他会计账户或科目转移过来的资金。一般分为两类：一是特别会计账户的转移资金，如住宅发展事业特别会计账户转移资金、瓦斯业务特别会计账户转移资金、水道业务特别会计账户转移资金等；二是基金的转移资金（财政调整基金）。

特别会计账户的转移资金是当特别会计账户产生盈余时，转移到一般会计账户下的收入。按照《地方自治法》第241条规定，基金是按照条例规定，为特定目的而设立的定额资金。当一般会计账户的财政收入不足时，可以回拨财政调整基金，以修建学校等为目的，拨入财政一般会计账户。另外，此基金产生的收益和基金的管理费，均在每一会计年度计入一般会计账户。①

从地方的转移资金变化来看，波动性较大，最低时仅占非税收入比例的3%，最高时达到12%。如表6-22所示。

表6-22　　　　关于各年度地方转移资金的情况　　　（单位：百万日元）

年度	非税收入	转移资金	占比
1970	3531841	106988	3%
1980	16616746	489164	3%
1985	18693845	991831	5%
1990	22980627	1880423	8%
1995	30492637	3609100	12%
2000	28962823	2136094	7%
2005	26854222	2419274	9%
2006	23584348	2005062	9%
2007	23202026	2468075	11%
2008	24721337	2000841	8%

资料来源：作者根据日本总务省统计局资料整理（http://www.mof.go.jp/index.htm）。

从表6-23中可以看出，转移资金在市町村中所占比重要大于在都道府县中所占比重。

---

① 中岛正郎：《新しい予算の見方つくり方》，学陽書房，昭和63年。

表 6-23　　　　关于都道府县和市町村的转移资金情况　　　（单位：百万日元）

年度	都道府县 非税收入	都道府县 转移资金	都道府县 占比	市町村 非税收入	市町村 转移资金	市町村 占比
1970	2347112	43017	1.83%	1629107	63972	3.93%
1980	9837420	101321	1.03%	9145624	387843	4.24%
1985	11433958	362140	3.17%	9996221	629690	3.88%
1990	13709186	710180	5.18%	13739771	1170243	4.58%
1995	18851062	1520077	8.06%	17282243	2089023	6.77%
2000	17897504	785065	4.39%	17951917	1351029	11.64%
2005	14978149	751890	5.02%	18060625	1667384	7.48%
2006	12931800	791443	6.12%	16881969	1213619	9.88%
2007	12553130	1059126	8.44%	17175854	1408949	7.07%
2008	13019889	723546	5.56%	17717053	1277295	7.95%

资料来源：作者根据日本总务省统计局资料整理（http://www.mof.go.jp/index.htm）。

- 手续费（charge）

手续费是由于办事而产生的费用，也就是为代理他人办理相关事项，所征收的一种劳动补偿。在法律方面，《地方自治法》第227条与《宪法》第228条规定了地方公共团体征收手续费的基本规则。此外，在政令方面，出台了《地方公共团体手续费征收条例》规定了地方手续费征收的具体标准。如果地方公共团体擅自征收法律和政令上没有的项目，都是违法行为。[1]

地方手续费主要分为以下五项：

一是综合手续费，如印鉴证明手续费、户籍关系手续费、居民登记关系手续费等；

二是卫生手续费，如宠物登记手续费；

三是劳动手续费，如职业训练教练技能鉴定手续费；

四是农林水产手续费，如粮食管理相关手续费（转出证明等）；

五是土木手续费，如测量手续费，证明调查手续费。[2]

---

[1]　中島正郎：《新しい予算の見方つくり方》，学陽書房，昭和63年。
[2]　中島正郎：《新しい予算の見方つくり方》，学陽書房，昭和63年。

如表6-24所示，手续费占非税收入的比例一直保持在2%—3%的水平。

表6-24　　　　　关于各年度地方手续费的情况　　　（单位：百万日元）

年度	非税收入	手续费	占比
1970	3531841	57767	2%
1980	16616746	231405	1%
1985	18693845	301362	2%
1990	22980627	399332	2%
1995	30492637	524003	2%
2000	28962823	587316	2%
2005	26854222	601290	2%
2006	23584348	601165	3%
2007	23202026	595725	3%
2008	24721337	578228	2%

资料来源：作者根据日本总务省统计局资料整理（http://www.mof.go.jp/index.htm）。

近几年，日本市町村的手续费的数额和占比，都略高于都道府县，见表6-25。

表6-25　　　　关于都道府县和市町村的手续费情况　　　（单位：百万日元）

年度	都道府县 非税收入	都道府县 手续费	都道府县 占比	市町村 非税收入	市町村 手续费	市町村 占比
1970	2347112	27478	1.17%	1629107	30289	1.86%
1980	9837420	121790	1.24%	9145624	109615	1.20%
1985	11433958	153058	1.34%	9996221	148304	1.48%
1990	13709186	214979	1.57%	13739771	184353	0.80%
1995	18851062	278432	1.48%	17282243	245571	0.86%
2000	17897504	253465	1.42%	17951917	333851	1.03%
2005	14978149	227095	1.52%	18060625	374195	1.36%
2006	12931800	224850	1.74%	16881969	376315	1.98%
2007	12553130	219999	1.75%	17175854	375726	2.18%
2008	13019889	207714	1.60%	17717053	370514	2.12%

资料来源：作者根据日本总务省统计局资料整理（http://www.mof.go.jp/index.htm）。

● 分担金和负担金

（1）分担金

分担金（assessed contributions）是地方由特别事项产生经费，因而向事项特别受益人，或者是地区的一部分受益人征收的费用。特别事项如部分地区的防疫工作、建造防风林和防洪堤坝等，这些事项具有促进地区安全和发展的作用，具有一定的公共性质，但它是为地区的部分人带来了便利和收益，因此要求受益人分担其部分费用。

分担金的征收具有一定的限度。

首先，根据分担金的性质，应当以受益额为限，不应征收超过受益额的费用。例如，新建的林道，给经营者一年带来的收益是 100 万日元，那么如果征收分担金为 200 万日元，显然是不合理的。根据《地方自治法》第 224 条规定，也要求其不可超过收益限度。但是，事实在于收益额度究竟是多少很难精确确定，因此，要谨慎调查避免纷争。

其次，对于分担金，应当包括公共财产、公共设施的修缮费和管理费。①

（2）负担金

负担金（burden charges）是指国家或者地方公共团体在履行特定的义务时产生费用，由此向特定的受益者征收的费用。从定义上可以看出，负担金和分担金并没有本质上的区别，在法令上混同使用的情况也并不少见。② 现行法律中，仅在《地方财政法》第 27 条、《城市计划法》和《道路法》中对负担金的定义进行明确。

负担金主要分为三大类：

一是受益者负担金，例如向公交公司或者驾驶者征收道路损伤维修费等；

二是原因负担金，例如煤气公司在施工时进行的道路挖掘，会对道路产生损坏，以此征收的修复费用；

三是损害负担金。

在财政预算上，设立"分担金和负担金"为财政收入科目。关于负担金的征收，《地方自治法》第 224 条规定了分担金征收的原则，此外还有

---

① 中岛正郎：《新しい予算の見方つくり方》，学陽書房，昭和 63 年。
② 中岛正郎：《新しい予算の見方つくり方》，学陽書房，昭和 63 年。

相关法律法规，或者是议会决议等相关规定。负担金的分类以及对应的法律法规详见图6-14。

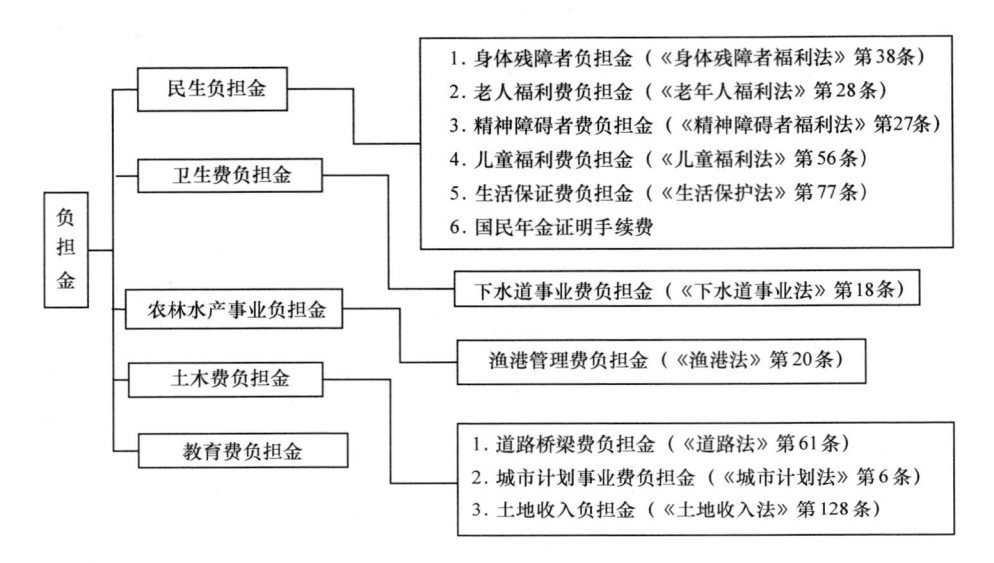

```
         ┌── 民生负担金 ──── 1. 身体残障者负担金（《身体残障者福利法》第38条）
         │                    2. 老人福利费负担金（《老年人福利法》第28条）
         │                    3. 精神障碍者费负担金（《精神障碍者福利法》第27条）
         │                    4. 儿童福利费负担金（《儿童福利法》第56条）
负        ├── 卫生费负担金     5. 生活保证费负担金（《生活保护法》第77条）
担        │                    6. 国民年金证明手续费
金        │
         ├── 农林水产事业负担金 ── 下水道事业费负担金（《下水道事业法》第18条）
         │
         ├── 土木费负担金 ──── 渔港管理费负担金（《渔港法》第20条）
         │
         └── 教育费负担金      1. 道路桥梁费负担金（《道路法》第61条）
                              2. 城市计划事业费负担金（《城市计划法》第6条）
                              3. 土地收入负担金（《土地收入法》第128条）
```

图 6-14　地方负担金分类

注：其中，民生负担金中的第六项国民年金证明手续费按照相关条例，也可以以手续费方式征收。

资料来源：《新しい予算の見方つくり方》。

由表6-26可以看出，从地方分担金和负担金数额来分析，从1970年到1995年连年呈上涨趋势，但由于日本非税收入整体增长量很大，其所占的比重变化不大，维持在3%，2000年之后从3%降低到2%，近几年一直维持在2%的水平。关于都道府县和市町村的分担金和负担金情况则见表6-27。

表6-26　　　　关于各年度地方分担金和负担金的情况　　　（单位：百万日元）

年度	非税收入	分担金和负担金	占比
1970	3531841	101334	3%
1980	16616746	464839	3%
1985	18693845	537738	3%
1990	22980627	680030	3%

续表

年度	非税收入	分担金和负担金	占比
1995	30492637	833903	3%
2000	28962823	593665	2%
2005	26854222	532629	2%
2006	23584348	515251	2%
2007	23202026	508068	2%
2008	24721337	525091	2%

资料来源：作者根据日本总务省统计局资料整理（http://www.mof.go.jp/index.htm）。

表6-27　　关于都道府县和市町村的分担金和负担金情况　（单位：百万日元）

年度	都道府县 非税收入	分担金和负担金	占比	市町村 非税收入	分担金和负担金	占比
1970	2347112	87623	3.73%	1629107	59560	3.66%
1980	9837420	361060	3.67%	9145624	326056	3.57%
1985	11433958	418011	3.66%	9996221	416687	4.17%
1990	13709186	587984	4.29%	13739771	491492	3.58%
1995	18851062	879063	4.66%	17282243	709412	4.10%
2000	17897504	690334	3.86%	17951917	579229	3.23%
2005	14978149	451380	3.01%	18060625	573650	3.18%
2006	12931800	406293	3.14%	16881969	572827	3.39%
2007	12553130	383896	3.06%	17175854	588120	3.42%
2008	13019889	345766	2.66%	17717053	575780	3.25%

资料来源：作者根据日本总务省统计局资料整理（http://www.mof.go.jp/index.htm）。

● 捐赠收入

捐赠收入（contributions）分为三类：

一是一般捐赠，不限定使用用途；

二是指定捐赠，规定了其使用用途，在预算中作为收入的同时，也要等额记为支出；

三是负担捐赠收入，先是限定了使用用途，一旦不符合捐赠人的用途规定，则取消捐赠。例如，以修建学校为条件，捐赠土地，一旦该土地的用途不是修建学校，则取消土地捐赠。

外国政府非税收入管理

一般捐赠和指定捐赠不需要通过议会决议，而负担捐赠必须要通过议会决议。[①]

从表6-28中可见，捐赠收入占地方非税收入的比重很小，近年来不足1%。都道府县和市町村的捐赠收入也不高，见表6-29。

表6-28　　　　　关于各年度地方捐赠收入的情况　　　（单位：百万日元）

年度	非税收入	捐赠收入	占比
1970	3531841	43004	1.22%
1980	16616746	178117	1.07%
1985	18693845	158609	0.85%
1990	22980627	187263	0.81%
1995	30492637	175593	0.58%
2000	28962823	128775	0.44%
2005	26854222	78766	0.29%
2006	23584348	88121	0.37%
2007	23202026	77292	0.33%
2008	24721337	60342	0.24%

资料来源：作者根据日本总务省统计局资料整理（http：//www.mof.go.jp/index.htm）。

表6-29　　　关于都道府县和市町村的捐赠收入情况　　（单位：百万日元）

年度	都道府县 非税收入	都道府县 捐赠收入	都道府县 占比	市町村 非税收入	市町村 捐赠收入	市町村 占比
1970	2347112	11803	0.50%	1629107	36422	2.24%
1980	9837420	16001	0.16%	9145624	166670	1.82%
1985	11433958	17784	0.16%	9996221	145635	1.46%
1990	13709186	20569	0.15%	13739771	171530	1.25%
1995	18851062	19914	0.11%	17282243	158216	0.92%
2000	17897504	20549	0.11%	17951917	110111	0.61%
2005	14978149	12556	0.08%	18060625	66611	0.37%

---

① 中島正郎《新しい予算の見方つくり方》，学陽書房，昭和63年。

续表

年度	都道府县			市町村		
	非税收入	捐赠收入	占比	非税收入	捐赠收入	占比
2006	12931800	21315	0.16%	16881969	67236	0.40%
2007	12553130	11481	0.09%	17175854	66489	0.39%
2008	13019889	10825	0.08%	17717053	50872	0.29%

资料来源：作者根据日本总务省统计局资料整理（http://www.mof.go.jp/index.htm）。

- 交通安全对策特别交付金

交通安全对策特别交付金（special grants for traffic safety）是为应对机动车的快速发展，自1968年7月开始，以违反《道路交通法》第128条第一项规定而征收的罚款为基准，都道府县市町村开始征收等额的费用，作为地方安全设施改造的财政来源。[1] 由于交通事故导致的死伤人数逐年增加，为解决这个问题，必须加强道路改造等安全措施。此项交付金的用途，归根结底是为了提升交通安全设施，确保安全驾驶和维持交通秩序，其中包括建设人行横道天桥、人行道、道路标志和路灯等，一般的道路改造不包括在内。

从表6-30可以看出，交通安全对策特别交付金占地方非税收入的比重较小，一直保持在0.3%的水平。

表6-30　　关于各年度地方交通安全对策特别交付金的情况

（单位：百万日元）

年度	非税收入	交通安全对策特别交付金	占比
1970	3531841	8712	0.25%
1980	16616746	49153	0.30%
1985	18693845	64136	0.34%
1990	22980627	75760	0.33%
1995	30492637	85048	0.28%
2000	28962823	74841	0.26%
2005	26854222	79232	0.30%

[1] 中島正郎：《新しい予算の見方つくり方》，学陽書房，昭和63年。

续表

年度	非税收入	交通安全对策特别交付金	占比
2006	23584348	83546	0.35%
2007	23202026	82373	0.36%
2008	24721337	73714	0.30%

资料来源：作者根据日本总务省统计局资料整理。

表6-31　关于都道府县和市町村的交通安全对策特别交付金情况

（单位：百万日元）

年度	都道府县 非税收入	都道府县 交通安全对策特别交付金	都道府县 占比	市町村 非税收入	市町村 交通安全对策特别交付金	市町村 占比
1970	2347112	5234	0.22%	1629107	3478	0.21%
1980	9837420	29182	0.30%	9145624	19971	0.22%
1985	11433958	38000	0.33%	9996221	26136	0.26%
1990	13709186	45782	0.33%	13739771	29979	0.22%
1995	18851062	51190	0.27%	17282243	33859	0.20%
2000	17897504	45136	0.25%	17951917	29705	0.17%
2005	14978149	47316	0.32%	18060625	31916	0.18%
2006	12931800	49673	0.38%	16881969	33873	0.20%
2007	12553130	48415	0.39%	17175854	33958	0.20%
2008	13019889	43347	0.33%	17717053	30367	0.17%

资料来源：作者根据日本总务省统计局资料整理（http://www.mof.go.jp/index.htm）。

- 杂项收入

杂项收入是指将不能明确性质的收入统一归入一个账户。其中包括：

（1）延迟金、罚款等；

（2）地方存款利息；

（3）公有企业本金和利息收入；

（4）贷款本金和利息收入；

（5）受托业务收入；

（6）收益事业收入；

（7）其他收入等。

(三) 特别会计制度中的非税收入

特别账户预算，是国家在基本事务之外，用于特定目的的国家项目支出预算。通常是政府为达到特定目的而设置的，原本有 3 大类、31 项内容，后根据《有关特别账户的法律》（2007 年法律第 23 号）的规定，制定了有关特别账户的总体法律，将 31 项特别账户合并，缩减为 17 项。具体内容如表 6 - 32 所示。

表 6 - 32　　　　　　日本政府特别账户预算的种类和内容

事业特别账户（共 11 项，为明确国家所实施事业收支的账户）	企业特别账户（1 项）	国有林野事业特别账户
	保险事业特别账户（7 项）	地震再保险特别账户
		劳动保险特别账户（劳动保险与船员保险）
		森林保险特别账户
		贸易保险特别账户
		年金特别账户（厚生保险与国民年金）
		农业互助再保险特别账户
		渔船再保险以及渔业互助保险特别账户
	公共事业特别账户（1 项）	完善社会基础设施特别账户（城市开发资金、治水、道路、港湾与机场建设）
	行政事业特别账户（3 项）	食品稳定供给特别账户（完善农业基础与粮食管理）
		汽车安全特别账户（汽车损害赔偿保险与汽车安全检查）
		专利特别账户
资金运营特别账户（共 2 项，为明确国家所实施事业收支的账户）	财政投融资特别账户（财政融资与产业投资）	
	外汇资金特别账户	
其他（共 3 项）	整理划分特别账户（2 项）	转移支付税以及让与税分配金特别账户
		国债整理基金特别账户
	其他（1 项）	能源对策特别账户（电源开发与石油能源）

资料来源：作者根据日本财政部资料整理。

其中，以 2013 年日本预算为例，在特别会计制度中，与非税收入相关的科目如表 6-33 所示：

表 6-33　　　　　　　　　特别会计制度中非税收入科目

负责部门	特别会计		2013 年预算额（千日元）	上一年度预算额（千日元）	变化额（千日元）
内阁府、总务府、财政部	交通安全对策特别交付金		76535053	77446997	△911944
财政部	地震再保险		113425427	96605639	16819788
	外汇基金		2206227862	2206987912	△760050
财政部和国土交通部	财政投融资	财政融资资金	30660225416	35328782459	△4668557043
		投资账户	914000873	574586137	339414736
		特殊国有财产整理账户	56945883	83468313	△26522430
内阁府、文部科学省、经济产业省、环境省	能源对策	能源供给和需求账户	2316022658	2102349504	213673154
		电力发展促进账户	322150350	313533104	8617246
		核损害赔偿支持账户	4927034658	5009499173	△82464515
劳动卫生部	劳动保险	劳动赔偿账户	1138774433	1095581946	43192487
		就业账户	2608844234	2801032914	△192188680
		征收账户	3058037546	2936825535	121212011
	年金	基础年金账户	22154969410	23411811224	△1256841814
		国民年金账户	4984212788	5394808103	△410595315
		福利年金账户	39562493361	40284352669	△721859308
		福利养老金账户	8138295	9004735	△866440
		健康账户	9731679046	9406113403	325565643
		用于儿童的福利金	1501639973	1527777564	△26137591
		企业账户	393857722	435262399	△41404677
农林产业部	食品稳定供应	农业经营基础强化账户	23641879	23028105	613774
		农业经营稳定账户	273698441	260885689	12812752
		米管理账户	428456175	518136604	△89680429
		麦管理账户	598836893	539640394	59196499
		企业账户	13084403	8367200	4717203
		调整账户	939109490	1140946832	△201837342
		国有土地改良事业账户	41788259	54449140	△12660881

第六章　日本政府非税收入

续表

负责部门	特别会计		2013年预算额（千日元）	上一年度预算额（千日元）	变化额（千日元）
农林产业部	农业互助再保险	再保险支付基金账户	25851463	25689696	161767
		农业账户	46224655	44549560	1675095
		家畜账户	36493590	36371332	122258
		果树账户	9533869	10234499	△700630
		园艺设施账户	4453000	4583844	△130844
		企业账户	974696	1067865	△93169
	森林保险		9258056	9661870	△403814
	国有林野事业债务管理		304407224	0	304407224
	渔船再保险和渔业互助保险	渔船普通保险	12761385	27721284	△14959899
		渔船特殊保险	287851	287832	19
		渔船船员保险	43515	43512	3
		渔业互助保险	16974333	22060259	△5085926
		企业账户	737946	763068	△25122
经济产业部	贸易再保险		209119476	188132460	20987016
	特许经营		307880627	301568411	6312216
国土交通部	社会资本整理	治水账户	805468685	816767276	△11298591
		道路整顿账户	1934625054	2011635404	△77010350
		港湾账户	243488479	251217004	△7728525
		机场整顿账户	329819265	320191085	9628180
		企业账户	237535538	251045464	△13509926
	机动车安全	保障账户	60989529	63606049	△2616520
		机动车检查登录账户	42280172	39711233	2568939
		机动车事故对策账户	12973090	13105130	△132040

注：变化额一栏中△表示和上一年相比数量的减少。

资料来源：作者根据日本财政部数据整理（http：//www.mof.go.jp/budget/reference/statistics/data.htm）。

可以看出，在特别会计制度中，非税收入的预算具有以下特点：

● 科目详细。

- 预算收入具有明确的支出用途。
- 机构分工明确。

四 日本政府非税收入设立目的

日本政府非税收入设立的目的主要出于四个方面的考虑，分别是缓解财政压力的需要、提高资金效率的需要、公共产品供给的需要，以及公平原则的需要。

（一）缓解财政压力的需要

日本政府自 1975 年以后，财政支出总量连续增加，而由于泡沫经济的破灭，税收自 1991 年起又持续减少，使得财政收支之间的差额逐渐扩大，以致财政赤字逐年攀高。

由于经济形势不景气，政府公共支出增长和大地震的影响，日本各级政府特别是地方政府面临很大财政压力。在 2011 年日本政府总体的赤字水平已经占到了 GDP 的 10.1%，而且总负债率达到了 233%。[①]

日本的财政赤字飙升的背后主要是财税收入不足。同时日本的社会福利支出也不断地膨胀，社会福利支出越来越高，而日本社会正在快速地进一步老龄化，速度超过了世界上大部分其他国家。[②]

为缓解严重的财政困难，尽管面对民众强烈的反对意见，日本前首相安倍晋三仍表示，自 2014 年 4 月 1 日起，日本的消费税税率将由当前的 5% 提高至 8%。与此同时，日本财务省设定了"财政健全化"方案，其主要目标是截至 2015 年度中央及地方基础财政赤字与 GDP 的比例相比 2010 年度减半，至 2020 年度实现财政盈余。实现这一目标，日本需要继续保持内需主导的经济增长模式，2015 年度中央及地方财政赤字相比 2013 年度需有 17 万亿日元程度的改善。然而，政府如果不断加税，公众

---

① 搜狐财经：《武藤敏郎：日本财政赤字飙升 经济隐忧日趋严重》（http://business.sohu.com/20120402/n339665273.shtml）。

② 搜狐财经：《武藤敏郎：日本财政赤字飙升 经济隐忧日趋严重》（http://business.sohu.com/20120402/n339665273.shtml）。

会强烈反对，政府将面临政府风险。①

因此，各级政府多方筹集非税收入（非税收入具有分散性、专项性特点，不会普遍增加公众负担），比如探索国有资产有效管理方式，将政府公共服务有偿化等，以减轻政府开支压力。

（二）提高资金效率的需要

非税收入是在公共产品收益和公共产品成本之间建立直接联系的制度安排，本质上属于公共产品供给的模拟市场法，通过在公共产品的生产和消费方面适度引入市场机制，能够较好地显示消费者的真实偏好，有助于提高公共产出的决策水平，促进公共产品的有效供给。

政府在一定时期拥有的资金是有限的，在市场有效的领域，引入市场经济的价格机制可以使有限的资源进行最优配置，从而使政府合理分配税收和非税的使用范围，提高财政资金的使用效率。②

同时，采取收费方式，体现了受益者负担原则，可以提高公共物品或服务的供给效率，政府甚至考虑增加收费，或将某些税收改为收费，非税收入占政府收入的比重将稳中趋升。

例如，1995年，日本制定了《日本道路公团法》，由中央政府投资成立了日本道路公团。道路公团是以建立和管理收费公路为主要业务的非营利特殊法人，是执行政府决策和规划的独立运作的机构。2005年10月开始，由于日本公众对道路公团的负债水平、偿还能力和管理效率的担忧，日本政府对"道路公团模式"进行了进一步优化改革，决定对其职能进行拆分，对道路公团的建设、管理和收费职能进行了企业化的改革，确保企业的合理规模和通过比较竞争建立成本与效率意识。同时，日本政府按区域设置了六家相互独立的国有收费公路特许运营公司，运营公司的外包业务实行彻底的市场开放，以提高管理效率和服务水平。③ 见图6-15日本

---

① 新浪财经：《日本谨防消费税上调所致风险》（http://finance.sina.com.cn/world/20131009/224816937256.shtml）。
② 张大龙、史桂芬：《非税收入理论与规范改革》，中国法学会财税法学研究会2007年会暨第五届全国财税法学学术研讨会论文集，2007年。
③ 《创新公路管理模式加快构筑公路两个体系——日本收费公路改革启示》（http://www.moc.gov.cn/zhuantizhuanlan/jingshenwenming/gongqingtuan/qingnianluntan2013/huojianglunwen/201401/t20140103_1539698.html）。

政府收费公路管理模式的变迁。

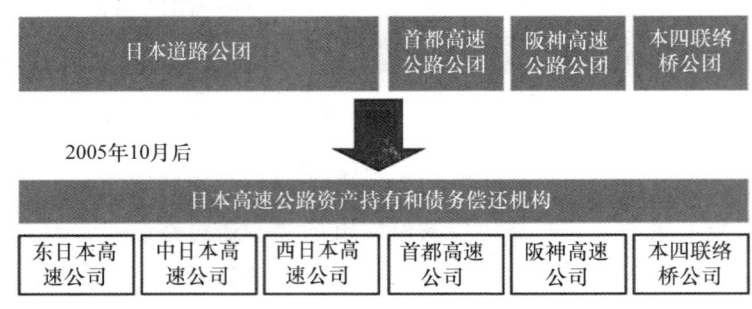

图6-15 日本政府收费公路管理模式的变迁

改革后"机构"代表日本政府持有公路资产，并将资产"出租"给六家特许公司，允许其收取通行费，资产出租属于非营利性质，租金全额用于统筹偿还日本收费公路债务，公司除收取通行费外还负责收费公路的日常维护。租金标准按照通行费扣除管理维护成本（政府每五年核定一次）的原则确定，因此通行费收入的绝大部分都被以"租金"的形式上缴给了"机构"，实质是一种"代收费"的方式，但该方式从程序上优先确保了收费公路的管理维护资金需求，使公路通行服务保障和维护修养不受还债等其他因素的挤占和影响。通行费并不是公司的盈利点，公司是通过服务区经营、沿线广告、信息服务等方面获得利润。在养护质量与服务标准达标的前提下，公司通过技术创新和效率提高所节约的管理维护费用可归公司所有，从而充分调动了公司的积极性。①

可见，现行的日本收费公路管理模式，是在政府主导框架下的特许专业公司建设运营模式，同时也是典型的全路网统贷统还的模式。这种模式分工清晰，很好地理顺了政府、市场、社会之间的关系，降低了日本收费公路融资、建设与维护成本，提高了收费公路的运营效率和透明度，同时还确保了公路网管理的完整统一和公益属性。

---

① 《创新公路管理模式加快构筑公路两个体系——日本收费公路改革启示》（http：//www.moc.gov.cn/zhuantizhuanlan/jingshenwenming/gongqingtuan/qingnianluntan2013/huojianglunwen/201401/t20140103_1539698.html）。

（三）公共产品供给的需要

在现代市场经济社会中，政府的主要职能是提供公共产品，满足公共需要。政府为提供公共产品，就必须占有和支配一定的经济资源。然而，公共产品容易出现"免费搭车"，产生产品消费上的拥挤现象。对公共产品收费，既能缓解公共产品的拥挤问题，还能筹集资金。

上述日本收费公路管理制度也体现了公用产品供给的需要。新建公路经过"机构"同意后，由公司负责项目初始融资，组织公开招标建设，并负责施工质量的监管。建成后的公路资产和建设债务经过验收审计后全部移交给"机构"，同时签订特许运营合同。由于公路建设质量的好坏决定了未来维护的工作量和费用支出，在定额管理和服务考核的框架下，使公司利益和实惠利益达成一致，公司有充裕动力对建设施工过程实施严格监管，积极研究和采用新材料、新技术、新工艺，主动提高收费公路的质量和技术水平。[①] 图 6-16 即日本现行公路管理模式的简略图。

这样，在日本现行公路收费管理制度下，其既保证了资金的利用效率，提高了公路质量，也提供了合理数量的公共产品。

（四）公平原则的需要

尽管税收的受益原则与非税的受益原则有区别，但都是在坚持公平原则下的受益，受益总体来说也是服务于经济公平。这里受益原则即指"谁受益谁交费"，有偿性的非税收入不能用于无偿性的支出，否则就会违反等价交换原则造成负担和受益不对应。然而，在这一过程中，既要按照受益者负担的原则来进行收费，同时又要兼顾社会公平。

以教育为例，在日本，孩子幼儿园的学费是由父母的工资高低决定的。日本的幼儿教育主要有两种形式，一种是幼稚园，另一种是托儿所。幼稚园作为学校教育的一部分，被列入学校教育体系中，而托儿所则是一种福利性的设施。日本以私立幼儿园居多，占全国幼稚园总数的 50% 以上。公立幼稚园的收费标准由政府制定，向家长收取的费用标准是按家长

---

① 《创新公路管理模式加快构筑公路两个体系——日本收费公路改革启示》（http：//www.moc.gov.cn/zhuantizhuanlan/jingshenwenming/gongqingtuan/qingnianluntan2013/huojianglunwen/201401/t20140103_1539698.html）。

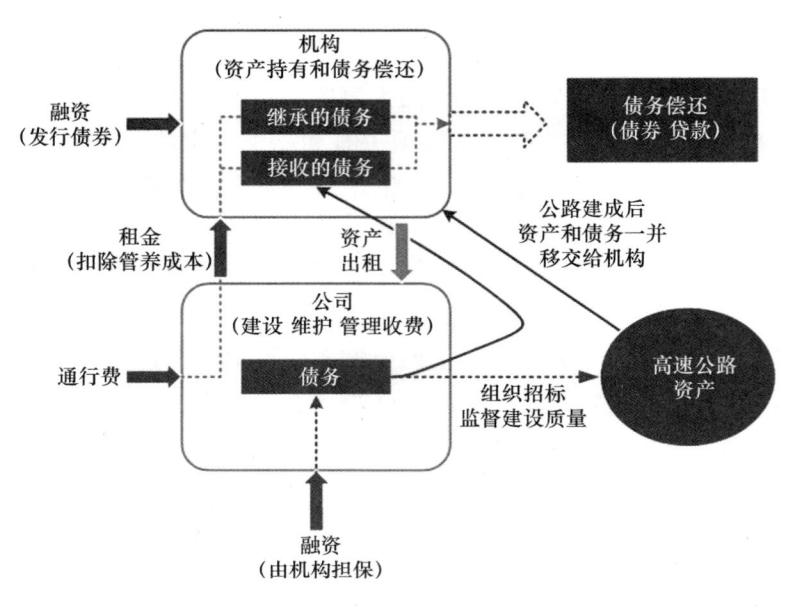

图 6–16　日本现行公路管理模式的简略图

所缴所得税的多少确定，所得税高的家长要承担的费用相对要高些，所得税低的可递减。

此外，在高等教育方面，日本主要采取"谁受益谁负担"的原则。国立院校的经费主要由国家财政拨款，而私立院校则主要由学校自筹资金——来自学生交纳的学杂费等。同时，为实现社会公平，日本政府进行财政转移，不断创建各种助学贷款制度，加大贷款额度，放宽贷款条件，建立完善义务教育后各阶段的助学贷款制度，其目的就是使贫困学生有机会上学，实现教育机会均等理念。

五　日本政府非税收入的设立程序

日本政府实行统一的财政制度，即对所有的政府收支，不论采取何种收入形式和支出管理方式，都全部纳入政府财政预算。在统一财政内，对不同的收支采取有区别的管理办法，分别设置了一般会计预算和特别会计预算。因此，日本政府的非税收入设立制度也就是其预算制度。

（一）依法立项

日本是单一制国家，但地方拥有高度的自治权，其中包括自治立法权。这种政治体制决定财政立法由中央和地方两部分构成，因此对非税收入的立项也出现了两种情形。

- 中央财政立法的表现形式

日本中央立法主要表现为法律、政令、省令（即部令）、通告四种形式。日本国内通常将法律、政令、省令统称为法令，三者的法律效力等级依次递减，制定程序、发布机关各有不同：

财政法律是指根据法定程序，由国会表决通过的有关国家财政、税收的法律规范，如财政法、会计法、国税征收法等。

财政政令是指为保证宪法和相关法律的实施，由内阁制定、发布的有关国家财政、税收的法律规范，如国税征收法施行令、所得税法施行令等。

财政省令是指为保证法律、政令的实施，由财务省等省厅制定、发布的有关国家财政、税收的法律规范。省令相当于我国的部门规章。

另外，通告指由中央各省厅内部机构，按照法令制定的规范性文件。通告在行政组织内部具有约束力，对普通民众没有约束力。国税厅就通常采用通告的形式，对税法进行统一的解释。

- 地方财政立法的表现形式

地方财政立法的表现形式主要是条例。日本国宪法第94条赋予地方公共团体①相应的立法权，即地方公共团体拥有管理财产、处理相关事务以及执行行政的权能，并可在法律范围内制定条例。

同时，地方自治法又对地方立法的条件做了严格的限制：地方公共团体只能在不违反法令的条件下，制定条例，即地方立法不得违反法律、政令和省令。地方公共团体制定的有关财政、税收内容的条例，原则上只在

---

① 按照日本地方自治法的规定，地方公共团体分为普通地方公共团体和特别地方公共团体。普通地方公共团体是指享有地方自治权的地方公共团体，包括都道府县和市町村两个层次；特别地方公共团体是指特别区、财产区、地方开发事业团等由法律特别规定的地方公共团体。

本辖区内有效。①

由于非税收入科目繁多，因此涉及的法律法规种类也较多。

主要财政方面的法律包括：《财政法》《会计法》以及《关于补助金等预算执行适当化的法律》《关于补助金等预算执行适当化的法律施行令》《关于国家等债权债务等的金额尾数计算的法律》。

涉及的相关法律条款更是包含在不同类别的法律之中，其具体法律规定体现在相应的条款之中，例如，单就地方非税收入中负担金的民生负担金，其涉及的法律就有《身体残障者福利法》《老年人福利法》《精神障碍者福利法》《儿童福利法》和《生活保护法》。

因此关于非税收入的立法制度在这里简要说明日本国会立法程序和财政法草案的提交程序，不一而足。

1. 日本国会立法程序

国会是日本最高国家权力机关，也是国家唯一的立法机关，法律只能由国会来制定。国会实行两院制，由众议院和参议院组成。

日本国会立法通常包括以下 5 个阶段（见图 6-17）：

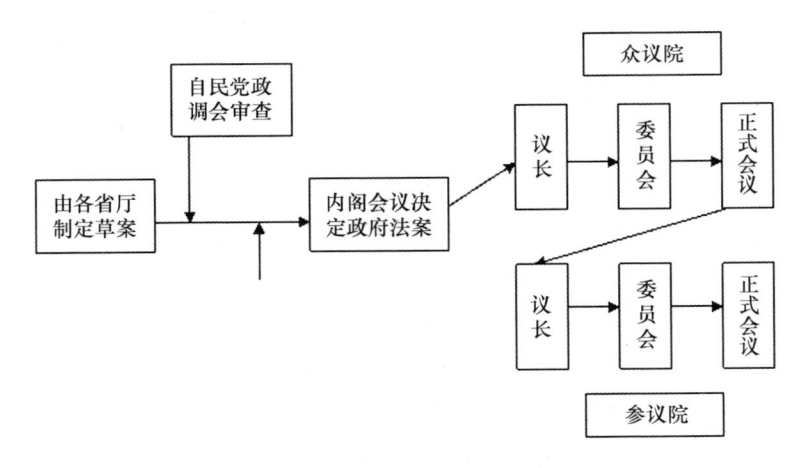

图 6-17 日本立法程序示意图

资料来源：《日本财政制度及经济财政政策走向》。

---

① 中华人民共和国财政部：《日本财政制度及经济财政政策走向》（http://www.mof.gov.cn/preview/）。

① 法律草案的提出。国会议员和内阁均可以提出法律草案，但是有关预算和条约的议案则必须由内阁提出。

② 专门委员会的审查。日本国会参众两院的专门委员会通常分为常任委员会和特别委员会①，法律草案通常提交常任委员会进行审查。

③ 国会全体会议审议。

④ 表决。法律草案须经参众两院通过。当参众两院意见不一致时，在满足宪法规定的相应条件下，优先采纳众议院的意见。

⑤ 公布。国会议长将法律草案上奏天皇，法律从上奏之日起30日内必须公布。②

2. 日本财政法律草案的提交程序

①通常由财务省或者其他相关省厅起草财政法律草案。

②法律草案起草完毕后须先提交给执政党，由执政党的政务调查会进行事先审查。

③经过执政党审查后的法律草案须提交给内阁法制局，由其进行审查。

④内阁法制局将审查通过的法律草案提交内阁会议，由内阁会议决定是否将其作为政府法案提交国会。

⑤国会根据相应的立法程序对内阁提交的政府法案进行审议。③

其他非税收入科目没有专门的法律来规定其分配，主要是体现在与其支出的行政项目相关的法律上，如国库支付金在《义务教育法》规定了中央财政负担地方义务教育学校教员的工资支出，《农业基本建设法》规定了中央财政支持地方从事农业基本建设的经费比率，《生活保障法》规定了对地方政府生活保障支出的补助比例等。此外，《地方公营企业法》则对地方公营企业的财务活动做出了规定。

---

① 常任委员会是指依照国会法规定，在国会内设置的常设机构，参众两院有数目相同、名称不同的常任委员会。特别委员会是指根据国会法的规定，认为必要的案件或者审查不属于常任委员会主管的特定案件时设立的机构。

② 中华人民共和国财政部：《日本财政制度及经济财政政策走向》（http://www.mof.gov.cn/preview/）。

③ 中华人民共和国财政部：《日本财政制度及经济财政政策走向》（http://www.mof.gov.cn/preview/）。

(二) 法律依据

1. 宪法规定

日本先后有两部宪法。

"二战"前，日本实行君主立宪制，政治体制是以新兴资产阶级和地主阶级为社会基础的天皇独裁制度。1889年公布的明治宪法（又称《大日本帝国宪法》），确立的绝对天皇体制，天皇凌驾于国会、内阁、法院之上，总揽一切大权。

现行的《日本国宪法》（1946年）是"二战"后日本民主改革成果的法律化，它确立了象征天皇制，其政治体制以立法权、行政权、司法权分别由国会、内阁、法院行使的原则为基础，采用英国式的议会内阁制。[①]

日本战后《宪法》共十一章103条，其中第七章财政专设9条，对财政工作接受国会监督和审议的相关程序做出了明确规定，例如：处理国家财政的权限、国家费用的支出或国家负担债务、内阁编制每一会计年度的预算、设置预备费、皇室的费用、经独立于会计检查院审计的国家的收支决算等，均需由国会决议通过。

由此可见，宪法强调国家财政收支活动必须按照国会的决议执行，并实行财政公开，每年至少在报纸上公布一次。

将国家财政收支情况向国会及国民报告，而且还要接受国会、会计检查院以及全体国民对国家财政状况进行的监督。

作为日本的根本大法，《日本国宪法》中有专章对财政事项予以规范，成为日本各项财政事务的基础。日本在1945年以前的旧宪法下没有财政法，只是在会计法中包含了有关财政预算的规定。1947年按照新宪法规定的基本原则，以财政方面的基本法"财政法"为主的许多法律逐一出台。日本的财政法根据其立法依据和制定的程序与公布的机关以及法的形式、地位来看，有法律、政令（内阁的命令）、省令（各省大臣的命令）、告示（公共机关的一般通知）。

2. 财政会计通则法

作为提纲挈领明确财政基本事项的法律法规，其中对非税收入有所提及，但比较简略。主要有：

[①] 程宗璋：《美、英、日三国公共财政法律体系及其特点》，《财经科学》2003年第9期。

（1）《财政法》是关于财政预算的基本法律，对会计划分、预算、决算及其他财政事项作了具体的规定。

（2）《会计法》对收入、支出负担行为及支出、契约、时效、国库款及有价证券、出纳官吏等事项作了具体的规定。

（3）《预算决算及会计令》是关于财政的行政法规，对财务省及其他省厅有关预算编制、预算执行、决算及财政资金的收入和拨付的会计处理等内容作了具体规定。

此外，还有《关于补助金等预算执行适当化的法律》《关于补助金等预算执行适当化的法律施行令》《关于国家等债权债务等的金额尾数计算的法律》。

3. 地方财政法

地方财政同样具备预算、决算、会计、租税等制度，但它不像中央财政那样是一个单一的团体财政，而是数以千计且具有差别的公共团体的财政。因此，地方财政在法的规定上并没有一个统一的法典，它由地方自治法和与地方自治有关的若干法规构成，其特点是自主管理和相互调节。

《地方自治法》作为地方自治地方财政的基本法，规定了地方公共团体的财政体制的基本问题，如关于财产、建筑物、地方税、预算、决算、出纳、支出等地方财政自主管理的各种方式。至于这些方面的详细规定，则多见诸相关政令等法规。在第三节"收入部分"中有关于地方非税收入的规定。例如：

第224条关于分担金的规定："普通地方公共团体，除政令规定的情况外，与普通地方公共团体的部分利益相关的事件，为补充必要的费用，应从该事件的受益者，以收益额为限度，征收分担金。"

第225条关于使用费的规定："普通地方公共团体，在使用第238条第七项中许可的行政财产或者公共设施的时候，可以征收使用费。"[1]

第227条关于手续费的规定："普通地方公共团体，由该普通地方公共团体办理的为特定人服务的业务，可以征收手续费。"

---

[1] 关于国有财产的范围界定在第238条，国有财产是指国家（指中央政府，不包括地方政府）以等价方式取得的国有的财产，以及通过法令规定或捐赠而形成的国有的财产。具体包括：不动产；船舶、浮标、漂浮码头、漂浮船坞以及飞机；不动产和相应动产的附属品；土地所有权、土地使用权、矿业权及其他类似权利；专利权、著作权、商标权及其他类似权利；股票、新股预约权、公司债（不包括短期公司债等）、地方债、信托受益权以及出资所形成的权利等。

第 228 条关于分担金等的规定和处罚"关于分担金、使用费、手续费等，除了规定的情况外，可以按照相关详细条例征收五万日元以下的处罚"，以及"对于欺诈等不正当行为，可以按照条例征收免除金额五倍的罚款（如果相应金额没有超过五万日元，以五万日元为最低标准）"。

第 229 条关于征收分担金处罚不服的规定："如果对处罚判决不服，可以在处罚判决第二天起的 30 天内，可以向该普通地方公共团体的行政长官提出审查请求。"

第 230 条关于地方债的规定："普通地方公共团体，可以按照预算规定发行地方债。但是，必须在预算中明确地方债发行的目的、额度、发行方式、利率和偿还方式。"①

《地方财政法》根据《地方自治法》相关条款而制定，有 37 条规定。主要为地方公共团体的财政运营和中央财政与地方财政之间的关系等方面的基本准则，其中也有关于非税收入的规定。例如：

第 4 条第 4 项 "关于储备金的处置" 规定 "其可以用于以下情况补充财源者"：

- 由于经济事件显著变动而导致的财源不足；
- 由于灾害产生的费用和由于灾害造成的收入减少；
- 紧急事件或大规模土木建设等造成的财源不足；
- 为取得财源性资产；
- 偿还地方债。

第 4 条是关于禁止强制征收捐赠金："地方公共团队对于当地居民不可以直接或间接地强制征收捐赠金。"

第 5 条是关于地方债的规定，其中包括地方债的使用限制、偿还年限、协议和有关地方债发行的特例等。②

同时，以《地方财政法施行令》予以具体化，关于地方债发行的详细情况，在《地方财政法施行令》中得以体现。

（三）非税收入纳入预算管理

日本非税收入属于政府部门乃至整个公共部门财政收入的组成部分。

---

① 《日本地方自治法（昭和 22 年 4 月 17 日法律第 67 号）》。
② 《日本地方财政法（昭和 23 年 7 月 7 日法律第 190 号）》。

按照日本宪法的规定，公共部门的公共账目必须列入财政预算体系。因此，非税收入项目设立的程序，在一般意义上，遵循日本财政预算体系的规则与立法程序。

战后日本财政制度由"日本国宪法（第七章财政）—财政法—会计法—预算决算及会计令"等组成财政基本法体系，国家财政根据预算进行运营，议会向内阁授予财政权力，通过预算的形式经议会表决通过成立，政府各部门在预算规制下开展业务活动，没有预算就没有政府活动。因此，预算制度是日本财政制度的核心内容。

1. 预算制度的基本原则

日本预算制度总的原则是实行议会表决主义。宪法第七章按照议会制民主主义的原理对国家财政事务进行了规定。其中明确规定：

- 国家预算应当根据由国民代表组成的议会的决议来决定。（第83条规定）
- 除非经议会授权，政府不得发生国费支出，也不得承担债务。（第85条规定）
- 第86条规定，在每一财政年度，内阁应当准备并向议会提交供其考虑和决定的预算案。
- 第87条规定，在发生不可预见的预算缺口时，经议会授权，内阁可以在行使其职责时，从储备基金中进行开支。

日本预算制度的其他基本原则，包括年度收入与支出分别核算，预算年度独立，总计预算主义和稳健财政等，主要由财政法规定。

政府提交国会的预算必须包括下列内容：

（1）预算总则，也称为预算条文，是年度预算总则性的规定。除规定年度财政预算收支总额外，还规定了国债发行额度、临时借款最高额度等。预算总则还规定了其他与预算执行有关的事项，如国会、法院、会计检查院、内阁及其组成部门的支出项目，政府相关机构如日本政策投资银行、各公库、存款保险机构、有关独立行政法人、有关国有公司的融资额度等。

（2）年度收入支出预算（甲号），是预算的主要内容，包括各项财政收支的明细。

（3）递延费（乙号），针对工程、制造（如军舰制造）等需要几年（5个年度以内）才能完成的预算，在其开工年度确定支出总额和每年度的支出额，经国会审议批准后，在规定年度内不必再经国会批准便可支出的经费。

（4）跨年度支出费（丙号），对出于某种原因在某一财政年度内无法全部支出的经费，可以结转至下一年度限期一年内使用。例如，容易受自然灾害等的影响，本预算年度内无法全部支出的经费项目，可以延期1年，结转至下一年度使用。

（5）国库债务负担行为（丁号），是政府因签订采购合同（通常是大型工程）而承担的为期两个年度以上与合同债务负担有关的预算。这些债务负担需要事先报国会审议通过，通常只在年度预算中规定总的数额，不规定以后年度的具体支出数额（此点有别于递延费）。

2. 预算的编制与议会审议

根据日本宪法第86条规定，预算由内阁编制，议会审议批准。日本的财政年度为每年的4月1日至次年的3月31日。现以日本平成19年（2007年）预算为例，对日本预算编制与审议的具体程序说明如下：

（1）预算编制方针和概算要求基准的确定

内阁于2006年6月召开内阁会议，根据经济前景、重点发展政策等讨论下一年度的预算编制方针，内阁会议于7月7日决定"有关经济财政运营与结构改革的基本方针2006"，于7月21日同意概算要求基准，确定预算上限。为了制定经济国家总的财政方针，日本内阁府设立了经济财政咨问会议，这是一个国家经济政策与发展战略的协商机构，目前共有11名成员，分别是内阁总理大臣、官房长官、经济财政政策担当大臣、总务大臣、财务大臣、经济产业大臣、日本银行总裁和民间人士（4名）。该机构负责制定日本经济财政运营与改革的基本方针、预算编制的基本方针和经济发展战略等宏观经济政策，拟定上述基本方针和发展战略供内阁会议讨论的草案。

（2）概算的编制

根据内阁会议确定的预算编制方针和概算要求基准，政府各部门于2006年8月31日前，向财务省提交下一年的概算要求书。财务省对概算要求书进行审核、调整后，于12月下旬形成财务省的概算方案。

（3）预算草案的编制与提交

例如：2006年12月1日，内阁会议决定"2007年度预算编制的基本方针"。12月20日，财务省向内阁会议提交概算方案，同时向政府各部门说明有关预算分配情况。政府各部门对财务省的概算方案进行研究，并与财务省和财务大臣进行争取恢复概算要求的各种交涉活动。12月24日，财务大臣将最后调整而成的概算方案提交内阁会议决定，最终形成政府预算草案。2007年1月25日，内阁会议决定将政府预算草案提交国会审议。

（4）预算的审议与成立

议会众、参两院对政府预算草案进行审议和批准，财务大臣需要针对预算草案的编制方针、内容和特点、财政金融政策、经济现状等，分别在众议院和参议院进行演说。议会演说结束以后，预算草案先要在众议院预算委员会进行详细审议，然后再接受众议院全体大会的表决。如果获得通过就送到参议院，重复同样的过程。如果参议院和众议院的意见不一致，则由两院召开协商会议。如果仍不能取得一致，则以众议院的决议为准。如果要对政府提出的预算草案进行修改，在众议院必须获得50名以上议员的赞成，在参议院必须获得20名以上议员的赞成。2007年3月26日，2007年度日本政府预算经议会表决通过后成立。

（5）地方预算与国家预算的衔接

日本国家预算中包括地方让与税、地方交付税、国库支出金等分配给地方的财政转移支付资金，由于日本地方议会每年审议地方预算与国家议会审议国家预算的例会时间是一致的，因此在国家预算获得议会批准成立之前，地方预算对中央政府对地方的财政转移支付资金并不能完整准确地反映。因此，日本地方预算草案是一个框架性的预算草案，要等到每年3月底4月初国家预算成立后再进行调整，对国家分配的转移支付资金进行追加预算（补正），并在每年6月份获得地方议会的确认。

3. 预算的执行与决算

预算获得批准以后，就进入执行阶段。政府各部门机关的负责人必须制定出预算期内支付计划的日程表，并获得财务省大臣的批准。

日本预算科目分为类、项、目。

- "类"是按照政府部门所分的经费，如外务省类经费、农林水产省类经费等。
- "项"是经国会表决，按支出目的分类的经费，如公共事业费等。
- "目"是项的明细，是按支出性质分类的经费，如差旅费等。

在预算执行过程中，可以对预算作移用、挪用和职能转化等调整。

- 移用是指在执行预算时，对预算总则中已事先得到国会表决通过并根据预算目的分成"类"的经费，在执行中有必要时可以允许"类"之间的移用。
- 挪用是指对国会议决的"项"经费的变更使用，必须根据性质分类的变更，即行政科目的变更，并且需要得到财务大臣的批准才可使用。
- 职能转化则是根据职务权限的变更等，对预算组织进行变更，必须在预算总则中规定。

在预算执行过程中遇到难以预知的情况时，可以动用预备费。预备费是为防止预算不足的情况，根据国会的表决确定的。它不像一般预算支出规定了经费使用目的和用途，而是一种预留基金，可以根据内阁的职责和权限进行支出。但是，内阁应当确认将预备费用于合理用途上，并得到国会的事后批准。如果在国会召开期间使用预备费，则属于补正预算，须经国会表决，这主要是出于对国会表决权的尊重。预备费也不都是未规定用途的，如"公共事业等预备费"就是一种特定预备费，在预算案中根据经济形势变化已经确定了大致用途。

预算的结转则是会计年度独立原则的例外。按照会计年度独立原则，每一会计年度的收入必须在该年度内使用，不能进行预算结转，但由于事先编制的预算有可能与实际情况不符，坚持上述原则难免缺乏效率和经济效益。因此，允许在一定情况下的结转使用，主要包括根据经费的性质就可预测结转发生并事先经国会批准的结转、出于无法避免的事故结转以及继续费的逐年结转等。

每一财年的预算执行完毕，各部门负责人必须在次年度的7月31日之前向财务省提交收入和支出的决算报告，在获得内阁会议通过之后提交会计检查院。会计检查院检查完毕后将检查报告返还内阁，由内阁会议将决算报告连同会计检查院的审计报告提交给国会审议，审议通过，完成决算。对决算中反映的资金结余，应当在扣除支出转入财源、地方转移支付税不足等之后，将净结余的二分之一转入公债偿付财源，其余二分之一转入下年度收入。对预算不足问题，《财政法》没有规定。按照稳健财政原则，《财政法》不允许出现决算不足的情况，因此，必须采取适当的措施来规避决算不足。随着经济形势的变化，为了解决税收不足问题，日本设置了决算调整资金制度。在该资金还不足以填补不足的情况下，可以允许国债整理基金转入。但是，来自国债整理基金的转入，在第二年度一定要转回，以保持国债整理基金的原有数额。

日本地方政府的公共服务机构出台任何收费项目，都必须有相应的法律法规依据。变动收费标准要经过复杂和严格的法律和行政审议批准程序。

4. 小结

可以看出日本的预算体系具有以下特点：

（1）事前议决

这是日本预算制度的原则之一。所谓事前议决的原则，就是必须在进入预算执行期之前，接受国会审议并将预算确定下来。日本的财政年度，是从每年的 4 月 1 日至来年的 3 月 31 日。按照事前议决原则，预算方案必须在财政年度开始之前确定和公布。如果由于某些原因而不能按时公布正式预算，则要公布暂定预算，先解决到时必须支出的项目。

事前议决，不只是一个形式问题，它标志着法律的严肃性、国家预算的严肃性。能否在财政年度开始前就拿出预算方案，也是对政府工作效率如何的检验标志。

（2）全额预算

对政府的全部收支活动（不论是财政性的、金融性的，还是企业性的收支）都实行预算管理。日本不存在预算外资金和对预算外资金的管理问题。政府的经济活动，必须应纳入预算，不应有可以任意支配而不受预算约束的资金。

（3）不允许突破预算

日本政府对自身经济活动的管理相当严格，是不允许突破预算的，这也正是日本政府对整个经济干预能力之强的根由之一。当然，这并不说明日本当初编制的预算都能合乎实际情况，也不是说在执行过程中，只能按照预算的框架削足适履。实际上，在日本，下述情况也常有发生。

一是由于材料价格、工资水平以及施工难度等事先难以预料的变化，使预算不适合实际情况。对此，可以按法定程序编制补充预算。若补充预算不可能在事前报经国会批准，需在事后获得国会承认。

二是某些项目的收支脱节，预定的收入来源不能及时满足实际发生的支出需要。

对此，在预算中就作出规定，允许某些项目的资金可以互相移用。

(4) 账目详细

这主要表现在三点上。

一是任何机构的任何支出项目，都明列在预算中，即使是作为日本国象征的天皇也不例外。对于天皇一类的特殊人物，财政上可以容许其有不同于一般人的消费项目和消费水平，但却不允许随意消费，而只能在预算规定的范围内消费。

二是将经济核算的方法运用于对政府经济活动的分析。

三是预算和决算所使用的货币单位。日本的财政预算使用的货币单位是1000日元（按照当前汇率，不足60元人民币），而决算所使用的货币单位是日元。

身为当时世界第二经济大国的日本，其财政预算和决算所使用的货币单位竟是如此的细小。国家财政账目计算到如此细的程度，虽不排除带有某种标榜作用，但这也从一个方面反映着政府对财政管理的严与细。

日本的非税收入分为一般会计账户和特别会计账户，其中一般会计账户又按照中央和地方分别进行预算管理。非税收入的科目分类全面，其中每一类别中的项目也极为详细。以"2013年特别会计账户"为例，其农林产业部负责的特别会计制度中就包括了五大类，其中每一类别又包括详细的账户，同时预算额也精确到了千日元，见表6-34。

表6-34　　农林产业部负责的特别会计账户（2013年）

负责部门	特别会计		2013年预算额（千日元）	上一年度预算额（千日元）	变化额（千日元）
农林产业部	食品稳定供应	农业经营基础强化账户	23641879	23028105	613774
		农业经营稳定账户	273698441	260885689	12812752
		米管理账户	428456175	518136604	△89680429
		麦管理账户	598836893	539640394	59196499
		企业账户	13084403	8367200	4717203
		调整账户	939109490	1140946832	△201837342
		国有土地改良事业账户	41788259	54449140	△12660881

续表

负责部门	特别会计		2013年预算额（千日元）	上一年度预算额（千日元）	变化额（千日元）
农林产业部	农业互助再保险	再保险支付基金账户	25851463	25689696	161767
		农业账户	46224655	44549560	1675095
		家畜账户	36493590	36371332	122258
		果树账户	9533869	10234499	△700630
		园艺设施账户	4453000	4583844	△130844
		企业账户	974696	1067865	△93169
	森林保险		9258056	9661870	△403814
	国有林野事业债务管理		304407224	0	304407224
	渔船再保险和渔业互助保险	渔船普通保险	12761385	27721284	△14959899
		渔船特殊保险	287851	287832	19
		渔船船员保险	43515	43512	3
		渔业互助保险	16974333	22060259	△5085926
		企业账户	737946	763068	△25122

注：变化额一栏中△表示和上一年相比数量的减少。
资料来源：作者根据日本财政部数据整理（http://www.mof.go.jp/budget/reference/statistics/data.htm）。

（四）相关机构

日本实行议院内阁制，内阁作为最高行政机关，由1府12省厅组成。各省厅的职责及内部组织构成等均由法律、内阁政令等法律规范予以规定。财务省作为内阁的重要组成部门，其职责、内设机构及分工等由财务省设置法和财务省组织令进行了具体规范。

1. 日本财务省的职责

日本财务省的业务内容广泛，总体而言，财务省肩负着确保财政健全、实现公平合理的课税、合理运营海关业务、对国库进行管理、维持对货币的信赖以及确保外汇稳定的职责。

具体而言，财务省的职责主要包括：
- 编制和执行预算，制定税收政策和征收管理租税等国家财务事项。
- 国有财产的管理以及国有财产增减及存量总核算书、存量预计总核算书和无偿租赁总核算书的编制。
- 财政融资资金的管理。主要是通过发行财政投融资债（国债种类之一），从金融市场上筹集资金，对符合国家政策的重要事业进行投融资。
- 外汇、国际货币制度以及维持外汇收支平衡的事务。
- 其他事务。如监督香烟专卖、货币铸造等事务。

2. 日本财务省的内部机构组成

日本财务省由本部及国税厅构成。

日本财务省本部由内部部局、有关设施机关及地方分支部局三部分构成。其中：内部部局设有大臣官房（办公厅）、主计局、主税局、关税局、理财局和国际局；有关设施机关包括财务综合政策研究所、会计中心、关税中央分析所和海关研修所等；地方分支部局包括10个财务局、1个财务支局和8个海关，财务局、财务支局和海关又分别下设财务事务所和海关支署作为派出机构。

国税厅负责征收国内税，下设内部部局（包括长官官房、课税部、征收部、调查监察部）、有关设施机关（税务大学）、特别机关（国税上诉审判所）和地方分支部局等。其中，地方分支部局包括11个地方国税局（下设518个税务署）和冲绳国税事务所（下设6个税务署）。国税局的地方分支部局的人员占财务省全体人员的70%。

3. 财务局与财务事务所

财务局通常设有总务部、财政金融部和国有财产部，另外还包括国有财产地方审议会（财务局长的咨询机构）和财务综合政策研究所地方研修支所等。财务局与财务事务所的职责主要包括以下几个方面：

- 经济形势调查。

财务局、财务事务所为准确把握本地区的经济动向等情况，连续性地开展各种调查。开展调查的具体措施有：为分析企业经营情况所进行的"法人企业景气预测调查"（同意统计）、作为国民所得统计等基础资料所进行的"法人企业统计调查"（指定统计），以及通过访问企业听取企业意见来调查。财务局将本地区的经济形势报告、地区法人企业景气预测调查、地区经济调查以及地区财政经济统计年报等资料上报财务省，并定期公布。财务省依据财务局的报告制作预算，并决定税制调整。

- 国家预算相关工作。

财务局负责编制地区国家预算，并为执行预算开展各种必要的调查。例如，为把握国家预算的用途、效果以及成本等进行预算执行调查，并将这些结果反映在下一年度的预算编制中。

- 向地方政府融资。

在地方政府建设学校、医院、上下水道、社会福利设施等公共事业需要资金时，财务局、财务事务所向其借贷国家的资金，帮助地方建设富足且适宜居住的社会环境。同时，为了保证贷款的合理使用以及到期偿还，对地方政府实施实地审计。

- 国有财产管理。

财务局、财务事务所对国家机关使用的机关大楼、公务员宿舍等国有财产的使用状况进行调查，为使土地、建筑物得到有效使用进行综合调整。另外，为了提高国有财产的使用效益，将不用的不动产卖给或者借给地方公共团体或者私人。

- 金融、证券监管。

财务局根据金融厅长官的委任并在其监督下，对地方的民间金融机构进行检查、监督，并对有价证券的申报书进行审查。财务局还根据设在金融厅的证券交易监视委员会的委任，从事证券交易法规定的部分事务。

- 香烟和盐经营监管。

财务局对制造香烟的批发销售商进行登记、对零售商以及零售商出差销售进行许可。财务事务所对零售商出差销售进行许可。此外，财务局还对食盐制造者、食盐批发商进行登记。

六 日本政府非税收入管理

（一）严格控制收费规则和标准

在日本，非税收入的种类繁多。每一种非税收入基本上都有相应的法律和法规，详细说明此项收入的收费标准、征收方式和逾期罚款规定等。各项非税收入落实到地方，在不同的县和市，又有当地出台的具体法规和要求。因此，可以说日本的非税收入征收具有有法可依、程序详细、管理严格的特点。

在此，以横滨市的大件垃圾处理手续费为例，具体说明其收费的规则

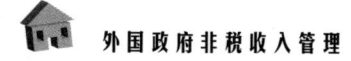

和标准。详见本章附录 2。

（二）财政管理公开

在日本，所有非税收入都要纳入预算管理。政府非税收入项目经法定程序确定。每项政府非税收入的项目和标准、控制与开征，要通过议会或选民投票来决定，并对是否要民主投票、谁来投票和多少票数通过才能有效都作出了具体明确的规定。每项政府非税收入都在相关利益人及其代言人——议员们进行辩论的基础上经过相应的立法程序设立，使单纯的部门行为乃至长官意志受到有效抑制。

1. 预算编制公开

财务省约于每年的 6、7 月公布下一年度的预算方针。此后的预算编制进程、预算编制中的重要情况和重大变化等，都随时报导，予以公开。

2. 预算审查情况公开

《日本国宪法》规定，预算必须经国会审查通过。在每年的预算审查过程中，国会都有一番热闹的争吵，甚至有时吵得国会几次休会。讨论 1988 年度预算时，居然把一个预算委员会的委员长给吵下了台，重新任命新的委员长后再接着吵。电台、电视台直播国会讨论情况。虽然这种争吵包含着代表不同利益集团的党派之争，但是日本政府能够把这些亮出来，从而有助于国民了解政府财政活动的一些情况。

3. 预算书和决算书公开

在日本专售政府刊物的书店里，公开发售详细的财政预算书和决算书。人们可以从中看到每笔财政资金的来源与用途，就连作为日本国象征的天皇，其每年开支多少、用在何处等，也都笔笔列出。至于总理府、内阁、国防等方面的经费，也都无例外地笔笔公开。

4. 财政监察结果公开

日本的财政监察机构每年都要编制检查报告，一方面提交国会和内阁，另一方面编成《会计检查梗概》《决算与检查》一类的书刊，公开发售。在这类书刊中，明确报告哪个部门、什么单位发生了哪些问题，造成的经济损失以及改进意见，等等。

附录1 财政监察专职机构——会计检查院

会计检查院的地位由宪法规定并受宪法保护，它拥有与国会、内阁、最高法院相平行的独立地位，并且有一系列的法律措施保障其独立行使监察权，使财政监察工作不受其他方面的牵制。

会计检查院的监察对象是中央财政（地方政府的财政收支活动由地方监察机构负责监督检查）。监察范围分为必检与选检两类。

必检的范围包括：
- 一般会计、特别会计每月的收入与支出；
- 国有现金、物品、财产的增减；
- 国有债权的得失与国有债务的增减；
- 日本银行代国家办理的现金、贵金属和有价证券；
- 国家出资占1/2以上的法人的会计；
- 法律规定为检查对象（如日本广播协会等）的机构或单位。

选检对象一部分由会计检查院自行确定，一部分受内阁请求而定。选检的范围包括：
- 代国家保管的现金、物品与有价证券；
- 代国家或国有企业办理现金、物品或有价证券的单位；
- 直接或间接享受国家扶植费、补贴、奖金、贷款、损失补偿等财政援助的单位与团体；
- 国家提供部分投资的单位；
- 国家间接出资的单位；
- 国家担保还本付息项目的会计；
- 国家或国有企业的工程承包单位的会计等。

会计检查院进行检查的着眼点是：对照财政预算，检查有无违反预算的情况；各项会计的计算是否合乎法律规定和会计原则；被检查者所从事的事业是否符合预期目的；是否做到既经济又高效率地运营。

当然，检查的具体内容和侧重点因对象而异。
- 对于享受政府补贴、贷款一类的单位，检查的重点是看它们是否按照要求将资金用于规定的方面。

外国政府非税收入管理

- 对于签订工程、购置物品、承包作业等的契约，检查的重点是契约额是否适当，预定价格是否合理。
- 对于工程的设计和计划、物品购置计划与购买途径、施工计划等，则重点检查这些计划是否可行，能否以更经济的办法达到计划的目的。
- 已开工的工程是否按设计施工；已购入的物品是否按预定的种类、标准、途径、方式购入；已形成的土地、建成的设施、购置的设备等是否用于预定的事业，能否充分利用。
- 在国家长年经办的事业中，有无因达到预定目的而不需继续维持的，有无因形势变化而减弱甚至失去其存在意义的；这些都是会计检查院要检查的方面。①

在日本，非税收入的种类繁多。每一种非税收入基本上都有相应的法律和法规，详细说明此项收入的收费标准、征收方式和逾期罚款规定等。各项非税收入落实到地方，在不同的县和市，又有当地出台的具体法规和要求。因此可以说，日本的非税收入征收具有有法可依、程序详细、管理严格的特点。

附录2　横滨市大件垃圾处理手续费

1. 负责部门

由横滨市资源循环局负责大件垃圾的处置、回收和手续费的征收，登录到该部门的网站②，即可以看到关于大件垃圾相关的详细规则。

2. 收费标准

在横滨市，大件垃圾大致可以分为以下四类：
- 电器·煤气·石油·厨房器具类。如音响设备、煤气台、照明器具、电吹风、干燥机、小型发电机等。

---

① 张淑英：《日本的财政运营与管理》（http：//bic.cass.cn/info/Arcitle_Show_Study_Show）。

② 横滨市资源循环局，http：//www.city.yokohama.lg.jp/shigen/sub-shimin/dashikata/das3.html。

第六章　日本政府非税收入

- 家具·寝具类。如书架、梳妆台、被子、桌子、椅子、电视柜、弹簧床垫等。
- 趣味用品类。如电子琴、手风琴、高尔夫球具、滑雪装备等。
- 其他类。如自行车、汽车、割草机等。

这样，通过细致的规定，将平时可能处理的大型垃圾分为四大类，百余项小类。在横滨市，大件垃圾的处理费用分为五档，分别为200日元、500日元、1000日元、1500日元和2200日元，在相应的类型后面都有具体的处理手续费金额要求。

若所处理的垃圾在上述分类以外，则可以致电到本市的垃圾处理中心，在不同的区有相应的联系方式，可进一步询问。

3. 手续费的交纳与票据

在确认所处理垃圾的费用以后，可以到本市制定的金融机构、邮局和便利店交纳手续费，同时领取相应的交纳证明书。

手续费交纳证明书一式三份，分别为：

- 交纳证明书，即在处理垃圾时所用。
- 交纳凭证书，即交纳者自身留取的凭证。
- 存根，即相关的金融部门留取的凭证。

选择相应金额的交纳证明书后，在其内页，要填写垃圾处理人的姓名和住址。

交完手续费以后，有关部门会在"领取日印章"的地方印上相应的印章，以此手续费交纳证明书生效。之后，将第一页取下后，贴在所要处理的垃圾上即可。

4. 大件垃圾处理手续费的减免

根据其规定，凡是生活受到照顾的重度身体残障者、重度精神障碍者、重度认知障碍者，以及认定看护等级在4—5的高龄者（65岁以上）的家庭[①]，有福利医疗证明的单亲家庭，以及自己搬入困难的独居高龄老人（70岁以上），免去相应的大件垃圾处理手续费。

---

① 从2009年4月1日开始，对于家庭的限制是设定一家四口人，可以享受大件垃圾处理手续费减免的福利。

第七章

新加坡政府非税收入

自 1965 年独立后，新加坡在 40 余年内迅速转变成为"亚洲四小龙"之一，名列全球最富裕的国家，其经济模式被称作"国家资本主义"，并以稳定的政局、廉洁高效的政府而著称。

作为一个多元种族的移民国家，新加坡是亚洲重要的金融、服务和航运中心之一，也是全球最国际化的国家之一，根据全球金融中心指数的排名，新加坡如今是继伦敦、纽约和香港之后的第四大国际金融中心。

一 非税收入的定义与研究综述

同为亚洲国家，研究新加坡政府非税收入及票据管理制度，从这一角度探讨其经济发展的经验教训，对中国有一定借鉴意义。

（一）新加坡政府非税收入概念及内涵

新加坡国家规模较小，仅有新加坡政府（Singapore Government）这样一个政府层级对全国进行行政管理以及各类财政收入的征收。其政府财政收入主要包括税收收入（tax revenue）、费用及收费（fees and charges）、投资以及利息收入（investment and Interest Income）和资本收入（capital receipts）。

为了使研究的参考性更强，在此拟比照中国政府非税收入定义（见图 7-1），结合新加坡财政部（Ministry of Finance, Singapore）对相关收入类目的定义解释。可以看出新加坡政府非税收入主要由费用及收费（fees and charges）、投资及利息收入（investment and interest income）和资本收入（capital receipts）三项构成（见图 7-2）。

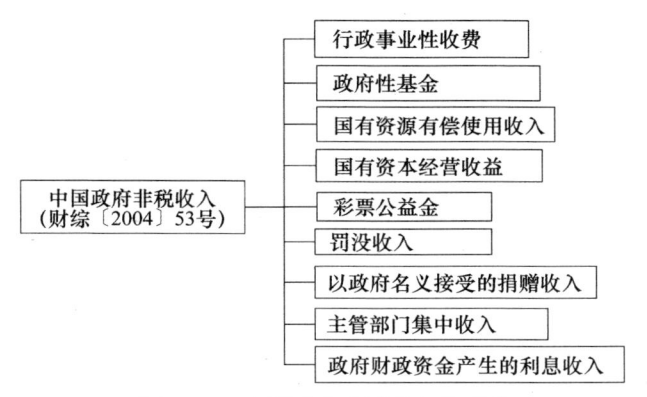

图 7-1　中国政府非税收入构成①

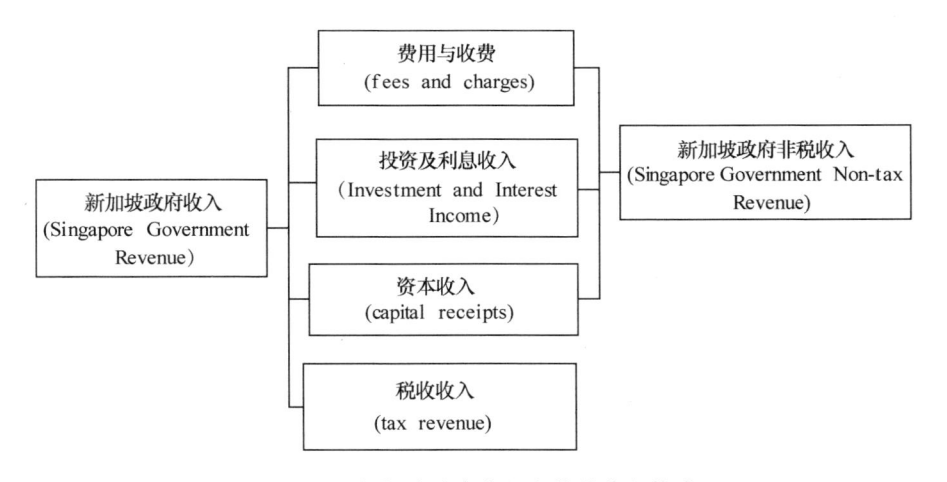

中国政府非税收入（财综〔2004〕53 号）：
- 行政事业性收费
- 政府性基金
- 国有资源有偿使用收入
- 国有资本经营收益
- 彩票公益金
- 罚没收入
- 以政府名义接受的捐赠收入
- 主管部门集中收入
- 政府财政资金产生的利息收入

图 7-2　新加坡政府收入和非税收入构成

新加坡政府收入（Singapore Government Revenue）：
- 费用与收费（fees and charges）
- 投资及利息收入（Investment and Interest Income）
- 资本收入（capital receipts）
- 税收收入（tax revenue）

其中，费用与收费、投资及利息收入、资本收入构成新加坡政府非税收入（Singapore Government Non-tax Revenue）。

（二）新加坡非税收入研究综述

1. 国内研究综述

新加坡的经济发展模式，是在特定的国际经济环境和国内经济条件下形成的，并且经历了一个渐进的历史过程。具体到新加坡的税费收入制

---

① 根据中国财政部《关于加强政府非税收入管理的通知（财综〔2004〕53 号）》整理。

度，与其自身的政治制度和文化传统有着密切关系，还与中国传统的儒家文化影响有一定关系。由于中国和新加坡的紧密联系以及新加坡独特的参考价值，国内学者在较早时候就开始了对新加坡非税收入相关领域的研究。

傅光明（1994）从微观层面对新加坡政府非税收入管理中诸如罚款收入、通行证费收取、交通工具税捐、汽车路税、分娩收费、引进境外劳动力和在国外雇请保姆收费、政府对在境内外开办的高效益公司的收费等具体问题进行了分析[1]。

郭平与何蓉（2002）在对比美国、日本、韩国以及新加坡几国情况时指出，"20世纪80年代以来，在较发达的市场经济国家中，中央政府非税收入占经常性收入总额的百分比，一般不超过15%。唯一例外的是新加坡，前十年高达40.1%，后五年也明显下降了（其高非税收入比重与新加坡东方城市小国的具体国情关系较大）"[2]。

潘明星与匡萍（2005）以近年来政府随着公共财政目标的确立而引起学术界与政府部门的广泛关注的两项改革，即费税改革、"收支两条线"为中心，着力探讨了非税收入应该如何管理以促进政府收入分配的合理化和公共财政体制的优化建设。通过分析我国非税收入的管理现状，借鉴包括新加坡在内的各国非税收入管理经验，从理论与实践两方面分析创新政府非税收入管理的思路[3]。

徐永赟（2007）研究提出了借鉴新加坡等国的先进经验，建立完整的预算管理、研究实施分类管理、改进预算执行披露机制等完善我国政府非税收入预算管理的建议[4]。

总体来说，我国的研究主要集中在与新加坡在管理、体制的对比方面，较少详细介绍其具体的非税收入及票据管理。本书希望通过借鉴，能够有更为深入的研究。

2. 国外研究综述

自20世纪80年代中期以来，新加坡在克服了国内经济危机之后，利

---

[1] 傅光明：《新加坡的非税收入及其管理》，《上海财税》1994年第6期。
[2] 郭平等：《非税收入的负担分析》，《内蒙古财经学院学报》2002年第3期。
[3] 潘明星等：《创新政府非税收入管理方式的思考》，《中国行政管理》2005年第2期。
[4] 徐永赟：《完善我国政府非税收入预算管理的思考》，《中央财经大学学报》2007年第8期。

用国际货币相对价值急剧变动而引致的发达国家大规模的对外投资和产业转移的良机，进行经济结构的技术升级，并积极鼓励发展国际服务业，加快建立国际性和区域性的服务中心。在这个过程中，政府积极推进了经济体制的调整与改革。80年代中期以后，"新加坡实施了多项税费制度改革方案，调整不合理的税收结构；进一步放松金融管制，加速金融自由化和国际化的步伐；实行工资政策的改革，建立与劳动生产率挂钩的灵活工资制度；推行国营企业私有化计划，进一步发挥私人部门的作用。这一时期，新加坡的外向型经济跨入一个新的发展阶段。整体外向型经济向高度化发展，国际性和区域性经济和金融中心的地位得以加强，政府对宏观经济的调控更加得心应手"[1]。

国外有学者将研究重点放在新加坡非税收入制度对经济发展、生活环境的调整与促进方面。

Piotr Olszewski 和 David J. Turner（1993年）介绍了自20世纪90年代以来，新加坡引入的多个财政以及行政措施，旨在抑制汽车拥有量和使用，防止交通堵塞。其中有两种新方法，其一是："车辆配额系统"，即限制每个月的新车注册数量；通过"车辆配额系统"包括月度公开招标的"拥车证"用以注册新的汽车，而且在开始招标后的30个月里"拥车证"的成本一直在增加，以至达到了新车价格的12%—27%。其二是"周末用车计划"，即允许注册仅在非高峰时段使用的汽车，此举可以使车主获得税费退还优惠。文章还围绕汽车拥有权收费政策的最初设置，以及之后在公众压力下进行修改的情况也进行了描述。研究发现，在持续强劲的经济增长条件下，"拥车证"的价格之所以会不断增长，即决定汽车需求的，并非收入弹性，而是价格（包括相关税费）弹性。[2]

Mukul G. Asher（1999年）研究了新加坡财政收入结构调整的重要措施。其中主要包括三个新的财政收入来源：

一是"外国工人征收税费"（1982年）；

二是"车辆拥车证"（COE），它规定了新加坡的机动车所有权（1990年5月）；

---

[1] 王勤：《论新加坡的经济发展模式》，《南洋问题研究》1996年第2期。

[2] Piotr Oszewskil and David J. Turner, New methods of controlling vehicle ownership and usage in Singapore, Kluwer Academic Publishers, 1993.

三是"综合商品及服务税"(GST),新加坡自 1994 年 4 月起对其实行增值税。

通过以上税费改革,新加坡虽然降低了有些税种的税率,但借助非税收入的增多,政府在不明显扩大税基的基础上保证了充足的财政收入。

新加坡借助税费调整,保证了实体经济和外向经济的财政激励和持续发展。同时,通过控制国有资源分配和改革国有股权市场,实现了新加坡政府所追求的社会经济目标。由于非税收入的增长,巨额的财政预算盈余也促进了社会经济增长和政府调控能力的提升,这也意味着单纯的经济效率(即商业盈利)考虑并不总是得到绝对的认同。[1]

二 新加坡政府非税收入管理机构

非税收入是政府收入的重要组成部分,对政府的经济调控能力与财政持续能力有着税收所不能完全取代的地位。在以法律严明、规章繁细著称的新加坡,政府不但存在大量非税收入,并设有相关机构进行管理。以下仅介绍较为重要的几个部门。

(一) 财政部

"新加坡是城市国家,没有中央政府与地方政府之分,对政府非税收入的管理和控制权自然也高度集中。"[2]

新加坡财政部(Ministry of Finance of Singapore)的主要任务是通过财政创新管理创造一个更好的国家。在历史上的多次税费改革中,财政部都发挥了关键的决策作用。

财政部在制定相关的税与非税制度规章时必须依据众多的监管法规。新加坡涉及政府非税的法律制度比较多,主要包括:《会计法案》《会计准则法》《商业登记法案》《公司法》《有限合伙法》和《有限责任合伙法》等。财政部的监管政策制定的原则中,明确规定其监管的目的是发展,而不是控制。因此,多年来,财政部积极与各行业专家协作,发挥税费调节

---

[1] Mukul Asher, "Tax Reform in Singapore", *Asia Research Centre*, Working Paper No. 91.
[2] 田淑英:《国外非税收入管理的比较与借鉴》,《经济研究参考》2004 年第 91 期。

的主体作用,从而使新加坡成为了世界级的金融和商业中心。

财政部定期进行税费制度的规则重审。仅2012年就对包括商品以及服务费(GST)在内的4项收费进行了征收范围和征收数量的调整,以确保它们能够继续支持相关业务和维持稳定的金融环境。

通过与行业专家和关键利益相关者的密切磋商,综合考虑技术的快速发展和变化的环境,把财政政策的稳定性和竞争力作为优先考虑的长远利益,确保其与国际通行的公司法律、会计和公司治理原则相一致,使新加坡财政部的监管政策和法规与当地经济社会的发展保持良好的同步。[1]

(二) 国内收入管理局

新加坡所得税部(The Singapore Income Tax Department)成立于1947年,当初仅仅是为了管理当年颁布的《所得税管理法案》而设立,其税收征收始于1948年11月。第一年收到约40000个个人纳税申报和1000个公司纳税申请。1948年1月1日到1949年12月31日的税收总额为3320万美元。1959年从英国统治下取得自治后,1960年成立国内收入部(Inland Revenue Department),将当时繁多而独立的收入管理机构合并起来共同管理。

1965年8月9日新加坡取得独立地位,1966年1月1日正式生效的《所得税法》在新环境下发生了巨大的变化。

到1970年,在国内收入部(IRD)管理权限下的法案增加到12个。当年第一位本地主管官员Hsu Tse-Kwang上任,主导新加坡开始了一轮降低税率、增加费种的财政收入体制改革。

1992年9月1日,新加坡国内收入管理局(Inland Revenue Authority of Singapore,IRAS)作为财政部下属的法定机构(Statutory Board),依据《新加坡国内收入管理法案》成立并取代原国内收入部(IRD)开始行使税费征收权利。自此,IRAS拥有了更大的自主性和灵活性,管理人事和财政资源,在新加坡商务部下属的众多法定机构中发挥了出类拔萃的

---

[1] MOF, "Mission, Values & Strategic Outcomes", Jun. 19, 2012 (http://app.mof.gov.sg/policies_services.aspx).

作用。①

(三) 与非税收入相关的"法定机构"

法定机构（Statutory Boards）在新加坡作为一种代行政府职能的半官方机构，在促进社会经济发展，尤其是在提供公共服务增加政府非税收入方面起到了至关重要的作用。

1. 法定机构的功能

从定义上看，"法定机构是一个由专门的立法机关设立的执行专门职能的官方自主机构"②，其特点在于：

- 独立于政府序列和公务员体系之外的法定实体，属于半政府机构；
- 作为政府政策的具体执行机构，依据国会专门法律成立，是管理公共事务或提供公共服务的半官方半企业机构；
- 企业化的政府，而不是政府的企业；
- 社会化的组织模式和企业化的运营方式，使其具备了政府部门所不具备的灵活性和高效性。

根据前人所作的概括，新加坡法定机构的功能在于：③

其一，帮助提升国家经济活动，如经济发展局和贸易发展局；

其二，提供民生服务，如建屋发展局、中央公积金局和公用事业局；

其三，提供基本设施服务，如民航局、海事及港务管理局；

其四，执行管制任务，如大名鼎鼎的金融管理局，甚至新加坡的税务局也是法定机构。

2. 法定机构的运作机制

新加坡的法定机构在法律地位、组织架构、人事管理、财务监管等方面都具有其不同于政府部门和企业的运营特点，在国内非税收入征收领域也发挥了无可替代的作用。

（1）法律地位：法定机构是根据新加坡议会制定的专门法令而设立的，法令中规定了法定机构的成立原因、职能、权利和义务。因此，法定

---

① IRAS, "IRAS' History and Heritage", Dec. 8, 2012（http://www.iras.gov.sg/irashome/page.aspx?id=1936）.

② Tan Chwee huat, "State Enterprise System and Economic Development in Singapore", PhD, University of Wisconsin, 1974, p.102.

③ 李爱明：《法定机构：企业化的政府》，《华夏时报》2011年8月22日第31版。

机构具有独立的法人地位，但在法律上不享有政府部门享有的任何特权和豁免权，只是政府直接参与管理的一种形式。虽然不具备政府部门的特权，在履行职责时，较之行政机构有较大的自主性和灵活性，因此，在提供社会产品和服务方面，有很多政府部门所不具备的优势。因为具有独立的法律地位，可以进行民事诉讼和从事工商活动。另外，由于法定机构是根据某项议会法案而建立的机构，与私人部门和公共企业也不同，属于半政府机构。

（2）组织架构：虽然法定机构有其独特的法律地位，但仍由新加坡政府各部委负责管辖。其内部的管理体制由三部分组成：

- 董事会：通常由议会议员、高级公务员或者在某领域内的杰出人士担任主席并且由总理任命；其他成员由高级公务员、商人、专业人士、学者或行业协会会员担任；
- 管理团队：由总经理、执行主席、秘书和各部门主任组成；
- 辅助人员：由行政专员、文书人员组成，负责执行董事会和管理团队做出的决定。

（3）人事管理：由于法定机构不属于政府序列，因此，其雇员不属于公务员系统，也不是由新加坡公共服务委员会来录用和选拔的。[①] 与此相对应，雇员的薪水等级、工作年限、服务条款，以及晋升和奖惩制度等方面的规定，都因法定机构的不同而不同，具有较大的灵活性。

（4）财务监管：法定机构采取企业运作模式，一般要自负盈亏，盈利可以用于进一步的投资。可以以自己的名义获得和处置财产。其经费来源主要有两个渠道：

一是通过向公众或商业机构出售产品和提供服务来获得资金；

二是政府为购买法定机构提供的服务所支付的代理费和援助金。

当法定机构不能做到收支平衡时，其亏损部分可由政府财政提供低息贷款加以弥补，从而帮助其拓展业务。

此外，为了确保运营的透明性和廉洁度，政府对其运营实施必要的监督和控制：法定机构的账户必须由新加坡审计长或总理任命的审计员来审

---

① Jon S. T. Quah, "Administrative Reform and National Development in Singapore", Commonwealth Secretariat, 1992. 转引自崔晶《新加坡法定机构的运营模式及启示》，《东南亚纵横》2011 年第 6 期。

计。总理必须审定法定机构的年度预算,并向议会汇报法定机构的财政决算和年度报告,由议会来批准财政预决算。

3. 法定机构的产生与特点

新加坡法定机构的历史,可以追溯至英国殖民统治时期就成立的5个法定机构,分别是:

新加坡货币专员局(Board of Commissioners of the Currency);

新加坡港口局(Singapore Harbor Board);

新加坡改良信托局(Singapore Improvement trust);

新加坡电话局(Singapore Telephone Board);

中央公积金局(Central Provident Fund)。

当然,由于历史原因,当时在国家发展中并没有发挥积极的作用。

1959年新加坡独立后,刚刚执政的人民行动党(People's Action Party)针对当时遇到的两大主要问题,建立了两个法定机构来解决:

第一,由于政府提供的公共住房不足,有将近一半的人口住在条件简陋的铁皮屋和木屋中,1960年2月,新加坡政府设立建屋发展局(Housing Development Board)来解决住房短缺问题。

第二,面对失业率居高不下的困境,1961年8月建立经济发展局(Economic Development Board),以此来促进外国投资与出口,加速新加坡工业化计划的实现①。

正是因为建屋发展局和经济发展局成功地解决了住房短缺和高失业率的问题,因此,新加坡政府在随后的四十多年里成立了很多这样的法定机构。截至2012年底,已经有63个法定机构在促进新加坡社会和经济发展方面发挥着重要作用。②

法定机构具有优于政府部门的很多特点:

第一,机构法定。法定机构是根据专门的机构法律成立的,每个机构都有一个专门的法律,规定其设立、职责、经费来源等内容。也就是说,法定机构都是根据特定条例立法而成立并受到有关机构条例的监管。

第二,政府资助。法定机构的活动经费或者由政府全额资助,或者由政府出资成立,按商业化原则运作,但收费要严格核算成本。

---

① Jon Quah, *Administration Singapore Style*, Singapore:Talisman Publishing Pte Ltd, 2010.
② Singapore Government, Dec.16, 2013(http://app.sgdi.gov.sg/index.asp? cat=2)。

第三，运作独立。由于机构的法定化，保证了机构的相对稳定性和独立性，受人为因素影响较小。作为半独立、半官方组织，与政府部门相比有较大的管理、人事聘用和财政自主权，依法自主办理有关业务，独立承担法律责任，不受国家机关及其他机构的干涉。

第四，企业管理。采取企业组织形式，实行企业化管理，机构内部按董事会（或理事会）—总裁—工作人员的组织架构进行运作，自主聘人，按自负盈亏原则控制管理成本。

第五，公开透明。由于机构的职责、运作和监督都有法律的明确规定，使机构及其服务更具透明性。法定机构必须向外问责，向社会公开其依法开展业务的情况，接受社会的监督。

第六，行使社会公共权力。法定机构是政府架构的一个重要组成部分，是公务员体系之外执行公共事务和公共服务的机构。

从总体上看，法定机构是从行政体制中剥离出来的但又不进入市场的机构，行使的是政府权力之外的社会公共权力，是影响公共利益领域的机构。[1]

总体来说，新加坡政府通过法定机构有效运行收效颇大：

其一，更有效率地贯彻了国家的经济社会发展战略。新加坡的公务员系统受到规章制度的严格约束，对经济和社会领域一些具体事务的管理缺乏灵活性。相对而言，法定机构能够充分利用自主性和灵活性的优势，专门在具体事务上贯彻政府的发展规划。这样，政府和法定机构之间就形成了合理的分工机制。

其二，减少政府部门的工作量，提高工作效率。相对来说，新加坡政府对经济社会干预的规模和程度较高，因此，政府管理的领域较多，工作负担也比较重。通过把政府部门的某些职能转交给法定机构，让法定机构来承担具体的发展任务，从而减少了政府部门的工作量，提高了政府行政效率。

其三，减少公务员中的优秀人才向私营部门流失。新加坡政府奉行公务员管理的"英才制"（Medtocracy），在这一制度指导下，政府选拔最优秀的人才进入政府，并留在政府工作。一般来说，私人部门的工资待遇和条件往往会高于公务员，从而会令很多优秀的人才脱离公务员队伍，流向

---

[1] 李爱明：《法定机构：企业化的政府》，《华夏时报》2011年8月22日第31版。

私人部门。由于法定机构人员的工资待遇可以自行决定,其薪酬常常高于公务员,因而可以通过提供更优厚的薪水和条件吸引那些想离开公务员队伍的优秀人员,从而减少政府部门的人才向私营部门的流失。

从新加坡法定机构的演变和运营特点可以看出,法定机构这一组织形式兼有公共性与经营性的特征,是政府与市场之间一种有效的组织形态。

4. 政府非税征收的法定机构

新加坡财政部下属的法定机构主要包括:新加坡国内收入管理局(Inland Revenue Authority of Singapore)、会计和企业管理局(Accounting and Corporate Regulatory Authority)、新加坡博彩管理局(Singapore Totalisator Board)、审计总署(Accountant – General's Department)、新加坡海关(Singapore Customs)、公共项目管理中心(Centre for Public Project Management)[①],它们一起构成了新加坡非税收入征收机构的主体部分。

新加坡议会根据不同时期的社会发展需要,通过专门法令,设立了不同的法定机构,其中税费征收领域的法定组织,更具有独特的效率优势:

首先,在法律地位方面,通过加强税费征收立法工作,赋予相关征收法定机构以相应的法律地位,实现依法设立,独立运作,并且在具体执行过程中有相当明细的法律法规作为参考。

其次,在组织构建方面。对过去的众多分散的税费征收机构采取改建与新建相结合的方式,逐步转型为税费征收法定机构。最有代表性的就是新加坡国内收入管理局对新加坡国内收入部的兼并改造,再逐步推进大范围的事业单位改革,从而将改革的代价降到了最小。在新加坡政府的15个部委中,除了外交部,其他所有部委均设有一个或多个法定机构。法定机构的建立方式有很多,如新设,或政府部门与法定机构合并或重组,或从原有法定机构转型、扩展而来,等等。在具体操作过程中,一般采取先新建法定机构,积累一定的管理经验后,再选取条件适宜的事业单位,比如专业技术性强的承担公共服务职能的事业单位作为试点,将其改造成法定机构。

再次,在运营模式方面,仿效之前已取得成功的法定机构建屋发展局和国内收入管理局的经验,成立自己的管理团队,并使其拥有独立的人事

---

① MOF: Statutory Boards List, Feb. 27, 2013 (http://app.mof.gov.sg/statutory_boards_departments.aspx)。

聘用与财务管理权限,既实现了经营性与公共性的结合,又体现了法定机构经营性的特征。

最后,税费征收机构向法定机构转型后,继续保持其公共性。在税费征收领域方面,把专业性和公共服务性强的税费征收事业单位全部转化为法定机构,十分注重让这些机构真正担负起公共服务的使命。

新加坡法定机构运作的领域几乎垄断了全国所有的基础设施建设和公共服务领域,它们的产出不是商品而是具有某种特征的公共服务。因此,税费征收事业单位转型后,其主要服务领域仍集中在公共卫生、教育、基础设施建设、公共住房、环境保护、群众文化艺术事业等方面,与政府、非政府组织一起成为提供公共服务的重要主体。

三 新加坡政府非税收入概况

作为一个多元种族的移民国家,新加坡土地面积约716.1平方公里,无省市之分,以符合都市规划的方式将全国划分为五个社区,由相应的社区发展理事会(简称社理会)管理。

五个社理会按照地区划分,定名为东北、东南、西北、西南和中区社理会,其首长原为国会议员兼任主席,自2002年起首长改制为专职称市长,市长级别相当于部长。这五社区又进一步分为87个选区,包括12个单选区和15个集选区。[1]

可见,新加坡的财政规划仅有一级中央政府,中央政府直属相关法定机构和政府部门全权负责境内非税收入的征收和管理,非税收入的分类管理也较为一致。

(一) 政府非税收入的具体构成[2]

从2007财年新加坡财政部《政府预算手册报告》(Report of Budget Book 2007)中的分类来看,其政府非税收入的内容主要有3个类目,其中

---

[1] Singapore Government: About Singapore, Nov. 1, 2013 (http://www.gov.sg/government/web/content/govsg/classic/about_us)。

[2] 本节表格均整理自2007财年新加坡财政部《政府预算手册》(Budget Book 2007)。

每一项都包含较多的细节项目。下面予以具体介绍，以增进对于新加坡非税收入体系的深入了解。

1. 费用及收费

政府提供的服务以及对经济社会商品活动的有关收费包括6个大项，每个大项下设若干小项，共33项，如表7-1所示。

表7-1　　　　　　　　费用和收费具体内容①

项目名称	内　容
执照和许可	
环保执照和许可	对于有可能影响环境或改造环境的相关事宜进行的审查、许可、维护收费，如"公用绿地开发许可"
民政执照和许可	对于涉及民政行为的相关事宜进行的审查、许可、维护收费，如"公共设施维护修理费用"
住房资产执照和许可	对于住房和资产的登记、变更等相关事宜进行的审查、许可、维护收费，如"房屋产权变更费"
医药健康执照和许可	对于医药健康领域的相关事宜进行的审查、许可、维护收费，如"医师资质年审费"
商业执照和许可	对于商业领域的相关事宜进行的审查、许可、维护收费
交通运输执照和许可	对于交通运输领域的相关事宜进行的审查、许可、维护收费
特定产品执照和许可	对于指定的相关产品进行的审查、许可、维护收费，如"外来农产品经营许可费"
其他	对于其他领域的相关事宜进行的审查、许可、维护收费
服务费用	
管理费用	政府机构在行使行政管理职能时所产生的向被管理者收取的相关费用
环保费用	政府机构在进行环境保护的职能时对相关人征收的费用，如"环境保护调节基金"
治安及火警费用	政府机构在行使治安及火警职能时所产生的相关费用
检测和认证费用	政府机构在进行监测和认证服务时所产生的相关费用
专业服务费用	政府在提供专业服务时所产生的相关费用

① 新加坡财政部：《政府预算手册报告》（Report of Budget Book 2007）。

续表

项目名称	内容
学校、研究机构费用	政府在提供对学校和研究机构的服务时所产生的相关费用
其他服务费用	政府在提供其他服务时所产生的相关费用
产品销售费	
刊物销售费	销售国有刊物所得收入
商业产品销售费	销售国有商业产品所得收入
信息销售费	销售政府可得信息所得收入
库存产品销售费	销售国有库存产品所得收入
租赁费用	
住宅租赁费用	政府出租国有住宅所收取的费用，如"公租房租赁费"
本地及海外营房租赁费用	政府出租本地及海外营房所收取的费用
商业租赁费用	政府出租商业相关的产品、项目所收取的费用
校舍租赁费用	政府出租国有校舍所收取的费用
其他租赁费用	政府出租其他可租赁物所收取的费用
罚没收入	
法庭罚没收入	由于一定法律关系的成立，法庭依法罚没相关财物，并在某些情况下进行公开拍卖所得收入
交通罚没收入	交通运输系统相关部门对于违反交用运输法规的行为的罚没所得
惩罚性罚没收入	对于特定违反相关法律规章的行为进行惩罚性罚款的罚没所得
其他罚款	对于其他违反相关法律规章的行为进行罚款的罚没所得
退还款项	
成本/支出的消除	已产生的成本和支出由于特定原因现在已经消除所产生的收入，如"国际贷款免除"
政府服务退还款项	由于政府提供了相应服务而给予退还的款项
职员暂借/贷款	政府职员向相关机构申请的暂借或贷款的归还
其他退还款项	政府收到的其他退还款项
其他费用及收费	

由此可见，新加坡的费用及收费（fees and charges）项目涉及政府和社会日常生活的各个方面，其中尤其需要注意并且对中国参考意义较大的项目是"住宅租赁费用"。这一项目不仅数量巨大（从历年数据来看，往往仅次于"交通运输执照许可"和"法庭罚没收入"两项），而且直接反

映了新加坡政府在房地产调控方面的作为。

1964 年,新加坡政府宣布了著名的"居者有其屋计划",承诺"为所有新加坡人提供策划周详的组屋"。新加坡将土地分为国家所有和个人所有两种,国家所有土地占土地总数的 80% 左右。1966 年,新政府颁布《土地征用法令》:规定政府有权征用私人土地用于国家建设;规定建造公共组屋,可在任何地方征用土地。被征用土地只有国家有权调整价格,价格规定后,不受市场影响,任何人不得随意抬价。征用土地是政府再分配财富和资源的强制性措施,所支付的补偿费远低于市场价。根据该项法令,建屋发展局能够以远低于市场的价格获得土地,保证了大规模公共住屋建设所需的土地。当然建屋发展局并非无偿使用土地,而是直接向土地局购买。

如今,新加坡是继纽约、伦敦和香港之后的世界第四大金融中心,私人公寓的价格可达每平方米 12 万新元(约合 60 万元人民币),可谓寸土寸金。

新加坡的民用住宅房地产市场由"政府组屋"和"私人公寓"两部分组成,前者类似中国的经济适用房,由政府投资修建,价格由政府统一规定,以低价出售或出租给中低收入阶层。

在过去四十多年的时间里,新加坡政府共修建了 96.8 万余套"组屋",目前约 84% 的新加坡人居住在"组屋"中,其中绝大部分人是自有产权,出售的产权为 99 年。很多组屋都在非常优越的位置,一般都配有停车场、树木和草坪绿化区域,以及儿童游乐场所。入住组屋后,政府设立服务中心,负责协调解决工程质量问题。另外,政府还指定组屋更新计划,每七八年重新粉刷一次,并定期修补混凝土剥落、更换污水管、增设电梯,等等。

政策还规定可用公积金来支付 10% 的首付款,政府还补贴住进组屋的家庭 3 万新元,银行的贷款利率约为 2.5%,一般家庭用公积金还款就足以支付其租金。[①]

可见,新加坡政府正是通过适当的非税收入成功地解决了经济社会中的稀缺资源配置问题,这一点十分值得中国借鉴。

2. 投资以及利息收入

投资以及利息收入(investment and interest income)类包括政府的投资

---

① 蔡利标:《新加坡公共组屋制度探析》,《粤港澳市场与价格》2009 年第 10 期。

和贷款的回报收入，含有 4 个大项、5 个小项，如表 7-2 所示。

表 7-2　　　　　　　　　　投资以及利息收入具体内容

项目名称	内　　容
利息收入	
投资利息收入	政府为主体的企业或主权基金对外投资而产生的利息收入
银行账户收入	政府在银行设立的账户利息收入
分红收入	政府所持股份的分红收入
贷款利息收入	政府向他国贷款所得利息收入

投资以及利息收入项目是新加坡非税收入的最主要组成部分，新加坡的经济模式一直以"国家资本主义"而著称。自其独立以来，经济取得了快速的增长，国有企业在其中发挥了最为重要的作用。

国有企业在新加坡经济中处于重要地位，在各行各业中都有不同程度参与，与私营企业展开合作和竞争，并且引导私人投资的投向。国有企业是新加坡最重要的雇主，解决了大量民众的就业问题。在新加坡，国有企业和政府其他活动构成的经济成分占到了 GDP 总值的 60%。新加坡的港口、航运、电信、金融等国家垄断型行业在全球享有很高的声誉。

20 世纪 70 年代中期之前，新加坡政府为了进一步促进全国基础设施的发展和管理，成立了集政府职能与企业经营为一体的法定机构，如电力局、邮电通讯管理局、石油管理局等（类似中国的电力、铁道、邮电部）。实行政企统一，既制定法规、政策，又进行行业管理和经营。随着各类工业发展规模和企业数量的增加，政府感到要管理好众多的国有企业负担越来越重，难度越来越大，为此，逐步实行将制定工业政策和法规与企业的经营职能分开，并将有关行业的管理机构进行合并。

为了不影响企业的发展，确保原国有资产不流失并能有效增值，在 1974 年，新加坡政府决定由财政部（投资司）负责组建一家专门经营和管理原国家投入各类国有企业的资本的国家资产经营和管理公司——淡马锡控股公司（Temasek Holdings）。它是按照新加坡公司法的有关规定，以私人名义注册成立的控股公司。根据当时政府的委托，新加坡开发银行等 36 家国有企业的股权（总额达 3.45 亿新元，约合 7000 多万美元）被授权由淡马锡公司负责经营。政府赋予它的宗旨是："通过有效的监督和商业性战略投资来培育世界级公司,从而为新加坡的经济发展做出贡献。"

淡马锡股份有限公司自成立以来,通过产权投资,直接拥有 44 家公司的股权。这 44 家公司作为淡马锡控股公司的第一层次子公司。淡马锡控股公司又分别通过产权投资活动,以下设子公司的方式控制着 500 多家公司,从而形成了一个从政府到母公司、子公司、分公司等多层次、产权经营多达六个组织层次的大型国有企业集团。毫不夸张地说,淡马锡掌握着新加坡经济的命脉。其成立三十年来的辉煌业绩甚至可以代表新加坡国有企业发展的成就和历程。①

同样作为拥有大量国有企业的中国,理应借鉴新加坡对国有资产的管理和经营经验,适当调整国有企业收入征收方式和征收比例,更好地利用非税收入杠杆调节经济、社会的和谐发展。

3. 资本收入

资本收入(capital receipts)类包括政府出售相关资产和资本的相关收入,含有 3 个大项、3 个小项,如表 7-3 所示。

表 7-3　　　　　　　　资本收入具体内容

项目名称	内容
土地出让收入	政府出让国有土地所得收入
资产出让收入	政府出让资产所得收入
其他资产出让收入	政府出让其他资产所得收入

其中的土地出让收入占资本收入项目的比重最大,这与中国情况较为类似。其土地管理及出让制度更是值得中国借鉴。

新加坡作为一个岛国,由 63 个小岛组成。全国地形地貌差异小,气候均属热带海洋性气候。大部分土地为低地,这些低地已开发为市区和工业区。2010 年,陆地面积为 712.4 平方千米,其中 140 多平方千米的土地是由围海造地形成的。发展空间受到严重制约,人口高度集中,密度达到 7555 人/平方千米。节约集约用地,是新加坡经济社会发展的必由之路。2010 年新加坡地均国内生产总值达到 3.18 亿美元/平方千米。服务业尤其发达,2010 年产值占国内生产总值的 63.6%。新加坡工业用地容积率一

---

① 杜晓君、李曼丽:《新加坡国有企业改革启示》,《东北大学学报》2006 年第 5 期。

般都控制在 2 以上，目前，这一节约集约用地指标还在不断提高。

新加坡是以私有制为基础的国家，其经济一般以自由放任的市场经济为原则，但土地市场则是政府主导，由政府广泛干预管制土地使用和城市规划。

新加坡土地制度采用公有制和私有制两种形式共存的混合型，但以公有制为主，政府拥有全国 90% 左右的土地，而且，国有土地（包括法定机构购买）和公有土地（政府部门直接掌控）的比重仍在上升，私人土地的比重还在下降。新加坡土地资源严重稀缺，节约集约用地是其经济社会可持续发展的唯一出路。

新加坡通过完善的法律制度保障节约集约用地政策的落实。如征地制度，为了排除私有权对土地开发和利用的影响，政府必须严格掌控土地的使用情况，私人土地所有权不具有宪法权利，即不属于公民的基本权利。土地私有权的保护是体现在《土地征用法》中，通过这种专门的法律实现有效的法律救济。

在土地征收中，法院不改变征地行为，主要是在当事人对土地征收的赔偿或补偿存在异议时，法院可以针对补偿或赔偿的方式、数额以及分配方法等作出最终裁决。

在其他不同层面的土地利用和管理环节，新加坡都制定了具体的法律，如《国家土地法》《土地权属法》《规划法》《土地税征收法》《侵占国有土地法》《住宅产业法》《土地改良法》《土地测量员法》《边界及测量绘图法》《滩涂法》《地契注册法》等，此外还有一些专门针对管理机构的法案，如《新加坡土地管理局法案、市区重建局法案》《住房发展部法案》等。[1]

（二）新加坡政府历年非税收入情况[2]

1. 非税收入的地位

在新加坡，非税收入占据了极为重要的地位。2011 财年，新加坡政府

---

[1] 曹端海：《从新加坡土地管理经验谈土地可持续利用》，《中国国土资源经济》2012 年第 6 期。

[2] 本节图表均整理自 2007—2013 财年新加坡财政部《政府预算手册 2007》（Report of Budget Book 2007）。

非税收入达到最高的 352.4 亿美元，相当于政府总收入的 43.34%。非税收入占政府总收入最高的 2007 财年，其比重甚至达到了 44.28%。即使是非税收入占比最低的 2009 财年，其占新加坡政府总收入的比例也达到了 27.93%。具体情况如表 7-4 和图 7-3 所示：

表 7-4　　　　　　新加坡 2005—2012 财年政府收入情况　（单位：百万新加坡元）

财年	2005	2006	2007	2008	2009	2010	2011	2012
税收收入	25687	28827	36630	37709	36617	41848	46076	49488
费用与收费	2246	2203	3630	3212	2765	3986	4699	5365
投资及利息收入	8414	8131	10633	13504	7227	7432	7377	8361
资本收入	6664	8499	14728	9716	4034	16302	22866	14251
政府总收入	43249	47919	65736	64306	50807	69794	81320	77790
非税收入	17562	19092	29106	26598	14190	27946	35244	28302
非税收入占政府总收入比例	40.61%	39.84%	44.28%	41.36%	27.93%	40.04%	43.34%	36.38%

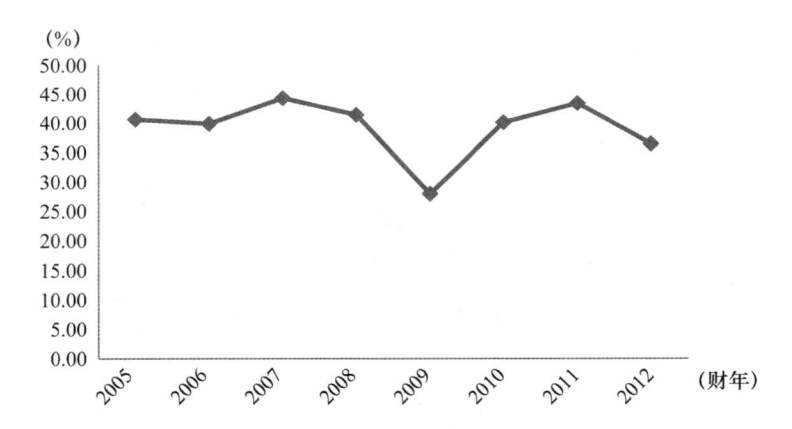

图 7-3　新加坡 2005—2012 财年非税收入占政府总收入比例

2. 非税收入的规模及其增长

图 7-4 显示了新加坡 2005—2012 财年政府收入、税收收入以及非税收入的变化情况。由图中可以观察到，税收一直维持着较为稳定的增长，而非税收入部分却显示出了较为波动的特性，并没有呈现出较为普遍的增长性。

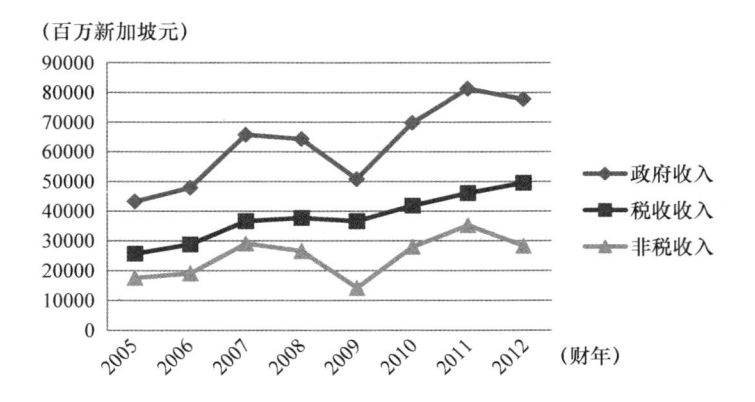

图 7-4 新加坡政府 2005—2012 财年收入情况

3. 政府财政对非税收入法定机构的依存度

图 7-5 显示了最主要的税费征收部门——新加坡国内收入管理局的征收收入占政府收入的比例。仅此单一税费收入，管理法定机构的收入就占

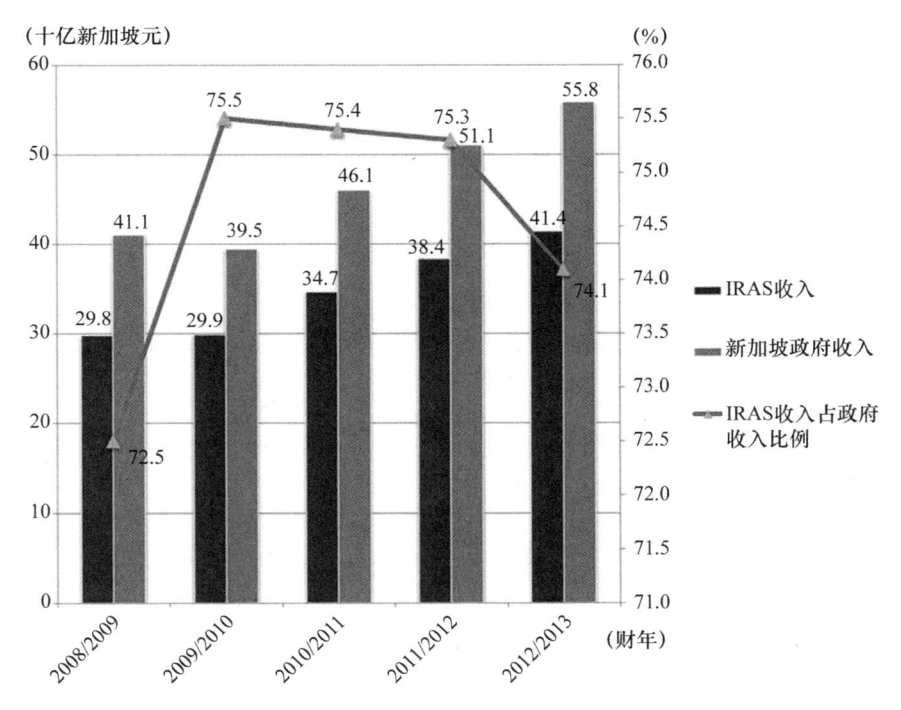

图 7-5 IRAS 收入占新加坡政府收入比例

据了政府收入的70%以上，可见新加坡的非税收入管理非常依赖相关法定机构。

4. 非税收入的内部结构

资本收入和投资以及利息收入构成了新加坡非税收入的主体部分。2008年的国际金融危机对世界经济产生了极大的影响，新加坡作为世界金融中心也是如此。从图7-6中可以看出，新加坡政府2009财年的税收收入虽说也有一定程度的减少，但比例较小，而非税收入随经济波动的程度则明显大得多，由2008财年占政府总收入的41%锐减到2009财年的28%，并且可以看到，当年减少最为剧烈的正是受金融危机影响最大的资本收入和投资以及利息收入两项。

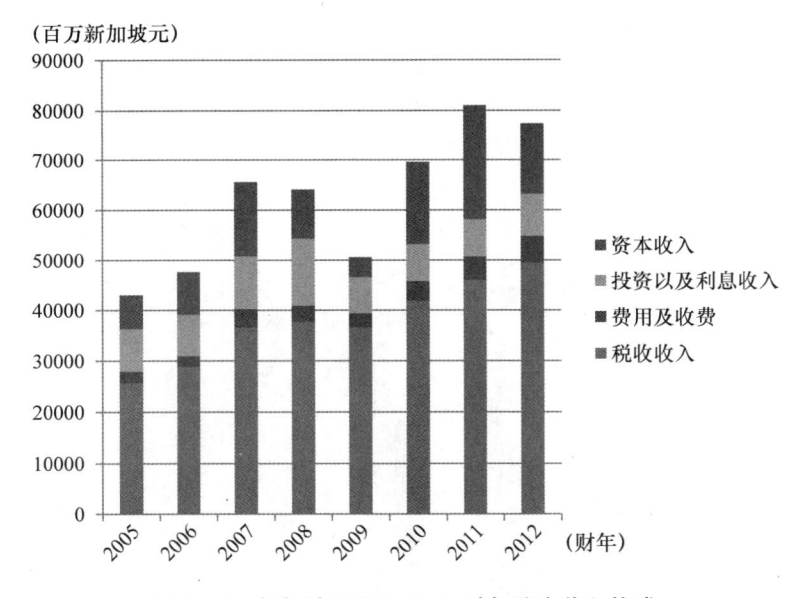

图7-6 新加坡2005—2012财年政府收入构成

四 新加坡非税收入的主要来源

不同国家其国情不同，非税收入项目侧重点也不一样。尽管税收收入是财政收入的主要来源，但在重视税收收入的同时，新加坡也十分重视政府非税收入的征收管理。2005—2012年新加坡财政收入与非税收入变化情况如图 7-7 所示。

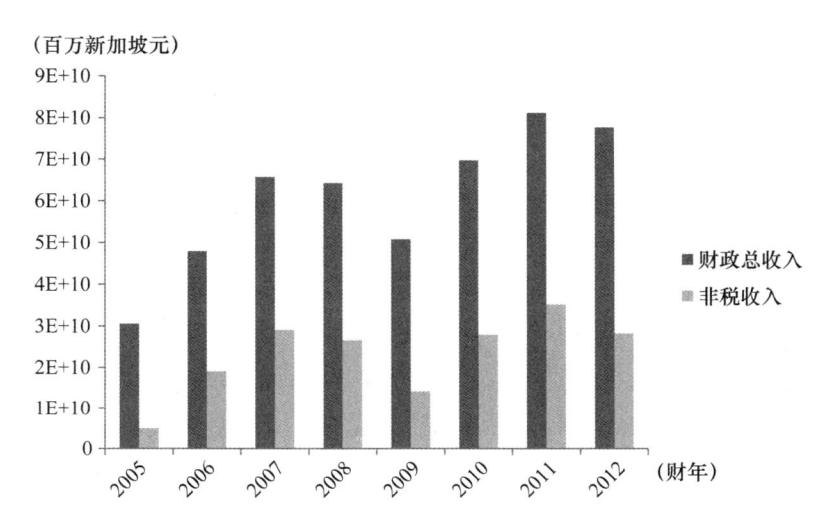

图 7-7 2005—2012 年新加坡财政收入与非税收入变化情况

资料来源：新加坡财政部 2007—2013 年各年《政府预算手册》(Budget Book)。

新加坡政府非税收入主要来源于以下几项：

1. 罚款收入

新加坡有"罚款王国"之称，可以说是靠罚款建立起来的文明。作为一个多元文化国家、贸易大港、旅游之国，人民来自世界各地，生活习性不尽相同。要想有良好的社会秩序和文明，最迅速有效的办法就是制定详细的禁行规则。

例如：入境时不能携带成条的香烟，带入就罚款 500 新元。只能带一包，还得是打开的，最好是 19 支的。

在人行道 50 米以内穿越马路，罚款新币 50 元；乱扔烟蒂、小件垃圾罚款 200 新元，大件垃圾处 12 个小时劳改；随地吐痰，第一次处罚款 1000 新元，第二次罚款 2000 新元，第三次罚款 5000 新元以上；在巴士转换站、终点站停车处乱穿马路，罚款 500 新元；随地吐口香糖，罚款 1000 新元；在公共场合或公共交通工具上抽烟，罚款 1000 新元；开车超速，罚款 5000 新元；公共场合跳舞，罚款 5000 新元；就连在地下通道里骑车，也要面临 1000 新元罚款的处罚。在新加坡到处都可以看到"FINE"

· 415 ·

（罚款）的字样。①

极为严格的城市管理措施，数额较高的罚款，足以使受罚者心痛，不敢再犯。在街道上、组屋区、车站、车厢内到处可见罚款警告牌，并严格执行。对乱扔垃圾者，除处以罚款外，还责令其穿着标有"我是垃圾虫"字样的特别服装，在规定的时间和地点打扫公共卫生，并通过电视和报纸等媒体曝光。

可以说，严管重罚使新加坡人养成了良好的习惯、创造了文明和谐的城市环境，造就了新加坡干净、整洁和美丽的城市环境，也构成了非税收入中的重要部分。据新加坡统计局统计，新加坡1981年至1990年10年收到的罚金总额约为9.1亿新元（约合6.9亿美元），年均9100多万新元，在国库收入中占有不小的比例。②

2. 道路需求管理收入

（1）拥车证收入

新加坡于1990年5月1日开始引入车辆配额系统（VQS）。车辆配额系统将车辆分为五大类型（见表7-5），在综合考虑上一年车辆的总数、每年允许增加额度和报废车辆的数量等多种因素的基础上，政府计算出本年度车辆增长率，即车辆配额，同时也会结合实际情况做出进一步的调整。

表7-5　　　　车辆配额系统对车辆类型的分类表

类型	A	B	C	D	E
车辆种类	汽车（1600cc及以下）和出租车	汽车（1600cc以上）	货车和公共汽车	摩托车	"公开组别"（包括各类型车辆）

根据车辆配额系统，购买新车必须持有拥车证（Certificates of Entitlements），公共交通车辆和其他特殊用途的车辆不需要拥车证。而不同类型车辆的拥车证价格是由市场动态决定的。

拥车证价格通过每月进行电子投标来决定，每个月交通管理部门会发出一定比例（平均不超过3%）的"拥车证"在社会上公示标售。所有中

---

① 刘传利：《"罚款"之国新加坡》，《老人世界》2016年第4期。
② 马志刚：《新加坡的罚款措施》，《世界知识》1992年第8期。

标者中的最低报价（也称配额费）即成为该月的拥车证价格，同时所有中标者均按照该价格支付拥车证，企业用车则需要支付同类型车的双倍价格。

一个拥车证可以在 6 个月之内注册一辆新车，从注册日期开始有效期为 10 年（出租车为 8 年）。当拥车证满 10 年之后，车主如果要继续使用原来的汽车，必须根据最近 3 个月拥车证的平均价格另外购买 5 年或 10 年期限的拥车证。

（2）电子道路收费

1975 年，新加坡引入地区通行证制度（Area Licensing Scheme，ALS）用于调节道路拥挤状况[①]。1996 年 6 月，道路收费制度（Road Pricing Scheme，RPS）在东海岸路实施。根据这两个系统，用户必须按日或按月以购买通行券（Coupon）的形式进行注册才可以获得用路权，有专人在限制使用的道路入口进行检查。

鉴于通行证制度和道路收费制度采用人工操作，效率和覆盖面积都受到很大限制，陆路交通管理局于 1998 年 4 月实施了著名的电子道路收费系统（Electronic Road Pricing，ERP），成为世界上第一个在大范围内通过实施电子收费来降低高峰时段交通拥挤的国家。

使用该系统后，一旦用户在规定时段进入交通比较拥挤甚至引起阻塞的中央商务区（与原来实施 ALS 的区域基本一致）、商业街和城市快速路系统，电子道路收费系统收费处就会在用户通过时根据车辆种类自动从安装于车辆内的现金卡中扣除应付费用。

实施电子道路收费系统的前提条件是在车辆上安装计费系统，在 70 多万机动车辆中，约有 96% 安装了计费系统。电子道路收费系统使用户在不必要的时候避免进入控制区域以降低交通成本，从而达到减缓阻塞的目的。

道路收费的费率是可调整的，规定每三个月经实地车速调查后决定是否调整费率。调整的依据就是车速，设定的快速路正常车速为 45—65 千米/小时，收费区域主要道路正常车速为 20—30 千米/小时。在设定的正常车速内，维持费率不变，如果调查的实地车速超过设定车速了，适当调

---

① Sock – Yong Phangand A. Chin, "An Evaluation of Car – Ownership and Car – Usage Policies in Singapore", Research Collection School of Economics (Open Access), 1990.

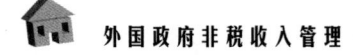

低收费的费率；反之，则调高收费的费率。①

（3）提高小汽车税捐和私人购买小汽车价款

一是开征汽车路税。如 1988 年规定，提高汽车路税，涨幅根据引擎汽缸容量而定，每 CC 提高 0.1 新元到 0.25 新元不等②；还规定小轿车在上午繁忙时间（7：30—10：15）驶进中央商务区时必须坐满 4 人，否则罚款 20 新元。

二是提高私人购买小汽车价款，对私人购买小汽车加倍收取价款，多收取的价款上缴财政。

3. 分娩收费

从 1968 年 4 月 1 日起，通过财政部指令，产妇分娩收费首胎 10 新元，从第 4 胎起，收费提高到 50 新元。

1969 年这种双重收费制改为首胎 10 新元，第 2 胎 20 新元，第 3 胎 30 新元，第 4 胎以上收费 100 新元。

考虑到政府产科医院把收费分为 A、B、C 三种，从 1973 年 8 月 1 日起，政府推行更全面的制度，三种不同等级的收费一律提高。③

4. 引进境外劳动力收费

为了控制境外劳动力的数量，新加坡居民从境外引进劳动力要向政府交一笔费用。例如，申请女佣的雇主除了付给女佣月薪外，还要每月向政府缴纳 345 新元的外籍女佣税。此外，雇主还要一次性给人力部缴纳 5000 新元的可退还押金，一旦有女佣逾期滞留不归，政府将用这笔押金遣返女佣。④

5. 政府投资收入

政府的投资活动主要通过两个基本途径实现其对社会经济的干预：一是投资于企业；二是投资于基础设施和社会服务事业。

新加坡政府向企业投资的方式，分为直接投资和间接投资两种。直接投资是通过政府的控股公司（淡马锡控股公司、胜利控股公司和国家发展部控股公司）向企业投资取得企业的股份；间接投资是通过政府参与部分

---

① 数据引自中华人民共和国交通运输部网站，http://www.moc.gov.cn/zhuantizhuanlan/gonglujiaotong/gongjiaods/guojijy/201310/t20131028_1503483.html。
② 条款引自新加坡《道路交通法》（Road Traffic Act）第 15 节（Section 15）。
③ 田淑英：《国外非税收入管理的比较与借鉴》，《经济研究参考》2004 年第 91 期。
④ 李莹：《雇保姆，新加坡人交重税》，《环球时报》2004 年 2 月 18 日第 12 版。

投资的新加坡开发银行或国际贸易公司取得企业的股份。目前政府投资参与的领域涉及制造业、金融、贸易旅游等几乎所有的经济部门。政府通过这些投资会获得相应的收入，如表7-6所示。

表7-6　　　　　　　　新加坡政府非税收入主要来源[①]

	补偿性收费非税收入	行政司法管理性非税收入	其他非税收入
收入来源	小汽车税捐和私人汽车消费收费	罚款、罚没收入；通行证费	分娩收费；雇用境外劳动力收费

五　新加坡政府非税收入的主要特点

由于非税收入种类多，收取的依据以及要达到的目的各不相同，所以各个非税收入也就不具备完全一致的特征，但是还有一些特点是相似的。新加坡政府非税收入的特点主要有：

1. 灵活性

新加坡非税收入的灵活性主要表现在征收主体的灵活性、征收形式的灵活性、征收时间的灵活性和征收标准的灵活性。

• 征收主体的灵活性

由于新加坡非税收入的种类较多，因此相应的征收主体具有灵活性。例如，小汽车税捐等收入是由税务部门直接征收，而罚金收入主要由法庭组织征收然后上缴国库。其余一些费用，例如，车辆通行证费是由交通部门在进入城区中心商业区管制路口地段收取并上缴国库。

• 征收形式的灵活性

新加坡非税收入征收既有按照成本补偿原则采取收费形式（例如，在特定时间段收取的通行证费），也有为特定项目筹集资金采取基金形式，还有以矫正负外部性为目的采取罚款的形式（例如，新加坡对一些不文明行为的罚款规定），以及按照自愿的原则采取捐赠的形式。

• 征收时间的灵活性

与缴纳税收不同的是，新加坡非税收入不需要按照法律法规的规定在

[①] 马洪范等：《政府非税收入管理国际经验及借鉴》，《地方财政研究》2009年第9期。

每月或者每季度的特定时间上缴。非税收入征收阶段性集中缴库的项目较多，往往具有一定的阶段性和过渡性，在特定目的实现后就会取消，或者为满足政府某项活动需要时又会设置某项非税收入项目。

- 征收标准的灵活性

虽然国土面积较小，但是由于不同地区的经济发展仍然存在一定的差异，造成不同地区提供公共服务的成本不同。因此，非税收入的征收在全国也没有统一的标准，即使是同一项目在不同地区的收取标准也相差很大。而且由于各执收执罚部门在征收过程中具有较大的自由裁量权，因此即使是在同一地区的同一项目，对于不同的征收对象所选择的征收标准也会有很大差异。

2. 不稳定性

作为新加坡财政收入的重要部分，非税收入规模占财政收入的比重却不稳定，变化幅度较大（见图7-8）。

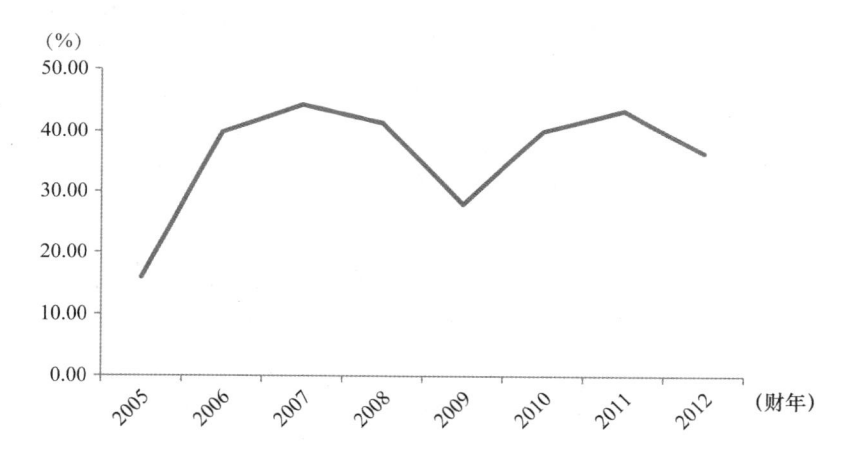

图7-8 2005—2012年新加坡非税收入占财政总收入比重变化情况

资料来源：新加坡财政部2007—2013年各年《政府预算手册》（Budget Book）。

这是由于非税收入往往是对特定的行为和为实现特定的目的而征收的，一旦特定行为不发生或者特定对象变化，就会造成相对的非税收入消失、减少或者增多。比如有行政处罚权的行政部门，若加大对违法行为的查处和执法力度，罚没收入的规模就会大幅增加。

3. 资金使用方式的双重性

新加坡的非税收入纳入政府预算统一管理，使用上按照"收支脱钩"的原则，即各执收部门取得的非税资金全部纳入预算，上缴国库，支出再根据各部门的实际需要在预算编制时安排，以保障政府职能的充分发挥。其中行政事业性收费、罚没收入纳入预算同税收收入一起统筹安排；政府性基金、彩票公益金和捐赠收入纳入预算管理，但使用时具有特定的渠道，由有关部门以实现特定的目的安排使用，实行专款专用。

4. 有偿性

这与税收收入的无偿性形成明显的区别。即非税收入的支付者在付费和获取利益之间是直接相连和对等的，而纳税人在缴税后，并不能立即得到直接对等的利益。虽然很多新加坡政府的非税收入的项目具有社会公益性和福利性，但全部由国家财政负担的情况在社会实践活动中是无法实现的，因此要采取向享受者适当收费的方式作为补偿。

新加坡政府非税收入项目有很多有偿项目，如通行证费、分娩收费等。这些有偿的政府非税收入项目也是为了让付费者得到相应的社会服务和管理服务。

此外，新加坡事业单位在提供社会服务时（如办理签证、提供旅游服务），需要消耗大量的材料，并提供一定的人员、场所、设备和技术条件。收取一定的行政事业性费用，这也是为了对消耗的人力、物力、财力等进行补偿。

5. 专用性

新加坡政府非税收入的使用与其来源紧密联系，专款专用。如罚没收入主要用于矫正外部负效应。收取通行证费用，主要是为了缓解中心城区的交通拥堵问题。

政府非税收入的收费项目、收费主体、管理对象或服务对象具有的这种特定性，也显示出新加坡政府社会管理上市场导向，讲求监管，运作规范的公共服务特色，大大增强了国家竞争力，提高了政府质量。而构成新加坡经济快速发展的三大基础条件之一就是"透明及诚实的法治制度"[①]。

---

① 构成新加坡经济快速发展的三大基础条件之一："宏观经济及政治的稳定"、"透明及诚实的法治制度"及"重教育及培训"。

6. 复杂性

新加坡非税收入近年来发展较快，占财政总收入的比例在35%左右。但是政府非税收入总是和社会管理职能结合在一起，有特定的管理对象和收取对象，非税收入呈现出复杂性的特点。

一是执行收费主体的多样化。新加坡执行收费的主体既有执行政府管理职能的行政执法机关，又有提供社会服务的单位和部门，此外还有执行政府管理职能的事业单位。

二是征收环节多元化。在新加坡非税收入项目征收的过程中，同一个征收客体往往对应着不同的征收主体，并且在不同环节被征收不同的非税收入项目。[①] 例如，一个新加坡居民可能既需要向环保部门缴纳环保费用，如"环境保护调节基金"；又需要向警察局缴纳治安及火警费用；还有可能向教育部门缴纳学校和研究机构费用。

7. 自主性

●征收方的自主性

从政府征收方面来看，政府可以根据某个时期某一领域的特定目的设立非税收入。政府各部门可根据对私人成本进行社会调整或把社会成本向私人分摊的原则，自主设立合适的非税收入项目，然后经国会审议批准后确定。

政府针对不同的服务种类，分别定价，以高于、等于或低于其服务成本的水平设定政府非税收入标准，以实现政府配置资源、调节消费的目的；根据某个时期某项事业发展的需要设立专项基金，以支持该项事业的发展。

●缴纳方的自主性

从缴纳方来看，尽管政府有了非税收入的项目，但是否要缴费，完全由居民或企业自主决定。比如，居民决定不在限定时间段驶入城区限制区域，就不需要缴纳通行证费。

当然，政府非税收入也有行政规制性，企业或居民一旦发生了政府非税收入规定必须缴费的行为，那么企业或居民就必须根据规定要求付费。

---

① 任先德：《政府非税收入管理知识读本》，齐鲁书社2007年版。

六 新加坡政府非税收入设立的依据

(一) 征收非税收入的主要依据

由新加坡政府征收非税收入的特点可以看出，其征收的依据较为多样化，财产所有权、政府行政权、政府信誉等都是政府征收非税收入的主要依据。

一般而言，政府财产所有权可以理解为政府对资产或资源的所有权，并据此征收国有资源有偿使用收入、利息收入等。依据政府行政权可以强制征收的是社会保障收入、政府性基金、罚没收入。当然，依靠政府信誉征收彩票收入、政府债务收入和以政府名义接受的捐赠收入，应遵循自愿原则。

由于各种收费的征收依据具有多元化的特点，并且依权力属性不同，政府收费划分为使用费和规费。政府收取的使用费即要求特定公共服务或公共设施的使用者按照一定的标准缴纳相关的费用。而政府部门为某些特定的单位和个人提供相应服务或实施行政管理所收取的工本费和手续费就是政府规费。

(二) 政府非税收入的定位

非税收入作为新加坡税收收入的辅助和补充，能够弥补财政收入的某些不足，但与税收既有共同点又有区别。

两者的相同点是，它们都是新加坡政府参与社会产品分配和再分配的一种形式，收入的归属都是新加坡政府；征收方式都具有强制性，即都是凭借新加坡政府行政权力或垄断地位取得收入，体现新加坡政府行为，征收对象都是法人、社会团体和居民个人。征收主体都是新加坡政府机关。

两者的区别在于：

一是持续性不同。税收具有普遍性，而政府非税收入针对特定管理对象和特定行为征收，具有较大的不稳定性，一旦征收对象和征收行为不再存在，该项收入也无从谈起（比如一些具有惩罚性的费用）。因而政府非税收入来源具有不持续性。

二是较高的征收成本。征收成本包括政府职能部门的行政成本和征收对象的服从成本，前者包括资金结算、使用量测算和收费成本；后者包括邮寄、付费及传递过程中的耽搁成本。显然成本过高将会影响收费的效率，同时法制和技术等条件也决定了收费的水平。

三是新加坡的财政误差往往是由于非税收入项过多造成的。

以上特点决定了税收是新加坡国家收入的主要来源和主体，而政府非税收入是有效补充形式。

此外，非税收入作为政府收入的辅助形式，还存在一定的局限性：

其一，政府收费的范围较为有限。一般只有准公共产品才可能通过收费的方式筹集资金。同时由于新加坡政府收费是与收益原则挂钩的，因此仅能对可以识别受益者并能排除不付费者的项目收费。

其二，政府收费可能会与公平原则相冲突。由于收费是针对使用者的受益程度收取的，有可能使一部分付不起价格的人享受不到他们需要的准公共品。

其三，政府非税收入对经济稳定的调节功能相对较弱。由于非税收入与经济的关联度小，而不能像税收收入规模那样随经济周期的变动而变动，缺乏像税收那样"内在稳定器"的功能。

其四，新加坡政府非税收入的种类较多，征收依据各异，情况复杂，规范管理的难度较大。

（三）新加坡政府非税收入的功能

新加坡政府能够正确地发挥政府非税收入的作用，在很大程度上是由于新加坡政府对非税收入的功能进行了合理的界定。新加坡政府非税收入具有两项基本功能：

1. 分配功能

政府非税收入的分配功能是指政府通过非税收入改变国民收入分配格局为新加坡政府财政筹集财政收入。

新加坡政府通过征收执照及许可费、服务费用、产品销售费、租赁费用、罚没收入以及获得投资和利息收入，来增加政府的收入，从而对收入进行再次分配。政府非税收入的分配功能与税收收入的分配功能各有分工、相互协调、相辅相成，共同完成筹集政府财政收入的任务，并与财政支出的安排结合起来，共同完成财政所担负的资源配置任务。

在财政实践中，税收分配的强制性、固定性和无偿性特征，使之可以

第七章　新加坡政府非税收入

有效解决公共产品生产和提供的"搭便车"问题，因而税收收入在各国政府收入体系中居于不可替代的重要地位，具有强大的分配功能。新加坡也同样，税收收入仍占财政总收入的大部分，在65%左右。但是，税收的分配功能客观上也存在一定的局限，集中体现为税收收入筹集主要依据的是支付能力原则，通常只能在少数税种上采用收益原则，从而在事实上使税收收入筹集和公共产品提供之间的内在联系只能在整体上得到体现，而缺乏结构性的对应关系。这既不利于合理界定政府和纳税人之间的权利和义务关系，也不利于公共产品生产效率的提高和纳税人自主纳税意识的培养，从而导致一系列棘手的现实问题。

由于税收分配的主体地位是不可替代的，所以解决税收分配功能存在局限的问题，客观上就只能是对其加以完善和弥补。

由于新加坡政府提供的产品或服务中，除公共产品外，还有大量的混合产品，只要混合产品具有排他性特征，就可以依据收益原则筹集收入，即按收益原则对用户收取合理的费用，这就既能以公开和公正的、社会和受益人都能接受的方式筹集到收入，又能提高公共设施等由政府提供的混合产品的使用效率。

即便是政府提供的纯公共产品，通过政府非税收入仍然可以提高其资源配置效率。比如，规费的收取有助于使社会成员合理使用政府提供的公共服务，而罚没收入则可有利于行政、司法、执法部门维护正常的社会秩序。

2. 调节功能

新加坡政府非税收入的调节功能具体体现在以下几个方面：

第一，提高社会资源配置效率。

对可以收取使用费的准公共产品，政府如果不收费，则社会成员对其的需求就会增大到边际收益为零的数量，这对社会而言会导致严重的效率损失[1]。因为政府提供准公共产品也是要花费成本的，而且边际成本递增。

按照"帕累托标准"的要求，资源配置达到边际收益和边际成本相等时才是有效率的，而在准公共产品的边际收益为零时，边际成本是大于边际收益的，这意味着资源配置量过多、产量过大而导致了效率损失。如果政府按照边际收益和边际成本相等的原则确定收费标准，则可实现资源配

---

[1] Robert Repetto, Roger Dower, Robin Jenkins and Jacqueline Geoghean, *Green Fees: How a Tax Shift Can Work for the Environment and the Economy*, World Resource Institute, 1992.

置的帕累托最优。即便政府有意识地要增加低收入者的消费量，从而提高社会福利水平，适当收取一定的费用（该收费标准低于边际收益和边际成本相等时的收费标准）也比政府免费提供要有效率。

比如，在卫生方面，新加坡政府按服务成本的一定比例收取一定费用，与完全免费医疗相比，会大大减少一些不必要的对药品和医疗服务的需求；新加坡政府行政司法部门收取的规费，虽然带有一定的成本补偿性质，但更重要的是要促使社会成员或单位合理有效地使用政府提供的公共服务，避免滥用而导致效率损失。

第二，促进社会公平收入分配。

从理论上讲，公共产品或准公共产品由政府通过"税收—财政支出"机制向消费者提供，使低收入者和高收入者都消费到这些产品。但是，在现实经济生活中，有些低收入者却可能消费不到这些产品，或者不如高收入者消费的数量大、受益程度高，这就大大制约了公平收入分配功能的实现。

比如，新加坡政府对高等教育给予财政拨款或补助，降低学校的收费标准，或者实行高等教育免费，得到好处的只能是那已经完成中等教育和能够通过大学入学考试的学生，而这些学生大部分来自富裕家庭。这说明"税收—财政支出"机制在公平收入分配方面的确存在一定局限。

事实上，政府非税收入公平收入分配是有条件的。如果收入征集标准和方法不能合理界定，就很难实现。比如，政府通过向生产者提供补贴降低水、电价格，收益多的很可能是那些城市里的用水、用电大户，这包括大量的高收入者，而低收入者却由于水、电消费量少而得到较少的好处。因此，政府非税收入公平收入分配功能的实现必须和确定合适的收入征集方式结合起来。为解决这一难题，新加坡政府规定水的消费在规定限额以内，可以免费，而超过规定用量则按平均成本收费。这样就可以收到很好的公平收入分配的效果。可见，政府采用合适的征集方式，对于实现"税收—财政支出"机制在准公共产品提供方面所不能实现的公平收入分配上的重要性。

第三，避免和减轻新加坡社会"拥挤"的功能。

如果政府提供的某种准公共产品面临拥挤问题，则社会福利水平就会因此而降低。此时，政府通过收取一定数量的使用费，将有助于避免和减轻拥挤。新加坡政府的一些做法，在世界范围内反响强烈。

（四）新加坡政府非税收入设立的必要性

非税收入作为新加坡财政体系的重要组成部分，具有重要意义。

1. 准公共产品的成本补偿

公共经济学认为，为满足公众的私人需要，公众可以通过经济市场，依据等价交换的原则购买其需要的产品和服务；为满足公众的公共需要，政府需要提供类似于外交、国防、法律、环境保护等这类既无排他性又无竞争性的纯公共产品和类似于公园、博物馆、公检司法以及证照办理、草场和高速公路这类只具有部分公共产品性质的设施和服务。由于纯公共产品消费的边际成本为零，几乎会被所有的公众所消费，因此政府通过税收的形式向每个人征税，由所有纳税人来分摊提供纯公共产品的成本。[①]

在现实生活中，准公共产品只被部分社会成员使用，如果仍然采取收税的方式弥补成本，就会损害那些未消费这类公共产品公众的利益，引起他们的不满。如果完全由市场提供，昂贵的费用，很可能会侵害那些无力消费这部分公共产品公众的基本权利。也就是说，准公共产品既不能完全由市场提供，也不能完全由政府提供。

因此，在发挥市场对社会资源基础性配置的基础上，为了实现准公共产品的有效供给和社会资源的合理配置，新加坡政府就可以采取收费等非税收入方式来弥补提供准公共产品所产生的部分或者全部成本，同时适度的收费也可以减少对公共产品的过度消费，增加人们对公共产品和准公共产品消费的满意度和舒适度。

例如，新加坡政府对公共交通通常不提供财政补贴，主要采取政策扶持：

一是设施低价租用，枢纽和终点站租金 12 元/年·平方米。

二是优惠购车政策，包括免拥车证费用，进口税减免 50%，公共交通车辆附加注册费仅为市场指导价的 5%（其他车辆为市场指导价的 110%）。

三是政府投资非接触式智能卡系统建设（包括软件费用）。

四是社会共同助贫，通过社会发展青年与体育部或社区发展委员会的

[①] 冯锦春：《政府财政非税收入管理工作标准、政策文件及违法违规行为查处实务全书》，北京经济科学出版社 2005 年版。

工作扶持计划和社会自发组织帮助贫困家庭；公共交通运营公司给贫困家庭发放乘车代币券，帮助应对资费上涨。

五是给予企业较大自主权，企业通过推行一卡通、优化公共交通线网、实行无人售票等，应用智能化管理，不断降低成本。

此外，自1992年起，政府要求公共交通运营企业都要设立专用账户，作为应对短期油价上涨的基金。基金从企业收入里提取，每年累积直至达到预定目标（至少等于公司按照公共交通委员会提出的参考燃料价格计算的一年燃料消耗费用）。公共交通委员会给出的参考价是最近五年平均市场动态价。当实际采购价格低于参考油价时，提取差额部分注入基金；高于参考油价时，可提取基金来缓和燃料价格短时急剧上涨的压力。

2. 矫正负的外部效应

一般而言，正的外部效应能否产生非税收入，取决于政府的干预方式，如政府采取直接投资兴办国有实体的方式、公立学校的收费等。若采取向私人部门提供补助的方式则反之。

对负外部效应的矫正，政府必须采取强制手段进行干预，使外部效应内部化，按照矫正外部效应所需成本使用收入。在市场经济条件下，新加坡政府凭借对国有资源（资产）进行收费、罚款或没收等，让生产者负担真实的生产成本，从而产生非税收入。[1]

3. 国有资源（资产）产权收益的国家所有

主要包括新加坡国有资本经营收益、国有资源（资产）有偿使用收入。主要是新加坡政府凭借对国有资源（资产）的产权，对其出租、出让、委托经营等取得的收益进行分配，从而产生非税收入。

如前所述，成立于1974年的新加坡淡马锡控股，作为一家由新加坡财政部负责监管、以私人名义注册的控股公司，是财政部拥有所有权的一个独立的资产经营公司，它的目标就是资产经营。近四十年来，淡马锡的年均净资产收益率超过18%，归属国家股东的年均分红率超过6.7%。远远超过同期私有企业的经营业绩。也正因如此，新加坡淡马锡的运营模式被称为国有资本运营的典范。

新加坡低税率得益于其财政收入中，相当大一部分来自于国有资产经

---

[1] Piotr S. Olszewski, "Singapore motorization restraint and its implications on travel behavior and urban sustainability", *Transportation*, 2007.

营收益，而国有资产增值后利润的回报，不仅解决了民生和基础设施建设问题，还降低了企业的税率，为新加坡创造了一个亲商的环境，从而吸引更多外资企业投资和促进本国企业扩大再生产，进入一个良性的可持续循环模式。

4. 促进社会公平正义

社会公益事业具有很强的公共物品属性，可以促进社会的公平正义，但是社会公益事业往往涉及面广、资金需求大。社会公益事业资金很难通过税收来筹集，仅由政府来提供发展社会事业的资金难以满足发展社会公益事业的需要，不能有效发挥公益事业促进社会公平正义的作用。

政府凭借自身的信誉出售彩票，取得彩票公益金，一部分用来发放中奖者的奖金和弥补发行彩票的成本，剩余部分用来弥补发展社会公益事业的成本或是填充社会保障基金账户，增加社会保障总体保障能力。彩票公益金收益、社会捐赠收入等收入项目，具有很强的自愿性，往往被称为"无痛税收"。因此新加坡政府管理规范、程序透明方式，通过公众向政府购买彩票或者捐献私人财产来筹集社会公益事业资金。

对于部分收入比较高的人，随着货币资金的不断积累，其产生的边际收益逐渐减弱，但对于处于贫困线或者正处于灾害中急需资金恢复生产生活的人而言，边际收益要远远大于收入较高者，所以以非税收入捐赠方式为媒介，实现资金的转移使用，极大地提高了资金的整体使用效益，促进了全社会的整体福利。如在地震、洪水等自然灾害发生时，社会成员通过捐赠来充实救灾资金，充分发挥社会成员之间的互助作用，实现社会风险共担，增强灾区的抗灾救灾能力，加快恢复生产生活的进度，提高全社会的凝聚力。

5. 降低交易费用

在新加坡准公用产品的定价中，实行"谁受益谁承担"的对称原则，致使其收费制度的操作费用远远小于税收制度的交易费用，即税收制度的执行费用与制定费用。从某种意义上来讲，收费满足了降低交易费用的要求。

（五）政府非税收入设立的法律依据与原则

新加坡的法律制度素以严格著称，一项非税收入在设立之前一般都会经过国会批准，制定相关的法律之后再执行。其中涉及生活中的方方面面的罚款、没收等都有着严格的规定。

例如,《道路交通法案》① 涉及道路交通的惩罚措施规定:

- 在涉及影响碳排放税应缴额和折扣额时,任何提供虚假信息的人都会被判有罪,并处以最多 1 万美元的罚款和最多 6 个月的监禁,同时还应缴齐少缴的数额。
- 任何违反道路限制规定的机动车辆驾驶人或拥有人将被判有罪,并处以不超过 5000 美元的罚款(当还存在其他指控时,罚款最多可至 1 万美元)。
- 任何伪造通行证的人都将被判有罪,并处以最高 2 万美元的罚款或最高 12 个月的监禁,或两项并处。

新加坡国会在非税收入问题立法过程中,发挥指导作用的原则有以下几点。

1. 法定性与科学性相统一

新加坡政府非税收入立法的法定性,即非税收入的立法活动,要符合法制要求。新加坡政府非税收入的立法应当依照法定的权限和程序,从国家整体利益出发,维护国家财政资金的统一。

政府非税收入立法的科学性,即政府非税收入立法应符合非税收入管理的科学运行规律,以达到对非税收入规范管理的目的。坚持非税收入立法的科学性原则,是法律得以顺利实施的前提和基础。要保证非税收入法律的科学性,就要从实际出发:

一是政府非税收入法律的各项规定必须切实可行。理论上可行而现实中很难做到的,或者原来可行而现在不可行的规定,必须予以修改;

二是管理体制上适合国情、符合民意,且收费项目、标准、比例等法律要素的设定上也要科学;

三是新加坡政府非税收入法律的规定必须符合政府非税收入管理的实际。

只有享有行政立法权的行政机关在其权限内以宪法和法律为依据制定的非税收入法律,在不与宪法、法律相抵触的限度内,才是合法的和有约束力的法律规范;也只有严格遵循法定程序,才能保证非税收入立法的科学性、民主性和公正性。

---

① *ROAD TRAFFIC ACT*,1961 年生效,2004 年进行了修订。

2. 政策性与规范性相统一

新加坡政府非税收入立法的政策性是指非税收入法律的制定必须符合新加坡的路线、方针、政策。

规范性原则是指非税收入法律的各项规定应当具备科学性，合法与非法的界限应当清楚，以便于开展工作，不能似是而非、模棱两可。这是保证非税收入法律达到政策性、针对性、普遍性要求的前提条件。如果非税收入法律的各项规定不具备科学性与规范性，其政策性、针对性、普遍性的要求也就很难实现了。

3. 原则性与灵活性相统一

原则性是立法工作的本质规定性，是新加坡非税收入立法的基本目的要求，它维护的是非税收入管理的法律性质。坚持非税收入立法的原则性主要要做到四点：

一是坚持法定性，非税收入的立法活动，要符合法制要求；

二是坚持管理按照法律、法规和规章规定的原则执行；

三是坚持将新政府非税收入纳入预算管理，实行统一预算、统筹安排的原则；

四是坚持将政府非税收入管理以收缴分离为主线，以"收支脱钩"为目标，分步实施、逐步落实的原则。

灵活性即在原则性允许的限度内，根据具体情况，对非税收入管理中某些特定的问题作出灵活规定。新加坡政府非税收入的灵活性主要表现在：

一是形式多种多样。既可以按照受益原则采取收费形式收取，如各类执照和许可收费等；又可以为特定项目筹集资金而采取各种政府性基金形式收取；还可以为校正外部效应而采取罚款形式收取，如为规范市民及游客行为而设立的各类罚款等。

二是时间灵活。有些非税收入是为了满足政府某一特定活动的需要，而在特殊条件下采取的过渡性措施。

三是收取的标准灵活，可以根据不同时期本地的实际情况制定不同的征收标准。[①]

因此，新加坡非税收入立法充分注重灵活性，一方面在制定非税收入

[①] 康建平：《政府非税收入管理研究》，苏州大学出版社 2007 年版。

法律时，对某一具体法律规范的规定，考虑到实现的时间上的步骤性和方式方法上的多样性；另一方面考虑到非税收入管理法制的统一性和各部门的实际情况。

4. 普遍性与专门性相统一

新加坡非税收入立法的普遍性原则，即法律的各项规定应该是各级部门在现有的条件下能够做到，或者经过努力工作基本可以达到要求，以保证非税收入法律的顺利实施。如果非税收入法律的各项规定要求过低，则起不到促进提高非税收入管理工作水平的作用；如果非税收入法律的各项规定要求过高，从而脱离实际，对于大部分单位通过自身的努力也难以达到要求，就会影响到非税收入法律的顺利实施，也会丧失法律的严肃性。

非税收入立法的专门性原则，即非税收入立法所涉及的内容是特定的、非普遍性的。新加坡政府非税收入在立法时，考虑三个方面的因素：

一是立法所规定的只是非税收入管理工作或者与非税收入管理工作有关的，并只能由非税收入法律予以明确的内容，其他法律中已有规定的或者应该由其他法律规定的问题，不在非税收入法律中规定；

二是对各管理部门来说，非税收入工作总是和社会管理职能相结合在一起，有特定的管理对象和收取对象，相对会比较稳定。虽然收费的对象可能会存在某些项目上的重叠和交叉，但这并不具备普遍性；

三是在部分支出项目上具有定向性，如政府性基金收入在支出方向上就是具有指定的专项用途的。

5. 公平公正性与效益性相统一

公平公正性即新加坡非税收入在立法时，清晰地界定上下级之间的利益分配边界，杜绝不规范的上下级之间的利益争夺，把非税收入全部置于较透明的管理框架之下。

公平公正性主要体现在如下几个方面：

一是对所有缴费人无差异原则，缴费人平等对待，以杜绝许多部门收人情费现象；

二是公平非税收入缴款额度，以解决不同部门面对同一个缴费人，虽然某一部门收费不够，但综合起来是很大负担的问题；

三是对经济活动主要依靠税收来调节，缴费者在向政府缴纳的税收与非税收入之间，在同一事项上应缴的各种非税收入之间应做好协调，减轻费收负担。

效益性即新加坡非税收入的立法宗旨是要公平、公正,要兼顾政府、执收单位、缴费人各方的利益,努力提高使用非税收入效益。

新加坡国会所追求的目标应是通过投入一定量的时间、人力、物力和财力,设置非税收入管理规范,使该规范在现实生活中发挥最大的作用,以期达到其以最小代价换取最大可能的社会和平与和谐的目的。

新加坡立法活动的经济性因素具有可预测性、可控制性和可节省性。非税收入立法对效益原则的遵循,其价值体现在社会、经济和法律等关系到非税收入立法本质上的宏观层面。[①] 因此,新加坡在对非税收入进行立法时,既考虑社会公平,又讲究管理效益,实现以费聚财,集中理财。按照"公开、公平、公正;依法、依规、依程序"的原则,统筹安排财政支出。推行综合财政预算,以保证政府非税收入与经济利益挂钩,提高工作效率,增强服务质量,确保非税收入公平性与效益性,使财政有效地履行分配职能,缓解社会矛盾。

新加坡政府非税收入立法原则的作用在于:

一是可以为国会制定非税收入法律提供依据和指导;

二是可以为法律原则和具体规则确定提供指导,使其精神实质得到正确灵活的运用,达到与非税收入立法的本意相符合的目的。

七 新加坡非税收入的管理模式

(一) 新加坡非税收入的管理方式

关于新加坡非税收入管理,可见表 7-7。大致分析如下。

1. 由税务部门直接征收

新加坡税收管理层次少,效率高。在税收征管上也十分严格,并有一套科学化、现代化的管理方法。小汽车税捐等收入由税务部门直接征收。全国有完备的电子计算机税收管理系统,应缴的政府非税收入可以通过电脑直接划拨,因而税收成本很低,只有 0.95%。

---

① 蒋小燕:《刑事立法效益原则的经济性解读》,《云南大学学报》(法学版) 2007 年第 6 期。

2. 由法庭组织征收

大量的政府非税收入（主要是罚金收入）由法庭组织征收，然后上缴国库。如市政厅的福利社里，一名厨师曾因在烧菜时抽烟而触犯法律，被带到法庭后罚款 40 新元；在一个月内，法院法官命令仅触犯《公共环境卫生暨孳生疾病昆虫法案》的违法者缴纳的罚金总数就达 2 万新元。[①]

3. 由有关部门组织征收上缴国库

如征收车辆通行证费，一般由交通部门在进入城市中心商业区管制路口地段收取，并上缴国库。[②]

表 7-7　　　　　　　　新加坡非税收入管理方式[③]

管理方式	收费项目的确定	收费标准的确定	非税收入的管理	非税收入的监督	非税收入的使用	其他方面
	由相关部门在征求社会意见后确定	由相关部门在征求社会意见后确定收费标准	由税务部门、法庭、相关部门分别征收，征收款项统统上缴国库	接受多个机构监督、审计机构的审计、公平竞争调查管理局的调查、有关部门的监督检查	上缴国库，统一支出	有完备的电子计算机税收管理系统，税收成本很低

（二）新加坡非税收入的管理制度

1. 合理界定非税收入的征收范围

新加坡政府明确了非税收入的管理范围，将体现政府行为、利用国有资产获取的收益纳入政府非税收入管理。同时，对非税收入进行分流归位，清理整顿行政事业性收费和政府性基金，取消不合法、不合理的非税收入项目，将不体现政府行为的收费转换为经营服务性收费，将一些具有税收特征的收费改为税收。

2. 制定科学的定价方式

制定科学的收费标准是新加坡非税收入制度的一个核心要素，定价方

[①] 傅光明：《新加坡的非税收入及其管理》，《上海财税》1994 年第 6 期。
[②] Piotr Oszewskil and David J. Turner, *New methods of controlling vehicle ownership and usage in Singapore*, Kluwer Academic Publishers, 1993.
[③] 马洪范、蒋义：《政府非税收入管理国际经验及借鉴》，《地方财政研究》2009 年第 9 期。

式所反映的价值内容，既不同于市场价格反映的私人成本，也不同于税收反映的社会成本。

新加坡非税收入一个重要的征收依据是提供准公共产品，因此其收入标准的确定一般依照两条原则：

一是对私人成本的社会调整，降低社会认为过高的私人成本，如反垄断的限制性收费，调高社会认为过低的私人成本，如消除负外部效应的罚款和消除拥挤的准入性收费；

二是将社会成本向私人分摊，大多是按低于平均成本的边际成本收费。边际成本定价是基于资源最优配置的原则，按照达到供求量相等的边际成本来确定收费标准。

目前各国通行的政府非税收入定价方法有两种：

其一，完全成本定价。基于按需求量确定的平均成本来定价，其出发点是补偿成本耗费。

其二，边际成本定价。基于资源最优配置的要求，按达到供需量相等时的边际成本来确定价格。这一种定价方法得到普遍采用，但实践中，它还涉及是否将资本性费用包括在价格中的问题。资本性费用属于固定成本，不包括在边际成本之中，但如不考虑资本性费用，就意味着价格中没有包含全部成本。所以，新加坡政府在按边际成本定价的同时还将资本性费用考虑进来，一并确定非税收入的标准。

新加坡对收费标准的核定，按照收费类别分类管理：对具有道路通行等排他性的特许权收费，按照市场价格确定收费标准；对管理性或服务性收费，按照非营利原则，根据补偿成本或低于成本核定；对兼有公共和私人混合受益特性的服务，收费标准低于全部成本和费用。

3. 加强政府非税收入的预算管理

对政府非税收入，新加坡实行了严格的"收支两条线"管理，主要表现在以下几个方面：

其一，政府非税收入全部上缴国库，统一纳入预算管理，不得坐收坐支。即使是法律明确规定的专项性收费，收费单位也必须全部上缴国库，由政府通过财政预算分配资金。例如，新加坡政府机关和受政府委托的部门、单位根据预算法案和年度预算安排统一收取的各种专项性收费收入，先全部缴入同级政府财政金库，再由财政部门根据收费用途分别记入相应的信托基金专户中，并依据年度预算计划按季度拨付，支出单位按规定用途专款专用，不得挪作他用。

其二，公共事业单位由政府通过财政预算分配资金。有关政策则规定，新加坡各公共事业单位都实行统收统支的财务管理体制，各单位的全部收费收入，无论是幼儿园收费，还是养老院收费，都要足额上缴财政，单位需要的开支由财政部门按标准核拨。

其三，非税收入部门与其单位预算实行收支脱钩。不论是专项收费还是一般性收费，财政对各部门、单位的预算支出安排，都不与其收入多少挂钩。不论公共收费是专项性收费还是一般性收费，政府财政对各收费部门、单位的预算支出安排，都不与其收入多少挂钩，对某个部门或单位的预算支出安排也不能因非税收入的增减而增减。

新加坡政府实行高度集中的资产预算管理和严格的收支两条线管理，政府各部门所有法定非税收入直接缴入国库统一核算，支出由预算统一安排。资本性支出必须分项目单独列示，经国会审批通过方可列支，同时，还通过建立科学有效的绩效评估机制，定期对非税收入管理效率进行考评。

4. 实现新加坡政府非税收入管理法制化

新加坡政府对收费的一个显著特点是，公共部门出台任何政府非税收入项目都要求有严格的法律依据，若要变动标准也须经过严格的法律或行政审议程序。

对于社会公益事业的收入和支出的预算和决算，也要经过政府审查和批准，并对其财务情况进行审议和监督。如新加坡政府对于收费等政府非税收入项目和数额、控制与开征，要通过议会或社会的选民投票来决定，并对是否要民主投票、谁来投票和多少票数通过才能有效都做出了具体明确的规定。

在新加坡的公共资源（资产）管理制度体系中，公共住房政策是其典型代表。为实现"居者有其屋"，新加坡政府将住房政策提到保持社会稳定、维护社会公平和吸引人才的战略高度来对待，在国家法律基础上，建立了一整套完备的管理制度和监督体系，涵盖了土地征用、组屋建设、住房分配、购房补贴、公积金管理以及资格审查等。

5. 采取多种收缴方式，严格收缴管理程序

按照既有利于及时足额征收、方便缴款人，又有利于降低征收成本的原则，新加坡政府确定多种收缴方式。例如，通过"消费者自动银行"自

动划转、由金融机构代办缴付、通过电话委托缴付、通过邮寄付款、直接向征收机构缴纳等，征收方式灵活多样。另外，新加坡建立国库单一账户，实行严格的"收支两条线"管理制度。

6. 严格的监督体系

新加坡在非税收入的管理中，建立了完备的监督管理体系。不管是在事前、事中还是事后，都有强有力的监督手段。乱收费、乱罚款、乱摊派等违法违规行为一经发现，往往采取重罚的方式，坚决做到令行禁止。

（三）新加坡非税收入管理的特点

新加坡政府在非税收入的管理上具有以下三个特点：

其一，法制化管理程度非常高。从收费项目和收费标准的确定，到非税收入的使用，都有一个严格的法律程序。

其二，纳入财政资金统一管理，对税收和非税收入采取有区别的管理模式。尽管非税收入的来源不一致，但所有的非税收入都纳入了财政资金的统一管理。即使某项收费规定了使用方向，其也要参照预算内资金来管理，以确保资金的使用效率。对非税收入采取特别预算、专门预算等形式纳入预算体系内进行管理。

其三，管理过程民主化，体现了公开公平公正的原则。每开征一个收费项目，都要广泛征求意见，邀请缴费人参与论证。所有的收费项目都要公开明示，接受公民和社会的监督。

为了在有限的国土面积上有效地管理交通问题，新加坡政府除了大力发展公共交通系统外，还严格限制私人购买和使用汽车，采用车辆配额系统（Vehicle Quota System，VQS）和电子道路收费系统（Electronic Road Pricing，ERP）两种主要方式来控制私人车辆的拥有和使用。见本章附录1、附录2。

附录1 车辆配额系统（VQS）

新加坡于1990年5月1日开始引入车辆配额系统（VQS）。车辆配额系统将车辆分为五大类型，政府在综合考虑上一年车辆的总数、每年允许增加额度和报废车辆的数量等多种因素的基础上计算出本年度车辆增长率，即车辆配额，同时也会结合实际情况做出进一步的调整。

根据车辆配额系统，购买新车必须持有拥车证（Certificates of Entitlements，COE），公共交通车辆和其他特殊用途的车辆不需要拥车证，而不同类型车辆的拥车证价格是由市场动态决定的。一般来讲，每个月政府会举行两次拍卖，投放一定份额的 COE，价格随着汽车排量和市场供求波动。近年来，拥车证的价钱上涨速度惊人。按照 2008 年的价格，A 组车（排量 1600cc 以下小汽车）约 1.4 万元新币。到 2013 年，A 组车的拥车证价格爆涨到近 8 万元新币。[①] 新加坡居民通过竞拍获得拥车证后，可一车一证购买新车。拥车证有效期一般为 10 年，过期必须购买新车证或按市价补交延期费。

由于实施了车辆配额系统，新加坡机动车拥有量增加缓慢，1995 年机动车 64.2 万辆，2006 年仅增加到 79.9 万辆。其中小汽车从 1995 年的 35.4 万辆增加到 2006 年的 47.2 万辆，每年机动车和小汽车增长量均控制在 3% 之内，在源头上被予以有效控制。[②]

附录 2　电子道路收费系统（ERP）

1975 年，新加坡引入地区通行证制度（Area Licensing Scheme，ALS）用于调节道路拥挤状况。1996 年 6 月，道路收费制度（Road Pricing Scheme，RPS）在东海岸路实施。根据这两个系统，用户必须按日或按月以购买通行券（Coupon）的形式进行注册才可以获得用路权，有专人在限制使用的道路入口进行检查。

鉴于通行证制度和道路收费制度采用人工操作，效率和覆盖面积都受到很大限制，新加坡陆路交通管理局于 1998 年 4 月实施了著名的电子道路收费系统（Electronic Road Pricing，ERP），成为世界上第一个在大范围内通过实施电子收费来降低高峰时段交通拥挤的国家。一旦用户在规定时段进入交通比较拥挤甚至引起阻塞的中央商务区（与原来实施 ALS 的区域

[①] 资料来源：http://www.65singapore.com/news/sinnews/12666.html。
[②] 资料来源：中华人民共和国交通运输部网站，http://www.moc.gov.cn/zhuantizhuanlan/gonglujiaotong/gongjiaods/guojijy/201310/t20131028_1503483.html。

基本一致）、商业街和城市快速路系统，电子道路收费系统收费处就会在用户通过时根据车辆种类自动从安装于车辆内的现金卡中扣除应付费用。

如上所述，车辆配额系统增加了用户购车的固定成本，电子道路收费系统则增加了使用车辆和道路的动态成本。通过两者的结合，新加坡政府有效地进行了对交通需求长期和短期、静态和动态的调控，有力地保证了以公共交通系统为导向的交通发展战略的实施。

第八章

德国政府非税收入

德国政府体系由一个中央政府、16个州级政府及若干个市级政府所构成。遵循联邦传统，德意志联邦共和国由联邦与州两级政府组成，地方政府不是联邦体系中一个独立的层级，而只是州政府的一个组成部分。[①] 16个州中4个州在东德，3个是市州，亦即它们虽然是市，但在联邦体系中具有州的地位与职责（如柏林、汉堡、不来梅）。[②]

德国的行政管理层次划分与财政权限的层次划分是不同的。根据德国的基本法，德国的联邦、州、市镇各级政府必须自己负责本级政府的财政收支平衡。可见，从财政权限的划分来看，德国的财政体系由三个层次组成：联邦、州、市镇。而三级政府之间的财政独立性和自主性是德国财政体制的根本特点。[③]

一 德国政府组织结构

作为联邦制的行政分权的国家，德国并不拥有一个统一的、封闭的行政，相反，它支配着许多分为独立单元的行政组织，即行政的集合体。这些独立的单元分布于联邦、联邦下的各州、县、乡镇，作为单元，因为拥

[①] 德国的这种"地方团体"，区别于其他所谓"人合团体"（Personalkoerperschaft）的公法团体。见［德］赫尔穆特·沃尔曼《德国地方政府》，陈伟、段德敏译，北京大学出版社2005年版，第11页。

[②] ［德］赫尔穆特·沃尔曼：《德国地方政府》，陈伟、段德敏译，北京大学出版社2005年版，第13页。

[③] 朱秋霞：《德国财政制度》，中国财政经济出版社1999年版，第28、30页。

有与地方有关的广泛的管辖权被称为"地方团体"(Gebietskoerperschaft)。①

联邦、州和地方三级政府间事权划分虽然有一定交叉,但各自的基本事权范围是明确的,并通过法律形式确定下来。② 1967 年,德国政府颁布了《促进经济稳定与增长法》,强调国家在财政经济领域总体调节方面,应采取联邦、州和地方政府协调行动,即将"三级分立制"改为"三级合作与协调制"。③ 德国财政管理体制的架构基本与三级政府的管理体制相适应,仅分为三层,即联邦财政、州财政和地方财政,并统一采用分权自治、适度集中的财政税收权限划分方式。④

德国联邦和各州都有自己的宪法,各州、地方政府具有高度的独立性。⑤ 行政分权构成德国国家的主要特点,辅之以行政分治。⑥

(一) 联邦政府

联邦政府承担关系到国家全局性的工作和政策。属于这种性质的任务有:货币政策、国防、外交、国内安全、社会保障、国有企业的支出等由联邦财政负责。联邦也负责建造高速公路和跨州长途公路、通信事业、大型研究项目以及科学发展事业、能源与经济、农业、住宅与城市建设、卫生事业、环境保护以及同其他国家尤其是发展中国家的经济合作。

促进社会和地区平衡发展也是联邦的重要任务,这又具体表现为促进社会各个阶层之间生活水准的接近和促进不同地区之间人民生活水准的接近。因此,联邦负责社会保险制度和协调地区财政平衡制度。⑦

德国财政体制的一个显著特点就是政府的事权、财权和支出责任高度配合。联邦委托各州管理事务的,联邦负担相关支出。每年各级政府根据

---

① [德] 平特纳:《德国普通行政法》,朱林译,中国政法大学出版社 1999 年版,第 18 页。
② 财政部:《德国财政管理与财政监督考察报告》,财政部网站,http://jdjc.mof.gov.cn/zhengwuxinxi/jingyanjiaoliu/200806/t20080625_53444.html,2016-06-06。
③ 郑涌、赵云飞、韩文:《聚焦德国政府间财政关系 靠什么实现均等化》,《中国财经报》2007 年 3 月 15 日,http://finance.sina.com.cn/review/20070315。
④ 财政部:《德国财政管理与财政监督考察报告》,财政部网站,http://jdjc.mof.gov.cn/zhengwuxinxi/jingyanjiaoliu/200806/t20080625_53444.html,2016-06-06。
⑤ 财政部:《德国财政管理与财政监督考察报告》,财政部网站,http://jdjc.mof.gov.cn/zhengwuxinxi/jingyanjiaoliu/200806/t20080625_53444.html,2016-06-06。
⑥ [德] 平特纳:《德国普通行政法》,朱林译,中国政法大学出版社 1999 年版,第 18 页。
⑦ 朱秋霞:《德国财政制度》,中国财政经济出版社 1999 年版。

事权，对所承担的公共事务做出财政支出预算。以 2002 年联邦政府财政支出为例，政府的支出项主要有（细节见表 8-1）：①

- 实物支出——建设医院、学校、道路和国防设施支出；
- 人员支出——公务员，从事公共服务的雇员和工人；
- 社会福利费用——用于对社会弱势群体的支持；
- 补贴——维护并促进私人家庭开支和关系到国计民生的企业。

表 8-2 则为 2008—2013 年的联邦政府主要支出的执行情况和计划。

依基本法第一百零四 a 条，支出应由承办该项任务的主体自行负责，但各邦若是受联邦委托而执行，则联邦应负担这项业务的经费。此设计可以使资源有效配置，因为决策者必须承担支出，从而决策者必须时时考虑执行的成本。②

表 8-1　　　　　　2002 年联邦政府财政支出结构　　（单位：百万欧元，%）

项　目	2002 年计划 金　额	比　例	2002 年实际 金　额	比　例
社会保障	105353	42.6	112370	45.04
国防	23761	9.6	24637	9.88
交通	20883	8.44	20728	8.31
文化、教育和科研	11025	4.45	11006	4.41
经济促进	8297	3.35	7555	3.03
内部安全	2692	1.09	3136	1.26
建筑	2587	1.05	2675	1.07
消费者保护、食品和农业	1450	0.59	1345	0.54
环境保护（卫生）体育	2109	0.85	687	0.28
对外经济合作和援助	3621	1.46	3672	1.47
一般财政经济	65740	26.56	61477	24.64

资料来源：《联邦财政年报（2003）》，第 19—20 页；《联邦财政年报（2004）》，第 19—20 页。见朱秋霞《德国财政制度》，中国财政经济出版社 2005 年版，第 155 页。

另外，国家有一些任务要由联邦和州一起规划和筹资。它们包括扩大

---

① 史志伟、陈建平主编：《德国经济数字地图》，科学出版社 2012 年版，第 29 页。
② 黄锦堂：《德国联邦体制之研究》，《美欧月刊》1994 年第 9 卷第 6 期。

和新建高等学校，改善地区性的经济结构、农业结构，以及海洋保护、教育规划和促进科学研究等。

表 8-2　　　　联邦政府 2008—2013 年主要支出类别一览表　　（单位：亿欧元）

	2008 年实际	2009 年实际	2010 年执行	2011 年计划	2012 年计划	2013 年计划
社会保障支出	1406.0	1449.9	1789.2	1798.2	1729.4	1711.9
促进经济发展支出	57.2	74.1	75.1	89.0	81.4	69.8
交通运输建设支出	195.8	226.8	221.9	215.1	213.2	212.9
科技文化与教育支出	134.1	144.9	146.3	150.3	152.9	156.7
环境保护支出	6.4	7.5	8.9	9.7	9.4	8.9
经济合作与发展支出	49.9	57.2	57.7	57.7	57.7	57.7
住宅与城市建筑支出	16.1	18.6	20.1	22.5	23.1	23.9
债务利息支出	402.2	415.0	393.3	414.0	467.4	520.7

资料来源：2010 年联邦德国政府中期滚动财政计划报告，原文为德文。见张东明《进入后经济危机时期联邦德国政府财政收支滚动预算趋势分析》，《财政研究》2011 年第 11 期。

从经费来源上分析，共享税是联邦和各州财政收入的主要部分，其中联邦共享税收入占其全部税收收入的 75% 以上，各州共享税收入平均占各自税收的 85% 左右。[①]

德国税收制度是分税制，联邦、州和地方政府之间划分税种和共享税按比例划分，具体如下：

其一，联邦、州和地方政府的税种划分：

- 联邦税：能源税、电力税、烟草税、咖啡税、烈酒税、保险税、机动车税、团结附加税（两德统一后开征）。
- 州税：遗产税/赠与税、地产购置税、啤酒税、赛马税/彩票税、赌场税、防火税。
- 地方税：营业税、地产税、消遣品税、养狗税、第二套房产的房产税、投币游戏机税、饮料税。

其二，联邦、州和地方政府的共享税分税比例：[②]

---

① 梁文永等：《德国财政转移支付制度的特色》，《中国财政》2008 年 4 月刊。
② 史志伟、陈建平主编：《德国经济数字地图》，科学出版社 2012 年版。

外国政府非税收入管理

- 公司所得税：联邦征公司所得税总额的50%，州征50%，地方征0。
- 个人所得税：联邦征42.5%，州征42.5%，地方征15%。
- 增值税：联邦征53.9%，州征44.1%，地方征2%。
- 对利息和转让金征收的返还税：联邦征44%，州征44%，地方征12%。

增值税在联邦和州之间的划分，法律规定为联邦和州之间税收分配的一个机动要素，可以通过联邦和州之间的协议，适应联邦和州的财政关系而改变分配比例。根据基本法，工资所得税也是联邦和州的共享税，但同时联邦政府可以确定工资所得税划分给市镇的比例，因此工资所得税也是联邦、州和市镇三级政府的共享税。2003年，个人所得税联邦分享的比例为42.5%，公司所得税联邦分享的比例为50%，增值税联邦实际分享比例为38.2%。[1]

从政府间财政分配的角度看，这属于财政收入的初次、直接分配。因为在这个层次，规定适用于全国，不考虑支出的项目和各个地区的财政收入水平。

（二）州政府

由于德国的联邦制特征，州既是联邦的下一级行政单位，同时又具有高度的独立性。凡是法律没有规定联邦履行的事务，都属于州法律的管辖范围。联邦的法律也需要落实为相应的州法律，才能在州内执行。德国的州政府与联邦政府一样，州长是州政府的最高领导，并对州议会负责。州政府下设各个部，它们的名称和职能基本与联邦级别的部相对应。

各个州对州内的行政管理负责，同时它们的行政机关也负责执行联邦的法律与管理条例。州行政管理的任务主要是三部分：[2]

（1）专门由州负责的任务。例如，学校、警察和区域规划。

（2）负责在本州执行联邦的法令事务。例如，建筑规划法、工商管理法、环境保护法。

（3）受联邦政府的委托实施联邦的事务。例如，建造联邦公路、促进

---

[1] 朱秋霞：《德国财政制度》，中国财政经济出版社1999年版，第158页。
[2] 朱秋霞：《德国财政制度》，中国财政经济出版社1999年版，第28页。

第八章 德国政府非税收入

教育事业等。

可见,州政府负责改善地区经济结构和提供地区性公共产品职责等。

根据德国基本法第 30 条规定,只要没有明文规定由联邦完成的国家任务,州政府都有义务完成。然而,这并不意味着州政府实际上要完成的任务比联邦政府多。州政府的任务主要是负责中小学和大学教育、警察、文化事业、社会救济和税务管理。州政府也负责平衡本州的市镇政府完成它们的任务所需要的财政资源。①

由于联邦制国家制度的特征,州在内政方面拥有相当于一个国家的权限。因此,国家的行政管理任务主要由州一级承担。如大学、中小学的教师和管理人员,高、中、低级法院工作人员全部由州负责。2001 年,德国有 280 万国家公务人员(不包括联邦军队成员),其中联邦一级占 9.6%,州一级占 56.7%,市镇占 33.76%(不包括市镇目标联盟人员)。②

在德国(和其他欧洲大陆国家一样),教育和警察传统上是由国家来负责的(或许是由于特定的可以溯源至绝对主义晚期的国家传统)。因此,地方政府关于小学和中学教育的责任仅限于办学的技术层面(教学大楼的建设和维修、工勤人员的雇用等),而实质性事务(教师的任命、报酬,课程安排等)则在传统上由国家,即州来掌管。类似地,警察力量也是在州的控制之下。③

在州一级,人员开支占财政支出的比例也最高,占全国州级财政支出的比例基本在 37%,是州财政的最大支出项目。在德国公共财政的人员总支出中,州一级比例最高,1997 年占 53.41%,2000 年和 2002 年都在 56% 以上(见表 8-3)。因此,从财政供养人员比例来看,可以说德国是以州为主的国家。④

表 8-3　　　　　　　　公共财政人员费用支出结构　　　　　　　(单位:%)

年份	联邦	州	市镇	ERP	合计
1997	14.25	53.41	27.98	4.36	100

---

① 朱秋霞:《德国财政制度》,中国财政经济出版社 1999 年版,第 30 页。
② 朱秋霞:《德国财政制度》,中国财政经济出版社 1999 年版,第 154—155 页。
③ [德] 平特纳:《德国普通行政法》,朱林译,中国政法大学出版社 1999 年版,第 99 页。
④ 朱秋霞:《德国财政制度》,中国财政经济出版社 1999 年版,第 160 页。

续表

年份	联邦	州	市镇	ERP	合计
2000	15.74	56.17	23.47	4.62	100
2002	15.72	56.45	23.35	4.47	100

资料来源：《联邦财政年报（2004）》，第357页。见朱秋霞《德国财政制度》，中国财政经济出版社1999年版，第160页。

（三）地方政府

在德国，州以下的地方行政单位分为政府专区、市、县和镇。但各州之间的差别很大。例如，有些州没有设立专区，有的州最基层的行政单位是市，有的州是乡或镇。

地方政府负责地方性的公共产品和福利等。市镇地方自治的一个重要优点是基层行政单位具有竞争的积极性，通过自己的经济促进政策，改进本市镇的居住和投资环境，吸引居民向本地区流动、企业到本地投资。因此，促进本地经济发展是市镇的任务。在市场经济条件下，市镇的任务主要为改进本区域内的基础设施建设、改进行政管理服务等具体的内容。

德国的国家宪法《德意志联邦共和国基本法》（下称《基本法》），对三级政府的事权划分作了原则规定。《基本法》规定："为了普遍的利益必须统一进行处理的事务。"由联邦政府负责，其他的事务原则上由各州和地方政府负责。

首先，根据"总纲"，在地方自治政府事务中，地方政府按法律条文被迫执行的任务（强迫型任务）和完全依赖于他们自己决定行动与否的任务（自愿型任务），是有法律上的区分的。

其次，地方政府要执行由"国家"所授权的任务，也就是由联邦或州政府所授权的任务。

具体分析，市镇的事权或者任务分为三类：指令性义务任务、非指令性义务任务和自愿任务。[1]

- 指令性义务任务

市镇作为国家的一个部分，它必须完成联邦和州在本市镇的任务。由联邦或者州下达的任务就是市镇的指令性义务任务，根据国家的统一规

---

[1] 朱秋霞：《德国财政制度》，中国财政经济出版社1999年版，第167页。

定，包括：支付社会救济和住宅补贴；消防和急救事业；防止自然灾害的措施；组织联邦和州的选举；等等。

- 非指令性义务任务

市镇作为自治单位，应该为本辖区内的居民提供基础生活设施，如清除垃圾，供应水、电和煤气，建立并维持小学和幼儿园等，都属于市镇非指令性义务任务，这些任务不是为国家而完成的任务，而是为本地区居民而义务承担的任务。市镇是本地基础设施的主要投资者，市镇范围内的公共设施总投资中，市镇财政始终是主体，占60%以上。

- 自愿任务

自愿任务为游泳池、新的公共交通线路、电影院等。

至于经费，地方政府按法律规定有义务提供各种任务所需要的费用（在强迫型任务或授权任务上）。地方政府是否应当从联邦或州政府获得补贴（财政分配和拨款），又在何种范围内可以获得这些补贴，不用说，乃是引起地方政府与州或联邦政府关系中最为关键的冲突的原因之一。[①]

自20世纪90年代早期以来，由于政府收入和支出之间差距空前扩大，地方政府面临着前所未有的财政危机。这一财政困境的主要原因首先在于，持续的经济不景气导致了地方税收的缩减，其次在于政府支出剧增，尤其是为了对付长期失业。另一个关键性的原因是德国统一过程中长期的庞大开销，尤其是目前仍在继续的从西德到东德的资金流动，导致了公共财政的持续紧张，包括地方政府的财政。

在与越来越大的收支差距斗争的过程中，地方政府必须（可以毫不夸张地说是拼命地）缩减开支。

- 缩减开支的意愿（和希望）是引进新公共管理理念和制度（强调"经济理性"）的推动力之一，并可以说是最主要的动力。
- 地方政府已经开始对其人员进行"减肥"。
- 为获取额外收入来源，地方政府已经开始出售他们的资产（不仅是固定资产，而且包括公共事业和公共服务部门中的企业和设施）。
- 那些传统上对地方政府很重要，但却是"自愿的"和可选择的即并非具有法定义务的领域，如文化设施的维护（博物馆、剧院等），已经受到限制或已被放弃。

---

① ［德］平特纳：《德国普通行政法》，朱林译，中国政法大学出版社1999年版。

外国政府非税收入管理

总而言之,这些因素的作用被一些人看作对地方政府传统模式的严重威胁和持续性侵蚀。①

尽管地方政府为缩减开支进行了大量的努力,地方总体财政状况的恶化还是从20世纪90年代延伸到了21世纪。最能说明问题的是,到2002年德国主要城市的债务已经上升到约100亿欧元,也就是说在过去10年中增长了10倍。德国(主要)城市联合会(Deutscher Stadtetag)发布的消息和声明中表达了地方政府在其当前的财政困境中日益增长的危机感,如果说不是绝望的话。德国城市联合会在2002年关于地方政府财政的报告中醒目地用"崩溃或改革"作为副标题。②

正因为如此,非税收入在德国地方政府中的影响更大。

二 德国非税收入概况

(一) 非税收入的概念

在德国,非税收入是公共费用上的概念。如同保险费和税费,非税收入也称为税收,但人们也把非税收入法称为特别税法。非税收入产生于行政机构以及行政机构的延伸下属机构的日常管理当中。不同于税费,市民把非税收入称为一种由他们引起进而需要管理的要求。非税收入主要是支付管理过程中所要产生的费用。如果政府管理不需要使用者自付费用,那么市民将不得不支付更加高昂的税款。许多经济方面的财政支出同时意味着市民税费的削减。③

对于非税的认识,下萨克森州财政部所载的观点认为:④(一)公众要意识到,国家的所作所为并非不计报酬。它们有自己的"价格",即便这个价格不是由个人,而是由纳税群体所必须支付的;(二)在非税收入中

---

① [德]赫尔穆特·沃尔曼:《德国地方政府》,陈伟、段德敏译,北京大学出版社2005年版,第152页。
② [德]赫尔穆特·沃尔曼:《德国地方政府》,陈伟、段德敏译,北京大学出版社2005年版,第153页。
③ 下萨克森州财政部官网,http://www.mf.niedersachsen.de/portal/live.php?navigation_id=981&article_id=1609&_psmand=5。
④ 下萨克森州财政部官网,http://www.mf.niedersachsen.de/portal/live.php?navigation_id=981&article_id=1609&_psmand=5。

· 448 ·

第八章 德国政府非税收入

导致政府管理,从而产生费用的引起者应当承担大部分的费用;(三)官方的所作所为应当本着降低费用的宗旨而进行;(四)不论是官方缴纳者还是私人缴纳者,对于非税收入的承担方面处于公平地位;(五)一个系统的非税收入行为的规定和说明,以及一个统一的征收标准旨在实现公平;(六)减轻纳税者的纳税压力。

德国和其他发达国家有一个显著不同点,就是非税收入的重要组成特许权利费成为税收收入的一部分,如渔猎费的征收在德国改为了渔猎税征收,养狗许可费征收改为了养狗税征收。[①]

德国的公共收费亦即"一种行政法上的金钱给付义务",作为行政相对人所承担的公法义务(公法负担)的一部分,在德国行政法的权利义务关系中具有重要地位,同时它也是德国财政体制中重要的财政收入来源。

(二)德国政府非税收入分类

1. 德国政府的非税收入

在联邦、州、城镇三级预算总支出中,税收占70%,不足部分各级政府再通过其他四个渠道的收入进行补充。

(1)各级政府在企业投资入股(主要是一些公共企业)得到的盈利。

(2)政府为公民服务的收入(城市垃圾、废水处理等)。

(3)政府将财产(土地等)出售给私人的收益。

以上三项收入在1984年约830亿马克。

(4)再有不足可向银行贷款解决,但需按常规支付利息,1984年贷款50亿马克。这样基本上做到各级财政的平衡。[②]

从财政收入结构上看,联邦政府主要由税、非税和净债务三部分组成。除税收之外,具体主要有:[③]

- 收取的各种费用即非税收入——这是政府通过提供服务获得的收入,如办护照收取的费用;
- 经营收入——主要来自出卖土地和国有企业的盈利;

[①] 关睿等:《海外非税收入管理概况及启示》,《内蒙古师范大学学报》(哲学社会科学版) 2012年7月第4期。

[②] 徐允仁:《联邦德国的预算管理体制及其借鉴》,《财政研究》1987年第1期。

[③] 史志伟、陈建平主编:《德国经济数字地图》,科学出版社2012年版,第29页。

- 联邦银行的收益——根据《联邦银行法》的规定，联邦银行作为央行每年向政府交纳收益。

总之，德国联邦政府的非税收入主要来自联邦央行的铸币收入、担保收入、载重汽车的养路费、通行费、联邦州借款偿还利息收入、财产土地交易收入以及抵押贷款收入等。

一般而言，地方政府财政收入主要由下列各项构成（1996年数据）：

- 税收收入：34.4%（其中15.2%是地方政府在所得税中所占的份额，13.6%是工商业税，5.0%是土地税）；
- 各项收费：13.8%；
- 州和联邦政府预算中对地方的分配：22.2%；
- 与投资有关的来自州和联邦预算的拨款：5.1%；
- 地方政府所有资产的出售所得：4.6%。[①]

从德国行政法上的金钱给付义务分析，除税收之外，包括收费、利息、行政罚款、特别收费。[②] 利息在德国行政法上也被称为附带给付，在不按时履行主要是金钱义务的情况下产生。其通常规定在法律、法案的罚则部分。行政罚款指违反行政法上具体行政行为义务时产生的金钱义务。特别收费在德国行政法上没有明确统一的定义，但其目的主要是起到调控作用。如向葡萄酒生产者收取的特别费用，是自特定的行业收取，用于特定行业的利益和发展的收费；再如，作为调控手段的污物特别费。长期以来，利息和特别收费在德国财政收入中占比很小，基本可以忽略。

总之，德国政府非税收入主要有：

行政性收费：如政府为了行政性目的或是提供了行政类服务而征收的费用，如护照办理费、法庭费收入等；

公共设施提供收费：政府对交通基础设施和公众娱乐基础设施的使用者，征收一定使用费用，如交通费、文化馆博物馆费收入；

公共服务收费：政府对享用到公共服务便利的使用者收取的费用，如水费、电费、暖气费等费用。[③]

[①] ［德］赫尔穆特·沃尔曼：《德国地方政府》，陈伟、段德敏译，北京大学出版社2005年版，第135页。

[②] 史莉莉：《德国公共收费的概况、立法及启示》，《政治与法律》2012年第8期。

[③] 关睿等：《海外非税收入管理概况及启示》，《内蒙古师范大学学报》（哲学社会科学版）2012年第4期。

2. 德国使用者付费的特定含义

德国的收费作为其行政法上金钱给付义务的一种，有其特定的含义和分类，可分为规费/费用（Gebuehren）和受益费两大类。①

（1）规费/费用

规费/费用是作为本着申请人利益而做出的具体职务行为或者其他行政服务的对等给付而交纳，分为对职务行为的行政费和为使用公共设施而交付的使用费。② 其中的行政费是指行政机关因特定义务人的行为，或为特定义务人的利益而采取职务行为，为弥补相应的行政支出而收取的行政成本。例如，申请人在申请取得建房许可的过程中，因行政机关的支出而需要缴纳的费用。

根据联邦《行政费用法》第7条的规定，免费事项包括口头和简单的书面答复、赦免申请事宜和职务监督投诉情况下的职权行为等。除非法律另有规定，行政费的最高数额根据行政支出、行政给付的客观价值、受益人所获得的经济价值和其他利益确定，具体征收数额应当在框架原则的范围之内考虑义务人的经济状况。③ 其中的使用费是指向公共设施使用人收取的费用，如用水、电、气使用费，垃圾处理费等。

规费反映出行政活动商业化的趋势，对社会中弱者尤为艰辛。但它也导致了这一后果，仅在必需而不是随心所欲的情况下，方可请求官方的措施和其他行政给付（如果没有规费，可能某些情况下需要"储备"通行证或许可，自行在博物馆取暖等；总之，这并非一个十分有吸引力的论据），以使人们明白行政活动的价值（"不花任何代价，亦得不到有价值的东西"）。不使公众承担仅应由相关的利害关系人承担的特别行政部门的开支（如建筑和商业监督部门的开支）。取消大学生学费的问题十分清楚地说明了现存的困难。④

（2）受益费

受益费（Beitraege），为设置或经营公共设施，要求那些可能从中受益者提供。与规费不同，这里与实际使用无关（例如，每一土地所有人，即

---

① 史莉莉：《德国公共收费的概况、立法及启示》，《政治与法律》2012年第8期。
② ［德］平特纳：《德国普通行政法》，朱林译，中国政法大学出版社1999年版，第183页。
③ ［德］汉斯·J. 沃尔夫、奥托·巴霍夫、罗尔夫·施托贝尔：《行政法》（第1卷），高家伟译，商务印书馆2002年版，第492页。
④ ［德］平特纳：《德国普通行政法》，朱林译，中国政法大学出版社1999年版，第183页。

便他不使用新道路,有其他出口,也要为其土地交付拓路受益费)。①

可见受益费作为对于公共设施投入的补偿,它的收取不以公共服务设施的实际使用为前提,而只是考虑使用的可能性。例如,某个地方自治主体在一定区域内铺设污水排放管道,则该区域内的所有住户均需缴纳费用,而不论其是否会实际使用该管道。只要住户有接入并使用污水管道的可能性,有可能从中受益,就需要缴纳这项费用。②

(3) 规费、受益费的区别

以"文化受益费"为例,如不考虑真正上学的可能而向学生家长收取,即为受益费;仅向现时学生的家长收取,为规费。当然,如果向所有居民征收时即为税。

此外还有其他非典型的税(如专门税),例如许可费、调节税、消防税和特殊情形的税(如根据欧共体法律的市场平衡税)。③

在使用费和受益费方面,波茨坦市颁布了众多的规约,在建设方面有《波茨坦市道路建设受益费规定》等;在教育、文化、体育方面有《波茨坦市学校供餐收费规定》《波茨坦市老人中心收费规定》《城市和地区图书馆收费规定》《波茨坦市音乐学校收费规定》等;在能源、垃圾处置方面有《波茨坦市供水收费规定》《废弃物处理收费规约》《商业废弃物处理收费规定》等。这些规约,大部分在其附件部分都有详细的收费目录,即使未附有目录,其正文中也有具体的收费标准,且收费主体、收费对象明确,程序完整,可操作性强。④

3. 政府其他收费

(1) 捐税

本着负担平等性以及适当资助不同行政单位和行政分支的利益,现代国家并不局限于只征收单一税或少数综合税。对目前采用的复杂并包含极不相同税捐(有的地方称为"捐税")的制度(此乃最重要的概念),在此应依据它在法律上的结构予以划分,而不论其经济上作用原理如何。

捐税的概念具有多种含义,在税法上是指税务,在地方法、行政诉讼

---

① [德] 平特纳:《德国普通行政法》,朱林译,中国政法大学出版社1999年版,第183页。
② 史莉莉:《德国公共收费的概况、立法及启示》,《政治与法律》2012年第8期。
③ [德] 平特纳:《德国普通行政法》,朱林译,中国政法大学出版社1999年版,第183页。
④ 史莉莉:《德国公共收费的概况、立法及启示》,《政治与法律》2012年第8期。

第八章　德国政府非税收入

法和共同体法上的含义则比较宽泛，包括了税务、规费、收费和其他特别捐税（如疗养费、旅游费）。捐税还包括税法上的附带给付（如滞纳金、利息）和所谓的非国库捐税（特别税）。①

税捐制度②在现代国家中与社会均衡和负担平等性制度不可分地融为一体。作为公平判断公民承担和公民的负担均衡的标准，税收和税捐原则相辅相成地发展为一个复杂的制度。因此根据给付的能力划分而规定了税率累进，在相同的标准下任何人都适用（基本法第3条）。而税捐制度之所以得到重视，不仅仅在于国家因此可获得更完善和更有保障的资金来源，更因为税捐同时提供了可能使一定的负担分配（财产再分配）得以实施，达到其他非财务的指导效果（例如，以博彩税抑制赌癖）。这主要适用于税收和关税，较小范围内也涉及规费（Gebuehren）。③

（2）垫款

财政支付中总体中的半数涉及的不是公民向国家，而该法律在规费之外，还规定了"垫款"——在公共部门之间的特殊财政支付。目前，不仅存在着税务资源的内部分配（基本法第106条、第107条）以及对待给付的费用偿还（例如，行政程序法第8条规定的职务协助），还包括了通过分摊款项（Umlagen）对公法协会的资助。

分摊款项通常用于例如州县就其县辖的乡镇（"县分摊款项"），目的协会及其类似的协会就其会员资助工作方面。其做法是将需要的一笔款项"分摊"到每个支付义务人，使得对流动费用而言，类似规费的负担，对一次性费用（对投资）而言，一笔相同的数额得以实现。

分摊款项的分摊分配方法可以根据情况，与居民数目、财政能力（相对县分摊项目中而言）或根据公共设置利用程度挂钩（例如，在垃圾焚化或净化污水协会方面）。因而，分摊款项展现了极具弹性的财政手段。④

---

① ［德］汉斯·J.沃尔夫、奥托·巴霍夫、罗尔夫·施托贝尔：《行政法》（第1卷），高家伟译，商务印书馆2002年版，第489页。
② 现代的税捐法建立在公平分配负担的思想基础上，这一思想范畴内也包含了通常划归另类的公民对国家的补偿请求权，因为这一请求权具有经过艰苦争取而获得的特征，即无任何人应该为国家做出特别的牺牲，对特别牺牲应通过补偿请求权予以弥补，从而使国家财政建立在一般税捐的基础之上。
③ ［德］平特纳：《德国普通行政法》，朱林译，中国政法大学出版社1999年版，第182页。
④ ［德］平特纳：《德国普通行政法》，朱林译，中国政法大学出版社1999年版，第189页。

（3）其他

德国行政法上的金钱给付义务包括税收、收费、利息、行政罚款、特别收费。利息在德国行政法上也被称为附带给付，在不按时履行金钱义务的情况下产生。其通常规定在法律、法案的罚则部分。行政罚款指违反行政法上具体行政行为义务时产生的金钱义务。特别收费在德国行政法上没有明确统一的定义，但其目的主要是起到调控作用。如向葡萄酒生产者收取的特别费用，是自特定的行业收取，用于特定行业的利益和发展的收费；再如，作为调控手段的污物特别费。长期以来，利息和特别收费在德国财政收入中占比很小，基本可以忽略。

必须说明，现时国家以及乡镇主要但非完全依赖税捐支持财政。尚有大量其他的收入来源，如刑事和行政罚款，以及从没收、捐赠、遗产、财产和企业盈余中获得的收益；仅后者在目前已起着举足轻重的作用。通过捐赠修建文科中学应完全允许；捐赠只在附有负担时，才显得颇为棘手。[①]

三　德国政府非税收入的规模和结构

（一）非税收入的规模

1. 非税收入在财政总收入中的地位

近年来，德国联邦政府的收入以税收为主，占比接近80%，而且变化幅度不大。2012年德国联邦、州和地方三级公共财政收入同比增长1.5%，达11717亿欧元。其中税收类收入增长4.0%，达10220亿欧元（联邦政府税收类收入增长3.0%，州6.2%，地方6.6%），社会保险收入增长3.0%。同期公共财政支出增长1.3%，达11822亿欧元。2012年德国财政赤字105亿欧元，同比减少16亿欧元。[②]

联邦的财政收入来源包括各种税收收入、国有企业投资收益、公共服务收费收入和债务收入等，其中税收收入所占比重最大。德国联邦政府的

---

① [德]平特纳：《德国普通行政法》，朱林译，中国政法大学出版社1999年版，第183—184页。

② 德国联邦统计局（网站：www.destatis.de）3月27日公布的初步统计数据，http://de.mofcom.gov.cn/article/jmxw/201303/20130300070746.shtml。

非税收入占联邦政府总收入比重大致在8%—9%之间，波动幅度也很小（详见图8-1）。

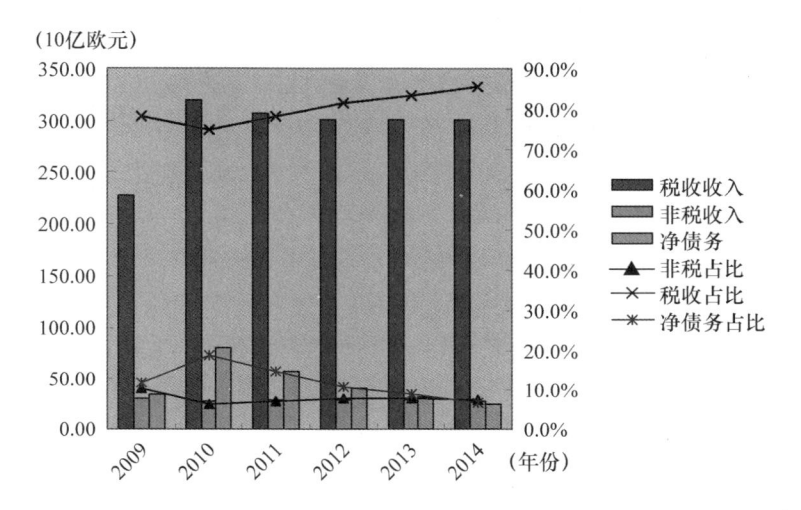

图8-1 德国联邦财政预算收入占比与变化趋势（单位：10亿欧元）

资料来源：依据2011年联邦德国政府中期财政预算计划报告绘制，转引自《经济危机中的财政》，中国财政经济出版社2012年版，第164页。近年数据为作者加入。

2. 非税收入占GDP比重

德国联邦统计局2013年2月22日公布的数据报告显示，尽管4季度经济衰退0.6%，2012年德国联邦及地方财政仍实现了41亿欧元盈余，占GDP比重为0.2%，这是2007年以来德国首次实现财政盈余，也是1990年两德统一以来仅有的3次财政盈余之一。而在2010年及2011年，德国财政赤字占GDP比重仍分别高达4.1%和0.8%。报告称，2012年，受益于空前稳定的就业形势，德国社会保障体系所创造的财政盈余高达170亿欧元，地方政府盈余为61亿欧元，联邦政府财政赤字亦从2011年的267亿欧元锐减至122亿欧元。①

德国联邦政府总收入占GDP的份额大致在15%上下，波动幅度不大。联邦非税收入占GDP比重在1%左右，而且波动不明显（详见图8-2）。

---

① 商务部网站：《2012年德国实现财政盈余41亿欧元》，http://hamburg.mofcom.gov.cn/article/jmxw/201302/20130200036428.shtml。

· 455 ·

外国政府非税收入管理

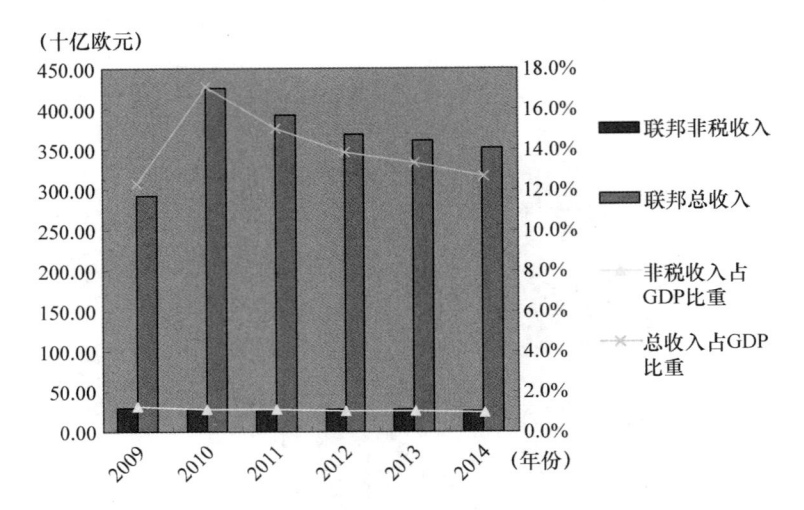

图 8-2　德国联邦总收入和非税收入占比重与变化趋势

资料来源：依据 2011 年联邦德国政府中期财政预算计划报告数据（转引自《经济危机中的财政》，中国财政经济出版社 2012 年版，第 164 页。）以及 EPS 数据平台世界经济宏观数据库数据绘制，2013 年和 2014 年数据为估计值。

从德国地方政府的比重来看，1996 年，德国州级政府收入总额占 GDP 的 12%，其中税收收入占 68%，非税收入占地方政府收入的总额比例为 13%，补助占 19%；地方级政府收入总额占 GDP 的 9%，其中税收收入占 30%，非税收入占 34%，补助占 32%。[①] 可见，当时地方政府的非税收入比重是联邦政府 2 倍多。到了 2004 年，中央层级政府非税收入占财政收入总量的 5%，而地方政府非税收入占比进一步加大，非税收入占地方财政收入总量的 49.2%。[②]

（二）德国政府非税收入的结构

1. 联邦政府的非税收入

如前所述，联邦政府的财政收入主要由税、非税和净债务三部分组

[①] 张德平：《德国税权划分特点对我国地方税权建设启示》，http://www.chinaacc.com/new/287/292/338/2006/2/li266927391412226002200170.htm。

[②] 关睿等：《海外非税收入管理概况及启示》，《内蒙古师范大学学报》（哲学社会科学版）2012 年 7 月第 4 期。

成。净债务所得是政府为弥补收支差额进行的举债减除应还旧债及利息后的实际额度。在德国的财政体系中,净债务所得被作为虚拟收入计入总额。

在全球性经济危机的强烈冲击下,德国政府在出台各项应对措施的同时,必然要根据危机发展阶段的具体情况对中期财政计划做出相应的调整。从2004年开始到2008年,联邦政府的税收收入一直是增加的,而2009年税收收入有了较大幅度的下降,比2008年减少了近140亿欧元,财政支出却增加了7.4%;2010年税收计划在2009年的基础上又减少了170亿欧元,财政支出增加了8.1%。见表8-4。

表8-4 德国联邦政府2008—2013年中期财政滚动预算概要一览表

(单位:十亿欧元)

	2008年实际	2009年实际	2010年执行	2011年计划	2012年计划	2013年计划
1. 支出	282.3	303.2	327.7	321.1	318.3	313.5
与上年相比较变动	+4.4	+7.4	+8.1	-2.0	-0.9	-1.5
2. 收入	282.3	303.2	327.7	321.1	318.3	313.5
其中:税收	239.2	225.5	213.8	221.9	232.4	240.6
非税	31.5	30.2	27.8	27.5	27.2	27.0
净债务	11.5	47.6	86.1	71.7	58.7	45.9
支出中用于政府投资资金	24.3	32.8	48.6	43.3	39.1	35.0

资料来源:2010年联邦德国政府中期滚动财政计划报告,原文为德文①。

税收的减少主要是由于经济景气状况的影响和应对危机而实施的减税政策所造成,政府只有通过扩大政府债务来弥补支出的缺口。这种变化在2009年制订的中期财政计划中已经体现出来。2008—2010年税收收入呈下降走势,总支出呈上升走势,特别是2009年和2010年采取扩张性财政政策,较大幅度地增加支出,其结果是使债务激增。2011—2013年进入后经济危机时期,财政预算也开始进行平缓调整,净债务逐年减少,税收缓慢增长,财政总支出也呈略微下降趋势(见表8-3)。

---

① 张东明:《进入后经济危机时期联邦德国政府财政收支滚动预算趋势分析》,《财政研究》2011年第11期。

在收入中，2010年比2009年税收减少了117亿欧元，非税收入减少了24亿欧元，两项合计共减少141亿欧元。只有净债务收入增加了385亿欧元，说明2010年联邦政府财政支出规模扩大主要依赖于政府债务的增加。2010年联邦财政总收入安排为3277亿欧元，其中税收收入合计2138亿欧元，占总收入的65.2%。非税收入共计278亿欧元，占总收入的8.5%。

联邦政府财政收入的第三部分是净债务所得，即当年联邦政府举债总额减去当年应还债务所剩余额，2010年净债务为861亿欧元，占总收入的26.3%。由于此为"赤字收入"，所以在表8-3中被从"蛋糕"上切开来，也清晰地反映出当年财政收支的较大缺口。

联邦财政支出的最大部分是用于社会保障，社会保障支出中增幅最大的是对就业与劳动力市场的投入和补贴。联邦政府的中期滚动财政预算计划，既从动态上反映了财政收支范围、类别收支额度的增减变化，又体现了德国政府宏观调控经济发展的目标及总体趋势。

2. 地方政府非税收入

市镇地方财政收入由税收、财政拨款、收费和其他收入构成。其中，税收是主要收入来源。按照《财政平衡法》的规定，个人所得税和工资税在联邦、州、地方各个层次的分配比例分别为42.5%、42.5%、15%；公司所得税、资本盈利税在联邦和州之间各分享50%；而增值税可以根据联邦、州和地方财力的变化，通过每4年一次的定期协商，灵活地调整联邦、州和地方之间的分配比例。目前联邦、州和地方之间分享比例分别为49%、49%和2%。[①]

由于德国联邦和州层面财政收入基本以税收为主，收费所占比重很低，收费主要集中于州以下的地方层面，即县、非县辖市和镇。

为了克服市镇财政危机，适应市镇公共设施现代化的需要，主要有两项改革措施：

其一，实行市镇行政管理单位的体制改革，将小的市镇进行合并，形成市镇联合体。这样，一方面可以克服市镇规模过小，建设一定的公共设施（如游泳池等）成本过高的问题；另一方面，可以减少行政管理人员的经费支出。因此，1970年，德国23000个以上市镇单位，到1990年西部

---

① 梁文永、张富强：《德国财政转移支付制度的特色》，《中国财政》2008年4月刊。

地区只剩下 8500 个市镇单位。①

其二,市镇公共服务事业改革。市镇的主要任务是提供地方公共产品。多年来市镇公共投资的结果,使市镇拥有一个相当规模的由市镇直接所有和由市镇参股企业构成的公共服务部门。如何减少市镇财政对这些公共服务部门支出,是多年来财政改革的重点。除了市镇合并以外,改革的主要措施是,让更多的公共服务事业实行市场化经营和增加使用者收费的比例。20 世纪 90 年代以来,许多原来完全免费的市镇公共服务项目都采取了收取一定费用或者完全收费的制度。②

从 1980 年到 2000 年以来,行政管理费和使用费收费在西部老州增长了 1 倍多,从 131.4 亿马克增长为 283 亿马克,仅仅从 1990 年到 2000 年就增长了 19.26%。在东部地区增长比较少,从 1992 年到 2000 年仅仅增长 0.69%。增长最快的重要项目为垃圾处理,从 1993 年到 1998 年增加了 54.1%;污水处理从 1992 年到 1997 年增长了 48.6%;净水供给从 1992 年到 1997 年增长了 25.7%;同期街道卫生增长了 22.1%。在北莱茵—威斯特法伦州,从 1980 年到 2000 年垃圾处理费已经增长了 5 倍。但是,垃圾处理费增加也带来严重问题,成为居民第二房租支出,直接导致居民生活开支的提高,而降低地区竞争性。③

公共服务项目受使用人数的影响,有大量的公共服务项目,收费不可能无限制地提高,收费往往不足以弥补支出,只能依靠市镇补贴。县、市、镇采取地方自治,其公共服务主要由市政公司这类企业提供。从经营核算的角度来看,市镇的公共服务性企业,如市镇的供电、供水、供气单位等,主要采取以收抵支的收费经营方式,通过收费来弥补企业的经营开支。经营单位根据成本核算的资料,可以提高调整收费标准,实现收支平衡。④

由于社会救济项目在管理和财政上从其历史起源开始皆由地方政府承担,这也以一种近乎独特的方式缔造了地方政府的社会政策观念,至少在预算方面是如此。财政和预算的压力变得越来越吃紧。

---

① 朱秋霞:《德国财政制度》,中国财政经济出版社 1999 年版,第 179 页。
② 朱秋霞:《德国财政制度》,中国财政经济出版社 1999 年版,第 181 页。
③ 朱秋霞:《德国财政制度》,中国财政经济出版社 1999 年版,第 181 页。
④ 朱秋霞:《德国财政制度》,中国财政经济出版社 1999 年版,第 139—140 页。

四 德国非税收入的特点

德国的公共收费主要是弥补公共设施和公共服务的投入,收费主体主要是政府公共部门及公营企业。①

(一) 德国非税收入的特点

1. 主要在地方层面收取

如前所述,德国三级政府的事权和财权划分明确。地方政府负责当地的教育、文化、卫生、交通、治安、社区服务等。然而,从财政保障上来看,联邦财政收入约占全德财政收入的48%,各州财政收入占全德财政收入的42%,地区财政收入只占10%。② 在开支方面,越来越多长期失业且未能被纳入失业保险的人诉诸社会救助并最终求助于地方政府,正是这种必须在行政和(更重要的是)财政上负责的社会救助体系使地方政府财政开支急剧增长。

因此,地方政府大量依靠非税收入,或者说德国非税收入主要体现在地方政府就很容易理解了。

从财政和预算方面来讲,乡镇和县在建立提供公共服务的组织部门和公司方面,实行着一种有区别的定价政策。在水供应和电气分配上,多数情况下按全部的"生产价格"(甚至更多)对居民予以收费;而在其他地方活动领域中的收费,尤其是在公共交通和文化设施上,则按政治决策,有意识地低于"生产价格"。例如,在1999年,平均而言,地方污水和垃圾处理费用的几乎100%都由市民缴费承担,而相应的是,幼儿园费用的40%、剧院费用的30%、公共图书馆费用的10%属于收费项。③

2. 目的在于补偿公共服务支出

费是作为特定商品或特定服务的回报而向公民收取的。收费收入是德

---

① 史莉莉:《德国公共收费的概况、立法及启示》,《政治与法律》2012年第8期。
② 财政部:《德国财政管理与财政监督考察报告》,财政部网站,http://jdjc.mof.gov.cn/zhengwuxinxi/jingyanjiaoliu/200806/t20080625_53444.html,2016-06。
③ [德]赫尔穆特·沃尔曼:《德国地方政府》,陈伟、段德敏译,北京大学出版社2005年版,第95页。

国州政府和地方政府预算收入的来源,但所占比重并不是很大。从收费的性质来看,主要是为政府部门行使政府职能的收费,以及政府向社会提供一些文化娱乐和交通基础设施等公共服务收费。①

关于传统上由地方政府提供的公共设施(如游泳池、成人教育机构、幼儿园、剧院等)以及公共事业(如公共交通、污水排放、垃圾处理、墓地等),州一级关于地方的立法规定地方政府可以首先通过对使用上述服务和设施的地方居民进行收费来支付其费用;只有在通过收费补偿支出在政治上或社会公平变得不可接受时,地方政府才可以拿出适当的一部分钱来支付这笔费用。②

实现公共服务项目收费只是改革的第一步。因为人们发现收费并不是解决问题的根本途径。在提高的成本可以通过收费来收回的情况下,经营者根本没有改善经营管理降低成本的动力。另外,规模经济也可以通过地区间的联合来实现,比如地区间的垃圾厂可以合并。在垃圾运输也是公营的情况下,涉及运输成本。公用限制了可能的规模扩大。所以,下一步改革的重要内容必然是公共服务企业的私有化和承包经营。③

收费调整的唯一理由是成本的变动。这从侧面反映出,收费的主要目的乃至唯一目的是补偿公共设施或者公共服务的支出。

3. 间接地起到宏观调控的效果

德国市场经济体制为"社会市场经济体制",它试图在有效的、自由的经济体制和社会公正之间建立一种平衡,最高宗旨是在自由的社会中实现共同富裕。在社会市场经济体制中,国家的主要任务是建立和规范经济运行的框架和秩序,此外还要在总体调节供给和需求,对市场竞争不起作用的领域进行直接干预。④

在德国,收费的成本覆盖比例差别是很大的。公共事业费,如燃气、供暖、电和水费等的收取,不仅覆盖成本,同时也带来可观的利润;污水和垃圾处理收费,通常是覆盖全部成本;而对于公共交通、文化、社会或者休闲设施的收费,成本覆盖比例是比较低的。在德国,通过公用事业的

---

① 何成军:《德国小城市(镇)财政管理体系》,《中国财政》1997年第5期。
② [德] 赫尔穆特·沃尔曼:《德国地方政府》,陈伟、段德敏译,北京大学出版社2005年版,第143页。
③ 朱秋霞:《德国财政制度》,中国财政经济出版社1999年版,第181—182页。
④ 史志伟、陈建平主编:《德国经济数字地图》,科学出版社2012年版,第22页。

利润来补贴公共交通或者其他亏损的公共服务,是很常见的做法。①

4. 主要采取以收抵支方式

从经营核算的角度来看,市镇公共服务性企业,如市镇的供电、供水、供气单位等,主要采取以收抵支的收费经营方式,通过收费来弥补企业的经营开支。经营单位根据成本核算的资料,可以调整收费标准,实现收支平衡。②

(二) 地方政府非税收入的特点

1. 传统的"双重功能"模式

德国地方政府在其整个近代历史上,皆以"双重功能"模式为特征,按国际标准,其地方政府具有极为广泛的任务和职责(多重功能)。

首先,乡镇和县(作为地方政府的两级)执行大量的由"一般能力条款"所规定的任务,即联邦宪法第 2 部分第 28 条"一般能力条款"中,乡镇和县的权利是"在现有法律的范围内,决定/规制所有在其职责范围内与地方共同体相关的事务"。在所有地方自治事务上的决策权力来自民主选举的地方议会。

其次,地方政府要执行由"国家"所授权的任务,也就是由联邦或州政府所授权的任务。这些任务一般由(个人或集体的)行政部门完成,在行政职能上,当地方民选议会在这些授权的事务上无能力或无责任处理时,它们乃是国家的一种代表机构。在执行授权的任务方面,地方政府要服从"国家"的广泛的监督,不仅看其是否合乎法律,而且要看相关决定和行动的合理程度。

2. "地方福利国家"

社会政策职能是德国地方政府传统中的重要部分,由此它被称为"地方福利国家"。

由于具有中世纪市镇的历史根源,"地方福利国家"在 19 世纪的后半叶成型,那时地方政府需要对由于飞速的城市化和工业化所导致的严重社会问题做出反应。在德国福利国家的典型分工中,作为 1871 年后俾斯麦的社会保险立法的结果,地方政府的社会政策职能被保留了下来。同时,

---

① 史莉莉:《德国公共收费的概况、立法及启示》,《政治与法律》2012 年第 8 期。
② 朱秋霞:《德国财政制度》,中国财政经济出版社 1999 年版,第 181 页。

第八章　德国政府非税收入

通过这一法律，一个总的社会保险体系建立起来，其原则是就业和保险，也就是说，通过向雇员（或雇主）征税，地方政府在管理和财政上，继续对社会补助项目负责。社会补助项目意味着给那些没有享受一般的社会保障计划的人以帮助。除了提供和支付社会救济外，地方政府传统上也对更为广泛的地方服务负责，从为那些弱势人员提供服务到全体市民的入托、住房、养老等问题。历史形成的以地方政府为主体的"地方福利国家"得到1961年联邦立法（《联邦社会救济法案》）的承认，甚至被予以加强。公民领取社会救济的权利得到联邦法令的确认和扩充（例如，把残疾人纳入社会救济计划），社会救济的提供一直是地方自治政府的行政与财政职责，而1961年联邦法案更是详细地说明这是地方政府"不可推卸"的任务。①

从比较的视野来看，历史上地方政府的社会政策责任在德国和英国大体沿着一条十分相似的路线发展，直到1948年在英国，随着进入福利国家的"国家化"，地方政府补贴社会的职能完全移交给国家机构，而地方政府在社会服务包括社会住房等的提供和分配上的职责，实际上按照国家的立法大为扩展，与此同时，社会服务慢慢地几乎完全由地方人员来提供。

3. 地方自治

各州相对独立，有各自的宪法，地方更是在《基本法》的保障下实行地方自治。而且，各州之间由于地域州、城市州的不同，以及面积大小的不同等，在公共管理的层次上也不尽相同。②

地方自治在德国具有悠久的传统，在近代，它与1808年的普鲁士城市规章相联系。自治权首先指市镇自己负责所辖区域内的公共事务、公共基础设施和公共服务设施的建设和维持。具体任务涉及短途公共交通、地方道路建设、水电煤气供应、废水处理和城市建设规划；学校、剧院、博物馆、医院、体育场所、公共游泳池、成人教育和青少年的校外辅导。当然，对市镇提供公共产品的需求，是随着社会的发展和变化而改变的。例如，当今市镇选举中各个党派的一些重要竞选口号，如建设更多的公共幼

---

① ［德］赫尔穆特·沃尔曼：《德国地方政府》，陈伟、段德敏译，北京大学出版社2005年版，第91—93页。

② 史莉莉：《德国公共收费的概况、立法及启示》，《政治与法律》2012年第8期。

儿园、采取更多的改善环境措施等，便是20世纪70年代以来妇女和公民权运动、环境保护运动的直接结果。①

根据基本法规定，市镇拥有自治权。在德国联邦制三级财政体制中，市镇为最底层。法律规定市镇可以自我负责一些国家任务的实施，负责从计划的决定到实施和监督的全部过程。基本法赋予市镇相应的财政收入和支出权限，保证市镇自治权的实现。因此，市镇自治权首先应该表现为财政对这种自治权的保障。②

下面将阐述几个地方自治事务的例子。

- 地方保健计划，市镇/城市发展计划

在地方相关的保健计划上的决定权，以及土地规划和城市发展规划，传统上被看作是地方自治最为重要的职能之一，它们在本质上由议会决定。地方政府所要遵循的计划程序，已经越来越多地受到联邦和州法律的规定。20世纪70年代中期以来，反思前面提及的"参与革命"（见第四章），联邦政府制定了法律法规，鼓励在规划程序的早期阶段有更多的公民参与。作为地方自治事务，地方保健计划和发展规划，一经地方议会通过，就要受到州政府的法律审查（Rechtsaufsicht）。但是，这样的州政府监督并不对地方决策的好坏作出判断。

- 公共设施提供

德国地方政府传统上主要致力于基础设施建设（道路、污水处理系统、公共交通系统等），部分致力于公共设施提供。实际上，公共资本投资（不算国防开支）中90%都由地方政府掌握。地方政府如此多地卷入整个公共基础设施的建设和维护的原因，乃是由于德国特定的政府结构。典型的德国地方政府结构中，联邦政府没有地区或地方办公机构，州承担大多数的公共任务，包括公共资本投资，它由地方政府来执行，而非通过国家行政部门。这样，大量的公共资本投资通过地方预算来进行。需要充说明的是，地方政府在很大程度上不具有独立财政权，因为就财政而论，它们依赖于从联邦和州预算中所得到的财政经费和补贴。③

---

① 朱秋霞：《德国财政制度》，中国财政经济出版社1999年版，第30页。
② 朱秋霞：《德国财政制度》，中国财政经济出版社1999年版，第165页。
③ ［德］赫尔穆特·沃尔曼：《德国地方政府》，陈伟、段德敏译，北京大学出版社2005年版，第96页。

第八章　德国政府非税收入

• 社会救济

地方政府在管理和财政上,对社会补助项目负责。社会补助项目意味着给那些没有享受一般的社会保障计划的人以帮助。除了提供和支付社会救济外,地方政府传统上也对更为广泛的地方服务负责,从为那些弱势人员提供服务到全体市民的入托、住房、养老等问题。历史形成的以地方政府为主体的"地方福利国家"得到1961年联邦立法(《联邦社会救济法案》)的承认,甚至被予以加强。社会救济的提供一直是地方自治政府的行政与财政职责,而1961年联邦法案更是详细地说明这是地方政府"不可推卸"的任务。

4. 地方公共服务

地方政府的公共服务部门已经涵盖了相关设施和服务的许多重要方面,例如20世纪90年代的评估:

· 水的纯净化处理,95%;
· 废弃物的处理,95%;
· 电的供应,11%;
· 电的分配,29%;
· 气的分配,67%;
· 水的供应,85%;
· 公共交通,64%;
· 乡镇和县所拥有的储蓄机构吸纳了整个银行储蓄大约20%的资金。①

从概念上来说,地方政府在公共服务方面的活动,被指望以地方共同体利益最大化("共善"或曰"公共物品")的方式提供这样的设施和服务。这种"共善"被看作"地方市场保护"和地方行政部门或地方提供这些设施和服务的"准垄断"的合法性论证。②

根据德国法律,市镇有自治权,可以自行决定本地区的公共产品供给的任务由公法企业或者私法企业来完成。德国原有市镇公共企业可以分为以下几种类型:③

第一类是自有企业。自有企业的经济活动没有独立的法人地位,市镇

---

① [德]赫尔穆特·沃尔曼:《德国地方政府》,陈伟、段德敏译,北京大学出版社2005年版,第94页。
② [德]赫尔穆特·沃尔曼:《德国地方政府》,陈伟、段德敏译,北京大学出版社2005年版,第95页。
③ 朱秋霞:《德国财政制度》,中国财政经济出版社1999年版,第181页。

政府对其承担无限责任。这类企业的决策权在市镇政府，公司的经营活动不是独立的。它们的经营计划属于市镇预算计划之内。自有企业的经营方式受自有企业法约束。

第二类是专营企业。专营企业没有独立的法人地位，也没有经营活动的独立性，类似于行政管理单位。

第三类是自有公司。自有公司是市镇政府由于公共目的参与股份的、适用于私法的企业，它可以是上市的股份公司和有限责任公司。市镇对自有公司的决策权取决于参与股份的多少。在近年来的市镇财政改革中，专营企业逐渐被自有企业替代，自有企业也开始逐步引入承包经营和租赁经营，或者改为自有公司与私人企业合资的股份公司形式。

上述几种形式中，无论哪一种形式，只要承担公共任务，不是接受市镇的补贴就是由市镇承担亏损。现在根据欧盟的规定，市镇对这些企业的补助甚至拨款都属于应该禁止之列。

五 德国非税收入的设立

在《基本法》中，有相应的条款规定德国的财政体制，划分了三级政府所承担的公共事务并由此确定各自的财政支出范围，各级政府均有自己独立的财政预算。

（一）依法设立

德国的收费立法，是由联邦法、州法、地方法三个层面构成、包括了一般法、专门法、专业法/部门法在内的一个立体法律体系。而关于乡镇收费的框架类别、收费计算、免费事由等事项，在州层面立法规定，并且非常全面、详尽、具体。

1. 依法设立

德国在联邦层面和州层面有关收费的规定基本属于框架式规定，主要是确定收费的范围、原则、程序等总括性的、普遍适用性的内容，具体的收费名目和标准均由地方议会通过制定规约来确定。[1]

---

[1] 史莉莉：《德国公共收费的概况、立法及启示》，《政治与法律》2012年第8期。

第八章 德国政府非税收入

财税的立法权，不论是财政政策或是税目、税率方面，大部分皆归联邦。理由在于，这些政策影响一国的财经运作，甚至影响到总体生活水平以及产业竞争。无论如何，为确保邦的地位，基本法第一百零五条第三项规定，若联邦法律规范到原本划归予邦或县市、乡镇全部或局部收取的税捐时，必须得到联邦参议院的同意。联邦对关税以及财政专卖等事项有专属立法权，此外就其他的税收有竞合立法权。各邦所享有的立法权只限于地区的消费税以及货物税，而且必须是以联邦所未规定者为限，常见的是饮料税、娱乐税、狗税、打猎税、钓鱼税。乡镇只得对土地税以及营业税在各该法律所授权的范围内调整税率。①

根据基本法第 105 条，对税收的立法权主要集中由联邦行使，以保证所谓税务联系（steuerverbund）的功能不受干扰（基本法第 106 条）。各州只拥有极小的活动范围。乡镇只允许按照法定标准征税（地方税捐法也这样规定，如黑森州地方税捐法第 7 条），并且只能在一预先规定的基本法第 105 条第 2 款所指的范围内创设税项。如将"文化受益费"作为针对所有乡镇居民的税，则不合理。该限制不适用规费和受益费；只要州法律无相反规定（中小学财务中，免费教育仍有争议），乡镇可就所有设施征收规费和受益费；收取受益费当然只能从公众中划分出特别使用人时，方具可行性。②

2. 法律条文规范具体

由于具体的地区差异，可能造成收费项目及标准在不同地区会有所不同，但有一点是共同的，即德国地方层面有关收费的规定非常详尽具体。③

根据国家《基本法》规定，哪些方面可以收费，包括制定和调整收费标准，均由地方议会确定，政府各部门包括财政部门都没有出台收费和制定收费标准的权利。但是，凡是法律规定收入必须纳入州或地方财政预算内进行管理，收入直接缴入州或地方金库，作为州或地方预算收入的来源，与税收和其他收入来源一起编入预算报议会批准，并统筹使用。执行收费单位的经费开支全部由预算统一安排。除个别情况外，纳入预算内的

---

① 黄锦堂：《德国联邦体制之研究》，《美欧月刊》1994 年第 9 卷第 6 期。
② ［德］平特纳：《德国普通行政法》，朱林译，中国政法大学出版社 1999 年版。
③ 史莉莉：《德国公共收费的概况、立法及启示》，《政治与法律》2012 年第 8 期。

收费收入一般不能指定专门用途。①

例如,在《关于波茨坦市管理费的法规》中,将管理费(即规费中的行政费)分为一般管理事项、经济发展事务、统计和报告事务、财政控制事项、地产事务、城市档案事务、保存事项、房屋事项、地籍及测量事项、城市规划事项、市区重建事务、道路/土木工程和绿色空间管理事项共计 12 大类。每一大类下又分若干子项目,有些子项目下还有进一步的划分,收费数额以欧元计算,具体到小数点后两位。②

《德国规费及受益费法》第 11 条规定:(1)规费及受益费之征收,"由作成有规费义务之职务行为的行政机关,或由征收规费或受益费之被使用设施的管理机关为之"③。

(二)各级政府的立法

与德国三级公共管理的体制相适应,德国有关收费的立法可以从联邦法、州法和地方法三个层面进行考察。

1. 联邦法律

联邦法主要指德国联邦层面专门的收费法律,以及联邦制定的专业法/部门法中有关收费的规定。

在立法权领域,联邦有支配性的地位。在竞合立法权的场合,只要联邦一立法,邦便不再有任何立法权。依照德国基本法第七十四条以及七十四 a 条之规定,将近有二十六项是属于竞合立法权的领域,范围可说是无所不包,例如集会游行、户籍、武器、各类型经济法、诉讼法、调节法律、法律咨询、核能、劳工法、教育补助、征收、经济秩序的公平竞争、农渔财产权的相关事项、土地住宅相关法、传染病、医院、各项物品、用品安全卫生管理、航行、道路运输、航运、环保法规、公务员的薪水与退休抚恤等。④

联邦关于收费的法律,基本属于总体的框架性规定。如德国联邦关于行政费的专门法律《行政费用法》,共 26 条,主要是一些原则性的规定。

---

① 何成军:《德国小城市(镇)财政管理体系》,《中国财政》1997 年第 5 期。
② 史莉莉:《德国公共收费的概况、立法及启示》,《政治与法律》2012 年第 8 期。
③ 史莉莉:《德国公共收费的概况、立法及启示》,《政治与法律》2012 年第 8 期。
④ 黄锦堂:《德国联邦体制之研究》,《美欧月刊》1994 年第 9 卷第 6 期。

例如，确定了成本覆盖的行政费收取基本原则，确定了行政事务免费的类别，制定了对于费用债权人和债务人的规定等。以《行政费用法》其中第1款规定：第9条收费计算为例，"如果为收费预先规定了框架费率，那么，在确定收费时，必须在具体情况下考虑到：

其一，与职权行为相关联的行政支出，只要支出不是作为开支分开计算；

其二，职权行为对于收费债务人的意义、经济价值或其他收益，以及收费债务人的经济状况"。

这为行政费的计算明确了方向和应该考虑的因素。[1]

基本法财政制度（详见本章附录2）方面，行政费用征收特别法，如道路交通费、驾驶教练员法、客运法、公路运输交通法、武器法、爆炸物法；联邦专项法律法规，特别是免费规定（如SGB第64条第5款）；对于行政法庭的诉讼程序，诉讼费用应按照法庭费用法征收。

2. 州立法律

德国实行社会市场经济体制。各联邦州相对独立，具有较高的自治权利。一级政府一级财政，各级政府财政独立预算核算，其预算计划由联邦议会或各州以及地方议会批准，相互之间没有上下级关系，也不存在联邦对州或州对地市一级财政预算的统一汇总关系，有关全国的相关数据信息的发布，均由国家统计部门来完成。[2] 就邦的专属立法权而言，主要是在警察法、道路法、建筑法、地方自治法、文艺事项（包括学校以及教会等等）。即便这些领域，联邦亦都有介入管道。[3]

各州的收费及开支法案是关于收费的专门法。除此之外，各州的专业法（或者说部门法）、乡镇条例、捐税条例，以及为执行州收费和开支法案的法令和行政规则等中均有关于收费的规定。经笔者查询，目前德国的13个地域州，3个城市州，均有专门的收费法案，其中最早颁布实施的是1957年柏林州《规费和受益费法》，最晚的是下萨克森州2007年颁布实施的《行政开支法》。各州的收费和开支法案，对于收费的框架类别和征

---

[1] 史莉莉：《德国公共收费的概况、立法及启示》，《政治与法律》2012年第8期。

[2] 张东明：《进入后经济危机时期联邦德国政府财政收支滚动预算趋势分析》，《财政研究》2011年第11期。

[3] 黄锦堂：《德国联邦体制之研究》，《美欧月刊》1994年第9卷第6期。

收程序等均规定得非常详细，但具体的收费项目和收费数额，都由地方法规定。①

3. 地方法律

在联邦和州框架式规定下，具体的收费标准在地方层面确定，可操作性强。在地方政府的相关传统中，过去存在着许多不同的为公共服务和设施再供给资金的模式。

乡镇和县（作为地方政府的两级）在所有地方自治事务上的决策权力来自于民主选举的地方议会。地方政府的自治行为要服从于州政府的监督，州政府要核实地方活动是否合乎法律，但并不对地方行动是否妥当做出裁决。②

地方法主要是地方制定的、关于提供各种公共设施从而收费的专业法/部门法。其特点是有具体的征收项目和标准，往往包括收费目录及收费标准等。如《波茨坦市有关使用公墓及火葬设施及相关公务行为收费的规约（附墓地收费表）》，其附件部分有详细的收费表，分为使用费及行政费两块。其中使用费部分包括了墓穴使用收费、葬礼收费、火葬收费、公共设施使用收费、附带利益收费、其他费用、附加费七项内容。行政费部分包括了陵墓许可和其他行政费两项。每一项下又分为具体的子项目，每个子项目收费都具体到个位数，以欧元计算。再如，《波茨坦市有关废弃物处理收费的规约（附废弃物收费表）》20中，明确规定了收取什么费、谁将付费、收费标准、费率总额等内容。③

在《关于波茨坦市管理费的法规》中，将管理费（即规费中的行政费）分为一般管理事项、经济发展事务、统计和报告事务、财政控制事项、地产事务、城市档案事务、保存事项、房屋事项、地籍及测量事项、城市规划事项、市区重建事务、道路/土木工程和绿色空间管理事项共计12大类。每一大类下又分若干子项目，有些子项目下还有进一步的划分，收费数额以欧元计算，具体到小数点后两位。

对于乡镇机构的特定费用，如废水净化、垃圾清理等可依据下萨克森

---

① 史莉莉：《德国公共收费的概况、立法及启示》，《政治与法律》2012年第8期。
② ［德］赫尔穆特·沃尔曼：《德国地方政府》，陈伟、段德敏译，北京大学出版社2005年版，第90页。
③ 史莉莉：《德国公共收费的概况、立法及启示》，《政治与法律》2012年第8期。

州的乡镇费用法和地方法规来征收。

(三) 设立原则

1. 对等给付原则

征收税捐与干预行政相关，因此，根据法律保留原则，税捐的数额必须由法律规定。法治国家原则和基本法第3条要求必须依照税捐法中构成要件，对所有人平等课税；社会和税捐中差别须以法律确定；行政不得从自身利益出发进行增补。该原则证明，行政机关在征收法定税时不得考虑其他利益，因而税务债权人和税务债务人之间的免除合同因违法而无效。[①]

规费作为一种税捐，是针对一定行政给付的对等给付。与税不同，决定规费高低的首要因素不是债务人的给付能力或其他社会价值，而是行政给付的费用大小。否则，就会混淆税收的界限，破坏基本法所确定的财政制度。[②]

由此产生的对使用规费和行政规费的限制，不允许规费数额超出行政支出，尤其不允许提高规费，而为其他行政项目集资。这一原则适用于所有因设施和行政给付引起的开支，但是，在具体实施上却极为复杂。[③]

对于来自财产和公共企业盈余的国家和乡镇收入，均不适用上述的基本原则，在只依据私法调整的私法上有偿的公共设施方面也同样。因为，为收益目的而将这类报酬或上市价格提高，乡镇总在不断通过合同对附加的受益费达到协议，比较第六章第一节。[④]

2. 费用均衡原则

在运用费用均衡原则中，必须区分总体规费收入的数额与确定一具体的规费之间的不同：对于总体规费收入适用"费用抵偿原则"，确定具体规费则适用"对等原则"。依此，必须根据总体费用确定规费的总体收入，根据对等给付确定具体规费。费用抵偿原则所包含的首要目的是费用逾越禁止，其中，也暗含了这一趋势：作出的开支尽可能由使用规费和行政规费抵消，而不至于使其成为公众整体承担的开支。在实践中，尤其在社会

---

① [德] 平特纳：《德国普通行政法》，朱林译，中国政法大学出版社1999年版，第184页。
② [德] 平特纳：《德国普通行政法》，朱林译，中国政法大学出版社1999年版，第186页。
③ [德] 平特纳：《德国普通行政法》，朱林译，中国政法大学出版社1999年版，第186页。
④ [德] 平特纳：《德国普通行政法》，朱林译，中国政法大学出版社1999年版，第184页。

和文化设施使用上,"费用抵偿程度"却十分低下(常常仅为20%—25%),对此地方政策一直有争议,但是依据适当的理由,在法律上却是完全允许的。①

在费用抵偿原则中适用下列基本原则:不允许任何行政部门为其他项目取得盈余而相当显著地提高规费收入。支出中只应计算行政部门在人力、物力方面的总体花费(包括行政建筑、退休金负担等),使用规费中亦应计算资本利息和折旧费(比较巴登—符腾堡的有关法律以及其他地方税务法律中有关"企业经济基本原则"方面的规定)。在使用规费方面这一问题更为突出:地方上每一设施根据乡镇预算法均单独预算,单独核算,而在联邦邮政上却从未适用如此严格的标准(今天仍然如此)。在一个完整的设施,如污水排放和净化系统中,可以就整体开支作出估算,而不受市政部门以不同经营开支开设数个净化工厂的影响。②

3. 成本收回原则

所谓"成本回收原则"已经在许多服务行业如污水排放和垃圾处理中得以广泛实行。同样,在公共事业中也有应用,如公共交通、水供应以及电力和煤气供应。③规费/费用,适用保本原则(或者说成本覆盖原则)和等价原则,其收取目的主要是补偿公共设施的投入,因此,禁止过度收取。④

《德国规费及受益费法》第8条规定:"……(2)行政规费应参照行政部门之成本进行核算。(3)使用规费额度之计算,须足以弥补设施之行政及维护费用、技术及经营制发展费用及资本之利息及清偿本金费用。……(5)受益费应依设施所产生之利益进行核算。……"⑤

在财政压力下,2002年时"成本回收原则"的应用已经得到扩大。一方面,在一些行业如污水和废物处理中平均已经达到对服务的"生产成本"的"百分之百"的回收;另一方面,在一些文化服务业中的成本回收(在20世纪90年代中期还很低)已经有了很大的上升,同时暗示着费用

---

① [德]平特纳:《德国普通行政法》,朱林译,中国政法大学出版社1999年版,第186页。
② [德]平特纳:《德国普通行政法》,朱林译,中国政法大学出版社1999年版,第187页。
③ [德]赫尔穆特·沃尔曼:《德国地方政府》,陈伟、段德敏译,北京大学出版社2005年版,第143页。
④ 史莉莉:《德国公共收费的概况、立法及启示》,《政治与法律》2012年第8期。
⑤ 史莉莉:《德国公共收费的概况、立法及启示》,《政治与法律》2012年第8期。

（如入场费等）也有增长。在1999年地方政府的总收入中，收费所得收入已经占到13%。[①]

4. 对等原则

对等原则用于具体确定规费时同样导致不可忽视的困难：一般情况下在使用规费中，规费必须根据实际对等给付以及其价值予以确定。在此不得根据"交易价值"、给付受领人的主观价值或其社会关系来量定规费。

规费必须尽可能与"真正"给付保持对等性（真实性准则）；总体计价也允许。不可能衡量或不适宜衡量某一利用，如排污时，则必须采取一个与真实性最为接近的估计准则（可能性准则）。受领人的给付能力和促进愿望（社会因素），给付对具体受领人的价值皆不在考虑之列；一定的社会负担确需减轻时，不得转嫁为其他交付规费者的负担，而须从税收资金中抽出补助金抵偿该负担。总体计价也在允许之列，因而，在展览以及泳池入场券上可以一律收取同一价格，而无须顾及每一使用人具体逗留时间的长短。[②]

受益费的确定（其中包括了地方拓路受益费、广播规费、社会保险受益费等）适用在确定规费时相同准则。不过因为对等给付仅作为使用设施好处的可能性而存在，故分担准则一般情况下必须根据可能性准则确定。[③]

另须注意：如果一设施（如街道）不仅使沿街住户受益，同时也为公众服务时，不得把全部费用强加于沿街住户，而只应让沿街住户负担估计其使用而应承担的一部分（比较建筑法典第127条、第129条）。[④]

六　德国政府非税收入的管理与监督

（一）德国财政监管体制

与德国联邦制相适应，德国的财政管理体制由联邦和州两个独立的体系构成。

[①] ［德］赫尔穆特·沃尔曼：《德国地方政府》，陈伟、段德敏译，北京大学出版社2005年版，第144页。
[②] ［德］平特纳：《德国普通行政法》，朱林译，中国政法大学出版社1999年版，第187页。
[③] ［德］平特纳：《德国普通行政法》，朱林译，中国政法大学出版社1999年版，第188页。
[④] ［德］平特纳：《德国普通行政法》，朱林译，中国政法大学出版社1999年版，第188页。

联邦一级的财政管理体制由四层构成：

其一是联邦财政部是最高的财政管理机构。其主要任务有四：第一项是设计作为国家经济政策中心的财政政策，经济和财政政策的总体策略体现在经济年报中。通过税收政策为完成国家的任务筹集资金，通过预算将财政资源分配到各个职能部门，并监督国家预算的执行过程，同时通过税收政策影响国民经济的运行。第二项是对联邦财产的管理。第三项是协调具有财政意义的国际关系，例如关税以及与欧盟的财政关系。第四项是规范联邦、州和市镇地方政府之间的财政关系。

其二是联邦财政部下面是联邦高级管理局。

其三是中层高级财政局（OFD）。

其四是地方的管理结构，主要由关税局、关税局的分支机构和边防控制站等组成。

州财政部的任务是负责本州的财政税收政策的设计、执行和对执行效果的评价。中心任务是编写提交州议会的财政预算报告和财政年报；具体负责本州的财政收入和支出的管理；下属高级财政局的领导和管理工作；代表本州参加联邦级的财政政策形成和州际财政平衡的讨论和谈判；协调本州的州与市镇之间的财政业务管理关系。[①]

由于市镇是自治的独立财政单位，因此，在市镇设有自己的财政管理系统，负责本市镇的预算编制和制定市镇地方的财政税收政策，以及市镇公共财产和企业的管理。市镇财政部设有自己的税务局，负责完全属于市镇地方的税收征收。市镇财政部和州财政部不存在行政上的隶属关系。例如，在波恩市有财政局，这是属于州财政部的下属单位。在波恩市有税务局，税务局是波恩市的，隶属波恩市政府财政部门领导。因此，从名称来说，税务局就是波恩市的，财政局就是州的。个人所得税和公司所得税的征收管理由波恩财政局（州财政部下属单位）负责，不是由波恩税务局负责。[②]

（二）德国非税收入管理特点

1. 议会掌管其设立和标准

德国的政府是非税收入管理单位，只是起到一个执行主体的作用，本

[①] 朱秋霞：《德国财政制度》，中国财政经济出版社1999年版，第35页。
[②] 朱秋霞：《德国财政制度》，中国财政经济出版社1999年版，第38页。

第八章 德国政府非税收入

身的权限受到了议会强有力的节制。

行政收费在德国作为政府非税收入的一种,主要在地方层面收取,且收费主体、项目、标准、程序等均由议会立法明确,规定具体可操作性强。①

作为议会共和制的联邦国家,德国的议会是国家以及各级地方的最高权力机关。议会的权力基础来源于所有公民的授权。为了取信于民,德国议会对关系国计民生的财政收入监管很为严格。议会对非税收入的掌控主要体现在所有非税收入的项目设定以及是否标准都是地方议会所决定批准,没有议会的许可,任何政府部门都不能越权设立非税收入的任何事项。②

根据德国的《经济平衡发展和增长法》,联邦和各州有义务按经济政策的主要目标来确定自己的预算政策,必须各自制订财政计划,列出5年内收入和支出的预算,目的是使公共财政收支与国民经济的能力和要求协调一致。年度财政预算根据中长期计划和国民经济发展趋势来编制,一是确定公共财政收入和债务的数额;二是确定财政支出的预算,财政部每年5月之前要求各部门提出详细的支出计划。财政部接到各部门编制的财政支出计划后,逐项进行审核,编制预算草案。财政部门编制的预算经政府内阁讨论通过,提交议会审议,经议会批准后方可实施。③

经议会批准的预算,由财政等各部门予以执行。议会批准的预算非常具体,每项支出包括用款的时间、项目名称、支付方式等都很明确,财政部门接到请款报告后,对照经议会批准的预算进行审核,凡不符合要求的都要剔除。经议会批准的预算,年度中一般不再变动。如需变动,必须经过议会的严格审查和批准。④

2. 纳入预算管理

德国财政收入主要依托政府税收,收费只是弥补公共支出不足部分的

---

① 史莉莉:《德国公共收费的概况、立法及启示》,《政治与法律》2012年第8期。
② 关睿等:《海外非税收入管理概况及启示》,《内蒙古师范大学学报》(哲学社会科学版)2012年第4期。
③ 财政部财政监督管理考察团:《德国财政管理与财政监督借鉴》,《财政监督》2008年第11期。
④ 财政部财政监督管理考察团:《德国财政管理与财政监督借鉴》,《财政监督》2008年第11期。

辅助性手段，收费收入全部纳入预算管理。①

德国财政体制也分三级预算，政府预算程序则分为预算编制、议会审议通过、各部门组织预算执行、预算的事后检查和评价四个阶段。各级政府有自己的管辖范围，有较明晰的事权划分，也有与事权对应的较明确的财权。德国基本法对三级政府的事权范围做明确的划分，明确规定联邦、州和地方（市或县）三级政府职责：②

德国联邦政府财政部每年的预算报告均是在上年 12 月将预算草案经议会讨论并表决通过，当年 2 月前形成正式的预算报告对外公布，成为具有法律效益的具体法案。一经对外公布，将不得随意调整，如须更改必须要有相应的法律依据或突发事件的背景。③

无论哪一级政府的财政预算制定都非常细致、严格。德国地方一级政府的财政预算制定情况大致是这样的：每年的下半年由财政局局长代表政府要求政府各职能部门拿出第二年的部门预算方案，报财政部门汇总编制全市总体预算，然后将此预算方案报市议会讨论；议员们讨论通过后，议会做出关于预算的决议，并以法律的形式通过；然后市（镇）政府和城市（镇）各部门都依照预算决议执行预算计划。执行过程中，会出现与预算计划有出入的情况。这时如果不是因为人为因素造成的，则再制订一个弥补性预算计划，并以法律形式颁布。④

3. 德国的财政预算的特点

德国编制、执行及监督有两个突出的特点，一是法律背景深厚，法律体系比较完备，一切活动都有严格的法律要求；二是建立了规范的预算编制、执行及监督相互分离的制衡机制。相关的法律既有联邦的《基本法》《经济平衡发展和增长法》，又有联邦及各州的《预算基本原则法》。⑤

德国编制公共预算时主要遵循《基本法》和《预算法》所规定的原则，包括完整性和统一性原则、收支平衡原则、年度有效性原则、提前性

---

① 史莉莉：《德国公共收费的概况、立法及启示》，《政治与法律》2012 年第 8 期。
② 张德平：《德国税权划分特点对我国地方税权建设启示》（http://www.chinaacc.com/new/287/292/338/2006/2/li266927391141222600220017 - 0.htm）。
③ 张东明：《进入后经济危机时期联邦德国政府财政收支滚动预算趋势分析》，《财政研究》2011 年第 11 期。
④ 何成军：《德国小城市（镇）财政管理体系》，《中国财政》1997 年第 5 期。
⑤ 财政部财政监督管理考察团：《德国财政管理与财政监督借鉴》，《财政监督》2008 年第 11 期。

原则、禁止法规超载原则、经济性和节约原则、总体平衡原则、总合原则、单项概算原则、真实性和透明度原则等。①

科学的编制流程，严谨的预算执行机制。德国是一个国体上实行联邦制、管理上采取分权自治、经济上推行社会市场经济体制的国家。②

4. 资金统筹使用

非税收入取得后，禁止相关政府部门出现截留、收支挂钩等情形，必须严格遵照规定划拨到财政账户之上，进入财政预算管理体制之中运行。非税收入取得的资金会在财政框架内统筹使用，不会指定对其进行专项支出。③

（三）德国的财政监督体系

德国的财政监督可以说无处不在、无时不在，不但政府、议会、法院各司其职、分权制衡，公民个人、新闻媒体和社会中介机构也以各种方式积极参与其中，并发挥了很大作用，形成了一个有分工、有合作、全社会互动的完备的监督体系。④ 德国的财政监督包括对收入的监督、支出的监督、内部监督和绩效考核监督等。其中收入监督，由高级财政管理署和各地财税局执行，支出监督由联邦议会和联邦审计院行使。德国的法律明确规定所有使用财政资金的部门，都必须设置专门的监督机构。⑤ 德国的财政监督包括对财政部门内部的监督和对使用财政资金各个部门的监督。具体可分为三个层次：

一是联邦、州政府的财政部，主要负责财政政策的制定和财政预决算的控制；

二是在州一级设立的高级财政管理署，主要负责联邦、州财政政策的

---

① 田宇：《德国财政管理与财政监督的借鉴与启示》，《决策与信息（财经观察）》2005 年第 1 期。
② 田宇：《德国财政管理与财政监督的借鉴与启示》，《决策与信息（财经观察）》2005 年第 1 期。
③ 关睿等：《海外非税收入管理概况及启示》，《内蒙古师范大学学报》（哲学社会科学版）2012 年第 4 期。
④ 财政部财政监督管理考察团：《德国财政监督的经验借鉴（上）——德国的财政监督体系及主要做法》，《财政监督》2005 年第 11 期。
⑤ 财政部财政监督管理考察团：《德国财政监督的经验借鉴（上）——德国的财政监督体系及主要做法》，《财政监督》2005 年第 11 期。

贯彻执行及对财政预算执行情况进行组织协调,这个部门是德国开展财政监督的重点和专业部门;

三是在高级财政管理署下设置财税局,具体负责税收的征收、财政拨款的支付,对财政资金的收入及使用情况进行监督。[1]

德国有着完备互动的预算监督体系。德国预算的审核监督主要由两个方面组成:

一是联邦审计署的账目审查。联邦审计署是独立于议会和联邦政府的、国家最高的财政监督机构,其任务是协助议会审议批准政府的工作,执行预算法,不受议会命令的约束,只受法律约束。联邦审计署自主决定审计的时间、地点和内容。每一年度,财政部的收支报告及联邦审计署的年终决算审计报告,都要提交议会的预算委员会,作为议会批准决算的基本文件。这两个报告都对社会大众公开,图书馆及互联网都可以很方便地查到。

二是联邦议会预算委员会的政策审查。联邦议会设有预算委员会,针对政府每个部门的预算进行审核,然后将审核意见提交议会审议,并以法律的形式对外公布。议会要求审计署每月向其报告财政预算的执行情况。同时,议会预算委员会又下设审计委员会,对预算执行情况进行审计。其做法主要是根据审计署的审计结论,召集财政部、审计署及有关部门的代表进行审核,并将决议草案提交议会审议。议会对财政预算、财政决算审议监督力度很大,其所实施的监督是法律监督。[2]

在德国,财政监督主要是事前、事中监督,它寓于财政管理之中,是监督与管理相结合的典范。高级财政管理署及下属各财税局在承担公共资产管理职能的同时,还对财政收入的及时性、支出的合规性、安全性、有效性进行监督,对财政部门内部各职能部门的工作业绩进行考核。[3]

从监督管理的主体来看,德国的财政监督则包括议会及联邦审计院的监督、财政部门的监督、各相关部门内部监督、中介机构的监督、新闻媒

---

[1] 财政部财政监督管理考察团:《德国财政监督的经验借鉴(上)——德国的财政监督体系及主要做法》,《财政监督》2005年第11期。

[2] 财政部财政监督管理考察团:《德国财政管理与财政监督借鉴》,《财政监督》2008年第11期。

[3] 财政部财政监督管理考察团:《德国财政监督的经验借鉴(上)——德国的财政监督体系及主要做法》,《财政监督》2005年第11期。

体的监督和社会公众监督等。①

德国财税管理的科学化、民主化和法制化程度很高，他们十分注意运用预算、税收、国债、赤字、补贴等财政工具，为其财政政策服务，实现政府的理财目标。

德国财政监督部门非常重视对财政资金使用情况的绩效评价，其范围不仅包括各项专项资金的支出，还包括对政府各个部门行政资金使用效率的评价。在绩效评价中，实行绩效预算的审计办法，对于各部门由于加强管理、提高效率而节约的预算资金，政府从中拿出一部分用于该部门的奖励。②

联邦政府处理各级财政关系的初始环节，是明确各级政府所承担的公共事务。德国的国家宪法——《基本法》对各级政府的事权作了原则划分。③ 在政府非税收入的管理上，其特点在于准确的收费分类和定位、层级分明规定完善的收费立法、通过差别化收费成本覆盖比例实现政府调控目的等。④ 在每个州都设立高级财政管理署，接受联邦和州财政部双重领导，它是联邦和州财政部的管理、执行和协调机构，管理下设的财税局、建筑局，并承担公有资产的管理职能。分布在各地的财税局承担联邦和州的各项税收和规费的征收任务。⑤

七　德国电子票据

电子计算机系统的广泛运用。德国联邦财政收入和支出都有一个集成的计算机系统支持，这一系统造价昂贵，收支数据输入后，就可以进行一系列数据处理与管理。现德国财政收支账单都运用了电子处理，电子扫

---

① 财政部财政监督管理考察团：《德国财政监督的经验借鉴（上）——德国的财政监督体系及主要做法》，《财政监督》2005 年第 11 期。
② 田宇：《德国财政管理与财政监督的借鉴与启示》，《决策与信息（财经观察）》2005 年第 1 期。
③ 田宇：《德国财政管理与财政监督的借鉴与启示》，《决策与信息（财经观察）》2005 年第 1 期。
④ 史莉莉：《德国公共收费的概况、立法及启示》，《政治与法律》2012 年第 8 期。
⑤ 田宇：《德国财政管理与财政监督的借鉴与启示》，《决策与信息（财经观察）》2005 年第 1 期。

描,一次储存,数据共享。有权限开出账单的人员都有各自特定的芯片,经计算机确认后开出账单。操作过程中,程序还设计了提醒功能,对工作中的差错及不当进行特别提醒。①

在各基层财税局,也普遍利用计算机建立了纳税人纳税档案,如发现纳税人未及时纳税,及时对其发出警告,同时还利用计算机检查财税人员的执法质量,如有人私自给纳税人减免税,通过计算机可及时发现,等等。②

建立基础数据体系,发挥计算机在财政监督中的作用。主要运用实际数据考评、分析,这是德国财政监督管理的一个重要特点。德国政府建立了一套覆盖财政资金管理、使用、监督及考评的计算机信息系统,该系统能支撑部门预决算管理、国库单一账户集中收付、政府采购、宏观经济预测和办公自动化等多方面需求;同时,该系统在财政资金的分配和支付环节都实现了业务的标准化、流程的规范化和操作的智能化,这从根本上防止了预算执行的任意性和财政资金体外循环的可能性,降低了财政监督成本,提高了财政工作效率和监督管理水平。③电子计算机的广泛应用,特别是其发达的计算机网络系统和完善的数据资料库系统,对加强德国的财政管理,提升财政监督管理工作的效率和专业化水平,起到了重要的作用。④

德国财政部门实行严格的内部控制制度,把权力分立、权力制衡的宪政思想充分体现在财政监督体制中,确保内部控制制度在整个财政监督和财政管理体系中有效运行。财政监督管理贯穿于预算编制和预算执行的全过程,严格按法律规定和规范程序办事,依法监督,相互制衡,职责明晰,公开透明,手段先进,效应显著,效能突出,其良好的财政监督管理运行机制对我们有着十分有益的启示与借鉴。⑤

---

① 财政部财政监督管理考察团:《德国财政管理与财政监督借鉴》,《财政监督》2008年第11期。
② 财政部财政监督管理考察团:《德国财政管理与财政监督借鉴》,《财政监督》2008年第11期。
③ 田宇:《德国财政管理与财政监督的借鉴与启示》,《决策与信息(财经观察)》2005年第1期。
④ 财政部财政监督管理考察团:《德国财政管理与财政监督借鉴》,《财政监督》2008年第11期。
⑤ 财政部:《德国财政管理与财政监督考察报告》,财政部网站,http://jdjc.mof.gov.cn/zhengwuxinxi/jingyanjiaoliu/200806/t20080625_53444.html,2016-06。

附录1　萨克森州和下萨克森州非税收入法

（1）萨克森州非税收入法的规定

萨克森州的非税收入主要指由于公务行为的实施，如注册信息的发布，建筑许可证的颁发而产生的行政费用。

萨克森州的非税收入法适用于萨克森州的所有行政机构的非税收入征收。它也适用于其他按照指示履行职责，或受萨克森州委托而履行职责的行政机构。为了明确非税收入的征收数目，财政部规定了萨克森州非税收入的征收名单，里面超过2000种的公务行为被"定价"。新的萨克森州非税收入征收名单于2011年9月21日起实施。萨克森州非税收入征收名单为非税收入征收提供了依据。

如果地方行政机关按照萨克森州的命令和委托，在责任范围之内实施公务行为，那么萨克森州非税收入法的规定同样适用于这些情况。至于地方行政机关为了完成非指示的任务而产生的公务行为（如决定是否使用优先购买权，或一份文件的公证），第一条款规定相应适用。为了在这些情况中能够征收费用，还需要颁布一个地方性非税收入法。

（2）下萨克森州非税收入法的规定

下萨克森州非税收入法规定了国家行政机构以及其他实施公共权力的机构，以及被抵押的企业运转过程中所产生的费用的评判、确定以及征收。它包含着预先规定，以使规定制定者注意非税收入行为界定的标准化。除此之外，还确定了非税收入的计算准则。非税收入主要部分，关键是行政机构平均的管理开支。为了保障全州统一的非税收入的评定，下萨克森州的财政部每隔一段时间就将公布一个工作机构的平均花费。

下萨克森州的公用事业收费表，依据是规定了超过2000种公务行为的非税收入通用法。其他的公务行为在州和联邦的特别非税收入法中有所体现。

对于乡镇机构的特定费用，如废水净化、垃圾清理等可依据下萨克森州的乡镇费用法和地方法规来征收。

附录2　德国财政制度

第104a条　财政支出负责范围/财政帮助/责任

1. 除本基本法另有规定外，联邦和各州应分别负担履行各自任务所需的支出。

2. 联邦委托各州管理的事务，联邦负担相关支出。

3. 联邦法律规定发放钱款待遇并由各州执行的，可规定联邦负担全部或者部分费用支出。该法律规定联邦负担支出的一半或者更多的，则由联邦委托执行该法律。如该法律规定州负担支出的四分之一或更多时，则该法律需取得联邦参议院批准。

4. 为防止整体经济的不平衡，或为平衡联邦领域内不同的经济实力，或为促进经济增长有必要在州和乡镇（联合乡镇）作重要投资时，联邦可给予各州财政帮助。特别是关于用于促进投资的种类，经联邦参议院批准，由联邦法律予以规定，或根据联邦预算法由行政协议予以规定。

5. 联邦和各州承担各自机关的行政开支并相互保证有秩序的行政管理。具体由联邦法律予以规定并取得联邦参议院的批准。

第105条　立法权

1. 联邦享有对关税和国家垄断经营的专属立法权。

2. 如果税收的全部或部分属联邦所有，或具备第72条第2款所指条件，联邦对其他赋税收入享有竞合立法权。

2a. 地方消费税和奢侈物品税不与联邦法律规定属同类的，各州享有立法权。

3. 规定税收的全部或部分属各州或乡镇所有的联邦法律，需取得联邦参议院的批准。

第106条　收益权/财政拨款

1. 国家垄断经营收益和下列赋税收入属于联邦所有：

（1）关税；

（2）根据第2款规定不属于州所有的、根据第3款规定不属于联邦和各州共享的或根据第6款不属乡镇所有的消费税；

（3）道路货物运输税；

（4）资本流通税、保险税和票据税；

（5）一次性财产税和为平衡负担而征收的平衡负担税；

（6）所得税和法人税的附加税；

（7）在欧洲共同体范围内的赋税。

2. 下列赋税收入属于各州所有：

（1）财产税；

（2）遗产税；

（3）机动车辆税；

（4）根据第2款规定不属于联邦所有的，或根据第3款规定不属于联邦和各州共享的流转税；

（5）啤酒税；

（6）赌场税。

3. 所得税、法人税和增值税的收入属联邦和各州共享（共享税收），但第5款所指所得税收入和第5a款所指增值税收入（属乡镇所有的除外）。联邦和各州各享所得税和法人税的一半。联邦和各州享有增值税收入的比例由联邦法律予以确定并取得联邦参议院的批准。确定增值税分享比例时应遵循如下原则：

（1）在经常性收入的范围内，联邦和各州享有同等的要求补偿其必要支出的权利。计算有关支出额度时应结合多年期财政计划予以考虑。

（2）对联邦和各州的补偿需要，应予以相互协调，以取得公正平衡，避免纳税义务人的负担过重并要保证在联邦领域内生活条件的统一。1996年1月1日之后由于在所得税法中要考虑到子女因素引起的税收欠额，在确定联邦和州对增值税的分享比例时，应一并考虑。有关具体由第3句所指联邦法律予以规定。

（3）联邦和各州的收入和支出比例发生重大变化时，应重新规定联邦和各州享有增值税的比例；根据第3款第1句在确定增使税分享比例时，已一并考虑的税收欠额在此不作考虑。联邦法律列各州课以附加费或减少各州的收入时引起的财政负担如属短期性质，经联邦参议院批准，可由联邦法律规定采用联邦财政拨款予以平衡。此项法律对于财政拨款数量及各州分配的原则应予以规定。

（4）所得税收入的一部分根据乡镇居民交纳所得税的数额由各州转交给各乡镇。具体由联邦法律予以规定并取得联邦参议院的批准。此项法律可规定由乡镇确定关于取得所得税部分的比例。

（5）自1998年1月1日起，乡镇享有增值税收入的一定比例。各州依据与地方和经济实力挂钩的计算分配办法向乡镇转移营业税收入。具体由联邦法律予以规定并取得联邦参议院的批准。

（6）地产税和工商税收入归乡镇所有，地方消费税和高档消费品税的收入属于乡镇所有，或依照州法律属于联合乡镇所有。授权乡镇在法律规定范围内确定地产税和工商税的税率。州没有乡镇的，地产税和工商税以及地方消费税和高档消费品税收入属于州所有。联邦和各州可通过分摊计划享有工商税收入。有关分摊计划的具体由联邦法律予以规定并取得联邦参议院的批准。根据州法，地产税和工商税以及乡镇享有的所得税和增值税收收入部分可作为分摊计划的计量基数。

（7）在州分享到的联邦和州共享税总收入中，乡镇和联合乡镇按照由州法规定的一定百分比获得收入。除此之外，州法就乡镇（联合乡镇）是否或在多大程度上享受州税收入也作出规定。

（8）联邦要求在个别州或乡镇（联合乡镇）设立的特别机构，直接导致该州或该乡镇（联合乡镇）支出增加或收入减少（即特别负担）时，如不能要求该州或乡镇（联合乡镇）承担此类特别负担，则联邦应给予必要补偿平衡。设立联邦机构给州或乡镇（联合乡镇）带来的第三人补偿费用和财政方面的收益在联邦给予补偿平衡时一并考虑。

（9）乡镇（联合乡镇）的收入和支出，也视为本条所指的州的收入和支出。

第106a条　联邦为近途公共客运交通给各州的补贴

自1996年1月1日起，联邦从其税收中划拨款项用于各州近途客运交通。细节由联邦法律予以规定并取得联邦参议院批准。第1句所指款项在根据第107条第2款计量财政能力时不予考虑。

第107条　地方税收/州际财政平衡/补充拨款

1. 州税收入和各州在所得税和法人税中的分享部分，依据各州领域内税务机构实征额（地方税收），属于各州所有。经联邦参议院批准，联邦法律应就法人税和工资所得税详细规定地方收入的界限及分配方式和分配范围，该法律还可规定其他税种中地方收入的界限。各州按其居民数分享增值税的收入；经联邦参议院批准，联邦法律可以规定，人均州税、法人税和工资所得税低于各州平均水平之下的州可享受部分州税收补贴，补贴最多不超过该州所得税收部分的四分之一。

2. 该法律应保证各州不同的财政实力获得适当平衡；也应考虑到乡镇（联合乡镇）的财政实力和财政需要。对于各州的财政平衡请求权和财政平衡义务的条件以及提供财政平衡额度的标准，此项法律应予以规定。该法律还可规定，联邦从自有资金中对财政能力较弱的州给予援款以补充一般的财政需要（补充拨款）。

第 108 条　财税行政管理/财税法院体系

1. 关税、垄断经营和联邦法律规定的消费税，包括进口销售税和欧洲共同体范围内的各种赋税均由联邦财税机关管理。此类机关的组织由联邦法律予以规定。中级行政机关首长的任命应征询州政府的意见。

2. 其他赋税由州财税行政机关管理。此类机关的组织机构和公务员的统一培训，可由联邦法律经联邦参议院批准予以规定。设立中级行政机关的，经与联邦政府协商一致后，任命其首长。

3. 州财税行政机关管理的赋税全部或部分属于联邦所有时，该州财税机关即受联邦委托予以管理。适用第 85 条第 3 款和第 4 款的规定时，联邦财政部长代替联邦政府。

4. 如能使税法实施得以重大改进或更加便利，经联邦参议院批准，联邦法律可规定联邦和各州的财税机关在管理税赋方面进行合作。可规定第 l 款的税收由州财税机关管理，其他赋税由联邦财税机关管理。对于全部属于乡镇（联合乡镇）收入的赋税，各州可将州财税机关的管理权全部或部分转交给乡镇（联合乡镇）。

5. 联邦财税机关适用财政程序由联邦法律予以规定。经联邦参议院批准，联邦政府亦可就州财税机关适用程序和本条第 4 款第 2 句情形中乡镇（联合乡镇）适用程序作出规定。

6. 财税法院体系统一由联邦法律予以规定。

7. 管理权属于州财税机关或乡镇（联合乡镇）时，经联邦参议院批准，联邦政府可颁布一般行政规定。

第 109 条　联邦和各州预算

1. 联邦和各州的预算各自独立、互不依赖。

2. 联邦和各州编制预算时，应考虑整体经济平衡的需要。

3. 经联邦参议院批准，联邦法律可对联邦和各州共同适用的预算法原则、符合经济景气发展的预算原则和多年期财政计划原则作以规定。

4. 为防止对整体经济平衡秩序的干扰，经联邦参议院批准，联邦法律可对下列事项作以规定：

（1）地方机构和共管乡镇组织取得贷款的最高限额、条件和时间顺序；

（2）联邦和各州有在德意志联邦银行开立无息结存账户（经济景气平衡准备金）的义务。授权颁布有关行政法规只能针对联邦政府。有关行政法规需取得联邦参议院的批准。联邦议院要求废除行政法规的，应予废除；具体由联邦法律予以规定。

第 110 条 预算计划

1. 联邦的全部收入和支出均应编入预算计划，对于联邦企业经营和特别财产，只需编入有关对其拨款或由其付款的预算计划。预算计划必须保持收支平衡。

2. 预算计划按年划分为一个财政年度或几个财政年度，预算计划应在第一个财政计划年度开始前由预算法律予以确定。对于预算计划的部分内容，可规定按财政年度划分的不同期间分别有效。

3. 提出第 2 款第 1 句所指法律提案和修改预算法律和预算计划的提案，提交联邦参议院的同时亦提交联邦议院。联邦参议院有权在 6 周内对此提案提出意见，对修改预算法的提案在 3 周内提出意见。

4. 只有涉及联邦收入和支出及涉及预算法律适用区间的，方可纳入预算法律。预算法律可规定，此类条款只有在公布下一预算法时发生效力，或在第 115 条授权情况下，在以后某一时期发生效力。

第 111 条 紧急预算

1. 如某个财政年度结束时，尚未以法形式确定下一年度预算计划的，联邦政府在新预算计划生效前，有权就下列事项给予一切必要的支出：

（1）维持依法设立的机构运转和实施依法决定的措施；

（2）履行合法订立的联邦的义务；

（3）上一年的预算计划已批准拨款时，继续支付建筑工程、设备购置和其他给付，或以此为目的的继续支付的补助。

2. 不是根据特别法律规定获得的税收和其他来源的收入或运营准备金不足以抵偿第 1 款所指的支出时，联邦政府可通过贷款方式筹措为维持经济运转所需的资金，最高贷款额可达上一预算计划最后总额的四分之一。

第八章 德国政府非税收入

第 112 条 预算超支

超计划的和计划外的支出需征得联邦财政部长的同意。只有在出现不可预见和非故意超支的情况下，方能予以同意。具体由联邦法律予以规定。

第 113 条 增加支出、减少收入的法律

1. 导致联邦政府提出的预算计划支出增加的法律，或导致新的支出或将来会产生新支出的法律，需征得联邦政府同意。导致收入减少或将来引起收入减少的法律也需征得联邦政府的同意。联邦政府可要求联邦议院暂缓决议通过此项法律。此种情况下，联邦政府应在 6 周内将意见送交联邦议院。

2. 联邦政府可在联邦议院决议通过该法律后的 4 周内要求联邦议院重新作出决议。

3. 如该法律依据规定已经成立，联邦政府只有在事先根据第 1 款第 3 句、第 4 句和第 2 款规定已引入程序时，方可在 6 周内表示拒绝同意，逾此期限的，则视为已经同意。

第 114 条 审计

1. 联邦财政部长向联邦议院和联邦参议院在下一财政年度中，就收入和支出以及资产和负债作出情况说明，以供联邦政府获得议会通过。

2. 联邦审计署的成员享有法官的独立地位。联邦审计署负责审查账簿和审查有关预算执行和经营管理是否符合经济节省的原则和法律规定。除向联邦政府报告工作以外，联邦审计署还直接向联邦议院和联邦参议院作以年度工作报告。联邦审计署的其他职权由联邦法律予以规定。

第 115 条 贷款、一般担保和其他担保

1. 贷款、提供保证、一般担保和其他各类担保并引起今后财政年度支出项目的，需有联邦法律确定了金额或可自行确定金额的授权。贷款的收入不得超过预算计划所作的投资支出总额；例外情况下，为防止对整体经济平衡的干扰，可不在此限。具体由联邦法律予以规定。

2. 对于联邦特别财产，联邦法律可规定准许第 1 款所指的例外情况。

附录3 行政费用法

第一部分：应用领域

一、范围

1. 此法适用于公共服务管理活动的主管部门的成本（费用及开支）。

（1）联邦，联邦公法下的企业，机构和基金会的成本（费用及开支）；

（2）当州、县和联合乡镇，以及其他处于国家监督之下的公共法律中的法人执行联邦法律时的成本（费用及开支），至于某一特定要求或义务的公共行政（支付公务行为）在该法案生效的联邦法规提供行政事业性收费或费用报销的收集，包括或不允许相同的内容或冲突的规定。

2. 本法适用于任何在联邦法律的基础上，在该法生效后被允许的成本。

（1）如果法律被在第1条第1款涉及的执行；

（2）如果法律被第1条第2款所涉及的行政机关代表联邦政府所执行。

此外，这项法律只有在联邦委员会同意，并通过联邦法律宣布才适用。

（3）此法并不适用于以下机构所产生的成本：

①外交部和联邦国外办事处；

②法院；

③司法行政机构和法院机关和德国专利局；

④第1款所指主管机关，除非他们参与社会法院法§51所指的事项；

⑤按照收费制度执行管理实施的联邦和各州金融机构；

⑥工商协会，手工业同业工会，手工业协会和县手工业协会。

（4）根据该法的权威，行政机关担负公共管理的职责。

第二部分：成本规制的一般原则

二、立法机关的职责

对于建立在联邦法律授权的收费情况和费率以及费用报销基础上的条例的公布，立法机关会在本项条例的框架内遵守。

三、收费原则

收费原则是这样规定的：在需要考虑的行政费用金额和官方行为的意义经济价值或者其他价值之间存在着适当的平衡。根据法律规定，收取的费用只能用于支付行政费用，提供的费率计算应使行为的平均人员成本及营业费用占收入的估计费用不超过有关行政部门。

四、费用类型

费用将由固定利率、帧速率或当前的水平决定。

五、总额

为了付清大量类似的官方的费用，总金额将会提前制定好。在总额的计算方面人们将会考虑缩小行政支出的范围。

六、降低成本和费用自由

对于某些特定的政府行为，可以在公平或者费用减少以及费用自由规定的基础上被制定或者被允许。

七、真正意义上的费用自由

未作规定的费用：（一）简单的口头和书面的信息；（二）公务宽大处理程序及纪律处分程序；（三）从现有的或者先前存在的公共服务中的服务或雇佣关系中产生的官方行为，或者从现有的以及先前存在的公职人员关系中产生的官方行为；（四）从现有的或者先前存在的法定的服务义务中产生的官方行为或者到法定的义务服务单位服务的行为。

第三部分：基本合法费用条例

八、个人费用自由

1. 对于官方行为产生的费用，公民有自由权：

（1）德意志联邦共和国和联邦公法法人的权利，其支出全部或部分按照法定义务从国家财政中支出；

（2）国家和公法的法律实体，这根据一个国家的财政计划来管理一个国家的费用；

（3）直辖市和市消协提供的官方行为，不影响其经济企业。

2. 自由将不适用于第1段中提到的授权范围内，向第三方支付费用。

3. 第1款所指的费用自由并没有涉及"基本法"第110章第1段的联邦企业和特殊资金，为国家的类似机构作为以及其中涉及的联邦政府或一个国家的公众公司所指。

4. 支付的费用将由第 1 款中提到的法律实体来执行：

（1）联邦研究所土壤研究；

（2）联邦物理技术研究院；

（3）联邦材料测试研究所；

（4）联邦办公室；

（5）德国海道研究所；

（6）联邦船只测量办公室；

（7）职业保险联合会。

九、费用计算

（一）在提供的规定费用之外，要考虑在个别情况下，再确定费用。

1. 官方行动的行政负担，尽可能不收取费用；

2. 经济价值的重要性，或其他官方行为的债务人的利益和经济关系费。

（二）收取一定的费用，根据该项资产的价值，以当时的价值计算的官方行为完成为准。

（三）总额仅在请求时才被固定，必须预先固定。

十、支出

1. 如果支出已经包含在费用里和费用报销中出现的有一个官方行为，承担以下费用收取：

（1）长途电话费、电报和电传费用；

（2）额外的副本，副本及摘录支出，提出具体要求，计算成本费用表收取费用写作，规定第 136 条第 3 至 6 款发行；

（3）翻译的费用，这是依据具体要求完成；

（4）公告，所产生的异常的情况下产生的邮资费用；

（5）依据相应的法律规定而支付给证人和专家的费用，在该法第 1 条第 3 款的基础上，专家没有补偿，要收取法律没有规定的金额；

（6）在交易中支付赔偿法定或合约规定的基础上，（旅行津贴、报销费用）提供场地和成本的部门行政人员除外；

（7）国内外机构，公共机构或官员所承担的费用，如果出于互惠、行政简化等的原因，有关部门、机构或官员无须付款；

（8）货物运输的成本，于异常的情况下产生的邮资，保管东西。

2. 第 1 款所列的费用，可能还需要报销，如果是官方行为或收费预计提升。

十一、费用债务的产生

（一）将产生的费用应是必需的，如果涉及主管部门的运作，此外涉及付费的官方行为。

（二）报销费用产生的费用可以报销金额，在§10条第1款5号和7号的付费的官方行为的情况下。

十二、债权人

债权人是其授权的实体进行付费的官方行为。

十三、债务人

1. 对于需要支付费用。

（1）谁领导的官方行为或对他有益；

（2）谁承担的费用，由主管机关票数前沟通或解释；

（3）谁是承担债务成本法的另一种操作。

2. 多个债务人的费用承担连带责任。

十四、成本决议

（一）决定成本，应视案情而定。在成本的决议中必须至少出现。

1. 成本增加的行政机关；

2. 债务人；

3. 有偿的官方行为；

4. 支付的费用及开支，以及金额；

5. 何处、何时以及如何要支付的费用及开支。

（二）由行政机构妥善处理的情况下，就不会发生的费用，不得征收。这同样适用于引起休会或推迟听证费用。

十五、在特殊情况下的费用

（一）申请被拒绝完全缺乏权威的理由，将不收取费用。

（二）如果一个申请被撤销是在开始实质性审查处理以后，官方行为尚未完成，那么费用减免四分之一。

十六、预付款和安全

一个官方行为，可能会作出一个合理的提前支付或通过合理的安全的高度的可能成本。

十七、到期日

成本在债务人成本费用决定的公布之日到期，如果行政机关没有决定一个推后时间。

十八、滞纳金

（一）如果没有支付，直至期满后1个月的应付费用或开支可能会收取每个月违约，未偿还金额的百分之一滞纳金，如果超过100德国马克。

（二）第1款不适用，如果不按时支付滞纳金。

（三）将下调其所欠金额最接近的100德国马克计算滞纳金。

（四）应付款已支付的日期

1. 现金，转账或汇款机构负责债权人的成本结账收据日期后；

2. 银行转账或存款债权人和存款现金支付卡或汇票的金额记入收银机在这一天到一个账户的相关成本。

十九、推迟，豁免和公告

对于延期，豁免，并通过联邦索赔支付的费用，成本及其他配套服务的公告适用于联邦金融法规的规定。对于联邦政府成本债权人以外的实体，参照相应的法律规定。

二十、失效

（一）费用支付期限是三年后，不迟于第四年年底。失效期限按照日历计算。随着这一期间届满到期。

（二）时效期间暂停，只要在过去的6个月期间因不可抗力导致无法跟踪索赔。

（三）通过书面付款要求，通过延期付款，通过缓付，通过延缓，通过安全保障，通过强制执行措施，通过延缓强制执行措施，通过破产诉讼和通过债权人对债务人的住所的调查，时效可以被中断。

（四）历年中断结束届满后，开始一个新的诉讼时效。

（五）时效期限，应仅在该金额中断操作后中断。

（六）如果对成本的决定受到质疑，该权利不会在6个月的期限前被取消，在对成本的决定不容争辩或者该程序以其他方式被完成后。

二十一、退款

（一）买贵了或非法征收费用须立即报销，日期，错误地征收的费用，但是，如果成本决定，只是尚未成为最终征收非法费用可报销只为公平起见。

（二）要求退还到期的限制，如果它不是有效，直到年底的第三个公历年后的权责发生制的要求，但诉讼时效不开始前不可争议的成本决定。

二十二、上诉

(一)成本可独立或联合对案情的决定受到质疑,对案情的决定提出上诉覆盖成本。

(二)如果受到质疑,独立的成本决定,上诉是不是作为一个独立的方法对待法律。

第四部分:最后条款

二十三、规定

联邦内政部长授权发行规定实施该法案,联邦参议院同意的一般行政法规。

二十四、修订法例

二十五、此法适用于根据第三和解法案 1952 年 1 月在柏林州(联邦法律公报ⅠP1)。

二十六、生效

本法颁布后的第一天。

第九章

南非政府非税收入

南非位于非洲南部，人口4476万，面积120万平方千米。在全球新兴市场经济国家中，南非经济发展强劲，具有相当的竞争力。若按人均国民生产总值计，南非在发展中国家中也名列前茅，有"发展中世界的发达国家"之称。[①] 2012年人均GDP为7636美元，世界排名第75位。南非GDP一度曾占全非洲的1/3。

南非法律制度健全、金融系统发达，拥有世界十大证券交易所之一的"约翰内斯堡证券交易所"。同时，公路、通信、银行、电力等设施非常完善。这些都成为其吸引外来投资的利好因素。当然，经济易受主要贸易伙伴（美国、英国、欧洲与中东国家等）影响、地区政治动荡，以及长期积累的巨大贫富差距与近年来的高失业水平，是当前南非经济进一步发展所面临的挑战。

一　南非财政政策框架

2008年国际金融危机过后，南非经济开始反弹。经济增长尽管比原来预计的要慢，但较多工作岗位被创造出来，家庭支出稳健、私营部门投资步伐加快。这也从一个方面突出了促进经济发展，高效、可持续的公共财政管理的重要性。

南非财政部是经济和财政政策发展的核心，部长和副部长负责一系列的国家实体经济，旨在促进经济增长和发展，并借此加强南非民主。宪法

[①] 牟岩：《南非税制改革及启示》，《税务研究》2006年第10期。

第九章　南非政府非税收入

规定国家财政部在管理方面要确保财政透明、问责和健全的财务控制。财政部要不断促进财政框架体系完善以协调宏观经济,并且负责预算程序和预算准备以利于来年实施的收入划分法案。这都有利于财政资源在南非各个领域的公平划分。

南非的总审计师、中央银行和储备银行都相对独立地安排财政管理责任原则和年度预算过程。

南非财政政策旨在鼓励和支持国内经济的结构改革,以保持长期经济增长目标,创造就业和平衡收入分配。

(一) 财政政策目的

1994年,南非经济处于困难时期。财政赤字占GDP的比重高达7.2%,1985—1994年间,投资水平每年递减2.9%,通货膨胀率维持在9%—14%的高水平。由于国际收支失衡,同时在投资与贸易上面临国际制裁,南非经济年均增长出现负值,增长率为-1%。在这种背景下,从稳定宏观经济形势、确立可持续增长模式的目标出发,南非政府迫切需要拓宽公共税收来源,加强债务管理,以满足增长与发展需要。[①]

- 提供政府财政和财政政策效果完整的局面。
- 确保良好、可持续的政府支出、税收和借款需求平衡。
- 提高国内储蓄以支持国内更高水平的投资、降低国外贷款需求。
- 保持政府消费支出在一个可负担的水平。
- 有助于降低通货膨胀和保持可持续的收支平衡。
- 支持良性出口贸易和工业战略,以提高南非竞争力。

(二) 财政预算框架

1994年,南非政府成立Katz委员会,为南非税收体制改革提供了一系列卓有成效的改革建议,其主要措施包括:

- 统一个人所得税税收结构,并将十级税级减至六级;
- 几次较大规模地减除个人所得税税收;
- 改革额外福利税收安排以促进公平;
- 降低公司所得税税率与二级所得税税率;

---

① 牟岩:《南非税制改革及启示》,《税务研究》2006年第10期。

- 将纳税人在全球范围所得列入所得税课税范畴；
- 引入"退休基金税"；
- 引入"资本收益税"；
- 引入"技能开发税"、"空中旅行税"等新税种；
- 对石蜡、基本食品等免征增值税；
- 保证税收征收的稳定性，并简化各种税收工具，提高税收征管效率；
- 创造有足够吸引力的投资环境；
- 降低交易税，以提高投资市场的效益；
- 引入战略投资税收优惠（如大型投资项目的设备加速折旧等）；
- 扩大小企业折旧补贴范围等。①

南非政府开展的一系列财税改革，取得显著成效。1996/1997—2003/2004年间，南非财政赤字占GDP的比重从原来的7%降到3%，而经济增长率达到3%，通胀率降到6%以下，投资增长4.7%，金融账户资本流入净值1696亿兰特，信用评级良好。②

近15年来，南非政府财政预算中，社会服务部门支出始终高于总预算的50%。社会救助拨款在国内生产总值和政府财政预算的比例也有上升。2004年，南非社会救助金占国内生产总值的比例约为4.5%。到2007/2008年度，社会救助金占国内生产总值的比例为7.39%，约占政府财政预算的15%。南非2010年财政预算中，50%以上用于各省、市的教育、医疗、社会救助、市政基础设施和人居工程。社会补助金的受惠人口和补助标准提高，其中儿童抚养补助金发放延长到18岁生日，每月增至250兰特。南非全国有200万儿童享受政府补助。社会养老金和残疾人补助金提高到每月1080兰特。南非社会救助制度与世界水平相比，在救助金占国内生产总值比例和受益人口占总人口比例方面，在发展中国家中居前列，甚至可与发达国家媲美。③

在过去的十年中，为降低债务服务成本，获得良好的税收水平，选择能够增加公共支出的有利政策，政府提出了一系列的社会和经济计划。

---

① 牟岩：《南非税制改革及启示》，《税务研究》2006年第10期。
② 牟岩：《南非税制改革及启示》，《税务研究》2006年第10期。
③ 杨立华：《非社会保障体系中的社会救助制度》，《西亚非洲》2010年第9期。

2012/2013 财年，为保持对经济增长和社会发展的贡献，同时采取步骤以确保财政的可持续性，南非预算超过 1 万亿兰特。在执行反经济周期的政策状态下，预算赤字仍高达国内生产总值的 4.6%，但是由于经济活动的加速，赤字比上年收窄 3%。

从中期来看，公共支出较慢的增长加上收入的快速增长将加强国库的持续性。公债稳定将抑制债务服务成本的增加。政府将从对消费支出转到资本投资。调节公共部门的工资增长和稳定利息支出增长允许更多的资金用于基础设施和社会支出。

综合预算包括国家预算、社会保障基金、重建和发展计划（RDP）、省级预算和预算外资金机构（如南非国家道路代理公司）。在接下来的三年中，年平均实际收入预计增长 4.8%，将超过 3.7% 的 GDP 增长，而在这段时间里，支出将实际平均增长 2.9%。

二 南非政府间财政关系

南非政府分为三级，在中央政府下设置了 9 个省，省以下设置 284 个地方政府，包括 6 个大都市、47 个地区委员会和 231 个地方委员会。[①] 9 个省的财政对中央政府转移支付的依赖程度很高，而市级财政则相对独立。各级政府的事权划分与收入分享的基本原则在南非宪法中有详细而明确的规定。

（一）各级政府之间的事权划分

依据宪法，南非各级政府之间的事权划分很明确（具体见表 9-1）。

中央政府负责事权中，治安与防卫是一个大项，支出一般会占到中央政府全部支出的 50% 强；对大学、研究机构提供的高等教育拨款一般占到中央政府支出的 10% 左右，交通与其他公共事业支出约占 10%。省级政府负责提供最重要的社会服务，如学校教育、卫生、福利等。其中教育支出一般占到省级财政全部支出的近 40%，卫生、福利也都各在 20% 以上。地方政府负责市政设施、市政规划与水、电等公共产品的提供。其中水电

---

① 牟岩：《南非税制改革及启示》，《税务研究》2006 年第 10 期。

网络建设是最大的开支项目。

表 9-1　　　　　　　　南非各级政府事权划分表

政府级次	事　权
中央政府	防卫与治安；高等教育（对大学、研究机构的拨款）；交通（国家级公路、公交）；其他公用事业；水利事务；收入征收与管理；贸易与产业发展；劳动力；外交；国内事务（身份证与护照管理）；艺术、文化与科技活动；农业、环境、旅游；矿业与能源；通信；教育、卫生、福利以及住宅的政策制定；等等
省级政府	学校教育；卫生（学术机构、医院以及基本医疗）；福利（社会资助与服务）；住宅提供；省级公路；等等
地方政府	电力网建设；供水网络建设；公共卫生设施与污水处理；垃圾收集处理；街道等市政基础设施；城市消防；等等

资料来源：刘尚希、牟岩：《南非公共收入政策及政府间财政关系考察》，财政部科研所研究报告，2005 年第 24 期。

（二）各级政府的收入划分

依据南非宪法，省级政府的收入主要来自中央政府。南非税费收入大头在中央，中央收入占全部税费收入的 80% 左右。省级政府的自身税费收入主要包括汽车牌照费、道路交通费、专利费以及赌博税（赛马、赌博与赌场税）、所得税附加、燃油税附加等收入。

依照南非法律，省级政府没有课税权，只能少量征收个人所得税附加费与燃油税附加费，因此其自有收入规模非常小。虽然南非宪法规定省级政府可以举债，但规定省级政府举债只能用于偿还现有债务，因此，省级政府实际上没有债务收入。

相对于省级政府，地方政府本身拥有课税权，有自己稳定而充足的财源，因此从中央获得的拨款要少得多。地方政府主要对房产税与地区企业营业税，同时按使用者交费原则征收水、电等费用，以及对地区服务委员会收费。地方财政收入中非税收入所占比重较高，大约占到了 70%。

南非政府间财政收入格局的一个重要特点是"两头实，中间虚，转移支付规模大"，即中央聚敛多数收入，同时处于基层的地方政府也有稳定收入来源，可以保证地方绝大部分的支出需求。由于南非省级政府的自有收入明显不足，基本依赖中央下拨的转移支付来履行其法定支出责任。这种收入分配格局既保证了中央对整体收入分配的主要控制权，又保证了承担基层社会服务的地方政府的财力与积极性。中间一级的省级主要依靠规模巨大的转移支付来保证相应事权的履行，这在一定程度上有利于防范因省级政府占有过多资源而损害基层政府的服务能力。[1]

南非法律规定地方政府可以为资本投资项目举债，但只限于使用中短期债务工具，同时由于1994年废除了"国家担保制度"，地方政府完全要依靠自己的信誉与能力来举债，因此，实际举债规模并不大。

以2001/2002财政年度为例，南非政府收入在各级政府之间的分配情况详见表9-2和表9-3。

表9-2 南非2001—2002财年与2002—2003财年省级政府税费收入构成

(单位：亿兰特)

省级政府收入	2001—2002财年	2002—2003财年
道路交通费	19.7	21.5
专利费	4.6	4.3
赌博	5.4	6.3
赛马	1.6	1.1
赌场	3.8	5.2
利息收入	11.0	6.9
其他	8.8	17.1
省级政府收入总额	49.4	56.3
占全部税费收入比重	1.6%	1.6%

资料来源：刘尚希、牟岩：《南非公共收入政策及政府间财政关系考察》，财政部科研所研究报告，2005年第24期。

表9-3 南非2001—2002财年与2002—2003财年地方政府税费收入构成

(单位：亿兰特)

地方政府收入	2001—2002财年	2002—2003财年
房产税	115.0	125.0
大量服务收费	250.0	280.0

---

[1] 刘尚希、牟岩：《南非政府间财政关系及其启示》，《中国财政》2005年第11期。

续表

地方政府收入	2001—2002 财年	2002—2003 财年
地区服务委员会收费	39.0	44.0
地方企业营业税	36.0	67.0
其他	103.0	100.0
地方政府收入总额	543.0	616.0
占全部税费收入比重	17.6%	17.9%

资料来源：刘尚希、牟岩：《南非公共收入政策及政府间财政关系考察》，财政部科研所研究报告，2005 年第 24 期。

数据显示，南非税费收入明显向中央靠拢，地方政府有一定比例收入，而省级政府收入比重相当低。

从表 9-4 可以看出，南非政府收入主要集中在中央，地方政府拥有一定收入，但根据宪法规定的事权划分，南非财政支出责任有很大比重落在省级与地方政府。省级与地方政府自有财力差异很大，地方政府自有财力较强，可以负担其身 80% 的支出责任，而省级政府自有财力薄弱，只能负担其身 4% 的支出责任。因此，省级政府对中央拨款有极大依赖性。[①]

表 9-4   2001—2002 财年三级政府收入分配情况表   （单位：亿兰特）

政府级次	自筹收入	举债	中央拨款	可支配收入	实际支出（不包括偿还债务）
中央	2482	217	-1182	1300	794
省	49	0	1124	1173	1173
地方	543	80	58	681	698
总计	3075	297	0	3372	

资料来源：南非财政部（2004）与世界银行报告（2003）。见刘尚希、牟岩《南非公共收入政策及政府间财政关系考察》，财政部科研所研究报告，2005 年第 24 期。

南非政府间这样一种税种划分格局，既保证了中央聚敛大多数收入（80% 左右），同时又使处于基层的地方政府也有稳定的收入来源，可以保证地方绝大部分的支出需求。这种划分格局不仅保证了中央对整体收入分配的主要控制权，而且保证了承担基层社会服务的地方政府的财力与积极

[①] 刘尚希、牟岩：《南非政府间财政关系及其启示》，《中国财政》2005 年第 11 期。

性。我国1994年分税制改革使收入上移，保证了中央政府的决策控制权，但相对于基层政府承担的支出责任，基层政府的可支配财力显得不足。虽然转移支付规模不断扩大，但使用效率堪忧，过多的财政级次造成了信息传递失真和资金截留。南非赋予地方政府稳定而充实的税收收入来源的相关安排，值得我国在推行地方税制改革的过程中进一步研究探讨。[①]

（三）转移支付的确定

南非中央对下的转移支付规模是很大的，尤其是对省级政府；对省与对地方政府的转移支付总量往往占到中央收入的一半左右。省级政府获得的中央拨款首先是"平等份额"（无条件转移支付）与"专门项目资金"（有条件转移支付），其中最主要的是"平等份额"拨款。这种实质上是均衡性转移支付的拨款主要是为了保证省级政府在处理省级事务上的自主性，省级政府主要靠这部分收入完成其依法应履行的支出责任。除了平等份额，还有一部分专门项目资金来自中央，主要用于中央认为重要的领域，这部分资金往往附加各种条件，比例比平等份额拨款小得多。地方政府从中央获得的拨款也分为平等份额与专门拨款两类，但规模远小于对省级政府的拨款。

据刘尚希、牟岩《南非政府间财政关系及其启示》介绍，"平等份额"拨款是依据特定公式确定的，对省级政府的平等份额拨款主要考察各省在教育、卫生与福利领域的需求、未完工程、经济发展程度等因素，而对地方政府的平等份额拨款则主要考察低收入家庭对社会服务的基本需求；不论是对省还是对地方，平等份额拨款都对农村地区与贫困地区有明显的倾斜。

专门项目拨款支持国家重点项目，如为贫困人口提供住宅以及水电等市政设施；同时，专项拨款还可以用来支持各级政府实现其承担事权中具有较大外溢性的服务，如中央拨付资金在某地建立全国居民都可以受益的专门性医院等。

南非的平等份额拨款体系运作一向良好，而专项拨款则面临着和中国一样的困境：由于缺乏明确的可以衡量的目标，操作透明度低，专项拨款往往造成政策与预算的脱节，甚至成为一些部门腐败寻租的工具。目前南

---

① 牟岩：《南非税制改革及启示》，《税务研究》2006年第10期。

非正在进行的专项拨款改革主要是将拨款项目尽量限制在支持外溢性服务领域，并加强立项前的评估与立项后资金运作管理与审计，将专项拨款的确定过程纳入整体预算程序。①

表9－5总结的是南非1999/2000—2002/2003财年中央对省、地方的平等份额拨款与专项拨款的情况。

表9－5　　　　　　南非中央对下转移支付及分类　　　（单位：亿兰特，%）

拨款	1999/2000	2000/2001	2001/2002	2002/2003
对省级政府	990.32	1087.36	1124.36	1265.64
平等份额	865.95	961.86	1001.36	1125.60
专项拨款	124.37	125.51	123.00	140.64
对地方政府	44.19	57.12	58.48	71.55
平等份额	21.36	23.30	26.18	30.02
专项拨款	22.43	33.82	32.30	41.53
占全部拨款的比重				
对省	95.7	95.0	95.1	94.6
平等份额	83.7	84.0	84.7	84.2
专项拨款	12.0	11.0	10.4	10.4
对地方	4.3	5.0	4.9	5.4
平等份额	2.0	2.0	2.2	2.0
专项拨款	2.3	3.0	2.7	3.4

资料来源：刘尚希、牟岩：《南非公共收入政策及政府间财政关系考察》，财政部科研所研究报告，2005年第24期。

三　南非政府非税收入概况

南非政府收入结构按经济性质划分，分为经常性收入和资产出售收入两大类，其中经常性收入是绝对主体，占总收入的比重高达近100%，而且多年来没有发生过变化。经常性收入又以税收收入为主，税收收入占总收入的比重超过90%，如2012—2013财年税收收入占到总收入的98%以上。

---

① 刘尚希、牟岩：《南非政府间财政关系及其启示》，《中国财政》2005年第11期。

第九章　南非政府非税收入

（一）南非政府非税收入类别

南非财税体系基本沿用英国体系，跟欧洲很接近。据南非会计师口头介绍，其非税收入一般包括：

- 他国政府援助；
- 国际借贷收入；
- 国有企业收入（国企税后利润，南非国企都是亏损）；
- 国家对外投资的信贷利息、红利（南非只有外债，没有债权）；
- 国有资产出售收入（如市政府土地出让收入）；
- 国家权益金收入、出让租金收入（如矿产权益金）；
- 国家罚没、罚款收入（南非没有发生过）；
- 政府发放许可、证书收入（如车辆行驶证年费）；
- 政府使用费收入（如公路通行费）；
- 国内外企业捐赠；
- 关税同盟退税收入（南非总是支付多）。

南非非税收入占政府总收入的比重不到10%，2012—2013财年非税收入所占比例接近2%。

总体来看，南非政府财政预算收入的计算方式是：税收收入与非税收入总和减去依据南部非洲关税同盟（SACU）协议对博茨瓦纳、莱索托、斯威士兰和纳米比亚国家的支付。

南非政府现行的做法是将各级政府的税收收入与政府按使用者付费原则收取的费用统一纳入"税费收入"大类，除债务收入外，南非政府收入主要包括各级政府税费收入、政府从国有企事业单位获得红利以及规费收入（区别于使用者缴费）三大类。[①] 其非税收入主要包括矿区使用费用和部门收入（详见表9–6），所有部门收入是在接收时和随后支付确认时纳入国家税收基金。除非另有说明，任何金额最后对国民收入基金被财政年度确认为应付账款时，针对这些量披露在附注年度财务报表中。部门收入又包括政府商品销售和服务、利息红利和土地租赁费、金融资产和负债的交易收益，以及罚没收入和规费收入等。

[①] 刘尚希、牟岩：《南非公共收入政策及政府间财政关系考察》，财政部科研所研究报告，2005年第24期。

表9-6　　　　2012/2013财年南非政府预决算收入　　（单位：百万兰特）

收入类型	预算收入	决算结果	决算比重
税收收入	826401	813826	98.143%
非税收入	15091	15394	1.857%
矿产和石油资源使用费	6510	5015	
采矿租赁和所有权费	—	11	
来自其他部门收入	8581	10368	
减：关税同盟支付	42151	42151	
总预算收入	799341	787069	

资料来源：依据南非税务局（SARS）年报2012/2013财年报整理，www.sars.gov.za。

除了如表9-6所示税收和非税收入之外，还有收入失业保险基金（UIF）、道路事故基金（RAF）以及一些省级政府收入。净收入包括税收收入、非税收入、失业保险基金（UIF）和道路事故基金（RAF）再扣除对关税同盟其他国家的支付（见表9-7）。

表9-7　　　2011/2012财年和2012/2013财年南非政府净收入

（单位：百万兰特）

收入类型	2011/2012财年	2012/2013财年
税收收入	742650	813826
其他收入	34507	36032
失业保险基金	12184	13382
道路事故基金	16628	17621
矿产和石油资源使用费	5612	5015
采矿租赁和所有权费	80	11
省政府收入	3	3
减：关税同盟支付	21760	42151
净收入	755397	807707

资料来源：依据南非税务局（SARS）年报2012/2013财年报整理，www.sars.gov.za。

南非规费收入，即指政府提供监督或管理等服务所收取的费用。如检验资格证书持有者的资质能力、使用设备的安全运行、颁发经商、钓鱼以及赌博执照所收取的费用，以及签发护照、提供证明文件、考试所收取的费用。规费收入在南非公共收入中所占比例微乎其微（详见表9－8）。

表9－8　　　　　　　南非政府征收行政管理费情况　　　　（单位：兰特）

部门	2002/2003 财年			2003/2004 财年		
	检验检疫	执照或许可	注册登记	检验检疫	执照或许可	注册登记
农业	14492935	454165	1287884	688731		1085500
通信		25353329			26615423	
教育			841844			588282
环境问题		14495935	2433326			
卫生						
家庭事务	498600					
土地问题						12602843
矿物与能源		152954374	231723		150955917	100802
交通			26747			
贸易与工业		15946				
水利事务		33362	3596			
总计	14991535	193307112	4824847	688731	177571340	14376427

资料来源：南非财政部（2004），见刘尚希、牟岩《南非公共收入政策及政府间财政关系考察》，财政部科研所研究报告，2005 年第 24 期。

为了弥补不完全竞争市场的不足，南非政府创办了一些国有企事业单位。政府作为出资者从这些单位获得的红利收入相对不多，占其全部收入的 4%—5%（具体项目详见表 9－9）。

表9－9　　2002/2003 财年南非主要国有企事业单位上交利润情况　（单位：兰特）

企业名称	行业	政府分得红利
ATNS	交通	251026541
ACSA	交通	409780000
AIEXCOR	公共事业	1769653
ARMSCOR	国防	13400000
CEF	矿产能源	2070527000
NENEL	公共事业	—
DBSA	金融	592636000

续表

企业名称	行业	政府分得红利
ESKOM	公共事业	3739000000
IDT	公共建设工程	64856000
IDC	贸易与产业	1831000000
LAND BANK	农业	343994000
SABC	通信	7067000
SAFCOL	公共事业	32945797
NECSA	矿产能源	—
SAPOL	通信	—
TCTA	水利	—
TRANSNET	公共事业	3437000000
其他企事业		2528000000
总计（约）		15097078000

资料来源：刘尚希、牟岩：《南非公共收入政策及政府间财政关系考察》，财政部科研所研究报告，2005年第24期。

除了如表9-9所示税收和非税收入之外，还有收入失业保险基金（UIF）、道路事故基金（RAF）以及一些省级政府收入。净收入包括税收收入、非税收入、失业保险基金（UIF）和道路事故基金（RAF）再扣除对关税同盟其他国家的支付。

（二）南非政府非税收入结构和变化趋势

南非政府非税收入尽管稳步上升，但在其国民经济中所占比例微小（详见图9-1）。

从南非政府非税收入内部结构来看，政府部门收入比例最高，采矿业虽然是南非的支柱产业，但矿区费用比例不高（详见图9-2）。

四 财政收入依据（立法和政策）

南非的税收制度与政策安排都是通过立法程序明确下来的，政府和税

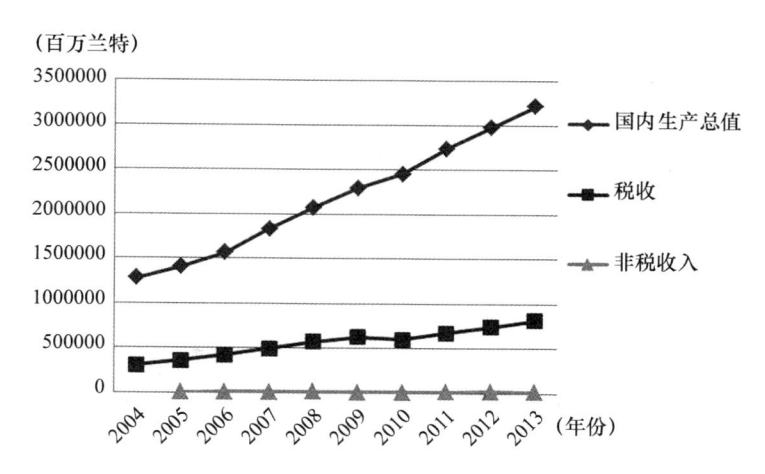

图 9-1　南非政府收入结构和变化趋势

资料来源：依据南非税务局（SARS）年报 2013—2014 财年报整理，www.sars.gov.za。

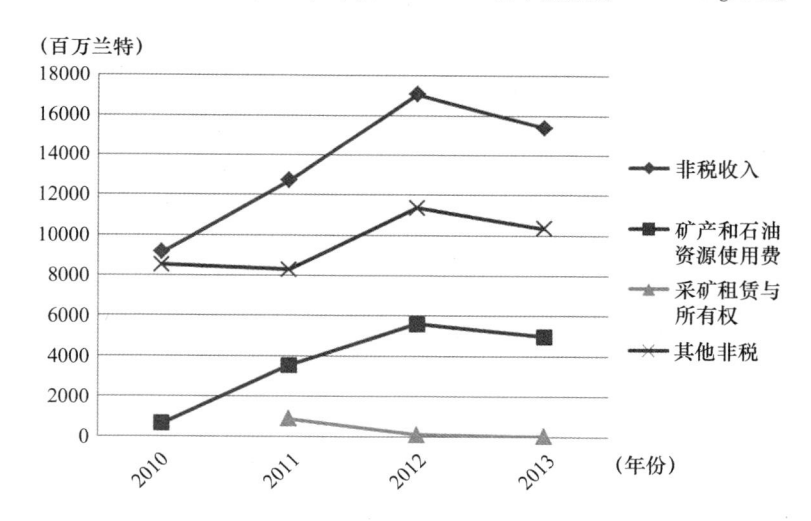

图 9-2　南非政府非税收入内部结构和变化趋势

资料来源：依据南非税务局（SARS）年报 2010—2013 财年报整理，www.sars.gov.za。

务征管部门只能在法定授权范围内制定实施办法。除立法机关外，任何其他部门无权设定公民和法人的纳税义务。①

---

① 牟岩：《南非税制改革及启示》，《税务研究》2006 年第 10 期。

（一）公共财政管理法（PFMA）（1999 年）

转变公共部门财政管理方式是国家财政的主要目标。为此，南非国家财政部自 2000 年 4 月 1 日实施 1999 年公共财政管理法案。通过引入宽松的财务管理环境，再谨慎地加强利用国家资源，改善报告要求和使用管理信息以加强问责制，改变了公共财政资金管理方式。

该法案自推出以来，改进了国家和省级政府财政管理，其中包括：

- 改进规划与预算的衔接，其中部门要编制与预算一致的战略计划表。
- 战略计划和预算文件包含根据数量、质量和及时性测量目标改进的信息。
- 提交部门每月实际支出费用报告和本财政年度其余预计支出。
- 风险管理过程。
- 建立内部审计功能，在所有部门成立审计委员会。
- 按照最好的会计实务设置会计准则。
- 财政年度结束的两个月内向总审计师完成和提交财务报表。
- 在财政年度结束的六个月内向立法机关提交年度报告。

（二）市政财政管理法（2003 年）

该法适用于所有的直辖市、市实体，与国家和省级国家机构，以及直辖市财政交易的范围。该法制定的目的是确保健康的与可持续发展的财政管理，为直辖市、市实体单位建立规范、标准和其他一些具体要求：

- 确保透明度、问责制和在适当的责任界限内管理财政和金融事务。
- 管理自己的收入、支出、资产和负债，并处理它们的金融交易。
- 预算和财政规划，国家机关协调贷款过程。
- 处理财政问题和其他财政事务。

五 相关金融财政机构

（一）金融情报中心（FIC）

金融情报中心是一个全国性的机构，为法律实施、情报服务和税务局开发并提供金融情报。金融情报中心依据2001年金融情报法成立，在2003年2月产生影响。

2001年金融情报中心成立的目的是确保南非金融和经济体系的完整，直接向财政部长和议会汇报。

（二）金融财政委员会（FFC）

金融财政委员会是一个独立、客观、公正、无偏的宪法顾问机构。作为宪法规定的专家委员会，有一套职责和制度化过程。主要职责是对政府间的财政问题依据研究和协商提供意见和建议。

（三）南非税务局（SARS）

根据1997年南非税务法，南非税务局是一个独立的国家行政机构。它的目标是提供世界级的、透明的和以纳税人为中心的服务，确保最优的和公平的征收。

它的主要功能是：
- 征收和管理国家所有的税收；
- 征收其他法律规定下的收入项目；
- 建议财政部长关于收入和相关法律赋予的财政权力和功能的运行；
- 为交易提供便利；
- 提供保护抵制非法进出口商品；
- 为工业和贸易部部长对某种商品的进出口、储存和使用提供建议。

（四）南非总审计师（AG）

南非总审计师根据宪法授权履行一定的职能。主要在于通过行使监督责任和公共部门的审计，从而建立公众信心，使得南非的民主强化。但他并不是政府机构的一部分，也没有义务成为与政府机制的合作者。这种独立性使其长期以来受到人们尊重并且不断得到加强。

第十章

印度政府非税收入

印度位于亚洲南部，是南亚次大陆最大的国家，也是中国重要的邻国。自1947年独立以来，经过几十年的发展，印度经济迅猛增长，2013年跃居世界第三大经济体，GDP总量高达4.8万亿美元。

一　印度政治体系和财政制度

（一）印度政治体系

印度宪法规定，印度为民主联邦制共和国，总统是印度共和国的国家元首，由两院议员以及各邦立法院议员选出的人员，组成选举团间接选举产生，任期5年，可连选连任。

联邦议会是印度的最高立法机关，由总统、联邦院（上院）和人民院（下院）组成。总统、副总统、议长、副议长是议会的领导人。

部长会议是印度最高行政机关。由联邦议会人民院中占大多数席位的政党或构成多数席位的数党联盟组阁，对人民院负责。组成人员有总理、内阁部长、国务部长、副部长以及总检察长、审计长等。

内阁是印度中央政府部长会议的决策机关。由总理和12—20名重要部长组成。内阁部长由总理提名、总统任命。总理是印度政府首脑和国家的政治中心。由总统任命人民院中多数党领袖或数党联合执政的主要政党领袖担任。

印度的政府机构由中央政府和地方政府两级构成：

印度中央政府设有外交部、国防部、内政部等三十三个部，以及计划委员会、全国发展委员会等机构。地方政府由邦或直辖区及以下的县、市和村组成，并分为城市和乡村两类：

城市政府设市议会、市政委员会和市行政长官，大部分市受邦政府的严格控制，少部分较大的市设有自己的自治机关，自主管理市政工作。

农村政府分县和村（或乡）两级政权。在县设有立法、行政和司法机关，在乡或村实行潘查亚特制度，即传统"长老会"制度：通过 18 岁以上的选民直接选举出乡村潘查亚特实行自治管理。目前，印度自称全国设有二十五个邦和八个中央直辖区，其中三个邦的归属权在国际上存在争议。①

（二）印度财政制度

印度实行联邦制，其财政体系也分为中央联邦政府财政和地方政府财政两部分。财政大权集中在中央政府。

1. 印度联邦政府财政体系

（1）印度联邦政府财政职能

根据《联邦职权表》，联邦政府的财政职能包括：

联邦财产及其收益；

联邦的公共债务；

外债；

印度政府和邦政府发售的奖券；

联邦退职金；

联邦账目和各邦账目的查账；

关税；

除农业、矿业税等以外的其他税收；

社会保险；

有关联邦职权的各种收费；等等。

另外，根据印度宪法规定，联邦还有权确定给各邦的拨款数额。一方面，由于联邦政府垄断了国家的一切重要税收，这就使联邦可以通过对各邦的补助拨款来加以控制各邦。另一方面，由于各邦的税收收入和其财政支出很不平衡，致使各邦不得不向联邦政府大量举债。这种严重欠债的情况，也加强了联邦对各邦的财政控制。②

---

① 刘长琨主编：《印度财政制度》，中国财政经济出版社 1999 年版，第 9 页。
② 刘长琨主编：《印度财政制度》，中国财政经济出版社 1999 年版，第 27 页。

（2）印度联邦政府财政管理体系

印度中央财政事务主要由财政部主管，下设三个司：经济事务司、岁入司和岁出司。

1）经济事务司

负责中央政府预算的准备工作，制定有关金融、货币、外资等政策，并与商业部一起制定进出口贸易政策。下设六个处：

- 预算处：负责准备年度预算，处理有关公债、市场信贷，小额储蓄及投资事务。
- 国内财政处：负责处理与金融有关的问题，包括对货币、铸币、商业银行、工业财政、造币厂、金矿等实行控制和管理。
- 国外财政和外援处：负责处理同国外和国际组织之间的财政和经济关系，并负责外汇外资、外援等方面的管理。
- 银行处：负责对储备银行的行政领导和管理。
- 经济处：作为财政部的一个顾问机构，负责研究一些重大的经济、财政和金融问题，并向有关政府部门提供政策建议支持。
- 行政处：负责各处之间的协调管理及政策执行。

以上各处分别由一位联合秘书级官员领导。

另外，经济事务司的直属机构有国家储金组织；其附属机构有印度政府造币所、印度债券印刷厂、炼银厂、债券纸厂、财政复兴社、黄金制造公司等；其所属公营企业有印度储备银行、印度国家银行、工业金融公司、农业资金筹资公司、印度信用公司等；咨询机构有国家储备顾问委员会、妇女储蓄运动中央咨询处等。

2）岁入司

主管联邦的一切直接税和间接税以及有关保险方面的事宜，主要机构有中央直接税委员会、中央海关和消费税委员会及黄金管理局；其直属机构有保险局、执法局、研究、统计和出版检查处、进口税检查处、海关和联邦消费税检查处、税收情报处；其附属机构有海关税务局办事处、所得税局、联邦消费税收官办事处、统计和情报局、中央岁入管理研究所、毒品管理专员办事处；其所属公营企业有人寿保险公司。

3）岁出司

负责核准政府各部和所属机构的财政支出，审查公营企业的支出账目等。岁出司下设财政计划处、成本会计处、公营企业局、保卫处等。而设在国防部的国防财务局业务上受岁出司领导。①

图10-1是负责印度中央财政事务的财政部的机构设置。

```
                    ┌ 岁入司 ┬ 中央直接税委员会
                    │        ├ 中央海关和消费税委员会
                    │        └ 黄金管理局
                    │
                    │         ┌ 财政计划处
                    │         ├ 成本会计处
         财政 ──────┼ 岁出司 ┤
                    │         ├ 公营企业局
                    │         └ 保卫处
                    │
                    │           ┌ 预算处
                    │           ├ 国内财政处
                    │           ├ 国外财政和外援处
                    └ 经济事务司┤
                                ├ 银行处
                                ├ 经济处
                                └ 行政处
```

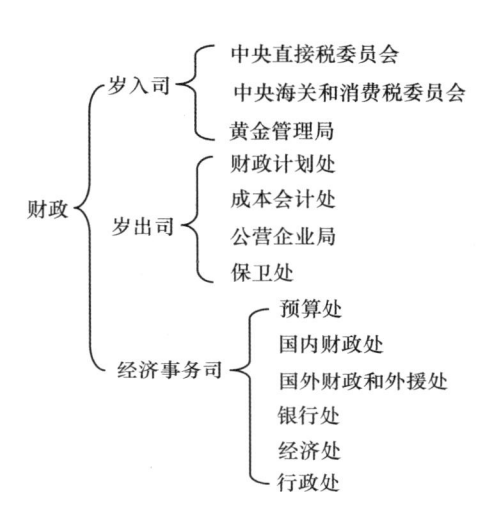

图10-1 印度财政部机构设置

2. 印度地方财政体系

印度地方政府分为邦和中央直辖区两种行政区。在邦和中央直辖区之下分别设置村、乡、县和市等行政单位。

印度地方城市的收入来源可以归结为：

税费收入：主要税种有财产税、建筑税及各项城市管理费等。

政府拨款：包括一般项目的拨款、特殊用途的拨款、补偿性拨款。

其他收入：如罚款收入、市政事业和财产收入、从邦和中央政府接受的捐款、贷款、税收分成等。依轻重排序，城市地方政府机构主要收入来源是：税收收入（65%），拨款（25%），其他收入（10%）。②

（1）邦和中央直辖区财政体系和职权

邦是联邦的基本组成单位，各邦在立法和行政权上拥有很大程度的独立性，其机构层次和官员设置基本上与联邦各部相同。不同之处在于部下

---

① 刘长琨主编：《印度财政制度》，中国财政经济出版社1999年版，第18页。
② 殷大卫：《印度非税收入基本情况分析》，《中国财经信息资料》2009年第23期。

面不再设局，部亦称局（或厅）。①

中央直辖区直属联邦政府管辖，它在联邦中的地位相当于邦。印度共有七个中央直辖区，包括安达曼和尼科巴群岛、昌迪加尔、达曼和第乌、德里、达德拉和纳加尔哈维利、拉克沙群岛和本地治里直辖区。中央直辖区设有立法议会和部长议会。直辖区立法议会可就宪法《邦职权表》所规定的事项行使立法权，联邦议会也可就以上事项为直辖区制定法律。直辖区的最高行政长官均由总统任命或指派邻近邦的邦长兼任。行政长官下设办公室作为办事机构，联邦内政部设有直辖区处、直辖区立法处等机构，负责管理直辖区事务。②

邦（中央直辖区）政府的财政职能主要体现在：
- 最高法院以外的所有法院的收费；
- 公共保健与卫生；
- 残疾与失业人员救济；
- 公共工程；
- 邦退职金；
- 邦的公共债务；
- 国库储备；
- 土地税、房地产税等税收；
- 有关邦职权的各种收费；
- 部分社会保险等。③

（2）城市财政体系及职能

在印度，各大小城市一般都设有地方自治机构，在各邦邦政府的监督和控制下行使一定的地方自治权。印度中小城市设立市政委员会作为其议事机关，同时也是政治和行政的执行机关。市政委员会的规模取决于城镇的规模，一般在20—50人不等。而大都市，如孟买、新德里、加尔各答等，则设立市参议会，其性质与市政委员会相同，但规模和职权要大于市政委员会，人数一般在100人左右。印度城市的财政收入主要来源于邦政

---

① 刘长琨主编：《印度财政制度》，中国财政经济出版社1999年版，第23页。
② 刘长琨主编：《印度财政制度》，中国财政经济出版社1999年版，第24页。
③ 刘长琨主编：《印度财政制度》，中国财政经济出版社1999年版，第28页。

府拨款，也可以在一定职权范围内进行征税和收费。①

市政委员会、市参议会的财政职能体现在：
- 征税；
- 得到县长的事先批准可以征用不动产；
- 经邦政府批准后，有权对本市（镇）的任何单位和个人免税；
- 批准本市（镇）的预算；
- 管理供水、路灯、环境卫生、筑路、挖井等公共事业等。②

（3）乡村财政体系及职能
- 县财政

在印度，县一般包括8—10个乡，县议会在多数邦是负责监督和协调的机关，作为乡潘查亚特委员会和邦政府之间的纽带发挥作用。县的财政实力跟它所在的邦所处的地位有关。在马哈拉施特拉邦，县是有实权的地方管理机关，所得的政府拨款多；而在泰米尔纳杜邦，县是个咨询机关，政府拨款就少得多。③

县议会的财政职能体现在：
- 将联邦和邦政府的拨款分配给各乡潘查亚特委员会；
- 审查和批准本县乡潘查亚特委员会的预算；
- 设置和维修中心学校、医院和诊所、初级健康中心和儿童福利中心；
- 建造和维修道路、公园、路灯、供水和排水系统、小型灌溉工程；
- 发展地方工业和艺术。④

（4）乡村潘查亚特财政

在乡和村，印度实行潘查亚特制度（Panchayati Raj）。

村潘查亚特是在一个或几个自然村的基础上建成的，一般代表1000—3000名选民。村潘查亚特成员的数目最少为5人，最多为37人。村潘查亚特的领域按照人口数划分为若干选区，每个选区由18岁以上的选民通过直接选举选出1名代表。主任是村潘查亚特的政治首长。

---

① 刘长琨主编：《印度财政制度》，中国财政经济出版社1999年版，第28页。
② 刘长琨主编：《印度财政制度》，中国财政经济出版社1999年版，第28页。
③ 刘长琨主编：《印度财政制度》，中国财政经济出版社1999年版，第25页。
④ 刘长琨主编：《印度财政制度》，中国财政经济出版社1999年版，第28页。

而乡由20—50个村组成，人口达3万—10万人。乡潘查亚特委员会包括主席、副主席等20—50人，任期在3年到5年不等。其中主席是乡潘查亚特的政治负责人。①

村潘查亚特在日常管理和运作方面相对自治，其财政来源可以分为以下三类：

- 政府来源包括：法定收入，即政府依法征收并返还给村潘查亚特的税费收入，如土地税、教育税等；其他来源，如政府的财政补助金和激励金等。
- 自身来源。包括：依法自征的税费收入，如房屋税、职业税、土地附加费等；其他来源，如村潘查亚特进行有偿服务的收入。
- 杂项收入。包括县议会和区潘查亚特给予的临时捐款和赠款、投资和贷款的赢利以及公众的募捐等。②

村潘查亚特财政职能体现在：

- 建筑和修建房屋、道路、下水道；
- 维护环境卫生；
- 负责街道和公共场所的道路；
- 向居民提供清洁的饮用水；
- 发展农村灌溉业；
- 畜牧业和小型工业；
- 组织集体耕作；
- 开展初等教育、社会教育和健康教育等。③

乡潘查亚特在村潘查亚特行政职能的基础上，还要负责执行诸多重要的规划和开发职能，其财政能力对地方发展非常重要。乡潘查亚特财政来源包括：

- 农村开发拨款；
- 政府部门的拨款；
- 各种税费收入；
- 其他收入。

---

① 刘长琨主编：《印度财政制度》，中国财政经济出版社1999年版，第24页。
② 殷大卫：《印度非税收入基本情况分析》，《中国财经信息资料》2009年第23期。
③ 刘长琨主编：《印度财政制度》，中国财政经济出版社1999年版，第28页。

乡潘查亚特委员会的财政职能包括：
- 发展农业、畜牧业、渔业、棉花工业；
- 提供保健、农村卫生设施、教育、通信、妇女福利、紧急救济；
- 制订自助计划；
- 通过预算；
- 决定向村潘查亚特的拨款；
- 决定开征税收；
- 审查监督村潘查亚特对预算的执行情况；
- 决定财政开支的项目和手段。①

二　印度政府非税收入规模

（一）印度政府非税收入规模和趋势分析

1. 非税收入在财政总收入中的地位

印度财政收入的主要来源包括税收收入（Tax Revenue）、非税收入（Non-tax Revenue）和基金转移（Transfer from Funds），其中税收占有最大比例，年均占比达到86%以上。税收收入包括直接税和间接税，其中间接税收入份额占到3/4，直接税在总税收收入中的份额呈现不断下降的趋势。

虽然印度财政收入主要来自税收收入，非税收入也是财政收入中十分重要的一部分，是税收收入的重要补充，在实现政府职能、保障社会服务方面起到主要作用。1950—1951年度，印度非税收入仅有49000万卢比，而1995—1996年度已达到26413000万卢比，增长速度高达19.7%。见表10-1。

通过分析表10-1和图10-2以及图10-3中数据，我们可以得出以下几个结论：

其一，近些年来，随着印度经济的不断发展，印度财政收入逐年增加，其中非税收入总额也随之不断增长。1990—2013年，印度政府总体财政收入从99282千万卢比增至2030378千万卢比，上升幅度达19.47倍。而其非税收入由1990年的12287千万卢比一直上升至2011年的最高值

---

① 刘长琨主编：《印度财政制度》，中国财政经济出版社1999年版，第28页。

266926千万卢比，后存在一定波动，但总体呈不断上涨的趋势，涨幅近20倍。

表10-1　　　　　印度政府总体财政规模统计表　　（单位：千万卢比，%）

财年	财政总收入	税收收入 总值	税收收入 占财政总收入百分比	非税收入 总值	非税收入 占财政总收入百分比
1990—1991	99281.93	87723.28	0.88	12286.78	0.12
2000—2001	349978.87	305320.24	0.87	49361.79	0.14
2004—2005	587766.66	494370.10	0.84	86533.28	0.15
2005—2006	696284.95	587687.81	0.84	99412.27	0.14
2006—2007	870543.10	736707.71	0.85	123391.71	0.14
2007—2008	1007220.82	870329.09	0.86	140906.61	0.14
2008—2009	1052670.32	915449.99	0.87	136971.95	0.13
2009—2010	1175444.16	1000843.73	0.85	163173.90	0.14
2010—2011	1548423.93	1271655.35	0.82	266926.13	0.17
2011—2012	1704851.77	1475032.29	0.87	178693.09	0.10
2012—2013	2030378.25	1751123.51	0.86	226891.32	0.11

资料来源：印度财政部：《印度公共财政数据2012—2013》，http://www.finmin.nic.in/reports/ipfstat.asp。

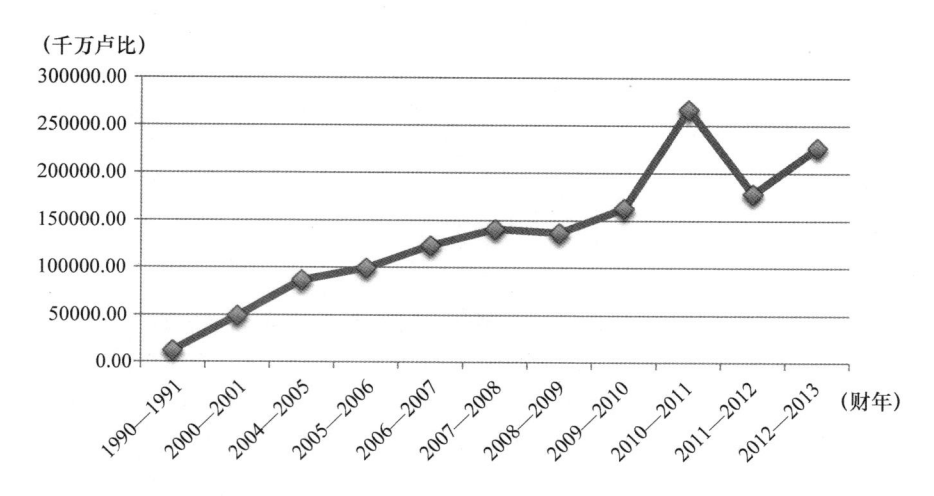

图10-2　印度非税收入总额

第十章　印度政府非税收入

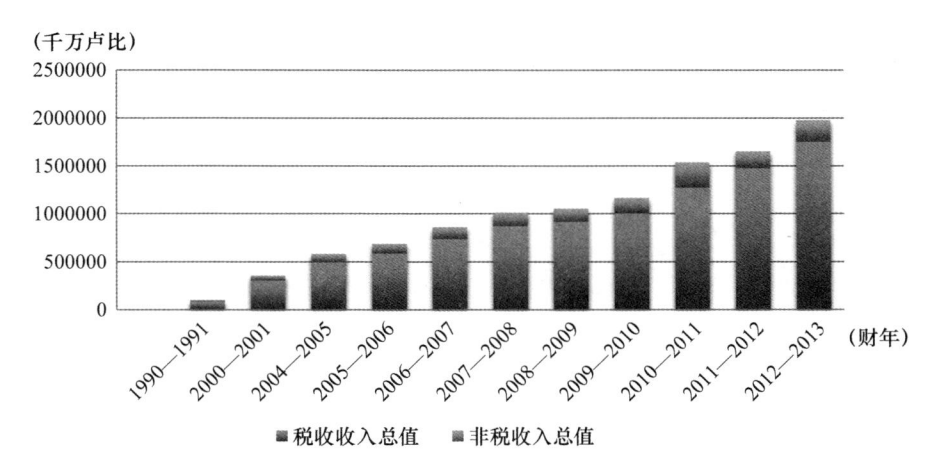

(千万卢比)

■ 税收收入总值　■ 非税收入总值

图 10-3　印度政府总体财政收入来源分布图

其二，印度非税收入在其总体财政收入中所占比例较国际水平偏高，但相对保持平稳。从图 10-4 中可以得出，1990—2013 年，印度非税收入占财政总收入的比例保持在 14% 左右。虽在 2010—2013 年稍有波动，但波动幅度不大，每年均在 10% 以上。

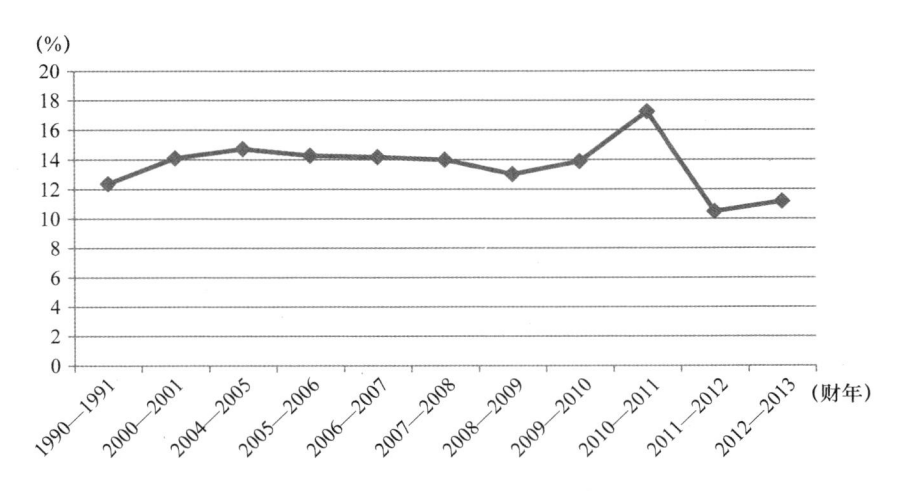

图 10-4　印度非税收入占财政总收入百分比

其三，印度非税收入绝对数额的增长速度相较财政总收入和税收收入波动较大，尤其是在 2009 年之后，波动呈不断放大的趋势。从图 10-5

· 519 ·

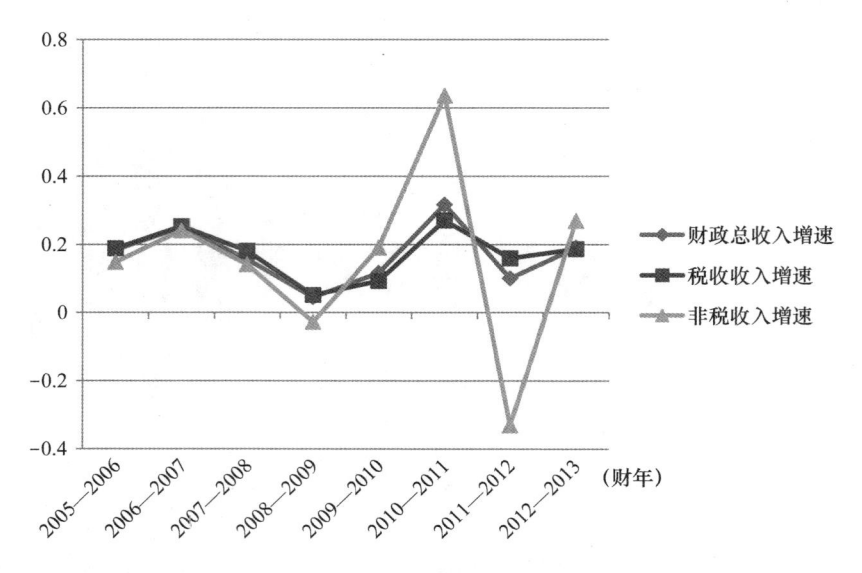

图10-5 印度财政总收入、税收收入及非税收入增速对比图

中可以看出，在2004年至2009年期间，印度财政总收入、税收收入和非税收入三者逐年的增幅保持相对一致，但在2009年后，印度财政总收入和税收收入增幅依旧保持一致，而其非税收入却出现了负增长，且在此之后呈现波动逐年增大的趋势。2011年，印度非税收入增速达到最高值63.6%；次年，其增速却跌至谷底，相较前一年负增长33.1%，波动之大可见一斑。

2. 印度非税收入与GDP的关系

印度财政收入占GDP比例基本呈上升趋势。如图10-6所示，税收收入占GDP的百分比与财政收入占GDP的百分比变化趋势相同，波动也一致，都在2009年和2010年稍有下降。而印度非税收入占当年GDP的百分比虽呈逐年增大的趋势，但近年增幅相对平缓，基本保持在3%左右。可见印度非税收入对GDP的贡献作用不断增大，但在近年相对稳定。

（二）印度政府非税收入的趋势

从表10-2中可以看出，2001—2012年，印度政府财政总收入占当年GDP的百分比由13.06%增至29.32%，上升了16.26%，涨幅达

第十章 印度政府非税收入

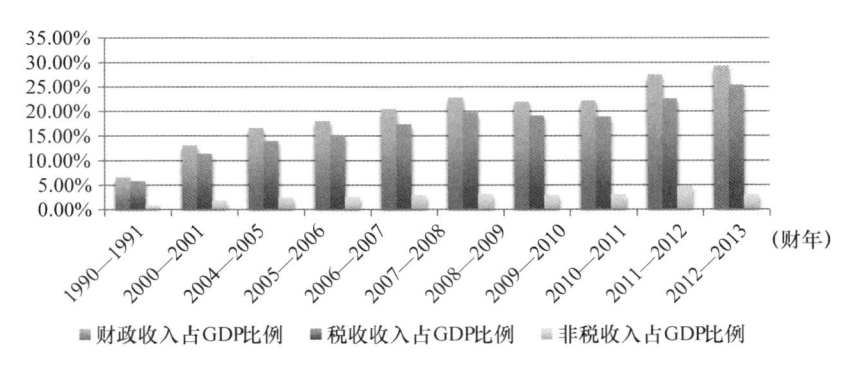

图 10-6 印度财政收入占 GDP 百分比

124.5%；税收收入占当年 GDP 的百分比由 11.39% 增至 25.37%，上升了 13.98%，涨幅达 122.7%；而非税收入占当年 GDP 的百分比由 1.84% 增至 3.07%，上升了 1.23%，涨幅达 66.8%，明显不及财政总收入和税收收入占比。

表 10-2　　财政收入、税收收入和非税收入在 GDP 中占比　　（单位：%）

年份	财政收入占 GDP 比例	税收收入占 GDP 比例	非税收入占 GDP 比例
1990—1991	6.60	5.84	0.82
2000—2001	13.06	11.39	1.84
2004—2005	16.59	13.95	2.44
2005—2006	17.98	15.18	2.57
2006—2007	20.48	17.33	2.90
2007—2008	22.81	19.71	3.19
2008—2009	21.97	19.11	2.86
2009—2010	22.19	18.90	3.08
2010—2011	27.50	22.58	4.74
2011—2012	29.32	25.37	3.07

资料来源：印度财政部：《印度公共财政数据 2012—2013》，http://www.finmin.nic.in/reports/ipfstat.asp。

尤其 2006 年以后，除去 2011 年异常峰值 4.74%，非税收入占当年

GDP 的百分比基本保持在 3% 左右，上下浮动不超过 0.15%，呈现出相对稳定的态势（见图 10 - 7）。

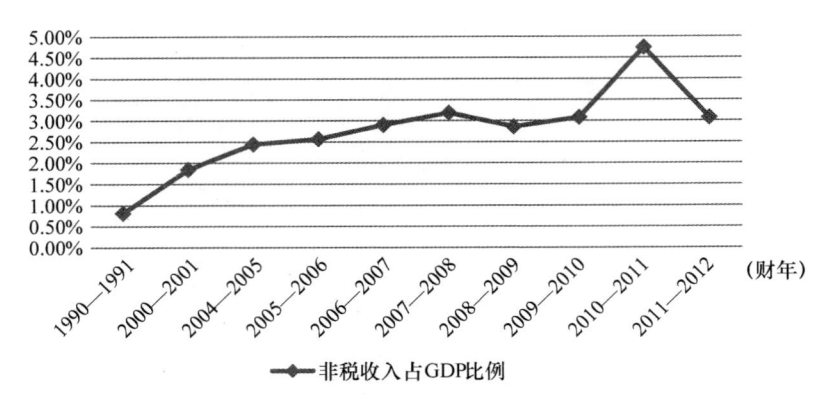

图 10 - 7　非税收入占 GDP 比例

三　印度非税收入组成结构

（一）印度非税收入总体结构分析

根据印度财政部发布的《印度公共财政数据 2012—2013》中的定义，印度的非税收入包括利息收入、分红和利润、行政收费和其他杂项收入。具体来说，印度非税收入包括公共事业净收入、利息收益、财政服务收费、社会及社区服务收费、经济服务收费和外部捐赠。其中，公共事业净收入包括公共部门净收入和非公共部门分红。而公共部门净收入则来自铁路、邮政、森林、能源项目等。印度非税收入具体结构如图 10 - 8 所示。

从总体上看，印度非税收入各项数量不断增长。如图 10 - 9 所示，增速最明显的当数经济服务收费。从 2005 年到 2013 年，印度经济服务收费从 29179.68 千万卢比上升至 101558.25 千万卢比，增加了 72378.57 千万卢比，增速高达 248%。尤其在 2011 年，印度经济服务收费达到最大值 155104.78 千万卢比，是 2005 年的 5.3 倍，其平均逐年增速也达到了 26%。财政服务收费是其中唯一不断减少的项目，从 2005 年的 1057.67 千万卢比一路下降至 2013 年的 84.32 千万卢比，减少了 973.35 千万卢比，缩水了 92%。

第十章 印度政府非税收入

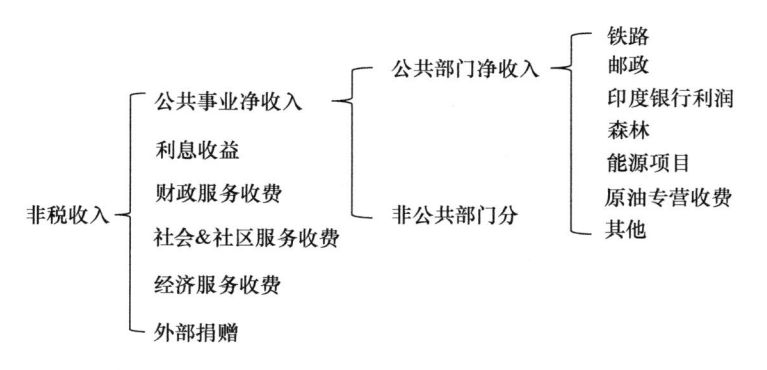

图 10－8 印度总体非税收入结构图

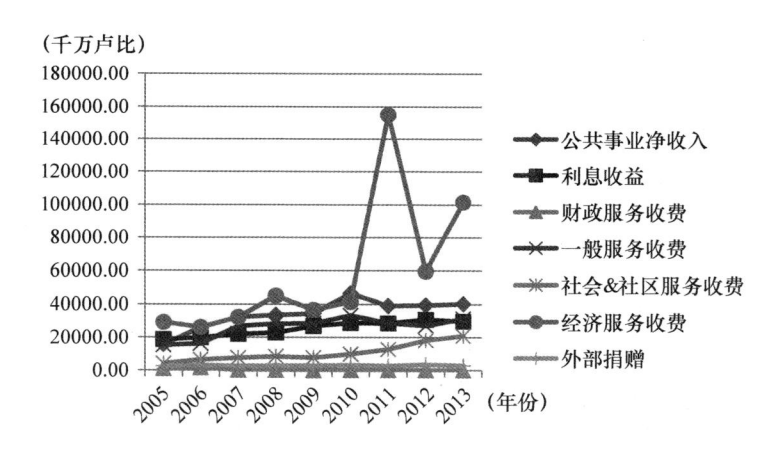

图 10－9 印度非税收入各项数量变化图

从结构图 10－10 看，印度非税收入中公共事业收入占比相对较低，而经济服务收费占最大比例，且呈逐年上升趋势。其次是利息收益，约占印度非税总收入的 20%，但呈不断下降趋势。经济服务收费占非税收入比例从 2005 年的 34% 增至 2013 年的 45%，上升了 11%，增速达 32%；印度利息收入占其非税收入比例从 2005 年的 22% 降至 2013 年的 13%，下降了 9%，降幅达 40.9%。公共事业净收入基本保持在 20%—30%，在 2010 年达到峰值 28%，之后下降至 20% 左右。一般服务收费占比在 10%—20% 上下波动而社会＆社区服务收费基本保持在 10% 左右。财政服务收费和外部捐赠占非税收入比例越来越小，尤其是财政服务收费，在 2007 年

· 523 ·

外国政府非税收入管理

后基本可以忽略不计。

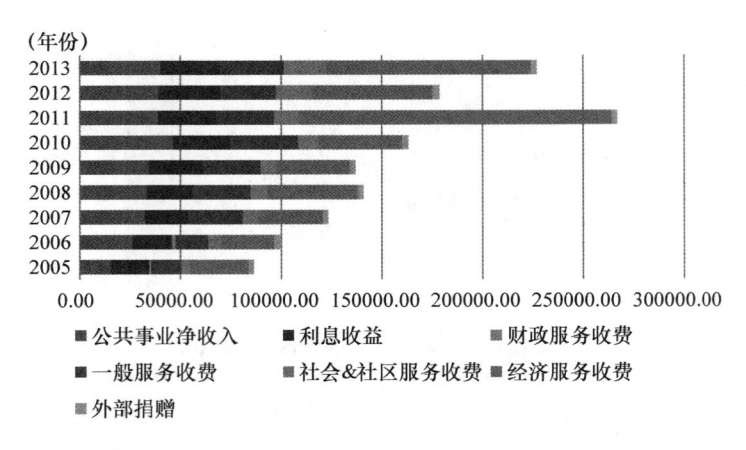

图 10-10　印度非税收入结构图

(二) 公共事业净收入

公共事业净收入包括公共部门净收入和非部门事业分红两个子项。其中，公共部门净收入包括铁路、邮政、森林、能源项目等。印度政府通过设立公共事业性政府基金项目为民众提供基本公共服务，从而实现其公共服务职能，而政府基金收入可以有效弥补一定建设成本，使公共事业持续健康发展。

1. 印度铁路专项收入

印度设铁道部，部下设铁路董事会。印度政府制定的《铁路董事会法》，明确规定了董事会的权力和责任，董事会设主席和分别主管电力、人事、工程、机械、运输、财务的6个董事。铁路董事会下面是9个大区（铁路局），60个分区（分局），6995个站段，实行层层下达指令性的运输计划，实行全路集中统一。

在财务方面，印度铁路预算独立于经常预算和资本预算之外，实行高度集中、收支两条线的财务预算制度。铁路部门的补贴申请在联邦预算之前单独提交议会，但其总收入和总支出都要汇总到印度政府的预算表中。每个年度的收支预算先由财政部编制，经铁路董事会细化后，将收支预算计划逐级下达，大区、分区和站段严格按预算计划支出，任何一个单位都无权变更。运输收入由分区直接交到银行，汇总到财政部，再由财政部按预算拨付铁路。

除此之外，根据印度铁路公约委员会的决议，铁路部门应向中央财政上缴固定的股利，具体包括：

（1）住宅房屋的投入上缴3.5%；

（2）1980年3月31日前的投资负担6%，之后的投资负担为6.5%；

（3）对于战略性铁路，非营利性铁路，东北边疆的铁路，跨河设备、福利性住房和非战略性铁路，矿石专线，以及1995年4月之后运行的28条线路等的投资可以不支付股利。①

2. 印度邮政收入

印度是世界上邮政服务机构最多的国家之一，拥有298707名正式雇员和299042名定时雇员（编外职员，多数从事农村邮政工作）。邮政网络遍布18个邮区和28个省，包括15586个部门邮局和128810个农村邮局。印度邮政局基本上处于垄断地位，近来较小程度上受到运输业的竞争。邮政总局设秘书长一人，并兼任邮政管理委员会主席，直接受交通部领导。各局设邮区总局长，下设地区邮政副总局长，相关处长及邮局负责人协助工作，实行较为传统的行政管理体系。作为一项国策，政府十分重视邮政，每个五年计划中均有对邮局设立、职工配备等方面的具体目标。

多数邮局在初期是亏损经营的，由政府给予财政补贴。而邮政盈利与否绝非营业的唯一标准，其根本目的在于取得良好的社会效益和为促进经济活动的发展提供必要的基础设施。近年来印度邮政连年亏损，且亏损不断加大，从2005年亏损1381.8千万卢比一路上升至2013年的5903.6千万卢比，甚至在2010年达到6641.3千万卢比的规模，上升幅度近4倍。

而近年来，印度邮政确实在为提高收入、抑制亏损采取了诸多措施，例如：开发一系列创新服务产品和服务，包括财政物流、账单函件业务、团体电子邮政等；开辟新的业务领域，从事货币兑换业务，承担外汇买卖、旅游支票等；建设一批电子化的一站式邮局，提供综合电子邮政服务；开拓乡村市场，与电信部门积极合作，和BSNL通讯公司签署协议，在提供邮政服务的同时，向乡村提供手机服务，弥补边远地区因没有电话亭无法拨打长途的不足。该项业务由BSNL通讯公司为邮递员提供专供其携带的手机，而邮政部门则在长途话费中获取佣金。

---

① 刘长琨主编：《印度财政制度》，中国财政经济出版社1999年版，第44—45页。

3. 印度银行利润

印度储备银行目前为印度中央银行，根据《1934 年印度储备银行法》于 1935 年 4 月 1 日成立，总部设在孟买。印度储备银行在全国有 22 个地区办公室、6 所培训机构，内设货币管理司、城市银行司、农村计划和信贷司、外汇管制司、工业和出口信贷司、金融监督委员会、银行管理司、非银行管理司、银行业务和发展司、技术司、法律司、货币政策司、国内债务管理组、对外投资和运营司、政府和银行存款司、经济分析和政策司、统计分析和计算服务司。其主要职能包括：

（1）制定、实施和监测货币政策；
（2）管理监督银行、金融系统的运营；
（3）外汇管制和管理；
（4）发行货币；
（5）其他相关职能。

作为中央银行，印度储备银行更多承担了制定货币政策、调控宏观经济的职能，所以其赢利不是首要目标。但为了维持其日常运转经营及更好地发挥作用，印度储备银行可以在履行职能的同时获得一定利润收入，例如向商业银行贷款获得利息、再贴现收益、颁发营业执照收费等。

从图 10 – 11 中可以看出，印度储备银行利润一直占大头，甚至在数值上超过了公共部门净收入，抵补了其他公共部门大量的亏损，且保持不断上升的趋势。从 2005 年到 2013 年，印度储备银行利润从 10201.5 千万卢比上升至 22974.3 千万卢比，上升了 12772.8 千万卢比，增幅达 125%。

4. 印度森林管理收入

根据 1995 年印度森林清查数据，全国森林面积为 6396 万 hm^2（以 1991—1993 年的卫星图像为基础），森林覆盖率为 19.45%。其中，密林约 3858 万 hm^2（林冠密度 40% 以上），疏林约 2493 万 hm^2（林冠密度 10%—40%）、红树林约 45.33 万 hm^2。但由于人类及牲畜对森林资源的过度利用，密林的林冠密度也正在持续下降。印度的森林分布很不均匀，大多集中在东北部地区、喜马拉雅和希瓦拉克地区、中部地区、安达曼 – 尼科巴群岛、高止山脉东西两侧及沿海地带。特别是安达曼群岛森林覆盖率高达 89%。从行政区划看，全国 50% 以上的森林分布在中央邦、阿鲁纳恰尔邦、安德拉邦、奥里萨邦和马哈拉施特拉邦。

根据印度宪法，1968 年以后森林由中央政府和各邦政府共同管理，林

图 10 – 11　印度储备银行利润变化图

业的最高行政机构是环境和森林部，其职责是森林管理、野生动物保护、公害预防、环境评估等。其中，联合森林管理是印度最重要的社会林业形式，已成为印度森林经营的一大特点，其方案在森林经营参与法方面也居世界领先地位。联合森林管理是指通过政府林业部门与当地村社签订协议，让当地村民参与国有林的经营管理活动，并分享森林收益的一种联合经营方式。

自 1990 年印度林业立法确定该机制以来，全国 26 个邦已有 17 个邦通过政府立法，宣布采用联合森林经营方式管理国有林。同时，印度还建立了一个全国性的联合森林经营网络，负责相关信息的交流与传播。联合森林管理改变了原有仅满足工业和商业化经济利益需要的经营方式，使当地居民的利益与森林环境状况相结合，在满足农村和部落人对于木材、饲料和小径材需求的同时，强调环境保护。

在林业资源利用方面，印度森林资源开发主要集中在木材生产与加工、薪材生产、非木材林产品生产等方面。其中，印度的非木材林产品资源十分丰富，包括可食用植物、药材、香料、脂肪油、提取物如树胶、松脂、树胶树脂、人造黄油树脂和种胶等。在印度，非木材林产品为林区居民提供了生活用品和收入，同时也是国家林业财政收入的重要来源，为国家换取了大量外汇。同时，林产品生产还为社会提供了大量的就业机会。

印度有些地区非木材林产品生产水平很高，如安德拉邦、中央邦、马哈拉施特拉邦、奥里萨邦和东北7邦,每年创造就业人数超过200万人次,其中大多数是妇女。林业部门从非木材林产品生产中获取的收益不断提高,目前非木材林产品收入已占国家林业总收入的40%左右。

但目前印度森林管理也面临很多问题,其中最为突出的就是资金问题,焦点在于投入不足和分配不合理:

一方面,每年投向林业科研的经费还不到林产品消费总额的0.01%;另一方面,由于对社会林业的重视使得70%—80%的林业投资用于发展社会林业,而天然林几乎被忽视,导致生物多样性和非木材林产品的损失。

从表10-3中可以看出,2005—2013年印度森林财政连年亏损,在2012年达到峰值3547千万卢比,后虽有一定改善,但整体亏损呈现不断扩大的趋势。

表10-3　　　　　　　　印度政府公共事业收入表　　　　（单位:千万卢比）

年份	铁路	邮政	印度储备银行利润	森林	能源项目	灌溉及多用途河流项目	原油专营收费	其他
2005	0	-1382	10201	-305	-426	-9720	3176	1015
2006	0	-1210	18548	-549	-1848	-4269	5752	2176
2007	0	-1250	10406	-538	-1510	-4984	7776	2828
2008	0	-1512	13756	-451	-2241	-7251	7761	2183
2009	0	-3593	18785	-731	-3707	-8068	8368	2739
2010	0	-6641	29086	-2310	246	-10124	10264	3959
2011	0	-6346	23932	-2918	-4018	-11781	8904	6510
2012	0	-5635	22035	-3547	-4592	-15712	11460	6280
2013	0	-5904	22974	-643	-5189	-17620	12322	6206

资料来源:印度财政部:《印度公共财政数据2012—2013》,http://www.finmin.nic.in/reports/ipfstat.asp。

从表10-4中可以看出,除去其他收费项,印度公共事业净收入项中只有印度储备银行利润和原油专营收费是正收益,其他各项基本均为亏损。印度储备银行利润和原油专营收费抵补了其他各项的亏损使得印度公共事业净收入为正值,且呈逐年稳步上升的趋势。

表 10-4　　　　　　　印度政府公共事业收入表　　　　（单位：千万卢比）

年份	公共事业净收入	利息收益	财政服务收费	一般服务收费	社会&社区服务收费	经济服务收费	外部捐赠
2005	15640.79	18799.66	1057.67	15267.34	4026.37	29179.68	2561.77
2006	26127.61	19870.55	1689.35	16125.96	6401.45	26174.29	3023.06
2007	32289.05	21953.97	78.37	26811.93	7478.64	32249.41	2530.34
2008	33543.31	22890.84	87.08	28259.93	8308.89	45093.95	2722.61
2009	34433.31	26908.78	58.88	28467.89	7663.97	36644.99	2794.13
2010	46475.29	28804.55	113.24	33336.42	9821.76	41481.19	3141.45
2011	39034.08	28612.92	83.88	28755.29	12662.49	155104.78	2672.69
2012	39436.14	30839.49	84.42	27071.29	18182.44	59602.72	3476.59
2013	40270.45	29757.98	84.32	31352.63	20980.49	101558.25	2887.20

资料来源：印度财政部：《印度公共财政数据 2012—2013》，http://www.finmin.nic.in/reports/ipfstat.asp。

分析印度各公共事业收入项性质可以得出，连年亏损的项目大多是公益性质较强的公共事业，如森林、邮政、河流灌溉项目等，为实现其社会福利和公共属性不得不牺牲一定经济利益。而收益为正的项目往往具有一定的垄断性，如印度储备银行利润和原油专营收费，政府因其行政力获得垄断特权，以此取得超额利润。这两者相辅相成，共同体现政府对宏观经济发展进行干预的意志。

（三）非政府部门的国有企业分红

印度政府对于非政府部门的国有企业分红（dividends from non-departmental undertakings）基于其分别拥有的国有资产所有权与政治、经济管理权。因此，国有企业必须通过缴纳税款和上缴利润、红利的方式向政府国库作出贡献，以帮助政府有计划地发展经济、动员财力。

对于部属企业而言，这种红利、利润大多是由政府通过规定、制度事先确定了的，如铁路预算从中央政府预算中分离出来以后，每年根据发生在铁路部门的投资额，向中央政府支付固定的红利，这种红利用以代替应支付的利息和小的捐赠款项。再如自 1960 年起，P&T（邮政、电信部门）也向中央政府支付红利。它们向中央国库的贡献是根据 1970 年 4 月 1 日修订法案所确定的，具体测算如下：

1）以 1964 年 3 月 31 日前预付的净资产额，按年利率 4.5% 计息。减去 1960 年 3 月 31 日该部门从积累盈利中所占有份额，再加上 1964 年 3 月 31 日部门复兴准备基金（1970 年 4 月 1 日撤销）的余额。

2）从 1981 年起，每年平均利率通过下列方式计算：

A. 从 1964 年 4 月 1 日至 1970 年 3 月 31 日间预付资金减去同期复兴准备基金的净增额。

B. 从 1970 年 4 月 1 日至 1985 年 3 月 31 日间投资额减去在收入准备基金弥补之外的累计邮政赤字。

如果该部门不能支付红利，中央国库预先将应担负的利息计入准备到电信收入基金中以弥补亏损，也是弥补赤字。

其他的红利和利润还源于金融机构及其他投资项目。

另外，股份制公司也是国有企业收益分配的一种重要形式。在印度如果一个企业的 51% 股份由政府拥有，则其就是一个国有企业。这意味着在允许其他投资主体拥有 49% 股份时，各级政府所拥有股份数量和应达到 51%。在这种企业组织形式下，国有企业原像是一个营利性的商业企业，那么国家能够通过其投资比例，在该企业税后红利中占有相应的份额，这种分配方式与前者不同，而更与普通意义上的私人投资行为相似。

国有企业向国家提供税收以及在税后盈利中向国家提供红利与利润之后，保留在其企业内部门经济盈余我们称为内部财力，它包括折旧和保留利润。按照其发展趋势看，国有企业的内部财力呈增长趋势。[①]

四　印度非税收入管理的特点

1. 灵活有效的预算制度

印度的预算有中央政府预算、邦政府预算和地方政府预算。虽然各级政府有各自独立的预算，但根据法律规定的税收的分享制，可以由于政治或经济原因分段制定，如行政当局选举失败，不能执行全年预算任务，则其继任者可以另行制定剩余年度的预算，假如政府由于特殊情况，在任何

---

① 刘长琨主编：《印度财政制度》，中国财政经济出版社 1999 年版，第 157—160 页。

年度都可以提出补充预算。

印度采用复式预算制度,分为收支预算和资本预算。一切税收和公共企业收入均列入收支预算,一切政府支出均从收支预算中拨款。资本预算包括所有资本支出和借入款项。此外还有计划预算,包括中央计划内和中央帮助邦的重大建设项目的规划,由发展部门提供详细预算。

印度中央和邦政府的预算账户分为三部分:

(1) 统一基金;

(2) 应急基金;

(3) 公共账户。

凡属于政府的资金,如税收、借款或其他任何收入,均归统一基金。政府的一切支出均由基金支付,但必须由议会批准,否则不能使用这种基金。邦政府的一切费用均经邦议会批准由邦统一基金支付;应急基金交由政府紧急时自由处理。中央和邦政府的应急基金的使用均无须各级议会的事先批准但必须事后补报;公共账户基金源于资金节约和小额储蓄等,其支付也无须取得相应一级议会的事先批准。

2. 根据事权划分财权

中央和地方财政关系中最基本问题是,中央和地方之间如何划分财源。根据印度的经验,国防、外交都为中央政府的职责。而各邦政府则负责法律与秩序、地方行政管理、教育、公共卫生、农业、水利、农村发展、邦内贸易等。

3. 谨慎适当地分权给地方

财政大权集中于中央,使中央有雄厚的财政经济实力,能集中力量办大事,并防止分裂倾向,因此有其利,但也有其弊。因为财权过度集中于中央,可能造成各地在财政上严重依赖于中央而不去努力发展社会经济。

4. 把从国内外得到的贷款纳入非税收入账户进行管理

印度的公债包括中央政府、各邦(中央直辖区)政府、各地方政府及金融与非金融公营企业等所借内债与外债之总称。其中还包括上述机构之间的借款。如前所述印度把借款划入非税收入加以管理。

自1951年以来,印度政府的内债、外债及其他债务都有较大幅度增长,1951年至1989—1990年度期间,内债增加64倍,外债增加875倍,其他债务增加123倍,债务总额增加77倍。为避免债务危机,印度政府比较重视债务管理,为此采取了一系列政策措施。

(1) 重视债务资金的用途

长期以来，印度坚持把税收动员的资金用于政府经常支出，而把借款动员的资金用于生产性投资。正如 E. D. 多马所说，"收入增加越快，债务负担愈轻"。因此印度坚持不把借款用于满足政府经常服务需要，否则资源会从生产领域转入非生产领域乃至失去偿还能力。同时，如果全部发展计划都由税收提供资金也会给生产带来不利影响。因此，印度坚持通过税收和借债两种方法筹集发展资金，并对两者进行适当平衡。

(2) 注意掌握内债结构

债务管理除用途管理外，重要的是对其来源的管理。在印度的内债中，债仅主要被金融机构所掌握，其中又主要被商业银行所占有，而这些金融机构占有债权的资金就来源于公众储蓄。仅以 1977 年为例，在印度中央政府和各邦政府的债务总额中，各金融机构所占比重高达 93.5%，其中商业银行与合作银行就达 38.3%，各种保险金占 20.4%，而印度储备银行仅占 20.8%。各类银行所拥有的公共债务在印度国内生产总值中的比重较大，且不断上升。如 1976—1977 年度，仅印度储备银行及各类银行所拥有的公共债务就占印度国内生产总值的 11.68%。到 1986—1987 年度，此比例上升为 23.81%。值得一提的是，家庭储蓄及其他个人所拥有的公共债务也很多。1976—1977 年度，其占印度国内生产总值的 8.88%，1986—1987 年度也上升为 18.43%。可见，通过借债而获得的大量资金主要来自国内各银行及家庭个人，这与印度坚持发展资金以国内来源为主有关。除个别五年计划外，印度公营部门费用的 80%—90% 都是由国内资金解决的。借债须付一定利息，但利息为国内各阶层所得，仍有利于进一步动员资金，促进社会经济发展。

(3) 严格控制外债来源

长期以来，为促进社会经济发展，印度虽然不断扩大外债规模，但却注意严格控制外债的来源。

一是利用周期长、利率低的官方优惠援助，尽量少用甚至不用期限短、利率高的商业贷款。长期以来，世界银行及国际开发协会在印度的外援中占有极为重要的地位。如 1989—1990 年度约占 54.5%。由于这种贷款不收利息或利率较低从而大大减轻了印度债务负担。

二是利用苏美之争。在主张独立自主和不结盟同时，对苏美左右逢源，借用苏援，使美国与西方国家增加援助；利用西方援助，加重印度向苏讨价的砝码。

三是保持和发展同其他援印财团国家的联系。1958年成立的援印财团，包括了几乎所有西方发达国家。英国对印援助几乎占其对外援助总额的 1/4 到 1/3，且大部分为赠款。后来日本及德国等成为援印的主要国家。仅 1980—1981 年度至 1989—1990 年度，其向印度提供的援助分别为 253.1 亿卢比和 187.59 亿卢比。

四是加强同中东等产油国的联系。到 1981 年为止，印度共从这些国家获得官方贷款达 42 亿美元。

同时，印度还限制性地利用外国私人投资，以适当弥补发展资金之不足。在过去很长一段时间里，印度始终坚持把引进外资作为引进技术的媒介，因此坚持以技术引进为主，坚持限制外国人投资的领域，坚持限制外资的股权，坚持限制外资的经济权益，坚持对不按印度法规办事的外资予以取缔，宁缺毋滥。

5. 财政大权要集中于中央

印度把收入多而稳定的税种划归中央，使中央具有雄厚的财政实力。长期以来，印度中央和各邦的财政收支比例为 2∶1。由于中央具有雄厚的财政经济实力，中央可以根据各邦的社会变化乃至政治动向等具体情况，决定对各邦的财政援助。对那些社会经济落后或积极拥护中央的各邦给予较多的财政经济援助，而对那些拒不执行中央政府政策的邦，则减少中央对其财政援助以示惩罚。

6. 印度的贷与制

根据宪法规定，联邦政府可对邦政府贷款，但必须符合有关法规的限制，一般是为行政上计划内或计划外的需要而贷给的。邦无权借外债，邦的外债必须通过联邦，所以邦的外债要变成联邦的外债。对邦来说是欠联邦的内债。另一种情况是邦政府通过印度储备银行的透支，而由联邦政府提供担保。

附录　印度非税收入明细

2013—2014 财年预算中的非税收入　　　（单位：千万卢比）

税收收入	主要责任人	实际 2011—2012	预算 2012—2013	修订 2012—2013	预算 2013—2014
利息收入、股息及利润					
1. 利息收入					
1.01 国家	0049	9964.53	9232.17	9098.23	8463.45
1.02 联邦属地（含立法机构）	0049	75.18	88.33	88.30	95.31
1.03 铁路应付利息					
1.03.01 附息资本费用（扣除一般税收应付股息）	0049	3572.81	2989.06	2932.43	3480.08
1.03.02 一般税收应付股息	0049	2034.37	3663.89	2384.23	2746.00
1.03.03 铁路代支付铁路旅客运价税	0049	23.12	23.12	23.12	23.12
铁路应付利息合计		5630.30	6676.07	5339.78	6249.20
1.04 其他利息税收	0049	24360.64	9234.11	20475.92	18182.40
1.04.01 收益冲抵支出	0049	-19778.33	-6000.00	-18407.36	-15225.97
净利息税收		20252.32	19230.68	16594.87	17764.39
2. 股息及利润					
2.01 国营部门股息"企业以及其他投资项目"	0050	28489.92	27178.25	29996.09	29870.12
2.02 印度储备银行、国有银行和金融机构股息/结余	0050	22118.18	22974.30	25446.75	43996.24
股息及利润合计		50608.10	50152.55	55442.84	73866.36
利息收入、股息及利润合计		70860.42	69383.23	72037.71	91630.75
财政服务					
3. 财政服务					

续表

税收收入	主要责任人	实际 2011—2012	预算 2012—2013	修订 2012—2013	预算 2013—2014
3.01 货币、硬币和铸币（硬币流通利润）	0046	40.00	35.00	30.00	30.00
3.02 其他财政服务	0047	89.38	84.32	57.61	57.82
财政服务合计		129.38	119.32	87.61	87.82
一般服务					
4. 一般服务					
4.01 行政服务					
4.01.01 公共服务委员会	0051	46.08	33.00	57.00	63.00
4.01.02 警务服务	0055	3263.72	3601.20	4191.30	4236.50
4.01.03 储备及耗材					
4.01.03.01 储备及耗材	0057	102.82	108.00	127.00	138.00
4.01.03.02 税收	0057	-9.42			
净值		93.40	108.00	127.00	138.00
4.01.04 文具印刷	0058	25.84	26.00	18.50	19.80
4.01.05 公共工程	0059	138.67	181.00	310.70	120.70
4.01.06 其他行政服务	0070	3290.62	3574.45	3999.34	4486.75
净行政服务费		6858.33	7523.65	8703.84	9064.75
4.02 养老金和其他福利金供款及追回款					
4.02.01 养老金和其他福利金供款及追回款	0071	1494.91	3019.66	2443.90	2695.80
4.02.02 税收	0071		-1000.00	-1000.00	-1000.00
养老金和其他福利金供款及追回款净值		1494.91	2019.66	1443.90	1695.80
4.03 其他一般服务	0075	10521.24	12445.63	12888.63	13620.26
4.03.01 商务处-百货商店税收	0075	-9729.49	-10800.00	-10800.00	-12120.00
4.03.02 税收	0075	-2095.69	-106.60	-325.35	-6.10
其他一般服务净值		-1303.94	1539.03	1763.28	1494.16

续表

税收收入	主要责任人	实际 2011—2012	预算 2012—2013	修订 2012—2013	预算 2013—2014
4.04 防卫服务					
4.04.01 防卫服务-军队	0076	2003.27	1869.64	1870.20	2055.25
4.04.01.01 税收	0076	-2003.27	-1869.64	-1870.20	-2055.25
净值					
4.04.02 防卫服务-海军	0077	154.94	200.00	200.00	200.00
4.04.02.01 税收	0077	-154.94	-200.00	-200.00	-200.00
净值					
4.04.03 防卫服务-空军	0078	549.19	619.38	605.26	605.26
4.04.03.01 税收	0078	-549.19	-619.38	-605.26	-605.26
净值					
4.04.04 防卫服务-法令工厂	0079	1861.57	1836.77	1844.77	2059.09
4.04.04.01 税收	0079	-1861.57	-1836.77	-1844.77	-2059.09
净值					
4.04.05 防卫服务-研究与开发	0080	43.84	40.00	40.00	45.00
4.04.05.01 税收	0080	-43.84	-40.00	-40.00	-45.00
净值					
净防卫服务费					
一般服务净值		7049.30	11082.34	11911.02	12254.71
一般服务合计		7049.30	11082.34	11911.02	12254.71
社会和社区服务					
5. 社会服务					
5.01 教育、体育、艺术和文化	0202	114.53	110.26	118.68	121.48
5.02 医疗与公共健康	0210	267.65	250.70	297.87	322.08
5.03 家庭福利	0211	37.57	36.50	25.01	30.02
5.04 住房	0216	126.15	143.21	227.95	158.54
5.05 城市发展	0217	0.05	0.05	0.05	0.05
5.06 信息与宣传	0220	383.38	808.31	446.75	2021.12
5.07 广播	0221	0.11			
5.08 劳动与就业	0230	17.65	21.55	30.67	30.67

第十章 印度政府非税收入

续表

税收收入	主要责任人	实际 2011—2012	预算 2012—2013	修订 2012—2013	预算 2013—2014
5.09 社会安全与福利	0235	0.95	0.97	0.43	0.45
5.10 其他社会服务	0250			0.01	0.01
社会服务合计		948.04	1371.55	1147.42	2684.42
社会和社区服务合计		948.04	1371.55	1147.42	2684.42
经济服务					
6. 经济服务					
6.01 农业与联合活动					
6.01.01 农作物栽培	0401	146.06	159.58	166.57	171.57
6.01.01.01 税收	0401				
净值		146.06	159.58	166.57	171.57
6.01.02 动物畜牧业	0403	22.10	16.15	21.70	24.00
6.01.03 奶制品开发	0404	312.14	352.00	366.64	451.23
6.01.03.01 商务处-德里牛奶公司税收	0404	-311.95	-352.00	-366.46	-451.05
净值		0.19		0.18	0.18
6.01.04 渔业	0405	2.66	2.59	5.35	5.63
6.01.05 林业与野生动物	0406	15.45	23.00	22.00	22.50
6.01.05.01 税收	0406	-4.98	-3.00	-4.00	-4.50
净值		10.47	20.00	18.00	18.00
6.01.06 种植业	0407	0.03	0.10	0.10	0.10
6.01.07 食物储藏和仓储	0408	1.24	4.01	6.00	3.71
6.01.08 农业开发及教育	0415	0.10		1.00	
6.01.09 其他农业项目	0435	13.50	16.50	17.00	17.50
农业与联合活动净值		196.35	218.93	235.90	240.69
6.02 灌溉与防洪					
6.02.01 主要及中级灌溉	0701	33.16	30.00	20.00	20.00
6.02.02 次要灌溉	0702	0.65	0.70	0.70	0.70
灌溉与防洪合计		33.81	30.70	20.70	20.70
6.03 能源					

537

续表

税收收入	主要责任人	实际 2011—2012	预算 2012—2013	修订 2012—2013	预算 2013—2014
6.03.01 能量	0801	2975.82	2881.46	2906.09	2890.50
6.03.01.01 商务处－巴达尔普尔热能站（BTPS）税收	0801	－420.81	－256.66	－256.66	－240.63
6.03.01.02 商务处－燃料装载量税收	0801	－1845.25	－1950.00	－1950.00	－1947.14
净值		709.76	647.8	699.43	702.73
6.03.02 石油	0802	12580.53	12671.42	12861.88	13297.85
6.03.03 煤和褐煤	0803	35.71	0.50	0.59	0.20
6.03.04 新能源和可再生能源	0810	0.53	0.50	0.48	0.60
能源净值		13326.53	13347.22	13562.38	14001.38
6.04 工业和矿产					
6.04.01 乡镇小工业	0851	30.75	33.83	31.63	33.89
6.04.02 工业	0852	1462.56	1769.23	2291.17	2258.22
6.04.02.01 商务处－燃料生产设备税收	0852	－1346.85	－1601.60	－2133.79	－2102.80
6.04.02.02 其他该范畴税收	0852	－9.09			
净值		106.62	167.63	157.38	155.42
6.04.03 有色矿冶	0853	21.76	27.50	36.70	39.20
6.04.04 其他工业	0875	383.93	366.73	440.03	347.73
6.04.04.01 商务处－鸦片和生物碱工厂税收	0875	－383.93	－366.73	－440.03	－347.73
净值					
工业和矿产净值		159.13	228.96	225.71	228.51
6.05 运输					
6.05.01 港口及灯塔	1051	193.69	191.50	201.70	221.50
6.05.01.01 商务处－灯塔和灯船税收	1051	－192.93	－190.00	－200.00	－220.00
净值		0.76	1.50	1.70	1.50
6.05.02 航运	1052	72.08	59.55	59.03	56.03

第十章 印度政府非税收入

续表

税收收入	主要责任人	实际 2011—2012	预算 2012—2013	修订 2012—2013	预算 2013—2014
6.05.03 民航	1053	36.83	1.50	35.20	37.75
6.05.04 道路与桥梁	1054	3050.10	3681.00	4140.82	4553.20
6.05.05 道路运输	1055	0.06			
6.05.06 其他运输服务	1075				
6.05.07 邮政税收	1201	7899.35	7793.31	8762.75	9101.81
6.05.07.01 商务处-邮政服务税收	1201	-7899.35	-7793.31	-8762.75	-9101.81
净值					
运输净值		3159.83	3743.55	4236.75	4648.48
6.06 通信					
6.06.01 其他通信服务	1275	17400.92	58217.33	19440.67	40847.05
6.07 科学、技术和环境					
6.07.01 原子能研究	1401	38.88	43.00	43.03	52.42
6.07.02 其他科学服务和研究	1425	630.27	682.57	637.50	580.50
科学、技术和环境合计		669.15	725.57	680.53	632.92
6.08 一般经济服务					
6.08.01 外贸与出口服务	1453	166.94	129.01	141.40	141.90
6.08.02 其他一般经济服务	1475	3594.23	1984.38	2095.75	2204.96
6.08.02.01 税收	1475	-14.34		-0.75	
净值		3579.89	1984.38	2095.00	2204.96
6.08.03 旅游业	1452	15.73	8.50	5.00	6.00
6.08.04 民用物资	1456	0.01	0.04	0.05	0.05
一般经济服务净值		3762.57	2121.93	2241.45	2352.91
经济服务净值		38708.29	78634.19	40644.09	62972.64
7. 铁路预算税收					
7.01 印度铁路-其他税收	1001	2134.91	3134.89	2522.23	2884.00
7.01.01 其他税收	1001	-2134.91	-3134.89	-2522.23	-2844.00
7.02 印度铁路-商务线	1002	103312.40	132552.00	125680.00	143742.00
7.02.01 税收	1002	-100312.40	-132552.00	-125680.00	-143742.00

续表

税收收入	主要责任人	实际 2011—2012	预算 2012—2013	修订 2012—2013	预算 2013—2014
7.03 印度铁路－战略线	1003	797.96			
7.03.01 税收	1003	-796.96			
铁路预算税收净值					
经济服务合计		38708.29	78634.19	40644.09	62972.64
资助款与捐献					
8. 资助款与捐献					
8.01 对外捐赠援助					
8.01.01 多边					
8.01.01.01 亚洲开发银行	1605	0.03			
8.01.01.02 国际农业发展基金	1605	5.45	3.90	0.52	1.00
8.01.01.03 国际复兴开发银行	1605	27.05	49.15	39.88	50.00
8.01.01.04 国际发展协会	1605	2.17	6.50	0.48	4.00
多边合计		34.70	59.55	40.88	55.00
8.01.02 双边					
8.01.02.01 德国	1605	48.58	21.00	16.10	26.10
8.01.02.02 日本	1605	43.47			8.00
8.01.02.03 英国（英国国际发展部 DFID）	1605	1689.42	942.00	1396.82	600.00
8.01.02.04 欧洲经济共同体－EEC	1605	208.08	595.00	240.00	300.00
8.01.02.05 美国国际开发署－USAID	1605	55.10	70.00	25.00	
双边合计		2041.65	1628.00	1677.92	934.10
8.01.03 国际机构					
8.01.03.01 全球环境基金	1605	735.03	1125.00	1025.00	460.03
8.01.03.02 联合国开发计划署－UNDP	1605	39.75	67.50	14.82	6.00
8.01.03.03 联合国预防部队－UNPF	1605	22.32	7.15	3.00	1.00
国际机构合计		797.10	1199.65	1042.82	467.03

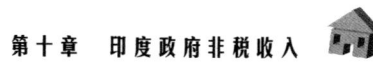

续表

税收收入	主要责任人	实际 2011—2012	预算 2012—2013	修订 2012—2013	预算 2013—2014
对外捐赠援助合计		2873.45	2887.20	2761.62	1456.13
8.02 援助材料与设备	1606	88.89			
资助款与捐献合计		2962.34	2887.20	2761.62	1456.13
联署邦地非税收入					
9. 联署邦地非税收入	1710	1014.53	1135.78	1123.09	1165.91
联署邦地非税收入合计		1014.53	1135.78	1123.09	1165.91
总计		121672.30	164613.61	129712.56	172252.38

资料来源：印度财政部，http://indiabudget.nic.in/ub2013-14/rec/ntr.pdf。

参考文献

中文文献

安徽省财政厅课题组:《澳大利亚政府非税收入管理概况》,《经济研究参考》2005 年第 3 期。

白彦锋、王婕、张琦:《非税收入和经济增长、税收收入的关系——基于周期分析的视角》,《新疆财经大学学报》2013 年第 2 期。

白宇飞等:《我国政府非税收入规模影响因素的实证分析》,《经济理论与经济管理》2009 年第 5 期。

财政部财政监督管理考察团:《德国财政管理与财政监督借鉴》,《财政监督》2008 年第 11 期。

财政部预算司:《日本的行政与财政制度》,《经济研究参考》2002 年第 51 期（总第 1627 期）。

蔡利标:《新加坡公共组屋制度探析》,《粤港澳市场与价格》2009 年第 10 期。

曹端海:《从新加坡土地管理经验谈土地可持续利用》,《中国国土资源经济》2012 年第 6 期。

陈鹤寿:《英国核退役经验值得借鉴》,《中国能源报》2015 年 1 月 28 日。

程文浩等:《中国财政供养的规模及影响变量——基于十年机构改革的经验》,《中国社会科学》2011 年第 2 期。

程宗璋:《美、英、日三国公共财政法律体系及其特点》,《财经科学》2003 年第 9 期。

杜晓君、李曼丽:《新加坡国有企业改革启示》,《东北大学学报》2006 年第 5 期。

冯锦春：《政府财政非税收入管理工作标准、政策文件及违法违规行为查处实务全书》，北京经济科学出版社 2005 年版。

傅光明：《新加坡的非税收入及其管理》，《上海财税》1994 年第 6 期。

关睿等：《海外非税收入管理概况及启示》，《内蒙古师范大学学报》（哲学社会科学版）2012 年第 4 期。

郭平等：《非税收入的负担分析》，《内蒙古财经学院学报》2002 年第 3 期。

何成军：《德国小城市（镇）财政管理体系》，《中国财政》1997 年第 5 期。

黄锦堂：《德国联邦体制之研究》，《美欧月刊》1994 年第 9 卷第 6 期。

黄佩华：《中国：国家发展与地方财政》，中信出版社 2003 年版。

贾康等：《非税收入规范化管理研究》，《税务研究》2005 年第 4 期。

蒋小燕：《刑事立法效益原则的经济性解读》，《云南大学学报》（法学版）2007 年第 6 期。

金太军：《当代各国政治体制：澳大利亚》，兰州大学出版社 1998 年版。

康建平：《政府非税收入管理研究》，苏州大学出版社 2007 年版。

李爱明：《法定机构：企业化的政府》，《华夏时报》2011 年 8 月 22 日第 31 版。

李莹：《雇保姆，新加坡人交重税》，《环球时报》2004 年 2 月 18 日第 12 版。

李友志：《政府非税收入管理》，人民出版社 2003 年第 1 版。

梁文永等：《德国财政转移支付制度的特色》，《中国财政》2008 年 4 月刊。

刘长琨主编：《印度财政制度》，中国财政经济出版社 1999 年版。

刘成等：《英国社会福利政策的历史沿革》，《历史教学》2012 年第 19 期。

刘传利：《"罚款"之国新加坡》，《老人世界》2016 年第 4 期。

刘尚希等：《南非政府间财政关系及其启示》，《中国财政》2005 年第 11 期。

刘忠信等：《论我国非税收入原则》，《财会研究》2006 年第 4 期。

柳建文等：《中美行政区划的比较与启示》，《经济研究导刊》2009 年第 32 期。

马洪范等:《政府非税收入管理国际经验及借鉴》,《地方财政研究》2009年第9期。

马元燕:《分税制改革后省级预算外收入膨胀的原因分析》,《公共管理学报》2005年第1期。

牟岩:《南非税制改革及启示》,《税务研究》2006年第10期。

潘明星等:《创新政府非税收入管理方式的思考》,《中国行政管理》2005年第2期。

任先德:《政府非税收入管理知识读本》,齐鲁书社2007年版。

史莉莉:《德国公共收费的概况、立法及启示》,《政治与法律》2012年第8期。

史志伟、陈建平主编:《德国经济数字地图》,科学出版社2012年版。

田淑英:《国外非税收入管理的比较与借鉴》,《经济研究参考》2004年第91期。

田宇:《德国财政管理与财政监督的借鉴与启示》,《决策与信息(财经观察)》2005年第1期。

王勤:《论新加坡的经济发展模式》,《南洋问题研究》1996年第2期。

王晓光:《美国宪法禁酒令的立与废》,《法制与社会发展》2011年第6期。

王志刚等:《财政分权与地方政府非税收入——基于省级财政数据》,《世界经济文汇》2009年第5期。

王忠仁:《加拿大407公路的电子收费系统》,《中国公路(交通信息产业)》2000年第3期。

项怀诚:《英国财政制度》,中国财政经济出版社1999年版。

徐永矞:《完善我国政府非税收入预算管理的思考》,《中央财经大学学报》2007年第8期。

徐允人:《联邦德国的预算管理体制及其借鉴》,《财政研究》1987年第1期。

杨光斌:《中央集权与大众自治:英国中央—地方的新型关系——以财政变革为中心的分析》,《欧洲》1995年第4期。

杨立华:《非社会保障体系中的社会救助制度》,《西亚非洲》2010年第9期。

殷大卫:《印度非税收入基本情况分析》,《中国财经信息资料》2009年第

23 期。

余炳雕等：《20 世纪 80 年代以来日本税制改革综述》，《现代日本经济》总第 133 期。

张大龙、史桂芬：《非税收入理论与规范改革》，中国法学会财税法学研究会 2007 年年会暨第五届全国财税法学学术研讨会论文集，2007 年。

张东明：《进入后经济危机时期联邦德国政府财政收支滚动预算趋势分析》，《财政研究》2011 年第 11 期。

张泳华：《中外网络新闻业比较》，清华大学出版社 2004 年版。

郑涌等：《聚焦德国政府间财政关系：靠什么实现均等化》，《中国财经报》2007 年 3 月 15 日。

中华人民共和国财政部：《美国的预算管理制度》（http：//www. mof. gov. cn/pub/yusuansi/zhengwuxinxi/guojijiejian/200810/t20081014_ 81947. html）。

中华人民共和国财政部国际司：《美国财政管理体系介绍》（http：//gjs. mof. gov. cn/pindaoliebiao/cjgj/201310/t20131024_ 1003146. html）。

中华人民共和国财政部：《加拿大财政预算编制简介与启示》（http：//www. mof. gov. cn/zhengwuxinxi/diaochayanjiu/200904/t20090423_ 135877. html）。

朱秋霞：《德国财政制度》，中国财政经济出版社 1999 年版。

［德］汉斯·沃尔夫、奥托·巴霍夫、罗尔夫·施托贝尔：《行政法》（第 1 卷），高家伟译，商务印书馆 2002 年版。

［德］赫尔穆特·沃尔曼：《德国地方政府》，陈伟、段德敏译，北京大学出版社 2005 年版。

［德］平特纳：《德国普通行政法》，朱林译，中国政法大学出版社 1999 年版。

［美］玛格丽特·利瓦伊：《统治与岁入》，周军华译，上海人民出版社 2010 年版。

外文文献

［日］中岛正郎：《新しい予算の見方つくり方》，学陽書房，昭和 63 年。

加拿大国家收纳总署：《广义政府会计账户》（http：//www. tpsgc - pwgsc. gc. ca/recgen/pceaf - gwcoa/index - eng. html）。

加拿大国库委员会秘书处：《联邦政府使用者收费的背景文件》（http：//

www.tbs – sct. gc. ca/pubs_ pol/opepubs/tb_ h/ucfgtb – eng. asp）。

加拿大国库委员会秘书处：《特别收入支出授权政策》（http：//www.tbs – sct. gc. ca/pol/doc – eng. aspx？section = text&id = 12248）。

加拿大国库委员会秘书处：《外部收费政策》，2003 年 8 月。

加拿大国库委员会审计办公室：《基于成本的使用费和规费项目设立指南》，2009 年 5 月。

加拿大环保部卫生与环境影响评估独立小组：《卫生与环境影响评估报告》，1997 年 6 月。

加拿大枢密院：《加拿大政府监管活动政策》，1999 年 11 月。

加拿大统计局：《财政信息系统》（文件编号 Catalogue nos. 12 – 532，12 – 533，12 – 534），1970。

加拿大统计局：《加拿大公共部门指南》（文件编号 Catalogue no. 12 – 589 – X），2008 年 9 月。

加拿大统计局：《加拿大政府财政管理统计系统》（文件编号 Catalogue no. 68 – 506），1972。

加拿大统计局：《政府财政管理统计系统》（文件编号 Catalogue no. 68 – 507），1984。

加拿大文化遗产部：《2011—2012 年度部门绩效报告中关于使用者收费、规费的公告》（http：//www. pch. gc. ca/eng/1349810806591）。

英国财政部：Classification of receipts（https：//www. gov. uk/government/publications/introduction – to – classification）。

英国财政部：Consolidated budgeting guidance from 2008 – 2009（http：//webarchive. nationalarchives. gov. uk/20090104012212/http：//www. hm – treasury. gov. uk/psr_ bc_ consolidated_ budgeting. htm）。

英国财政部：Managing Public Money，Annex 6.1，2013 年 6 月，https：//www. gov. uk/government/publications/managing – public – money。

英国财政部：Whole of Government Accounts，2011（https：//www. gov. uk/search？q = whole + of + government + account&tab = government – results）。

英国财政部：Whole of Government Accounts，2012（https：//www. gov. uk/search？q = whole + of + government + account&tab = government – results）。

英国国家统计局 2011 年统计年鉴，第 23 章，Public sector transactions and fiscal balances（http：//www. ons. gov. uk/ons/rel/ctu/annual – abstract –

of‐statistics/quarter‐4‐2011/art‐quarter‐4‐2011.html#tab‐Chapter‐23‐Government‐Finance)。

英国1973年财政法案(Finance Act, 1973)第56节 Charges for services, etc., by Government departments (http://www.legislation.gov.uk/ukpga/1973/51)。

Alan Altshulerand Jose Gomez‐Ibanez, *Regulation for Revenue: The Political Economy of Land Use Exactions*, Brookings Institution Press, 1993.

American Society of Civil Engineers, 2013 *REPORT CARD For America's infrastructure*, 2013 (http://www.infrastructurereportcard.org/a/documents/2013‐Report‐Card.pdf).

Auditor‐General Act, 1997 (http://www.comlaw.gov.au/Details/C2012C00697).

Australian Bureau of Statistics Act, 1975 (http://www.comlaw.gov.au/Details/C2012C00137).

CBO, *Charging for Federal Services*, 1983 (http://www.cbo.gov/publication/15511).

Charter of Budget Honesty Act, 1998 (http://www.comlaw.gov.au/Details/C2013C00690).

Code of Good Practices on Fiscal Transparency (http://archive.treasury.gov.au/documents/178/HTML/atta.asp).

Commonwealth Authorities and Companies Act, 1997 (http://www.comlaw.gov.au/Details/C2013C00259).

Commonwealth of Australia Constitution Act (http://www.comlaw.gov.au/Details/C2013Q00005).

Congressional Budget Office, *The Growth of Federal User Charges*, 1993 (http://www.cbo.gov/sites/default/files/cbofiles/ftpdocs/104xx/doc10417/1993_08_growthofuserchargesa%29taxes.pdf).

Executive Office of the President and Bureau of the Budget, *Circular A‐25, User Charges*, September 1959.

Financial Management and Accountability Act, 1997 (http://www.comlaw.gov.au/Details/C2013C00282).

Fuel Tax Act, 2006 (http://www.comlaw.gov.au/Details/C2013C00594/

Download).

Gao, "FEDERAL USER FEES: Substantive Reviews Needed to Align Port-Related Fees with the Programs They Support", 2008.

General Accounting Office, "The Congress Should Consider Exploring Opportunities to Expand and Improve the Application of User Charges by Federal Agencies", GAO/PAD-80-25 (March 20, 1980).

Government Finance Statistics Manual 2001 (GFSM 2001), http://www.imf.org/external/pubs/ft/gfs/manual/index.htm.

HGV, Road User Levy Bill (http://www.legislation.gov.uk/ukpga/2013/7/contents).

International Monetary Fund (IMF). Government Finance Statistics Yearbook, 2012.

International Moneytary Fund Code of Good Practices on Fiscal Transparency, http://www.imf.org/external/np/fad/trans/code.htm.

IRAS, "IRAS' History and Heritage", Dec. 8, 2012, http://www.iras.gov.sg/irashome/page.aspx?id=1936.

Jon S. T. Quah, "Administration Singapore Style", Singapore: Talisman Publishing Pte Ltd, 2010.

Klaus Schwab, "The Global Competitiveness Report 2011-2012", *World Economic Forum*, 2011.

Laurie Reynolds, "Taxes, Fees, Assessments, Dues, and the 'Get What You Pay For' Model of Local Government", 6 Fla. L. Rev. 373 2004, p. 396.

Legislative Audit Bureau, "Best Practices Report - Local Government User Fees", April 2004, http://legis.wisconsin.gov/lab/reports/04-0userfeesfull.pdf.

Making Transparency Transparent, An Australian Assesskent - March 1999, http://archive.treasury.gov.au/documents/178/HTML/docshell.asp?URL=ch1.asp.

Managing Public Money, Annex 6.1, https://www.gov.uk/government/publications/managing-public-money.

MOF, "Mission, Values & Strategic Outcomes", Jun. 19, 2012, http://app.mof.gov.sg/policies_services.aspx.

参考文献

MOF, "Statutory Boards List", Feb. 27, 2013, http: //app. mof. gov. sg/statutory_ boards_ departments. aspx.

Mukul G. Asher, "Tax Reform in Singapore", Murdoch University, Working Paper No. 91, 1999.

Office of Management and Budget, "Circular A – 25, User Charges", *Federal Register*, Vol. 52, No. 126, July 1987.

Office of Management and Budget, Circular No. A – 11: Section 20 – Terms and Concepts, 2013: 32 – 33, http: //www. whitehouse. gov/sites/default/files/omb/assets/a11_ current_ year/s20. pdf.

Office of Management and Budget, Table 1.4—Receipts, Outlays, and Surpluses or Deficits (–) by Fund Group: 1934 – 2019, http: //www. whitehouse. gov/omb/budget/Historicals.

OMB Circular A – 25, User Charges (Revised July 8, 1993).

OMB, "Office of Management and Budget: Open Government", http://www. whitehouse. gov/omb/open.

Organization for Economic Co-operation and Development, "User Charging for Government Services", OECD Publishing, Mar. 6, 1998.

Pay. Gov, "Who's Using Pay. gov?", April 2006, https: //www. pay. gov/paygov/press. html? nc = 1389837184853.

Piotr Oszewskiland David J. Turner, *New methods of controlling vehicle ownership and usage in Singapore*, Kluwer Academic Publishers, 1993.

Piotr S. Olszewski, "Singapore motorization restraint and its implications on travel behavior and urban sustainability", Transportation, 2007.

Public Governance, Performance and Accountability Act 2013, http://www. comlaw. gov. au/Details/C2013A00123.

Reischauer, Robert D., "The Growth of Federal User Charges", CONGRESSIONAL BUDGET OFFICE (US CONGRESS) WASHINGTON DC, 1993.

Richardson P. W., *The growth of federal user charges*, DIANE Publishing, 1993.

Richardson, *The growth of federal user charges*, DIANE Publishing, 1993.

Road User Charge Determination (No. 1) 2010 Explanatory Statement, http://www. comlaw. gov. au/Details/F2010L01824.

Road User Charge Determination (No. 1) 2013 Explanatory Statement, http://www.comlaw.gov.au/Details/F2013L00990.

Road User Charge Determination (No. 1) 2011 Explanatory Statement, http://www.comlaw.gov.au/Details/F2011L01164.

Road User Charge Determination (No. 1) 2009 Explanatory Statement, http://www.comlaw.gov.au/Details/F2009L02499.

Road User Charge Determination (No. 1) 2008 Explanatory Statement, http://www.comlaw.gov.au/Details/F2008L00713.

Road User Charge Determination (No. 1) 2012, http://www.comlaw.gov.au/Details/F2012L01032.

Robert Repetto, Roger Dower, Robin Jenkins and Jacqueline Geoghean, *Green Fees: How a Tax Shift Can Work for the Environment and the Economy*, World Resource Institute, 1992.

Singapore Government, "About Singapore", Nov. 1, 2013, http://www.gov.sg/government/web/content/govsg/classic/about_us.

Singapore Government, Dec. 16, 2013, http://app.sgdi.gov.sg/index.asp?cat=2.

Sock-Yong Phang and A. Chin, "An Evaluation of Car-Ownership and Car-Usage Policies in Singapore", *Research Collection School of Economics* (Open Access), 1990.

Statement of Federal Financial Accounting Standards 4: Managerial Cost Accounting Standards and Concepts.

Tan Chwee Huat, "State Enterprise System and Economic Development in Singapore", PhD, University of Wisconsin, 1974.

Tax Reform: Not a New Tax, A New Tax System – Overview, http://archive.treasury.gov.au/documents/167/PDF/overview.pdf.

The Census and Statistics Act 1905, http://www.comlaw.gov.au/Details/C2006C00178.

United States Government Accountability Office, *FEDERAL USER FEES: A Design Guide*, Washington, D.C.: U.S. Government Printing Office, 2008.

U.S. Bureau of the Census, "2012 Census of Governments—The Many Layers of American Government", http://www.census.gov/govs/go/.

U. S. Department of Agriculture and Economic Research Service, *User – Fee Financing of USDA Meat and Poultry Inspection*, Washington, D. C.: U. S. Government Press, 1999.

U. S. Government Accountability Office, "2012 Annual Report: Opportunities to Reduce Duplication, Overlap and Fragmentation, Achieve Savings, and Enhance Revenue", 2012.

Z. Haritos and D. Hildebrand, *Civil Marine Infrastructure: Annual Costs and Revenues*, Toronto: Canadian Transport Commission, 1973.

后　　记

　　《外国政府非税收入管理研究》是一部集体参与研究的成果。

　　首先要感谢国家财政部王清剑先生和骆晓强先生，本书作为财政部的纵向课题项目，在选题立项与写作过程中得到了二位的大力支持与帮助。

　　感谢中国社会科学院西亚非洲研究所所长李新烽教授，帮助联系并提供南非的政府非税收入的相关资料。

　　感谢中国社会科学出版社编辑刘艳对本书出版工作的精心指导。

　　感谢各位作者在写作过程中的辛苦付出。本书的完成经历了一个较长的过程：从2013年正式立项，到2014年初稿完成，再到后来反复修改推敲，直到定稿完成交付出版社，难忘的是师生们共同度过的那段紧张而又愉快的科研探索时光。

　　最后，本书难免有不妥疏漏之处，敬希读者予以批评指正。

高淑娟　刘普

2021年秋于清华园